編輯大意

一、 本書根據民國107年教育部發布之十二年國民基本教育「技術型高級中等學校群科課程綱要商業與管理群」課程綱要中「數位科技概論」及「數位科技應用」，並融合歷年四技二專統一入學測驗、乙丙級檢定、國家考試、技藝競賽等相關試題編寫而成。

二、 本書內容與「技專校院入學測驗中心」公布的統測考試範圍相同，可供商業與管理群、外語群同學作為高一、高二課堂複習及高三升學應試使用。

三、 本書已彙整所有審定課本之重點，並將重點文字套上**粗藍色**或**粗黑色**，套**粗藍色**文字最重要、次之為套**粗黑色**文字，以幫助同學明確掌握考試重點及命題趨勢。

四、 本書分為14個單元，共29章。本書各章均具有以下特色：

1. **學習重點**：列出每單元的章節架構，與該章節的統測常考重點。

2. **統測命題分析**：分析各單元歷年統測的命題比重。

3. ▢：於統測曾經出題之重點主題處標示考試年分
（例如：114 表示為114年統測考題）。

4. **得分區塊練**：供學生於重要觀念後立即練習，以掌握學習狀況。

5. **有背無患**：補充課文相關知識，或可能入題的科技新知。

6. **滿分晉級**：各章末精選考試試題，評量學生的學習成效。分成3種題型：

    ◇ **情境素養題**：切合統測趨勢提供情境試題，供學生練習之用。

    ◇ **精選試題**：章末試題，供學生統整練習之用。

    ◇ **統測試題**：整合近年統測試題，供學生練習之用。

7. **五秒自測**：針對統測常考內容提供「重點中的重點」，讓同學以自問自答的學習法，迅速將短期記憶提昇為中長期記憶（做法：遮住課文內容→問自己或同學本關鍵重點→回答→手放開，確認答案之正確性）。

8. **記憶法**：提供各種記憶重點的方法，協助學生背誦常考又難記的重點。

五、 為提升本書之品質，作者在編寫過程中已向多位資深教師請益並力求精進；倘若本書內容仍有未盡完善之處，尚祈各界先進不吝指賜教，以做為改進之參考。

編者 謹誌

考試重點在這裡

一、「數位科技概論」及「數位科技應用」命題大致可分為四種類型，針對這四種題型的研讀與準備方式如下：

1. **基本觀念題**

   以「數位科技概論」及「數位科技應用」的各種基本概念為主，此部分通常不難，同學只要掌握各章的主題重點、**充分記憶各項定義**，並從定義去思考，即可獲得基本分數。

2. **綜合比較題**

   主要是測驗學生的綜合分析判斷能力，同學可在詳讀各個重點之後，多加**研習本書中的比較表**，以利獲取高分。

3. **公式計算題**

   此類型的題目通常不會太難，同學只要**熟記公式及解法**，**反覆練習**常考範圍的題目，便可輕鬆得分。

4. **素養導向題**

   亦稱**情境素養題**。「數位科技概論」及「數位科技應用」非常貼近生活，加上近年來積極推廣所學內容能夠「務實致用」，因此越來越多將**時事情境融入題目**的素養導向題，學生必須根據情境敘述，結合所學之「數位科技概論」及「數位科技應用」相關概念，方能判斷出正確答案。

二、從近年統測可知，出題比重較高之單元（如下圖）；同學們在讀完全書後，可針對占比重的章節進行考前最後衝刺。

近年統測各章出題比重

數位科技概論
- 單元1 9%
- 單元2 15%
- 單元3 16%
- 單元4 15%
- 單元5 13%
- 單元6 15%
- 單元7 17%

數位科技應用
- 單元1 15%
- 單元2 11%
- 單元3 24%
- 單元4 11%
- 單元5 15%
- 單元6 17%
- 單元7 7%

數位科技概論 滿分總複習

有「背」無患

- **矽光子**（Silicon Photonics, SiPh）：是一種**積體光路**，積體光路晶片內是使用能夠導光的線路「光波導」，作為引導可見光光波的傳輸介質，將「電訊號」轉成「光訊號」來運作，大幅提高資料處理與傳輸的速度，引領我們邁向積體光路世代。

得分區塊練

( ) 1. 誰發明了差分機，可執行簡單的四則運算，因此被尊稱為「電腦之父」？
(A)諾貝爾 (B)牛頓 (C)巴貝奇 (D)馮紐曼。

( ) 2. 下列哪一位科學家提出了「內儲程式」的概念？
(A)馮紐曼 (B)愛因斯坦 (C)愛迪生 (D)牛頓。

( ) 3. 下列何者是目前電腦硬體發展的主要技術？
(A)真空管 (B)電晶體 (C)微處理器 (D)超大型積體電路。

( ) 4. 我們將電腦分成第一代、第二代、第三代、第四代等等，請問劃分的依據為何？
(A)用途 (B)使用之電子元件 (C)功能與速度 (D)發展的年代。

( ) 5. 世界第一部通用型電子計算機（ENIAC）所採用的基本元件為何？
(A)超大型積體電路 (B)積體電路 (C)電晶體 (D)真空管。

( ) 6. 下列何者為第二代電腦使用的元件？
(A)超大型積體電路 (B)積體電路 (C)電晶體 (D)真空管。

( ) 7. 下列敘述何者正確？
(A)第一代電腦是使用電晶體
(B)第二代電腦是使用超大型積體電路
(C)第三代電腦是使用積體電路
(D)第四代電腦是使用真空管。

114年統一入學測驗
數位科技概論、數位科技應用 試題分析

一、難易度分析

1. 今年是108課綱實施後第四屆入學統一測驗，商管群數位科技概論與數位科技應用試題難易度偏易。

2. 商管群（25題），其中數位科技概論約14題、數位科技應用約11題，考題之難、中、易的比例如右表所示。

類組	難	中	易
商管群	4%	16%	80%

二、題型分析

1. 今年題目偏重**閱讀能力**（**素養導向題型**），題組題有2大題，其他題目的敘述也偏長，且著重於生活常用之技巧運用。

2. 在商管群25題的考題中，數概占14題。今年又考了「子網路遮罩」內容；文書處理、簡報、試算表等辦公室軟體共占5題，尤其是試算表部分，已連續3年考3題；反觀，影像處理概念的題目考3題，其中第43題觀念創新，從單一像素的色彩數延伸到100×100像素全彩相片的色彩組合數，用來檢測考生觀念延伸的能力。

三、綜合分析

今年商管群25題考題分佈較不平均（如下表），命題題數約0至4題。

	單元	113年題數	114年題數	114年比例	
數位科技概論	單元1 數位科技基本概念	2	1↓	4%	14題 占56%
	單元2 系統平台	2	2	8%	
	單元3 軟體應用	2	2	8%	
	單元4 通訊網路原理	2	2	8%	
	單元5 網路服務與應用	2	1↓	4%	
	單元6 電子商務	1	2↑	8%	
	單元7 數位科技與人類社會	2	4↑	16%	
數位科技應用	單元1 商業文書應用	2	1↓	4%	11題 占44%
	單元2 商業簡報應用	2	1↓	4%	
	單元3 商業試算表應用	3	3	12%	
	單元4 雲端應用	1	1	4%	
	單元5 影像處理應用	1	3↑	12%	
	單元6 網頁設計應用	2	2	8%	
	單元7 電子商務應用	1	0↓	0%	

數位科技概論
Contents

單元 1 數位科技基本概念

第1章 數位科技的概念
- 1-1 資料與資訊 A1-2
- 1-2 數位科技的演進 A1-5
- 1-3 資料的儲存單位與常用的時間單位 A1-10

第2章 數位化概念
- 2-1 數字系統 A2-1
- 2-2 資料表示法 A2-6
- 2-3 聲音數位化概念 A2-12
- 2-4 影像數位化概念 A2-15
- 2-5 影片數位化概念 A2-18

單元 2 系統平台

第3章 系統平台的硬體架構
- 3-1 電腦硬體的架構 A3-2
- 3-2 CPU A3-5
- 3-3 主記憶體 A3-10
- 3-4 輔助記憶體 A3-15
- 3-5 主機板與介面規格 A3-23
- 3-6 輸入與輸出設備 A3-29
- 3-7 行動裝置與相關設備 A3-37

第4章 系統平台的運作與未來發展
- 4-1 系統平台簡介 A4-1
- 4-2 作業系統簡介 A4-3
- 4-3 常見的作業系統 A4-7
- 4-4 雲端服務 A4-10
- 4-5 系統平台的未來發展趨勢 A4-11

單元 3 軟體應用

第5章 常用軟體的認識與應用
- 5-1 軟體開發程式與程式語言 A5-2
- 5-2 常見的應用軟體 A5-7
- 5-3 電腦軟體的檔案格式 A5-13

第6章 智慧財產權與軟體授權
- 6-1 智慧財產權 A6-2
- 6-2 軟體的授權 A6-5

單元 4 通訊網路原理

第7章 電腦通訊與電腦網路
- 7-1 電腦通訊簡介 A7-2
- 7-2 認識電腦網路 A7-6

第8章 電腦網路的組成與通訊協定
- 8-1 傳輸媒介 A8-2
- 8-2 網路設備與軟體 A8-6
- 8-3 網路架構與交換技術 A8-14
- 8-4 通訊協定 A8-20

第9章 認識網際網路
- 9-1 連接網際網路的方式 A9-1
- 9-2 網際網路的位址 A9-7

單元 5 網路服務與應用

第10章 網路服務
- 10-1 資訊傳遞 A10-2
- 10-2 檔案傳輸 A10-8
- 10-3 數位內容 A10-10

第11章 雲端運算與物聯網
- 11-1 雲端運算應用 A11-1
- 11-2 物聯網 A11-3

單元 6 電子商務

第12章 電子商務的基本概念與經營模式
- 12-1 電子商務的基本概念 A12-2
- 12-2 電子商務的類型與經營模式 A12-6
- 12-3 電子商務的發展 A12-10

第13章 電子商務安全機制
- 13-1 資料傳輸安全 A13-2
- 13-2 電子商務常見的安全機制 A13-6
- 13-3 電子商務常見的觸法行為 A13-10

單元 7 數位科技與人類社會

第14章 個人資料防護與重要社會議題
- 14-1 個人資料防護與網路內容防護 A14-2
- 14-2 資訊倫理 A14-10
- 14-3 惡意軟體與駭客攻擊 A14-14
- 14-4 網路犯罪與法令規範 A14-19

第15章 數位科技與現代生活
- 15-1 個人、家庭方面的應用 A15-2
- 15-2 教育方面的應用 A15-5
- 15-3 社會方面的應用 A15-6
- 15-4 商業方面的應用 A15-8
- 15-5 重大科技趨勢對人與社會的衝擊與發展 A15-10

數位科技應用 Contents

單元 1 商業文書應用

第1章　認識文書處理軟體
- 1-1　文書處理軟體簡介 B1-2
- 1-2　Word的基本操作 B1-5

第2章　Word文件的編輯與美化
- 2-1　文件的編輯 B2-2
- 2-2　圖表的應用 B2-8

單元 2 商業簡報應用

第3章　認識簡報軟體
- 3-1　簡報製作的概念 B3-2
- 3-2　簡報軟體簡介 B3-4
- 3-3　簡報的檢視模式 B3-6
- 3-4　佈景主題及母片 B3-7

第4章　PowerPoint的基本操作
- 4-1　簡報的編輯 B4-1
- 4-2　特效使用與簡報放映 B4-7

單元 3 商業試算表應用

第5章　認識電子試算表軟體
- 5-1　電子試算表軟體簡介 B5-2
- 5-2　工作表與活頁簿 B5-3
- 5-3　Excel的基本操作 B5-4

第6章　Excel資料的計算與分析
- 6-1　公式與函數的使用 B6-1
- 6-2　資料的整理與分析 B6-10
- 6-3　統計圖表的製作 B6-16

第7章　網路帳號與雲端應用

7-1	網路帳號	B7-2
7-2	雲端儲存	B7-3
7-3	雲端辦公應用	B7-4
7-4	雲端共用行事曆	B7-5
7-5	網路問卷	B7-6
7-6	其他雲端應用	B7-8

第8章　雲端影音資源與行動裝置App之應用

| 8-1 | 雲端影音資源之應用 | B8-1 |
| 8-2 | 行動裝置App之應用 | B8-5 |

單元 4　雲端應用

第9章　影像處理

| 9-1 | 認識影像處理 | B9-2 |
| 9-2 | 影像的色彩模式與類型 | B9-3 |

第10章　PhotoImpact影像處理軟體

| 10-1 | PhotoImpact簡介 | B10-1 |
| 10-2 | 基本操作與影像美化 | B10-2 |

單元 5　影像處理應用

第11章　網站規劃與網頁設計

11-1	網站的規劃設計	B11-2
11-2	HTML	B11-6
11-3	CSS	B11-18

第12章　網頁設計軟體

| 12-1 | 網頁設計軟體簡介 | B12-1 |
| 12-2 | 網頁設計實務 | B12-2 |

單元 6　網頁設計應用

第13章　電子商務平台的認識

13-1	自建型電子商務平台及購物商店	B13-2
13-2	套用開店平台的模板建立購物商店	B13-3
13-3	建立依附在第三方電商平台的購物商店	B13-4

第14章　線上購物商店的規劃、架設與管理

14-1	線上購物商店的規劃	B14-1
14-2	線上購物商店的架設	B14-3
14-3	線上購物商店平台管理	B14-4

單元 7　電子商務應用

數位科技概論

單元 1	數位科技基本概念
單元 2	系統平台
單元 3	軟體應用
單元 4	通訊網路原理
單元 5	網路服務與應用
單元 6	電子商務
單元 7	數位科技與人類社會

統測考試範圍

單元 1

數位科技基本概念

學習重點

章名	常考重點
第1章 數位科技的概念	• 資料處理的型態 • 第五代電腦　★★★★☆ • 資料的儲存單位與常用的時間單位
第2章 數位化概念	• 數字系統 • 聲音的數位化　★★★★✬ • 影像的概念 • 常見的數位內容格式

統測命題分析

數位科技概論

- 單元1 9%
- 單元2 15%
- 單元3 16%
- 單元4 15%
- 單元5 13%
- 單元6 15%
- 單元7 17%

數位科技應用

- 單元1 15%
- 單元2 11%
- 單元3 24%
- 單元4 11%
- 單元5 15%
- 單元6 17%
- 單元7 7%

第 1 章 數位科技的概念

1-1 資料與資訊

一、資料處理

1. **資料**（data）：記錄事實的一群相關文字、數字或符號。

2. **資訊**（information）：將「資料」經過有系統的記錄、彙集、計算、統計、分析等處理之後，所產生出來可以做為決策參考的訊息。

3. **資料處理**（data processing）：將「資料」轉換成「資訊」的過程。

   資料 → 輸入 Input → 處理 Process → 輸出 Output → 資訊

4. **GIGO**（Garbage In Garbage Out，垃圾進、垃圾出）：是指在資料處理的過程中，輸入不正確的資料就會產生不正確的資訊，其重點是在強調輸入正確資料的重要性。

5. **資料庫**：是一群經過有系統分類、整理的資料集合，電腦資訊系統要儲存與管理大量資料，通常須使用資料庫。

得分區塊練

( ) 1. 一群原始的數字、文字或符號等資料，經過處理後得到具有意義的結果稱為？
(A)資料 (B)檔案 (C)資訊 (D)記錄。

( ) 2. 「資料處理（Data Processing）」的基本作業是
(A)輸出、處理、輸入
(B)輸入輸出、處理、列印
(C)輸入、處理、輸出
(D)輸入輸出、顯示、列印。
[丙級軟體應用]

( ) 3. 班長將本班同學的段考成績，統計整理成一張可看出全班名次的成績統計表，請問這個過程稱為？
(A)資料處理 (B)資料輸入 (C)資訊輸出 (D)成績統計。

二、資料處理的型態 110 111

1. **批次處理**（batch processing）：先將要處理的資料加以彙集，再由電腦一次處理。

2. **即時處理**（real-time processing）：將資料輸入電腦後，電腦會在極短時間內立即處理並回應結果。

   💡 解題密技　在統測中若考到即時與連線處理的概念，應特別注意**即時處理一定是連線（線上）處理，但連線處理不一定是即時處理**。

   例如在線上遊戲中向線上客服（俗稱GM）發出請求，通常需要以排隊的方式等候GM處理問題，這種方式就不屬於即時處理。

3. **交談式處理**（interactive processing）：在資料處理的過程中，由使用者以互動的方式和電腦溝通。

4. 資料處理的型態若依處理資料的地區來分類，可分為：

   a. **集中式處理**（centralized processing）：資料統一由某部電腦負責處理。如教學網站提供的線上測驗。

   b. **分散式處理**（distributed processing）：以各單位的電腦分別處理該單位的資料，處理後的資料通常會傳回總部的主機統整。如跨館圖書借閱系統、雲端運算、網格運算等。

5. 下表是針對不同的業務需求所採用的資料處理型態。

生活實例	批次處理	即時處理	交談式處理	分散式處理
薪資計算作業	✓			
統測閱卷	✓			
水電費計算	✓			
申請成為會員			✓	
ATM提款		✓	✓	✓
網路訂票		✓	✓	
飛航管制		✓		
即測即評考試		✓	✓	
安全監控（火災警示）		✓		
跨館圖書借閱系統		✓	✓	✓

➤ 也是連線（線上）處理

◎ 五秒自測　統測閱卷、帳單結算、館藏查詢、網路報稅、網路訂票等生活實例，哪些採用批次處理、哪些採用即時處理？

得分區塊練

(　)1. 下列電子資料的處理類型中，何者最適合以即時處理的方式來作業？
(A)薪資計算作業
(B)水電費計算作業
(C)核能安全監控
(D)四技二專統一入學測驗閱卷。

(　)2. 公司行號每個月結算一次進貨及銷貨的金額，請問此作業方式屬於下列哪一種資料處理？　(A)批次處理　(B)即時處理　(C)分時處理　(D)分散處理。

(　)3. 下列哪一項最常以交談式即時方式處理？
(A)圖書館藏書查詢
(B)每月水電費單據列印
(C)公司員工薪資計算
(D)入學測驗閱卷。

(　)4. ATM提款機能夠快速處理每位顧客的使用需求，是屬於下列何種系統？
(A)即時處理系統　　　　　　　　(B)批次處理系統
(C)離線處理系統　　　　　　　　(D)多人單工處理系統。

(　)5. 下列何種系統是採用批次處理？
(A)雷達偵測系統
(B)聯招考試的電腦閱卷系統
(C)安全監控系統
(D)圖書館書籍查詢系統。

(　)6. 下列哪一種資料處理工作是屬於批次處理？
(A)網路報稅　(B)線上購物　(C)電費帳單處理　(D)網路訂票。

(　)7. 網路上接受成績查詢的系統，較不常採用下列哪一種處理方式？
(A)分時處理（Time-Sharing Processing）
(B)即時處理（Real-Time Processing）
(C)批次處理（Batch Processing）
(D)連線處理（On-Line Processing）。

(　)8. 著名的荷蘭花卉交易市場採用拍賣制度，其交易資訊系統能在每筆交易成功之一秒鐘內通知買賣雙方；請問此交易系統最可能採取下列哪一種作業方式處理交易資料？　(A)離線處理　(B)即時處理　(C)高速處理　(D)批次處理。

(　)9. 電信公司每個月的月底要列印帳單，最適合採用下列哪一種資料處理型態來處理？
(A)即時處理　(B)分散式處理　(C)批次處理　(D)交談式處理。　　　[技藝競賽]

(　)10. 英雄聯盟、新楓之谷等線上遊戲的伺服器，適合使用下列哪一種資料處理型態來處理遊戲玩家，練功打怪所獲得的經驗值？
(A)即時處理　(B)交談式處理　(C)批次處理　(D)分散處理。

1-2 數位科技的演進

一、電腦早期的演進

時間	研發人員	代表性產品
1823	巴貝奇（電腦之父）	差分機（具有四則運算的功能）、分析機
1937	阿坦那索夫	第1部電子式電腦的雛型-ABC
1946	毛琪雷	第1部通用型電腦　-ENIAC
1949	馮紐曼（提出內儲程式概念）	第1部內儲程式電腦　-EDSAC
1951	毛琪雷與艾克特	第1部商用電腦　-UNIVAC Ⅰ

二、電腦世代的發展（以電子元件做區隔）

世代	主要元件	代表電腦	體積	速度	耗電量	價格
第一代（1946～1959）	真空管	ABC電腦、ENIAC	大	慢	高	高
第二代（1959～1964）	電晶體	TRADIC	↓	↓	↓	↓
第三代（1964～1971）	積體電路（IC）	IBM System/360	↓	↓	↓	↓
第四代（1971～今日）	超大型積體電路（VLSI）	MITS Altair 8800	小	快	低	低

全球首部個人電腦，由**羅伯茲**（Henry Edward Roberts）研發

◎**五秒自測**　第一代、第二代、第三代、第四代電腦使用的主要元件為何？

1. **IC**（Integrated Circuit）：積體電路，由許多電晶體、電容器等電子元件所組成的一種電路。

2. **VLSI**（Very Large Scale Integration）：是一種超高密度的積體電路。

3. Intel公司率先於1974年將電腦的運算單元及控制單元整合設計在一片VLSI上，此晶片稱為**微處理器**（microprocessor），也就是一般所稱的CPU。

三、第五代電腦

1. 具有**人工智慧**（Artificial Intelligence, AI）的電腦常被稱為「第五代電腦」。目前有許多以第五代電腦為目標開發的電腦及軟體，例如：

    a. **深藍**（Deep Blue）超級電腦曾擊敗西洋棋的世界冠軍。

    b. **華生**（Watson）人工智慧系統在美國益智節目「危險境界」中，擊敗該節目的兩位冠軍得主。

    c. **AlphaGo** 人工智慧圍棋程式曾擊敗圍棋世界棋王。

2. **人工智慧**主要在研究如何讓電腦模仿人類的思考模式，使電腦具有學習、記憶、推理及處理問題的能力。

3. 人工智慧常見的應用有：機器人、語音辨識、專家系統、自然語言處理等。

    ◎五秒自測　人工智慧的英文縮寫為？

4. 專家系統（expert system）：透過儲存某些事實與規則，並利用這些規則來推理、判斷以解決問題的系統。專家系統中通常會包括知識庫、推論引擎及使用者介面。

    a. 知識庫：儲存某些演繹規則與相關事實（經驗）的資料庫。

    b. 推論引擎：利用知識庫中儲存的內容來推導解決問題的可能方法。

    c. 使用者介面：使用者與專家系統之間的溝通介面。

5. **自然語言處理**：透過分析與處理人類語言（如英文、中文等），讓人類可使用自然語言指揮電腦工作。

有背無患

1. Alexa 智慧語音助理：由亞馬遜公司開發，可以聽從人類的語音指令來提供服務。由於 Alexa 技術開放給第三方開發者使用，因此目前已有許多汽車、家電內建 Alexa 智慧語音助理。

2. 語意網（semantic web）：目標是要使電腦能夠理解資料的涵意，實現語意網概念的方法很多，目前常見的是為資料加入標籤，讓電腦能藉由標籤來辨別資料涵意。

四、電腦的種類

種類	說明	常見的應用
超級電腦 （supercomputer）	具有超高速的運算能力，價格昂貴，體積相當龐大	天氣預測、 太空科學研究、 計算太空梭飛行軌道
大型電腦 （mainframe computer）	具有快速處理大量資料的能力	航空公司的訂位系統、 水電公司的收據印製
迷你電腦 （minicomputer）	功能比大型電腦低，價格較便宜	中小企業、 學校機構的作業處理
工作站 （workstation）	功能著重在數學及圖形運算，適合用來架設網站	電腦輔助繪圖、 多媒體動畫製作、 生物醫學統計
個人電腦 （personal computer）	即微電腦（microcomputer）。體積小、價格低廉、使用容易	家庭、學校及公司的日常作業處理
嵌入式電腦 （embedded computer）	內建在特定的產品中，具有特定功能	機器人、資訊家電、 電視遊樂器、智慧手環

1. 桌上型電腦、筆記型電腦（NoteBook, NB）或稱膝上型電腦（Laptop）、超輕薄筆電（Ultrabook）、輕省筆電（Netbook）、All-in-One PC、平板電腦（Tablet PC）等皆屬於個人電腦。

2. Mac（麥金塔）：蘋果公司所推出的個人電腦，早期只能安裝macOS，現今Mac電腦也可安裝Windows作業系統。

3. All-in-One PC：是觸控式螢幕與電腦主機二合一，超省空間。

4. **資訊家電**（Information Appliance, IA）：通常具有上網的功能，可讓使用者透過網路遙控它運作，如智慧電視（smart TV）、智慧冰箱、智慧冷氣、掃地機器人、智慧吸塵器。

第1章 數位科技的概念

得分區塊練

( )1. 下列有關專家系統（Expert System）的敘述，何者不正確？
(A)屬於人工智慧的應用領域
(B)侷限於解決特定領域的問題
(C)通常包括使用者介面、推論引擎與知識庫
(D)知識庫通常儲存VRML格式檔案。

( )2. 讓電腦能模擬人類的思考行為，這是屬於下列哪一項？
(A)人工智慧　(B)影像處理　(C)語音辨識　(D)電腦駭客。　　　　[技藝競賽]

( )3. 「AlphaGo」是可模擬人類思維的圍棋程式，它在圍棋比賽中戰勝圍棋九段的世界棋王，「功力」令人驚訝。請問AlphaGo可能應用哪一項技術？
(A)AI　(B)NFC　(C)VR　(D)GPS。

( )4. 下列何者為經常使用在翻譯機、電子錶、行動電話上的特殊用途電腦？
(A)嵌入式電腦（embedded computer）
(B)迷你電腦（minicomputer）
(C)微電腦（microcomputer）
(D)高階電腦（high-end computer）。

( )5. 下列哪一種電腦適用於銀行、大型企業、政府機關的業務處理？
(A)大型電腦　(B)超級電腦　(C)個人電腦　(D)工作站　　　　[技藝競賽]

( )6. 為了精確計算出太空梭的飛行軌道，美國太空總署最可能使用下列哪一種電腦，來進行此種需要高速運算的工作？
(A)超級電腦　(B)個人電腦　(C)筆記型電腦　(D)嵌入式電腦。

( )7. All-in-One PC是一種結合觸控式螢幕與主機的電腦，除可節省空間之外，還能讓使用者直接以觸控的方式來操作電腦，請問這種電腦屬於下列何種類型的電腦？
(A)超級電腦　(B)個人電腦　(C)迷你電腦　(D)大型電腦。

( )8. 我們所使用的網路電話、智慧冰箱等結合電腦與網路技術的家電產品，稱為：
(A)混合電腦　(B)聰明家電　(C)特殊用途電腦　(D)資訊家電。

A1-9

1-3 資料的儲存單位與常用的時間單位

一、儲存單位 [105]

單位	說明
位元（bit）	電腦的最小記憶單位，只能儲存0或1兩種訊號
位元組（byte）	1. 電腦中可被定址的最小單位 2. 一個英文字母或數字通常是以一個位元組來表示

1. 單位換算：

    - 1 byte = 8 bits

    - 1 **K**ilo**B**yte（KB） = 1,024 bytes = 2^{10} bytes（≒ 10^3 bytes）

    - 1 **M**ega**B**yte（MB） = 1,024 KB = 2^{20} bytes（≒ 10^6 bytes）

    - 1 **G**iga**B**yte（GB） = 1,024 MB = 2^{30} bytes（≒ 10^9 bytes）

    - 1 **T**era**B**yte（TB） = 1,024 GB = 2^{40} bytes（≒ 10^{12} bytes）

    - 1 **P**eta**B**yte（PB） = 1,024 TB = 2^{50} bytes（≒ 10^{15} bytes）

    - 1 **E**xa**B**yte（EB） = 1,024 PB = 2^{60} bytes（≒ 10^{18} bytes）

    - 1 **Z**etta**B**yte（ZB） = 1,024 EB = 2^{70} bytes（≒ 10^{21} bytes）

單位 KB → MB → GB → TB → PB → EB → ZB
     2^{10} 2^{20} 2^{30} 2^{40} 2^{50} 2^{60} 2^{70}

容量 小 ──────────────→ 大

⌢ ： 2^{10}倍（2^{10} ≒ 10^3）

口訣記憶法

國 民 雞 腿 飯 1份 好吃
K   M   G   T   P   E   Z

→意：國民雞腿「飯」（台語）一份好吃

◉ 五秒自測　1byte等於多少位元？KB、MB、GB、TB等電腦儲存單位各是2的幾次方？

第1章 數位科技的概念

穩操勝算

一顆容量大小為100GB的硬碟，相當於多少KB的容量？

答 104,857,600KB

解 100GB = 100 × 1,024 × 1,024
       = 104,857,600KB

+1 題

一張大小為10KB的圖檔，相當於多少bit？

答 81,920bits

穩操勝算

一個容量大小為10GB的隨身碟，最多可儲存多少張5MB的照片？
(A)512　(B)720　(C)1,024　(D)2,048

答 (D)2,048

解 $\dfrac{10\text{GB}}{5\text{MB}} = \dfrac{10 \times 1{,}024\text{MB}}{5\text{MB}} = 2{,}048$

解題密技 當統測試題的選項間之數值差異較大，為了方便計算，可使用1,000來代替1,024，如
$\dfrac{10\text{GB}}{5\text{MB}} = \dfrac{10 \times 1{,}000\text{MB}}{5\text{MB}}$
       $= 2{,}000$

+1 題

假設每部影片的容量大小為1,000MB，則下列何者可儲存最多部影片？
(A)650MB的CD光碟　(B)4GB記憶卡
(C)4.7GB的DVD光碟　(D)1TB的硬碟

答 (D)1TB的硬碟

得分區塊練

( )1. 下列關於KB（Kilo Byte）、MB（Mega Byte）、GB（Giga Byte）何者錯誤？
　　(A)1KB < 1GB　　　　　　　　(B)1MB = 1024KB
　　(C)1GB = 1024KB　　　　　　 (D)1KB = 1024B（Byte）。

( )2. 下列有關記憶體儲存容量的單位換算，何者不正確？　(A)1Byte = 1024Bits
　　(B)1KB = 1024Bytes　(C)1MB = 1024KB　(D)1GB = 1024MB。

( )3. 1GigaByte等於多少個位元組？
　　(A)2^{40}bytes　(B)2^{30}bytes　(C)2^{20}bytes　(D)2^{10}bytes。　　　　[技藝競賽]

( )4. 某廠牌四種硬碟之容量與售價之關係（容量：售價）分別為160G：2500元，200G：3000元，300G：3500元，400G：6000元。以單位儲存量之購買成本而言，何種硬碟最經濟（便宜）？　(A)160G　(B)200G　(C)300G　(D)400G。

二、時間單位

單位	代表數值（秒）	時間長度
毫秒（ms, millisecond）	10^{-3}	千分之一秒
微秒（μs, microsecond）	10^{-6}	百萬分之一秒
奈秒（ns, nanosecond）	10^{-9}	十億分之一秒
披秒（ps, picosecond）	10^{-12}	一兆分之一秒

口訣記憶法

好 餵 奶 瓶 →意：好餵食的奶瓶
毫 微 奈 披

穩操勝算

假設CPU每秒執行1,000,000個指令，則執行一個指令需費時多久？

答 1微秒

解 $\dfrac{1}{1,000,000} = 10^{-6}$（即1微秒）

+1題

100 ps（披秒）等於多少μs（微秒）？

答 0.0001微秒

有背無患

- 奈米科技（nanotechnology）：探討物質在1～100奈米大小下所產生的特性與現象，應用領域相當廣泛，如醫療、生物科技、電子、化工、能源等。
- 奈米是度量的單位，1奈米是十億分之一（10^{-9}）米。

得分區塊練

( )1. 下列何者相當於1秒的十億分之一？
(A)毫秒 (B)微秒 (C)微微秒 (D)奈秒。

( )2. 電腦常用的時間單位有：毫秒、微秒及奈秒，請問1奈秒等於多少秒？
(A)10^{-12} (B)10^{-9} (C)10^{-6} (D)10^{-3}。

第1章 數位科技的概念

滿分晉級

情境素養題

▲ 閱讀下文，回答第1至2題：

在資訊科技發達的時代，已有許多工作能透過各式電腦來進行操控，也有許多廠商在開發高級房車時，為了提供更安全的操控性能及便利性，都裝有電子操控系統，並且提供可讓使用者直接以口語指揮汽車行駛的功能。

( )1. 根據上述情境中，提及許多高級房車都裝有電子操控系統，以降低在路況不佳時，發生打滑失控的風險。請問這類高級房車最可能內建有下列哪一種電腦？
(A)超級電腦 (B)工作站 (C)個人電腦 (D)嵌入式電腦。　　　[1-2]

( )2. 佳麟所駕駛的房車具有上述情境中所提到的語音操控功能，請問這類可讓使用者直接以口語指揮房車行駛，最可能是該廠商於車內應用了下列哪一項技術，讓房車具有可分析與處理人類語言的功能？
(A)NFC (B)人工智慧 (C)奈米科技 (D)RFID。　　　[1-2]

( )3. 某家知名的連鎖藥妝店，在廣告中宣稱其所販售商品的價格最低。若你是該家公司的商品查價員，就必須收集其他藥妝店的廣告單，以了解市場行情；這些收集來，但尚未經處理的廣告單，在資料處理的領域中，泛稱為：
(A)資訊 (B)資料 (C)文獻 (D)報表。　　　[1-1]

精選試題

1-1 ( )1. 下列有關於即時處理系統（Real-time Processing System）的敘述，何者不正確？
(A)必須在一定的時間內回傳結果
(B)交通管制系統適合使用即時處理系統
(C)即時處理系統適合為連線（on-line）的系統
(D)通常使用分時多工來加快速度。

( )2. 信用卡公司每個月的月底要列印信用卡帳單，最適合採用下列哪一種資料處理型態來處理？
(A)即時處理 (B)分散式處理 (C)批次處理 (D)交談式處理。

( )3. 在台鐵公司網路訂票系統中，下列何者為不適用的資料處理方式？
(A)交談式處理 (B)即時處理 (C)批次處理 (D)分散式處理。

( )4. 將相同類型資料合併整理後，再一併處理的資料處理型態為：
(A)分散式處理 (B)即時處理 (C)批次處理 (D)交談式處理。

( )5. 四技二專統一入學測驗的電腦閱卷作業是屬於：
(A)批次處理 (B)交談式處理 (C)即時處理 (D)分時處理。

( )6. 下列何者不需要即時系統來處理？
(A)飛機訂票系統　　　　　　　　(B)股市交易
(C)ATM自動提款機系統　　　　　(D)銀行利息計算。

A1-13

(　　)7. 資料輸入時，有所謂GIGO的說法，其意義為
(A)好的資料進去，會產生壞的資料出來
(B)壞的資料進去，會產生好的資料出來
(C)強調輸入正確資料的重要性
(D)強調通訊軟體的傳輸效果。

(　　)8. 電子計算機可定義為「處理資料的機器」，輸入未經處理之原始資料，經處理後得到有用的結果稱為：　(A)成品　(B)資訊　(C)總成績　(D)報表。

(　　)9. 電子資料處理的過程不包含下列哪一種活動？
(A)輸出　(B)輸入　(C)處理　(D)檢討。

(　　)10. 下列有關資料與資訊的敘述，何者錯誤？
(A)資料是對事實客觀的描述
(B)學生成績經過統計、排序等處理所產生的成績單，對教師而言，即是一種資訊
(C)資訊是資料經過有系統的處理之後，所產生出來可做為決策參考的訊息
(D)只有文字的敘述，才能稱為資料。

(　　)11. 在電子資料處理中，下列何者為交談式處理作業方式？
(A)電話費計算　(B)ATM提款　(C)自來水費計算　(D)學生成績計算。

(　　)12. 我們使用手機透過網路來遙控家中的冷氣機，這是屬於下列哪一種電腦應用？
(A)資訊家電　(B)全球定位系統　(C)辦公室自動化　(D)電腦輔助製造。

(　　)13. 下列何者為第一代電腦的製造元件？
(A)真空管　(B)電晶體　(C)積體電路　(D)超大型積體電路。

(　　)14. 下列敘述何者正確？
(A)桌上型電腦是一種微電腦，而筆記型電腦（Notebook Computer）則是一種嵌入式電腦
(B)智慧型手機是超級電腦的一種
(C)電晶體、電容、電阻都是積體電路的電子元件
(D)使用電腦來控制生產線上的機器以便快速製造產品，減少空間的浪費，稱之為「電腦輔助設計」。

(　　)15. 下列何種類型的電腦效能最佳？
(A)個人電腦　(B)工作站　(C)中大型電腦　(D)超級電腦。　　　[丙級軟體應用]

(　　)16. 資訊家電（Information Appliance），例如：數位冰箱或數位冷氣機，通常利用下列何種電腦，來執行特定的監控或運算功能？
(A)迷你電腦　(B)掌上型電腦　(C)嵌入式電腦　(D)個人電腦。

(　　)17. 人工智慧（AI）是哪一代電腦的特色？
(A)第三代　(B)第四代　(C)第五代　(D)第六代。

(　　)18. 下列電子元件：
①電晶體　②超大型積體電路　③積體電路　④真空管
若依據電腦發展的演進過程排列，其正確的排序為：
(A)④③①②　(B)④①③②　(C)①②③④　(D)②③④①。

(　　)19. 積體電路的英文簡稱是
(A)CPU　(B)IC　(C)CAI　(D)MIS。

( )20. 將電路的所有元件,如電晶體、電阻,二極體等濃縮在一個矽晶片上之電腦元件稱為: (A)積體電路 (B)電晶體 (C)真空管 (D)中央處理單元。

( )21. 下列何者涉及研究電腦如何了解人類語言?
(A)自然語言處理(natural language processing)
(B)知識庫(knowledge base)
(C)推論引擎(inference engine)
(D)人機介面(user interface)。

( )22. 第二代電腦使用的元件為何?
(A)真空管 (B)電晶體 (C)積體電路 (D)超大型積體電路。

( )23. VLSI為下列哪一個電子元件的簡稱?
(A)真空管 (B)電晶體 (C)積體電路 (D)超大型積體電路。

( )24. 電腦記憶體中可定位址之最小單位為?
(A)Bit (B)Block (C)Word (D)Byte。

( )25. 電腦儲存單位中的1MB(Mega Bytes)等於多少個位元組(Bytes)?
(A)1,000,000Bytes (B)1,024,000Bytes
(C)1,048,576Bytes (D)10,000,000Bytes。

( )26. 記憶體容量2GB可以轉換成下列何種表示方式?
(A)2000MB (B)2000KB (C)2048MB (D)2048KB。

( )27. 電腦的硬碟空間有40GB,其容量為:
(A)40×2^{20} bytes (B)40×2^{30} bytes (C)40×2^{20} bits (D)40×2^{30} bits。

( )28. 電腦處理資料的單位中,奈秒(Nanosecond)指的是下列哪個值?
(A)10^{-3}秒 (B)10^{-6}秒 (C)10^{-9}秒 (D)10^{-12}秒。

( )29. 電腦儲存設備基本上都以位元組(Bytes)做為資料存取的單位,下列敘述何者錯誤?
(A)1 Kilo Bytes(KB)= 1024Bytes
(B)1 Mega Bytes(MB)= 1024KB
(C)1 Giga Bytes(GB)= 1024MB
(D)1 Tera Bytes(TB)= 2^{30} Bytes。

( )30. 下列何者最接近一兆位元組?
(A)Megabyte (B)Terabyte (C)Gigabyte (D)Nanobyte。

( )31. 10奈秒(nanosecond)相當於多少毫秒(millisecond)?
(A)10^5 (B)10^{-5} (C)10^8 (D)10^{-8}。

( )32. 下列數值中,何者與其它三者不同?
(A)1000ns (B)1μs (C)10ms (D)0.001ms。

( )33. 假設某一部個人電腦之記憶體容量為4096MB,則該記憶體容量等於
(A)512,000KB (B)1TB (C)524,288KB (D)4GB。

( )34. 下列儲存媒體,何者能夠儲存最多檔案?
(A)8GB隨身碟 (B)1TB硬碟
(C)680MB記憶卡 (D)4GB雲端硬碟。

(　)35. 下列何者無法將右表中的資料全部儲存起來？
　　　(A)1片4.7GB的DVD光碟片
　　　(B)7片650MB的CD光碟片
　　　(C)3個2GB隨身碟
　　　(D)1個8GB記憶卡。

資料	資料容量
a. 影片、照片檔案	4.5GB
b. 報告、作業檔案	80 MB
c. LINE檔案	100 MB

(　)36. 請將下列儲存單位由大至小排列：(甲)TB、(乙)EB、(丙)bit、(丁)KB
　　　(A)丁丙乙甲　(B)甲乙丁丙　(C)乙甲丁丙　(D)乙甲丙丁。

(　)37. 假設CPU每秒可執行5,000,000個指令，則執行一個指令需費時多少時間？
　　　(A)2μs　(B)5ns　(C)0.2μs　(D)0.5ns。

(　)38. 下列有關電腦的儲存單位與時間單位的換算，何者正確？
　　　(A)1PB = 1,024MB　　　　　　(B)1bit = 8bytes
　　　(C)1ms = 10^{-6}秒　　　　　　(D)1ps = 10^{-12}秒。

(　)39. 一部影片大小為3,258,000 Bytes，請問該部影片大小約為多少MB？
　　　(A)0.3MB　(B)3.1MB　(C)397.7MB　(D)3181MB。

(　)40. 若記憶體的容量為32MB，其意指
　　　(A)2^{25} BITS　(B)2^{20} BITS　(C)2^{25} BYTES　(D)2^{20} BYTES。

(　)41. 電腦資料最小儲存單位僅能儲存二進位值0或1，此儲存單位稱為
　　　(A)位元（Bit）　(B)位元組（Byte）　(C)字組（Word）　(D)字串。

(　)42. 下列儲存容量的數值中，何者與其它不同？
　　　(A)0.5TB　(B)512PB　(C)512GB　(D)(512 × 1,024 × 1,024)KB。

(　)43. 下列哪一種儲存設備的容量最大？
　　　(A)64GB的iPhone　　　　　　(B)2TB的硬碟
　　　(C)內建2,048MB的電子書閱讀器　(D)2GB的記憶卡。

(　)44. iPhone內建有32GB的儲存容量，曉芳利用它來儲存300首MP3音樂、8部影片，假設每首MP3音樂平均佔用6MB的空間大小、每部影片平均佔用2.5GB的儲存容量，請問該台iPhone約剩餘多少儲存空間？
　　　(A)10GB　(B)11GB　(C)12MB　(D)13MB。

(　)45. 時間單位1ns（奈秒）相當於多少μs（微秒）？
　　　(A)10^{-6}　(B)10^{-3}　(C)10^{3}　(D)10^{6}。

(　)46. 下列時間單位中，哪一種所代表的時間長短最短？
　　　(A)毫秒（ms）　(B)披秒（ps）　(C)奈秒（ns）　(D)微秒（μs）。　　　[技藝競賽]

統測試題

( )1. 電腦常用的時間單位有：微秒（μs）、披秒（ps）、毫秒（ms）及奈秒（ns），請問下列哪一項數值所代表的時間長度最長？
(A)1ms (B)500ns (C)1024μs (D)100000ps。 [102工管類]

( )2. 電腦內的數位晶片運作主要是靠時脈（Clock）來達成同步，請問下列時脈週期（Clock Period）的時間單位何者最小？
(A)picosecond（ps） (B)millisecond（ms）
(C)nanosecond（ns） (D)microsecond（μs）。 [103資電類]

( )3. 在時間單位中，下列哪一種表示法和10μs的百萬分之一的意義相同？
(A)10ts (B)0.1ms (C)1000ns (D)10ps。 [104商管群]

( )4. 電腦記憶體容量大小的單位通常用KB、TB、GB或MB表示，這四種單位，由大到小的排列為何？
(A)KB > TB > GB > MB (B)GB > TB > MB > KB
(C)TB > GB > MB > KB (D)MB > KB > TB > GB。 [104工管類]

( )5. 要能表示A～Z及a～z的英文字母，最少需要幾個位元（bit）？
(A)3 (B)4 (C)5 (D)6。 [105商管群]

( )6. 下列關於資料處理型態的敘述，何者正確？
(A)交談式處理是指必須用麥克風和電腦進行溝通的資料處理型態
(B)分散式處理是指將整理好的資料全部打散
(C)統測考試的電腦閱卷作業可用批次的資料處理型態
(D)銀行ATM提款是屬於批次的資料處理型態。 [106工管類]

( )7. 下列何者與電腦程式擊敗頂尖職業圍棋高手所運用的資訊技術最相關？
(A)物聯網 (B)人工智慧
(C)人機介面 (D)電腦輔助教學。 [107工管類]

( )8. 儲存單位TB（Terabyte）約等於幾倍的KB（Kilobyte）？
(A)2^{10} (B)2^{20} (C)2^{30} (D)2^{40}。 [107工管類]

( )9. 資訊時代中的許多工作能透過各式電腦來進行操控，下列何者與嵌入式電腦（Embedded Computer）的應用最不相關？
(A)行動電話晶片
(B)智慧型冰箱
(C)氣象預測與分析的電腦
(D)汽車的ABS煞車系統。 [108工管類]

( )10. 有關電腦容量的計算敘述，下列何者最不正確？
(A)4GB的隨身碟大概可以存800首5MB的歌曲
(B)1TB的硬碟大概可以備份125個8GB的隨身碟內容
(C)1000個半形英文字母的文章存在記事本大概會有1KB的大小
(D)8GB的記憶卡大概可以存1000張800KB的相片。 [108工管類]

(   )11. 下列有關資料處理方式的敘述，何者正確？
(A)使用網路預訂高鐵車票的作業方式屬於批次處理
(B)公司每月核算員工薪資的作業方式屬於即時處理
(C)到自動櫃員機提款的作業方式屬於即時處理
(D)全國公民投票開票的作業方式屬於交談式處理。 [109工管類]

(   )12. 由於電腦運算速度的大幅提升，人工智慧（AI, Artificial Intelligence）應用愈來愈多，下列何者描述與人工智慧的應用最不相關？
(A)利用大量的車輛照片讓電腦學習後，自動找出車牌位置及辨識出車牌號碼
(B)利用高速網路連接無線網路與有線網路
(C)參考許多棋譜，開發出電腦圍棋高手程式
(D)藉由許多感測器的資訊計算後，讓汽車能安全自主駕駛成為自動駕駛汽車（Autonomous cars or Self - driving cars）。 [109工管類]

(   )13. 有一台數位相機裝有32GB的記憶卡，請問此記憶卡大約可存放多少張5MB大小的數位照片？
(A)約650張　(B)約6,500張　(C)約3,200張　(D)約32,000張。 [109工管類]

(   )14. 有一種振興券的領取方式，是透過便利商店的處理機臺，以輸入身份證字號等個人資料，然後列印領取單至超商櫃臺領取振興券。這個處理機臺的運作方式，若以常見資料處理型態來分類，下列哪一個選項最為適切？
(A)分散式處理　　　　　　　　(B)批次處理＋分散式處理
(C)交談式處理＋即時處理　　　(D)批次處理。 [110商管群]

(   )15. 「稅務系統、水電費計算系統、安全監控系統、薪資核算系統、飛彈攔截系統、大型選舉開票系統」中，屬於即時處理（Real-Time Processing）的有幾種？
(A)2　(B)3　(C)4　(D)5。 [110工管類]

(   )16. 下列哪一項資料處理的操作方式不是即時處理，而且也不是交談式處理？
(A)網路訂票　　　　　　　　　(B)統測閱卷
(C)ATM自動櫃員機　　　　　　(D)圖書館藏查詢。 [111商管群]

第 2 章 數位化概念

2-1 數字系統

一、常用的數字系統

數字系統	基數	使用符號	範例
二進位制	2	0, 1	$(111010)_2$
四進位制	4	0, 1, 2, 3	$(1230)_4$
八進位制	8	0, 1, 2, 3, 4, 5, 6, 7	$(72)_8$
十進位制	10	0, 1, 2, 3, 4, 5, 6, 7, 8, 9	$(58)_{10}$
十六進位制	16	0, 1, 2, 3, 4, 5, 6, 7, 8, 9, A, B, C, D, E, F	$(3A)_{16}$

1. 二進位制：電腦內部是以二進位的形式來儲存及處理資料。
2. 十進位制：人類慣用的數制。在撰寫十進位制的數值時，通常**省略基數**不寫。
3. 四進位制、八進位制與十六進位制：為方便使用者檢視電腦內部二進位資料。
4. 各數制使用的符號個數與數制本身的**基數**相同；如十進位制使用0~9，共10個符號，其基數為10。

二、各數制的對照表

（↲：進位）

十進位數	二進位數	四進位數	八進位數	十六進位數
0	0000	0	0	0
1	0001	1	1	1
2	0010	2	2	2
3	0011	3	3	3
4	0100	10	4	4
5	0101	11	5	5
6	0110	12	6	6
7	0111	13	7	7
8	1000	20	10	8
9	1001	21	11	9
10	1010	22	12	A
11	1011	23	13	B
12	1100	30	14	C
13	1101	31	15	D
14	1110	32	16	E
15	1111	33	17	F

三、十進位制轉其他進位制

1. 整數與小數須分開轉換（假設轉成n進位制），轉換方式：

    a. 將**整數部分**數值連續**除**以n，直到商為0，再**由下而上**取每次相除所得的**餘數**。

    b. 將**小數部分**數值連續**乘**以n，直到小數部分為0，再**由上而下**取每次相乘所得的**整數**。

> **簡易記憶法**
> - 整數：除以n取餘數，由下而上取，直到商為0。
> - 小數：乘以n取整數，由上而下取，直到小數為0。

穩操勝算

將13.75轉換成二進位制

答 $(1101.11)_2$

解 整數：

```
2 | 13  …餘 1
2 |  6  …餘 0
2 |  3  …餘 1
2 |  1  …餘 1
     0
```
由下而上取餘數

小數：

```
    0.75
  ×    2
  ─────
    1.50
  ×    2
  ─────
    1.00
```
由上而下取整數

+1 題

將13.75轉換成八進位制

答 $(15.6)_8$

得分區塊練

( ) 1. 請問十進位數字125.125，轉為二進位數字的結果為何？
　　(A)1111101.1111101　　(B)1111101.110101
　　(C)1011111.001　　(D)1111101.001。

( ) 2. 十進位數$(1234)_{10}$以八進位方式表示為$(2322)_8$，$(2468)_{10}$以十六進位方式表示為何？
　　(A)$(4644)_{16}$　(B)$(AAB)_{16}$　(C)$(9A4)_{16}$　(D)$(AC2)_{16}$。

( ) 3. 下列哪一個數字不是二進位數的表示法？
　　(A)101　(B)1A　(C)1　(D)11001。

四、其他進位制轉十進位制

1. 轉換方式：將每個數字，乘以其權值的加總

2. 公式：

n進位	轉換	10進位
$\overbrace{\begin{array}{cc}n^1 & n^0 \\ \square\square\end{array}}^{權值}.\underbrace{\begin{array}{cc}n^{-1} & n^{-2} \\ \square\square\end{array}}_{小數點}\ )_n$ 基底	➡	$\square \times n^1 + \square \times n^0 + \square \times n^{-1} + \square \times n^{-2}$

穩操勝算

將$(1101.11)_2$轉成十進位制

答 13.75

解 $(1101.11)_2$
 $= 1 \times 2^3 + 1 \times 2^2 + 0 \times 2^1 + 1 \times 2^0 + 1 \times 2^{-1} + 1 \times 2^{-2}$
 $= 8 + 4 + 0 + 1 + 0.5 + 0.25$
 $= 13.75$

+1題

將$(D.C)_{16}$轉成十進位制

公式：n進位 $(◎.◇)n \rightarrow$ 10進位 $◎ \times n^0 + ◇ \times n^{-1}$

答 13.75

得分區塊練

( ) 1. 二進位數$(11001.11)_2$轉換成十進位數，其值為何？
(A)29.75　(B)25.75　(C)24.25　(D)20.50。

( ) 2. 下列何者正確？
(A)$(1010.101)_2 = (10.625)_{10}$　　(B)$(1010.101)_2 = (10.75)_{10}$
(C)$(12D)_{16} = (288)_{10}$　　(D)$(127)_8 = (108)_{10}$。

( ) 3. 下列何者為將$(12A)_{16}$化為十進位數值的值？　(A)197　(B)198　(C)297　(D)298。

( ) 4. 「八進位數123」等於「十進位數」的
(A)83　(B)38　(C)79　(D)97。

[丙級軟體應用]

五、二、八、十六進位制互轉

1. 二、八進位制互轉：

項目	轉換方式
二轉八	將二進位制數值以每3個為一組轉成八進位制
八轉二	將八進位制的每個數字轉成3個為一組的二進位制

$2^3 = 8$，因此以3個為一組

→分組時，若出現位數不足的情形，整數部分**向左補0**，小數部分則**向右補0**。

穩操勝算

將$(11101.11)_2$轉換成八進位制

答 $(11101.11)_2 = (35.6)_8$

解
二進位　011　101　.　110
　　　　421　421　　　421
八進位　　3　　5　.　　6

補0

+1題

將$(27.6)_8$轉換成二進位制

答 $(27.6)_8 = (10111.11)_2$

2. 二、十六進位制互轉：

項目	轉換方式
二轉十六	將二進位制數值以每4個為一組轉成十六進位制
十六轉二	將十六進位制的每個數字轉成4個為一組的二進位制

$2^4 = 16$，因此以4個為一組

穩操勝算

將$(100.101)_2$轉換成十六進位制

答 $(100.101)_2 = (4.A)_{16}$

解
二進位　　0100　.　1010
　　　　　8421　　　8421
十六進位　　4　.　　A

補0

+1題

將$(9D.C)_{16}$轉換成二進位制

答 $(9D.C)_{16} = (10011101.11)_2$

3. **八、十六進位制數值無法直接互轉**。須先將數值轉成二進位制，再轉成八或十六進位制。

穩操勝算

將(3416)₈轉換成十六進位制

答 (3416)₈ = (70E)₁₆

解 1. 先將(3416)₈轉成二進位制

八進位	3	4	1	6
	421	421	421	421
二進位	011	100	001	110

2. 將(011100001110)₂轉成十六進位制

二進位	0111	0000	1110
	8421	8421	8421
十六進位	7	0	E

+1 題

將(5BD)₁₆轉換成八進位制

答 (5BD)₁₆ = (2675)₈

六、二進位制的位元運算

1. 位元運算子：用來進行二進位位元的運算，以二進位制所表示的數值其各個位元循序處理，通常應用於影像處理（如色彩轉換）、資料加密等二進位資料的處理。

2. 常見的位元運算子有AND、OR、XOR等。

位元運算子	AND（且）	OR（或）	XOR（互斥或）
意義	兩者皆1，結果為1	一者為1，結果為1	兩者不同，結果為1
真值表	A B A AND B 1 1 1 1 0 0 0 1 0 0 0 0	A B A OR B 1 1 1 1 0 1 0 1 1 0 0 0	A B A XOR B 1 1 0 1 0 1 0 1 1 0 0 0

範例	10011001₂
	AND 10111111₂
	    10011001₂
		10011001₂
		OR 10111111₂
		   10111111₂
			10011001₂
			XOR 10111111₂
			    00100110₂

得分區塊練

(　)1. 試計算二進位值(10010111.11)₂，轉換成八進位值的結果為何？
(A)(226.3)₈　(B)(226.11)₈　(C)(227.6)₈　(D)(453.6)₈。

(　)2. 下列四個不同基底的數值，何者是錯誤的表示法？
(A)(1010)₂　(B)(E12)₁₆　(C)(168)₈　(D)(11101)₁₀。

(　)3. 若將(114.625)₁₀轉換成二進制，其值為何？
(A)1010010.111
(B)1110000.001
(C)1110010.101
(D)1100101.11。

(　)4. 下列哪一個數字不是十六進位數的表示法？
(A)12A　(B)16G　(C)CAD　(D)198。

(　)5. 下列何者正確？
(A)(1110.01)₂ = (14.25)₁₀
(B)(1011.1)₂ = (11.75)₁₀
(C)(16C)₁₆ = (292)₁₀
(D)(172)₈ = (108)₁₀。

2-2　資料表示法

一、資料的類型

資料類型：數字、文字、聲音、影像、影片

二、整數資料表示法

1. 使用越多位元組（byte）所能表示的整數範圍越大，在個人電腦中常以2或4bytes來表示一個整數。

2. 假設電腦以2bytes（即16bits）來儲存整數，則16個位元共可組合出65,536（2^{16}）個數值，其正整數範圍為0～65,535。

3. 負整數的表示法有以下3種：

負整數的表示法 ─┬─ 最高位元表示法
               ├─ 1的補數法
               └─ 2的補數法

三、最高位元表示法

1. 最高位元為**0**表示**正數**；最高位元為**1**表示**負數**。

2. 以最高位元表示法表示負數時，00000000（+0）與10000000（-0）都被用來表示0，因此以1個byte來表示整數時，只能表示255個數。

十進位正數	二進位正數	十進位負數	二進位負數
+0	00000000	0	10000000
+1	00000001	-1	10000001
+2	00000010	-2	10000010
⋮	0…………	⋮	1…………
⋮	0…………	⋮	1…………
+127	01111111	-127	11111111

四、1的補數法

1. 將數值以二進位值表示，再將每一位元取其反相（即**1變0**，**0變1**）。

2. 以1的補數法表示負數時，00000000（+0）與11111111（-0）都被用來表示0，因此以1個byte來表示整數時，也只能表示255個數。

十進位正數	二進位正數	十進位負數	二進位負數
+0	00000000	0	11111111
+1	00000001	-1	11111110
+2	00000010	-2	11111101
⋮	…………	⋮	…………
⋮	…………	⋮	…………
+127	01111111	-127	10000000

五、2的補數法

1. 將數值以二進位值表示，再將每一位元取其反相（即**1變0，0變1**），最後**再加1**。

2. 以2的補數法表示負數時，由於進位要捨棄，所以不會有兩種值都用來表示0；因此以1個byte來表示整數時，可以表示256個數。

十進位正數	二進位正數	0、1互換，加1	二進位負數	十進位負數
+0	00000000	11111111 + 1	⑴註00000000	0
+1	00000001	11111110 + 1	11111111	−1
+2	00000010	11111101 + 1	11111110	−2
⋮	……………	……………	……………	⋮
⋮	……………	……………	……………	⋮
+127	01111111	10000000 + 1	10000001	−127
			10000000	−128

3. 電腦內部表示**負整數**通常是使用**2的補數法**。

得分區塊練

( )1. 二進位數值11001101之1的補數為何？
   (A)11000010　(B)00110010　(C)00110011　(D)000110010。　　[丙級網頁設計]

( )2. 當以八個位元來表示整數資料，且最左邊位元作為正負符號位元時，其所能表示之最大值為　(A)255　(B)256　(C)127　(D)128。

( )3. 假設某電腦系統以八位元表示一個整數，則以2的補數法表示十進位數$(-35)_{10}$的結果為何？
   (A)$(00001111)_2$　(B)$(10110010)_2$　(C)$(11011101)_2$　(D)$(11100011)_2$。

六、文字資料表示法

1. 資料在電腦內部是以二進位碼的形式儲存。

2. 將文字資料轉換成二進位碼的系統稱為**編碼系統**。常用的編碼系統有ASCII、Big-5、Unicode等。

3. 電腦在輸出文字資料時，會依編碼系統將二進位碼轉換成對應的字元符號，再藉由輸出設備顯示或列印出來。

註：進位捨棄。

七、ASCII碼 112

1. ASCII碼是美國標準資訊交換碼的縮寫。

2. ASCII碼早期是以7個bits表示，現今**以8個bits**來表示一個字元，最多可以表示256種（2^8）字元。

3. 種類：

    a. 不可見字元：無法顯示在螢幕上的字元，用來控制電腦硬體設備的行為，又稱控制字元（即ASCII碼0～31）。如ASCII碼7（00000111）是讓電腦喇叭發聲的字元。

    b. 可見字元：可顯示在螢幕或從印表機列印的字元（即ASCII碼32～126）。如A、B、1、2、空格等都是可見字元。

ASCII 十進位	ASCII 十六進位	字元	ASCII 十進位	ASCII 十六進位	字元	ASCII 十進位	ASCII 十六進位	字元	ASCII 十進位	ASCII 十六進位	字元
32	20		56	38	8	80	50	P	104	68	h
33	21	!	57	39	9	81	51	Q	105	69	i
34	22	"	58	3A	:	82	52	R	106	6A	j
35	23	#	59	3B	;	83	53	S	107	6B	k
36	24	$	60	3C	<	84	54	T	108	6C	l
37	25	%	61	3D	=	85	55	U	109	6D	m
38	26	&	62	3E	>	86	56	V	110	6E	n
39	27	'	63	3F	?	87	57	W	111	6F	o
40	28	(	64	40	@	88	58	X	112	70	p
41	29	)	65	41	A	89	59	Y	113	71	q
42	2A	*	66	42	B	90	5A	Z	114	72	r
43	2B	+	67	43	C	91	5B	[	115	73	s
44	2C	,	68	44	D	92	5C	\	116	74	t
45	2D	-	69	45	E	93	5D	]	117	75	u
46	2E	.	70	46	F	94	5E	^	118	76	v
47	2F	/	71	47	G	95	5F	_	119	77	w
48	30	0	72	48	H	96	60	`	120	78	x
49	31	1	73	49	I	97	61	a	121	79	y
50	32	2	74	4A	J	98	62	b	122	7A	z
51	33	3	75	4B	K	99	63	c	123	7B	{
52	34	4	76	4C	L	100	64	d	124	7C	|
53	35	5	77	4D	M	101	65	e	125	7D	}
54	36	6	78	4E	N	102	66	f	126	7E	~
55	37	7	79	4F	O	103	67	g			

得分區塊練

( )1. 在ASCII碼中,字元H的十六進位表示為48,請問字元K的十六進位表示為何?
　　(A)50　(B)51　(C)4A　(D)4B。

( )2. 目前個人電腦最常使用的資訊交換碼是美國國家資訊交換標準碼簡稱為:
　　(A)ASCII　(B)BCD　(C)ANSI　(D)Unicode。

( )3. 在ASCII Code的表示法中,下列之大小關係何者錯誤?
　　(A)A > B > C　(B)c > b > a　(C)3 > 2 > 1　(D)p > g > e。　[丙級軟體應用]

( )4. 個人電腦(PC)通常採用「ASCII碼」作為內部資料處理或數據傳輸方面的交換碼,其編碼方式為何?
　　(A)7位元二進位碼　(B)4位元二進位碼　(C)6位元二進位碼　(D)8位元二進位碼。

( )5. 以ASCII Code儲存字串 "Apple-iPod",若不包含雙引號("),共需使用多少位元組之記憶體空間?　(A)1　(B)4　(C)8　(D)10。

( )6. 以ASCII碼來儲存字串 "FORD",須使用多少位元組?
　　(A)9　(B)4　(C)5　(D)6。

八、Big-5碼

1. Big-5碼又稱為大五碼,是目前廣泛使用在台灣、香港等地區的中文編碼。

2. 每一個字元是**以16個bits**來表示一個中文字、標點符號、注音符號、及全形英文字母等。

九、Unicode碼

1. Unicode碼又稱萬國碼、統一碼或萬用碼,是全球通用的文字編碼系統,涵蓋各國常用的文字、字母及符號。

2. 可解決各國因文字編碼方式不同,造成資料交換不易的問題。

3. 以16個位元來表示一個字元,因此共可表示65,536(2^{16})個字元或符號。

4. 在不同電腦系統中,識別Unicode編碼的方式不盡相同,需要透過UTF編碼來識別,常見的UTF編碼:

UTF編碼	說明
UTF-8	以**1～3個bytes**來表示一個字元
UTF-16	以**2個bytes**(即**16個bits**)來表示一個字元

十、常見的中文碼種類

內碼
如BIG-5碼、通用碼等

外碼
如注音符號碼、嘸蝦米碼等

A：Screen / Memory / Keyboard
B：PC
交換碼（註）

1. 內碼（internal code）：指中文字儲存在電腦內部的編碼，如BIG-5碼、通用碼、公會碼、倚天碼、王安碼等。

2. 外碼（input code，又稱為中文輸入碼）：由鍵盤輸入代表某一中文字的按鍵組合，如倉頡碼、大易碼、嘸蝦米碼、注音符號碼等。

3. 交換碼（interchange code）：
   a. 收錄有各種內碼的對照表，以便讓不同的中文系統能相互溝通。
   b. 如**中文標準交換碼**（CSIC）、**中文資訊交換碼**（CCCII）。

得分區塊練

( ) 1. 以下何種內碼可以涵蓋世界各種不同文字？
  (A)ASCII (B)BIG-5 (C)UNICODE (D)CSIC。

( ) 2. 各電腦系統所使用的中文內碼不盡相同，為使不同系統的中文資料可以互相交流溝通而制定的編碼為
  (A)外碼 (B)BIG-5 (C)交換碼 (D)電信碼。

( ) 3. 採用倉頡輸入法打完一篇中文文章，並存入磁碟中。請問其採用下列何種編碼方式儲存？ (A)倉頡碼 (B)ASCII碼 (C)中文內碼 (D)Unicode碼。

註：假設A、B電腦使用不同的中文內碼，可透過交換碼來進行訊息交換。

2-3　聲音數位化概念

一、聲音的概念

1. 聲音的產生是來自於物體的振動。

2. 聲音包含3種要素：

    a. **響度**（loudness）：用來衡量聲音的強弱，聲波振幅越大，響度越強，計量響度的單位為**分貝**（**dB**）。人耳可聽到的範圍約為0～130分貝。

    b. **音調**（pitch）：用以表示聲音的高低，聲波振動越快，音調越高，計量聲波振動頻率的單位為**赫茲**（**Hz**）。

    c. **音色**（timbre）：即聲音的特色，不同的音色會有不同的聲波波形。

    ◎五秒自測　聲音響度的計量單位為何？

大鼓

小提琴

長笛

二、聲音的數位化　103　104　105　106　109

1. 自然界的聲音是一種類比訊號，必須經過**數位化**處理轉換成數位訊號，才能儲存在電腦中。電腦中的聲音訊號透過**音效卡**可由數位訊號轉換為類比訊號，並由喇叭輸出。

    a. **類比訊號**（analog signal）：一種在強度或數量上會呈現連續變化的訊號，例如聲波變化、溫度變化、溼度變化等自然界的物理量變化。

    b. **數位訊號**（digital signal）：訊號的變化只有2種狀態，即0或1。

2. 透過錄音筆、手機等設備，可取得數位音訊。

3. 影響聲音數位化品質的因素：

    a. **取樣頻率**（sampling rate）：指每秒擷取聲音的次數，單位為**赫茲**（**Hz**）。取樣頻率越高，越能完整記錄原來的聲音。

    　　如：CD的取樣頻率為44,100Hz，代表每秒取樣44,100次。

高取樣頻率

低取樣頻率

b. **位元度**（bit depth）：又稱**位元深度**、量化解析度，指記錄每個聲波樣本高低起伏的變化所使用的**位元**（bit）數。位元度越高，記錄的聲音愈接近原聲。
如：位元度16位元代表可記錄65,536（2^{16}）種聲音高低強弱的變化。

4. 聲音檔大小的計算：

> **聲音檔大小 = 取樣頻率（Hz）× 量化解析度（bit）× 聲道數量 × 聲音長度（sec）**

穩操勝算

以44,100Hz，取樣大小（量化解析度）16bits來錄製1分鐘聲音，請問檔案大小為多少MB？

答 5MB

解 題目無提及聲道數量，代表為單聲道，故聲音檔大小為：
44,100 × 16bits × 1 × 60
= 42,336,000bits
≒ 5MB

+1題

以44,100Hz，取樣大小（量化解析度）16bits來錄製20秒的雙聲道聲音，請問檔案大小為多少MB？

答 3.4MB

5. 常見的數位音訊格式：

格式	說明	是否壓縮
WAV	主要用在Windows	否
AIFF	蘋果電腦的專用格式，用在Mac系統	
MP3	MPEG-1 Audio Layer 3的縮寫，壓縮比最高可達1:12，音質維持在人耳聽不出失真的水準	破壞性壓縮
WMA	壓縮比可達1:12	
AAC	壓縮比可達1:20，許多可攜式設備（如iPhone）都有支援此格式	
OGG	壓縮率比MP3佳，且開放原始碼	
APE	常用在CD音樂的備份，壓縮比為1:2	非破壞性壓縮
FLAC	壓縮率比APE略差，但壓縮與解壓縮速度較快	
ALAC	蘋果公司發展的非破壞性壓縮聲音格式	
TTA	壓縮率高，且開放原始碼	

a. 將同一個聲音檔存成不同的檔案格式，會因有無壓縮，而使聲音檔的容量大小有所不同：
無壓縮 > 非破壞性壓縮 > 破壞性壓縮。

b. MIDI格式：專用來儲存電子合成音樂，檔案小，早期常用來作為網頁的背景音樂，副檔名為.mid。

得分區塊練

(　)1. 下列何者不是聲音的要素之一？
　　(A)像素　(B)響度　(C)音調　(D)音色。

(　)2. 下列有關聲音的敘述，何者錯誤？
　　(A)不同樂器所發出的音色不同
　　(B)聲音的產生是來自於光的折射
　　(C)響度的計量單位是分貝
　　(D)聲音的赫茲越高，音調越高。

(　)3. 電腦中的聲音訊號可透過下列何者，將數位訊號轉換成類比訊號輸出？
　　(A)顯示卡　(B)記憶卡　(C)音效卡　(D)網路卡。

(　)4. 聲音數位化時，位元度16代表可記錄幾種聲音高低強弱的變化？
　　(A)4種　(B)16種　(C)1,024種　(D)65,536種。

(　)5. 副檔名為顯示檔案格式的方式，請問副檔名WAV為下列哪一種媒體檔案格式？
　　(A)文字　(B)聲音　(C)影像　(D)動畫。

2-4 影像數位化概念

一、影像的概念

1. 數位影像可分為：

   a. **點陣影像**（bitmap image）：由許多**像素**（pixel）所構成，像素是影像顯示的基本單位。點陣影像適合用來呈現細緻的影像（如風景照片），但放大到一定的比例，會出現**鋸齒狀**，且影像會失真[註]。

   b. **向量影像**（vector image）：以數學方程式來描述影像的色彩、形狀及尺寸，適合呈現簡單線條組成的圖案。放大影像時，不會產生鋸齒，且影像不失真。

   c. 點陣及向量影像的比較：

影像類型	應用	組成元素	放大影像是否會失真	檔案佔用的儲存空間	常見檔案格式	常用編修軟體
點陣	照片	像素	是，有鋸齒狀	較大	BMP、JPEG、GIF、PNG、TIFF	PhotoImpact、Photoshop、小畫家
向量	簡單線條的圖像	向量	否	較小	WMF、AI、CDR、SVG、EPS	Illustrator、CorelDRAW

💡**解題密技** 點陣影像適合呈現較細緻的影像，但放大後易失真；向量影像適合呈現簡單線條的圖像，放大後不失真。

得分區塊練

( ) 1. 下列有關點陣影像與向量影像的敘述，何者有誤？
   (A)向量影像是以數學方程式來描述影像的色彩、形狀及尺寸等屬性
   (B)點陣影像檔通常較向量影像檔佔用電腦的儲存空間
   (C)向量影像適合用來呈現細緻的風景照片，放大照片不會失真
   (D)點陣影像是由許多pixel所構成。

( ) 2. 下列何者不是向量影像的特色？
   (A)以數學方程式來描述影像的色彩、形狀及尺寸
   (B)適合呈現簡單線條組成的圖案
   (C)放大影像時，不會產生鋸齒
   (D)放大影像時，影像會失真。

註：目前已有許多新的影像處理軟體（如PhotoZoom），透過程式中的運算方法，可將點陣影像放大，但影像幾乎不會失真。如競選人物的大型看板人像。

二、影像的數位化 102 105 111

1. 點陣影像在取得的過程中，會透過**取樣**、**量化**及**編碼**等步驟，才能儲存在電腦中，以便進行保存或編修的工作。

2. **取樣**：將一張影像分割成許多個固定大小的樣本，並加以擷取與儲存。取樣後的每個樣本就是數位影像中的**像素**（pixel）。取樣時將影像分割得越細，所能擷取到的樣本數越多，解析度越高，越能精準地呈現原來的影像；反之則影像越粗糙，解析度越低，也就是失真越嚴重。

3. **量化**及**編碼**：影像的量化就是在判別每個樣本（像素）的色彩，接著再將每個樣本依顏色編碼轉換成電腦可解讀的訊息，例如黑白影像在進行編碼時，可將色彩為白色的樣本以 "0" 表示、黑色的樣本以 "1" 表示。

4. 常見的數位影像格式：

應用於網頁設計：

點陣影像格式	支援色彩	背景透明	製作動畫	影像失真	壓縮方式
BMP（*.bmp）	全彩				無
JPEG（*.jpg）	全彩			✓	破壞性[註1]
GIF（*.gif）	256色	✓	✓		非破壞性
PNG（*.png）	全彩	✓			
TIFF（*.tif）	全彩	✗[註2]			

→ 應用於印刷輸出

向量影像格式	說明
WMF（*.wmf）	Windows作業系統中常見的向量影像格式
SVG（*.svg）	適合用於網頁的向量圖格式
EPS（*.eps）	常應用於印刷輸出，可儲存**向量**、**文字**或**點陣圖形**的影像
Ai（*.ai）	Adobe Illustrator軟體專用的向量影像格式
CDR（*.cdr）	CorelDRAW軟體專用的向量影像格式

a. 破壞性壓縮：影像壓縮後會失真，可使檔案容量變得較小。

b. 非破壞性壓縮：影像壓縮後不會失真，故檔案大小的壓縮程度有限。

註1：支援非破壞性及破壞性壓縮，通常是使用破壞性壓縮。
註2：TIFF格式可以支援背景透明，不過影像必須包含可儲存透明度資訊的Alpha通道。

第2章 數位化概念

得分區塊練

( )1. 點陣影像在取得的過程中，會透過取樣、量化及編碼等步驟，才能儲存在電腦中。若希望數位影像能更精準地呈現原來影像的樣貌避免失真，應注意下列哪一項？
(A)使用越多位元數越好
(B)使用越少位元數越好
(C)擷取到的樣本數越少越好
(D)擷取到的樣本數越多越好。

( )2. 有關數位影像圖檔的敘述，下列何者不正確？
(A)BMP可儲存各種類型的影像，但佔有較大的磁碟空間
(B)GIF廣泛使用於網頁動畫顯示，但只能呈現256個顏色
(C)JPG具有極高壓縮率且能維持完整影像品質，常應用於網頁顯示
(D)TIFF可支援各種色彩模式，影像品質良好，適用於印刷。

( )3. 下列有關影像檔案格式的敘述，何者不正確？
(A)GIF具有交錯式展示效果
(B)JPG採用無壓縮
(C)PNG可以製作透明背景圖片
(D)TIFF適合印刷輸出。

( )4. 欲在網頁中加入動態圖片，下列何者是此圖片最適合的格式？
(A)BMP (B)EPS (C)GIF (D)JPEG。

( )5. 下列何種圖檔格式，最多只能使用256色？
(A)BMP (B)GIF (C)JPEG (D)UFO。

( )6. 一張1920×1080像素的全彩影像，以下列何種圖形檔格式儲存最適合印刷輸出？
(A)BMP檔 (B)JPG檔 (C)TIF檔 (D)GIF檔。

( )7. 欲將一張插畫作品上傳到IG，請問哪一種檔案類型較適合？
(A)JPEG (B)TGA (C)TIF (D)MOV。

2-5 影片數位化概念

一、影片的概念

1. 人類所見的影像在消失後，大腦仍會短暫殘留該影像，此現象稱為「**視覺暫留**」。

2. 當快速播放連續的影像時，因為視覺暫留的緣故，便會感覺影像在動，這些連續播放的影像即一般所稱的**影片**。

3. 根據研究，每秒播放24張連續的影像，即可讓人類感覺影片畫面順暢無間斷。

二、影片的數位化　108

1. 影片是由多張連續的影像所組成，將組成影片的每一張影像加以數位化，即可產生「數位影片」。

2. 透過數位攝影機（GoPro）、數位相機、手機等設備，可取得數位影片。

3. 影響影片數位化品質的因素：

    a. **取樣頻率**：指每秒擷取影像的次數，單位為**fps**（frame per second，每秒框數）或 **Hz**。如：24 fps，即表示每秒擷取24張影像。

    b. **取樣密度**（sampling density）：指將影像分割成多少個固定大小的樣本，取樣的密度越高，越能完整記錄原來的影像。一個樣本稱為一個**像素**（**pixel**）。

    c. **位元深度**（bit depth）：又稱**位元度**、量化解析度、影像深度，是指記錄每個像素色彩所使用的**位元**（**bit**）數。位元度越高，越能完整記錄原來的顏色。如：位元深度24位元代表可記錄16,777,216（2^{24}）種色彩。

4. 影片檔案大小的計算：

> **影片檔案大小 =**
> **畫面寬度 × 畫面高度 × 位元深度（bit）× 每秒播放畫格（fps）× 影片長度（sec）**

等於影像檔案大小的計算

穩操勝算

若以解析度320 × 240、24bits全彩、30fps錄製1分鐘的影片，請問影片檔案大小為多少MB？

答 396MB

解 320 × 240 × 24 × 30 × 60
= 3,317,760,000bits
≒ 396MB

+1題

有一視訊長30秒、其畫面為300 × 200像素（pixels）、每個像素以3 Bytes來存放、每秒25個畫面，請問不壓縮該視訊所需儲存的資料量為多少Byte？

答 135,000,000Bytes

5. 常見的數位影片格式：

格式	說明
AVI	微軟公司開發，多數軟體皆可播放，但不適合用於網路串流
MP4	常用在可攜式設備（如手機）
MKV	可封裝的檔案類型最多元，是網路分享影片常用的格式
WMV	微軟公司開發，多數軟體皆可播放，ASF為其封裝格式，可使檔案具有數位版權保護的功能
FLV	專為網路串流傳輸開發的格式[註]
MOV	蘋果公司開發，適合使用QuickTime Player播放
RM / RMVB	需用RealPlayer播放

（MP4、MKV、WMV、FLV、MOV 支援網路串流）

五秒自測 MP3與MP4分別為什麼檔案格式？

a. **串流影音技術**：可一邊下載資料一邊播放的技術，節省等待的時間。

b. **數位版權管理**（Digital Right Management, DRM）是用來保護數位檔案版權的技術，可限定數位檔案的使用條件。許多軟體廠商及數位出版商都使用DRM技術來保護數位檔案。

註：FLV（Flash Video）曾是YouTube主要支援的格式，但2020年起許多瀏覽器停止支援Flash Player，使得FLV影片均無法透過瀏覽器播放。

6. **影片壓縮技術**：由於影片檔案通常容量相當大，因此透過**壓縮技術**（又稱**編碼**）縮小容量，以方便儲存或在網路上分享。

   a. 常見的影片壓縮技術：

影片壓縮技術	說明	常見用處
MPEG-2	有良好的壓縮效果與畫質	DVD、數位／有線電視
MPEG-4	與MPEG-2相比，具有更高的壓縮效率與更好的影片品質，但需要較多的運算資源	網路串流影片
DivX	畫質媲美DVD，但壓縮後的檔案比DVD小	
WMV	微軟所開發的編碼技術，有良好的壓縮效果與畫質	
H.264	具有高壓縮率（MPEG-2的2～3倍）可保留良好的畫質	
H.265	壓縮比率比H.264高，適合用來壓縮「超高解析度標準」的影片，如4K（4,096 × 2,160）、8K（8,192 × 4,320）影片	

   b. 常見的影片格式與其支援的編碼：

影片格式	支援的編碼	影片格式	支援的編碼
AVI	MPEG-2、DivX、H.264等	FLV	H.264
MP4	MPEG-2、MPEG-4、H.264等	MKV	大部分編碼都支援
WMV	WMV		

   解題密技 MP3是聲音檔，採用MPEG-1的壓縮技術；
   MP4通常指影音檔，採用MPEG-4的壓縮技術，兩者易混淆，考試時應留意。

得分區塊練

( )1. 根據研究，每秒播放至少幾張連續的影像，即可讓人感覺影片畫面順暢無間斷？
(A)4張 (B)24張 (C)240張 (D)2400張。

( )2. 下列何者不是影響影片數位化品質的因素？
(A)取樣頻率 (B)取樣密度 (C)位元深度 (D)採樣高度。

第2章 數位化概念

滿分晉級

情境素養題

▲ 閱讀下文，回答第1至2題：

學校舉辦一場可使用各種數制（如二進位制、八進位制、十進位制、十六進位制）來標示商品價格的園遊會，讓同學在玩樂之餘也能同時練習數字系統的轉換。阿德攤位使用3種數制來標示寶可夢玩偶的價格，其中小火龍售價為$(7B)_{16}$、傑尼龜為$(100)_{10}$、皮卡丘為$(145)_8$；阿文攤位則是僅選擇使用十六進位制來標示商品價格。

( )1. 哲毅在阿德的攤位前，想確認小火龍、傑尼龜、皮卡丘這3款玩偶，其價格由大到小分別為何？ (A)a＞b＞c (B)b＞c＞a (C)c＞b＞a (D)a＞c＞b。 [2-1]

( )2. 凱莉在阿文攤位前，準備挑選商品時，發現好像有一款商品的標價標錯了，請問是下列哪一個？ (A)$(18A)_{16}$ (B)$(ABC)_{16}$ (C)$(192)_{16}$ (D)$(10G)_{16}$。 [2-1]

( )3. 小許和同學下課後，一起討論有關Unicode的敘述，請問哪一位同學的敘述有誤？
(A)小許：Unicode又稱萬國碼、統一碼或萬用碼
(B)阿明：UTF-16每一個字元是以1byte來表示
(C)欣梅：UTF-16可表示65,536個字元
(D)小虎：Unicode可涵蓋世界各種不同的文字。 [2-2]

( )4. 下列是4位同學對於文字資料編碼系統的認知，請問哪一個人的敘述是錯誤的？
(A)曉玉：ASCII碼現今是以8個bits來表示一個字元，最多可以256種字元
(B)夢夢：Unicode可解決各國因文字編碼不同，造成資料交換不易的問題
(C)大秉：Big-5碼每一個字元是以2個bytes來表示
(D)阿維：內碼又稱中文輸入碼，如倉頡碼、大易碼、注音符號碼等都屬於內碼。 [2-2]

精選試題

2-1 ( )1. 二進制數值1111111轉換為十進制時，其值為 (A)128 (B)127 (C)126 (D)125。

( )2. 十六進位制的AB.8換算成八進位制等於多少？
(A)171.5 (B)173.2 (C)253.4 (D)271.5。

( )3. 下列不等式何者成立？
(A)$(67)_8 > (54)_{10}$ (B)$(17)_{10} > (23)_{16}$ (C)$(11011)_2 < (25)_{10}$ (D)$(32)_{10} < (1111)_2$。

( )4. 下列四個數值，何者與其他三者不同？
(A)$(1011101.111)_2$ (B)$(135.7)_8$ (C)$(93.875)_{10}$ (D)$(50.7)_{16}$。

( )5. 下列哪一個數值和$(1100)_2$的值相等？ (A)$(111)_3$ (B)$(24)_4$ (C)$(12)_8$ (D)$(0C)_{16}$。

( )6. 若將$(48.625)_{10}$轉換成二進制，其值為何？
(A)010010.111 (B)110000.001 (C)110000.101 (D)110010.11。

( )7. 將二進位之11001010表示成十六進位，其值為何？
(A)CA (B)4A (C)AC (D)C4。

( )8. 試計算二進位值(10010111.11)₂，轉換成八進位值的結果為何？
(A)(226.3)₈ (B)(226.11)₈ (C)(227.6)₈ (D)(453.6)₈。

( )9. 八進位數(172)₈轉換成十進位數，其值為 (A)173 (B)192 (C)65 (D)122。

( )10. 十六進位數(3FB)₁₆，以十進位數表示等於
(A)2681 (B)1019 (C)2748 (D)2252。

( )11. (011)₂的2補數為何？ (A)100 (B)110 (C)111 (D)101。

( )12. 『十六位元不帶正負號（unsigned）二進位數』的最大值為多少？
(A)32767 (B)32768 (C)65535 (D)65536。

( )13. 二進位數值11100100之1的補數為何？
(A)11100101 (B)00011011 (C)00011100 (D)11100110。

( )14. 在ASCII碼中，字元H的十六進位表示為48，請問字元K的十六進位表示為何？
(A)50 (B)51 (C)4A (D)4B。

( )15. 以ASCII Code儲存字串 "Harry Potter"，若不包含雙引號，共需使用多少位元組之記憶體空間？ (A)10 (B)12 (C)5 (D)6。

( )16. 英文字母「A」的十進位ASCII值為65，則字母「M」的二進位ASCII值為何？
(A)1001010 (B)1001011 (C)1001100 (D)1001101。

( )17. 詹子晴丫頭的「娃娃音」振動頻率較一般人高。請問這樣的聲音具有什麼特質？
(A)音調較低 (B)音調較高 (C)聲音較宏亮 (D)聲音較粗啞。

( )18. 聲音數位化時，如果用8bits來記錄聲音的振幅，共可記錄幾種振幅高度？
(A)2 (B)8 (C)64 (D)256。

( )19. 手機錄音時，數位化聲音的取樣頻率為44,100Hz，每個取樣以8bits表示，取樣時間為7秒，則總取樣資料量約為多少KB？
(A)88KB (B)301KB (C)650KB (D)2410KB。

( )20. MP3格式的檔案屬於一種：
(A)有音樂的遊戲檔   (B)無失真的影音壓縮檔
(C)有失真的音訊壓縮檔   (D)有字幕的音樂檔。

( )21 電腦圖像的基本單位（Pixel）為：
(A)像素 (B)公尺 (C)吋 (D)公分。   [技藝競賽]

( )22. 下列有關影像檔案的敘述，何者不正確？
(A)BMP類型的影像檔案為Microsoft Windows系統上的標準影像檔案格式
(B)GIF類型的影像檔案可用來製作透明圖效果影像與動畫圖檔
(C)JPEG類型的影像檔案採用破壞性壓縮方式
(D)TIFF類型的影像檔案最多只可處理256色的影像。

( )23. 下列何種影像檔案格式較被廣泛應用在印刷上？
(A)BMP (B)GIF (C)TIF (D)JPG。

( )24. 取樣頻率是影響影片數位化品質的因素之一，是指每秒擷取影像的次數，其單位為？
(A)ppm (B)fps (C)pixel (D)bit。

( )25. 下列何者是用來保護數位檔案版權的技術－數位版權管理的縮寫？
(A)DDR (B)PPR (C)DRM (D)DMR。

統測試題

( )1. 下列何種圖檔格式，能以非破壞性壓縮方式，儲存支援256種階層透明程度之全彩點陣影像？
(A)AI（Adobe Illustrator）
(B)GIF（Graphics Interchange Format）
(C)JPEG（Joint Photographic Experts Group）
(D)PNG（Portable Network Graphics）。 [102商管群]

( )2. 下列哪一種圖檔格式可支援RGB全彩，並可支援透明的背景？
(A).bmp　(B).gif　(C).jpg　(D).png。 [102工管類]

( )3. 假設有一個外星物種叫α族，其溝通的文字符號如下圖所示。若以人類二進制的方式來思考α族的電腦化，在每個符號使用相同位元數的條件下，最少要用多少位元（bits），才足以完整表示α族的文字符號？
(A)2 bits　(B)3 bits　(C)4 bits　(D)5 bits。 [103商管群]

⊙ ◇ ✡ ♪ ⊕ ▪ □ ✽ ▲ ⌘ ▷ ←

( )4. 電話聽筒數位化聲音的取樣頻率為11,025Hz，每個取樣以8bits表示，取樣時間為2秒，則總取樣資料量約為多少KB？
(A)88KB　(B)11KB　(C)176KB　(D)22KB。 [103商管群]

( )5. 在聲音的類比訊號轉換成數位訊號的過程中，下列敘述何者錯誤？
(A)取樣的頻率愈高，則取樣次數越多
(B)取樣的頻率愈高，則取樣所得的檔案越大
(C)取樣的頻率愈高，則取樣所得的聲音品質越好
(D)取樣的頻率愈高，則取樣的壓縮比越大。 [104商管群]

( )6. 下列關於圖檔格式的說明，何者不正確？
(A)TIF格式只支援256種顏色，能提供破壞性壓縮
(B)JPG格式採破壞性壓縮，可呈現於網頁上
(C)GIF格式支援動畫，能提供背景透明
(D)BMP格式無壓縮，其檔案容量較大。 [104工管類]

( )7. 下列何者是印刷出版使用的向量圖檔格式，可同時包含向量、文字與點陣圖形資訊？
(A).bmp　(B).eps　(C).gif　(D).jpg。 [104工管類]

( )8. 下列有關電腦處理影像圖形的敘述，何者錯誤？
(A)數位影像的格式主要分為點陣影像與向量影像
(B)向量影像放大後，邊緣會出現鋸齒狀的現象
(C)向量影像是透過數學運算，來描述影像的大小、位置、方向及色彩等屬性
(D)PhotoImpact影像處理軟體可以存檔成向量圖。 [104資電類]

( )9. 音訊檔案的品質或立體感，與下列何者無關？
(A)聲道數量　　　　　　　　(B)取樣頻率
(C)錄製時間長度　　　　　　(D)取樣大小（取樣解析度）。 [105商管群]

( )10. 經由手機或數位相機所拍得的JPG檔，是屬於下列何者？
(A)向量圖　(B)無壓縮圖　(C)非破壞性壓縮圖　(D)點陣圖。 [105商管群]

( )11. 下列哪一種圖檔格式支援背景透明影像及動畫功能？
(A)GIF　(B)JPG　(C)BMP　(D)TIF。 [105工管類]

( )12. 彩色圖片以下列哪一種檔案格式儲存，能節省較多空間且呈現較完整的色彩資訊？
(A)BMP　(B)JPG　(C)GIF　(D)MOV。 [105工管類]

( )13. 數位影像依資料儲存及處理方式不同，可以分為點陣圖及向量圖，點陣圖適用於相片，向量圖適用於美工圖形。以下敘述何者錯誤？
(A)點陣圖是由一個一個像素排列組合而成
(B).bmp及.gif檔是點陣圖格式
(C)點陣圖放大後，品質不會失真
(D).ai及.cdr檔是向量圖格式。 [105工管類]

( )14. 下列有關向量圖的敘述，何者錯誤？
(A)向量圖使用數學幾何方程式來表示圖像
(B)向量圖的檔案大小與圖像複雜度有關
(C)向量圖儲存每個像素的顏色
(D)向量圖不會產生鋸齒狀的變形。 [106工管類]

( )15. 用電腦錄音時，若將取樣頻率設定為44100Hz，則下列敘述何者正確？
(A)取樣的聲音頻率範圍為0～44100Hz
(B)對聲音每秒取樣44100次
(C)錄音完成後的音檔內聲音頻率為44100Hz
(D)電腦用44100位元來記錄聲音頻率。 [106商管群]

( )16. 下列關於點陣圖（Bitmap）的敘述，何者正確？
(A)影像放大與縮小都不會有失真現象
(B)影像放大與縮小都不會有鋸齒狀
(C)由像素（Pixel）所組成
(D)以數學方程式來定義影像中的點與線段。 [108工管類]

( )17. 有一視訊長20秒、其畫面為300 × 200像素（pixels）、每個像素以3 Bytes來存放、每秒20個畫面，請問不壓縮該視訊所需儲存的資料量為何？
(A)60,000 Bytes
(B)180,000 Bytes
(C)3,600,000 Bytes
(D)72,000,000 Bytes。 [108商管群]

( )18. 小明想設計一個六旋翼飛機，他使用了美工軟體繪製該飛機的外觀，然後他想要輸出一動畫圖檔來觀看動態影像，請問下列何種圖檔格式可以實現？
(A)BMP圖檔　(B)JPG圖檔　(C)TIF圖檔　(D)GIF圖檔。 [108資電類]

( )19. 下列檔案格式中何者屬於向量圖（Vector）？
(A)AI（Adobe Illustrator）
(B)PNG（Portable Network Graphic）
(C)JPG（Joint Photographic Group）
(D)BMP（Bit Map）。 [109工管類]

( )20. 點陣圖是以下列何者為基礎組成？
(A)像素　(B)數學運算　(C)量子　(D)文字。 [109工管類]

(　　)21. 下列敘述何者正確？
(A)影音取樣的頻率愈大，則取樣後的數位影音失真的情形會較為嚴重
(B)影音取樣的位元愈多，則取樣後的數位影音能記錄聲音的種類愈少
(C)影音取樣的頻率愈大，則取樣後的數位影音檔案愈小
(D)影音取樣的位元愈多，則取樣後的數位影音檔案愈大。 [109商管群]

(　　)22. Ans = $01001110_{(2)}$ + $113_{(10)}$ + $132_{(8)}$ + $19_{(16)}$，則Ans = ?
(A)$264_{(10)}$
(B)$265_{(10)}$
(C)$306_{(10)}$
(D)$307_{(10)}$。 [109資電類]

(　　)23. 下列何者屬於YouTuber所錄製串流影音的檔案格式？
(A)MIDI　(B)MP3　(C)MOV　(D)WAV。 [110工管類]

(　　)24. 有關jpg圖檔的敘述，下列何者正確？
(A)採非破壞性壓縮技術，圖像較細緻
(B)採破壞性壓縮技術，檔案較小
(C)具有透明背景，適合網頁使用
(D)使用多圖層技術，具動畫能力。 [111商管群]

(　　)25. 已知英文字母I的ASCII值為十六進制49，則ASCII值為十六進制50的英文字母為下列何者？　(A)J　(B)L　(C)N　(D)P。 [112商管群]

(　　)26. 下列何者值為最大？
(A)$7A_{16}$
(B)273_8
(C)1230_4
(D)10111101_2。 [113商管群]

(　　)27. 有關RGB部分色彩模型如表（一），其混色方式為加色法，另有一混色器具有互斥或（XOR）功能，亦即每位元XOR(1, 1) = 0, XOR(0, 0) = 0, XOR(1, 0) = 1, XOR(0, 1) = 1，當黃色（yellow）及青色（cyan）經過混色器所得到的顏色為下列何者？
(A)紅（red）
(B)綠（green）
(C)藍（blue）
(D)洋紅（magenta）。 [113商管群]

表（一）

	R	G	B
紅	255	0	0
綠	0	255	0
藍	0	0	255
青	0	255	255
洋紅	255	0	255
黃	255	255	0

(　　)28. 下列哪一個選項的3個數值相等？
(A)1010101_2、127_8、57_{16}　　　(B)1110001_2、157_8、71_{16}
(C)1101101_2、155_8、$6D_{16}$　　　(D)1011010_2、132_8、$4A_{16}$。　　　[114商管群]

統測考試範圍

單元 2

系統平台

學習重點

章名	常考重點	
第3章 系統平台的硬體架構	• 輔助記憶體 • 輸入與輸出設備	★★★★☆
第4章 系統平台的運作與未來發展	• 作業系統的概念 • 常見的作業系統	★★★★☆

統測命題分析

數位科技概論
- 單元1 9%
- 單元2 15%
- 單元3 16%
- 單元4 15%
- 單元5 13%
- 單元6 15%
- 單元7 17%

數位科技應用
- 單元1 15%
- 單元2 11%
- 單元3 24%
- 單元4 11%
- 單元5 15%
- 單元6 17%
- 單元7 7%

第 3 章 系統平台的硬體架構

3-1 電腦硬體的架構

一、電腦的五大單元

```
中央處理單元（CPU）
  算術／邏輯單元（ALU）
  控制單元（CU）

輸入單元（IU）    輸出單元（OU）
如鍵盤、滑鼠      如螢幕、印表機

記憶單元（MU）

---▶ 控制訊號傳輸的方向
——▶ 資料（含指令）傳輸的方向
```

單元名稱	功能說明	
控制	監督、指揮、協調電腦各單元的運作及負責指令的解碼	合稱中央處理單元（CPU）
算術／邏輯	算術運算及邏輯判斷	
記憶	存放程式與資料的地方	
輸入	輸入資料的管道	合稱週邊設備
輸出	輸出資料的管道	

◎五秒自測　五大單元中的算術／邏輯、記憶其功能為何？

1. 控制單元、算術／邏輯單元合稱為中央處理單元，是整部電腦的核心。

2. 一般衡量電腦執行速率，主要是比較中央處理單元。

3. 輸入單元、輸出單元合稱為週邊設備。

口訣記憶法

抗　議　塑　出　入
控　憶　術　出　入

→意：抗議（台語）塑化劑食品出入境

二、匯流排

1. 匯流排（bus）是五大單元間溝通的管道，依**傳輸對象**可分為：
   a. **內部**匯流排：CPU內部元件傳輸資料的管道。
   b. **系統**匯流排：CPU與記憶單元之間傳輸資料的管道。
   c. **擴充**匯流排：晶片組與輸出入單元之間傳輸資料的管道。

2. 前述3種匯流排，依**傳遞內容**可分為：

種類	傳輸方式	說明
資料匯流排（data bus）	雙向	• 各單元間傳送資料的管道 • 資料匯流排一次所能傳輸的資料量稱為**匯流排寬度**（bus width）
位址匯流排（address bus）	單向	• CPU向外傳送位址訊號的管道 • N位元的位址匯流排有N條位址線，CPU可定址的最大空間為2^N bytes
控制匯流排（control bus）	單向	CPU向外傳送控制訊號的管道

◎**五秒自測**　資料、位址、控制等3種匯流排，哪一個的傳輸方向為雙向？

3. 在主記憶體中，每個用來儲存資料的位置都有一個編號，稱為**位址**（address）。

4. 電腦在執行程式時，須先為該程式的指令及資料指定存放位置，稱為**定址**（addressing）。

可定址的記憶體空間 = 2^N bytes

穩操勝算

某電腦的位址匯流排共有16個位元、資料匯流排共有32位元，請問該電腦可定址的最大空間為多少？一次可傳輸的資料量為多少？

答 可定址的最大空間為2^{16}（65536）位元組，一次可傳輸的資料量為32位元

解 16位元的位址匯流排，表示可定址的最大空間為2^{16}（65536）位元組；32位元的資料匯流排，表示一次可傳輸的資料量為32位元

+1題

假設某部電腦有24條位址線，表示可定址的最大空間為多少？

答 16MB

得分區塊練

( )1. 電腦的基本架構可分為五大單元,其中輸出單元(output unit)的功用為?
(A)接收使用者所輸入的資料　(B)執行程式和處理資料
(C)進行算術運算與邏輯運算　(D)將資料輸出到顯示器或儲存媒體。

( )2. 下列何種單元執行算術運算及邏輯判斷功能
(A)控制單元　(B)輸出入單元　(C)記憶單元　(D)算術邏輯單元。

( )3. 一般而言,電腦硬體結構可分為五大單元,以下敘述何者錯誤
(A)鍵盤屬於輸入單元
(B)算術邏輯單元又稱ALU
(C)控制單元負責做AND、OR、NOT等運算
(D)滑鼠屬於輸入單元。

( )4. CPU中的控制單元主要功能在控制電腦的動作,下列何者不是控制單元所執行的動作?　(A)控制　(B)解碼　(C)執行　(D)計算。　[丙級軟體應用]

( )5. 中央處理單元是指下列哪一項?
(A)主機板
(B)記憶單元與算術/邏輯單元的合稱
(C)記憶單元與控制單元的合稱
(D)控制單元與算術/邏輯單元的合稱。　[技藝競賽]

( )6. 假設我們有一部電腦,其位址匯流排有29條位址線,在能正確存取記憶體的前提下,此部電腦至多可以有多少記憶體?
(A)256MB　(B)512MB　(C)1024MB　(D)2048MB。

( )7. 下列有關CPU匯流排的敘述,何者不正確?
(A)CPU主要是靠匯流排傳輸資料、位址與控制訊號
(B)資料匯流排的排線數,決定每次能同時傳送資料的位元數
(C)位址匯流排的排線數,決定可定址的最大記憶體空間
(D)資料匯流排與位址匯流排的傳輸方向,同為單向。

( )8. 下列何者不是電腦使用的匯流排?
(A)資料匯流排　(B)程式匯流排　(C)位址匯流排　(D)控制匯流排。　[丙級硬體裝修]

( )9. 若CPU可直接存取1GB的記憶體,則該部電腦最少應有幾條位址線?
(A)32　(B)30　(C)24　(D)20。

( )10. 下列哪一種匯流排,是CPU向外傳送位址訊號的管道?
(A)資料匯流排　(B)控制匯流排　(C)位址匯流排　(D)輸入/輸出匯流排。

( )11. 下列哪一種匯流排是CPU內部元件傳輸資料的管道?
(A)系統匯流排　(B)擴充匯流排　(C)外部匯流排　(D)內部匯流排。

( )12. 下列何者不屬於匯流排(Bus)依傳遞內容的分類項目?　(A)輸入/輸出匯流排(Input/Output Bus)　(B)資料匯流排(Data Bus)　(C)位址匯流排(Address Bus)　(D)控制匯流排(Control Bus)。

3-2 CPU

一、CPU的簡介 106 107 109 110 112

1. CPU（中央處理單元）又稱為**微處理器（microprocessor）**，包含以下幾個元件：

    a. **控制單元**：控制與協調各單元間的相互運作。

    b. **算術／邏輯單元**（ALU）：負責資料的運算與邏輯判斷。

    c. **快取記憶體**（cache memory）：存放常用的指令或資料。

    d. **暫存器**（register）：存放CPU運算中的資料、指令，及程式執行的狀態。

    ◎五秒自測　CPU包含哪些元件？

2. 暫存器的種類：

暫存器名稱	功能說明
累加器（**ACC**umulator, ACC）	儲存ALU運算的結果
位址暫存器（**A**ddress **R**egister, AR）	暫存指令或資料在記憶體中的位址
指令暫存器（**I**nstruction **R**egister, IR）	暫存正在執行的指令
程式計數器（**P**rogram **C**ounter, PC）	存放下一個要執行的指令所在之記憶體位址
旗標暫存器（**F**lag **R**egister, FR）	存放CPU執行指令後的各種狀態
通用暫存器（**G**eneral **P**urpose **R**egister, GPR）	• 暫存一般運算資料及位址資料 • 64位元的電腦，即表示一般用途暫存器的位元為64bits

得分區塊練

( )1. 旗標暫存器的內容是表示
　　(A)計算結果　(B)目前的執行位址　(C)日期　(D)執行狀態。

( )2. 下列哪一個項目位於中央處理單元中？
　　(A)輔助記憶體　(B)主記憶體　(C)光碟機　(D)快取記憶體。

( )3. 在電腦的基本架構中，暫存器是內建在下列哪一個單元中？
　　(A)輸入單元　(B)輸出單元　(C)記憶單元　(D)中央處理單元。

( )4. CPU欲至主記憶體中存取資料，必先將所欲存取之位址存入下列何者之中？
　　(A)控制單元　(B)資料暫存器　(C)輸出或輸入單元　(D)位址暫存器。

( )5. 下列哪一個暫存器，是用來存放下一個將被執行的指令之位址？
　　(A)程式計數器（Program counter）　(B)指令暫存器（Instruction register）
　　(C)指標暫存器（Index register）　(D)累加器（Accumulator）。

二、CPU的規格

Intel Core i9-9900K 5GHz

A. 製造廠商
Intel、AMD是生產CPU的兩大廠商

B. 名稱
CPU的型號註

C. 速率
CPU的時脈頻率（clock rate），為電腦衡量速度的指標

1. 多核心處理器是指具有**多個運算核心**的處理器，其運算速度較單核心處理器快。

2. 個人電腦CPU的時脈頻率常用的單位為GHz（十億赫茲）或MHz（百萬赫茲），如5GHz表示CPU內部的石英振盪器每秒產生50億次的振盪。

（圖：1秒產生50億次的振盪，1次振盪）

3. **時脈頻率**（clock rate）又稱工作頻率或**內頻**，其倒數即**時脈週期**（clock cycle），也就是CPU內部的石英振盪器每振盪一次所需花費的時間，如：

$$5\text{GHz CPU的時脈週期} = \frac{1秒}{5\text{GHz}} = \frac{1}{5 \times 10^9} = \frac{1}{5} \times 10^{-9} \approx 0.2 \text{奈秒（ns）}$$

4. CPU執行一個指令通常需花用1至多個時脈週期。

有背無患

- 圖像處理器（Graphics Processing Unit, GPU）：又稱為圖形處理單元，主要是負責電腦顯示及繪圖處理的處理器，能提供更佳的繪圖運算效能。

註：CPU的核心數可透過CPU的規格表來了解；部分CPU則可直接從型號中看出CPU的核心數，例如Intel Core 2 Duo為雙核心、Intel Core 2 Quad為四核心；AMD AM3 Athlon II X2為雙核心、AMD AM3 Phenom II X4為四核心。

穩操勝算

若CPU的時脈頻率為2GHz，則其時脈週期應為多少秒？

答 0.5奈秒（ns）

解 2GHz表示每秒振盪20億次
時脈週期 = 振盪1次所花用的時間
$= \dfrac{1}{2 \times 10^9}$ 秒
$= \dfrac{1}{2} \times 10^{-9}$ 秒
$= 0.5$奈秒（ns）

+1題

假設CPU的時脈頻率為4GHz，平均執行一個指令約需花費2個時脈週期，則該CPU平均執行一個指令約需花用多少時間？

答 0.5奈秒（ns）

得分區塊練

( )1. 某微處理器時脈頻率為1,400MHz，假設執行1個指令需要3個時脈，則執行該指令需要多少時間？ (A)0.4ns (B)0.71ns (C)2.13ns (D)1400ns。

( )2. 下列哪一種單位是用來表示CPU的執行速度？
(A)GHz (B)CPS (C)LPM (D)Mbytes。

( )3. 已知某部桌上型電腦的CPU規格為AMD Ryzen™7 4700G 3.6GHz，請問其中3.6是表示CPU的何種規格？
(A)內部記憶體容量
(B)出廠序號
(C)時脈頻率
(D)電源電壓。

( )4. 某銷售員宣稱所販售的電腦為四核心電腦，請根據上述，判斷下列何者正確？
(A)該部電腦裝有4顆CPU (B)該部電腦的CPU時脈頻率為4GHz
(C)該部電腦的製造廠商為Intel (D)該部電腦的CPU具有四個運算核心。

( )5. 某部小筆電所使用的CPU規格為Intel Celeron J4105U(1.5GHz)，請問該部電腦的系統時脈週期應為？
(A)1ns (B)0.7ns (C)1.5ns (D)0.5ns。

( )6. 下列有關微處理器的敘述，何者正確？
(A)時脈週期（clock cycle）是時脈頻率（clock rate）的倒數
(B)位址暫存器可用以存放各種狀態或運算的結果
(C)相較於多核心微處理器，單核心微處理器更適合多工環境
(D)執行週期（execution cycle）包括擷取、解碼、執行三個主要步驟。

三、CPU的運作

1. CPU執行一個指令的過程稱為**機器週期**（machine cycle），包含以下4個步驟：
   a. **擷取**（fetch）⎫ I-cycle註
   b. **解碼**（decode）⎭ 指令週期
   c. **執行**（execute）⎫ E-cycle
   d. **儲存**（store）⎭ 執行週期

   > **口訣記憶法**
   > **取 碼 行 存**
   > →意：拿取密碼行走去存款

2. **MIPS**（**Million of Instructions Per Second**，每秒百萬個指令）用來表示CPU每秒可執行多少百萬個指令。MIPS值越高，CPU執行速度越快。

   ◎五秒自測　機器週期包含哪幾個步驟？

得分區塊練

( )1. 在電腦中，下列哪一個單元負責指令的解碼？
　　(A)控制單元　(B)輸入單元　(C)記憶單元　(D)算術與邏輯單元。

( )2. 中央處理器（CPU）在處理指令時，運作的先後步驟依序為：
　　(A)擷取→解碼→儲存→執行　　(B)解碼→擷取→執行→儲存
　　(C)擷取→執行→解碼→儲存　　(D)擷取→解碼→執行→儲存。

( )3. 下列何者負責解釋指令？
　　(A)ALU　(B)BUS　(C)I/O　(D)控制單元。

( )4. CPU執行一個指令的過程稱之為
　　(A)擷取週期　(B)執行週期　(C)機器週期　(D)儲存週期。

( )5. 「MIPS」為下列何者之衡量單位？
　　(A)印表機之印字速度　　　　(B)CPU之處理速度
　　(C)螢幕之解析度　　　　　　(D)磁碟機之讀取速度。　　　[丙級軟體應用]

註：擷取與解碼步驟，也有人稱為fetch cycle（擷取週期）。

四、影響CPU執行效能的因素

1. **時脈頻率**
2. **核心數** } 越高（多），執行效能越高
3. **快取記憶體的容量**

4. **CPU的字組（word）長度**也就是**通用暫存器**的位元數，若該暫存器的位元數為n位元，表示：
    a. CPU一次能處理n位元的資料。
    b. 使用此種CPU的電腦，即稱為n位元的電腦[註]。

5. **指令集的採用**：指令集是指CPU能執行的所有運算指令之組合。
    a. **CISC（複雜指令集）**：內建的指令較多，但CPU的電路設計較複雜，因此指令的執行速度較慢（如Intel Core i系列的CPU）。
    b. **RISC（精簡指令集）**：內建的指令較少，但CPU的電路設計較簡單，因此指令的執行速度較快（如Apple的A系列的CPU）；當執行到非內建指令時，因需組合數個內建指令來完成該指令所要做的工作，執行速度反而較CISC慢。

種類	型號代表	單一指令長度	指令集數目	單一指令執行速度
CISC	Intel Core i系列	較長（長度不一）	較多	較慢
RISC	Apple A系列	較短（長度固定）	較少	較快

得分區塊練

( ) 1. 由許多功能精簡的指令所組成且較容易最佳化的指令集為
(A)BUS (B)AWK (C)RISC (D)CISC。

( ) 2. 一部64位元電腦的字組（Word）長度為
(A)64Bytes (B)16Bytes (C)8Bytes (D)4Bytes。

( ) 3. 所謂的64位元電腦是指下列何者的位元數為64位元？
(A)通用暫存器 (B)位址匯流排 (C)控制匯流排 (D)電源供應。

( ) 4. 下列何者不是影響CPU執行效能的因素？ (A)CPU內部所採用的指令集架構 (B)硬碟的容量 (C)快取記憶體的容量 (D)CPU的位元數。

( ) 5. 有關「CPU」的描述，下列何者有誤？ (A)個人電腦的CPU一定是16位元 (B)CPU中具有儲存資料能力的是暫存器 (C)一部電腦中可以有二個以上的CPU (D)一部電腦的執行速度主要是由CPU的處理速度決定。 [丙級軟體應用]

註：早期資料匯流排的寬度與CPU暫存器的寬度一致，部分電腦書籍誤以資料匯流排的寬度來認定CPU的位元數，其實應該是以通用暫存器的位元數來衡量才精準。

3-3 主記憶體

一、認識記憶體

1. 記憶體（memory）是電腦存放程式與資料的地方，即電腦五大單元中的**記憶單元**，分為**主記憶體**與**輔助記憶體**：

項目	主記憶體	輔助記憶體
存取速度	快	慢
單位成本	貴	便宜
容量	小	大
儲存內容	處理中的資料與程式	須長久保留的資料

2. 記憶體的類別：

```
記憶體
├── 主記憶體
│   ├── RAM
│   │   ├── DRAM
│   │   └── SRAM
│   └── ROM
│       ├── PROM
│       ├── EPROM
│       ├── EEPROM
│       └── Flash Memory ┐
└── 輔助記憶體                 │ 以快閃記憶體
    ├── 硬式磁碟機（HDD）       │ 為材料
    ├── 固態硬碟（SSD） ────────┤
    ├── 隨身碟、記憶卡 ─────────┘
    └── 光碟
```

◉ 五秒自測　記憶體可區分為哪些種類？

二、RAM（隨機存取記憶體）

1. RAM（Random Access Memory）：**可讀可寫**，電源關閉後儲存在其內的資料會消失，故稱**揮發性**記憶體（volatile memory）。

2. 儲存在輔助記憶體中的程式或資料，必須先載入至RAM中，電腦才能執行。

3. RAM分為DRAM與SRAM兩類：

項目	DRAM（動態隨機存取記憶體）	SRAM（靜態隨機存取記憶體）
使用的電子元件	電容器	正反器
需要週期性充電	是	否
存取速度	慢	快
單位成本	便宜	貴
主要應用	個人電腦的記憶體	主機板上或CPU內的快取記憶體

◎五秒自測　DRAM與SRAM使用的電子元件及存取速度有何不同？

4. DRAM種類：

種類	傳輸速度
SDRAM	慢
DDR SDRAM	↓
DDR2 SDRAM	
DDR3 SDRAM	
DDR4 SDRAM	
DDR5 SDRAM	快

- DDR SDRAM：雙倍數同步動態隨機存取記憶體（**D**ouble **D**ata **R**ate **S**ynchronous **D**ynamic **R**andom **A**ccess **M**emory），其速度為SDRAM的兩倍。

得分區塊練

( )1. 主機板上或CPU內的快取記憶體，通常採用下列哪一種記憶體？
(A)動態隨機存取記憶體（DRAM）
(B)靜態隨機存取記憶體（SRAM）
(C)快閃記憶體（Flash ROM）
(D)可程式化唯讀記憶體（PROM）。

( )2. 下列有關RAM（隨機存取記憶體）的敘述何者正確？
(A)RAM可以寫入
(B)RAM屬於非揮發性記憶體
(C)RAM專門用來存放開機系統程式
(D)RAM的資料在電腦關閉後不會消失。

( )3. 電腦要執行任何軟體，首先要將可執行碼載入到下列何種儲存媒體中？
(A)輔助記憶體　(B)ALU　(C)主記憶體　(D)cache。

( )4. 一般所稱的個人電腦中的主記憶體有512MBytes或1GBytes，通常指的是下列何者？
(A)快取記憶體（Cache Memory）
(B)動態隨機存取記憶體（Dynamic Random Access Memory）
(C)唯讀記憶體（Read Only Memory）
(D)虛擬記憶體（Virtual Memory）。

( )5. 下列關於DRAM（動態隨機存取記憶體）與SRAM（靜態隨機存取記憶體）的敘述，何者正確？
(A)DRAM不需要充電
(B)DRAM比SRAM貴
(C)DRAM是一種電容器
(D)DRAM是一種輔助記憶體。

( )6. 下列哪一種記憶體需要不斷充電才能保存資料？
(A)EPROM　(B)ROM　(C)SRAM　(D)DRAM。

( )7. 下列何種記憶裝置會隨著電源關閉而資料消失？
(A)RAM　(B)FLASH　(C)ROM　(D)EPROM。

( )8. 下列有關記憶體的敘述，何者正確？
(A)SRAM可被讀取資料，但不能寫入資料
(B)DRAM的速度較硬式磁碟慢
(C)當電腦關機後，DRAM中的資料不會消失
(D)動態隨機存取記憶體的速度，較靜態隨機存取記憶體的速度慢。

( )9. 下列何者是主記憶體？
(A)RAM　(B)光碟　(C)硬碟　(D)隨身碟。

( )10. 志華透過『Yahoo!奇摩購物中心』網站，購買一條規格為DDR4 3200的記憶體，請問該記憶體指的是下列何者？
(A)SRAM　(B)DRAM　(C)ROM　(D)flash memory。

三、ROM（唯讀記憶體）

1. **ROM**（Read-Only Memory）：**可讀取但不能任意寫入**，電源關閉後，儲存在其內的資料不會消失，故稱**非揮發性**記憶體（nonvolatile memory）。但隨著硬體科技進步，目前常用的ROM通常是**可讀取也可寫入**。

2. **韌體**（firmware）：燒錄在ROM中的程式，如開機時執行的**BIOS**程式。韌體可省去將程式由輔助記憶體載入主記憶體的時間，加快執行速度。

    a. BIOS（Basic Input/Output System，基本輸入輸出系統）：具有**開機自我測試**註（Power On Self Test, POST）、載入作業系統及設定CMOS內容（如設定系統時間、設定開機順序）等功能。

    b. CMOS晶片：儲存系統時間、電腦硬體裝置的資訊（如記憶體的容量等），以及開機所需的相關資訊（如由硬碟或光碟開機）。**要設定CMOS的各項參數，須透過BIOS的設定程式才能達成。**

3. ROM的種類：

類別	說明
PROM	可利用專用燒錄機將資料寫入ROM，但只能寫入1次
EPROM（可重複寫入）	利用紫外線的照射抹除資料，以重複寫入資料
EEPROM（可重複寫入）	a. 利用電壓訊號寫入或抹除資料 b. 常在智慧IC卡產品中，做為輔助記憶體使用
Flash Memory / Flash ROM（快閃記憶體）（可重複寫入）	a. 利用電壓訊號增刪資料，讀寫速度較EEPROM快 b. 目前的主機板多已改用Flash Memory來儲存BIOS，以便透過程式來更新BIOS內容 c. 常在智慧型手機、平板電腦、隨身碟、固態硬碟、MP3 / MP4播放器及記憶卡等產品中，做為輔助記憶體使用

4. RAM與ROM的比較：

項目	RAM	ROM
可寫入資料	是	需特殊設備才可寫入
電腦關閉資料會消失	是	否
主要用途	個人電腦記憶體（DRAM）、快取記憶體（SRAM）	BIOS、隨身碟、記憶卡（Flash Memory）

註：開機自我測試是在電腦一開機時執行，主要是檢查電腦硬體（如記憶體）及週邊設備（如鍵盤）是否能正確運作。

四、快取記憶體（cache memory） 109 112

1. 用來存放CPU經常使用的資料或指令，以提升電腦的處理效能。
2. 分為L1 cache、L2 cache及L3 cache等三種。
3. 存取速度比較：L1 > L2 > L3 > 主記憶體。
4. 容量比較：L1 < L2 < L3 < 主記憶體。

得分區塊練

( ) 1. 電腦中的「基本輸入／輸出系統」（BIOS）屬於下列何者選項？
(A)報表軟體　(B)套裝軟體　(C)韌體　(D)作業系統。

( ) 2. 下列敘述何者正確？
(A)暫存器是一種主記憶體
(B)唯讀記憶體是一種主記憶體
(C)快取記憶體是一種輔助記憶體
(D)隨機存取記憶體是一種輔助記憶體。

( ) 3. 有關電腦開機自我測試（power on self test）之敘述，下列何者錯誤？
(A)會對CPU和動態記憶體等硬體做測試
(B)該開機自我測試階段是在作業系統載入前
(C)該段程式碼是存放在硬式磁碟機中
(D)該段程式碼屬於BIOS的一部份。

( ) 4. 關於快閃記憶體（flash memory）的敘述，下列何者不正確？
(A)電源消失資料仍然存在
(B)記憶體中的資料可以被重複讀寫
(C)必須利用紫外線的照射才能刪除資料
(D)可以應用在隨身碟或記憶卡。

( ) 5. 下列何種記憶體，具有可雙向讀寫，以及電源關閉時資料仍保留的特性？
(A)DRAM　(B)SRAM　(C)Flash ROM　(D)BIOS。

( ) 6. 下列敘述何者不正確？
(A)第四代電腦主要元件是超大型積體電路
(B)電腦系統包括了軟體與硬體兩大部份
(C)電源關掉時ROM裡的資料將會流失
(D)RAM是能隨時存取資料的記憶體，稱隨機存取記憶體。

(　)7. 下列哪一項不是BIOS（Basic Input Output System）具備的功能？
　　(A)記錄硬碟型號及大小
　　(B)設定由硬碟開機
　　(C)設定顯示器的解析度
　　(D)設定系統的時間。

(　)8. 電腦許多基本設定資料如日期、時間、磁碟機容量等都會儲存在下列哪一個項目內？　(A)硬碟　(B)CMOS　(C)暫存器　(D)DRAM。

(　)9. 下列對CACHE記憶體的敘述何者有誤？
　　(A)是一種唯讀記憶體
　　(B)存取速度比一般記憶體快好幾倍
　　(C)可細分為L1、L2、L3 CACHE
　　(D)L1 CACHE與微處理器在同一顆晶片中。

(　)10.「快取記憶體（Cache Memory）」的主要功能是
　　(A)作為輔助記憶體
　　(B)可以降低主記憶體的負擔和成本
　　(C)可以增進程式的整體執行速度
　　(D)可以減少輔助記憶體的空間需求。　　　　　　　　　　[乙級軟體應用]

(　)11. 有關快取記憶體L1、L2、L3及主記憶體的存取速度比較，何者最快？
　　(A)主記憶體　(B)L3　(C)L2　(D)L1。

3-4　輔助記憶體

一、輔助記憶體的種類

名稱	說明
硬碟	分為硬式磁碟機（HDD）及固態硬碟（SSD）
光碟	分為CD、DVD、藍光（BD）
SSD／隨身碟／記憶卡	快閃記憶體（Flash Memory）材料，可重複讀寫

◉五秒自測　RAM、ROM、硬碟、光碟哪些屬於輔助記憶體？

二、硬式磁碟機（Hard Disk Drive, HDD）　102　113

1. 具有容量大和讀取速度快的優點，是個人電腦重要的儲存設備。

2. 硬碟的構造：

磁盤（platter）	分為上下兩磁面	
磁軌（track）	由外向內依序編號（最外圈為0）的同心圓軌道	
磁區（sector）	磁軌再細分為許多個磁區，是硬碟儲存資料的最小單位，每一磁區為4KB或512bytes	
磁叢（cluster）	由多個連續的磁區組成，是作業系統存取硬碟資料的單位；不同的作業系統定義存取的磁叢大小會有所不同	

a. **磁柱**（cylinder）：由磁盤中相同半徑的所有磁軌組成，若磁盤有N個磁軌，即有N個磁柱。

b. 硬碟是利用**讀寫頭**來讀寫磁盤上的資料。

c. 容量大小比較：**磁區 < 磁叢 < 磁軌 < 磁柱**。

3. 硬碟的規格：

轉數　傳輸介面

Made in TH
SATA
Capacity:3000GB　容量
7200 RPM
Firm ware:CC24
DP/N
0HHD4K

TH-0HHD4K-21233-
2CL-03MC-A01
Canada Class B digital apparatus ICES-003/
Classe B appareil numerique NMB-003

A3-16

a. **硬碟容量 = 讀寫頭數 × 磁軌數 × 磁區數 × 磁區的大小（4KB或512 bytes）**

b. 轉速：硬碟內部馬達旋轉的速度，單位為 **RPM**（每分鐘旋轉圈數），常見的轉速有7,200、10,000、15,000RPM。轉速越高，讀寫資料的速度越快。

c. 傳輸介面：IDE、**SATA**、SAS（通常用於伺服器硬碟）。

d. 外接式硬碟（又稱**行動硬碟**）使用的介面多為 **USB**、eSATA、Thunderbolt。

e. 尺寸：3.5吋、2.5吋；3.5吋多半用於桌上型電腦，而2.5吋常用於筆電或行動硬碟。

f. 硬碟多半內建有**緩衝記憶體**（buffer），可加速硬碟的存取速度，常見的規格有16MB、32MB、64MB等。

4. 磁碟存取時間：指磁碟機讀取或寫入資料的時間，通常以毫秒（ms，即10^{-3}秒）為單位。

5. **磁碟存取時間 = 搜尋時間 + 旋轉時間 + 傳輸時間**

    a. 搜尋時間：將讀寫頭移到要存取資料位置（磁軌）所需的時間。

    b. 旋轉時間：將資料磁區旋轉到讀寫頭所在位置的時間，一般是取平均時間，即硬碟旋轉1/2圈所花的時間。

    c. 傳輸時間：讀寫頭將磁區資料讀出並傳送至主記憶體，或主記憶體將資料傳送至讀寫頭，並寫入資料磁區所花用的時間。

穩操勝算

某一磁碟機之轉速為7,200RPM，資料傳輸率1,000,000bytes/Sec，搜尋時間為10ms，則要存取同一磁柱內5,000bytes之資料需花費多少時間？

答 19.2ms

解 1. 搜尋時間 = 10ms

2. 旋轉時間 = 磁碟旋轉一圈所需秒數 × $\frac{1}{2}$（取平均時間）

    a. 每旋轉一圈需耗時：$\frac{1}{7,200} \times 60$秒 ≒ 0.0084秒 ≒ 8.4ms（無條件進位至小數點第1位）

    b. 旋轉時間：8.4ms × $\frac{1}{2}$ = 4.2ms

3. 傳輸時間 = 讀寫與傳輸5,000bytes所花用的時間 = $\frac{5,000}{1,000,000}$ = 0.005秒 = 5ms

4. 存取時間 = 搜尋時間 + 旋轉時間 + 傳輸時間
   = 10ms + 4.2ms + 5ms = 19.2ms

三、固態硬碟

1. **固態硬碟**（Solid-State Drive, SSD）與**硬式磁碟機**（HDD）不同，沒有馬達、讀寫頭等機械構造，而是以**快閃記憶體**（Flash Memory）來作為儲存元件。

2. 優點：讀寫速度快、耗電量低、重量輕、無噪音、耐震力高、可無限次讀取。
   缺點：價格高、有寫入次數限制（如10萬次），若SSD故障，儲存其內的資料無法或極難救回。

3. 傳輸介面：SATA、M.2、PCI-E。

4. 固態硬碟與傳統硬碟的比較：

項目 類別	讀寫速度	磁碟重組	耗電量	重量	噪音	耐震度	價格
固態硬碟	快	不需要	低	輕	無	高	貴
傳統硬碟	慢	需要	高	重	有	低	便宜

有背無患

1. 固態混合硬碟（Solid-State Hybrid Drive, SSHD）：由硬式磁碟機的磁盤及固態硬碟組合而成，兼具有讀寫快速及容量大的優點。通常是將常用的檔案存於固態硬碟，以加快資料的讀取速度。

2. 企業級硬碟（伺服器硬碟）通常會使用到下列技術：
   » SAS：序列式SCSI（Serial Attached SCSI）是一種連接埠標準，常用來連接多個硬式磁碟機，組成磁碟陣列。
   » NAS：網路附接儲存器（Network Attached Storage）是一個小型的雲端硬碟伺服器，它通常內接多個硬碟，並內建網路功能與管理檔案專用的軟體。

得分區塊練

( )1. 下列何者屬於輔助記憶體？ (A)硬碟（Hard Disk） (B)隨機存取記憶體（RAM） (C)暫存器（Register） (D)快取記憶體（Cache）。

( )2. 一台具有32個磁頭的硬式磁碟機，若每個磁面有6256個磁軌，每一磁軌有63個扇形區，且每一扇形區可儲存512個位元組，試問此磁碟機容量約為多少位元組（byte）？ (A)1.5G (B)3.0G (C)6.0G (D)12.0G。

( )3. 一磁碟機，每分鐘3600轉，資料移轉時間為每秒3百萬位元組，平均尋找時間為16毫秒，則同一磁柱內的3000位元組之隨機存取時間為多少毫秒？
(A)15.3 (B)13.5 (C)25.3 (D)23.5。

四、光碟

1. 光碟（optical disc）是一種儲存資料的媒體，光碟必須要使用光碟機才能讀取，光碟機是利用雷射光掃瞄光碟片，藉由反射的光線變化來判讀資料。

    a. CD、DVD光碟機 ──────────→ 使用紅色雷射光

    b. 藍光（Blu-ray Disc, BD）光碟機 ──→ 使用藍色雷射光

2. 光碟片的碟片規格：

光碟片規格	燒錄次數	光碟類型 CD	DVD	BD
ROM	唯讀	CD-ROM	DVD-ROM	BD-ROM
R	1次	CD-R	DVD±R / DVD±R DL	BD-R
RW	多次	CD-RW	DVD±RW	－
RE	多次	－	－	BD-RE

> **簡易記憶法**
> 碟片規格標示ROM表示唯讀、R表示僅能燒錄1次、RW及RE表示能燒錄多次

◎五秒自測　哪些規格的光碟片可燒錄資料多次？

3. 光碟機的讀寫倍速：**倍速**是用來衡量光碟機讀寫速度的單位，倍速越高，讀寫速度越快。

種類	標誌	單倍讀寫速度
CD	COMPACT disc	150 KB/Sec
DVD	DVD	1,350 KB/Sec
BD	Blu-ray Disc	4.5 MB/Sec

　　約9倍（CD→DVD）
　　約3.5倍（DVD→BD）

　a. 市面上的光碟機，常兼具讀取與燒錄的功能，這種光碟機稱為「燒錄機」。

◎五秒自測　CD、DVD、藍光光碟機的單倍讀寫速度各為多少？

4. **挑片**：指光碟機發生無法讀取光碟片的情形，可能的原因是光碟片的品質不佳，或光碟機的讀寫頭老舊。

五、隨身碟與記憶卡

1. 以**快閃記憶體**（Flash Memory）作為儲存元件。
   - **五秒自測** 隨身碟與記憶卡是以何種記憶體來作為儲存元件？

2. 隨身碟是透過USB埠與電腦連接。

3. 電腦必須透過讀卡機，才能存取記憶卡中的資料。部分記憶卡（如下圖中的SDHC卡）也可透過Wi-Fi來傳輸資料至電腦或相關設備。

4. 常見的記憶卡：

   SDXC　　microSD　　MS

   CF　　SDHC　　M2　　xD

5. 手機常用的記憶卡為microSD卡，數位相機常用的記憶卡為SDHC、CF卡。

> **笑話記憶法**
> 記憶體有很多種，哪一種記憶體屬於「快閃族」（一群人相約在某一地點做出特定動作，便迅速離去）？
> 答：flash memory（快閃記憶體）。

得分區塊練

( ) 1. 下列哪一種DVD光碟機只能讀取光碟片上的資料，但不能寫入資料？
(A)DVD-R　(B)DVD-RW　(C)DVD-RAM　(D)DVD-ROM。

( ) 2. 下列何者是屬於可以重複讀寫（燒錄）之光碟片？
(A)CD-R　(B)CD-W　(C)CD-ROM　(D)CD-RW。

( ) 3. 下列哪一種記憶體，用於製作USB隨身碟？
(A)DRAM　(B)SRAM　(C)Flash memory　(D)EEPROM。

( ) 4. 下列哪一種資料儲存設備，通常是使用快閃記憶體來製作的？
(A)暫存器　(B)快取記憶體　(C)數位相機記憶卡　(D)隨機存取記憶體。

( ) 5. 要讀取隨身碟中的資料，必須透過下列哪一個連接埠，將隨身碟與電腦連接？
(A)SATA　(B)M.2　(C)USB　(D)SAS。

六、記憶體比較

1. 各類記憶體存取速度及容量比較：

速度 快		小 容量
暫存器	CPU 暫存器	暫存器
L1 L2 L3	L1 L2 L3	L1 L2 L3
DRAM ROM	主記憶體	ROM DRAM
隨身碟、硬碟 光碟	輔助記憶體	光碟 隨身碟 硬碟
慢		大

a. L1、L2、L3是以SRAM製成，SRAM的存取速度較DRAM快。

b. 光碟機的存取速度比較：BD > DVD > CD。

c. 隨身碟的存取速度會依其使用的USB介面不同而有差異。
隨身碟的容量規格有很多，容量較大者甚至可能大於硬碟。

2. CPU到各類記憶體的存取順序：
暫存器 → 快取記憶體 → 主記憶體 → 輔助記憶體。

◎五秒自測　快取記憶體、ROM、暫存器、DRAM、硬碟、光碟等記憶體的存取速度，由快到慢的順序為何？

數位科技概論 滿分總複習

得分區塊練

( ) 1. 下列哪一種記憶裝置，其資料儲存容量最小，但其資料存取速度最快？
(A)隨機存取記憶體（RAM）　　(B)暫存器（Register）
(C)快取記憶體（Cache）　　(D)硬碟（Hard Disk）。

( ) 2. 電腦記憶體主要分為四個層次：(1)快取記憶體　(2)主記憶體　(3)暫存器　(4)輔助記憶體。請依照記憶體層次的存取速度由快而慢選出正確的順序。
(A)快取記憶體→主記憶體→暫存器→輔助記憶體
(B)快取記憶體→主記憶體→輔助記憶體→暫存器
(C)主記憶體→快取記憶體→暫存器→輔助記憶體
(D)暫存器→快取記憶體→主記憶體→輔助記憶體。

( ) 3. 我們比較隨機存取記憶體（RAM）、唯讀記憶體（ROM）、磁碟機（Hard Disk）等記憶體或儲存設備的存取速度，由快至慢依序排序，正確的選項是：
(A)隨機存取記憶體＞磁碟機＞唯讀記憶體
(B)磁碟機＞隨機存取記憶體＞唯讀記憶體
(C)隨機存取記憶體＞唯讀記憶體＞磁碟機
(D)唯讀記憶體＞磁碟機＞隨機存取記憶體。

( ) 4. CPU至下列何者存取資料的速度為最快？
(A)快取記憶體（Cache Memory）　　(B)暫存器（Register）
(C)主記憶體（RAM）　　(D)輔助記憶體（Auxiliary Memory）。

( ) 5. DRAM、快取記憶體、光碟及暫存器的存取速度中，共有幾項快於硬碟的存取速度？　(A)2項　(B)3項　(C)4項　(D)5項。

( ) 6. 下列哪一種元件存取資料的速度最快？
(A)L1快取記憶體　(B)L2快取記憶體　(C)暫存器　(D)主記憶體。

( ) 7. 下列哪一種記憶體裝置速度最快？
(A)SRAM　(B)DRAM　(C)硬碟　(D)隨身碟。

( ) 8. 下列記憶體相比，何者容量最大？
(A)RAM　(B)硬碟　(C)快取記憶體　(D)DVD光碟。

( ) 9. 在電腦系統中，CPU對記憶體存取之順序為
(A)先到主記憶體，次至快取記憶體，最後到輔助記憶體
(B)先到快取記憶體，次至主記憶體，最後到輔助記憶體
(C)先到主記憶體，次至輔助記憶體，最後到快取記憶體
(D)先到快取記憶體，次至輔助記憶體，最後到主記憶體。

( ) 10. 下列各種電腦資料儲存設備的儲存媒體，何者可儲存的資料容量最小？
(A)藍光光碟片　(B)DVD光碟片　(C)硬碟機　(D)行動硬碟。

( ) 11. 下列儲存媒體的存取資料速度何者最快？
(A)光碟　(B)隨機存取記憶體　(C)快取記憶體　(D)唯讀記憶體。

3-5　主機板與介面規格

一、主機板

1. **主機板**（motherboard，簡稱MB）是一塊用來連接電腦相關元件的電路板。

2. 主機板上的插槽種類：

    a. CPU插槽

    b. 記憶體（DRAM）插槽

    c. 介面卡插槽，如PCI-E

    d. 連接輔助儲存設備的插槽，如SATA、M.2

3. 主機板上的重要元件：

    a. **BIOS**晶片：儲存BIOS程式（程式功能包含開機自我測試、載入作業系統及設定CMOS內容）。

    b. 晶片組[註]：負責掌控中低速的裝置（如SATA、PCI、PCI-E x1、USB、PS/2）。

PCI-E x1插槽 — 插電視卡

電池 — 使CMOS內容不因電源關閉而消失

PCI-E x16插槽 — 插顯示卡

晶片組

SATA插槽 — 接SATA規格的硬碟、光碟

主機板

M.2插槽 — 插固態硬碟

BIOS

CPU插槽

記憶體插槽 — 插DRAM

電源插槽

註：舊款主機板通常設有北橋與南橋2個晶片組，其中北橋負責掌控高速裝置（如CPU、RAM、AGP、PCI-E x16），其功能已整合至CPU，現今的主機板只有一個晶片組，即是南橋的功能。

二、連接輔助儲存設備的插槽

規格	連接設備
SATA（Serial ATA）	硬碟、光碟
SCSI	硬碟
SAS	伺服器硬碟

1. SATA具有熱插拔的特性，可以在不關機的情況下，直接安裝或拔除連接設備。

2. SCSI插槽在伺服器等級以上的電腦較為常見。

三、安裝介面卡的插槽

1. **介面**是讓兩個電腦元件或設備相互連結，以進行溝通的橋樑，如主機板上的插槽。

2. 常見的介面卡有：

    a. **顯示卡**：可將影像顯示在電腦螢幕上。顯示卡通常搭載有512MB以上的**顯示記憶體**（VRAM），VRAM與RAM相同，皆屬於揮發性記憶體，主要是用來暫存顯示卡所處理的資料。

    b. **音效卡**：具有數位／類比訊號的轉換器，可將數位音訊轉換為類比音訊，由喇叭、耳機發出聲響；或將類比音訊轉換成數位音訊，儲存在電腦中。

    c. **網路卡**：上網必備的裝置，分有線、無線兩大類。

    d. **磁碟陣列卡**（RAID Card）：可串接多個硬碟，以組成磁碟陣列。

3. 內建有相關介面卡功能（如音效卡、網路卡、顯示卡等）的主機板，稱為**整合式（all-in-one）**主機板。

4. PC插槽（擴充槽）的種類：

規格	連接介面卡種類
PCI	網路卡、音效卡
PCI-E	顯示卡、網路卡、音效卡

四、主機板的I/O連接埠 　105

1. 主機板側面有許多連接週邊設備的插孔，稱為**I/O連接埠**（如下圖）。

名稱	連接設備
A　麥克風輸入（粉紅色）	麥克風
B　音源輸出（綠色）	喇叭、耳機
C　音源輸入（藍色）	錄音筆
D　PS/2[註1]（紫色）（綠色）	鍵盤、滑鼠
E　RJ-45網路	接RJ-45接頭的網路線
F　USB	鍵盤、滑鼠、隨身碟、數位相機、印表機
G　eSATA	行動硬碟、外接光碟機
H　DVI	螢幕
I　D-Sub	螢幕
J　DisplayPort	螢幕
K　HDMI	螢幕
L　Thunderbolt 3 / 4	螢幕、硬碟、外接式顯示卡
M　並列埠	印表機
N　串列（序列）埠[註2]	滑鼠、數據機

2. D-Sub（VGA）、DVI、HDMI、DisplayPort、Thunderbolt 3 / 4的比較：

介面	D-Sub	DVI	HDMI	DisplayPort	Thunderbolt 3 / 4
接頭					
訊號類別	類比	類比、數位[註3]	數位	數位	數位
同時傳輸的影音訊號	視訊	視訊	視訊 + 音訊	視訊 + 音訊	視訊 + 音訊
可連接設備數	1	1	1	多個（依顯示卡效能而定）	多個（依顯示卡效能而定）

a. Thunderbolt能雙向同步傳輸資料、視訊、音訊等訊號。
 Thunderbolt 3 / 4速度約為40Gbps，連接埠更換為USB Type C，與USB4通用。

註1：現今電腦的主機背面多已將2個PS/2埠合而為一，以紫、綠雙色表示可連接鍵盤或滑鼠，或是改用USB來連接鍵盤、滑鼠。
註2：現今電腦的I/O連接埠多已不再提供串列埠。
註3：DVI介面有多種類型，目前常見的DVI類型為DVI-D，僅能傳輸數位訊號。

3. **USB**（Universal Serial Bus，**通用序列匯流排**）、IEEE 1394、eSATA埠：

   a. 以**串列（序列）**方式傳輸資料，可串接多種週邊設備，擴充性高。

   b. 不同規格USB的連接埠：

類型	USB 2.0	USB 3.2 Gen 1（USB 3.0）	USB 3.2 Gen 2（USB 3.1）	USB 3.2 Gen 2×2	USB4	使用的設備
Type A	▭	▭（通常為藍色）	▭	—	—	電腦、行動電源、鍵盤、滑鼠、隨身碟
Type B	▭	▭	—	—	—	掃描器、印表機
Type C	—	—	▭	▭（正反都可插）	▭	電腦、平板電腦、手機、電視、週邊設備等
Mini-B	▭	—	—	—	—	手機、數位相機、讀卡機
Micro-B	▭	▭	—	—	—	手機、平板電腦、外接式硬碟、讀卡機
Micro-AB	▭	▭	—	—	—	

   c. USB、IEEE 1394可作為週邊設備**充電**的連接埠。

   d. USB最多可同時連接127個裝置。

   e. USB OTG轉接頭（**USB On-The-Go**）：是一種可讓手機的USB裝置直接讀取另一個USB裝置（如隨身碟）的標準。

   f. eSATA較常見為eSATA 2（速度為3Gbps），新版本eSATA 3（速度為6Gbps）並未普及。

   g. eSATA不提供週邊設備充電，但新型的eSATA / USB combo（俗稱**Power eSATA**）連接埠則可提供充電，它兼容eSATA、USB 2.0插頭。

4. 並列埠又稱**LPT1**；串列埠又稱COM1、COM2，是依循RS-232C標準所制定的連接埠。

種類	連接設備	資料傳輸方式	速度
並列埠	印表機	一次同時傳輸8bits（1byte）	快
串列埠	滑鼠、數據機	一個bit接著一個bit	慢

5. Lightning：蘋果產品（如iPhone、iPod、iPad等）的專屬連接埠規格；新款蘋果產品已改用USB Type C連接埠規格。

6. 許多連接埠支援**熱插拔**、**隨插即用**（Plug & Play, **PnP**）的功能：

功能	說明
熱插拔	可在不關機的情況下，直接安裝或拔除連接設備
隨插即用	電腦會自動偵測硬體設備及安裝驅動程式

7. 常見連接埠與插槽的比較：

	種類	連接設備	熱插拔	隨插即用	充電
連接埠	PS/2	鍵盤、滑鼠			
	並列埠（LPT1）	印表機、掃描器			
	USB 2.0	鍵盤、滑鼠、印表機、掃描器、數位相機、隨身碟、外接式燒錄機、外接式硬碟、手機、螢幕、無線網路卡	✓	✓	✓
	USB 3.2 Gen 1（USB 3.0）		✓	✓	✓
	USB 3.2 Gen 2（USB 3.1）		✓	✓	✓
	USB 3.2 Gen 2×2		✓	✓	✓
	USB4		✓	✓	✓
	IEEE 1394b（FireWire 800）	外接式硬碟、外接式光碟機、數位攝影機	✓	✓	✓
	eSATA 2	硬碟外接盒、外接式硬碟、外接式燒錄機	✓	✓	
	Thunderbolt 3 / 4	螢幕、外接式硬碟、外接式顯示卡	✓	✓	✓
	DVI	螢幕、電視	✓		
	HDMI	螢幕、電視、音響	✓	✓	
	DisplayPort	螢幕	✓	✓	
	Lightning	iPhone、iPod、iPad	✓	✓	✓
插槽	SATA-3	硬碟、光碟	✗ 註		
	PCI-E x1	網路卡、音效卡、顯示卡	✗		✓
	PCI-E x16		✗		✓

註：SATA、PCI-E連接埠的規格皆具有熱插拔功能，但實際販售產品不一定設計有此功能。

( )1. 如果我們想要加裝16GB的RAM,應當將RAM插入主機板的:
(A)PCI擴充槽　(B)AGP擴充槽　(C)記憶體插槽　(D)CPU插槽。

( )2. 下列哪一種介面可用來連接硬碟?
(A)USB　(B)DisplayPort　(C)Lightning　(D)HDMI。

( )3. 下列何者可以插入個人電腦中的PCI-E擴充槽?
(A)中央處理器　(B)隨身碟　(C)顯示卡　(D)記憶體。

( )4. 若要上網下載MP3檔案,電腦應配置下列何種設備?
(A)網路卡　(B)IEEE 1394卡　(C)音效卡　(D)RAID卡。

( )5. 提供類比語音與數位語音的轉換裝置是:
(A)RAID卡　(B)網路卡　(C)VGA顯示卡　(D)音效卡。

( )6. 下列哪一種擴充卡是用來連接多顆硬碟以組成磁碟陣列?
(A)音效卡　(B)USB卡　(C)網路卡　(D)RAID卡。　　　　　　　　　　　[技藝競賽]

( )7. 一般常用的隨身碟,通常是使用下列哪一種I/O連接埠?
(A)LPT1　(B)COM1　(C)PS/2　(D)USB。

( )8. 電腦螢幕的信號線插頭一般是插在電腦主機的何種連接埠?
(A)D-Sub連接埠　(B)LPT連接埠　(C)COM連接埠　(D)Game連接埠。

( )9. 下列四種I/O連接埠,何者不提供充電的功能?
(A)IEEE 1394　(B)USB　(C)Thunderbolt　(D)eSATA。

( )10. 滑鼠無法連接下列哪些接頭?
a.PS/2　b.USB　c.RJ-45　d.DVI
(A)cd　(B)acd　(C)bd　(D)abcd。

( )11. 下列哪一項個人電腦的輸出入介面可用來直接連接數位相機?
(A)AGP介面　(B)SAS介面　(C)PCI-E介面　(D)USB介面。

( )12. 下列介面中,何者不是同時具有熱插拔與供電特性?
(A)Thunderbolt介面　(B)DVI介面　(C)USB介面　(D)FireWire介面。

3-6 輸入與輸出設備

一、週邊設備簡介

1. 週邊設備是指連接至電腦的硬體裝置，包含：
    a. **輸入設備**：將資料輸入至電腦。
    b. **輸出設備**：輸出電腦處理的結果。

```
        輸入              兼具輸出／入            輸出
         ↓                    ↓                   ↓
    指向裝置
    鍵盤、滑鼠、觸控板、
    搖桿…                儲存裝置
                        硬碟機、燒錄機、
                        隨身碟…              一般列印裝置
    影音輸入裝置                              印表機、繪圖機
    光碟機、網路攝影機、   影音應用裝置
    語音辨識系統…         觸控式螢幕…          影音輸出裝置
                                            顯示器、喇叭、
    IC／光學／磁墨輸入裝置  其他                 耳機…
    掃描器、晶片讀卡機、   數據機、多功能事務機…
    條碼閱讀機…
```

2. 作業系統是透過**驅動程式**與週邊設備溝通。

3. 常見的輸入設備：

類別	相關設備
指向裝置	鍵盤、滑鼠、觸控板、搖桿、軌跡球、光筆、手寫板、繪圖板
影音輸入裝置	光碟機、網路攝影機（web cam）[a]、語音辨識系統、語音輸入裝置、電視盒、麥克風
IC／光學／磁墨輸入裝置	掃描器（scanner）、晶片讀卡機[b]、條碼閱讀機、光學字元閱讀機（OCR）[c]、光學記號閱讀機（OMR）[d]、磁性墨水字體閱讀機（MICR）[e]

    a. 網路攝影機：擷取動態視訊的影像，常應用在視訊會議、遠端監控。
    b. 晶片讀卡機：用來讀取金融卡、自然人憑證、信用卡等卡片內的資料，以進行轉帳、報繳所得稅等工作。若晶片讀卡機同時也可存取記憶卡，則歸屬於輸出入設備。
    c. OCR：如郵局用來辨識信件之郵遞區號的設備。
    d. OMR：如大考中心用來讀取答案卡上標記的設備。
    e. MICR：如銀行用來讀取支票上資料的設備。

4. 常見的輸出設備：

類別	相關設備
一般列印裝置	印表機、繪圖機（plotter）、3D列印機
影音輸出裝置	顯示器、喇叭、耳機、語音輸出裝置、投影機、微型投影機、VR／AR裝置

5. 兼具輸入、輸出功能的設備：

類別	相關設備
儲存裝置	硬碟機、燒錄機、隨身碟、記憶卡、錄音筆
影音應用裝置[a]	觸控式螢幕[b]、數位相機、數位攝影機（DV）、耳機麥克風（簡稱耳麥）
其他	數據機、多功能事務機[c]

a. 多數的影音應用裝置（如手機、平板電腦、數位相機、DV）因內建有Flash ROM，可以讀取及寫入資料，故被歸屬為兼具輸入、輸出功能的設備。

b. 觸控式螢幕（touch panel）：可利用手指或觸控筆直接觸控螢幕來操控；許多3C產品（如手機、相機、平板電腦、自動售票機、車用觸控面板），都已具有**多點觸控**的功能。

c. 多功能事務機：具有影印、掃瞄、傳真、列印等複合功能的印表機，可省去個別購買事務設備的麻煩。

6. 輸入設備 vs. 輸入媒體：**輸入設備**是指可將資料輸入至電腦的設備；**輸入媒體**則是指儲存資料的物質，可被輸入設備讀取，例如用來讀取商品條碼的條碼閱讀機是一種輸入設備，條碼則是一種輸入媒體。

有背無患

- 多點觸控（multi-touch）是透過感應人體所帶的微弱電流，來計算螢幕被觸碰的位置。
    a. 多點觸控功能可一次感應多個觸控點，常應用在3C產品，如iPhone可讓使用者利用兩隻手指的滑動來縮放、旋轉圖片。（傳統的觸控功能一次只能感應一個觸控點，如ATM）。
    b. Windows 10等作業系統雖支援多點觸控技術，但仍需搭配支援多點觸控技術的螢幕才能發揮作用。
- 虛擬鍵盤：將鍵盤的按鍵圖示投射在任一物件上（如桌子）形成虛擬鍵盤，方便使用者在虛擬鍵盤上打字，即可傳至手機、平板電腦等設備上。

第3章 系統平台的硬體架構

得分區塊練

( )1. 下列何者為輸出設備？
(A)掃描器　(B)滑鼠　(C)顯示器　(D)鍵盤。

( )2. 驅動程式的功能在於
(A)使作業系統具備多工之能力
(B)編譯原始程式
(C)監督程式之執行
(D)作業系統和週邊設備之溝通。

( )3. 下列何種電腦週邊設備，同時具有輸入與輸出兩種功能？
(A)鍵盤　(B)數據機　(C)印表機　(D)掃描器。

( )4. 下列何者是電腦的輸入設備？
(A)喇叭　(B)滑鼠　(C)顯示器（monitor）　(D)中央處理單元（CPU）。

( )5. 在超級市場內，商品包裝上所貼的條碼（bar code）可協助結帳及庫存盤點之用。請問該條碼之應用屬於下列何者？
(A)輸入設備
(B)輸入媒體
(C)輸出設備
(D)輸出媒體。

( )6. 祐方最近迷上利用電腦的網路電話軟體，與同學在線上交談，若他們希望在彼此交談時，也能看到對方的影像，請問他們的電腦必須安裝下列何種設備？
(A)滑鼠　(B)掃描器　(C)網路攝影機　(D)繪圖板。

( )7. 下列何者不屬於電腦的週邊設備？
(A)主記憶體　(B)輔助記憶體　(C)印表機　(D)滑鼠。

( )8. 下列設備何者通常作為輸入裝置？
(A)Printer　(B)Speaker　(C)Plotter　(D)Mouse。　　　　　　　　　　　[乙級軟體應用]

( )9. 下列何者不是輸入設備？
(A)數位相機　(B)光筆　(C)繪圖機　(D)掃描器。

( )10. 下列輸出入裝置，何者主要用於銀行處理支票？
(A)光學標誌辨認　(B)光學字符辨認　(C)磁墨字元辨認　(D)手寫字符。

A3-31

二、數位相機

1. 利用感光元件，將透過鏡頭聚焦的光線轉換成數位影像訊號。

    a. 常見的感光元件材料：
       CCD（感光耦合元件）：感光度較佳，故成像品質較佳。
       CMOS（互補式金氧半導體）：資料傳輸較快、耗電量及成本較低。

    b. 解析度：是指數位相機能將拍攝的影像拆解成多少萬個像素點（即感光元件的總數），一般常以「幾千萬畫素（像素）」來表示。

    c. 一個最高可拍出大小為1,600 × 1,200像素的數位相機，表示該相機約為200萬像素。

    d. 相機提供的**防手震**功能，可避免因晃動相機而拍攝出模糊不清的照片。

2. 數位相機所拍攝的影像儲存在記憶卡中，常見的記憶卡種類有SD、microSD（又稱TF）、MS、SDHC、CF、M2、xD等，這些記憶卡都是使用**Flash Memory**所製成。

3. 利用**USB連接埠**連接電腦與數位相機，或讀卡機，即可讀取記憶卡中的資料。部分相機也具有無線傳輸功能，可透過無線網路（Wi-Fi）來傳輸相片。

三、掃描器

1. 藉由光學掃瞄，將圖形或文字資料轉換為數位資料的輸入設備。

2. 規格：

規格	說明
解析度	• 用以衡量所能擷取影像資料的多寡。解析度數值↑、影像品質↑ • 單位為ppi（pixels per inch，每英吋可擷取的像素），表示方式：「水平解析度 × 垂直解析度」，如1,200 × 2,400 ppi • 部分掃描器廠商也會以dpi（dots per inch，每英吋可列印的點數）來表示掃描器解析度，但dpi一般是用來作為衡量印表機列印品質的單位
分色能力	• 分辨顏色的能力，數值越高，影像顏色越細膩 • 單位為bit（位元）

3. 掃描器通常附有**光學字元辨識**（Optical Character Recognition, OCR）軟體，可將掃瞄取得的文字影像，轉換成可編修之文字檔，省去輸入文字的時間。

得分區塊練

( )1. 小明說他昨天買了一台1200 × 2400的掃描器,更精確的說1200 × 2400應該是:
(A)1200mm × 2400mm　　　　(B)1200dpi × 2400dpi
(C)1200bps × 2400bps　　　　(D)1200色 × 2400色。

( )2. 掃描器的分色能力是指分辨顏色的細膩程度,衡量單位為?
(A)MB　(B)KB　(C)bit　(D)byte。

( )3. 如果我們想將一篇報紙的長篇文章內容,自動而不用一字字地輸入電腦,需要配備哪些軟硬體?
a.印表機(printer)　　b.掃描器(scanner)　　c.光筆(light pen)
d.光學字元辨識(OCR)　　e.繪圖機(plotter)
(A)ab　(B)cd　(C)bd　(D)de。

四、顯示器(螢幕)

1. 顯示電腦的作業訊息和運算結果。

2. 種類:

類別	材質	背光源	大小	重量	輻射量
CRT	陰極射線管	無	大	重	高
CCFL LCD	液晶	燈管	↓	↓	低
LED LCD	液晶	LED燈	↓	↓	低
OLED	有機發光二極體	無	↓	↓	低
QLED	量子點發光二極體	量子點LED燈	小	輕	低

a. LED(發光二極體)燈的體積比燈管小,因此LED液晶顯示器較CCFL液晶顯示器輕薄。

b. OLED:分為AMOLED與PMOLED兩種,前者耗電高、成本高,常應用於手機、電視等;後者耗電低、成本低,常應用於2吋以下的顯示器(如智慧手錶的顯示器)。

c. QLED(**Q**uantum **D**ots **L**ight **E**mitting **D**iode,量子點發光二極體):是一種**量子點**(微小的半導體晶體)技術的應用,將量子點加在液晶顯示器背光源的上緣,以調整顯示器光線,打造出比液晶螢幕輕薄且色彩對比更鮮艷的螢幕。

◎五秒自測　CRT、LCD、OLED顯示器在重量、輻射量的差異比較為何?

3. 規格：

規格	說明	實例
尺寸 （可視區域）	顯示器對角線的長度	27吋
解析度	螢幕所能呈現的影像資訊，表示方式： 「水平寬度的像素 × 垂直高度的像素」	1,920 × 1,080（Full HD） 3,840 × 2,160（4K） 7,680 × 4,320（8K）
亮度	在呈現畫面時所發出的光線強度，亮度越高，畫面越鮮豔亮麗	300cd/m² （每平方公尺的燭光）
對比	最亮點與最暗點的比較值，對比值越大，色彩越鮮豔	80,000：1
反應時間	顯示器接收訊號直到將畫面完整呈現所花用的時間，反應時間太長，播放時會產生延遲現象	5ms
刷新率 （Refresh Rate）	顯示器每秒更新畫面的次數（單位為Hz），頻率越高，越不會出現畫面閃爍的情形	144Hz

a. 透過作業系統，可設定顯示器解析度的大小。

b. 一般寬螢幕顯示器的解析度大多為1,366 × 768，Full HD規格的解析度可高達1,920 × 1,080，Ultra HD規格的解析度可高達4K（3,840 × 2,160）至8K（7,680 × 4,320）註。

c. LCD或OLED螢幕，除了支援D-Sub介面之外，通常也支援DVI、HDMI與DisplayPort介面。另外，也有廠商開發出USB介面的小尺寸（如13～15吋）螢幕。

4. 衡量螢幕解析度的單位：像素（pixel）。

5. 螢幕的每一個像素是由光的三原色R（紅）、G（綠）、B（藍）所組成。將RGB加以混合，會產生比單一原色更亮的色彩，例如將R、G、B以最大亮度混合，即會產生白色，故此種混色方式稱為加色法（或色加法）。

有背無患

- Micro LED（微發光二極體）：是新一代的顯示技術，將LED微型化，具有高對比、高亮度等特性，適用於手機、穿戴裝置、大型電視牆等各種設備。

註：4K指的是水平像素接近4,000，8K指的是水平像素接近8,000。

第3章 系統平台的硬體架構

得分區塊練

( )1. 下列何者不是用來評估LCD顯示器好壞的重點？
   (A)亮度　(B)反應時間　(C)感光元件　(D)對比值。

( )2. 關於顯示器的尺寸說明，下列敘述何者正確？
   (A)是指顯示器水平線的平面直線長度
   (B)是指顯示器對角線的平面直線長度
   (C)是指顯示器含塑膠外框垂直線的平面直線長度
   (D)是指顯示器含塑膠外框水平線的平面直線長度。

( )3. 電腦螢幕的解析度單位是：　(A)吋　(B)瓦特　(C)像素　(D)赫茲Hz。

( )4. 螢幕的輸出品質取決於哪項標準？
   (A)解析度　(B)輸出速度　(C)重量　(D)大小。　　　　　[丙級網頁設計]

( )5. 小如在電腦賣場中，看到某款液晶顯示器的產品規格（右圖），但是①、②兩處的文字不見了，你知道①、②分別指的是什麼意思嗎？
   (A)解析度、反應時間　　(B)顯示比例、反應時間
   (C)解析度、對比　　　　(D)顯示比例、對比。

> 27吋寬螢幕液晶顯示器
> ① ：1,920×1,080
> ② ：3,000萬:1
> 亮　度：300 cd/m²

五、印表機

1. 將電腦中的資料輸出至紙張的輸出設備。

2. 比較：

種類	撞擊式	非撞擊式	
	點矩陣	噴墨	雷射
耗材	色帶	墨水匣、噴嘴頭	碳粉匣
用途	列印需要複寫的文件，如診所處方籤	個人、家庭使用	適合列印大量文件
列印速度單位註	cps（characters per second，每秒列印字元數）	ppm（pages per minute，每分鐘列印頁數）	
解析度	低 ←――――――――――――――→ 高		
速度	慢 ←――――――――――――――→ 快		

◉五秒自測　點矩陣、噴墨、雷射等印表機，何者最適合用於需要複寫的文件？

註：印表機列印速度的單位除了上表所列之外，還有LPM（Lines Per Minute，每分鐘列印行數）、LPS（Lines Per Second，每秒列印行數）等，但目前已較少使用。

A3-35

數位科技概論 滿分總複習

a. 印表機列印品質的單位為 **dpi**（dots per inch，每英吋可列印的點數）。
b. 彩色印表機是使用C（青）、M（洋紅）、Y（黃）、K（黑）等4種油墨顏色來印刷。由於將CMYK油墨混合後，會產生比單一油墨更暗的色彩，故此種混色方式稱為**減色法**（或色減法）。
c. 撞擊式印表機的列印品質取決於針腳數量，針腳數越多，列印解析度越高，品質越佳。
d. 印表機解析度：指印表機每一英吋所噴出的墨點（dot）數量。如600dpi的噴墨印表機，表示每一英吋噴出600個墨點。

3. 介面：以USB介面與電腦連接。部分印表機也提供RJ-45埠，以透過網路分享印表機。

4. LED雷射印表機：使用LED光來取代雷射光，優點是省電且體積小，缺點是列印品質較差。但近來推出的LED印表機已逐漸改善此項缺點。

5. **3D印表機**：以噴印液態塑膠、金屬等材料的方式，來堆疊3D模型，常用來列印模型、零件、工具…等。有一些特殊用途的3D印表機，甚至可用來列印食物、人體器官。

得分區塊練

( )1. 一般而言，關於點矩陣式印表機與雷射印表機的敘述，下列何者正確？ (A)雷射印表機較點矩陣式印表機的噪音大 (B)點矩陣式印表機較雷射印表機的速度快 (C)雷射印表機較點矩陣式印表機的列印品質佳 (D)點矩陣式印表機與雷射印表機使用相同的列印耗材。

( )2. 彩色雷射印表機通常有下列哪四種顏色的碳粉匣？
(A)青綠（Cyan）、洋紅（Magenta）、藍（Blue）、黑（Black）
(B)青綠（Cyan）、洋紅（Magenta）、黃（Yellow）、黑（Black）
(C)深綠（Dark Green）、洋紅（Magenta）、藍（Blue）、黑（Black）
(D)深綠（Dark Green）、洋紅（Magenta）、黃（Yellow）、黑（Black）。

( )3. 下列何者適合以CPS（Characters Per Second）做為計量單位？ (A)LCD液晶螢幕之解析度 (B)微處理機之執行速度 (C)印表機之列印速度 (D)DVD光碟機之讀取速度。

( )4. 下列哪一種設備通常使用「色減法」（CMYK）來輸出或輸入顏色？
(A)顯示器 (B)掃描器 (C)光學投影機 (D)油墨印刷機。

( )5. 印表機的列印品質，通常以下列何者為單位？
(A)DPI (B)ISP (C)PPP (D)PSP。

( )6. 玫芳想要自己挑選一台印表機，如果她對列印品質的要求特別高，請問當她在購買時，應特別考量下列哪一項印表機的規格？
(A)解析度 (B)外殼顏色 (C)尺寸大小 (D)重量。

六、常見的單位

單位名稱	代表意義	用途
bps（bits per second）	每秒傳輸位元數	計量資料傳輸速率
cps（characters per second）	每秒列印字元數	計量點矩陣印表機列印速度
LPS（Lines Per Second）	每秒列印行數	計量點矩陣印表機列印速度
ppm（pages per minute）	每分鐘列印頁數	計量噴墨、雷射印表機列印速度
RPM（Revolutions Per Minute）	每分鐘旋轉圈數	計量硬碟旋轉速度
DPI（Dots Per Inch）	每英吋可列印的點數	計量印表機列印品質
PPI（Pixels Per Inch）	每英吋所含的像素	計量影像解析度或螢幕、掃描器品質
GHz（GigaHertz）	十億赫茲	計量CPU時脈頻率
MIPS（Million of Instructions Per Second）	每秒百萬個指令	計量CPU執行速度
MFLOPS（Mega Floating Point Operations Per Second）	每秒百萬次浮點運算	計量CPU浮點運算能力
GFLOPS（Giga Floating Point Operations Per Second）	每秒十億次浮點運算	計量CPU浮點運算能力

3-7 行動裝置與相關設備

一、行動裝置（Mobile Device）簡介

1. 筆記型電腦（NoteBook, NB）：又稱膝上型電腦（Laptop），其操作方式與個人電腦雷同，具有體積較小、方便攜帶等優點。

2. 平板電腦（Tablet PC）：是一種以觸控螢幕方式來操作的電腦，相較於筆記型電腦其體積更小、更方便攜帶。

3. 智慧型手機／手持式電腦（Handheld Computer）：又稱為掌上電腦，可放在手掌上使用的電腦。

4. 穿戴式裝置（Wearable Device）：可穿戴在身上的3C裝置，例如：智慧眼鏡、智慧手錶、頭戴式VR裝置等。

二、行動裝置的組成與相關設備

1. 行動裝置的組成（以智慧型手機為例）

螢幕　主機板　攝影鏡頭　手機外殼　記憶卡槽　SIM卡槽　排線（資料傳輸）　電池

2. 行動裝置硬體設備的規格：

系列	Apple 系列	Android系列
產品	Apple 15 pro Max	Galaxy S24 Ultra
處理器的核心數	六核心	八核心
主記憶體（RAM）	6GB	12GB
內建儲存空間（ROM）	128GB、256GB、512GB、1TB	256GB、512GB、1TB
螢幕尺寸	6.7吋	6.8吋
螢幕解析度	2,796 × 1,290 像素	3,120 × 1,440像素

3. 行動裝置的相關設備，例如：無線耳機、記憶卡、行動電源、無線充電座等。

有背無患

- 以下3款常見的單晶片電腦：

單晶片電腦	說明
Raspberry Pi（樹莓派）	一款以Linux作業系統為基礎的單晶片電腦，在連接螢幕、鍵盤後，功能如同一台個人電腦，可用來看影片、瀏覽網頁、玩遊戲。支援的程式語言主要有Python、C語言
Arduino	一款軟硬體皆開放原始碼的單晶片電腦，可讓使用者依照個人需求在Arduino電路控制板上連接各式各樣感測器（如紅外線、熱敏電阻等），可用來組成專屬的感測工具（如監控環境的設備等）。支援的程式語言主要有C語言
micro:bit	一款由英國廣播公司（BBC）與微軟等數家公司合作推出的單晶片電腦，內嵌LED燈、控制按鈕、感測器等，可用來做為輔助兒童學習程式設計的資訊教具。支援的程式語言主要有Blocks、JavaScrtipt

滿分晉級

情境素養題

▲ 閱讀下文，回答第1至2題：

小明在課堂學習到電腦中CPU的指令速度與它的時脈頻率（clock cycle）及時脈週期，時脈頻率以「每秒時鐘週期」來度量，量度單位採用Hz。有一種類型的CPU，它的每個指令，都需要4個時脈週期才能完成，而且每個指令執行完成後，繼續執行下一個指令。

( ) 1. 週末到大賣場看到這類CPU產品盒上的標示說明如下，若不考慮其它的延遲情況，關於這類CPU的速度敘述，下列哪一個運算速度最快？
(A)CPU的時脈頻率是2560M（Mega）Hz
(B)CPU的時脈週期是0.25ns（Nano Second）
(C)CPU的內頻（Internal Clock）是2G（Giga）Hz
(D)CPU的時脈頻率是3GHz。 [3-2]

( ) 2. 小明於課堂上認識了記憶體，有關記憶體的敘述何者正確？
(A)資料匯流排的傳輸方向為單向
(B)控制匯流排是CPU負責傳輸位址的管道
(C)隨機存取記憶體屬於非揮發性記憶體
(D)動態隨機存取記憶體需要週期性充電。 [3-3]

( ) 3. 國小三、四年級的數學，主要在學習算術四則運算，請問在電腦中，負責這些運算處理的是哪一個單元？
(A)控制單元　(B)算術邏輯單元　(C)輸入單元　(D)記憶單元。 [3-1]

( ) 4. 盈達的電腦安裝了2條4GB的記憶體，但開機後只顯示有4GB的記憶體空間。他的哥哥說：「這是因為你的電腦最大定址空間只有4GB，超過的部分電腦無法辨識與使用。」請問上述所提的最大定址空間是由下列何者所決定？
(A)系統匯流排　(B)控制匯流排　(C)資料匯流排　(D)位址匯流排。 [3-1]

( ) 5. 銷售員介紹筆記型電腦的4項規格中，下列哪些規格是描述其CPU？
a.8GB DDR IV　b.四核心　c.8MB快取記憶體　d.處理器為Intel的Core i7
(A)ab　(B)acd　(C)bcd　(D)abcd。 [3-2]

( ) 6. 下表為iPad平板電腦的規格，由規格表中可判斷下列敘述何者錯誤？
(A)儲存容量約為2^{36}Bytes
(B)可透過觸控的方式來操控它
(C)利用讀寫頭來讀寫資料
(D)使用固態硬碟來儲存資料。 [3-4]

規格表	
螢幕	9.7吋觸控螢幕
容量	64GB SSD
重量	約700公克
厚度	8.8mm

( ) 7. PS5遊戲主機內建有藍光光碟機，可用來玩遊戲及觀賞高畫質的影片。廠商聲稱這種光碟機的讀取速度較DVD光碟機更快，請問藍光光碟機的單倍讀取速度為何？
(A)150KB/s　(B)1,350KB/s　(C)1.35MB/s　(D)4.5MB/s。 [3-4]

( ) 8. 報導指出DDR4記憶體模組資料傳輸速度快，且較不消耗電力，因此許多電腦廠商採DDR4作為主記憶體。請問DDR4記憶體是以下列何者製作而成？
(A)SRAM　(B)DRAM　(C)EEPROM　(D)EPROM。 [3-4]

(　　)9. 學校最近採購了一批新款的電腦設備，其規格清單如下。請根據規格清單內容，判斷以下敘述何者錯誤？
(A)CPU的速率為3.7GHz　　　　(B)快取記憶體容量為2GB
(C)主記憶體容量為16GB　　　　(D)硬碟容量為2TB。　　　　　　　　　[3-4]

> 中央處理器：intel Core i9 (3.7GHz, 20MB, intel smart cache)
> 記憶體：4GB × 4或16GB × 1（含）以上
> 硬碟：2TB（含）以上，7200RPM（含）以上，SATA 3
> 光碟：16X DVD燒錄器

(　　)10. 許多公司會透過視訊會議的技術與各國分公司的主管或朋友進行聯繫，請問下列哪一種是視訊會議必須使用的設備？
(A)手寫板　(B)掃描器　(C)網路攝影機　(D)觸控螢幕。　　　　　　[3-6]

(　　)11. 4K、8K超高清大尺寸智慧電視大多採用液晶顯示器，並提供有HDMI、USB 3.2等連接埠。根據以上情境，請問下列敘述何者錯誤？
(A)液晶顯示器的更新頻率越高，畫面越不會閃爍
(B)顯示器尺寸是由顯示器對角線長度決定
(C)8K是指8核心（kernel）CPU
(D)HDMI、USB 3.2皆支援熱插拔。　　　　　　　　　　　　　　　　　[3-6]

精選試題

3-1
(　　)1. 組成電腦的功能單元中，「算術／邏輯單元」與「控制單元」合稱為：
(A)中央協調單元　(B)中央處理單元　(C)中央控管單元　(D)中央計算單元。

(　　)2. 計算機的基本架構單元中，RAM是屬於哪一個單位？
(A)算術邏輯單元　(B)輸出單元　(C)記憶單元　(D)控制單元。

(　　)3. 算術及邏輯單元負責執行所有的運算，而主記憶體與ALU之間的資料傳輸，由誰負責監督執行？
(A)監督程式　(B)主記憶體　(C)控制單元　(D)輸入輸出裝置。　　[丙級軟體應用]

(　　)4. 下列何者不是CPU內控制單元的功能？
(A)讀出程式並解釋
(B)控制程式與資料進出主記憶體
(C)計算結果並輸出
(D)啟動處理器內部各單元動作。　　　　　　　　　　　　　　　　[丙級軟體應用]

(　　)5. 下列對於電腦硬體五大單元的敘述何者有誤？
(A)輸入單元：待處理的資料須經由此單元進入電腦
(B)輸出單元：處理完成之資訊由此單元送出
(C)算術／邏輯運算單元：所有的算術運算均在此單元完成
(D)記憶單元：僅儲存輸入之待處理資料。

( )6. 下列敘述何者不正確？
(A)資料匯流排只負責傳送資料給記憶體
(B)CPU中的算術與邏輯單元（ALU）負責算術運算與邏輯判斷
(C)控制匯流排負責傳送CPU的控制訊號
(D)位址匯流排負責傳送位址。

( )7. 若一微電腦具有32條位址線與16條資料線，則其中央處理器（CPU）可直接存取的記憶體位址空間，最大可達下列何者？
(A)64KB (B)16MB (C)32MB (D)4GB。 [丙級硬體裝修]

( )8. 電腦的中央處理單元（CPU）包括控制單元、算術及邏輯單元及
(A)輸入單元
(B)記憶單元
(C)I/O單元
(D)輸出單元。

( )9. 個人電腦之中央處理器內部，用來存放目前正在執行的指令或資料，其稱之為？
(A)磁碟機 (B)暫存器 (C)唯讀記憶體 (D)主記憶體。

( )10. 中央處理單元（CPU）內部的ALU，其功能是
(A)執行資料傳輸　　　　　　(B)執行加法、減法與邏輯運算
(C)執行中斷程式　　　　　　(D)執行控制作業。

( )11. 可反應微處理機運算狀態或改變微處理機操作模式的暫存器是？
(A)累加器（Accumulator）
(B)旗標暫存器（Flag Register）
(C)指令暫存器（Instruction Register）
(D)程式計數器（Program Counter）。

( )12. 行動裝置所使用的記憶體，除了可以供讀出與寫入外，在電源關閉以後，記憶的資料也不會消失，下列何種記憶體最符合這項需求？
(A)可程式唯讀記憶體（PROM）　(B)靜態記憶體（SRAM）
(C)動態記憶體（DRAM）　　　　(D)快閃記憶體（FLASH）。

( )13. 下列哪一選項對SRAM和DRAM的敘述都不正確？
(A)SRAM為靜態記憶體　　　　　(B)DRAM為動態記憶體
(C)都可當電腦的記憶體　　　　(D)兩者儲存的資料都不必refresh。

( )14. 下列有關RAM（Random Access Memory）的敘述，何者正確？
(A)可被寫入與讀取資料　　　　(B)資料不會因為電源關閉而消失
(C)屬於輔助記憶體　　　　　　(D)主要用於備份電腦中的資料。

( )15. 在個人電腦上，要執行放於硬碟中的某一程式時，作業系統會先將該程式載入何處才開始執行？ (A)ROM (B)RAM (C)快取記憶體（Cache） (D)隨身碟。

( )16. 下列有關ROM的敘述，何者不正確？
(A)當電源關閉後所儲存的資料會消失
(B)可儲存開機自我測試（Power On Self Test，簡稱POST）程式
(C)燒錄有基本輸入輸出系統（Basic Input / Output system，簡稱BIOS），負責檢測電腦的輸出入硬體設備
(D)儲存在ROM中的程式稱為韌體（Firmware）。

(　)17. 下列有關電腦記憶體之敘述，何者錯誤？
(A)關機後，RAM的內容會消失
(B)輔助記憶體可補主記憶體之不足
(C)暫存器之存取速度比RAM慢
(D)Flash ROM常應用在智慧IC卡、智慧型手機等產品中作為輔助記憶體使用。

(　)18. 在計算機中，同時兼具軟體和硬體特性的，稱為
(A)韌體　(B)介面卡　(C)週邊裝置　(D)作業系統。

(　)19. 中央處理單元（CPU）到下列何種記憶體間存取資料速度最快？
(A)主記憶體（RAM）
(B)快取記憶體（Cache）
(C)暫存器（Register）
(D)輔助記憶體（HDD）。

(　)20. 電腦系統中，下列存取速度最快者為：(A)光碟　(B)DRAM　(C)SRAM　(D)硬碟。

(　)21. 下列關於固態硬碟SSD（Solid State Disk）的敘述中，何者是錯誤的？
(A)無須驅動馬達、承軸或旋轉頭裝置，具有低耗電、低熱能的優點
(B)比起傳統的標準機械硬碟來說，SSD所能承受的操作衝擊耐受度較高
(C)採用DRAM或Flash取代傳統硬碟的碟片，讀寫速度快
(D)SSD資料儲存密度高，故價格／每單位儲存容量也比傳統硬碟便宜。 ［丙級軟體應用］

(　)22. 下列有關資料存取速度何者正確？
(A)暫存器（Register）＞快取記憶體（Cache Memory）＞主記憶體（Main Memory）＞磁碟（Disk）
(B)快取記憶體＞主記憶體＞暫存器＞磁碟
(C)快取記憶體＞暫存器＞主記憶體＞磁碟
(D)快取記憶體＞主記憶體＞磁碟＞暫存器。

(　)23. DVD-R與DVD-RW的不同在於：
(A)資料可讀取的次數不同　　(B)資料可修改的次數不同
(C)資料可修改的速度不同　　(D)資料可讀取的速度不同。

(　)24. 突然停電時，下列哪些儲存裝置中所存放的資料會消失？
a.隨機存取記憶體（RAM）　b.DVD光碟　c.唯讀記憶體（ROM）　d.硬碟
e.快取記憶體（cache）　f.暫存器（register）
(A)aef　(B)abc　(C)cde　(D)cef。

(　)25. 下列哪種連接埠不常用於行動硬碟連接個人電腦？
(A)HDMI　(B)Thunderbolt　(C)eSATA　(D)USB。

(　)26. 德昌購買了一款無線網路卡，請問此款無線網路卡最可能是使用下列哪一種連接埠？
(A)IDE　(B)SATA　(C)eSATA　(D)USB。

(　)27. dpi（dot per inch）可以用來表示何種週邊裝置的解析度？
(A)鍵盤　(B)光碟機　(C)掃描器　(D)搖桿。

(　)28. 下列有關「USB」的敘述，何者錯誤？
(A)一個USB埠可串接多個USB設備
(B)具「熱插拔」特性
(C)產品多以10BaseT、100BaseT等標示其傳輸速率
(D)擁有隨插即用的功能。

( )29. 金融機構所提供之「提款卡」,可提供使用者進行提款之作業,則該提款卡此方面之資料處理作業上係屬於
(A)輸出設備 (B)輸出媒體 (C)輸入設備 (D)輸入媒體。 [丙級軟體應用]

( )30. 下列敘述何者正確?
(A)LCD顯示器較CRT顯示器輻射量低
(B)主記憶體較暫存器速度快
(C)點陣式印表機較噴墨印表機速度快
(D)動態隨機存取記憶體(DRAM)較靜態隨機存取記憶體(SRAM)速度快。

( )31. 某公司經常需要電腦快速列印大量的即時性生管報表,應該購買下列何種印表機?
(A)雷射印表機 (B)噴墨印表機 (C)點矩陣印表機 (D)熱感應印表機。

( )32. 下列關於行動裝置的敘述,何者有誤?
(A)平板電腦與智慧型手機操作方式雷同
(B)行動裝置無法外接設備
(C)平板電腦比起筆記型電腦更便於攜帶
(D)3D頭戴顯示器是屬於穿戴型裝置。

( )33. 下列行動裝置的外接設備中,何者可以擴大行動裝置的儲存空間?
(A)行動電源 (B)攝影鏡頭 (C)記憶卡 (D)Type-C電源線。

統測試題

( )1. 運作中的硬碟裡面有旋轉磁盤及移動的讀寫頭,下列何者是正確的磁碟存取時間的計算方式?
(A)搜尋時間 + 旋轉時間 + 傳輸時間 (B)搜尋時間 + 啟動時間 + 旋轉時間
(C)啟動時間 + 旋轉時間 + 傳輸時間 (D)啟動時間 + 搜尋時間 + 傳輸時間。 [102商管群]

( )2. 電腦內硬碟機的規格中,RPM(Revolutions Per Minute)表示下列何項意義?
(A)硬碟機內碟片的每分鐘轉速 (B)讀出資料的速度
(C)每分鐘的資料儲存量 (D)維持每分鐘固定轉速的技術。 [102工管類]

( )3. 下列何者是最常使用之雷射印表機的列印速度單位?
(A)BPS(Byte Per Second) (B)DPI(Dot Per Inch)
(C)PPM(Page Per Minute) (D)RPS(Rotation Per Second)。 [102工管類]

( )4. 智慧型手機上的觸控螢幕是屬於輸入設備還是輸出設備?
(A)只是輸入設備 (B)只是輸出設備
(C)是輸入設備也是輸出設備 (D)不是輸入設備也不是輸出設備。 [102工管類]

( )5. 某電腦的位址匯流排共有8個位元、資料匯流排共有16位元,則該電腦:
(A)一次傳送16位元至最多256位元組的記憶空間
(B)一次傳送8位元至最多256位元組的記憶空間
(C)一次傳送16位元至最多65536位元組的記憶空間
(D)一次傳送256位元至最多65536位元組的記憶空間Domain Name。 [103工管類]

( )6. 何種印表機適合用來列印複寫式紙張與連續報表?
(A)雷射印表機 (B)噴墨印表機 (C)多功能事務機 (D)點陣式印表機。 [103工管類]

( )7. 以下哪一種顯示器需要背光光源?
(A)CRT (B)TFT-LCD (C)OLED (D)LED看板。 [103工管類]

( )8. 有關下列電腦週邊的敘述，何者不正確？
(A)顯示卡上的VRAM記憶體是屬於揮發性（Volatile）
(B)藍色是印刷四原色之一
(C)市面上的多功能事務機是輸出裝置也是輸入裝置
(D)可彎曲式螢幕主要是應用OLED技術。 [103工管類]

( )9. 請問印刷顏料的四原色CMYK中的「K」是指哪一種顏色？
(A)青色　(B)洋紅色　(C)黃色　(D)黑色。 [103資電類]

( )10. 下列何者不是衡量CPU效能的常用指標？
(A)時脈速度　　　　　　　　(B)快取記憶體容量
(C)輔助記憶體容量　　　　　(D)資料匯流排位元數。 [104工管類]

( )11. 下列哪一種電腦周邊裝置利用一圈圈的磁軌儲存資料？
(A)DVD光碟　(B)硬式磁碟　(C)隨身碟　(D)固態碟SSD。 [104工管類]

( )12. 下列哪一種裝置是使用快閃記憶體來儲存資料？　(A)DVD-ROM disk　(B)CD-ROM disk　(C)Blu-ray disc　(D)Solid-state disk。 [104工管類]

( )13. 下列敘述何者正確？
(A)靜態隨機存取記憶體需要隨時充電
(B)12倍速DVD光碟機的資料讀取速度，比12倍速藍光光碟機的資料讀取速度快
(C)固態硬碟的讀寫速度較傳統硬碟快
(D)CPU都有內建快閃記憶體（Flash）以提高執行效能。 [104工管類]

( )14. 下列有關電腦連接外部裝置的USB介面之敘述，何者錯誤？
(A)允許熱插拔　　　　　　　(B)可連接到隨身碟、印表機、數位相機等
(C)提供隨插即用功能　　　　(D)傳輸方式為並列傳輸。 [104工管類]

( )15. 以有機發光二極體製成的顯示器屬於：
(A)OLED顯示器　(B)OLCD顯示器　(C)LED顯示器　(D)LCD顯示器。 [104工管類]

( )16. 某一部印表機的規格中標示著6PPM，其意義為何？
(A)每秒鐘傳遞6 KBytes的列印資料　(B)每分鐘列印6頁
(C)每吋列印6個點　　　　　　　　(D)印表機的記憶體容量為6 MBytes。 [104工管類]

( )17. 一般所謂的DPI（Dot Per Inch）規格，可以用來表示下列哪一種周邊設備的解析度？
(A)Mouse（滑鼠）　　　　　(B)Keyboard（鍵盤）
(C)CD（光碟）　　　　　　　(D)Scanner（掃瞄器）。 [104資電類]

( )18. 下列對於電腦系統中所使用到的匯流排（Bus）的敘述，何者錯誤？
(A)一般位址匯流排（Address Bus）可以定址的空間大小就是主記憶體的最大容量
(B)資料匯流排（Data Bus）的訊號流向通常是雙向的
(C)控制匯流排用來讓CPU控制其他單元，訊號流向通常是單向的
(D)位址匯流排（Address Bus）的訊號流向通常是雙向的。 [104資電類]

( )19. 某個CPU之型號為Intel Core 2 Duo DeskTop 3.0G，對於此編號的意義，下列敘述何者錯誤？
(A)此CPU之工作時脈是3.0GHz　　(B)此CPU適合於桌上型電腦
(C)此CPU內含四個運算核心　　　(D)此CPU為Intel公司產品。 [104資電類]

( )20. 下列哪一個單元主要是存放指令及資料的地方？
(A)輸出／輸入單元　(B)算術／邏輯單元　(C)控制單元　(D)記憶單元。 [105工管類]

A3-44

(　)21. 有關CPU的敘述，下列何者錯誤？
(A)具有32條資料匯流排排線的CPU，所能存取記憶體的最大容量為4GB
(B)「控制單元」和「算術／邏輯單元」合稱為CPU
(C)CPU使用控制匯流排向外傳送信號
(D)使用L1快取記憶體可以提升CPU的處理效能。 [105工管類]

(　)22. 若以固態硬碟與傳統硬碟比較，下列何者不是固態硬碟的優勢？
(A)重量　(B)噪音　(C)耗電　(D)價格。 [105工管類]

(　)23. 下列有關電腦傳輸介面、連接埠的敘述，何者錯誤？
(A)利用HDMI可將畫面傳送至電視播放
(B)利用USB可連接鍵盤
(C)利用RJ-45可連接網路
(D)利用音源輸入（line in）可連接外接式硬碟。 [105商管群]

(　)24. 圖（一）是哪一種連接埠？
(A)DVI　(B)HDMI　(C)RJ-45　(D)VGA。 圖（一） [105工管類]

(　)25. 下列哪一個裝置不屬於熱插拔的裝置？
(A)PS/2滑鼠　(B)eSATA外接硬碟　(C)HDMI螢幕　(D)USB掃描器。 [105工管類]

(　)26. 某硬碟的轉速（rotational speed）為10,000RPM，平均搜尋時間（seek time）為9ms，資料傳輸率（data transferrate）為200MB/s。若使用者欲存取連續儲存於同一磁柱內的1MB資料，且已知讀寫頭必須移動，則平均而言，下列何者占存取時間（access time）的最大部分？
(A)搜尋時間（seek time）
(B)旋轉時間（rotation time）
(C)傳輸時間（data transfer time）
(D)解碼時間（decode time）。 [105商管群]

(　)27. 27吋電腦螢幕中，「27吋」指的是電腦螢幕的：
(A)水平長度　(B)垂直高度　(C)對角線長度　(D)厚度。 [105工管類]

(　)28. 下列哪一選項是依裝置之存取速度由快至慢排列？
(A)主記憶體→暫存器→硬碟→光碟
(B)主記憶體→暫存器→光碟→硬碟
(C)暫存器→主記憶體→硬碟→光碟
(D)暫存器→主記憶體→光碟→硬碟。 [105工管類]

(　)29. 下列敘述何者正確？
(A)CISC複雜指令集，通常是透過多個簡化指令，共同完成一項工作
(B)CPU中的暫存器，通常是使用快閃記憶體（Flash Memory）來設計
(C)隨身碟是一種使用快閃記憶體（Flash Memory）來儲存資料的可攜式儲存裝置
(D)目前的智慧型手機，都是使用單點式的觸控裝置。 [106商管群]

(　)30. 下列哪一種記憶體屬於非揮發性記憶體，不會因電源關閉而使其中的資料消失，但是可以透過電壓的方式重複抹除資料，可用於基本輸入／輸出系統（Basic Input / Output System, BIOS）中？
(A)可抹除可程式唯讀記憶體（EPROM）　(B)可程式唯讀記憶體（PROM）
(C)快閃記憶體（Flash Memory）　(D)快取記憶體（Cache Memory）。
[106工管類]

(　　)31. 下列哪一種儲存設備沒有使用機械裝置？
(A)磁帶機　(B)光碟機　(C)硬碟機　(D)固態硬碟。　　　　　　　　　　　　　　[106工管類]

(　　)32. 下列哪一項不是電腦機殼連接外部裝置的介面？
(A)Universal Serial Bus（USB）
(B)High Definition Multimedia Interface（HDMI）
(C)Video Graphics Array（VGA）
(D)Integrated Drive Electronics（IDE）。　　　　　　　　　　　　　　　　　[106工管類]

(　　)33. 圖（二）是哪一種規格的連接線？
(A)DVI　(B)HDMI　(C)USB　(D)D-Sub。　　　　　　　　　　　　　　　　[106工管類]

圖（二）

(　　)34. 下列哪一種設備屬於撞擊式印表機？
(A)雷射（Laser）印表機　　　　　(B)熱感式（Thermal）印表機
(C)噴墨（Inkjet）印表機　　　　　(D)點矩陣（Dot Matrix）印表機。　[106工管類]

(　　)35. 一般在桌上型個人電腦主機板上面的主記憶體（Main Memory, MM），大多是使用動態記憶體（DRAM）而不用靜態記憶體（SRAM），這主要是因為：
(A)一般DRAM比SRAM還省電
(B)可以善用DRAM記憶體需要更新（Refresh）的特性
(C)DRAM晶片密度較大，所以相同單位面積的晶片內可以有比較大的記憶體儲存空間
(D)為了讓關機的時候資料可繼續保存在DRAM中。　　　　　　　　　　　　[106資電類]

(　　)36. 下列有關CPU中央處理單元的敘述，何者正確？
(A)bps（bits per second）是一種CPU時脈頻率的單位
(B)CPU通常內建快閃記憶體用來暫時存放要處理的指令資料
(C)CPU的一個機器週期包括擷取、解碼、執行、運算四個主要步驟
(D)RISC精簡指令集比CISC複雜指令集較適用於智慧型手機。　　　　　　　[107商管群]

(　　)37. 如果說某電腦是採4 GHz運行中，則下列關於該電腦的敘述何者最正確？
(A)網路傳輸速度為4 GHz
(B)有4 GHz的主記憶體
(C)系統時鐘時脈頻率為40億Hz
(D)中央處理器有4 GHz的快取記憶體。　　　　　　　　　　　　　　　　　　[107工管類]

(　　)38. 下列有關電腦記憶體的敘述，何者正確？
(A)固態硬碟是一種輔助記憶體
(B)暫存器是一種主記憶體
(C)記憶卡通常使用快取記憶體儲存資料
(D)ROM屬於揮發性記憶體。　　　　　　　　　　　　　　　　　　　　　　[107商管群]

(　　)39. 下列有關記憶體的敘述何者不正確？
(A)DRAM需要週期性更新資料內容
(B)SRAM只要維持供電即可保持資料
(C)暫存器（Register）直接設計在CPU中
(D)固態硬碟（SSD）沒有讀寫次數的限制。　　　　　　　　　　　　　　　[107工管類]

( )40. 下列關於硬碟之敘述，何者不正確？
(A)固態硬碟是用隨機存取記憶體來作為儲存元件
(B)電腦運作時，固態硬碟耐震度比傳統硬碟高
(C)電腦運作時，固態硬碟寧靜度比傳統硬碟高
(D)傳統硬碟的磁碟存取時間＝搜尋時間＋旋轉時間＋傳輸時間。 [107工管類]

( )41. 關於電腦領域中常見的單位，下列應用場景描述何者最正確？
(A)某一臺光碟機的讀取速度是50 DPI
(B)某一個CPU的工作頻率是1.2G RPM
(C)某一臺雷射印表機的列印速度是50 PPM
(D)某一臺數位相機感光元件的解析度是1200 MHz。 [107工管類]

( )42. 有關顯示器的敘述，下列何者不正確？
(A)顯示器的尺寸是以顯示器的對角線長度來計算
(B)LCD顯示器較CRT顯示器具有高輻射，所以不建議使用太久
(C)OLED顯示器與LCD顯示器具有低耗電的特質，比CRT顯示器較節省能源
(D)OLED顯示器是採用有機發光二極體材質製作而成，目前常應用在手持式裝置上，例如手機。 [107工管類]

( )43. 下列有關快取記憶體（Cache Memory）的描述，何者正確？
(A)是一種動態隨機存取記憶體（DRAM）
(B)主要功能是做為電腦開機時，儲存基礎輸入輸出系統（BIOS）內的程式之用，以加速開機
(C)是EEPROM的一種，存取速度高於一般EEPROM，且電腦電源關閉之後，其內容仍然會被保存
(D)在一般的個人電腦中，其存取的速度低於中央處理器內部暫存器的速度，但高於主記憶體的速度。 [107資電類]

( )44. 有關PC上BIOS的敘述，下列何者不正確？
(A)它所存放的元件位於主機板上
(B)是開機程序的控制程式
(C)全名為Binary Input / Output System
(D)對電腦設備進行一系列的檢查與測試。 [108商管群]

( )45. 下列關於CPU的敘述，何者正確？
(A)暫存器是CPU內部的記憶體
(B)CPU內部快取記憶體使用Flash Memory
(C)具有32條控制匯流排排線的CPU，最大定址空間為4GB
(D)CPU時脈頻率的單位是MIPS。 [108工管類]

( )46. 下列關於傳統硬碟與固態硬碟的敘述，何者正確？
(A)傳統硬碟較固態硬碟省電
(B)傳統硬碟較固態硬碟怕晃動
(C)固態硬碟讀寫頭較傳統硬碟多
(D)固態硬碟RPM（Revolutions Per Minute）值較傳統硬碟大。 [108工管類]

( )47. 下列關於D-Sub、DVI、HDMI螢幕連接埠的訊號傳輸形式的敘述，何者為真？
(A)D-Sub、DVI、HDMI均是以類比形式傳輸
(B)D-Sub、DVI、HDMI均是以數位形式傳輸
(C)D-Sub是以類比形式傳輸，DVI、HDMI是以數位形式傳輸
(D)D-Sub、DVI是以類比形式傳輸，HDMI是以數位形式傳輸。 [108工管類]

(　)48. 下列何者不是滑鼠傳輸資料的技術？
(A)USB　(B)PS/2　(C)藍芽　(D)SATA。 [108工管類]

(　)49. 下列何種電腦週邊設備的解析度以DPI為單位，可搭配OCR軟體辨識字符？
(A)掃描器（Scanner）　　　　　　(B)點陣式印表機（Dot Matrix Printer）
(C)顯示器（Display）　　　　　　(D)網路攝影機（Webcam）。 [108工管類]

(　)50. 下列哪一種電腦介面是連接螢幕且採用數位訊號傳輸？
(A)D-SUB　(B)HDMI　(C)RJ-45　(D)PS/2。 [108商管群]

(　)51. 下列哪種記憶體元件，通常當做筆記型電腦的輔助記憶體（Auxiliary Memory）？
(A)DDR4 SDRAM（Double Data Rate Fourth-generation Synchronous Dynamic Randomaccess Memory）
(B)SSD（Solid-state Drive）
(C)SRAM（Static Random- access Memory）
(D)Cache。 [108資電類]

(　)52. 下列對於一般的LCD顯示器與OLED顯示器的敘述何者正確？
(A)LCD顯示器通常比OLED顯示器薄
(B)OLED材質可自發光，故OLED顯示器不需要背光板
(C)OLED顯示技術是透過液晶來控制顏色的變化
(D)LCD的反應時間比OLED快。 [108資電類]

(　)53. 關於個人電腦CPU中的「快取記憶體」，下列敘述何者正確？
(A)常見的規格可以分為DDR2、DDR3、DDR4，數字越小，傳輸速度越快
(B)快取記憶體在斷電後，可以持續保存資料，所以其成本較高，容量較小
(C)通常利用靜態隨機存取記憶體（SRAM）來製作
(D)與固態硬碟一樣使用快閃記憶體（Flash Memory）來製作。 [109商管群]

(　)54. 某一中央處理器（CPU）的時脈（Clock）是4.0GHz，則其中GHz是指下列何者？
(A)每秒100萬次
(B)每秒1000萬次
(C)每秒1億次
(D)每秒10億次。 [109商管群]

(　)55. 下列對固態硬碟（SSD）及硬式磁碟機（HDD）的描述，何者錯誤？
(A)固態硬碟的優點是讀取速度快，而且具相對耐震、無噪音，適合移動中使用
(B)硬式磁碟機的轉速（RPM, Revolutions Per Minute）可作為選擇硬式磁碟機效能的參考之一，轉速越高，讀取速度越快
(C)硬式磁碟機的容量大小跟磁碟（disk）數、磁軌（track）數、磁區（sector）數及磁區大小有關
(D)固態硬碟由表面覆蓋磁性媒介的磁片構成，以磁性型態儲存資料。 [109工管類]

(　)56. 選購個人電腦時，考慮價格與效能的因素，下列何者配置組合較符合需求？
(A)16GB動態隨機存取記憶體（DRAM）、16MB快取記憶體（Cache Memory）、1TB硬碟
(B)16MB動態隨機存取記憶體（DRAM）、16GB快取記憶體（Cache Memory）、1TB硬碟
(C)1TB動態隨機存取記憶體（DRAM）、16GB快取記憶體（Cache Memory）、16MB硬碟
(D)16MB動態隨機存取記憶體（DRAM）、16MB快取記憶體（Cache Memory）、16MB硬碟。 [109工管類]

( )57. 如圖（三）框選的介面中何者不是連接顯示器的標準輸出接頭？

圖（三）

(A)①　(B)②　(C)③　(D)④。　　　　　　　　　　　　　　　　　[109工管類]

( )58. 下列何種電腦週邊設備不屬於輸入裝置？
(A)觸控式螢幕　　　　　　　　　　(B)多功能事務機
(C)網路攝影機　　　　　　　　　　(D)點矩陣印表機。　　　　　[109工管類]

( )59. 嚴重特殊傳染性肺炎（COVID-19）疫情造成口罩搶購潮，因此政府採用實名制讓民眾可在衛生所或藥局購買口罩。請問衛生所或藥局需要使用何種裝置判讀民眾的健保卡資料？
(A)晶片讀卡機　　　　　　　　　　(B)磁條讀卡機
(C)QR Code掃描器　　　　　　　　(D)條碼掃描器。　　　　　　[109工管類]

( )60. 下列關於CPU中「程式計數器（Program Counter, PC）」的敘述，何者正確？
(A)PC是一個快取記憶體，用來暫時存放指令執行的資料
(B)PC是一個時間計數器，存放目前CPU運作的時間
(C)PC用來記錄程式運作的總數，用以調整匯流排的速度
(D)PC用來暫存下一個要執行指令的位址。　　　　　　　　　　　[110商管群]

( )61. 「ROM、SRAM、SDRAM、DRAM、EEPROM、Flash Memory」中，有幾個是屬於非揮發性（亦稱之為非依電性）記憶體？　(A)1　(B)2　(C)3　(D)4。　[110工管類]

( )62. 下列有關CPU的敘述，何者錯誤？
(A)CPU時脈頻率的單位是Hz
(B)多核心CPU是指在主機板上安裝多顆CPU
(C)暫存器與L1快取記憶體是CPU內部的儲存裝置
(D)CPU執行一個指令的過程可依序分為擷取、解碼、執行、儲存等四個步驟。[110工管類]

( )63. 表（一）為某電腦公司的進貨項目清單及統計，關於表格中A～C的數量，下列何者最正確？

單元名稱	數量
輸入單元	A
記憶單元	B
輸出單元	C
進貨項目清單：鍵盤、印表機、滑鼠、光碟、麥克風、主記憶體、掃描器、喇叭、繪圖板、隨身碟、投影機、硬碟	

表（一）

(A)A = 5；B = 4；C = 3　　　　　　(B)A = 4；B = 4；C = 4
(C)A = 5；B = 3；C = 4　　　　　　(D)A = 4；B = 5；C = 3。　　[110工管類]

(　)64. 下列關於電腦週邊設備的敘述，何者不正確？
　　　　(A)多功能事務機具備輸出與輸入功能
　　　　(B)掃描器（Scanner）的解析度以DPI為單位
　　　　(C)LCD顯示器的背光模組負責提供光源，透過液晶體顯示影像
　　　　(D)固態硬碟機（SSD）的轉速（Revolutions Per Minute, RPM）值愈高資料傳輸效能愈高。　　　　　　　　　　　　　　　　　　　　　　　　　　　　　　[110工管類]

(　)65. 有關電腦週邊設備的敘述，下列何者最不正確？
　　　　(A)滑鼠可以使用PS/2埠連接電腦　　　(B)筆電可以使用D-SUB線外接顯示器
　　　　(C)鍵盤可以使用USB埠連接電腦　　　(D)磁碟機可以使用HDMI線傳輸資料。
　　　　　　　　　　　　　　　　　　　　　　　　　　　　　　　　　　　　　[110工管類]

(　)66. 下列關於硬碟的敘述，何者錯誤？
　　　　(A)固態硬碟以快閃記憶體作為儲存元件，具低功耗、抗震、無噪音特性
　　　　(B)磁碟讀寫頭移到要存取資料所在磁軌的時間稱為搜尋時間（Seek Time）
　　　　(C)傳統硬碟的外圈磁軌面積及容量都大於內圈磁軌的面積及容量
　　　　(D)某硬碟的轉速是5400 RPM（Revolutions Per Minute），此硬碟碟片旋轉一圈約需11.1ms。　　　　　　　　　　　　　　　　　　　　　　　　　　　　　　　　[110工管類]

(　)67. 有關固態硬碟（solid state disk, SSD）與傳統機械硬碟（hard disk, HDD）的敘述，下列何者正確？
　　　　(A)HDD中的儲存元件是採用快閃記憶體
　　　　(B)SSD採用低噪音馬達驅動讀寫頭並具抗震特點
　　　　(C)HDD沒有旋轉及搜尋資料時間，僅須考量資料傳輸時間
　　　　(D)SSD在經過長時間及多次使用致使內部儲存資料零散，仍可不須進行磁碟重組。
　　　　　　　　　　　　　　　　　　　　　　　　　　　　　　　　　　　　　[113商管群]

(　)68. 下列哪一種記憶體的存取速度最快？　(A)暫存器（Register）　(B)快取記憶體（Cache）　(C)輔助記憶體　(D)主記憶體（RAM）。　　　　　　　　[113工管類]

(　)69. 關於資訊產品的規格敘述，下列何者正確？
　　　　(A)記憶體的容量是16 GB
　　　　(B)CPU的時脈頻率是4 Gbps
　　　　(C)硬碟的傳輸頻寬是7200 RPM
　　　　(D)網路卡的傳輸速率是100 Mpps。　　　　　　　　　　　　　　　　[114商管群]

(　)70. 為了減少中央處理器（CPU）存取電腦主記憶體所需的平均時間，可以使用下列哪一類型的記憶體來達成目的？
　　　　(A)快閃記憶體（Flash Memory）
　　　　(B)快取記憶體（Cache Memory）
　　　　(C)輔助記憶體（Auxiliary Memory）
　　　　(D)動態記憶體（Dynamic Random Access Memory）。　　　　　　[114工管類]

(　)71. 下列何者不是電腦硬體架構的五大單元之一？
　　　　(A)輸入單元（Input Unit）　　　　　(B)機殼單元（Case Unit）
　　　　(C)控制單元（Control Unit）　　　　(D)記憶單元（Memory Unit）。　[114工管類]

(　)72. 使用固態硬碟（Solid-State Disk, SSD）取代硬碟（Hard Disk Drive, HDD），逐漸成為筆記型電腦或桌上型電腦的主流選擇。關於SSD技術的敘述，下列何者正確？
　　　　(A)SSD使用高速旋轉磁碟，提供比傳統硬碟更快的資料讀寫速度
　　　　(B)SSD無機械式移動零件，使用晶片儲存資料具較快的存取速度
　　　　(C)SSD是一種只能用於雲端運算的儲存裝置，需要上網才能使用
　　　　(D)SSD使用磁性材料儲存資料，需要利用磁頭針對特定區域讀寫。　[114工管類]

第 4 章 系統平台的運作與未來發展

4-1 系統平台簡介

一、系統平台

1. **系統平台**（computing platform）：主要由**硬體**與**軟體**所組成，再結合**網路**通訊技術，三者相互配合以解決現代大型應用（如Google Maps、汽車導航等）的需求。

2. 系統平台的基本運作流程：
   a. **輸入**：透過傳輸媒介（如資料傳輸線、網路），將資料輸入至系統中。
   b. **處理**：系統利用平台處理器（如電腦中的CPU、雲端的運算資源等）來處理資料。
   c. **輸出**：透過傳輸媒介，將資料輸出至顯示器、儲存設備、雲端空間或系統平台的其他成員。

輸入 → 處理 → 輸出

系統平台
（硬體、軟體、網路）

二、電腦軟體的原理與分類

1. **馮紐曼**於1946年發表**馮紐曼架構**，提出了**內儲程式**（Stored Program）的概念。

2. 內儲程式的概念是將指令與資料儲存在記憶體中，並依照程式的順序執行，直到指令執行完畢。

3. 內儲程式概念提出後，開啟了程式設計的發展。

> **笑話記憶法**
> 提出「**內儲程式**」概念的人，做什麼最慢？
> 答：縫鈕扣最慢，因為他叫「**馮紐曼**」（縫鈕慢）

4. 電腦軟體的分類：

分類		說明	舉例
系統軟體	作業系統（Operating System, OS）	分配與管理電腦軟、硬體的資源	MS Windows macOS Linux
系統軟體	公用程式	管理與維護電腦及週邊設備的運作	重組並最佳化磁碟機工具
系統軟體	語言翻譯程式	將使用者撰寫的程式轉換成電腦可執行的語言（即機器語言）	直譯器（interpreter） 編譯器（compiler）
應用軟體	套裝軟體	為大多數使用者的需求而設計	MS Office OpenOffice
應用軟體	專案開發軟體	為特定對象的需求而設計	校務行政系統 銀行存提款系統

a. **系統軟體**：用來控制或維護電腦設備運作的程式。

b. **應用軟體**：為處理或解決某些特定問題而開發的軟體。

c. 常見的公用程式（又稱utility program）：

公用程式	說明
系統維護軟體	維護電腦系統使其安全、穩定的運作
磁碟管理工具	維護磁碟的運作，例如： • **磁碟清理**：清除不需長期保存的檔案，如資源回收筒的檔案、Windows暫存檔等 • 重組並最佳化磁碟機：將分散在許多磁區的檔案資料儲存於連續磁區，加快磁碟存取速度 • **磁碟檢查錯誤**：檢查磁碟中的磁區是否損毀，若找出損毀部分會自動修復 • 修復磁碟機：將目前電腦的系統檔備份到修復磁碟機，若電腦發生故障等重大問題時，可使用修復磁碟機來復原電腦，還原至建立修復磁碟機的時間點 • 磁碟格式化：使用磁碟前須先格式化，將磁碟中的資料清除並分割該磁碟 • 磁碟備份：備份資料到另一個儲存媒體或區域網路中的其它電腦 • 系統還原：可將電腦還原到先前運作正常的狀態
驅動程式	做為作業系統和週邊設備溝通的橋樑

4-2　作業系統簡介

一、作業系統的組成

1. **作業環境（Shell）**：負責使用者與電腦硬體之間的溝通橋樑。──── 作業環境
2. **核心（Kernel）**：負責各軟、硬體及資源的管理。──── 核心

二、作業系統的功能

1. **輸出／輸入管理**：負責管理與分配輸入／輸出設備的使用。
2. **檔案管理**：檔案系統建置及檔案管理（如建立、刪除、複製、搬移等）的操作介面。
3. **資源管理**：管理CPU與記憶體的使用，提昇電腦系統的運作效率。
4. 系統保護：
   a. **錯誤偵測**：偵測錯誤並同時顯示警告或錯誤訊息告知使用者。
   b. **系統保護**：提供完善的安全保護機制而設計。以Windows作業系統為例，提供2種檔案及資料夾的屬性，來保護資料。

檔案屬性	說明
唯讀	能讀取內容，但無法存檔
隱藏	不會顯示在檔案總管的內容窗格，可防止他人開啟

5. **網路控管**：協調與控管網路上多部手機、電腦、或資訊設備之間相互傳遞訊息。
   a. **資源分享的方法**：在要開放分享的資料夾，按右鍵，選『**內容**』，再按**共用**。
      →資源分享前，須先啟用「**開啟網路探索**」及「**開啟檔案及印表機共用**」功能。
   b. **單一檔案無法直接分享**，須存放至資料夾中再設定分享。
6. **程序管理**：**程序**（process）是指正在執行的程式區段。作業系統的**程序管理**功能負責管理程序的啟動與結束，並在程序的執行過程中，協調電腦資源的分配。

三、程序管理的運作 112 113

1. 程序的執行過程中，存在著5種不同的狀態：
   - 建立（new）：產生新程序。
   - 就緒（ready）：正等著被分配CPU時間來執行程序。
   - 執行（running）：正在執行程序。
   - 等待（waiting）：程序正在等待某事件發生（如等待使用者輸入資料）。
   - 結束（terminated）：程序執行結束。

2. **程序的檢視**：在Windows中，按**Ctrl + Alt + Del**鍵，再按**工作管理員**鈕[註]，並按**更多詳細資料**，開啟**工作管理員**視窗，可檢視電腦正在執行的程序名稱、程序使用CPU及記憶體的狀況、結束程序等。

3. **工作排程演算法**：在作業系統中，工作排程的安排方式有很多種，作業系統會依照不同的資料處理需求，來使用不同的排程演算法。

   a. 以下介紹4種常見的工作排程演算法。

工作排程演算法	說明
先來先服務FCFS（First Come First Served）	先進入CPU工作排程的程序就先執行，一個程序執行完才執行下一個
最短工作優先SJF（Shortest Job First）	先判斷CPU處理程序所需的時間，處理時間愈短，愈優先處理。如果有2個程序所需的處理時間大致相同，就依先來先服務原則安排順序
優先排程PS（Priority Scheduling）	• 演算法中每個程序都事先安排了一個優先順序，優先順序愈高的程序愈先處理，若有2個程序的優先順序一樣，就依先來先服務原則決定順序 • 可能因不斷被高優先順序的程序「插隊」，造成低優先順序的程序被長時間擱置的情況，這種情況稱為飢餓
循環算法排程RR（Round-Robin Scheduling）	每個程序都被分配一個相同的時間量子（time quantum）／時間切片（time slice），並按照順序執行，持續循環直到所有程序都執行完畢

註：或是直接按Ctrl + Shift + Esc鍵，也可開啟工作管理員視窗。

b. 以3個待執行的程序為例，依據4種工作排程演算法來計算平均等待時間。假設3個程序幾乎同時抵達等待佇列，所需CPU執行的時間分別是P1為6毫秒、P2為3毫秒、P3為9毫秒，其優先順序為P3 → P2 → P1，時間量子（時間切片）為3。

演算法	先來先服務FCFS	最短工作優先SJF
進入佇列順序	P1 → P2 → P3	P2 → P1 → P3
平均等待時間（單位：毫秒）	P1: 6, P2: 3, P3: 9 (0 + 6 + 9) / 3 = 5	P2: 3, P1: 6, P3: 9 (0 + 3 + 9) / 3 = 4
演算法	優先排程PS	循環算法排程RR
進入佇列順序	P3 → P2 → P1	P1 → P2 → P3 → P1 → P3 → P3
平均等待時間（單位：毫秒）	P3: 9, P2: 3, P1: 6 (0 + 9 + 12) / 3 = 7	P1: 3,3, P2: 3, P3: 3,3,3 (6 + 3 + 9) / 3 = 6

◎ 五秒自測　假設4個程序幾乎同時抵達等待佇列，每個程序所需CPU執行的時間分別為5毫秒、8毫秒、2毫秒、11毫秒，則SJF排程演算法的平均等待時間為多少毫秒？

4. **平行處理**（parallel processing）：將要進行運算的工作分成數個部分，分別交給多個處理器核心來處理，以加快運算的速度，故多核心CPU比單核心CPU較易支援平行處理。平行處理的技術（以多核心CPU為例）：

a. **資料平行**（Data Parallelism）：將大量要處理的資料，分成許多個部分，再將各個部分各自交給一個核心來處理，最後再將處理過的資料進行整合。

　　例　一個雙核心CPU要處理1～10共十筆資料，可將資料分為1～5筆、6～10筆，每個核心各處理5筆，最後再將處理後的資料整合在一起。

b. **任務平行**（Task parallelism）：為不同核心分配不同的處理任務，再將資料分給各個核心同時處理。

　　例　一個雙核心CPU要從十筆資料中找出「最大值」、「最小值」，可讓一個核心負責運算最大值、另一個運算最小值，最後再將運算後的資料整合在一起。

四、作業系統的分類

作業系統種類	說明	作業系統	GUI
單人單工 程式1	一個使用者每次只執行1個程式	MS-DOS	
單人多工 程式1 … 程式n	一個使用者可同時執行1至多個程式	Windows 8/10/11、macOS、Chrome OS	✓
多人多工 程式1 … 程式n 程式1 … 程式n	一個以上使用者可同時執行多個程式	UNIX、Linux、macOS Server、Windows NT Server、Windows Server 2016/2019/2022	✓

1. **多工**（Multi-tasking、Multi-programming）是指同一時間電腦可執行多個程式，透過**排程**設定可決定程式執行的優先順序。

2. 多人作業系統必定為多工作業系統。

   💡解題密技　不存在「多人單工」。

3. 多人多工作業系統常作為**網路作業系統**（Network Operating System, NOS）使用，負責網路上的資源分配、安全控制及網路管理等工作。

4. UNIX、Linux等網路作業系統也可作為個人電腦作業系統使用。

5. 多工作業系統通常具有**分時處理**的功能。**分時處理**能將中央處理單元的控制權，分成許多個時段（time slice），並將這些時段輪流分配給多個程式使用。

得分區塊練

( ) 1. 對檔案進行複製、更名、刪除等有效的管理，是作業系統的哪一項功能？
(A)資源管理　(B)網路通訊管理　(C)行程管理　(D)檔案管理。

( ) 2. 系統平台主要由 ___①___ 與 ___②___ 所組成，再結合 ___③___ 技術，三者相互配合以解決現代大型應用（如Google Maps、汽車導航等）的需求，請問上述題目中，空格處分別依序為何？
(A)網路通訊、軟體、硬體
(B)硬體、軟體、網路通訊
(C)輸入、輸出、處理
(D)處理、輸出、輸入。

( ) 3. Linux作業系統是屬於下列哪一種類型的作業系統？
(A)單人單工　(B)單人多工　(C)多人單工　(D)多人多工。

4-3　常見的作業系統

一、個人電腦作業系統　103 106 107 109

1. MS-DOS：微軟公司早期的個人作業系統，採文字介面（command-line interface）。

2. Windows系列：

    a. 單機作業系統：如8/10/11 ──────────────────▶ **單人多工**

    b. 伺服器作業系統：如NT Server、Windows Server 2016/2019/2022 ──▶ **多人多工**

    c. 具有圖形使用者介面（Graphical User Interface, GUI）。

    d. 具有**隨插即用**（Plug & Play, PnP）功能，可自動辨識並安裝支援隨插即用硬體的驅動程式。

    e. **驅動程式**：是硬體與作業系統之間相互溝通的橋樑，如安裝印表機的驅動程式，可讓使用者透過作業系統操控印表機工作。

    f. Windows 7/8/10/11提供有32位元及64位元的作業系統版本，其位元數代表作業系統一次能處理多少位元的資料。使用64位元版本的作業系統，必須搭配64位元的CPU（如Intel Core i9），才能發揮最佳效能。

3. UNIX、Linux：

    a. 多人多工作業系統，常作為網路作業系統使用。

    b. UNIX為美國AT&T公司的**貝爾**（Bell）實驗室所發展出來；Linux是由芬蘭人Linus Torvalds以UNIX為基礎所發展出來。

    c. 提供有**文字介面**及**X Window圖形使用者介面**。

    d. 使用**C語言**開發，系統可攜性佳，可在不同廠牌的電腦系統下使用。

    e. 在Windows系統中，檔名及指令的大寫與小寫英文字母視為同一個字，而在UNIX／Linux系統中，英文大小寫字母視為不同字母，例如book和Book是不同的名稱。

    f. 常見的UNIX版本有Solaris、FreeBSD 等。

    g. Linux為自由軟體，採用**開放原始碼**（open source）的作法，將程式原始碼公開，讓其他使用者能依個人需求自由複製、散布與修改作業系統的功能。

    h. Linux常見的版本有Red Hat、Fedora、Ubuntu 等，可上網免費下載，或付費購買。

4. macOS：
   a. 第一個採用圖形使用者介面的作業系統，為蘋果公司所推出。
   b. 蘋果公司規定，**macOS僅能安裝在蘋果電腦上使用**[註]。
   c. macOS：以UNIX為基礎開發而成。
   d. 早期蘋果公司將作業系統稱為Mac OS，於2012年將Mac OS更名為OS X，於2016年又將OS X更名為macOS。
   e. 具有**隨插即用（PnP）**功能。

5. 其它作業系統：
   - Chrome OS：桌機、筆電適用，目前尚不普及。（Google公司推出，以Linux為基礎所發展的）

6. 常見的個人電腦作業系統比較表：

作業系統 比較項目	Windows	Linux	macOS	Android	iOS
開發廠商	微軟	GNU組織	蘋果	Google	蘋果
使用者介面	GUI及 文字介面	GUI及 文字介面	GUI及 文字介面	GUI及 文字介面	GUI介面
開放原始碼		✓		✓	
硬體搭配	一般PC、 平板電腦	一般PC、 智慧型手機	蘋果電腦	智慧型手機、 筆電、 平板電腦	平板電腦、 智慧型手機

都是以UNIX為基礎開發（Linux、macOS、Android、iOS）

二、智慧型手機、平板電腦作業系統

作業系統	開發廠商	說明	App主要來源
iOS	Apple	供蘋果公司的可攜式電子產品（如iPhone、iPad）使用	App Store
Android	Google	以Linux為基礎開發而成	Play商店（Google Play）

（具多點觸控）

1. 支援多點觸控技術的電子產品（如iPhone、iPad），可讓使用者直接以手指滑動螢幕來操控。

2. 個人電腦的作業系統Linux，也可安裝在智慧型手機、平板電腦等產品中使用。

註：在網路上，有網友分享如何利用特殊技巧，將macOS安裝在一般個人電腦中，但此舉恐有違法之虞。

第4章 系統平台的運作與未來發展

得分區塊練

( )1. 下列何種作業系統，因為原始程式碼完全公開可免費使用、系統穩定性高且對電腦硬體需求較低，而常應用於架設伺服器與網站？
(A)Linux (B)macOS (C)MS-DOS (D)Windows。

( )2. 下列何者不屬於計算機作業系統（OS）？
(A)Windows (B)Linux (C)Unix (D)BIOS。

( )3. 下列何者是圖形化使用者介面的作業系統？
(A)Word (B)Excel (C)DOS (D)Windows。

( )4. 下列哪一個作業系統包含了第一個在商業上得到成功的GUI程式？
(A)macOS (B)Windows (C)Unix (D)Linux。

( )5. UNIX主要的實作語言為何？
(A)Java (B)C (C)C++ (D)Pascal。

( )6. 下列作業系統何者與Linux無關？
(A)Red Hat (B)macOS (C)Fedora (D)Ubuntu。

( )7. 下列哪一套作業系統僅能安裝在蘋果電腦中使用？
(A)Windows 10 (B)MS-DOS (C)macOS (D)Linux。

( )8. 阿星在組裝電腦時，希望能夠使用免費的作業系統軟體，請問他可以安裝下列哪一套作業系統？ (A)Linux (B)iOS (C)macOS (D)Windows 10。

( )9. 下列有關Windows 10的敘述何者錯誤？
(A)Windows 10具備圖形化的使用介面
(B)Windows 10提供程式執行的環境，並可控制程式的執行
(C)Windows 10可以管理主記憶體
(D)Windows 10允許多位使用者同時操作，而且能同時執行多項工作，是屬於多人多工的作業系統。

( )10. 下列哪種作業系統最適合在智慧型手機上使用？
(A)macOS (B)Windows Server 2019 (C)Windows 10 (D)Android。

( )11. 蘋果公司推出的iPhone可讓我們直接以觸控的方式來操控手機，請問該款手機使用的作業系統為下列何者？
(A)Windows 10 (B)iOS (C)macOS (D)Android。

4-4 雲端服務

一、雲端服務簡介

1. **雲端服務**（cloud service）是指可透過網際網路向雲端服務提供取得的服務，如網路電子信箱（如Gmail）、線上影音服務（如YouTube）、線上文件編輯（如Google文件）、網路硬碟（如SkyDrive）、線上轉檔（如Online Converter）、電腦硬體資源的租用等。

2. 電腦業界的人員常以雲朵狀來表示網際網路，故大家習慣以「雲端（Cloud）」來泛指網際網路。

3. 優點：可降低個人電腦的軟、硬體需求，且不太需要自己安裝與更新軟體版本。
   缺點：須網路連線才能使用服務、儲存在網路上的資料可能會有資安的問題等。

4. 系統平台中的雲端服務可從2個部分來探討：
   a. 使用者端：由使用者及其使用的資訊設備所組成。使用者可將這些資訊設備連上網路，以取得所需的資源。
   b. 雲端：網路中提供運算、儲存、資源分享、資料交換等資源的軟硬體及網路設備。使用者必須透過網路來取用這些雲端資源。

二、雲端資源的組成架構

雲端服務類型	服務對象	說明	範例
軟體即服務 SaaS（Software as a Service）	一般用戶	提供使用者線上使用應用程式的服務	Google地圖、YouTube、Gmail
平台即服務 PaaS（Platform as a Service）	開發人員	提供租借開發、測試與執行程式的平台服務	Oracle Cloud、Microsoft Azure、Amazon AWS、Google雲端平台（GCP）
基礎建設即服務 IaaS（Infrastructure as a Service）	企業	提供租借雲端運算基礎設備的服務	Amazon、Google、中華電信、AT&T

應用軟體
開發平台
基礎建設

第4章 系統平台的運作與未來發展

得分區塊練

( ) 1. 雲端運算（Cloud Computing）技術中，透過網路提供一個能讓IT人員進行開發與執行的應用平台服務，稱為下列哪一項？
(A)SaaS (B)IaaS (C)PaaS (D)CaaS。 [技藝競賽]

( ) 2. 下列何者屬於雲端資源架構中的PaaS？
(A)網路建設 (B)AT&T (C)Microsoft Azure (D)Facebook。

( ) 3. 下列關於雲端資源的組成架構的敘述，何者正確？ (A)Oracle Cloud屬於PaaS (B)SaaS為Software as a System的縮寫 (C)App軟體的資料大都是儲存在智慧型手機記憶卡中 (D)YouTube屬於IaaS。

4-5 系統平台的未來發展趨勢

一、系統整合雲端化

- 隨著**網路**的普及與速度的增快（如5G），系統雲端化愈來愈容易達成。
- 在未來，資料與應用的「雲端化」會更加廣泛，使用者不需購買功能強大的電腦或大容量的儲存設備，就能使用存放在「雲端」的資料及服務。

二、體積微型化

- 科技廠商不斷致力於將數位科技設備的**硬體**「**微型化**」，使這些硬體設備的體積愈來愈小。

三、人工智慧普及化

- 人工智慧的發展：

人工智慧：主要在研究如何讓電腦模仿人類的思考模式，使電腦具有學習、記憶、推理及處理問題的能力

機器學習：使電腦系統具有學習能力的技術，其目標是設計出具有自動學習能力的「智慧系統」

深度學習：利用電腦（機器）模擬人類腦部神經訊號傳遞的方式，來訓練電腦模仿人類認知的技術

1950's　1960's　1970's　1980's　1990's　2000's　2010's

- 結合人工智慧（AI）技術的應用：

應用	說明	舉例
自動駕駛車	利用車上配備的感測器（如攝影鏡頭、測距雷達）與AI技術，使車輛可自動行駛並閃避障礙物	特斯拉汽車
語音助理	利用AI技術分析人類口語的語意（semantics），並遵從語意的命令提供服務（如播放音樂、查詢天氣等）	iPhone的Siri、Google的Google助理
機器人	利用AI系統分析人類的需求，並為人類提供服務（如為人帶位、回答簡單的問題）	軟銀開發的Pepper、日立開發的EMIEW3
圖片辨識系統	先蒐集大量的圖片資料，再利用AI技術，訓練系統學會辨識圖片中的特定物體或人臉身分	NEC的人臉辨識產品
人工智慧繪圖軟體	利用深度學習技術開發而成的繪圖軟體，可根據使用者的文字描述來生成圖像	Disco Diffusion、Midjourney、DALL‧E 2等軟體
聊天機器人（Chatbot）	使用者可用「聊天」的方式來命令機器人做事，常應用在提供資訊分享、客服、心理諮商等領域，甚至可讓機器人寫程式、程式除錯、寫劇本／小說／詩詞／論文等	「ChatGPT」人工智慧聊天機器人、「Woebot」心理諮商機器人
AI PC	具有生成式AI能力的電腦產品，搭載神經網路處理器（NPU），使體積輕薄的筆記型電腦也能夠執行高效能的AI應用工作	搭載AI處理器的筆電

有背無患

- 生成式AI：透過機器學習和深度學習來分析歷史數據的AI模式，可創造出全新的成品，例如文字、圖像、音訊或影片。
- 神經網路處理器（Neural-network Processing Unit, NPU）：透過模仿人類腦部神經訊號傳遞的方式，所設計的網路運算架構之處理器。

四、運算處理速度持續加快

1. 透過不斷發展的各種運算處理技術（如平行運算、雲端運算、網格運算等）持續加快運算處理的速度，這些技術在可預見的未來仍會持續地發展進步。

2. 許多科技大廠投入具有更快速處理能力的電腦（如量子電腦）之研發，使電腦的運算處理速度高度成長。

3. 量子電腦（quantum computer）是一種使用量子邏輯進行通用計算的電腦裝置，它是採用量子位元（quantum bit, qubit）為儲存單位，可以是0、1線性組合的疊加態，而傳統電腦則是以位元（bit）為儲存單位，只有0或1單一狀態（如0、1），因此量子電腦可以儲存及處理更多、更複雜的資料。量子電腦可應用在藥品研發、預測天氣、挑選股票等。

第4章 系統平台的運作與未來發展

滿分晉級

情境素養題

▲ 閱讀下文，回答第1至2題：

為了引領全球邁向永續發展，聯合國提出了「2030永續發展目標（SDGs）」，許多企業紛紛響應以與國際接軌。某科技大廠將人工智慧（AI）應用於醫療領域，透過分析大量的醫療資料（如心電圖、電腦斷層影像）訓練出一個模型，打造AI醫療照護平台。這個平台不僅提供偏鄉地區遠距醫療服務，更透過AI分析患者身上的感測器，快速且精確地判讀患者的身體狀況，將資訊傳遞給醫生做診療。該醫療照護平台的理念，即符合SDGs「目標3：確保及促進各年齡層健康生活與福祉」。

( ) 1. 請問上述情境中提到的AI醫療照護平台，較屬於下列何種雲端服務模式？
(A)IaaS (B)PaaS (C)GaaS (D)SaaS。 [4-4]

( ) 2. 請問上述情境提到「透過分析大量的醫療資料（如心電圖、電腦斷層影像）訓練出一個模型」，是運用了下列哪一種技術來達成？
(A)機器學習 (B)生物辨識 (C)區塊鏈 (D)虛擬實境。 [4-5]

▲ 閱讀下文，回答第3至4題：

老師在說明有關作業系統與程序的上課內容時，建華認真做筆記。以下是他的筆記內容：
- 程序是指正在執行的程式區段，作業系統的「程序管理員」功能負責管理程序的啟動與結束，並在程序的執行過程中，協調電腦資源的分配。
- 程序的執行過程中，存在著5種不同的狀態：建立、就緒、執行、等待、結束。

( ) 3. 建華的筆記中有提到，作業系統的「程序管理員」功能負責管理程序的啟動與結束。請問下列何者不是上述情境中，能提供此功能的作業系統？
(A)Windows 10 (B)macOS (C)Chrome (D)UNIX。 [4-3]

( ) 4. 程序的執行過程有5種狀態，這些狀態根據處理程序的狀況有一定的執行順序，請問下列哪一個順序不會出現在程序的執行過程中？
(A)建立→就緒 (B)執行→就緒 (C)就緒→等待 (D)執行→等待。 [4-2]

( ) 5. 丹鳳使用印表機列印文件時，她發現文件會依據她送出列印的先後，依序列印，請問這主要是因為作業系統具有下列哪一項管理功能？
(A)檔案管理 (B)資源管理 (C)輸入／輸出管理 (D)網路控管。 [4-2]

精選試題

4-2 ( ) 1. 電腦作業系統將時間分割成數小段的時間片段，將CPU的使用權輪流分配給系統中等待執行的程式使用，這種處理資料的方式稱為什麼？
(A)即時處理 (B)分時處理 (C)分散處理 (D)交談式處理。

( ) 2. 下列何者是一般個人電腦常用作業系統必要提供的功能？
(A)提供即時通訊 (B)提供雲端管理 (C)提供檔案管理 (D)提供防毒管理。

A4-13

(　)3. 如果從企業網路環境建置的角度而言，下列何種作業系統最適合用來架設網路伺服器主機？　(A)Android　(B)Windows 10　(C)UNIX　(D)iOS。

(　)4. MS Windows與macOS等作業系統所使用的圖形化使用者介面，簡稱為何？
(A)GPS　(B)GUI　(C)IDE　(D)SAP。

(　)5. 有關作業系統的敘述，下列何者有誤？　(A)具有記憶體管理功能　(B)可以控制輸入及輸出裝置　(C)屬於應用軟體　(D)提供使用者操作介面。

(　)6. Android屬於下列何種作業系統？
(A)單人單工　(B)單人多工　(C)多人單工　(D)多人多工。

(　)7. 下列何者可以掌管電腦系統（包括軟體與硬體）的運作，它就像一個管理員，可以進行資源分配、排解衝突、維護電腦系統的穩定？
(A)檔案系統　(B)作業系統　(C)電子試算表　(D)文書處理系統。

(　)8. 由於電腦的主記憶體容量有限，作業系統必須協調主記憶體的分配與利用，讓程式執行完成後，由主記憶體中釋放，再讓其他程式使用。以上說明作業系統的何項功能？
(A)檔案管理　(B)輸入／輸出管理　(C)使用者管理　(D)資源管理。

(　)9. 伺服器所使用的Linux作業系統通常屬於下列何種類型？
(A)單人單工　(B)單人多工　(C)多人單工　(D)多人多工。

(　)10. 下列有關作業系統的敘述，何者不正確？
(A)MS-DOS為單人單工作業系統　　(B)Windows 10為單人多工作業系統
(C)UNIX為多人單工作業系統　　　(D)Linux為多人多工作業系統。

(　)11. 下列何者不是作業系統的功能？
(A)輔助記憶體管理　(B)檔案管理　(C)網路控管　(D)程式編譯。

(　)12. 若依照能夠同時處理的程式數目，及同時上機的使用者數目來分類，下列哪一種作業系統的類型，實際上不存在？
(A)單人單工　(B)單人多工　(C)多人單工　(D)多人多工。

(　)13. 作業系統可以同時執行多個程式，這種功能稱為：
(A)多重處理（multi-processor）　　(B)批次處理（batch）
(C)多使用者（multi-user）　　　　(D)多工處理（multi-programming）。

(　)14. Unix作業系統是一個什麼類型的系統？
(A)單人單工系統　(B)單人多工系統　(C)多人單工系統　(D)多人多工系統。

(　)15. 以下哪一個敘述是錯的？
(A)一部電腦包含硬體及軟體兩大部分
(B)硬體是指組成電腦的各項機械、電子設備
(C)軟體是用以控制電腦動作的指令、程式
(D)任何作業系統皆可在任何硬體配備上執行。

(　)16. 作業系統提供了一個介於電腦與使用者之間的一個界面，其中該作業系統係包含了下列何種功能，使得使用者不需關心檔案之儲存方式與位置？
(A)保護系統　　　　　　　　　　(B)輸出入系統
(C)記憶體管理系統　　　　　　　(D)檔案管理系統。　　　　　　[丙級軟體應用]

(　)17. 何者最不適合擔任網路作業系統？
(A)Windows Server 2022　(B)Windows 10　(C)Unix　(D)Linux。

( )18. 下列何者是多人多工的作業系統？
    (A)Windows 10　(B)iOS　(C)UNIX　(D)MS-DOS。

( )19. 目前多數作業系統均提供GUI的環境，其中I代表之意義為：
    (A)介面（Interface）　　　　　(B)資訊（Information）
    (C)指令（Instruction）　　　　(D)內涵（Internal）。

( )20. 下列系統何者可幫助使用者管理硬體資源，使電腦發揮最大的效能？
    (A)作業系統　(B)媒體　(C)資料系統　(D)編修系統。　　　　　　　[丙級軟體應用]

( )21. 下列作業中，哪一項並非作業系統所提供之功能？
    (A)分時作業（Time-sharing）
    (B)多工作業（Multitasking）
    (C)程式翻譯作業（Language Translation）
    (D)多工程式作業（Multi-programming）。　　　　　　　　　　　[丙級軟體應用]

( )22. 如果從企業網路環境建置的角度而言，下列哪一項作業系統最適合用來架設網路伺服器主機？　(A)Red Hat Linux　(B)iOS　(C)macOS　(D)Android。

( )23. 下列何者不是作業系統最主要的功能之一？
    (A)檔案管理　(B)製作投影片　(C)分配系統資源　(D)輸入／輸出管理。

( )24. 作業系統不包括下列何種功能？
    (A)檔案管理　(B)資源管理　(C)資料庫管理　(D)程序管理。

( )25. 下列關於系統平台的基本運作流程之敘述，何者正確？
    (A)輸出：透過傳輸媒介（如資料傳輸線、網路），將資料傳輸至系統中
    (B)基本運作流程主要包含：整理、處理、分析等3個步驟
    (C)處理：系統利用平台處理器來處理資料
    (D)輸入：透過傳輸媒介，將資料傳輸至顯示器、儲存設備、雲端空間或系統平台的其他成員。

( )26. 在Windows 10中，下列何種功能可以自動偵測新增硬體，並安裝適當的驅動程式？
    (A)Plug & Play　(B)ODBC　(C)OLE　(D)Windows Update。

( )27. 下列關於UNIX與LINUX的敘述，何者正確？
    (A)LINUX是迪吉多實驗室於90年代為個人電腦用戶開發的
    (B)LINUX可讓使用者自行更改作業系統的原始碼，以符合個人需求
    (C)UNIX是由迪吉多實驗室在1970年初期發展的
    (D)UNIX只能在大型電腦上使用。

( )28. 作業系統（Operating System）之主要目的，是為了幫助使用者更有效率及更方便的使用電腦的硬體資源，下列哪一項不是一種作業系統的名稱？
    (A)Windows　(B)Linux　(C)PL/1　(D)UNIX。　　　　　　　　　[丙級軟體應用]

( )29. 下列何種作業系統沒有圖形使用者操作介面？
    (A)Linux　(B)Windows Server　(C)macOS　(D)MS-DOS。

( )30. 何種作業系統無法被安裝在PC上被使用？
    (A)Linux　(B)iOS　(C)Windows 10　(D)Windows Server 2019。

( )31. 下列有關Android作業系統的敘述何者有誤？
    (A)以Linux為基礎開發而成　　　　(B)可用來作為智慧型手機的作業系統
    (C)可用來作為小筆電的作業系統　　(D)開發廠商為蘋果公司。

4-4 ( )32. Google Map是屬於哪一種雲端服務？
(A)IaaS（Infastructure as a Service）
(B)MaaS（Mobile as a Service）
(C)PaaS（Platform as a Service）
(D)SaaS（Software as a Service）。 [108技藝競賽]

( )33. 在雲端資源的組成架構中，提供租借開發、測試與執行程式的平台服務給開發人員的架構，請問是下列何者？ (A)IaaS (B)PaaS (C)AaaS (D)SaaS。

4-5 ( )34. 「銀行數位生活好康」客服機器人提供貸款、匯率換算等資訊，也可以協助使用者查詢信用卡帳單，或是繳交卡費。請問上述機器人應用了下列哪一種技術讓使用者可用「聊天」的方式來命令它做事，就像是一位真人在提供服務？
(A)人工智慧 (B)量子電腦 (C)平行運算 (D)基礎建設即服務。

( )35. 請問下列何者是指能夠使電腦系統具有學習能力的技術，其目標是設計出具有自動學習能力的「智慧系統」，這種智慧系統可以藉由分析大量的資料，來「學到」一些判斷的準則與經驗，進而找出解決問題的方法或做出較佳的決策？
(A)量子電腦 (B)平行運算 (C)機器學習 (D)雲端運算。

( )36. 下列各項應用中，哪一項是最不需要使用人工智慧技術的應用？
(A)電動摩托車 (B)聊天機器人 (C)iPhone的Siri (D)圖片辨識系統。

統測試題

( )1. 下列何者為美國AT&T公司貝爾實驗室所發展的作業系統？
(A)Android (B)Chrome OS (C)macOS (D)UNIX。 [102工管類]

( )2. 下列何者不是電腦或手機之作業系統？
(A)Android (B)Microsoft Office (C)iOS (D)Windows。 [102資電類]

( )3. 請問下列有多少個項目可被歸類為作業系統（Operating System）？
①Android ②Microsoft SQL Server ③iOS ④Linux
⑤Facebook ⑥macOS ⑦OpenOffice.org ⑧Google Chrome
(A)3 (B)4 (C)5 (D)6。 [103商管群]

( )4. 一般作業系統（Operating System）的主要功能不包含以下何者？
(A)行程（Process）管理
(B)提供使用者操作介面（User Interface）
(C)接收與管理電子郵件（Email）
(D)磁碟（Disk）與檔案（File）的管理。 [103資電類]

( )5. 下列何者不是作業系統的主要功能？ (A)提供使用者操作介面 (B)提供程式執行的環境 (C)提供視訊剪輯平台 (D)管理及分配電腦系統的軟硬體資源。 [104工管類]

( )6. 下列有關個人電腦作業系統的敘述，何者錯誤？
(A)應用軟體必需在作業系統載入後才能執行
(B)Microsoft Windows作業系統通常是儲存於唯讀記憶體（ROM）內
(C)管理記憶體資源是作業系統的功能之一
(D)作業系統通常會提供方便操作的使用者介面。 [105商管群]

( )7. 下列哪一種作業系統沒有開放原始碼？
(A)Chrome OS (B)Android (C)Linux (D)iOS。 [105工管類]

( )8. 下列何者不是目前作業系統核心（Kernel）的主要工作？
(A)CPU程序管理　　　　　　　　(B)記憶體管理
(C)電源管理　　　　　　　　　　(D)檔案管理與輸入／輸出設備管理。[105資電類]

( )9. 下列關於雲端運算（Cloud Computing）之敘述何者錯誤？
(A)雲端運算的特性是動態、易擴充及虛擬化
(B)IaaS即為Intertexture as a Service層次的服務
(C)PaaS即為Platform as a Service層次的服務
(D)SaaS即為Software as a Service層次的服務。 [105資電類]

( )10. 下列敘述何者正確？
(A)Unix是一種單人單工的作業系統
(B)Windows 8是一種多人多工的作業系統
(C)Windows Server 2008是一種專為智慧型手機設計的作業系統
(D)Linux是一種開放原始碼的作業系統。 [106商管群]

( )11. 在Android、iOS、Linux、macOS、Windows等作業系統中，有多少種是屬於開放原始碼的作業系統？　(A)1　(B)2　(C)3　(D)5。 [107商管群]

( )12. 能控制與協調在電腦中運作的程式，並提供使用者介面、分配與管理資源、服務與保護等功能的系統，與下列哪項最相關？
(A)檔案系統（File System）
(B)文書系統（Office System）
(C)作業系統（Operating System）
(D)程式系統（Programming System）。 [107工管類]

( )13. 下列關於Linux作業系統的敘述何者最正確？
(A)不具備記憶體管理的功能
(B)是一個單人多工的作業系統
(C)屬於開放原始碼（open source）的軟體，可自行依需求修改核心
(D)所有版本皆沒有圖形化使用者界面，只能以文字命令與其溝通。 [107工管類]

( )14. 作業系統的組成包括操作環境（Shell）與核心程式（Kernel）二部份，下列何者是核心程式的主要功能之一？
(A)開機檢查（Booting Check）
(B)檔案內容掃描（File Content Scan）
(C)病毒防護（Virus Protection）
(D)程序管理（Process Management）。 [107資電類]

( )15. 下列關於常見作業系統的敘述，何者最正確？
(A)Windows Server 2008是個人電腦普遍使用的作業系統
(B)Windows作業系統是行動裝置普遍使用的作業系統
(C)Windows作業系統的視窗，其縮小視窗功能在左上角
(D)Chrome OS是以Linux為核心的作業系統。 [108工管類]

( )16. 以下關於作業系統特性的敘述，何者正確？
(A)macOS是單人單工作業系統
(B)MS-DOS是單人多工作業系統
(C)Microsoft Windows 10是多人單工作業系統
(D)Linux是多人多工作業系統。 [109工管類]

(　)17. 下列有關作業系統的敘述，何者正確？
(A)MS-DOS作業系統適用於智慧型手機
(B)Android作業系統適用於平板電腦
(C)macOS作業系統適用於智慧型手機
(D)iOS作業系統適用於個人電腦。　　　　　　　　　　　　　　　　[109商管群]

(　)18. Linux為開源軟體，使用者可以依自己的需求修改成獨特的作業系統，下列哪一個是基於Linux所開發出來的作業系統？
(A)Android　(B)Arduino　(C)MS-DOS　(D)Unix。　　　　　　　[109資電類]

(　)19. 下列何者不是Microsoft Windows作業系統中「工作管理員」的功能？
(A)結束執行中的應用程式
(B)查詢整體CPU使用率
(C)顯示每一個應用程式使用記憶體狀況
(D)顯示驅動程式的版本及詳細資訊。　　　　　　　　　　　　　　[109工管類]

(　)20. 下列何者不屬於系統軟體？
(A)資料庫軟體　(B)直譯器　(C)編譯器　(D)Linux。　　　　　　　[109工管類]

(　)21. 下列有關Windows作業系統的操作敘述，何者最正確？
(A)隨身碟的位置通常在磁碟機C:
(B)名稱為Windows之系統資料夾的位置通常在磁碟機D:
(C)可以使用Ctrl + Shift組合鍵選擇開啟功能表
(D)可以使用Ctrl + Alt + Delete組合鍵選擇開啟工作管理員。　　　[110工管類]

(　)22. Google Map地圖服務屬於下列何種雲端服務模式？
(A)IaaS　(B)MaaS　(C)PaaS　(D)SaaS。　　　　　　　　　　　[111商管群]

(　)23. 小明個人受委託開發應用程式，當小明不想自行建置開發所需之軟硬體工具時，下列哪一種雲端服務模式最符合小明的需求？
(A)基礎建設即服務（IaaS）　　　(B)平台即服務（PaaS）
(C)軟體即服務（SaaS）　　　　　(D)資料即服務（DaaS）。　　　[111工管類]

(　)24. 關於電腦執行作業系統的主要目的，下列何者錯誤？
(A)管理記憶體　　　　　　　　　(B)編譯應用程式
(C)執行CPU使用排程　　　　　　(D)提供使用者操作介面。　　　[111工管類]

(　)25. 個人電腦使用Windows作業系統，使用一段時間後儲存大檔案的效率漸漸變差，為改善效率，適合針對原磁碟機做下列何種合理的處理？
(A)磁碟清理
(B)重組並最佳化磁碟機
(C)磁碟檢查錯誤
(D)修復磁碟機。　　　　　　　　　　　　　　　　　　　　　　　[112商管群]

(　)26. 程序或稱行程（process）是作業系統裡正在處理中的程式，它具有多種狀態。下列哪一種程序狀態是正等著被分配CPU時間來執行程式？
(A)等待（waiting）
(B)執行（running）
(C)新建（new）
(D)就緒（ready）。　　　　　　　　　　　　　　　　　　　　　[112商管群]

( )27. 關於個人電腦CPU的敘述，下列何者正確？
(A)指令暫存器可用來存放下一個要執行的指令位址
(B)多核心CPU比單核心CPU較易支援平行處理
(C)快取記憶體通常分L1、L2、L3，其中L2、L3內建於CPU之中
(D)CPU的運作中一個機器週期包括擷取、編碼、執行、儲存四個主要步驟。
[112商管群]

( )28. 阿宏和小君畢業後共同合作創業設立公司，但是公司草創初期，沒有足夠的經費購置伺服器設備，也沒有人力維護管理網路硬體設備。兩人打算創業第一年先專注在研發的工作上，以租賃的方式向雲端供應商租用公司所需的伺服器、儲存空間及運算資源。基於以上敘述，阿宏和小君所租賃的方案屬於何種雲端運算服務類型？
(A)平台即服務（Platform as a Service, PaaS）
(B)軟體即服務（Software as a Service, SaaS）
(C)通訊即服務（Communications as a Service, CaaS）
(D)基礎架構即服務（Infrastructure as a Service, IaaS）。
[112工管類]

( )29. 作業系統中，常見的排程演算法如先到先服務（FCFS）、最短工作優先處理（SJF）、循環分時（round robin）及優先權（priority）排程等。現有三個行程（process）且在同一時間抵達等待佇列（ready queue），每個行程所需CPU執行的時間分別為6毫秒、3毫秒及9毫秒，則SJF排程演算法的平均等待時間為多少毫秒？
(A)3　(B)4　(C)5　(D)6。
[113商管群]

( )30. 小華使用Microsoft Windows作業系統的電腦，執行單機版的繪圖軟體製作社團海報時，發現電腦系統的反應時間有愈來愈慢的情況，為了要檢視電腦系統資源的目前使用效能，下列何者是最直接可以使用的Windows內建工具軟體？
(A)工作管理員　(B)檔案總管　(C)Windows防火牆　(D)工具管理員。
[113工管類]

( )31. 公司資訊部正在開發一項新專案，希望能靈活管理伺服器和儲存資源，但不想自行管理硬體設備。同時希望有更多控制權來安裝自訂的軟體和設定環境。基於這些需求，該公司應選擇以下哪一種雲端運算服務模式？
(A)軟體即服務（SaaS）：提供現成的應用程式，讓使用者直接使用，無需進行任何開發或安裝工作
(B)虛擬私人伺服器（VPS）：提供專屬的機櫃空間置放私人購買的主機，讓使用者遠端自行管理及維護
(C)基礎設施即服務（IaaS）：提供虛擬伺服器、儲存和網路資源，讓使用者自行管理並安裝所需的軟體和設定環境
(D)平台即服務（PaaS）：提供一個已建置好的開發平台，使用者僅需專注於開發應用程式，而不需要管理底層伺服器或系統設定。
[114商管群]

( )32. 下列何者為使用時間切片（Time Slice）或時間量（Time Quantum）技術以避免飢餓（Starvation）現象的工作排程（Scheduling）演算法？
(A)循環分配（Round Robin, RR）
(B)插入排序法（Insertion Sort, IS）
(C)最短的工作優先（Shortest Job First, SJF）
(D)先到先服務（First Come First Serve, FCFS）。
[114工管類]

NOTE

統測考試範圍

單元 3

軟體應用

學習重點

章名	常考重點	
第5章 常用軟體的認識與應用	• 常見的軟體開發程式 • 常見的應用軟體 • ODF文件檔案格式	★★★☆☆
第6章 智慧財產權與軟體授權	• 智慧財產權 • 軟體授權 • 創用CC	★★★★★

統測命題分析

數位科技概論
- 單元1 9%
- 單元2 15%
- 單元3 16%
- 單元4 15%
- 單元5 13%
- 單元6 15%
- 單元7 17%

數位科技應用
- 單元1 15%
- 單元2 11%
- 單元3 24%
- 單元4 11%
- 單元5 15%
- 單元6 17%
- 單元7 7%

第 5 章 常用軟體的認識與應用

5-1 軟體開發程式與程式語言

一、常見的軟體開發程式 113

常見軟體	說明	適用語言
Visual Studio	• 由微軟公司推出的免費軟體 • 適用在Windows環境下撰寫程式	C#、C++、VB等
Xcode	• 由蘋果公司推出 • 適用在macOS環境下撰寫程式	Swift、Java、C / C++、Objective-C / C++等
Eclipse	• 最初由IBM開發的自由軟體 • 跨平台，適用在Windows、Linux、macOS環境下撰寫程式	Java為主，外掛支援Python、C++等
Code::Blocks	• 免費且開放原始碼的自由軟體 • 跨平台，適用在Windows、Linux、macOS、FreeBSD環境下撰寫程式	C++、C、Fortran等

1. 在使用軟體開發程式開發軟體時，程式設計者必須使用電腦可以接受的特定語言來下達指令，這種語言稱為**程式語言**（programming language）。

2. 軟體專案的開發流程：專案規劃→程式設計→功能測試→更新及維護。

二、常見的行動裝置App開發軟體

常見軟體	說明	App適用OS
App Inventor	• 由Google實驗室開發，交由美國麻省理工學院（MIT）繼續開發與維護 • 不須安裝，透過瀏覽器即可在線上使用 • 使用者只要先佈建好使用者介面，再透過拖曳及拼接的方式，即可完成程式撰寫	Android
Android Studio	• 由Google實驗室開發 • 跨平台，可在Windows、macOS、Linux環境下執行 • 使用者須具備Java程式設計能力	
PowerApps	• 由微軟公司推出 • 使用者可線上開發應用程式，還可搭配微軟的雲端服務一起使用	Windows Android iOS
React Native	• 由Meta公司推出 • 可用來開發App、製作網頁、後端應用程式 • 使用者須具備JavaScript程式設計能力	Android iOS

1. 在開發行動裝置App時，不同手機作業系統的App，其檔案格式不同，例如Android作業系統的App為.apk檔；蘋果iOS作業系統的App為.ipa檔。

三、程式語言的簡介

程式語言
- 低階語言
  - 機器語言 → 由0與1組成，電腦可直接執行
  - 組合語言 → 須經組譯程式翻譯，電腦才能執行
- 高階語言
  - 程序導向語言
  - 物件導向語言
  - 查詢語言
  - 人工智慧語言
  → 須經直譯或編譯程式翻譯，電腦才能執行

1. 低階語言：具有**機器依賴**（machine-dependent）特性，通常無法在不同的電腦系統上執行，故可攜性低。可分為以下2種：
    a. **機器語言**（machine language）：由**0**與**1**兩種符號組成，**不須翻譯**即可執行，可讀性低。
    b. **組合語言**（assembly language）：由英文或符號組成，如 "ADD"、"SUB"、"MUL"、"DIV" 分別代表加減乘除，這種類似英文簡寫的字組，稱為**助憶碼**（mnemonic code），**須翻譯後電腦才可執行**，可讀性較機器語言高。此種語言可用來撰寫硬體裝置的驅動程式。
2. 高階語言：與人類使用的語言較接近，**須翻譯後電腦才可執行**。
3. 機器語言、組合語言、高階語言的比較：

比較項目	機器語言	組合語言	高階語言
程式的撰寫	難	← →	易
維護與除錯	難	← →	易
可讀性	低	← →	高
可攜性	低	← →	高
執行速度	快	← →	慢
佔用記憶體空間	小	← →	大

4. **程序導向語言**（procedure-oriented language）：依照程式敘述的先後順序來執行。

程式語言	說明
FORTRAN	為第1個高階語言，具有運算速度快及準確度高的特色，適用於**科學**及**工程計算**領域
COBOL	為第1個商用語言，適合用來處理大量的**商業資料**及製作各種商業報表
BASIC	具有易學易用的優點，適合初學者使用，後來發展出QB（QuickBASIC）等不同版本
Pascal	具有結構化程式設計的概念，適合教學使用
C	由美國貝爾實驗室（Bell Labs）開發，**兼具組合語言與高階語言的特性**，適合開發**系統軟體**及一般應用程式，如UNIX作業系統即是以C語言所開發

5. **物件導向語言**（object-oriented language）：以設計個別物件功能的方式來開發程式。
    a. 先定義**類別**（class）及設計**物件**（object）的功能，再組合多個不同功能的物件成為完整的程式。
    b. **類別**是指某些具有相同特性的**物件**集合。
       在生活中，觸控式、滑蓋式等不同的手機，都具有可接聽／撥打電話、傳簡訊等相同特性，這些手機都是透過手機設計圖所設計的。若以物件導向程式概念來看，設計圖就好比**類別**，而依設計圖設計的手機即屬於**物件**。

c. 下圖是以「校務管理系統」為例，來呈現類別與物件的關係：

```
                    校務行政課程管理系統
                    ┌──────┬──────┬──────┐
類別 ──→           學生    教師    課程    …
                  ┌──┴──┐          ┌──┴──┐
物件 ──→         小華 佳佳 …    …  國文 英文 …

       這些物件屬於「學生」類別，      這些物件屬於「課程」類別，都
       都擁有學號、姓名…等屬性        擁有課程名稱、學分數…等屬性
```

d. 物件導向語言的特性：

- **封裝**（encapsulation）：**將具有特定功能的處理程序及資料包裝在物件中**，使用者**不需瞭解**物件內部的設計即可使用。

- **繼承**（inheritance）：**新類別或物件可以承襲既有類別的方法及屬性**，省去撰寫相同程式碼的時間。如設計「警車」物件，可承襲「車」類別的特性及功能，不需要全部重新設計。

- **多型**（polymorphism）：新類別或物件可以擁有與既有類別相同名稱但功能不同的方法。如「警車」、「救護車」物件都有「鳴笛」事件，但發出的鳴笛聲可以不同。

e. 常見的物件導向語言：

程式語言	說明
C++	以C語言為基礎，加入物件導向的特性
Java	源自C++語言，由昇陽（sun）[註]公司開發，具有可攜性高及安全性佳的優點，可用來開發系統軟體、手機應用程式
Visual Basic.NET	以Visual Basic為基礎，加強物件導向、網頁製作、多媒體等功能 VB 2005以上版本皆屬於.NET語言
C#	以C、C++語言為基礎，由微軟公司開發，具有易學易用的優點
SmallTalk	是物件導向語言，也是人工智慧語言的一種
Python	可跨平台使用，具有易學易用、功能完整的評價，在業界常被用於開發系統軟體、應用程式等
R語言	免費且開放原始碼的程式語言，擴充性強，有相當多免費套件可使用，常應用於人工智慧、財經分析等

註：昇陽公司已於2010年被甲骨文（Oracle）公司併購。

6. 查詢語言（query language）：用來查詢資料庫中的資料，常見的有SQL、QBE等。

7. 人工智慧語言：可用來設計讓人類利用自然語言（如英語、中文）直接對電腦下達命令的程式，常見的人工智慧語言有LISP、Prolog、SmallTalk、Python等。

8. 開發行動裝置作業系統的程式語言：

作業系統	開發者	使用的程式語言
Android	Google（谷歌）	Java、C
iOS	Apple（蘋果）	Swift、Objective-C

Swift、Objective-C → 以C語言為基礎的物件導向程式語言

Swift → 也可用來開發App

四、程式的翻譯

1. **組合語言**及**高階語言**所撰寫的程式，必須經過翻譯程式翻譯才能執行。

2. **組譯**：以組合語言撰寫的程式，必須經過**組譯程式**（assembler，又稱**組譯器**）翻譯成機器語言之後，才能在電腦上執行。

3. **編譯**：使用**編譯程式**（compiler，又稱**編譯器**）將整個程式翻譯成機器語言的一種程式翻譯方式。

4. **直譯**：使用**直譯程式**（interpreter，又稱**直譯器**）將程式逐行翻譯成機器語言，並立即執行的一種程式翻譯方式。

5. 組譯、編譯、直譯的比較：

翻譯方式	適用的程式語言	翻譯的次數	執行速度
組譯	組合語言	只需1次	快
編譯	高階語言	只需1次	快
直譯	高階語言	每次執行程式皆需翻譯	慢

得分區塊練

( ) 1. 請問下列哪些程式開發軟體所開發的App應用程式，適用於蘋果支援的智慧型手機之iOS作業系統？
①App Inventor ②PowerApps ③Android Studio ④React Native
(A)①② (B)①③ (C)②④ (D)③④。

( ) 2. 下列哪一種程式語言所撰寫的程式，在執行前無須先經過組譯、直譯或編譯的程序？ (A)組合語言 (B)機器語言 (C)物件導向語言 (D)程序性高階語言。

5-2 常見的應用軟體

一、辦公室軟體

1. 常見的辦公室軟體：

種類	用途	常用軟體（代表自由軟體）
文書處理軟體	文書資料編輯及排版	Word、Writer、WordPad、記事本、Pages
排版軟體	編排書報雜誌	InDesign、QuarkXPress、Publisher、Scribus
電子試算表軟體	資料排序、計算與分析，及編製統計圖表	Excel、Calc、Numbers
簡報軟體	製作及播放簡報資料	PowerPoint、Impress、Keynote
資料庫管理軟體	又稱資料庫管理系統（DBMS），用來建立及管理資料庫	Access、Base[註1]、SQL、Oracle、MySQL、Informix、dBase、SAP Sybase
統計軟體	數據統計、管理、分析等	SAS、SPSS

2. 辦公室軟體的比較：

比較項目 / 軟體系列	文書處理	電子試算表	簡報設計	資料庫	廠商	免費
Microsoft Office	Word	Excel	PowerPoint	Access	微軟	
LibreOffice	Writer	Calc	Impress	Base	TDF（文件基金會）	✓
OpenOffice	Writer	Calc	Impress	Base	Apache[註2]	✓
Google文件	文件	試算表	簡報	－	Google	✓
iWork	Pages	Numbers	Keynote	－	Apple	✓

3. OpenOffice軟體可開啟並編輯Microsoft Office文件檔案，如Writer可編輯Word檔（.doc、.docx）、Calc可編輯Excel檔（.xls、.xlsx）。

4. Microsoft 365：微軟公司的線上版Office軟體，只要申請帳號，即可透過瀏覽器使用精簡版的Word、Excel、PowerPoint等軟體。

5. Google文件：可透過瀏覽器在網路上編輯文件，並邀請多人一起共同編輯（共編），完成後可儲存在雲端，也可下載至電腦存成pdf、docx、odt、html等檔案格式。此外也具有將圖片轉換成文字的功能。

註1：Base是OpenOffice軟體系列的資料庫管理軟體。
註2：OpenOffice自2012年起，由Apache軟體基金會開發與維護，並更名Apache OpenOffice。

二、網路應用軟體

1. 常見的網路應用軟體：

種類	用途	常用軟體
瀏覽器	瀏覽網頁	Chrome、Firefox、Edge、Safari、Opera
郵件收發軟體	收發電子郵件	Outlook[註1]、Thunderbird
即時通訊軟體	線上文字、影音即時交談	LINE、WhatsApp、WeChat、Messenger
終端機模擬軟體	登入遠端電腦主機	NetTerm（可連上BBS站）
FTP軟體	上傳或下載檔案	WS FTP、CuteFTP、FileZilla
續傳軟體	檔案傳輸（可接續中斷的下載作業）	FlashGet、Go!Zilla
P2P軟體	可分享電腦中的檔案，讓安裝有P2P軟體的網友下載	BitComet、XfServer、eMule（驢子）
群組軟體	訊息傳遞、文件分享、會議排程	Notes、Exchange
社群網站附屬軟體	使社群網站（如Facebook）的功能多元、豐富	小遊戲（如Candy Crush Saga）、行事曆
視訊會議軟體	視訊會議、線上會議、螢幕分享	Google Meet、Microsoft Teams、Zoom、Cisco Webex

2. 即時通訊軟體通常也提供有檔案傳輸、視訊對話、撥打網路電話等功能。
3. 網路中有許多可透過瀏覽器使用的軟體（如Google文件），也都屬於網路應用軟體。

三、多媒體及影像軟體

1. 常見的多媒體軟體：

種類	用途	常用軟體
網頁設計軟體	製作及管理網頁	Dreamweaver、Namo WebEditor、Expression web、SharePoint Designer、Google Web Designer、KompoZer
影片播放軟體	播放影音	QuickTime、RealPlayer、iTunes、KMPlayer、Windows Media Player、PowerDVD、GOM Player
影片剪輯軟體	影片剪輯與轉檔	Windows Movie Maker、Premiere Pro、會聲會影（VideoStudio）、威力導演（PowerDirector）、Director、OpenShot
聲音剪輯軟體	聲音剪輯與轉檔	Audacity、mp3DirectCut、GoldWave、Adobe Audition、GarageBand
繪圖軟體	繪製圖像	CorelDRAW、Illustrator、小畫家、Draw[註2]、Visio、PaintTool SAI、Corel Painter

- iTunes可用來播放音樂與影片，也可用來進行音樂、影片的轉檔，還可以透過它來購買音樂、影片。

註1：Outlook是Office的成員之一，除了具有收發郵件的功能之外，還有行事曆編輯、收發手機簡訊等功能。
註2：Draw是OpenOffice的成員之一，且是一套向量繪圖軟體。

2. 常見的影像軟體：

種類	用途	常用軟體
影像處理軟體	編修、合成影像	Photoshop、PhotoImpact、GIMP、PhotoCap、PhotoScape、Pixlr Editor、PaintShop Pro
看圖軟體	檢視與管理大量圖像	ACDSee、XnView、IrfanView
動畫軟體	製作及播放2D / 3D動畫	2D動畫：Animator（原Flash）、Ulead Gif Animator、SWiSH Max、Spine 3D動畫：Maya、3ds Max
電腦輔助設計軟體（3D建模軟體）	繪製各種設計圖，如建築工程圖、室內設計圖等	AutoCAD、FreeCAD、SketchUp、Tinkercad

- Animator（原Flash）是使用**向量**圖形技術，繪製的圖形放大、縮小、旋轉不會失真。

四、其他應用軟體

1. 其他常見的應用軟體：

種類	用途	常用軟體
PDF閱讀軟體	閱讀PDF文件檔案	Adobe Reader、Foxit Reader、Adobe Acrobat（可編修PDF檔）
防毒軟體	偵測電腦是否遭到病毒感染，並將受感染的檔案解毒	PC-cillin、Norton AntiVirus、Kaspersky Anti-Virus（卡巴斯基）、Avira（小紅傘）、Avast!、NOD32、McAfee、AVG Anti-Virus
壓縮軟體	縮減資料檔案的大小，節省檔案儲存空間	WinZip、WinRAR、7-Zip
系統備份工具	將系統或資料進行備份，當電腦出現不正常的情形時，將系統還原至備份時的狀態	Windows備份與還原工具、Norton Ghost
檔案備份軟體	幫助使用者備份資料	SyncBack、FreeFileSync、Acronis Backup、Google備份與同步處理
檔案救援軟體	將已刪除的檔案救回	Wise Data Recovery、Recuva File Recovery
遠端遙控軟體	透過網際網路控制遠端電腦	AnyDesk、TeamViewer
網路監控軟體	監控各軟體所消耗的網路流量及網路使用狀況	GlassWire、Speedtest
語言翻譯軟體	翻譯外文單字、查詢外文單字的音標、發音等	Lingoes、Dr.eye
筆記整理軟體	讓使用者以資訊設備整合筆記內容、建立目錄、標籤等	Evernote、OneNote
燒錄軟體	燒錄資料至光碟，以進行備份	Nero、CloneDVD、Alcohol 120%

2. 若要備份光碟內容,可用燒錄軟體將光碟對拷一份,或是將光碟內容製作成**映像檔**(副檔名為.iso、.nrg、.ccd、.img),存放在電腦中。

3. 壓縮軟體可將多個檔案壓縮成一個壓縮檔,或分割成多個壓縮檔。部分壓縮軟體,如WinRAR還可製作**自解壓縮檔**(副檔名通常為.exe),以便在沒有安裝壓縮軟體的電腦中,也能進行解壓縮。

4. **PDF**(Portable Document Format):是一種「**可攜式**電子文件」,能精確地保留文件原貌,可**跨平台**使用。

5. PDF文件檔案須使用PDF閱讀軟體來開啟、瀏覽,部分PDF閱讀軟體有提供為PDF檔加密的功能。

6. Office 2010以上版本可將檔案儲存為PDF檔;Word 2013以上還可編修PDF檔案。

7. 可訓練邏輯思考能力與程式語言基礎的休閒娛樂軟體,例如Code.org、Blockly。

五、常見的行動裝置App

1. 常見的行動裝置App:

App種類	用途	常用軟體
社交軟體	讓使用者可透過網路與他人互動	Facebook、Instagram、X、Line、LinkedIn、Threads
串流影音	使用者可一邊下載一邊聽音樂、看影片	音樂App:KKBOX、Spotify 影音App:Netflix、KKTV
照片處理	可套用濾鏡、表情圖案等	Foodie、SNOW、B612、無他相機、SOVS、Snapseed、美圖秀秀、玩美彩妝
影片剪輯	可剪輯影片或加上特效	Quik、InShot、MaxCurve、威力導演
交通動態資訊	觀察路況、公車動態資訊、周邊服務等	台灣等公車
虛擬實境	模擬真實環境	VR Thrills雲霄飛車、Cardboard
擴增實境	在實體環境中,加入虛擬影像	AR導航及測速照相偵測、IKEA Place、星圖
益智教育	可讓使用者進行行動學習	超級單字王、智客、Algorithms、Cake
運動健身	紀錄運動過程	Nike Training Club、Runtastic
筆記整理	隨手筆記	OneNote、Evernote、ColorNote
行動裝置檢測	檢測行動裝置的各硬體狀態	手機醫生、電池魔術醫生、AMC手機管家
輔助醫療	協助偏遠地區的人能夠獲得醫療資訊	Babylon:Healthcare & Medical Advice

2. App（Application，應用軟體）：用來泛指可安裝在智慧型手機、平板電腦等可攜式設備中的應用軟體。

3. 常見的App商店：App Store、Google Play、Microsoft Store、Amazon Appstore。

4. 行動裝置App常用之技術／設備：

常用技術／設備	說明	適用App種類
全球衛星定位系統（GPS）	可用來測量標的物位置的系統	交通動態資訊、運動健身
輔助全球衛星定位系統（AGPS）	利用電信業者的手機基地台，來輔助GPS衛星進行定位的系統	
地理資訊系統（GIS）	儲存地理資料及分析地理區域特性的系統	
航位推算導航（DR）	• 利用GPS偵測到的目前位置、移動距離與花用時間，可算出速度 • 利用GIS中的資料可計算到達下一個目的地的時間	
最短路徑的計算	利用GIS中的資料，找出可連接起點到終點的最短的路徑	
立體視覺	模擬人眼的立體視覺感官，利用人的左眼與右眼看到的影像會略有差異，大腦會根據這些差異產生視覺的立體感來設計VR App畫面	虛擬實境
陀螺儀	可用來偵測行動裝置的旋轉角度	
3D彩現技術	利用電腦軟體為3D模型上色、加入漸層、加入陰影等，最後形成圖像的技術	擴增實境
電腦視覺	一種實現圖像辨識的技術，目的是使電腦能辨識出圖像中的特定物體	
人工智慧（AI）	電腦模仿人類的思考方式，使電腦具有學習、記憶、推理及處理問題等能力	輔助醫療
專家系統	透過儲存某些事實或規則，並利用這些規則來推理、判斷以解決問題的系統	
智慧臉部偵測	從影像中偵測臉部的技術	美肌拍照、美妝造型
五官追蹤技術	從臉部影像中精準找出五官的技術	

(　)1. 在Windows作業系統環境中，使用數位相機或數位攝影機所拍攝的相片與影片，適合使用下列哪一個軟體進行編輯成電腦能播放的視訊影片檔案？
(A)Windows Movie Maker
(B)Outlook
(C)WordPad
(D)Windows Media Player。

(　)2. Trend Micro PC-Cillin是屬於下列何種軟體？
(A)電腦防毒軟體
(B)資料壓縮軟體
(C)資料庫管理軟體
(D)檔案傳輸軟體。

(　)3. 下列何者不是即時通訊軟體？
(A)WinRAR　(B)WeChat　(C)LINE　(D)WhatsApp。

(　)4. 下列哪一套軟體為電子郵件軟體？
(A)Word　(B)Excel　(C)Outlook　(D)Visio。 [丙級軟體應用]

(　)5. 下列各應用軟體之用途對照，何者正確？
(A)Dreamweaver：影像處理
(B)威力導演：電腦病毒預防
(C)PowerPoint：多媒體簡報製作
(D)WinRAR：動畫製作。

(　)6. 下列何者是可在智慧型手機或平板電腦上使用的筆記App？
(A)Spotify　(B)Evernote　(C)Instagram　(D)台灣等公車。

(　)7. 下列何者不是交通動態資訊App常應用的技術？
(A)全球衛星定位系統（GPS）
(B)航位推算導航（DR）
(C)智慧臉部偵測
(D)地理資訊系統（GIS）。

5-3 電腦軟體的檔案格式

一、認識「檔案格式」

1. 檔案格式依照是否開放版權，可分為**開放格式**與**封閉格式**：

檔案格式類型	說明	舉例
開放格式	公開檔案規格，且開放版權，任何人不需經過授權即可使用	文件檔：txt、pdf 圖片檔：jpg、png、tif、gif 音訊檔：wav、ogg、mp3 視訊檔：avi、mpeg 網頁檔：htm / html、xml 壓縮檔：zip、7z
封閉格式	不公開檔案規格，也不開放版權，若設計的軟、硬體需要存取封閉格式的檔案，該軟、硬體開發商必須支付版權費用	文件檔：doc、xls、ppt[註] 圖片檔：ufo 音訊檔：wma 視訊檔：rm、wmv 壓縮檔：rar

2. 開放格式的優點：

   a. 流通性高：開放格式不需要授權金，有較多免費軟體支援，流通性高（封閉格式通常只能使用付費軟體開啟，流通性低）。

   b. 保存性佳：若支援封閉格式的軟體不再販售，封閉格式的檔案可能無法再開啟，保存性差；開放格式有較多軟體支援，較不會有檔案無法開啟的問題，保存性佳。

   開放格式（有較多軟體支援）
   - 公開檔案規格
   - 開放格式的版權

   封閉格式（只有特定軟體支援）
   - 不公開檔案規格
   - 不開放格式的版權

3. 為了取得使用者認同，並促進檔案格式的交流，開放格式通常會向**國際標準組織**（如 ISO、IEC、IEEE）申請認證。

註：doc、xls、ppt屬於封閉格式，但微軟已開放部分授權。檔案格式屬於開放或封閉，可能會有變動，如mp3、gif原為封閉格式，但因檔案格式的版權過期，已歸屬為開放格式。

二、ODF文件檔案格式 105 108

1. 有鑑於開放格式的優點，**ODF組織**制定了**開放文件格式**（Open Document Format, **ODF**）規範，並提倡辦公室文件應使用odt、ods、odp等開放格式來儲存文件檔案。

2. ODF組織提出ODF格式後，微軟公司也提出另一種**OOXML**開放文件格式，比較如下：

比較項目	ODF	OOXML
開發者	ODF組織	微軟公司
副檔名	odt（文件檔）、ods（試算表）、odp（簡報檔）	docx（文件檔）、xlsx（試算表）、pptx（簡報檔）註
說明	以**XML**格式為基礎發展而來	
支援軟體	OpenOffice、Google文件、Microsoft Office（2007含以後版本）	

有背無患

XML（延伸標記語言）：是一種標記語言，電腦讀取XML語言後，可自動將語言轉換成圖文並茂的文件外觀。XML可描述資料的結構與意義，讓資料的使用及存取更便利。

得分區塊練

( )1. 「開放格式」是指檔案格式具有什麼特點？
(A)僅開放給公務人員使用
(B)開放檔案編輯的權限
(C)開放給一般民眾使用
(D)開放檔案格式的版權。

( )2. 有關ODF文件格式的敘述，下列何者有誤？
(A)由ODF組織制定
(B)是一種開放文件格式
(C)ODF文件檔的副檔名為docx
(D)以XML格式為基礎發展而來。

註：Office 2007（不含）以前的版本，預設的副檔名為doc、xls、ppt，是屬於封閉格式。

第5章 常用軟體的認識與應用

滿分晉級

情境素養題

▲ 閱讀下文，回答第1至2題：

奕翔開設了一間專門銷售冷凍食品的線上商店，公司有4台電腦須依照員工工作性質來添購並安裝合適的應用軟體，4位員工的工作內容分別為：①員工負責公司網站的建置與維護、②員工負責公關行銷工作、③員工負責商品美感設計及影像編修、④員工負責財務會計工作。

(　) 1. 奕翔公司的①員工負責公司網站的建置與維護，請問他所需使用的電腦最應該安裝哪些應用軟體？ (A)LINE、Windows Movie Maker (B)Chrome、Dreamweaver (C)PowerPoint、AutoCAD (D)ACDSee、Adobe Reader。 [5-2]

(　) 2. 奕翔公司中的4台電腦，最不需要安裝下列哪一套應用軟體？
(A)PC-cillin (B)Google Web Designer (C)NetTerm (D)Excel。 [5-2]

(　) 3. 在物件導向設計的觀念中，若以「物件」的角度來觀察車子，車子的特徵包括催油門、煞車、輪框尺寸、雙門，以下敘述何者正確？
(A)催油門是屬性、煞車是方法、輪框尺寸是屬性、雙門是方法
(B)催油門是屬性、煞車是屬性、輪框尺寸是屬性、雙門是屬性
(C)催油門是方法、煞車是屬性、輪框尺寸是方法、雙門是屬性
(D)催油門是屬性、煞車是屬性、輪框尺寸是方法、雙門是方法。 [5-1]

(　) 4. 某生想用數位相機拍照製作簡報，但發覺照片有色差，必須用 ＿＿＿＿＿ 軟體調校顏色，再使用 ＿＿＿＿＿ 軟體與同學分享，下列何者為所需軟體的最佳組合？
(A)WordPad、PowerPoint (B)PhotoImpact、PowerPoint
(C)VB、CorelDRAW (D)Excel、Access。 [5-2]

精選試題

5-1

(　) 1. 在物件導向程式語言中，用於描述物件外觀、大小、位置等的特徵值，稱之為何？
(A)方法 (B)繼承 (C)屬性 (D)裝封。

(　) 2. 機器語言及組合語言是屬於下列何種程式語言類別？
(A)物件導向語言 (B)低階語言 (C)中階語言 (D)高階語言。

(　) 3. 關於程式語言的敘述，下列何者不正確？
(A)機器語言對硬體有很強的控制能力
(B)Visual Basic.NET具有視覺化的設計，屬於物件導向語言
(C)組合語言可以用來寫硬體驅動程式，屬於高階語言
(D)Java具有物件導向特性，可應用在網際網路程式。

(　) 4. 下列語言，何者為最低階語言？
(A)機器語言 (B)組合語言 (C)自然語言 (D)C語言。

(　) 5. 下列何者為高階語言所具有的特性？
(A)易讀、易懂、易寫 (B)隨機種而改變
(C)不需經過翻譯便可執行 (D)執行時間最短。

(　)6. 下列敘何者是錯的？
(A)BASIC是一種高階語言　　　　　(B)高階語言的執行速度較機器語言為快
(C)機器語言是由0與1所構成的　　　(D)高階語言的可讀性較機器語言為高。

(　)7. 下列何種資訊最有可能是儲存於電腦主記憶體內的機械碼指令？
(A)01010010 00000111
(B)ADD AL #11
(C)PRINT "Visual Basic"
(D)STAND UP PLEASE。

(　)8. 下列有關高階與低階電腦程式語言的比較，何者正確？
(A)高階語言程式撰寫比較困難
(B)低階語言程式執行速度較快
(C)高階語言程式除錯比較困難
(D)低階語言程式維護比較容易。

(　)9. 下列敘述何者最正確？
(A)C++語言是一種低階語言
(B)Java語言是一種物件導向語言
(C)機器語言的可讀性較高階語言高
(D)高階語言的執行速度較機器語言快。

(　)10. 有關電腦語言敘述下列何者是錯誤的？
(A)UNIX作業系統部份以C語言撰寫
(B)C語言是一種高階語言
(C)組合語言是一系列0與1數字所構成的
(D)COBOL適用於商業資料處理。

(　)11. 下列何者不適合用來編輯與製作網頁？
(A)Dreamweaver　　　　　(B)Google Web Designer
(C)Microsoft Word　　　　(D)Norton Utilities。

(　)12. 下列敘述何者正確？
(A)PhotoImpact是音樂編輯軟體　(B)Access是動畫製作軟體
(C)Outlook是繪圖軟體　　　　　(D)PowerPoint是簡報軟體。

(　)13. 下列何者不是電子試算表軟體的主要功能？
(A)編輯、計算資料　(B)分析、管理資料　(C)處理影像、圖片　(D)編製統計圖表。

(　)14. 下列套裝軟體中，哪一個被歸類為繪圖軟體？
(A)PhotoShop　(B)Photo Editor　(C)Imaging　(D)Painter。

(　)15. 最適合使用者撰寫、編輯處理、擷取儲存及列印各種文件資料的軟體為何？
(A)會計軟體　(B)文書處理軟體　(C)繪圖軟體　(D)通訊軟體。

(　)16. "WinZip" 是屬於哪類軟體？　(A)系統軟體　(B)壓縮及解壓縮工具軟體　(C)簡報軟體　(D)文書編輯軟體。　[丙級網頁設計]

(　)17. "Kaspersky" 屬於哪類軟體？
(A)系統軟體　(B)防毒軟體　(C)簡報軟體　(D)文書編輯軟體。　[丙級網頁設計]

(　)18. WinRAR與下列何種軟體屬於同類軟體？
(A)Powerpoint　(B)Access　(C)WinZip　(D)cuteftp。

(　)19. 下列何者屬於檔案備份軟體？
(A)Wise Data Recovery　(B)TeamViewer　(C)SyncBack　(D)GlassWire。

(　)20. 阿國平時晚上有運動的習慣，他想要利用智慧型手機紀錄自己的運動狀況，你可以推薦他下列哪一款App？
(A)Runtastic　(B)Babylon Mobile Health　(C)Netflix　(D)LinkedIn。

(　)21. 香香想將用智慧型手機拍攝好的影片，直接在手機上加入特效，他可以使用下列哪一款App？　(A)KKBOX　(B)InShot　(C)玩美彩妝　(D)手機醫生。

5-3
(　)22. 關於開放格式檔案的描述，下列哪一項錯誤？
(A)開放格式的檔案，表示檔案格式的制定者已放棄檔案格式的專利權
(B)開放格式的檔案，檔案規格是公開的
(C).html是屬於開放格式的檔案類型
(D)製作可相容開放格式檔案的軟體，不需要付權利金。　　　　　　　　[技藝競賽]

(　)23. 有關PDF文件的敘述，下列何者有誤？
(A)必須先解壓縮才能開啟　　　　　(B)可使用瀏覽器、PDF閱讀軟體來瀏覽PDF
(C)其檔案格式屬於開放格式　　　　(D)可精確地保留文件原貌。

(　)24. 開放格式是指符合下列何種條件的格式？　(A)公開檔案規格且開放版權　(B)通過ISO組織認證　(C)符合TCP/IP通訊協定　(D)自由軟體專用。

統測試題

(　)1. 下列何項能提供即時影音訊息的服務？
(A)FTP　(B)Outlook　(C)Skype　(D)SMTP。　　　　　　　　　　　　[102工管類]

(　)2. 某一張旅遊的紀念照片中，不小心拍到了一根電線桿，如果要把這張照片中的電線桿去除，請問下列哪一個應用軟體可以協助完成這項工作？
(A)Microsoft Excel　(B)PhotoImpact　(C)Access　(D)WinRAR。　　　[102工管類]

(　)3. 相對於低階語言，下列何者不是高階語言的特性？　(A)可攜性較高　(B)使用者較易學習　(C)較容易除錯　(D)程式執行速度較快又較有效率。　[102工管類]

(　)4. Visual Basic程式被電腦執行前，最終須轉換成下列何種語言？
(A)機器語言　(B)組合語言　(C)高階語言　(D)自然語言。　　　　　　[103工管類]

(　)5. 若以「物件」的角度觀察貓熊，貓熊的特徵包括吃竹子、爬樹、毛色，以下敘述何者正確？　(A)吃竹子是屬性，爬樹是方法、毛色是屬性　(B)吃竹子是屬性，爬樹是屬性、毛色是屬性　(C)吃竹子是方法，爬樹是方法、毛色是屬性　(D)吃竹子是屬性，爬樹是屬性、毛色是方法。　　　　　　　　　　　　　　　　　　　[103工管類]

(　)6. 下列何種多媒體軟體，可用來將輸入的視訊（video）信號加以編輯、配音，並儲存成影片檔？
(A)Windows Movie Maker　　　　　(B)GIF Animator
(C)Adobe Reader　　　　　　　　　(D)Windows Wordpad。　　　　　[104工管類]

(　)7. OpenOffice中的簡報設計軟體稱為：
(A)OpenOffice PowerPoint　　　　　(B)OpenOffice Draw
(C)OpenOffice Impress　　　　　　(D)OpenOffice Base。　　　　　　[104工管類]

(　)8. 下列何者為簡報檔的開放格式？　(A).odt　(B).ods　(C).odp　(D).odg。　[105商管群]

( )9. 下列哪一種應用程式可撥打市話與他人即時交談？
(A)Facebook　(B)Microsoft Outlook　(C)BBS　(D)Skype。　　[105工管類]

( )10. 下列哪一種軟體可以支援多人線上共同編輯文件？
(A)Microsoft WordPad　　　　　(B)Microsoft NotePad（記事本）
(C)OpenOffice Writer　　　　　(D)Google Docs（Google文件）。　[105工管類]

( )11. 辦公室應用軟體中，使用開放文件格式，可以跨平台執行計算、分析、繪製圖表的軟體為下列何者？　(A)Writer　(B)Impress　(C)Base　(D)Calc。　[106工管類]

( )12. 下列哪一種檔案格式不屬於國際標準的開放格式？
(A)HTML（HyperText Markup Language）網頁超文件標記語言檔案
(B)OOXML（Office Open XML）辦公室軟體檔案如.docx文件檔或.xlsx試算表檔
(C)PDF（Portable Document Format）可攜式文件檔案格式
(D)PhotoImpact的.ufo或是Photoshop的.psd等特定影像檔案格式。　[106商管群]

( )13. 下列何種開放文件格式主要用於文書處理？
(A).odt　(B).odp　(C).odb　(D).odg。　　[106工管類]

( )14. 下列軟體何者最適合用來計算家庭日常收支？
(A)Calc　(B)Impress　(C)Writer　(D)7-Zip。　　[107工管類]

( )15. 下列何者不是壓縮軟體？
(A)7-Zip　(B)FileZilla　(C)WinRAR　(D)WinZip。　　[107工管類]

( )16. 下列哪一種軟體不具有影音剪輯功能？
(A)PowerDirector　　　　　　(B)VideoStudio
(C)Windows Media Player　　 (D)Windows Movie Maker。　[107工管類]

( )17. 下列自由軟體，何者與Microsoft Word功能最相近？
(A)Impress　(B)NVU　(C)Picasa　(D)Writer。　　[107工管類]

( )18. 將Microsoft Excel儲存成開放文件格式（ODF）的檔案，其副檔名為下列何者？
(A).odxl　(B).odx　(C).ods　(D).odt。　　[108商管群]

( )19. 下列哪種軟體是P2P檔案交換軟體？
(A)eMule　(B)Exchange　(C)FileZilla　(D)RSS。　　[108工管類]

( )20. 下列關於應用軟體的敘述，何者不正確？
(A)辦公室應用軟體讓使用者可以製作報告、試算表與簡報，例如Microsoft Office與OpenOffice
(B)網頁瀏覽軟體可以讓使用者存取各項網路資源，例如Skype與LINE
(C)影音播放軟體可以讓使用者播放影音檔案，例如Windows Media Player與PowerDVD
(D)影像編輯軟體可以檢視影像檔案內容與進行編輯工作，例如PhotoImpact與Photoshop。　　[108工管類]

( )21. 下列關於OpenOffice軟體的敘述，何者不正確？　(A)Base是資料庫管理軟體　(B)Calc是試算表軟體　(C)Draw是簡報設計軟體　(D)Writer是文書處理軟體。[108工管類]

( )22. 有關壓縮軟體的敘述，何者錯誤？
(A)WinRAR是常見的壓縮及解壓縮軟體之一，具有分片壓縮功能
(B)7-Zip是能提供加密解密服務的壓縮軟體
(C)WinZip壓縮軟體能夠解壓縮RAR及ZIP等格式的檔案
(D)壓縮軟體只能對執行檔案進行壓縮。　　[109商管群]

( )23. 網頁製作除了可以透過傳統「HTML」語言來設計，還可以使用網頁設計軟體，但是下列哪種軟體不適合用於網頁設計與製作？
(A)Expression Web (B)Windows Media Player
(C)KompoZer (D)Adobe Dreamweaver。 [109工管類]

( )24. 到租書店租閱書籍時，店員輸入會員編號，租書系統即會列出會員的名稱、電話、住址、租閱紀錄等資料。此租書系統可使用下列哪一種應用軟體來完成？
(A)多媒體設計軟體 (B)簡報軟體 (C)檔案傳輸軟體 (D)資料庫軟體。 [110商管群]

( )25. 關於開放檔案格式（Open Document Format，簡稱ODF）副檔名的敘述，下列何者正確？
(A)odp為文書檔 (B)odt為資料庫檔
(C)ods為試算表檔 (D)odb為簡報檔。 [110工管類]

( )26. 下列有關軟體的敘述，何者最正確？
(A)Chrome與LINE是網頁瀏覽軟體
(B)Linux與iOS是手機作業系統軟體
(C)MySQL與OpenOffice.org Impress是資料庫軟體
(D)Microsoft Excel與OpenOffice.org Calc是試算表軟體。 [110工管類]

( )27. 有關APP Inventor的敘述，下列何者正確？
(A)必須在電腦安裝後才可以使用
(B)由Google開發後，交由哈佛大學繼續開發與維護
(C)操作方式是透過拖放組件或模塊來完成撰寫
(D)可以開發Windows下的應用程式。 [111商管群]

( )28. 下列何者不是APP的開發工具或程式？
(A)Android (B)App Inventor (C)React Native (D)Swift。 [111商管群]

( )29. 下列何者是用於關聯式資料庫的查詢語言？
(A)ISO (B)SQL (C)OCR (D)OSI。 [111工管類]

( )30. 有關軟體開發程式的敘述，下列何者正確？
(A)Eclipse主要用來開發Java應用程式
(B)軟體開發程式主要提供程式的編譯與執行的功能，程式的編輯都須用記事本來處理
(C)Xcode是適合在Windows環境下撰寫不同程式語言，如C++、Objective-C等
(D)Visual Studio是適合在macOS環境下撰寫程式語言，主要用Swift來開發應用程式。 [113商管群]

( )31. 智慧型手機所安裝之公共自行車租賃系統APP，例如YouBike微笑單車，為了要能查找並顯示附近場站位置及可租用車輛的數量狀態，下列何者不是實現該功能的必要技術？ (A)物聯網 (B)電子地圖 (C)自動駕駛 (D)衛星定位。 [113工管類]

第 6 章　智慧財產權與軟體授權

6-1　智慧財產權　103　114

一、認識智慧財產權

1. 智慧財產：一般人的創意、商譽和專業技術等腦力勞動的結晶，如寫作、畫作、音樂、舞蹈、圖形、視聽、電腦程式等。
2. 政府制定有**著作權法**、商標法、專利法、營業秘密法、積體電路電路布局保護法來保護**智慧財產權**。
3. 我國著作權主管機關：**經濟部**。

二、我國著作權法的相關規定

1. 保障著作人：
   a. 著作人**完成著作時**即享有著作權（不需註冊或登記）。
   b. 著作權存續年限：著作人**生存期間及其死亡後50年**。若為共同著作，則為最後死亡之著作人死亡後50年。若著作人死亡後40～50年才發表，則保護期間為發表後10年。攝影、錄音、視聽之著作權存續至作品發表後50年。
   c. 著作權分為**著作人格權與著作財產權**，在無契約約定的情況下，受僱於公司的著作人於職務上完成之著作，其**著作人格權屬作者**，**著作財產權屬公司**；若有契約約定，則從其約定。
   d. 著作財產權：包含重製權、公開播送權、公開傳輸權等。著作財產權可以全部、部分轉讓或授權他人行使。

權利項目	說明
重製	以印刷、複印、錄音、錄影、攝影、筆錄或其他方法直接、間接、永久或暫時之重複製作，或依設計圖／模型建造建築物
公開播送	以廣播系統向公眾傳達著作內容
公開傳輸	透過網路或其他通訊方法向公眾提供或傳達著作內容
公開展示	向公眾展示著作內容
改作	以翻譯、編曲、改寫、拍攝影片或其他方法就原著作另為創作

◎五秒自測　著作權的取得時機及保障期限為何？

e. 著作人格權包含：公開發表權、姓名表示權、禁止不當修改權。著作人格權不可以事先拋棄或是繼承、轉讓。

2. 保障合理使用著作物：

    a. 教師為了授課需要，可在**合理範圍**重製他人著作，例如教師因授課需求，播放一小段電影，屬合理範圍；但若播放整部電影，即可能超出合理範圍。

    b. 個人或家庭**不以營利**為目的，可在合理範圍重製他人著作。

    c. 只要**不從事營利行為**，可以公開表演他人著作。

    d. 在合理範圍內重製他人著作，應註明資料來源。

3. 保障電子著作物：

    a. 合法擁有電腦軟體者，**可以修改程式或備份軟體**，但不可提供給他人使用。

    b. 書籍、錄影帶等著作可以出租，但錄音及電腦程式等著作不得出租。

    c. 販售或散布盜版軟體、音樂都屬於違法行為。

    d. **合法軟體不能安裝在超過授權數量的電腦上**，如授權5台電腦，最多只能安裝在5台電腦上。

4. 不受著作權法保護，任何人皆可自由使用的資料：

    a. 憲法、法律、命令或公文（含公務員於職務上草擬之文告、講稿、新聞稿）。

    b. 中央或地方機關就前款著作作成之翻譯物或編輯物。

    c. 標語及通用之符號、名詞、公式、數表、表格、簿冊或時曆。

    d. 單純為傳達事實之新聞報導所作成之語文著作。

    e. 依法令舉行之各類考試試題及其備用試題（如四技二專聯招考題）。

有背無患

1. 專利權（patent right）：指創作者將發明、新型或設計的創作向主管機關（在我國為經濟部智慧財產局）申請，經審查核准後所取得的專利獨享權利。

2. DRM（數位版權管理）：保護數位檔案版權的技術，可以限定檔案的使用條件，如限定某首歌的播放次數，或是只能用特定的程式來播放，以防止檔案遭到盜版。

3. DRM常見應用：KKBOX線上音樂、Spotify、Kindle線上電子書店等服務，都有使用DRM技術來保護檔案防止盜版。

4. Copyright vs. Copyleft：Copyright ⓒ 代表具有著作權，不可任意複製、散布、改作；Copyleft ⓒ 則代表開放版權，允許自由使用、散布、改作，但所衍生之作品必須延續使用Copyleft授權。

5. P2P檔案交換軟體（如eMule）可讓網友交換彼此電腦中的檔案，但若網友利用這類軟體分享未經授權的檔案，將觸犯著作權法。

數位科技概論 滿分總複習

得分區塊練

( )1. 著作權法保護各種創作，有關智慧財產權的敘述，下列何者錯誤？ (A)電腦程式受著作權法保護 (B)將從網路下載的圖片加上自己的圖形或文字做成海報，違反著作權法 (C)智慧財產權保障的是人類思想、智慧、創作而產生具有財產價值的產物權利 (D)程式設計師受雇於某公司，公司為雇用人，程式設計師為受雇人；在無其他契約約定情況下，其於職務上所開發完成的程式，公司為著作人。

( )2. 程式設計師受雇於某公司時，替該公司寫了一套商用軟體。下列有關此套商用軟體的著作權利歸屬（假設雙方於訂約時無特別約定者）之敘述，何者正確？ (A)著作人與著作財產權皆屬公司 (B)著作人與著作財產權皆屬程式設計師 (C)著作人屬公司，著作財產權屬程式設計師 (D)著作人屬程式設計師，著作財產權屬公司。

( )3. 下列何者是符合著作權的行為？ (A)與好友分享MP3檔案 (B)在網路張貼自己的心情故事 (C)蒐集他人精美網頁集冊出售 (D)在網站上張貼別人的奇文妙語。

( )4. 下列何種是智慧財產權正確的使用觀念？ (A)使用盜版光碟（大補帖）安裝軟體 (B)拷貝同學的電腦程式檔，繳交作業 (C)下載試用版軟體加以破解，才可以永久使用 (D)架設網站時，所使用有版權圖片需經過授權。

( )5. 下列何者屬於侵害智慧財產權的行為？
(A)向朋友借有版權的CD來欣賞
(B)將自己購買的軟體複製給好友使用
(C)在網路上公佈自己撰寫的程式碼
(D)使用寬頻分享器讓多台電腦使用同一個ADSL帳號上網。

( )6. 下列何者為守法行為？ (A)某電視台未付權利金，就逕自播放歌曲 (B)阿雄將近年來流行排行榜歌曲剪接翻錄作精選集出售 (C)阿貴在夜市販賣仿冒的勞力士錶 (D)阿櫻在電腦專賣店購買一套有版權的遊戲軟體。

( )7. 有關「著作權」之敘述，下列何者正確？
(A)使用精美、特殊圖片或有版權的卡通圖案作為報告裝飾，仍應取得授權
(B)著作權保護表達形式，也保護製程及概念
(C)利用繪圖軟體練習編修同學的個人照片，雖未經照片當事者同意，仍可email給全班同學
(D)購得合法電腦軟體，因備份需要重製，且與好友分享。

( )8. 繪畫大師在95年7月30日創作完成一幅畫，但不幸在99年4月4日死亡，請問這幅畫的著作財產權存續至哪一天？
(A)145年7月30日
(B)145年12月31日
(C)149年4月4日
(D)149年12月31日。　　　　　　　　　　　　　　　　　　　　　　　[乙級軟體應用]

( )9. 直接引用下列哪一項著作的內容，最可能侵犯著作權？
(A)論語　(B)聖經　(C)史記　(D)林志玲為電影刺陵主題曲寫的歌詞。

( )10. 購買原版的應用程式光碟之後，下列使用方法何者符合智慧財產權的規範？
(A)隨意複製到多部電腦硬碟上　　　　(B)依授權安裝到自己的電腦上
(C)拷貝多份備份光碟，以備不時之需　(D)透過網路分享好朋友。

6-2 軟體的授權

一、授權範圍不同的軟體類型 102 111 112 113 114

比較項目 軟體別	保有著作權	免費複製及使用	開放原始碼	說明	範例軟體
公用軟體 （public domain software）		✓		可自由複製	SQLite（資料庫軟體）、FreeCAD
免費軟體 （freeware）	✓	✓		不可用於營利用途或修改	Adobe Reader、iTunes
共享軟體 （shareware）	✓	試用期間不須付費		試用期間通常功能會有限制，試用期滿必須付費購買才能取得合法使用權	WinRAR、Photoshop試用版、PaintShop Pro試用版
自由軟體 （free software）	✓	可銷售，**不一定免費**	✓	1. 可自由複製、散布與修改 2. 又稱開放原始碼軟體	Scratch、7-zip、Linux、OpenOffice、Firefox
商業軟體 （Commercial software）	✓			通常須付費購買才能使用	Word、Excel

目前有許多商業軟體提供試用體驗來吸引使用者，但本質上仍屬於「商業軟體」，試用只是促銷手段，並不改變其商業性質

💡**解題密技**　上表的5種軟體是統測命題的重點，同學必須能分辨其差異

1. 自由軟體 vs. 免費軟體：**自由軟體開放原始碼**，而免費軟體則沒有。

2. **開放原始碼**（open source）：指公開軟體的程式碼，供其他人能自由複製、散布與修改，但修改後的程式必須維持開放原始碼的原則。

   ◎**五秒自測**　免費軟體、自由軟體有何差異？

3. GNU GPL（**G**NU **G**eneral **P**ublic **L**icense）：是一種**自由軟體的授權聲明**。

4. 使用GPL散布的自由軟體賦予使用者以下自由：

   a. 可自由將軟體用在各種不同用途（如商業、學術等）。

   b. 可修改軟體原始碼。

   c. 可複製及散布軟體。

   d. 可將修改後的軟體散布給他人使用。

5. **綠色軟體**：製作成**免安裝**形式的各式軟體，常被儲存在可攜式裝置（如隨身碟）中，故也稱為「可攜式軟體」。

數位科技概論 滿分總複習

有背無患

- 請注意，我們購買的軟體，通常只取得軟體的使用權，並不包含散布、改作等權利。
- 為了拓展市場，有些軟體廠商會將其產品區分為下列4種版本來銷售：

版本種類	授權對象	使用注意事項
零售版	軟體購買者	軟體購買者只買到軟體的使用權，非軟體的所有權，所以不能轉售軟體[註]
隨機版	單一台電腦	只能安裝在搭配銷售的電腦上；一旦電腦毀壞，使用權即消失
大量授權版	視授權條款而定，通常是某一單位的人員（如學校）	通常有授權期間及數量的限制，超過授權期限即不能再使用
雲端版	取得會員帳號的使用者	可直接線上使用軟體，通常採包月制或包年制的授權方式，若超過授權期限即不能再使用

得分區塊練

(　　)1. 每年財政部國稅局都會提供報稅程式讓納稅義務人下載使用，此項軟體是屬於下列何種軟體？　(A)公共軟體　(B)免費軟體　(C)共享軟體　(D)試用軟體。

(　　)2. 下列哪一種軟體是將原始程式碼公開且允許他人使用與修改？
(A)免費軟體　(B)共享軟體　(C)自由軟體　(D)公用軟體。

(　　)3. 下列何種行為是屬於著作權的合理使用？　(A)把從BBS上收集來的文章整理出版 (B)任意下載免費軟體（freeware）　(C)未經授權而把別人的文章註明出處貼上BBS (D)定期以電子報方式大量轉寄別人在BBS上發表的文章。

(　　)4. 下列關於免費軟體（freeware）、共享軟體（shareware）、自由軟體（free software）之敘述，何者正確？
(A)電腦廠商可以把從網路下載下來的自由軟體，燒錄成光碟販賣
(B)共享軟體是因為原創者願意免費和別人分享軟體，才稱為共享軟體
(C)免費軟體因為原創者已經免費提供別人使用，所以原創者不再擁有著作權
(D)電腦廠商可以把從網路下載下來的免費軟體，與其他商業程式包裝成套裝軟體販賣。

(　　)5. 下列敘述何者有誤？
(A)免費軟體（Freeware）可完全免費使用，原設計者仍具其著作權
(B)著作人格權是指著作創作人所擁有權利，不會因任何理由而改變，具有無法轉移的特性
(C)購買單機版合法軟體，可因備份重製，同時可安裝在兩台電腦
(D)共享軟體試用期滿應依規定付費。

註：根據著作權法第37條第3項「非專屬授權之被授權人非經著作財產權人同意，不得將其被授與之權利再授權第三人利用」，軟體購買者是不能再轉售軟體，除非該軟體有授權可自由轉售，若約定不明之部分，則推定為未授權。

二、創用CC 103 104 112

1. **創用CC**：一種**授權聲明**，主要是使用標章與文字來標示授權範圍。
2. 目的：讓引用者了解如何在合法範圍內使用著作物，以促進網路資源的「分享」與「交流」。
3. 使用的標章說明如下：

標章	姓名標示（BY）	禁止改作（ND）	相同方式分享（SA）	非商業性（NC）
說明	使用時必須標示作者（預設要標示）	不得改作作品	若改作作品，必須沿用原授權條款分享	不能用在商業目的

圖像記憶法
- 人像代表作者 → 標示作者姓名
- 等號代表分享前要等於分享後 → 不能改作
- 循環圖案有「回到原點」與「分享」的涵義 → 相同方式分享
- 禁止賣錢 → 禁止商業用途

  a. 「禁止改作（=）」與「相同方式分享（⟲）」互相牴觸，所以不會同時出現。

  b. 以上4個標章共可組成 BY、BY ND、BY SA、BY NC、BY NC ND、BY NC SA 等6種授權條款。

  c. 部分圖片、影音分享網站（如Flickr網路相簿、YouTube影音網站），皆可讓創作者使用創用CC授權，將作品分享給他人使用。

4. 標示**CC0**的作品是採用「不保留權利」授權，可讓人無條件使用，且不可以撤回，意即授權後不得對該作品再主張權利。部分網站（如Pixabay、Unsplash）提供CC0授權的圖片，可讓網友在完全未經過許可的情況下，複製、修改、散布、商業利用這些圖片。

5. 公眾領域標章（Public Domain Mark, PDM）：標示此標章之作品，不受著作權保護，可供大眾無償使用。

得分區塊練

( ) 1. 小直是網路漫畫家，她希望授予網友引用自己作品的權利，但是不能任意改作或用在商業用途。請問她應該使用下列哪一種創用CC授權條款？
(A) BY NC SA　(B) BY NC　(C) BY ND　(D) BY NC ND。

( ) 2. 下列哪一項是「創用CC」中的「制止改作（ND）」標章？
(A) 人像　(B) 循環　(C) 等號　(D) $符號。

數位科技概論 滿分總複習

滿分晉級

情境素養題

▲ 閱讀下文，回答第1至2題：

政興是一位武俠小說迷，不論是金庸的射鵰英雄傳、天龍八部、古龍的楚留香傳奇、絕代雙驕等武俠小說作品，他都十分喜愛，多年的閱讀培養了他對武俠小說的創意，他自創一部短篇武俠小說－政興群俠傳，並發表在個人部落格中供網友觀賞，並使用創用CC標章，避免作品遭受侵權的問題發生。

( )1. 政興在部落格上發表自己創作的武俠小說，請問他從何時開始擁有小說的著作權？
(A)通過經濟部智慧財產局核可後　　(B)小說上傳至部落格後
(C)小說出版後　　　　　　　　　　(D)小說著作完成後。　　　[6-1]

( )2. 政興在部落格中使用了經濟部智慧財產局推動的「創用CC」標章，以減少侵權行為的發生。下列有關「創用CC」標誌的作用何者正確？
(A)標示著作物的授權範圍　　　　　(B)避免著作遭他人篡改
(C)標示著作物的資料來源　　　　　(D)禁止他人瀏覽自己的著作。　[6-2]

( )3. 某網路書店想把暢銷書籍與雜誌的內容全部放在網路上供人瀏覽，針對上述情形，以下敘述何者正確？
(A)只有暢銷書籍不必取得授權　　　(B)只有雜誌不必取得授權
(C)只有雜誌須事先取得授權　　　　(D)暢銷書籍與雜誌都須事先取得授權。　[6-1]

( )4. 南韓一位男子搶先註冊登記sonycall.com等19個網域名稱，遭SONY公司提告，後來SONY公司成功取回這些網域名稱。根據上述，請問該男子侵犯了SONY公司哪一項智慧財產權？　(A)專利權　(B)著作權　(C)商標權　(D)營業秘密。　[6-1]

( )5. 承旭為了證明曾經跟志玲相戀過，自行決定公開當初志玲寫的情書。根據上述情形，請問以下何者正確？
(A)承旭沒有侵害志玲的著作權，因為情書已經是承旭的
(B)承旭侵害志玲的著作權，因為只有志玲才有公開發表的權利
(C)承旭沒有侵害志玲的著作權，因為志玲並沒有去申請登記
(D)承旭侵害志玲的商標權，因為情書上有志玲的簽名。　[6-1]

精選試題

6-1 ( )1. 關於智慧財產權的描述，下列何者不正確？
(A)內容符合著作權法保護要件之影音、動畫、電腦程式等都受到智慧財產權的保護
(B)智慧財產權又稱為無體財產權
(C)商標專用權、著作權、專利權都屬於智慧財產權
(D)任何人都可以重製網頁上的文章與圖像而不違反著作權法。

( )2. 下列何者最不會有觸犯著作權法的疑慮？
(A)自己購買的軟體隨意複製給他人使用
(B)將版權音樂製作成MP3，透過網路讓他人下載
(C)想看院線電影不用上電影院，網路上就可以下載
(D)家裡有兩台電腦都使用Windows作業系統，就要買兩套作業系統的版權。

( )3. 有關「著作權」之敘述，下列何者有誤？
(A)需要向相關機關進行登記或註冊程式
(B)目前保護的權利包括改作權、編輯權、出租權、散佈權等
(C)著作人於著作完成時即自動享有著作權
(D)區分為著作人格權與著作財產權。

( )4. 下列四種行為，何者最不會有觸犯著作權法的疑慮？
(A)抓取政府部門公開在網頁上的圖形，並貼製在自己的網頁上
(B)將網路上搜尋到的音樂，轉寄給朋友使用
(C)下載政府公告及申請表，並拷貝多份給友人
(D)複製盜版電腦遊戲光碟，供自己使用，但沒有販賣行為。

( )5. MP3是目前非常受歡迎的音樂檔案格式，使用時要特別注意下列哪個問題？
(A)要先拷貝傳送給好朋友分享　　　　(B)燒錄到光碟上以防遺失
(C)使用學校的網路下載　　　　　　　(D)取得合法的使用權。

( )6. 下列哪一項是智慧財產權最主要保護的範圍？
(A)國家的利益　(B)消費者購買的權利　(C)創作者努力的結果　(D)消費者知的權利。

( )7. 下列何者是指作品完成時即受到保護，他人未經授權不得任意引用？
(A)隱私權　(B)商標權　(C)著作權　(D)公開權。

( )8. 影響電腦工業最大的法律議題，下列何者正確？
(A)售價統一，遵行不二價　　　　　　(B)產品製程不良，售後服務差
(C)軟體盜用，不尊重智慧財產權　　　(D)電腦科技進步快，消費者更新不及。

( )9. 地下光碟複製工廠，拷貝光碟的行為，係違反下列何者有關智慧財產權的法律？
(A)專利法　(B)商標法　(C)營業盜賣法　(D)著作權法。

( )10. 在未經原作者同意的情況下，若在網路上轉貼或轉寄別人的文章，則下列敘述何者正確？
(A)只是奇文共欣賞，互通有無的行為，並不違法
(B)已經侵害作者的公開發表權和重製權
(C)僅侵害作者的公開發表權
(D)僅侵害作者的重製權。

( )11. 若某學生將老師上課內容一字不漏且非常詳實做成的筆記，影印出售給其他同學，則下列敘述何者正確？
(A)因為是學生抄的筆記，所以此學生就是著作人
(B)依據辛勤原則，所以此學生可以出售得利
(C)此學生已經侵害老師語文著作的重製權
(D)因為是教育用途，所以此學生是合理使用老師的語文著作。

( )12. 下列有關智慧財產權的敘述，何者正確？
(A)學生可以不需經過上課教師的同意，自行錄下其上課內容並將之置於網上，供人下載
(B)任意套裝軟體皆可自行安裝於數台電腦上
(C)只要購買的是合法軟體，即可自行複製多份備份
(D)著作權財產權存續於著作人之生存期間及死亡後五十年之內。

(　　)13. 下列敘述何者有誤？
　　　　(A)著作權法允許公司可以契約約定員工「非職務上完成之著作」，其著作權應屬於公司所有
　　　　(B)某甲擔任著作人之助手，僅協助電腦打字及資料整理，故不算是著作權法所稱的著作人
　　　　(C)若雇主與受雇人（員工）無特別約定，則受雇人為著作人，但著作財產權屬於雇主
　　　　(D)員工下班後，在家為興趣從事創作，則著作人格權及著作財產權均屬於員工當事人。

(　　)14. 下列選項何者具有著作權？
　　　　(A)法律條文　(B)舞蹈表演　(C)各類國家考試試題　(D)數學公式。

(　　)15. 若某公司內部存在100名員工、50部個人電腦、20部印表機、且運作時須特定軟體「Windows」方可運作，則至少應採購幾套此一特定軟體的授權？
　　　　(A)20套　(B)1套　(C)100套　(D)50套。　　　　　　　　　　　　　　[丙級軟體應用]

(　　)16. 下列敘述何者有誤？
　　　　(A)著作形式可包含建築、電腦程式和表演等
　　　　(B)共同著作在著作財產權保護期間的計算，是從最後死亡之著作人死亡後50年
　　　　(C)著作財產權的行使、讓與或設定質權，若共有人間無特別約定，須得到全體著作財產權人同意
　　　　(D)著作權法除保護該著作之表達，也包含其所表達之思想、程序、概念及操作方法。

(　　)17. 下列敘述何者不正確？
　　　　(A)作者可將著作財產權作全部或部分讓與
　　　　(B)若著作人（自然人）生前未發表，死亡後40年至50年才第一次公開發表，則保護期間為第一次公開發表後起算10年
　　　　(C)若微軟公司將Office的著作財產權賣給其他公司，新公司能要求國內Office的合法使用者，重新付費取得授權
　　　　(D)設計網頁時，若以研究、教學目的，而改製音樂、圖片，並加註出處，仍屬合理使用範圍。

(　　)18. 著作權所享有的保護期間，為著作完成到著作人死亡後的多少年？
　　　　(A)20年　(B)10年　(C)40年　(D)50年。　　　　　　　　　　　　　　　　[技藝競賽]

(　　)19. 下列何種情形並未視為侵害著作權或製版權？
　　　　(A)明知為盜版軟體，仍作營利之用
　　　　(B)輸出未經著作財產權人或製版權人授權重製之重製物
　　　　(C)於公開場合播放自Netflix需付費才可觀賞的影片
　　　　(D)經著作財產權人同意，引用著作人之著作。

(　　)20. 下列哪一種行為，可能侵犯到他人的著作權？　(A)拷貝DVD電影，並分享給網友下載　(B)在他人的部落格留言　(C)瀏覽網友的網路相簿　(D)使用明星的名字當暱稱。

(　　)21. 下列哪一種行為最不可能觸犯著作權法的規定？
　　　　(A)將「我是歌手」節目的音樂上傳至部落格中，供網友下載
　　　　(B)自行拍攝家中寵物，並將影片放在網站中供網友瀏覽
　　　　(C)拷貝電影DVD的內容，贈好友觀賞
　　　　(D)將小說內容輸入至部落格中，供網友瀏覽。

( )22. 下列關於公共軟體（Public Domain Software）的敘述何者不正確？ (A)使用者不需付費 (B)仍受著作權保護 (C)使用者可以複製 (D)可以同時在多台電腦使用。

( )23. 關於軟體類型和其授權的描述，下列何者不正確？ (A)一般來說，軟體授權可分為單一授權與集體授權 (B)已經超過著作權保護年限的軟體是一種自由軟體 (C)免費軟體是一種不需任何費用即可使用的軟體，但軟體本身仍具有著作權 (D)有一軟體基於先試用策略，允許使用者不須付費試用一段期間，但試用期滿須付費購買才能取得合法使用權，這軟體是一種共享軟體。 [技藝競賽]

( )24. 有一種類型的軟體，本身享有著作權保護，但可藉由發佈通用公共授權（General Public License）的形式，允許使用者對該軟體進行重製、散佈與修改。此種類型的軟體稱為： (A)商業試用軟體 (B)自由軟體 (C)共享軟體 (D)公共領域軟體。

( )25. 下列何種行為不會違反著作權法？
(A)將市售CD借給同學拷貝使用
(B)將網路下載的圖片放在社團的網頁上
(C)在個人網頁上寫作介紹別人的文章
(D)傳送共享軟體（Shareware）給朋友。

( )26. 下列哪一種軟體具有著作權，可以下載及使用，若使用人認為適用，則應繳費予原著作權人始可取得合法使用權？
(A)免費軟體（freeware）
(B)共享軟體（shareware）
(C)公用軟體（public domain software）
(D)公開原始碼軟體（open source software）。

( )27. 下列何種軟體不具著作權，使用者不必付費即可複製、使用？
(A)公用軟體（Public Domain Software） (B)專利軟體（Proprietary Software）
(C)免費軟體（Freeware） (D)共享軟體（Shareware）。

( )28. 下列哪一種軟體，其作者擁有著作權，但一般人無須付費即可永久合法使用？
(A)共享軟體 (B)免費軟體 (C)公共軟體 (D)特用軟體。

( )29. 下列何者不屬於侵害智慧財產權的行為？
(A)自行將免費軟體（freeware）放在書中搭售
(B)將所購買軟體用燒錄機複製一份，以保護原版光碟片
(C)將所購買單機版軟體，同時安裝在家中兩台電腦中使用
(D)更改所購買軟體之安裝程式，使之不用輸入授權碼即可安裝使用。

( )30. 下列敘述何者屬於著作權的合理使用範圍？
(A)將正版或備份版軟體借給他人使用
(B)聆聽演講時，自行錄音並放至網路
(C)將電子新聞，透過該網站轉寄給他人
(D)自由重製、傳播免費軟體（Freeware）及共享軟體（Shareware）。

( )31. 有關「電腦軟體程式之著作」，下列敘述何者不正確？
(A)電腦程式也是著作的一種
(B)購買正版軟體，是取得該軟體光碟的所有權及著作權
(C)軟體工程師與僱主間若無特別約定，則程式的所有權是屬公司
(D)共享軟體仍享著作權的保護。

(　　)32. 下列敘述何者不屬於著作權的合理使用範圍？　(A)老師為授課需要，公開朗讀其他學術論文的一部分　(B)將工具軟體下載整合至光碟內並借人使用　(C)擔心CD磨損，而燒錄備份保存　(D)自由重製、傳播公共軟體。

(　　)33. 製作成免安裝形式的軟體稱為？
(A)綠色軟體　(B)免費軟體　(C)版權軟體　(D)公用軟體。

統測試題

(　　)1. 下列哪一類軟體，具有著作權，亦屬於開放原始碼，使用者可以任意複製、修改或銷售？　(A)公用軟體　(B)免費軟體　(C)共享軟體　(D)自由軟體。　　[102商管群]

(　　)2. 下列何種行為不違反著作權法？
(A)蒐集他人部落格文章出書銷售
(B)影印整本原文書
(C)考生下載四技二專聯招考古題閱讀
(D)使用網路上的盜版軟體及序號。　　[102工管類]

(　　)3. 下列有關著作權的敘述，何者正確？
(A)在部落格中以「超連結」方式連結他人的著作，不會有重製他人著作的問題
(B)將有版權且未經授權的音樂檔放在部落格播放，只是分享而非營利，這不是違法行為
(C)在部落格上發表自己撰寫的文章，無法受著作權法的保護
(D)以點對點（Peer-to-Peer）通訊方式交換未經授權的軟體，不會有侵權問題。
　　[102資電類]

(　　)4. 如圖（一）所示的創用CC授權條款，所代表的授權內容是下列哪一種？
(A)姓名標示－非商業性－相同方式分享
(B)姓名標示－非商業性－禁止改作
(C)姓名標示－商業性－相同方式分享
(D)姓名標示－商業性－禁止改作。

圖（一）
　　[103商管群]

(　　)5. 下列關於自由軟體（Free Software）的敘述，何者正確？　(A)允許使用者自由下載、複製與散佈　(B)因為自由，所以不可以買賣　(C)與免費軟體（Freeware）相同，一定都是免費的　(D)自由軟體中的「自由」指的是沒有著作權。　　[103商管群]

(　　)6. 某人在網路相簿分享了一張自己拍攝的日出照片，請問該作者何時可以擁有該照片的著作權？　(A)傳的相片核准刊登時　(B)作者在網路相簿標註「版權所有」的時候　(C)跟智慧財產局申請時　(D)作者拍攝完這張照片的時候。　　[103商管群]

(　　)7. 下列何種軟體授權必須開放原始碼？
(A)公共財軟體（public domain software）　　(B)免費軟體（freeware）
(C)共享軟體（shareware）　　(D)自由軟體（free software）。
　　[103工管類]

(　　)8. 關於網路上程式軟體的授權，下列敘述何者正確？
(A)免費軟體（Freeware）會提供原始的程式碼（Source Code）並可未經授權任意修改
(B)依GPL（General Public License）精神，使用者可以自由使用、複製、散佈與修改的軟體，稱為自由軟體（Free Software）
(C)共享軟體（Shareware）就是使用者可免費使用但不可以複製與散佈的軟體
(D)公共財軟體（Public Domain Software）就是政府提供給大眾使用的軟體。　[103資電類]

第6章 智慧財產權與軟體授權

(　)9. 下列何者為創用CC（Creative Commons）之「姓名標示」標章？
(A)🧍 (B)💲 (C)＝ (D)↻。 [104商管群]

(　)10. 下列對自由軟體（Free Software）及免費軟體（Freeware）的敘述何者正確？
(A)自由軟體原始碼不公開
(B)免費軟體原始碼公開
(C)自由軟體可以任意修改
(D)免費軟體可以任意修改。 [105工管類]

(　)11. 圖（二）為創用CC（Creative Commons）之何種標章？
(A)姓名標示　　　　　　　　(B)禁止改作
(C)非商業性　　　　　　　　(D)相同方式分享。 [105工管類]

(　)12. 下列何者為使用GPL（General Public License）方式發行的作業系統？
(A)Linux (B)macOS (C)FileZilla (D)OpenOffice.org。 [105工管類]

(　)13. 下列何種創用CC（Creative Commons）授權條款，採用如圖（三）之授權標誌？
(A)姓名標示—相同方式分享　　　(B)姓名標示—禁止改作
(C)姓名標示—禁止改作—相同方式分享　(D)姓名標示—非商業性。 [105資電類]

圖（三）

(　)14. 下列關於資訊安全的敘述，何者正確？
(A)某網站網址（URL）若以https開頭，表示該網站主要以SET作為安全機制，會將使用者的資料加密
(B)FTP為一種電子安全交易的標準，可以提供網路線上刷卡交易時的保障
(C)六種創用CC授權條款中，都包含有姓名標示（Attribution）要素
(D)一般文字檔（*.txt）容易感染電腦蠕蟲（Worm）。 [106資電類]

(　)15. 下列關於軟體授權的敘述，何者錯誤？
(A)通常商業軟體是需要經過註冊授權後才能合法使用
(B)通常免費軟體的開發者不開放原始碼，但可免費使用
(C)自由軟體是可以免費取用，沒有著作權而可以自由修改後註冊專利
(D)共享軟體的開發者不開放原始碼，允許使用者不用付費就能試用。 [106工管類]

(　)16. 有關創用CC授權條款的標示，下列何種授權組合不存在？
(A)姓名標示、相同方式分享、禁止改作
(B)姓名標示、相同方式分享
(C)姓名標示、非商業性、相同方式分享
(D)姓名標示、非商業性、禁止改作。 [106工管類]

(　)17. 下列哪一個授權條款允許使用者重製、散布、傳輸著作（包括商業性利用），但不得修改該著作，使用時必須按照著作人指定的方式表彰其姓名？
(A) BY ND (B) BY NC ND (C) BY NC (D) BY SA 。 [107工管類]

(　)18. 下列哪一個軟體會連同程式原始碼一併釋出？
(A)CorelDRAW (B)FireFox (C)Illustrator (D)WinZip。 [108工管類]

(　)19. 下列何者是創用CC（Creative Commons）之「相同方式分享」標章？
(A)＝ (B)↻ (C)🧍 (D)💲⃠。 [108工管類]

A6-13

(　　)20. GitHub為知名的開放式軟體（Open Source）網站，其中的開放式軟體專案都可以下載得到原始程式碼，關於此原始程式碼的敘述何者正確？
(A)此原始程式碼因為已經開放下載，因此該專案裡面的演算法不受到專利權的保護
(B)任何人都可以將自己的程式碼上傳到GitHub中，並宣告程式碼的授權方式
(C)GitHub網站中的原始程式碼的作者已經不具有著作權
(D)曾經在GitHub網站中貢獻原始程式碼的作者，可以下載其他人的程式碼，使用在任何場合，不須經過其他人的授權。
[109資電類]

(　　)21. 下列何者行為觸犯著作權法的風險最高？
(A)為了要開啟教育部寄來以Open Document Format（簡稱ODF）開放文件格式儲存的公文電子檔，導師從國家發展委員會的官方網站下載並安裝「國家發展委員會ODF文件應用工具」軟體
(B)某生使用智慧型手機錄影功能，將自費購入的藍光DVD完整內容翻拍轉存成開放格式的視訊影片檔，轉寄給好同學免費觀看
(C)為了考取公職，某生從考選部官方網站下載歷屆高普考試題，拿到影印店輸出裝訂成冊，順便賣給同學
(D)某生自行開發了一套100%原創的手機APP遊戲軟體，同學試玩過後都說好玩、有賣點，於是某生便把該自創的手機APP遊戲軟體上傳到網路社群平台上販售。
[109工管類]

(　　)22. 下列哪種軟體也稱為綠色軟體（Green Software）？
(A)共享軟體　　(B)自由軟體
(C)防毒軟體　　(D)可攜式軟體。
[110工管類]

(　　)23. 創用CC有四個授權要素：①🧑 ②🚫$ ③= ④↻，請問下列哪項組合不能同時出現在授權條款中？
(A)③④　(B)②③　(C)①②　(D)①③。
[110工管類]

(　　)24. 下列哪一種軟體類型為免費且不具有著作權？
(A)免費軟體（Freeware）　　(B)共享軟體（Shareware）
(C)自由軟體（Free Software）　(D)公用軟體（Public Domain Software）。
[111商管群]

(　　)25. 有些創作者樂於見到自己的創作物在外界流通，更歡迎大眾複製、散布或修改，於是創用CC（Creative Commons）的概念便因此誕生。若著作人依圖（四）之流程及其中的判斷條件來決定其著作授權方式，則該圖中所示之甲、乙、丙分別對應到何種創用CC的標章？
(A)甲：BY NC ND、乙：BY NC SA、丙：BY NC
(B)甲：BY NC SA、乙：BY NC ND、丙：BY NC
(C)甲：BY NC ND、乙：BY NC、丙：BY NC SA
(D)甲：BY NC SA、乙：BY ND、丙：BY NC ND。
[111工管類]

圖（四）

( )26. 關於自由軟體的敘述，下列何者正確？
(A)受著作權保護且一定都是免費的
(B)Keynote屬於自由軟體性質的簡報軟體
(C)Calc屬於自由軟體性質的電子試算表軟體
(D)PaintShop Pro屬於自由軟體性質的影像處理軟體。 [112商管群]

( )27. 某學會設計了活動的圖示，預計授權給相關團體的推廣活動加以使用，但要求此活動圖示須標示該學會的作者姓名，可加入自己的元素但必須沿用原授權條款提供分享及不能用在商業用途。依創用授權條款，其CC授權標章為圖（五）中的何者？
(A)甲　(B)乙　(C)丙　(D)丁。 [112商管群]

圖（五）

( )28. 某些軟體基於推廣使用，開放提供部分或完整功能，若有一套軟體依據通用公共授權條款（General Public License）開放其原始碼，使用者亦可以重製、修改及散布，此軟體歸類為下列哪一項授權類型？
(A)自由軟體　(B)共享軟體　(C)免費軟體　(D)公用軟體。 [112工管類]

( )29. 陳生是藝術設計系的學生，設計了一系列精美的畫作，並決定把這些作品公開在網路上，採用創用CC釋出，希望利用人可以依指定的方式表彰姓名，用於非商業性用途及以相同方式分享。陳生應標示何種創用CC核心授權條款？
(A)　(B)　(C)　(D)。 [112工管類]

( )30. 著作權法對權利人的作品及資料庫，提供著作權保護。「公眾領域貢獻宣告」（CC0）開放大眾使用，釋出公眾領域，讓其他人可以任何目的自由地以該著作為基礎，從事創作、提升或再使用等行為，下列關於CC0之敘述何者錯誤？
(A)CC0是一種「不保留權利」的授權選擇，任何人都可以使用該作品
(B)CC0能讓權利人選擇不受著作權以及資料庫相關法律保護的方式
(C)改作CC0釋出作品時，必須標示姓名，授權要素與CC條款皆相同
(D)CC0是不可以撤回的，意即授權後，事後不得對該作品再主張權利。 [112工管類]

( )31. 有關軟體的敘述，下列哪一些正確？
①Adobe Reader是免費軟體（freeware）
②OpenOffice 是自由軟體（free software）
③自由軟體不須買賣都能免費自由使用
④公用軟體（public domain software）不具有著作權，使用者不須付費即可複製使用
(A)①②③　(B)①②④　(C)①③④　(D)②③④。 [113商管群]

( )32. 圖（六）創用CC（Creative Commons）授權標章所代表之授權條款為何？
(A)姓名標示、非商業性、禁止改作
(B)姓名標示、不限制商業性、禁止改作
(C)姓名標示、非商業性、相同方式分享
(D)姓名標示、不限制商業性、相同方式分享。

圖（六）

[113工管類]

(　　)33. 下列哪一個情境屬於著作權中的「合理使用」？
　　　　(A)下載一部院線電影並上傳到自己的網站，供大眾免費觀看
　　　　(B)為朋友的商業網站置放一首受版權保護的歌曲，當作背景音樂
　　　　(C)在課堂上播放一小段影片片段，並用於教學討論，且未對外公開
　　　　(D)將一張知名攝影師的作品做細微修改後，用於自己的商業網站首頁。　[114商管群]

(　　)34. 假設警政署有①至④工作任務需要完成，下列與任務相關之軟體授權敘述何者正確？
　　　　任務①：撰寫程式來抓取網路資料
　　　　任務②：發行一個報案APP
　　　　任務③：製作警政署的宣傳影片
　　　　任務④：協助署長製作月會簡報
　　　　(A)任務①撰寫之程式屬於自由軟體，開放原始碼修改權
　　　　(B)任務②發行之報案 APP 開放免費使用，屬於免費軟體
　　　　(C)任務③製作之影片屬於公共財產權，可公開展示與傳播
　　　　(D)任務④製作之簡報以私有軟體產出，故該私有軟體開發商擁有著作權。　[114商管群]

(　　)35. 小明與阿美在共同撰寫學習歷程檔案的小論文時，應如何合法使用他人創作的內容？
　　　　(A)只要不作商業用途即可隨意使用
　　　　(B)隨意修改內容再標註自己的名字
　　　　(C)使用翻譯工具重新表述後可視為原創
　　　　(D)引用時標明來源並符合合理使用範圍。　[114工管類]

(　　)36. 某人憑一己之力開發出一套新遊戲，在未向相關機關登記前，該作品受我國下列何項法規保護？　(A)商標法　(B)專利法　(C)著作權法　(D)個人資料保護法。　[114工管類]

(　　)37. 某人計劃釋出自行設計的一套軟體，將採行姓名標示、非商業性、禁止改作，應使用下列哪個創用CC（Creative Commons）標示？
　　　　(A) CC BY NC　(B) CC BY NC SA　(C) CC BY ND　(D) CC BY NC ND。　[114工管類]

(　　)38. 下列行為何者不違反著作權法？
　　　　(A)影印全書僅供個人使用
　　　　(B)蒐集社群網路美圖出版販售
　　　　(C)購買與使用他人破解的軟體序號
　　　　(D)下載與列印公務人員高等考試試題供朋友參考。　[114工管類]

統測考試範圍

單元 4

通訊網路原理

學習重點

章名	常考重點	
第7章 電腦通訊與電腦網路	• 依傳輸訊息多寡區分 • 頻寬與傳輸速度 • 電腦網路的種類	★★★☆☆
第8章 電腦網路的組成與通訊協定	• 網路連結裝置 • 網路拓樸 vs. 乙太網路規格 • OSI通訊標準 • TCP/IP通訊協定	★★★★★
第9章 認識網際網路	• 網際網路提供的服務 • 有線連線方式 • 網際網路的位址	★★★★★

統測命題分析

數位科技概論
- 單元1 9%
- 單元2 15%
- 單元3 16%
- 單元4 15%
- 單元5 13%
- 單元6 15%
- 單元7 17%

數位科技應用
- 單元1 15%
- 單元2 11%
- 單元3 24%
- 單元4 11%
- 單元5 15%
- 單元6 17%
- 單元7 7%

第 7 章 電腦通訊與電腦網路

7-1 電腦通訊簡介

一、訊號的類型

訊號的類型	訊號的變化	傳輸方式	訊號範例
類比訊號（analog signal）	波形變化、影像等連續的訊號	可透過電波、電線（電纜線）傳輸	
數位訊號（digital signal）	訊號的變化只有 0 或 1 兩種狀態	可透過數據傳輸線（如USB線）傳輸	

→ 類比訊號容易被雜訊影響，在長距離傳輸時，訊號較容易失真。

二、訊息傳輸的方式

1. 依訊息傳輸的方向區分：

傳輸方式	說明	電腦應用	生活實例
單工（simplex）	只能單向傳輸	• 電腦傳送列印資料給印表機 • 透過喇叭播放音樂	• 電視節目播放 • AM / FM廣播
半雙工（half-duplex）	可雙向傳輸，但同一時間只能做單向傳輸	• 電腦和SATA磁碟機間的資料傳輸	• 無線電對講機 • 傳真機的收發
全雙工（full-duplex）	同一時間可做雙向傳輸	• 使用網路電話聊天 • LINE和LINE間的資料傳輸	• 電話溝通 • 互動式電視（如MOD）

2. 依傳輸**資料線數多寡**（**傳輸順序**）區分：

傳輸方式	說明	適合傳輸的距離	個人電腦中的連接埠
並列（平行）（parallel）	多個位元（如8 bits）同時傳輸	短	早期常用於印表機、硬碟等設備，目前個人電腦已少用並列埠來傳輸
串列（序列）（serial）	以1個接著1個位元的方式傳輸	長、短皆可	SATA、USB、RJ-45、HDMI、PCI-E

1次傳多個bits

並列傳輸　　　　　　　　　　串列傳輸　　　　　　　（如交換器）

3. 依傳輸訊息多寡區分：

傳輸方式	說明	訊號類型
基頻（baseband）	將整個頻寬以單一頻率來傳送訊號	數位
寬頻（broadband）	將頻寬分割成數個通道，每個通道可分別以不同頻率來傳送訊號	類比

網路上傳訊號
網路下載訊號
電話語音訊號

寬頻傳輸

100101

基頻傳輸

A7-3

數位科技概論 滿分總複習

得分區塊練

( )1. 即時互動的即時通訊軟體,所使用的傳輸機制為何?
(A)全雙工 (B)半雙工 (C)單工 (D)半單工。

( )2. 電話或手機的傳輸模式,屬於下列何者?
(A)單工傳輸 (B)半單工傳輸 (C)半雙工傳輸 (D)全雙工傳輸。

( )3. 電台廣播是屬於哪種通訊模式?
(A)單工 (B)半雙工 (C)全雙工 (D)全工。

( )4. 透過串列方式傳輸資料時,同一時間只能傳輸多少位元的資料?
(A)1位元 (B)8位元 (C)16位元 (D)32位元。

( )5. 下列有關並列傳輸與串列傳輸的敘述,何者有誤?
(A)USB連接埠採用並列傳輸
(B)並列傳輸可在同一時間傳輸多個位元資料
(C)串列傳輸在同一時間只能傳輸1個位元
(D)HDMI連接埠採用串列傳輸。

( )6. 採用ADSL上網時,我們仍然可以使用電話設備,這是因為ADSL採用下列哪一種技術? (A)基頻 (B)寬頻 (C)窄頻 (D)變頻。

( )7. 下列實例中,何者採用單工的方式來傳輸資料訊號?
(A)利用喇叭播放音樂
(B)使用網路電話聊天
(C)使用即時通訊軟體和朋友討論課業
(D)透過資料匯流排傳送資料至五大單元。

三、頻寬與傳輸速度 104

1. **頻寬**（bandwidth）：在單位時間內，傳輸媒介所能傳輸的資料量。
2. 常用的訊息傳輸速率單位：

速率單位	說明	單位換算
bps（bits per second）	每秒傳輸位元數	
Kbps（Kilobits per second）	每秒傳輸**千**位元數	1 Kbps = 2^{10} bps = 10^3 bps
Mbps（Megabits per second）	每秒傳輸**百萬**位元數	1 Mbps = 2^{20} bps = 10^6 bps
Gbps（Gigabits per second）	每秒傳輸**十億**位元數	1 Gbps = 2^{30} bps = 10^9 bps
Tbps（Terabits per second）	每秒傳輸**兆**位元數	1 Tbps = 2^{40} bps = 10^{12} bps
Pbps（Petabits per second）	每秒傳輸**十兆**位元數	1 Pbps = 2^{50} bps = 10^{15} bps

解題密技 也有些電腦書籍將頻寬單位的換算定義為：1Kbps = 10^3 bps；1Mbps = 10^6 bps；1Gbps = 10^9 bps。在統測計算傳輸速率的考題中，多為計算相近的數值，故以1,000或1,024來換算，通常皆可計算出答案。

五秒自測 比比看10 Kbps與10 Tbps哪一個資料傳輸的速率較快？

穩操勝算

假設網路的傳輸速率為2Mbps，請問要下載400KB的檔案需花費幾秒？（計算時請無條件進位至小數點第1位）

答 1.6秒

解 設x為下載400KB檔案所需花費的秒數

$$\frac{400KB}{x} = 2Mbps$$

$$x = \frac{400 \times 2^{10} \times 8}{2 \times 2^{20}} \fallingdotseq 1.6秒$$

+1題

明美上傳一張容量大小為500KB的照片至臉書，共花費了16秒，由此可知她使用的網路傳輸速度約為多少Kbps？

答 250Kbps

得分區塊練

( )1. 通訊資料傳送速率，通常以每秒傳送的位元數為單位，簡稱
(A)cps (B)BBS (C)bps (D)pps。

( )2. 以10000bps（bit per second）的傳輸速率傳送100個英文字母，需要多少時間？
(A)0.01秒 (B)0.08秒 (C)0.16秒 (D)0.32秒。

( )3. 下列四個網路傳輸速率中，何者傳輸速度最快？
(A)500bps (B)150Kbps (C)300Mbps (D)10Gbps。

( )4. ADSL上傳速度為512Kbps，表示每秒最多可上傳的資料量為
(A)512KB (B)512Bytes (C)64KB (D)64Bytes。

( )5. 一般校園網路的頻寬大都有T1（1.544Mbps）以上的資料傳輸速度，請問此頻寬可換算為多少Kbps？
(A)1.544×2^{10} Kbps
(B)1.544×2^{20} Kbps
(C)1.544×2^{-10} Kbps
(D)1.544×2^{-20} Kbps。

( )6. 倫華準備將檔案大小為4MB的企劃案資料，透過公司的ADSL網路傳送給國外的客戶，假設該公司ADSL網路的上傳速度為512Kbps，則完成資料傳輸需費時多久？
(A)64秒 (B)80秒 (C)100秒 (D)120秒。

( )7. 下列4個數值中，何者與其它三個不同？
(A)0.25Gbps
(B)$(0.25 \times 1,024 \times 1,024)$bps
(C)256Mbps
(D)$(256 \times 1,024)$Kbps。

7-2 認識電腦網路

一、電腦網路的功能

1. 檔案／設備共享：網路中的使用者可共用同一份檔案或同一台設備（如印表機）。

2. 訊息傳遞與交換：透過網路互相傳送訊息、交換資料。

3. 分工合作：彙集全球各地的電腦資源，合力完成需耗用大量運算資料的工作。

二、電腦網路的種類

網路類型	說明	實例	規模大小
無線個人區域網路（WPAN）	利用數種3C設備，以無線的方式所形成的小型個人網路，通常是利用藍牙或紅外線技術來進行短距離（通常為10公尺內）的資料傳輸	由智慧型手機、智慧手錶、藍牙耳機等設備所形成的小型個人無線網路	小 ↓ 大
區域網路（LAN）	由同一棟大樓或是數公里範圍內的電腦設備所連接而成	• 學校電腦教室的網路 • 同一棟大樓的辦公室網路	
都會網路（MAN）	可連接數公里至數十公里，介於區域網路及廣域網路間	同一城市中各圖書分館所形成的網路	
廣域網路（WAN）	橫跨不同地理區域的電腦設備所連接而成	• 各地戶政機關間的網路 • 跨國企業連結各地分公司的網路	

1. **網際網路**（Internet）：連接範圍橫跨全世界的超大型廣域網路。

2. 很多企業使用網際網路的技術來建構內部專用的**企業網路**（Intranet），或建構專門用來與供應商及經銷商交換商業資料的**商際網路**（Extranet）。

3. 網際網路、企業網路及商際網路的比較：

網路類型	適用對象	網路性質	規模大小
企業網路	企業、組織內部員工	封閉型	小 ↓ 大
商際網路	與企業有業務往來的廠商	半封閉	
網際網路	全球性網路，使用對象幾乎沒有限制	開放型	

◎ **五秒自測** 區域網路、都會網路、廣域網路及網際網路的規模由大到小，分別為何？

得分區塊練

( ) 1. LAN是哪一種網路的簡稱？
(A)廣域網路 (B)網際網路 (C)區域網路 (D)全球資訊網。

( ) 2. 用來連接全世界大大小小網路的世界性網路，稱為
(A)網際網路 (B)區域網路 (C)企業網路 (D)都會網路。

( ) 3. 志華家中有三台電腦，共用一台印表機來印製文件，這是因為電腦網路具有下列哪一項功能？ (A)檔案共享 (B)訊息傳遞與交換 (C)分工合作 (D)設備共享。

數位科技概論 滿分總複習

滿分晉級

情境素養題

▲ 閱讀下文,回答第1至3題:

阿堯的公司因應工作需求,實施遠端辦公來提高工作制度的靈活度,張經理因專案討論需求,想與阿堯及其它同事進行線上視訊會議。另外,阿堯在製作完成專案後,他依照公司的指示將檔案上傳至雲端硬碟,其檔案大小為100MB,共花費了16秒的傳輸時間。

( )1. 張經理與阿堯及其他同事進行線上視訊會議時,下列何種下載/上傳網路頻寬(以bps為單位)是視訊會議的最佳選擇?
(A)2M/2M (B)2M/50M (C)50M/50M (D)50M/2M。 [7-1]

( )2. 阿堯依照公司的指示將100MB的檔案上傳至雲端硬碟,共花費了16秒的傳輸時間,請問他所使用的網路上傳速度約為多少?
(A)25Mbps (B)50Mbps (C)256Kbps (D)512Kbps。 [7-1]

( )3. 阿堯在新北市的家中工作,公司位於台北市中正區,他將製作完成的專案上傳至架設在公司的雲端硬碟空間中,他應當利用下列哪一種網路來達成?
(A)都會網路 (B)企業網路 (C)網際網路 (D)區域網路。 [7-2]

( )4. 小彤是一名設計師,她在設計飯店的大門時,將大門設計成具有現代感的旋轉門,這種旋轉門可以左右旋轉,但是一次只能容許1個人進出。若將旋轉門比喻為傳輸媒介,人比喻為資料通訊所要傳遞的資料,則這種資料通訊的傳輸方式應為
(A)單工傳輸 (B)半雙工傳輸 (C)全雙工傳輸 (D)多工傳輸。 [7-1]

( )5. 阿良使用iPhone手機從YouTube下載知名電視劇的預告片(15MB),約花了5秒鐘。請問網路的傳輸速度約為多少?
(A)24Mbps (B)24Kbps (C)48Mbps (D)48Kbps。 [7-1]

精選試題

7-1
( )1. 以一條傳輸速率為10Mbps的網路線直接連接主機(host)A與主機B,若主機A欲傳輸一個10M位元組的檔案至主機B,則傳送該檔案所需的傳輸時間(transmission delay)最少為幾秒? (A)1秒 (B)2秒 (C)4秒 (D)8秒。

( )2. 網路頻寬(bandwidth)指的是同一時間內,網路資料傳輸的速率,下列何者是其常用的單位? (A)BPS (B)CPS (C)FPS (D)GPS。

( )3. 下列何者不是使用全雙工傳輸模式的生活應用?
(A)LINE之間的資料傳輸 (B)網路電話的溝通
(C)多媒體內容傳輸平台(MOD)的資料傳輸 (D)傳真機的收發。

( )4. 下列何者是單工傳輸模式?
(A)收音機 (B)警用對講機 (C)電話 (D)數據機。

( )5. 數據通信系統中,可同時雙向傳輸資料的通訊方式是?
(A)單工 (B)半雙工 (C)全雙工 (D)倍雙工。

第7章 電腦通訊與電腦網路

( )6. 若以19200bps的傳輸速度傳送6000個Big-5碼中文字,則需花多少時間?
(A)5秒 (B)10秒 (C)0.3125秒 (D)0.625秒。 [乙級軟體應用]

( )7. 在數據通訊(Data Communication)系統中,線路兩端的電腦,彼此可同時交互傳送及接受資料的型態稱為
(A)單工 (B)半雙工 (C)全雙工 (D)線上雙工。 [乙級軟體應用]

( )8. 目前台視、中視、華視、民視、公視、原視等無線電視台的電視節目,其資料通訊傳輸模式為
(A)全雙工傳輸 (B)半雙工傳輸 (C)單工傳輸 (D)全雙工傳輸和半雙工傳輸。

( )9. 下列生活實例中,何者採用半雙工的方式來傳輸資料訊號?
(A)電視節目的播放 (B)廣播節目的播放
(C)網路電話的撥打 (D)無線電對講機的交談。

( )10. 電腦與集線器之間的傳輸方式,同一時間只能傳輸1個位元,由此可知它是屬於下列哪一種傳輸方式?
(A)並列 (B)串列 (C)全雙工 (D)單工。

( )11. 下列4個網路傳輸速率,請依照傳輸速度慢到快排列
a.60,000bps b.55Kbps c.100Mbps d.0.5Gbps
(A)abcd (B)cbad (C)cabd (D)bacd。

( )12. T1線路(1.544Mbps)每秒可傳送多少MB?
(A)0.186MB/s (B)0.193MB/s (C)0.254MB/s (D)1.544MB/s。

( )13. 董小軒要將40張照片上傳至網路相簿中,假設每張照片約600KB,若她花用了200秒上傳檔案,請問網路傳輸速率約為多少?
(A)120Mbps (B)2Mbps (C)120Kbps (D)960Kbps。

( )14. 關於傳輸技術及模式的敘述,下列哪一項錯誤?
(A)ADSL上網是採用基頻傳輸技術
(B)無線數位電視廣播是屬於單工傳輸模式
(C)電腦與印表機(使用USB)之間的資料傳輸是使用串列傳輸模式
(D)USB是一種匯流排標準,也是一種輸入輸出介面的技術規範,是使用串列傳輸模式。

( )15. 根據網路規模的大小以及距離的遠近,台灣學術網路(TANet)屬於:
(A)個人網路 (B)廣域網路 (C)都會網路 (D)區域網路。

( )16. 「WAN」是下列哪一種網路的英文簡稱?
(A)廣域網路 (B)整體服務數位網路 (C)區域網路 (D)加值型網路。

( )17. 下列3種電腦網路,請依據其規模(涵蓋的範圍)由大到小排列順序
a.區域網路 b.網際網路 c.廣域網路
(A)abc (B)bca (C)acb (D)cab。

( )18. 下列哪些是電腦網路的功能?
a.檔案/設備共享 b.訊息傳遞與交換 c.分工合作
(A)ab (B)bc (C)ac (D)abc。

(　　)19. 網際網路是屬於下列哪一種規模的電腦網路？
(A)個人化區域網路　(B)都會網路　(C)區域網路　(D)廣域網路。

(　　)20. 下列何者代表「企業內部網路」？
(A)Hinet　(B)Internet　(C)Intranet　(D)Seednet。

(　　)21. 電腦網路依其傳輸距離的遠近、涵蓋範圍大小，可分為LAN、MAN、WAN。請問MAN是指下列哪一項？
(A)區域網路　(B)都會網路　(C)廣域網路　(D)商務網路。　　　　　　　[103技藝競賽]

統測試題

(　　)1. 一般公司為連接各個部門資訊達到資源共享進而提升行政效率，所建立的企業內部網路稱為：　(A)Extranet　(B)Intranet　(C)Internet　(D)Telnet。　　　　　　　[102工管類]

(　　)2. 關於電腦設備之間的傳輸模式，下列敘述何者正確？　(A)電腦和SATA磁碟機之間為全雙工、電腦和電腦之間為全雙工、電腦和鍵盤之間為單工　(B)電腦和SATA磁碟機之間為半雙工、電腦和電腦之間為全雙工、電腦和鍵盤之間為單工　(C)電腦和SATA磁碟機之間為半雙工、電腦和電腦之間為全雙工、電腦和鍵盤之間為半雙工　(D)電腦和SATA磁碟機之間為全雙工、電腦和電腦之間為半雙工、電腦和鍵盤之間為單工。　　　　　　　[103工管類]

(　　)3. 若網路傳輸速度是56Kbps，每分鐘可傳送多少資料量？
(A)56Kbits　(B)56KBytes　(C)3360KBytes　(D)420KBytes。　　　　　　　[103工管類]

(　　)4. 大雄家中網路下載／上傳的速率為6Mbps/2Mbps，他從教育部網站下載一個12MBytes的檔案後，立刻將該檔案上傳給小明同學。下載與上傳該檔案資料總共約需要多少的資料傳輸時間？　(A)8秒　(B)32秒　(C)64秒　(D)96秒。　　　　　　　[104商管群]

(　　)5. 網路規模介於區域網路（local area network）及廣域網路（wide area network）之間者稱為：　(A)都會網路（metropolitan area network）　(B)主從式網路（client-server）　(C)對等式網路（peer-to-peer）　(D)網際網路（internet）。　　　　　　　[104工管類]

(　　)6. 下列有關基頻傳輸（Baseband Transmission）與寬頻傳輸（Broadband Transmission）的敘述何者錯誤？
(A)基頻傳輸使用數位訊號來傳送資料　　(B)基頻傳輸通常具有多個頻道
(C)寬頻傳輸常用於廣域網路　　(D)寬頻傳輸常用於有線電視。　　　　　　　[105工管類]

(　　)7. 通訊頻道想要獲取最佳效能，應該滿足下列哪一個條件？
(A)頻寬要大，延遲時間要短　　(B)頻寬要小，延遲時間要長
(C)頻寬要大，延遲時間要長　　(D)頻寬要小，延遲時間要短。　　　　　　　[107工管類]

(　　)8. 下列敘述何者正確？
(A)透過網路電話聊天是一種半雙工的資料傳輸方式
(B)互動電視是一種半雙工的資料傳輸方式
(C)AM／FM廣播是一種全雙工的資料傳輸方式
(D)市話是一種全雙工的資料傳輸方式。　　　　　　　[110商管群]

(　　)9. 下列有關類比訊號與數位訊號的比較，何者正確？
(A)數位訊號較容易受到電磁干擾
(B)數位訊號較不適合進行資料壓縮
(C)類比訊號較適合進行資料加密
(D)類比訊號在長距離傳輸時較容易失真。　　　　　　　[110商管群]

NOTE

第 8 章　電腦網路的組成與通訊協定

8-1　傳輸媒介

一、電腦網路的傳輸媒介

1. 電腦網路是藉由傳輸媒介來傳輸資料（訊號）。
2. 常見的傳輸媒介：

```
傳輸媒介 ─┬─ 有線 ─┬─ 雙絞線
         │        ├─ 同軸電纜
         │        └─ 光纖纜線
         └─ 無線 ─┬─ 紅外線
                  ├─ 無線電波
                  └─ 微波
```

二、有線傳輸媒介

1. 雙絞線（twisted pair）：

    a. 使用**銅線**作為傳輸線路，成對相互纏繞、外覆絕緣材料的傳輸媒介。

    b. 分為**無遮蔽式雙絞線**（UTP）與**遮蔽式雙絞線**（STP）；STP多了一層金屬遮蔽物，可阻隔外界干擾，傳輸品質較佳，但價格較高。

    c. UTP線材可分成8種等級：Cat 1、Cat 2、Cat 3、Cat 4、Cat 5、Cat 5e、Cat 6、Cat 7、Cat 8，其中Cat 7傳輸速率可達10 Gbps、Cat 8傳輸速率可達25或40Gbps。

    d. 常應用在**區域網路**的佈線。

2. 同軸電纜（coaxial cable）：
   a. 內層使用銅線作為傳輸線路，外層以塑膠包裝，兩者之間以絕緣材料隔開。
   b. 同軸電纜可分為：

類型	線材規格	使用接頭	常見的應用
粗同軸電纜	RG-11	無[註1]	過去常用在區域網路的佈線，但因其傳輸的頻寬較小，目前已被雙絞線取代
細同軸電纜	RG-58	BNC	
有線電視纜線	RG-59	F型接頭	有線電視系統的佈線

3. 光纖纜線（fiber optic cable）：
   a. 使用極細的玻璃纖維材質來傳輸光源訊號。
   b. 常應用於高速網路或跨國網路的佈線。
   c. 光纖依照其軸芯直徑寬度，可分為：

類型	軸芯直徑	適合傳輸距離
單模光纖（SMF）	較細，約5～10微米	長
多模光纖（MMF）	較粗，約50～100微米	短

4. 有線傳輸媒介的比較：

傳輸媒介	使用接頭	傳輸速度	傳輸距離	價格	受外界干擾程度
雙絞線	RJ-45	較快	短	低	易
同軸電纜	BNC	較慢	↓	↓	↓
光纖纜線	ST[註2]	最快	長	高	不易

   ◉五秒自測　雙絞線、同軸電纜及光纖纜線，何者的傳輸速度最快？

註1： 粗同軸電纜是透過轉接器將訊號引出。
註2： 光纖纜線的接頭種類繁多，早期由不同企業開發形成的標準，其使用效果相同，例如ST、LC、SC、FC等。

數位科技概論 滿分總複習

得分區塊練

( )1. 下列何種介質的傳輸速率最快？
　　(A)電話線　(B)同軸電纜　(C)雙絞線電纜　(D)光纖纜線。　　　　　　［丙級網路架設］

( )2. 下列何者不是光纖網路的特性？
　　(A)價格較便宜　(B)訊號衰減率低　(C)重量輕　(D)安全性高。

( )3. 利用玻璃纖維為介質傳遞資料，具小體積、高頻寬、不易受干擾特性的線路是？
　　(A)聲波　(B)光纖　(C)同軸電纜　(D)微波。　　　　　　　　　　　［丙級網路架設］

( )4. 由內、外兩層導體和一層絕緣材料所組成，最外層再包裹著保護的外皮，這是哪一種傳輸媒介？　(A)光纖　(B)雙絞線　(C)同軸電纜　(D)單芯線。　　［乙級軟體應用］

( )5. 架設高速網路，或連接跨國網路時，會使用下列哪一項設備？
　　(A)紅外線　(B)雙絞線　(C)光纖　(D)同軸電纜。　　　　　　　　　　　　［技藝競賽］

( )6. 下列四種傳輸媒介中，何者最容易受到電磁波干擾？
　　(A)光纖　(B)雙絞線　(C)細同軸電纜　(D)粗同軸電纜。

( )7. 一般住家網路長度小於100公尺，電腦要透過ADSL寬頻數據機上網，考量經濟因素，應選購下列哪一種傳輸媒介？
　　(A)光纖　(B)雙絞線　(C)粗同軸電纜　(D)細同軸電纜。

三、無線傳輸媒介　102

1. 紅外線（infrared）：

    a. 利用紅外線光波傳送訊號，傳輸距離約在1公尺以內。

    b. 傳輸方向必須為直線，角度必須在**正負15度**以內。

2. 無線電波（radio wave）：

    a. 無線電波的頻率在300MHz以下。

    b. 具穿透力強、不侷限於特定傳輸方向、不易受天候影響等特性。

3. 微波（microwave）：

    a. 是一種電磁波（electromagnetic wave）。

    b. 微波無方向性，透過碟形天線（小耳朵）以**直線傳輸**的方式傳送訊號，天線之間不能有障礙物阻擋，以確保傳送訊號的穩定性，否則容易使得訊號變弱；若距離較遠，須依靠通訊衛星作為中繼站來傳送訊號。

◎五秒自測　光纖、紅外線、雙絞線、同軸電纜等，何者是無線傳輸媒介？

第 8 章 電腦網路的組成與通訊協定

4. 無線傳輸媒介的比較：

傳輸媒介	傳輸速度	傳輸距離	受障礙物干擾程度	應用
紅外線	慢	短	大	遙控器
無線電波	↓	↓	小	收音機、廣播電台
微波	快	長	中	衛星定位（GPS）導航、電視SNG轉播、行動電話系統（如4G、5G）、藍牙

有背無患

1. 無線電波、微波及紅外線都屬於電磁波的一種。
2. 電磁波依其波長的不同分為無線電波、微波、紅外線、可見光、紫外線、X射線等。
3. 波長越長頻率越低，較不易受障礙物的干擾，適用於資料通訊；波長越短，電磁波能量越強，適用於醫學檢測。

項目＼名稱	無線電波	微波	紅外線	可見光	紫外線	X射線
波長	長 →					短
頻率	低 →					高
應用範例	無線對講機	衛星	遙控器	彩虹	驗鈔筆	X光機

4. 低軌衛星（Low Earth Orbit Satellite, LEOS）是運行在離地面2,000公里以下的衛星，主要用途為通訊，具有延遲短、消耗功率低、無地形限制等特性。

得分區塊練

( )1. 下列哪一種傳輸媒體的有效傳輸距離最短，且易受地形地物之干擾？
 (A)光纖　(B)紅外線　(C)雙絞線　(D)同軸電纜。

( )2. 下列何者是一種無線網路的傳輸媒介？
 (A)光纖　(B)紅外線　(C)雙絞線　(D)同軸電纜。

( )3. 全球定位系統主要是利用下列哪一項網路傳輸媒介？
 (A)微波　(B)光纖　(C)同軸電纜　(D)紅外線。

( )4. 每當發生重大政經、社會事件時，電視台業者通常都會透過SNG連線，提供民眾即時的現場報導，請問SNG連線是採用下列哪一種傳輸媒介來傳遞即時的新聞畫面？
 (A)光纖　(B)紅外線　(C)微波　(D)雙絞線。

8-2 網路設備與軟體

一、電腦設備

1. **伺服器**（server），又稱網路主機：
   a. 負責監控網路、驗證使用者身分及提供各項服務。
   b. 大型電腦、伺服器專用機及功能較強的個人電腦皆可作為伺服器。
   c. 常見的伺服器：

名稱	提供的服務
網站（web）伺服器	存放可供瀏覽器讀取的網頁資料
檔案（file）伺服器	檔案存取，及集中管理檔案
列印（print）伺服器	文件列印
郵件（mail）伺服器	郵件收發
FTP伺服器	提供檔案下載與上傳
資料庫（database）伺服器	存放可供使用者存取的資料
網域名稱（DNS）伺服器	互轉網域名稱與IP位址
動態主機組態協定（DHCP）伺服器	動態分配IP位址，即每次電腦取得的IP位址可能會不一樣
代理（proxy）伺服器	・暫存使用者瀏覽過的網頁資料，以便下次瀏覽相同網頁時，可不必再從遠端伺服器下載，加快瀏覽速度 ・提供簡易的防火牆功能

◎**五秒自測** 網域名稱伺服器的功用為何？

有背無患

1. 動態IP：每次上網使用的IP位址是由電信業者所分配，IP位址不固定。如非固定制寬頻上網的ADSL就是使用動態IP。
2. 固定IP：每次都使用固定的IP位址來上網。適合用來架設網站、郵件伺服器等。

2. **端點設備**，又稱工作站（workstation）：
   a. 使用者使用的電腦連上網路後，就能使用伺服器所提供的服務及其他端點設備所分享出來的資源。
   b. 一般個人電腦、筆記型電腦、智慧型手機、平板電腦、智慧手錶皆可作為端點設備使用。

得分區塊練

( )1. 下列何種伺服器主要是提供檔案上傳或下載的服務？
　　(A)SMTP伺服器　　　　　　　　(B)DNS伺服器
　　(C)FTP伺服器　　　　　　　　　(D)DHCP伺服器。

( )2. 在同一辦公室裡，如果有20部以上的電腦，要分享一部具有網路功能的高速雷射印表機，下列何者是最合適的設備？
　　(A)集線器　　　　　　　　　　　(B)閘道器
　　(C)路由器　　　　　　　　　　　(D)列印伺服器。

( )3. 下列何種伺服器的主要功能是暫存網頁資料，並可以提供使用者最近曾使用的網頁資料？
　　(A)DHCP Server　　　　　　　　(B)DNS
　　(C)FTP Server　　　　　　　　　(D)Proxy Server。

( )4. 下列哪一種伺服器可用來提供郵件收發的服務？
　　(A)檔案伺服器　　　　　　　　　(B)郵件伺服器
　　(C)列印伺服器　　　　　　　　　(D)網域名稱伺服器。

二、網路連結裝置　105 113

1. 網路卡（Network Interface Card, NIC）：

   a. 架設區域網路或連上網際網路必備的硬體設備。

   b. 主要的功能為**定義電腦在網路中的實體位址**（Media Access Control address, MAC位址）。

   c. 每一張網路卡都有唯一的一個MAC位址，它是由6組數字組成，每組數字佔用1byte，總長度為6bytes，通常以16進位表示，每一個byte的範圍為00～FF。

   d. MAC位址的各組數字間通常是以 "-" 或 ":" 隔開，如08-20-12-6A-34-8D。
   （08-20-12：製造商代號；6A-34-8D：網卡序號）

   e. 電腦主機I/O連接埠中若有RJ-45網路埠，代表該部電腦內建有網路卡功能。

   f. 現今桌上型電腦多半內建有網路卡功能，市售的筆電也大多內建了無線網路卡的功能。

2. **數據機（modem）**，又稱調變解調器：

   a. **轉換類比訊號與數位訊號**的裝置。

   b. 不同上網方式須使用不同的數據機，如ADSL數據機，與傳統撥接上網使用的56K數據機，二者都具有轉換類比與數位訊號的功能。

3. **中繼器（repeater）**：

   a. **增強傳輸訊號**之設備，延伸訊號的傳輸距離。

   b. 每一種傳輸媒介都有最長傳輸距離的限制，一旦超過了，訊號就會衰減，必須透過中繼器來加強訊號。

◎五秒自測　數據機與中繼器的主要功能為何？

4. **集線器**（hub）：

   a. 連接**星狀網路**上的多台電腦設備。

   b. hub收到資料後，會將資料以**廣播**的方式傳送給所有連接埠。

   例如A電腦透過hub傳送資料給B電腦，hub在收到資料後，會將資料傳給所有連接hub的電腦，但只有B電腦會收下資料，其他電腦則將資料丟棄。

   c. hub僅支援**半雙工**傳輸，亦即不能同時傳送或接收資料，一次只能做其中一種。

   d. 所有連接埠**共享hub的頻寬**。

   e. 會將訊號增強再廣播給所有連接埠。

   將資料廣播給所有電腦，只有B會收下

5. 交換式集線器（switching hub），簡稱**交換器**（switch）：

   a. 連接**星狀網路**上的多台電腦設備。

   b. 收到資料後，switch會根據目的地的**Mac位址**將資料傳送給正確的連接埠。

   c. switch支援**全雙工**傳輸，可以同時傳送或接收資料。

   d. 每個連接埠都有**獨立的頻寬**。

   e. 較不會有資料碰撞（collision）的情形發生。

   ◉五秒自測　集線器與交換器的功能有何差異？

6. **無線網路基地台**（Access Point, AP，又稱存取點）：

   a. 可透過接收及傳送電磁波來連結多部電腦設備，以構成無線區域網路。

   b. 多半會配備數個連接埠，用來連接電腦設備，提供無線和有線兩種網路連接方式。

   c. **熱點**（hotspot）是指提供有無線上網的場所（如機場、咖啡店），這些場所通常會設置AP及數據機等設備。

7. **橋接器**（bridge）：

   a. **連接同一個網路中的兩個（含）以上區段**的設備。

   b. 會根據封包的目的**Mac位址**來判斷應傳送到哪一個區段。

   c. 若當封包的目的**Mac位址**是屬同一區段，就不往其他區段傳送，可降低網路流量。

電腦	區段
A	訓導處
B	訓導處
C	訓導處
D	教務處
E	教務處
F	教務處

   ◎五秒自測　哪一種網路連結裝置用來連接同一個網路中的兩個區段？

8. **IP分享器**：

   a. 可讓多台電腦**共用1個IP位址**連上網際網路。

   b. 具有**網路位址變換**（NAT）功能，可將虛擬IP位址轉換成網際網路IP位址，讓區域網路中多部使用虛擬IP的電腦，共用一個網際網路IP來上網。

   c. 具有**動態主機組態協定伺服器**（DHCP Server）功能，可動態分配IP位址。

   d. 具有交換式集線器的功能。

9. **路由器**（router）：

   a. 具有**傳輸資料**及**選擇封包最佳傳送路徑**的功能。

   b. 根據路由表（routing table）來選擇封包的傳送路徑。

   c. 要將資料傳送至網際網路（Internet）中的目的位置，通常須透過數部路由器的轉址，才能達成。

◎五秒自測　路由器的主要功能為何？

笑話記憶法

哪一種設備會為封包選擇最佳傳輸路徑？
答：路由器（路由我選）。

10. **閘道器**（gateway）：

    a. 連接**使用不同通訊協定的網路**。

    b. 當A網路的資料要傳送至B網路時，閘道器便會將該資料轉換成B網路所能辨識的格式。

11. 網路連結裝置速覽：

連結裝置	功能
網路卡（NIC）	定義電腦在網路中的實體位址（MAC Address）
數據機（modem）	轉換數位訊號及類比訊號
中繼器（repeater）	增強傳輸訊號，以延伸訊號傳輸距離
集線器（hub）	連接多台電腦設備，同一時間內只能2台電腦傳輸資料
交換式集線器（switching hub）	連接多台電腦設備，同一時間內可多台電腦傳輸資料
無線網路基地台（AP）	以無線的方式，來連接多部電腦設備，形成無線區域網路
橋接器（bridge）	連接同一網路中不同區段的電腦
IP分享器	讓多台電腦共用1個IP位址連上網際網路
路由器（router）	傳輸資料，並為封包選擇最佳的傳輸路徑
閘道器（gateway）	連接使用不同通訊協定的網路

→ 市售的網路連結裝置越來越多設計成「整合型網路設備」，多半會整合上述多種裝置的功能。如交換器、路由器也具有中繼器增強訊號的功能。

第8章 電腦網路的組成與通訊協定

三、網路軟體

1. **網路作業系統（NOS）**：負責網路上的資源分配、安全控制及網路管理等工作。如 Windows Server、UNIX、Linux等。

2. 網路應用軟體：提供使用者使用各項網路服務的軟體。如瀏覽器Chrome、電子郵件軟體Thunderbird及檔案傳輸軟體CuteFTP等。

得分區塊練

( )1. 網路卡實體位址（MAC address）的長度總共有幾個位元（bits）？
(A)16 (B)24 (C)32 (D)48。

( )2. 當資料經由傳輸媒體到達電腦時，便需要藉由網路卡接收，而每張網路卡都有唯一的位址號碼，此稱之為？
(A)IP位址 (B)邏輯位址 (C)實體位址 (D)節點位址。

( )3. 下列網路傳輸設備中，何者是用來將網路訊號增強後再送出？
(A)橋接器（Bridge）　　　　(B)中繼器（Repeater）
(C)路由器（Router）　　　　(D)交換器（Switch）。

( )4. 下列有關網路設備的敘述，何者正確？
(A)交換器是用來轉換數位訊號與類比訊號
(B)橋接器是用來連接同一區域網路內的多部電腦
(C)路由器是用來定義電腦在區域網路上的位置
(D)閘道器是用來連接不同類型的通訊協定。

( )5. 在沒有區域網路設備的家中，想連上網際網路，以下哪一種硬體設備不是必要的？
(A)電腦 (B)電話線路 (C)讀卡機 (D)數據機。

( )6. 下列哪些是建置電腦網路所需使用的軟、硬體配備：
a.電腦設備　b.傳輸媒介　c.連結裝置　d.網路作業系統
(A)a, b, c, d (B)b, c, d (C)a, c, d (D)a, b, c。

( )7. 下列何種網路設備，可讓多對電腦在同一時間互相傳送資料？
(A)Bridge (B)HUB (C)Router (D)Switch。

( )8. 大強的公司有三層樓，每一層樓都有一個獨立的區域網路，若要將這些區域網路連結起來，則可以使用下列何種網路裝置來避免各網路間的訊息干擾？
(A)交換器 (B)橋接器 (C)路由器 (D)閘道器。

( )9. 下列敘述何者不正確？　(A)IP分享器可讓多台電腦共用1個IP位址 (B)閘道器可連接使用不同通訊協定的網路 (C)UNIX不能作為網路作業系統 (D)Chrome是常見的網路應用軟體。

( )10. 公司外面的網際網路與內部的區域網路是屬於不同網路拓樸的網路，若要連接這兩個不同網路區段，且具有選擇資料傳輸路徑的功能，則使用下列哪一種網路通訊設備最合適？　(A)路由器 (B)閘道器 (C)橋接器 (D)中繼器。

8-3 網路架構與交換技術

一、電腦網路的架構 105 112

網路架構	說明	實例
主從式（client / server）	資源**集中**管理，由伺服器（server）專門提供各項資源給每台獨立的電腦（client）	以網路作業系統（如Windows Server 2016/2019/2022）所架設的網路
對等式（peer-to-peer, P2P）	• 又稱為同儕間網路，此種網路中每台電腦的地位都相等 • 每台電腦都可以提供資源給其它電腦	多台使用如Windows 7/8/10/11等電腦所形成的網路

◉ 五秒自測　主從式網路與對等式網路的主要差異為何？

1. 網際網路同時並存有上述2種架構，如：
   線上遊戲伺服器與玩家們的電腦所構成的網路 ⟶ 主從式網路
   透過**P2P檔案交換軟體**，直接與其他網友交換電腦中的資料 ⟶ **對等式網路**

2. 部分P2P檔案交換軟體（如eMule、BitComet）可讓我們同時從多台電腦下載同一檔案，因此當分享檔案的電腦越多，下載的速度就越快。

得分區塊練

(　) 1. Facebook網站提供許多線上遊戲，玩家必須登入該網站，才能夠玩這些遊戲。請問這類線上遊戲所構成的網路是屬於下列哪一種網路架構？
(A)主從式網路　(B)對等式網路　(C)區域網路　(D)共享網路。

(　) 2. 如果哥哥想和朋友投資一家網路咖啡店，他們希望將店內的數十台電腦架設為「對等式網路」，請問下列哪一套作業系統最適合安裝在這些電腦上？
(A)MS-DOS　(B)UNIX　(C)Windows Server 2022　(D)Windows 10。

(　) 3. 下列哪一種網路架構，參與之電腦均扮演著伺服器與用戶端的角色？
(A)主從式網路（Client-Server）　　(B)對等式網路（P2P）
(C)多層式網路（MLN）　　　　　　(D)加值式網路（VAN）。　　[102技藝競賽]

二、網路拓樸（network topology）

1. **匯流排**（bus）架構：以一條電纜線來串連網路上的電腦設備，在纜線的頭、尾兩端需加裝終端器（terminator），使訊號在傳送到兩端時即可停止，以避免干擾後續的資料傳輸。匯流排架構具有**廣播**特性（即資料送上電纜線後，訊號會向兩端傳遞）。

   ①以廣播的方式傳遞資料
   ②自己的資料才收下

2. **星狀**（star）架構：以**中央裝置**（如交換器）為中心，將電腦設備連接到該連結裝置上。

   ①送至中央裝置
   ②將資料送至指定位址

3. **環狀**（ring）架構：資料只能**單向**傳輸，取得**記號封包**的節點，才能傳送資料。

   ①取得記號封包，才能傳送資料
   ②自己的資料才收下

4. **樹狀**（tree）架構：以階層式來連接多部電腦與相關設備。若中央裝置（如交換器）故障，此中央裝置左右兩端的設備即無法互傳資料。

此中央裝置故障，虛線範圍的網路便癱瘓

5. **網狀**（mesh）架構：每個節點之間都有多條線路連結，所以若某個路徑不通，可改走其它路徑到達目的地，故網路穩定性高，但架設成本較高。**網際網路**就是一種網狀架構的連結形式。

①將資料傳送給B

③修改路徑：
R1→R3→R4

②原先路徑：
R1→R2（故障）→R4

第8章 電腦網路的組成與通訊協定

6. 比較：

種類	優點	缺點	實例
匯流排（bus）	任一節點故障不會影響其他節點的傳輸	• 電纜線故障，網路便會癱瘓 • 當有多個節點要同時傳輸資料時，傳輸效率會大幅降低	10Base2乙太網路 10Base5乙太網路
星狀（star）	• 安裝與擴充容易 • 任一節點故障不會影響其他節點的傳輸	中央裝置（如交換器）故障，網路會癱瘓	10BaseT乙太網路
環狀（ring）	取得記號封包才可傳送資料，因此每個節點傳送資料的機會都是公平的	任一節點發生故障，網路便會癱瘓	記號環網路 FDDI網路
樹狀（tree）	• 安裝與擴充容易 • 任一節點故障，不會影響上層或其他分支節點的傳輸	最上層中央裝置（如交換器）故障，整個網路便會癱瘓	區域網路
網狀（mesh）	• 某個路徑不通，可改走其它路徑到達目的地 • 網路穩定性高	架設成本較高	網際網路

◎五秒自測　以雙絞線連接至交換器的網路連接架構是何種網路拓樸？此種拓樸會不會因為任一節點故障而影響其他節點的傳輸？

7. 電腦網路的架構是依照資源分享的方式來區分；網路拓樸則是依照網路實體的連結形式來區分。

得分區塊練

(　)1. 當有一個節點損壞時，整個網路就癱瘓不能動，是下列哪一種網路拓樸？
(A)環狀拓樸　(B)匯流排拓樸　(C)星狀拓樸　(D)網狀拓樸。

(　)2. 下列哪一種網路拓樸，在資料傳送過程中，需要使用記號或權杖（Token），來決定網路傳輸媒體的使用權？　(A)星狀　(B)環狀　(C)樹狀　(D)匯流排。

(　)3. 下列哪一種網路拓樸（Topology），是以一條線路來連接所有的節點，線路兩端結尾處則以終端電阻來結束佈線？
(A)匯流排拓樸　(B)環狀拓樸　(C)星狀拓樸　(D)網狀拓樸。

(　)4. 電腦教室內的5部電腦，若以雙絞線直接連至具有10個埠的集線器上，請問此種網路連線架構稱為　(A)匯流排拓樸　(B)星狀拓樸　(C)環狀拓樸　(D)半圓狀拓樸。

(　)5. 下列哪種網路架構是屬於匯流排式（bus）的拓撲（topology）？
(A)10BaseT　(B)10Base5　(C)Token Ring　(D)FDDI。

(　)6. 下列何者為環狀網路架構圖？
(A)　(B)　(C)　(D)　。　　　　　　　　　　　　　　　　[丙級網路架設]

三、網路拓樸 vs. 乙太網路規格

1. 不同的乙太網路規格，適用的拓樸不盡相同。
2. **乙太網路**（Ethernet）是一種區域網路標準，其規格有100BaseT、10Base2、10Base5等，這些規格中，英數字代表的意義如下：

100 Base T

A. 資料傳輸速率
「100」代表每秒可傳輸100Mbps的資料

B. 傳送訊號的技術
「Base」代表基頻；
「Broad」代表寬頻

C. 英文代表採用的線材
「T」為雙絞線；「F」為光纖；數字代表距離，如10Base5代表每段纜線最長距離為500公尺

◎五秒自測　乙太網路規格中，最前方的數字及最後的英文分別代表何種意思？

3. 常見的乙太網路規格及其使用的網路拓樸對照：

規格	網路拓樸	使用線材	每段纜線最長距離	傳輸速率
10Base5	匯流排	粗同軸電纜	500 公尺	10 Mbps
10Base2	匯流排	細同軸電纜	200 公尺	10 Mbps
10BaseT	星狀	雙絞線	100 公尺	10 Mbps
100BaseT[註1]	星狀	雙絞線	100 公尺	100 Mbps
100BaseFX	星狀	光纖	2 公里以上[註2]	100 Mbps
1000BaseSX	星狀	光纖	550 公尺	1000 Mbps
1000BaseLX	星狀	光纖	5 公里	1000 Mbps
10GBaseSX	星狀	光纖	550 公尺	10 Gbps
1000BaseT	星狀	雙絞線	100 公尺	1000 Mbps
10GBaseT	星狀	雙絞線	100 公尺	10 Gbps

💡解題密技　考題中常會出現如上表中的乙太網路規格，規格中英數字所代表的意義要清楚了解。

a. 「高速乙太網路」傳輸速率為100Mbps。
b. 「超高速乙太網路」傳輸速率為1000Mbps。
c. 因應雲端服務的發展與進步，目前亦發展出40Gbps、100Gbps、400Gbps等超高速乙太網路，目前尚未普及。

註1：100BaseT是使用雙絞線之高速乙太網路的統稱，包含有100BaseTX、100BaseT2、100BaseT4等3種規格。
註2：不同種類的光纖，其最長的可傳輸距離不同。

第 8 章 電腦網路的組成與通訊協定

得分區塊練

( )1. 區域網路中，常有以下之規格：1000BaseT、100BaseT、10BaseT，請問下列何者正確？ (A)T指的是傳輸時間 (B)數字10指的是10Mbps (C)數字100指的是100bits (D)Base指的是網路基礎架構。

( )2. 乙太網路採用10BaseT傳輸規格，其中字母T是代表什麼意義？
(A)雙絞線 (B)網際網路連線 (C)資料傳輸端 (D)資料傳輸速度。

( )3. 下列有關10BaseT網路特色的敘述，何者有誤？
(A)為環狀拓樸（Ring Topology）
(B)使用UTP纜線
(C)屬於乙太網路（Ethernet）的一種
(D)最高傳輸速度為10Mbps。

( )4. 10Base2乙太網路使用RG 58同軸電纜為傳輸媒介，其網路拓樸（topology）為下列哪種結構？ (A)星狀 (B)環狀 (C)匯流排 (D)網狀。

( )5. 10Base5架構是使用哪一種傳輸媒介？
(A)同軸電纜 (B)雙絞線 (C)光纖 (D)紅外線。

四、資料交換的技術

1. **電路交換**（circuit switching）：傳送及接收端須有線路連接，才能傳送資料；傳送完畢前，線路無法開放給其他節點使用。如撥打電話。
   a. 優點：不共用頻寬，傳輸速度快、錯誤率低。
   b. 缺點：容易發生占線的情形。

2. **訊息交換**（message switching）：資料在傳輸過程中可選擇不同傳輸路徑，此種技術運用**存轉交換**的功能，在資料尚未傳送到接收端之前，可將資料暫時存放在傳輸路徑的某一個節點，直到確定下一段傳輸路徑暢通後，再將資料傳輸出去。
   a. 優點：整體線路的使用效率較高。
   b. 缺點：因傳輸的資料未分割，當資料量龐大時，會長時間佔用所選擇的傳輸路徑，造成壅塞的情形。

3. **封包交換**（packet switching）（或稱分封交換）：會將要傳輸的資料，分割成多個特定大小的封包，再依封包中的目的位址來決定傳輸路徑。**網際網路、行動通訊（如3G、4G）就是採用分封交換技術來傳輸資料。**
   a. 優點：避免占線情形、降低線路壅塞。
   b. 缺點：封包可能不會按照順序送達，故接收端須花費時間重整資料。

A8-19

將資料分割成多個封包再傳給B

每個封包的傳輸路徑可能不同

收到封包後需要重序

4. 資料交換技術的比較：

項目	電路交換	訊息交換	封包交換
是否需建立連線	✓		
是否需使用暫存空間		✓	✓
傳輸速度（由傳送端到接收端間所花用的時間）	最快	最慢	中等
可靠性（資料正確送到接收端的能力）	高	低	高
線路使用率	低	高	高

得分區塊練

( ) 1. 網際網路（Internet）是依據下列哪一種資料交換技術運作？
 (A)分封交換（packet switching） (B)電路交換（circuit switching）
 (C)數位交換（digital switching） (D)訊息交換（message switching）。

( ) 2. 一般電話系統通常採用何種資料交換技術？
 (A)資料交換 (B)分封交換 (C)訊息交換 (D)電路交換。

8-4 通訊協定

一、OSI通訊標準 〔102〕〔103〕〔106〕〔107〕〔108〕〔110〕

1. 通訊協定（communication protocol）：是一種公認的通訊標準或法則；用來規範電腦間資料傳遞的方式。

2. **OSI**（Open System Interconnection）網路通訊標準[註]：為國際標準組織（ISO）所制定，用來作為電腦廠商發展通訊產品的依循標準。

註：OSI標準不是一種通訊協定，它只是一種規範。

3. **OSI七層**負責處理的工作：

層別	OSI階層	負責的工作
7	應用層 Application Layer	規範各項網路服務（如電子郵件、檔案傳輸等）的使用者介面，讓使用者可存取網路中的資源
6	表達層 Presentation Layer	將資料進行格式轉換、壓縮／解壓縮、加密／解密等處理
5	會議層 Session Layer	負責協調及建立傳輸雙方的連線，並建立傳輸時所遵循的規則
4	傳輸層 Transport Layer	將資料切割成區段，確保資料能正確送達目的位址，並監控網路流量及處理資料遺失時重送
3	網路層 Network Layer	將區段轉成資料封包，並為封包選擇最佳傳輸路徑
2	資料連結層 Data Link Layer	將資料封包轉成訊框，並監督資料傳輸的過程
1	實體層 Physical Layer	將資料轉換成傳輸媒介所能傳遞的電子訊號，並將訊號傳送出去

軟體程式 ↑ ↓ 硬體設備

7~5：應用；4~1：資料傳輸

口訣記憶法

英 打 會 輸 入 結 石　　（以各層英文第1個字母來記憶）
應 達 會 輸 路 結 實　　All People Seem To Need Data Processing
→意：英文打字會輸入結石　→意：每個人都需要資料處理

4. OSI對應的連結裝置及軟體：

OSI層	裝置／軟體
7. 應用層	網路應用程式，如瀏覽器、電子郵件軟體
6. 表達層	壓／解壓縮及加／解密網路應用程式
5. 會議層	
4. 傳輸層	
3. 網路層	IP分享器、路由器
2. 資料連結層	交換器、網路卡、橋接器
1. 實體層	中繼器、集線器、數據機

閘道器：支援OSI 1～3層

◉**五秒自測**　集線器、閘道器等網路連結裝置的功能，與OSI七層的對應關係為何？

得分區塊練

( )1. 將資料轉換成傳輸媒介所能負載、傳遞的電子訊號，並經由網路設備傳送出去，是用於開放系統連結（OSI）七層架構中的哪一層？
(A)傳輸層 (B)網路層 (C)資料鏈結層 (D)實體層。

( )2. 在OSI七層網路通訊協定架構中，下列何層負責處理資料的轉換（包括將資料編碼、壓縮、解壓縮、加密、解密等），並建立上層可以使用的格式？
(A)資料連結層（Data Link Layer） (B)表達層（Presentation Layer）
(C)會議層（Session Layer） (D)傳輸層（Transport Layer）。

( )3. 國際標準組織（ISO）制訂的開放式系統連接模型（OSI）中，下列哪一層是負責選擇封包的最佳傳輸路徑？ (A)資料鏈結層 (B)網路層 (C)傳輸層 (D)應用層。

( )4. 下列哪一種設備，其主要運作層次為『網路層』？
(A)橋接器（bridge） (B)檔案伺服器（file server）
(C)中繼器（repeater） (D)路由器（router）。

( )5. 下列何者在開放系統互連參考模型（OSI model）中，運作的層次最低？
(A)路由器（router） (B)中繼器（repeater）
(C)橋接器（bridge） (D)閘道器（gateway）。

( )6. 閘道器在OSI參考模型中哪些層運作？
(A)只在第七層 (B)全部七層 (C)只在第四層 (D)在第一～第四層。

( )7. 開放式系統互連的參考模型中，第三層通訊協定為？
(A)傳輸（Transport）層
(B)資料鏈結（Data Link）層
(C)實體（Physical）層
(D)網路（Network）層。 [丙級網路架設]

( )8. 開放式系統互連的參考模型中，一個封包如果在丟失的情況下，要等待多久才會被重新發送，這是由以下哪一層通訊協定決定？
(A)傳輸（Transport）層 (B)資料鏈結（Data Link）層
(C)實體（Physical）層 (D)網路（Network）層。 [丙級網路架設]

( )9. 國際標準組織（ISO）所制定的開放式系統連結（OSI）參考模式中，下列哪一層最接近網路硬體？
(A)資料連結層 (B)會議層 (C)傳輸層 (D)網路層。 [技藝競賽]

( )10. 從功能面來看，即時通訊軟體應歸屬於ISO所規範的OSI架構中的哪一層？
(A)傳輸層 (B)會議層 (C)表達層 (D)應用層。

( )11. OSI參考模型中，下列哪一層主要在發送和接收端之間建立連線，管理連線的傳輸方式、安全機制？
(A)應用層 (B)表達層 (C)會議層 (D)傳輸層。

二、TCP/IP通訊協定 102 105 106 109 111

1. **網際網路採用的通訊協定即為TCP/IP**（Transmission Control Protocol/Internet Protocol）。

2. 安裝TCP/IP通訊協定的步驟（以Windows 10為例）：
   在桌面右下方**通知區域**的**網際網路存取**按右鍵，按**開啟網路和網際網路設定**，按**網路和共用中心**，按使用中的網路連線，按**內容**，雙按**網際網路通訊協定第4版（TCP/IPv4）**。

3. 安裝TCP/IP通訊協定後，可視需要設定IP位址、子網路遮罩、預設閘道（gateway）的位址。

   - 使用浮動IP
   - 使用固定IP，必須手動設定：
     a. IP位址
     b. 子網路遮罩（用來辨識各個子網路）
     c. 預設閘道（用來連接對外網路預設的路由器）

4. TCP/IP與OSI通訊協定對應關係圖：

OSI 架構	TCP/IP 協定集	DoD模型
應用層 / 表達層 / 會議層	HTTP、FTP、SMTP、POP3、IMAP、Telnet、DHCP、DNS註	應用層
傳輸層	TCP、UDP	傳輸層（主機對主機層）
網路層	ARP、IP、ICMP	網路層（網際網路層）
資料連結層 / 實體層	IEEE 802.3（乙太網路）、IEEE 802.5（記號環網路）、IEEE 802.11（Wi-Fi）、4G LTE、5G NR	連結層（網路存取層）

註：當用戶端（client）向DNS查詢資料時，會採用UDP的方式來傳輸；當DNS與DNS之間在同步設定資料（Zone Transfer）則會採用TCP的方式來傳輸。

5. TCP/IP是一個協定集，包含了數種通訊協定：

通訊協定	用途說明
HTTP	瀏覽全球資訊網（WWW）
FTP	檔案傳輸
SMTP	將郵件**傳送**至郵件伺服器，如電子郵件軟體就是使用此種協定來傳送郵件
POP3	**接收**郵件伺服器上的郵件，如電子郵件軟體就是使用此種協定來接收郵件
IMAP	用途與POP3相同，主要差別在於，IMAP會先從郵件伺服器下載郵件標題，待瀏覽者要閱讀某封郵件時，才下載該郵件內容，故採用IMAP可節省網路頻寬的使用
Telnet	用戶端以模擬終端機的方式，登入遠端主機
DHCP	動態分配IP位址
TCP	規範如何將資料正確地送達接收端
UDP	同TCP，差別在於UDP採「無連接服務」來傳輸資料
IP	規範封包傳輸路徑的選擇
ICMP	負責傳送錯誤訊息（如封包傳送失敗）
ARP	將IP位址轉換成實體位址（MAC Address）
DNS	互轉網域名稱與IP位址

◎五秒自測　在TCP/IP協定集中，SMTP通訊協定有何用途？

6. TCP採**連接導向服務**的方式來傳送資料：

a. 傳輸資料的過程中，收送兩端會不斷地確認資料是否正確送達，傳輸速度較慢。

b. 適用於重視正確性與可靠性的網際網路服務，如網頁瀏覽、資料搜尋、檔案傳輸、遠端連線。

7. UDP採**無連接服務**的方式來傳送資料：

a. 傳輸資料的過程中，收送兩端不會進行資料送達的確認工作，傳輸速度較快，但易發生資料「漏失」。

b. 適用於重視即時性的網際網路服務，如網路電話、視訊會議等。

得分區塊練

( )1. 在TCP/IP通訊協定中，下列何者不屬於應用層（application layer）的通訊協定？
(A)ARP　(B)FTP　(C)HTTP　(D)SMTP。

( )2. 下列何者不是Windows中「Internet Protocol（TCP/IP）內容」的設定選項？
(A)子網路遮罩　(B)預設閘道　(C)主機名稱　(D)慣用DNS伺服器。

( )3. TCP/IP通訊協定提供下列哪兩層的功能？　(A)應用層與傳輸層　(B)傳輸層與網際網路層　(C)網際網路層與網路存取層　(D)網路存取層與實體層。

( )4. 有關網際網路通訊協定的敘述，下列何者不正確？　(A)IP為Internet的網路層通訊協定　(B)POP3為電子郵件外送的通訊協定　(C)HTTP為WWW的通訊協定　(D)TELNET為遠端登錄的通訊協定。

( )5. 下列哪一個協定為目前網際網路所採用？
(A)OSI　(B)TCP/IP　(C)IPX/SPX　(D)NetBEUI。　　　　　　　　　　[技藝競賽]

( )6. 在全球資訊網中，瀏覽器與網站之間傳送訊息時，使用的通訊協定是
(A)HTML　(B)URL　(C)HTTP　(D)ASP。

( )7. 下列何種通訊協定提供動態分配IP位址及相關網路設定的服務？
(A)DHCP　(B)FTP　(C)TCP/IP　(D)UDP。

三、區域網路通訊協定

1. **載波感測多元存取／碰撞偵測（CSMA/CD）**：
   a. 透過偵聽傳輸線路上有無資料正在傳輸，才決定是否送出資料，以避免資料發生碰撞。
   b. 屬於OSI七層架構中的**資料連結層**協定。

2. **記號傳遞（token passing）**：
   a. 利用是否取得在各節點傳遞的記號封包，來決定資料傳遞的權限或順序。
   b. 屬於OSI七層架構中的**資料連結層**協定。

3. 上述通訊協定適用的區域網路架構：

區域網路架構	採用的通訊協定	網路拓樸
乙太網路	CSMA/CD	匯流排、星狀
記號環網路	token passing	環狀
光纖分散式資料介面	token passing	雙環狀

   a. 光纖分散式資料介面（FDDI）採用兩條環狀架構的網路拓樸，其中主環用來傳遞資料，次環作為備用。

四、無線網路通訊協定 106 110

1. **IEEE 802.11x（Wi-Fi）**：
   a. 美國電機電子工程師協會（IEEE）制訂的無線區域網路通訊標準。
   b. Wi-Fi聯盟的成立是為了推廣此一協定的使用，故IEEE 802.11x通訊協定又被稱為Wi-Fi。
   c. IEEE 802.11x協定（以發表先後順序排序）：

無線通訊協定	對應Wi-Fi名稱	使用頻段	傳輸速度（理論值）[註]
IEEE 802.11b	Wi-Fi 1	2.4 GHz	11 Mbps
IEEE 802.11a	Wi-Fi 2	5.0 GHz	54 Mbps
IEEE 802.11g	Wi-Fi 3	2.4 GHz	54 Mbps
IEEE 802.11n	Wi-Fi 4	2.4、5.0 GHz	600 Mbps
IEEE 802.11ac	Wi-Fi 5	5.0 GHz	6.93 Gbps
IEEE 802.11ad	—	60 GHz	7 Gbps
IEEE 802.11ax	Wi-Fi 6	2.4、5.0 GHz	9.6 Gbps
IEEE 802.11be	Wi-Fi 7	2.4、5.0、6.0 GHz	46 Gbps
IEEE 802.11bb	Li-Fi	60 Hz	224 Gbps

2. **Li-Fi**（光照上網技術）：
   a. 利用LED燈所發出的可見光來傳輸資料，藉由控制燈光以特定頻率快速閃爍，即可高速傳輸0與1的訊號。
   b. 優點為傳輸速度快（可高達224Gbps），但有無法穿透牆壁、只能直線傳輸、傳輸距離短（約10公尺）等限制。

3. **4G LTE**（Long Term Evolution，長期演進技術）：
   a. 4G是指第4代行動通訊協定。
   b. 傳輸距離最遠可達100公里，傳輸速率最高可達300Mbps。
   c. 由3G技術發展而來，是一種無線廣域網路通訊協定。
   d. 在行動裝置上使用4G需向電信業者申請，並開啟行動數據服務才能連上網路。

註：傳輸速度會隨著技術不斷演進而有所改變。

第8章 電腦網路的組成與通訊協定

4. **5G NR**（New Radio，新無線）：
   a. 5G是指第5代行動通訊協定。
   b. 傳輸距離最遠可達250公尺，傳輸速率最高可達10Gbps。
   c. 具備**高速率**、**低延遲**、**多連結**等3項特性。
   d. 4G與5G行動通訊協定的比較：

行動通訊協定 項目	4G LTE	5G NR
制定組織	3GPP （第三代合作夥伴計畫）	3GPP （第三代合作夥伴計畫）
發展基礎	3G/3.5G	4G
最遠傳輸距離	100公里	250公尺
最快傳輸速率	300Mbps	10Gbps
延遲	平均50ms（0.05秒）	低於1ms（0.001秒）
連結的裝置數量 （每平方公里）	約2,000台裝置	約100萬台裝置

5. **藍牙**（Bluetooth）：
   a. 應用在短距離（約10公尺內）的數據及語音通訊，傳輸速率約為1～24Mbps。
   b. 使用藍牙協定的設備（如手機、藍牙無線耳機、筆電、智慧手錶等），都內建有藍牙晶片，才能收發藍牙訊號。
   c. 藍牙與紅外線傳輸比較如下：

比較項目	藍牙	紅外線
傳輸媒介	微波	紅外線
傳輸距離	10公尺內	1公尺內
傳輸速度	1～24 Mbps	4～16 Mbps
資料安全性	佳	差
耗電率	低	高
傳輸對象	1對多	1對1
角度	無傳輸方向限制	±15度

   💡**解題密技** 在統測考題中，常考藍牙與紅外線傳輸的比較，上表內容請同學要多加留意。

   d. 最新藍牙技術已發展至5.4版本，藍牙5.4的晶片具有低耗電、傳輸速度可達48Mbps（理論值）、傳輸距離可達300公尺（理論值）的特色。

6. **無線射頻辨識（RFID）**：
    a. 以讀取器接收電子標籤（RFID Tag）發出的電波訊號，達到資料傳輸目的。
    b. 常應用於交通運輸的電子票證（如悠遊卡）、賣場的商品販售、高速公路的電子收費（ETC）、門禁管制、動物晶片、圖書管理、交通運輸、物流管理、醫療安全等方面。
    c. RFID標籤依照有無內建電池，可分為被動式及主動式標籤2種。
        - **被動式**標籤：需依賴讀取器所發射的電波將其轉換為電源，才能將標籤中內建的資料傳送給讀取器。
        - **主動式**標籤：內建有電源供應（如電池），可主動將資料傳送給讀取器。
        - 被動式 vs. 主動式標籤：

RFID標籤	內建電池	感應距離	使用期限	應用範例
被動式		短	長	門禁卡、電子票證（如悠遊卡、一卡通）
主動式	✓	長	短	貨櫃管理（貨櫃位置的定位）

7. **NFC**（近距離通訊）：
    a. 源自RFID所發展出來的通訊技術，具有傳輸距離短（約10公分內）、耗電量低、安全性高、只能一對一傳輸等特性。
    b. 常應用在個人資料傳輸、行動支付（如蘋果公司的Apple Pay、Samsung公司推出的Samsung Pay、Google公司推出的Google Pay等）、門禁管制等領域。

項目＼種類	RFID（無線射頻辨識）	NFC（近距離通訊）
運作原理	透過RFID讀取器發送訊號，讓範圍內的RFID電子標籤接收到訊號後，將晶片中的資料回傳給讀取器，以達到資料交換	兩個內建有NFC的裝置輕碰，即可完成配對，並互相交換訊息
傳輸對象	一對多傳輸	一對一傳輸
傳輸距離	較長	較短
安全性	較低	較高
應用範圍	電子票證（如實體悠遊卡）、交通運輸（如ETC）	行動支付（如電信悠遊卡[註]）、個人資料傳輸

註：電信悠遊卡（又稱為NFC SIM卡）是由悠遊卡與國內電信公司（如中華電信）聯合發行的產品，使用者可向電信公司申辦具有悠遊卡功能的SIM卡，並放入內建有NFC的手機中，即可透過手機來感應付款。

五、其他通訊協定

通訊協定	說明	應用
NetBEUI	由IBM、Microsoft公司發展，適用於區域網路的通訊協定	區域網路
PPPoE	可讓乙太網路上的多部電腦透過數據機，並共用一條線路連上網際網路	ADSL、cable數據機撥接上網

得分區塊練

(　　)1. 採用下列哪一個通訊協定的網路，在傳送資料前，必須先偵測傳輸線上是否有資料正在傳輸？　(A)TCP/IP　(B)CSMA/CD　(C)token passing　(D)IPX/SPX。

(　　)2. 記號環網路適用於下列哪一種網路拓撲？
(A)環狀　(B)匯流排　(C)樹狀　(D)網狀。

(　　)3. 行動電話所使用的無線耳機，最常採用下列哪一種通訊技術？
(A)Bluetooth　(B)RFID　(C)Wi-Fi　(D)NFC。

(　　)4. 下列何者最符合「藍牙」技術的目的？
(A)讓資訊設備無線傳輸資料　(B)改善辦公室空氣品質
(C)減少資訊設備耗電量　(D)增進網站曝光機率。

(　　)5. 下列何者不屬於無線網路的範疇？
(A)IEEE 802.11b　(B)光纖　(C)微波　(D)藍牙技術。

(　　)6. 在Windows作業系統中，下列何者是以ADSL上網時，最常採用之通訊協定？
(A)HTTP　(B)ISP　(C)WWW　(D)PPPoE。

(　　)7. 無線網路通訊協定IEEE 802.11b的傳輸速度可高達：
(A)11Mbps　(B)8.02Mbps　(C)54Mbps　(D)100Mbps。

(　　)8. 下列哪一種不是常見的無線網路規格？
(A)802.11z　(B)802.11a　(C)802.11b　(D)802.11g。

(　　)9. 下列哪一種無線傳輸方式，因成本較低、無固定傳輸方向障礙等優點，廣泛應用於手機、PDA、無線耳機等周邊設備的傳輸工作？
(A)紅外線　(B)雷射　(C)藍牙　(D)微波。　　　　　　　　　　　　[技藝競賽]

(　　)10. 巴黎奧運採用內嵌晶片的門票，觀眾進出會場時，只要手持門票在驗票機上感應，即可判別門票的真偽及進出者的身分。請問這種門票，最可能是應用了下列哪一種技術？　(A)RFID　(B)SMTP　(C)Bluetooth　(D)Li-Fi。

(　　)11. 電子商務所使用的RFID技術，關於RFID的特性，下列哪一項錯誤？
(A)電子資料不可更新　(B)讀取器可同時讀取多個RFID標籤
(C)讀取時不需要光線　(D)可在高速移動中讀取標籤資料。　　[技藝競賽]

數位科技概論 滿分總複習

滿分晉級

情境素養題

▲ 閱讀下文，回答第1至3題：

鴻德資訊公司建置了一個官方網站，可提供網友隨時上網瀏覽商品資訊，另外還提供內部客服專區可供公司同仁留言發表意見。阿凱是該公司的網管人員，負責管理網站並檢視留言，他發現同事常抱怨網路連線速度太慢，甚至某位同事的電腦發生故障，使得公司整個區域網路癱瘓等問題。

( )1. 阿凱為了解決同仁抱怨網路連線速度太慢的問題，你知道他可以利用下列哪一種網路設備，將不同部門分割成數個網路區段，以減低網路壅塞的情形嗎？
(A)交換器　(B)橋接器　(C)集線器　(D)中繼器。　　　　　　　　　　[8-1]

( )2. 該公司曾發生某位同事的電腦發生故障，使得公司整個區域網路癱瘓的問題，請問阿凱的公司最有可能採用下列哪一種網路拓樸來架設區域網路？
(A)匯流排架構　(B)環狀架構　(C)星狀架構　(D)樹狀架構。　　　　　[8-3]

( )3. 『鴻德資訊』官網提供網友隨時上網瀏覽商品資訊，請問以網路上述資源分享方式的角度來看，上述情境所構成的網路，歸屬為哪一種網路架構最恰當？
(A)主從式網路　(B)對等式網路　(C)匯流排網路　(D)星狀網路。　　　[8-3]

( )4. 「動能感溫」變頻冷氣機的廣告宣稱能自動感應室內的人體活動量，當活動量增高或人數增加時，會自動調降溫度；而當活動量減低或室內人數減少時，會進入省電模式。試問此款家電的溫度感知晶片最可能使用下列哪一種傳輸媒介來接收室內人體活動量的強度？　(A)雙絞線　(B)紅外線　(C)微波　(D)光纖。　　　　　　　[8-1]

( )5. 國立宜蘭大學與格瑪數位公司產學合作，研發了一款內建有GPS全球定位系統的枴杖，讓持有這款枴杖的老人不管走到哪裡，都能讓他的家人找到他。請問這款枴杖最有可能是使用何種網路傳輸媒介來發送訊息？
(A)微波　(B)紅外線　(C)光纖　(D)雙絞線。　　　　　　　　　　　　[8-1]

( )6. 近年來環保意識抬頭，小李的公司主管為了帶起公司員工的環保觀念，要求全體員工使用電子公文來減少列印傳統公文的紙張成本，請問使用下列哪一個設備，對減少紙張的使用毫無幫助？
(A)郵件伺服器　(B)列印伺服器　(C)檔案伺服器　(D)網站伺服器。　　[8-2]

( )7. 冠均回憶起大學生活的時光，他記得在多人共住的宿舍時，大家會使用一部交換器將所有電腦連接來形成一個區域乙太網路，則該網路最可能為下列哪種拓撲（Topology）？　(A)星狀　(B)環狀　(C)網狀　(D)匯流排。　　　　　[8-3]

( )8. 為宣導流感防治的衛教資訊，行政院衛福部網站提供最新疫情及預防方法的PDF檔案可供下載。根據以上情境，請問下列敘述何者錯誤？　(A)衛福部網站的網址類型為gov　(B)將「最新疫情」網頁加入「書籤」，即可使用選按的方式來連上該網頁　(C)PDF檔案類型是屬於開放格式　(D)在瀏覽器輸入衛福部的網址後，DHCP伺服器會自動將網址的網域名稱轉換成IP位址。　　　　　　　　　　　　　　　　[8-4]

( )9. 小花很喜歡知名連鎖咖啡店－星巴克，她通常在店內使用智慧型手機時，會使用店內的無線上網的服務來追劇。請問星巴克的無線區域網路最可能採用下列哪一種通訊協定？　(A)Wi-Fi　(B)RFID　(C)Bluetooth　(D)HTTP。　　　　　　　　　[8-4]

( )10. 蘋果公司推出的「AirPods Pro」令許多時下年輕人愛不釋手，這款無線耳機可讓使用者以此來接聽電話。請問目前用於手機的無線耳機大多是採用下列哪一種通訊協定？
(A)RFID (B)Bluetooth (C)LTE (D)TCP/IP。 [8-4]

( )11. 在A廠牌的智慧型手機廣告中，女主角可以在遠離塵囂的海邊一邊收聽音樂一邊上網。請問該部智慧型手機最可能使用下列哪一個傳輸技術來連上網際網路？
(A)紅外線傳輸 (B)NR (C)Bluetooth (D)RFID。 [8-4]

精選試題

8-1

( )1. 下列何種數據通信（Data Communication）傳輸媒體，具有最佳的雜訊隔離、安全性與傳輸效率？ (A)同軸電纜 (B)光纖 (C)微波 (D)紅外線。

( )2. 對於雙絞線、同軸電纜和光纖作為有線傳輸媒介的比較，下列敘述何者不正確？
(A)同軸電纜抗雜訊力較雙絞線為佳
(B)雙絞線傳輸距離最短
(C)光纖的頻寬最寬，但抗雜訊力最差
(D)光纖是以光脈衝信號的形式傳輸訊號。

( )3. 下列關於在乙太網路中，所使用的雙絞線（UTP）和同軸電纜的敘述，何者正確？
(A)雙絞線等級1的傳輸速率，比雙絞線等級5的傳輸速率高
(B)雙絞線的最高傳輸速率，比同軸電纜的最高傳輸速率高
(C)雙絞線的最大傳輸距離，比同軸電纜的最大傳輸距離遠
(D)不同等級的雙絞線的最大傳輸距離都不同。

( )4. 下列傳輸媒介中何者在單位時間內的資料傳輸量最大
(A)同軸電纜 (B)電話線 (C)光纖 (D)雙絞線。

( )5. 在電腦通訊的傳輸媒體中，何者正確？
(A)雙絞線可當數位信號傳輸
(B)100BaseT理論上最高可達100Kbps的傳輸速度
(C)同軸電纜是目前使用的傳輸媒體之一，但不適用於寬頻
(D)光纖的傳輸媒體最高可達100Mbps傳輸速度，可適用於有線電視系統。

( )6. 以下哪一種電腦網路傳輸媒介，收訊端必須對準發訊端（誤差不得超過收訊角度）？
(A)光纖 (B)微波 (C)Wi-Fi (D)紅外線。

( )7. 下列何者不是數據通訊之傳輸媒體？
(A)同軸電纜 (B)微波 (C)數據機 (D)光纖。 [乙級軟體應用]

( )8. 下列有關通訊媒體的敘述，何者正確？
(A)相較於光纖（fiber optic），同軸電纜（coaxial cable）通常比較容易受到雜訊干擾
(B)微波（microwave）在傳送資料時，可以隨著地表曲線而彎曲進行
(C)紅外線沒有傳輸方向的限制
(D)Wi-Fi（wireless fidelity）是指以藍牙技術（Bluetooth）進行無線傳輸。

(　)9. 下列何者是雙絞線使用的接頭？　(A)RJ-45　(B)RG-58　(C)RG-59　(D)ST。

(　)10. 下列何種網路設備可以作為區域網路與廣域網路連接時的橋樑？
(A)路由器（Router）　　　　　　　(B)中繼器（Repeater）
(C)集線器（Hub）　　　　　　　　(D)數據機（Modem）。

(　)11. 下列有關網路傳輸設備的敘述，何者錯誤？
(A)集線器（hub）可連接多個網路節點
(B)中繼器（repeater）主要用於連接兩個區域網路
(C)路由器（router）可連接多個網路
(D)交換器（switch）類似集線器可減少訊息發生碰撞的機率。

(　)12. 下列哪一項設備並不是建構一電腦網路所需的設備？
(A)掃描器　(B)集線器　(C)網路卡　(D)無線網卡。

(　)13. 在網際網路（Internet）中，下列何種通訊設備主要用於連接兩個不同的子網路？
(A)集線器（hub）　　　　　　　　(B)中繼器（repeater）
(C)數據機（modem）　　　　　　　(D)路由器（router）。

(　)14. 在網際網路（Internet）中的每一片網路卡，可有幾個MAC位址？
(A)一個　(B)二個　(C)三個　(D)任意個。　　　　　　　　　　　　[丙級網路架設]

(　)15. 下列敘述何者錯誤？
(A)數據機（MODEM）可以將類比信號轉成數位信號、或將數位信號轉變成類比信號
(B)資料傳輸時，若線路兩端可以在同一時間互相傳送資料，此種方式稱全雙工（Full Duplex）
(C)星狀（Star）拓樸是採資源集中管理的網路架構
(D)經由數據機傳送至電話線上的信號為數位信號。

(　)16. 下列哪一種裝置可以讓二個相同類型的網路互相通訊？
(A)集線器（HUB）　　　　　　　　(B)訊號增益器（Repeater）
(C)橋接器（Bridge）　　　　　　　(D)路由器（Router）。　　　　　[乙級軟體應用]

(　)17. 用來管理網路設備的最小單位，可以將網路設備集中管理，避免有問題的區段影響整個網路運作的是哪一種裝置？　(A)集線器（HUB）　(B)訊號增益器（Repeater）
(C)橋接器（Bridge）　(D)路由器（Router）。　　　　　　　　　　[乙級軟體應用]

(　)18. 下列敘述中，何者不是橋接器對電腦網路的貢獻？
(A)協助排除網路中的局部當機區域，使網路功能不停頓
(B)克服網路架構纜線距離的限制
(C)讓傳輸媒介或纜線可以混接
(D)提供多重路徑的協定。　　　　　　　　　　　　　　　　　　　[乙級軟體應用]

(　)19. 下列哪個網路連線設備能協助訊息封包（Packets）於Internet傳遞過程中找到適當路徑，並順利將此訊息封包順利傳送至目的地？
(A)ADSL數據機（ADSL Modem）　(B)路由器（Router）
(C)乙太交換器（Ether Switch）　　(D)橋接器（Bridge）。　　　　　[技藝競賽]

(　)20. 讓多部電腦共用一個IP連上Internet時，需要下列何種技術？
(A)DNS　(B)POP3　(C)NAT　(D)FTP。

(　)21. 網頁製作完成之後，必須上傳至下列哪一種伺服器才能讓網路上的使用者瀏覽？
(A)列印伺服器　(B)檔案伺服器　(C)郵件伺服器　(D)網站伺服器。

第8章 電腦網路的組成與通訊協定

( )22. 下列哪一種設備是用來定義電腦在區域網路上的位址？
(A)網路卡　(B)數據機　(C)集線器　(D)交換器。

( )23. 下列何種設備可將電腦的數位訊號轉換成類比訊號，並可透過網路將訊號傳遞給其他電腦？　(A)列表機　(B)掃描器　(C)讀卡機　(D)數據機。

( )24. 下列何種區域網路（Local Area Network）的佈線方式，係各電腦間經由中央控制設備（例如：集線器或伺服器）連繫，而易於集中管理？
(A)星狀拓樸　(B)環狀拓樸　(C)半圓狀拓樸　(D)匯流排拓樸。

( )25. 10BaseT的乙太網路的傳輸速率是　(A)每秒10Mega bits　(B)每秒10Mega bytes　(C)每秒100Mega bits　(D)每秒100Mega bytes。

( )26. 下列何者是環狀拓樸的連接方式？
(A)網路上的所有工作站都與一個中央控制器連接
(B)網路上的所有工作站都直接與一個共同的通道連接
(C)網路上的所有工作站都是一部接一部的連接
(D)網路上的所有工作站都彼此獨立。　　　　　　　　　　　　　　　　[丙級網路架設]

( )27. 下列哪一種不是區域網路常見的網路拓樸？
(A)網狀拓樸　(B)星狀拓樸　(C)環狀拓樸　(D)匯流排拓樸。　　[技藝競賽]

( )28. 下列哪一種資料交換技術，在傳輸資料前必須先將資料分割成許多特定大小的封包？
(A)電路交換　(B)訊息交換　(C)分封交換　(D)資訊交換。

( )29. 下列區域網路架構（LAN Topology）中，具廣播特性，且任何一部電腦將資料傳送上電纜線後，其訊號會向兩端傳遞，如有一部電腦故障，仍不會影響其他電腦之間通訊的是　(A)星狀（Star）　(B)匯流排（Bus）　(C)環狀（Ring）　(D)網狀　架構。

( )30. 若要將學校電腦教室內的數十台電腦架設為「主從式網路」，我們可以選擇安裝下列哪一套作業系統作為網路作業系統？
(A)MS-DOS　(B)Mac OS　(C)Windows Server 2019　(D)Windows 10。

( )31. 環狀網路是利用下列何者來決定資料傳遞的權限？
(A)電腦連接的順序　(B)記號封包　(C)中央裝置　(D)資料量的大小。

( )32. 下列哪一種網路拓樸不會同時發生兩部電腦都要傳送資料的情況？
(A)星狀網路　(B)環狀網路　(C)樹狀網路　(D)匯流排網路。

( )33. 下列哪一種網路架構，不會因為某一節點故障而影響其他電腦間的通訊？
a.星狀　b.匯流排　c.環狀
(A)ab　(B)ac　(C)bc　(D)abc。

( )34. 下列有關100BaseFX網路的特色，何者有誤？
(A)使用光纖　(B)使用雙絞線　(C)傳輸速度為100Mbps　(D)適用於星狀拓樸。

( )35. 網路拓樸（Topology）指的是
(A)網路的實體佈線　(B)網路傳輸速度　(C)網路規模大小　(D)網路傳輸距離。

( )36. 下列何種網路拓樸，在每個節點間均有兩個以上的傳輸路徑可供選擇？
(A)匯流排　(B)星狀　(C)網狀　(D)環狀。　　　　　　　　　　　　[丙級網路架設]

( )37. 若要將學校電腦教室內的45台電腦，以具有12個連接埠的交換器連接成一個星狀網路，則至少需要幾台交換器設備？　(A)4　(B)5　(C)6　(D)7。

( )38. 標準IEEE 802.11b無線網路之最大傳輸速率為何？
(A)56Kbps (B)2Mbps (C)11Mbps (D)54Mbps。

( )39. 下列何者為美國電機電子工程師協會（IEEE）所制訂的無線區域網路標準？
(A)802.3 (B)802.4 (C)802.5 (D)802.11。

( )40. 在Windows作業系統中，以手動方式設定TCP/IP網路連線，設定項目包含IP位址、子網路遮罩及下列何種設備的IP位址？
(A)集線器（Hub） (B)橋接器（Bridge）
(C)交換器（Switch） (D)路由器（Router）。

( )41. 下列有關藍牙（Bluetooth）技術的敘述，何者正確？
(A)使用紅外線傳輸 (B)有傳輸夾角的限制
(C)可充當短距離無線傳輸媒介 (D)為虛擬實境的主要裝置。

( )42. OSI網路七層（OSI 7-Layer）參考模型中，IP協定所屬層級為：
(A)資料連結層 (B)網路層 (C)傳輸層 (D)應用層。

( )43. 下列各種通訊協定的說明，何者不正確？
(A)ARP是負責將IP位址轉換成實體位址的通訊協定
(B)DHCP是提供動態分配IP位址服務的通訊協定
(C)Telnet是提供傳送網頁所用的通訊協定
(D)SMTP是提供電子郵件傳送服務的通訊協定。

( )44. 下列哪一種網路設備具備支援網路層（network layer）的功能？
(A)橋接器（bridge）
(B)集線器（hub）
(C)中繼器（repeater）
(D)路由器（router）。

( )45. 下列何者不屬於TCP/IP網路中應用層的通訊協定？
(A)UDP (B)SMTP (C)SNMP (D)HTTP。 [公務考試]

( )46. 一般所謂的WiFi網路，指的是下列何種網路？
(A)區域網路 (B)通訊網路 (C)無線網路 (D)衛星網路。 [公務考試]

( )47. User Datagram Protocol（UDP）協定屬於開放系統互連（Open System Interconnection, OSI）參考模型中哪一層？
(A)應用層 (B)傳輸層 (C)網路層 (D)鏈結層。 [公務考試]

( )48. 假設客戶端電腦是利用路由器連上網際網路，除了客戶端的IP地址與子網路遮罩之外，還需要設定哪一種TCP/IP地址？ (A)預設通訊閘道器（gateway IP address）
(B)SMTP伺服器地址 (C)WINS客戶端地址 (D)FTP伺服器地址。

( )49. IEEE 802標準之定義相當於OSI模型中哪些層的標準？
(A)應用（Application）層與表示（Presentation）層
(B)實體（Physical）層與資料鏈結（Data Link）層
(C)網路（Network）層與資料鏈結（Data Link）層
(D)傳輸（Transport）層與網路（Network）層。 [丙級網路架設]

( )50. 對於OSI（Open System Interconnection）的七層架構圖，下列敘述何者錯誤？
(A)第一層為實體層 (B)第二層為網路層
(C)第四層為傳輸層 (D)第七層為應用層。

(　　)51. 「動態主機設定協定」允許IP位址動態分配,其英文縮寫為?
(A)WWW　(B)TCP/IP　(C)POP　(D)DHCP。

(　　)52. 架設區域網路所必須使用的網路卡,屬於OSI七層架構中的哪一層?
(A)會議層　(B)資料鏈結層　(C)網路層　(D)傳輸層。

(　　)53. 在OSI七層架構中,哪一層負責協調及建立傳輸雙方的連線?
(A)應用層　(B)表達層　(C)會議層　(D)傳輸層。

(　　)54. 用來強化傳輸訊號的中繼器,其功能可對應至OSI七層架構中的哪一層?
(A)實體層　(B)資料鏈結層　(C)網路層　(D)傳輸層。

(　　)55. 目前市面上銷售的無線傳輸產品(例如無線網路卡、無線橋接器)大多採用下列哪一種通訊協定?
(A)IEEE 802.3　(B)IEEE 802.5　(C)IEEE 802.6　(D)IEEE 802.11x。

(　　)56. 新加坡郵輪中心採用電子登船證,旅客只需在驗票口感應這種登船證,即能快速完成登船的手續,大幅縮短傳統人工查驗票證的時間。請問這種技術最可能運用了下列哪一種無線通訊協定?　(A)Wi-Fi　(B)LTE　(C)Bluetooth　(D)RFID。

(　　)57. 集線器工作於OSI 7層架構中的哪一層?
(A)實體層　(B)資料鏈結層　(C)網路層　(D)傳輸層。

(　　)58. 網路線上的使用者與遠端的伺服主機連線進行檔案傳輸,所使用的協定稱為
(A)ARP　(B)SNA　(C)FTP　(D)TCP/IP。

(　　)59. 關於網路中CSMA/CD協定,下列敘述何者不正確?
(A)連接到區域網路上各節點的電腦,都可以接收資料
(B)每個節點的電腦要傳送資料前,會先偵測網路內是否有其他資料正在進行傳輸
(C)取得權限(token)的電腦才能傳送資料,所以不會有資料碰撞(collision)的情形發生
(D)常應用於乙太網路(Ethernet)架構。

統測試題

(　　)1. 下列哪一種通信媒體最適用於長距離直線傳播?
(A)廣播無線電波　(B)紅外線　(C)微波　(D)紫外線。　　[102商管群]

(　　)2. 電子郵件的傳輸協定SMTP、POP3、IMAP,是屬於下列哪一層的傳輸協定?
(A)應用層　(B)傳輸層　(C)網路層　(D)鏈結層。　　[102商管群]

(　　)3. 在OSI參考模型(Open System Interconnection Reference Model)的七層架構中,下列哪一層主要負責規範各項網路服務的使用者介面?
(A)應用層　(B)會議層　(C)網路層　(D)傳輸層。　　[103商管群]

(　　)4. 下列有關網路設備的敘述,何者正確?
(A)交換器(switch)內有MAC表記錄封包的來源IP位址
(B)橋接器(bridge)可連通不同區域網路的多部電腦
(C)路由器(router)可連通多個不同類型的區域網路
(D)集線器(hub)只能連接電腦不能直接連接路由器。　　[104工管類]

(　　)5. 在OSI網路架構中,確保資料於接收端能依發送端的編序正確組合的是屬於哪一層?
(A)資料鏈結層　(B)網路層　(C)傳輸層　(D)應用層。　　[104工管類]

( )6. 於瀏覽器輸入www.edu.tw網址就可順利地連到該網站,這需要下列何種伺服器來提供網址轉換服務? (A)DNS (B)WWW (C)FTP (D)MAIL。 [104工管類]

( )7. 路由器的路徑選擇能力可完成OSI中哪一層功能?
(A)網路層 (B)應用層 (C)實體層 (D)表達層。 [104工管類]

( )8. 在OSI模型中,網路卡功能最高屬於下列哪一層?
(A)實體層 (B)資料鏈結層 (C)網路層 (D)應用層。 [104工管類]

( )9. 下列有關電腦網路的敘述,何者錯誤?
(A)TCP/IP為用在Internet中的通訊協定
(B)集線器(Hub)工作在OSI的實體層,通常是用來管理網路設備的最小單位
(C)路由器(Router)主要工作在OSI的實體層,通常作為信號放大與整波之用
(D)在Windows作業系統的電腦上,可利用「ipconfig/all」指令查得本機在網路上的MAC位址編號、IP位址等資訊。 [104資電類]

( )10. 下列何者最適合用來連接LAN(Local Area Network)與Internet,並能根據IP位址來傳送封包?
(A)路由器(Router) (B)中繼器(Repeater)
(C)集線器(Hub) (D)瀏覽器(Browser)。 [105商管群]

( )11. 當透過電腦網路下載檔案至個人電腦時,下列何種方式,最有可能會使下載者的個人電腦在邏輯上同時扮演用戶端(client)與伺服器端(server)的角色?
(A)HTTP下載
(B)FTP下載
(C)SMTP下載
(D)P2P下載。 [105商管群]

( )12. 在OSI七層網路通訊協定中,哪一層是負責端點資料的正確送達?
(A)資料鏈結層 (B)會議層 (C)實體層 (D)傳輸層。 [105工管類]

( )13. 下列何者是個人電腦自伺服器接收E-mail時所採用的通訊協定?
(A)POP3 (B)FTP (C)SMTP (D)DNS。 [105資電類]

( )14. 網路OSI模型第二層的交換器(Switch)設備,依據下列哪種位址來轉換及傳送訊框(Frame)?
(A)實體位址(MAC)
(B)網路位址(IP)
(C)電腦名稱(Hostname)
(D)群組名稱(Groupname)。 [106商管群]

( )15. 下列敘述何者正確?
(A)IEEE 802.11是一種無線區域網路的標準
(B)TCP是一種網路層的協定
(C)POP3負責郵件伺服器間郵件的傳送
(D)SMTP負責郵件伺服器與用戶端之間的電子郵件下載。 [106商管群]

( )16. 下列哪一種伺服器最適合用來將網域名稱轉換成IP位址?
(A)DNS Server (B)IIS Server (C)DHCP Server (D)NAT Server。 [106工管類]

( )17. 下列哪一種網路連接設備具有過濾封包的功能,可避免網路區段間的訊息干擾,提高網路傳輸效率? (A)橋接器 (B)中繼器 (C)集線器 (D)IP分享器。 [106工管類]

( )18. 下列關於各種通訊協定的敘述，何者正確？
 (A)TCP/IP協定是廣泛運用在網際網路的通訊協定，在OSI架構中屬於網路層
 (B)Telnet協定是用於遠端登入的通訊協定，負責網路封包傳送，在OSI架構中屬於傳輸層
 (C)IEEE802.11協定是專用於行動電話上網的通訊協定
 (D)SMTP和POP3協定是用於電子郵件的通訊協定，前者負責傳送，後者負責接收。
 [106工管類]

( )19. 下列關於開放式系統互連（Open System Interconnection, OSI）參考模型的描述，何者錯誤？
 (A)該模型是由ISO組織制定，是一個用來規範不同電腦系統之間進行通訊的原則
 (B)該模型中的傳輸層（Transport Layer）負責工作包含「決定封包傳送的最佳傳輸路徑」
 (C)該模型中的資料連結層（Data Link Layer）負責工作包含「錯誤偵測及更正」
 (D)該模型中的實體層（Physical Layer）相對應的設備包含有中繼器（Repeater）、集線器（Hub）。
 [106資電類]

( )20. 下列通訊網路相關的標準中，何者常被歸類為無線區域網路（WLAN）？
 (A)RS485
 (B)RS232
 (C)IEEE 802.11
 (D)IEEE 802.3。
 [106資電類]

( )21. 下列有關OSI（Open System Interconnection，開放系統連結）的敘述，何者正確？
 (A)TCP（Transmission Control Protocol）的功能是對應OSI七層架構中的網路層（Network Layer）
 (B)IP（Internet Protocol）的功能是對應OSI七層架構中的傳輸層（Transport Layer）
 (C)在OSI七層架構中，應用層（Application Layer）負責資料格式的轉換
 (D)在OSI七層架構中，實體層（Physical Layer）負責將資料轉換成傳輸媒介所能傳遞的電子信號。
 [107商管群]

( )22. 下列何者不是電腦網路的連結架構？
 (A)環狀 (B)星狀
 (C)匯流排 (D)對等狀。
 [107工管類]

( )23. OSI通訊標準中，哪一層是介於傳輸層與資料鏈結層之間？
 (A)網路層 (B)表達層 (C)應用層 (D)實體層。
 [107工管類]

( )24. 下列關於使用郵件軟體來收發電子郵件的通訊協定，哪一個敘述最正確？ (A)POP3協定（Post Office Protocol）可以協助使用者將信件送出 (B)POP3協定（Post Office Protocol）可讓郵件軟體在下載信件後，提供離線讀信的功能 (C)SMTP協定（Simple Mail Transfer Protocol）可以協助使用者將伺服器上的信件取回 (D)IMAP協定（Internet Message Access Protocol）可以協助使用者在下載信件標題後，自動將郵件伺服器上的信件全數刪除。
 [107工管類]

( )25. 下列對於網路的拓樸（Topology）的描述，何者錯誤？
 (A)匯流排（Bus）結構適合廣播（Broadcast）的方式傳遞資料
 (B)樹狀（Tree）的結構，可以形成封閉性迴路
 (C)環狀（Ring）結構網路上的節點依環形順序傳遞資料
 (D)星狀（Star）的結構，經常需要一個集線器（HUB）。
 [107資電類]

( )26. 在網路通訊標準-開放系統連結（Open System Interconnection, OSI）七層分類中，最上層與最下層分別是：
(A)最上層為應用層（Application Layer），最下層為實體層（Physical Layer）
(B)最上層為表達層（Presentation Layer），最下層為資料鏈結層（Data Link Layer）
(C)最上層為會議層（Session Layer），最下層為傳輸層（Transport Layer）
(D)最上層為實體層（Physical Layer），最下層為網路層（Network Layer）。
[107資電類]

( )27. 有關OSI（open system interconnection）模型之敘述，下列何者錯誤？
(A)OSI模型的第四層稱為傳輸層
(B)OSI模型一共有七層
(C)OSI模型是由國際標準組織（ISO）所提出的網路參考模型
(D)HTTP協定屬於OSI模型中的實體層協定。
[108商管群]

( )28. 下列哪一項代表網路卡實體位址（MAC Address）？
(A)https://tw.yahoo.com
(B)00:16:E6:5B:58:60
(C)140.111.34.147
(D)2001:DB8:2DE::E13。
[108工管類]

( )29. 下列哪一項網路設備適合用來建構無線區域網路？
(A)Access Point (B)Router (C)Gateway (D)Bridge。
[108工管類]

( )30. OSI通訊標準中，下列哪一層最靠近應用層？
(A)網路層 (B)表達層 (C)傳輸層 (D)會議層。
[108工管類]

( )31. 如圖（一）所示，電腦A、電腦B、電腦C，固定使用了Class C中的私有IP，只供內部使用，無法連接上網際網路。伺服器D可以把內部使用的私有IP位址轉成可連上網際網路的真實IP位址。伺服器D所提供的服務，下列何者最為適切？
(A)NAT (B)HTTP (C)ARP (D)DNS。
[109商管群]

圖（一）

( )32. 某電腦教室內有10部桌上型電腦以及一台16埠集線器（Hub），每部電腦都只有一張具備一組RJ-45雙絞線接頭的網路卡，若要讓該電腦教室內的所有電腦同一時間連接到網際網路，請問使用哪種網路連線拓樸架構最合適？
(A)匯流排拓樸 (B)星狀拓樸 (C)環狀拓樸 (D)P2P拓樸。
[109工管類]

( )33. 在TCP/IP通訊協定中，哪一層將訊息（Messages）分割成符合網際網路傳輸大小的區塊？ (A)Internet層 (B)Transport層 (C)Session層 (D)Application層。
[110商管群]

第 **8** 章　電腦網路的組成與通訊協定

(　)34. 關於以IEEE 802.11為基礎的無線區域網路（Wireless Local Area Network, WLAN），下列敘述何者正確？
(A)其通訊協定又可分為802.11a/802.11b/802.11g/802.11n，其中以802.11a的「最大傳輸速度」的數值是最大的
(B)在應用時，常使用無線基地臺（Access Point, AP）這類的設備連上網際網路
(C)3G、4G或5G網路也是使用微波通訊，與IEEE 802.11屬於同一種通訊協定，只是主導發展的國家不同而已
(D)只要看到Wi-Fi標章，代表該店家提供免費且安全的上網熱點。　　　　　[110商管群]

(　)35. 欲使用手機以感應方式刷信用卡、悠遊卡或一卡通，手機需具有下列哪種功能？
(A)QR Code　　　　　　　　(B)藍芽（Bluetooth）
(C)Wi-Fi Direct　　　　　　(D)NFC（Near Field Communication）。　[110工管類]

(　)36. 在Windows作業系統的「命令提示字元」執行ping指令，結果如圖（二）所示。請問過程中將網域名稱web-server2.twnic.net.tw轉換成IP 124.9.9.9所使用的是下列哪一項協定？　(A)FTP　(B)DNS　(C)HTTP　(D)DHCP。　[110工管類]

```
C:\Users\User>ping web-server2.twnic.net.tw

Ping web-server2.twnic.net.tw [124.9.9.9] (使用 32 位元組的資料):
回覆自 124.9.9.9: 位元組=32 時間=6ms TTL=52
回覆自 124.9.9.9: 位元組=32 時間=54ms TTL=52
```
圖（二）

(　)37. 關於通訊協定，下列敘述何者正確？
(A)POP3（郵局傳輸協定）為電子郵件傳送服務的通訊協定
(B)ARP（位址求解協定）為動態分配IP位址服務的通訊協定
(C)SMTP（簡單郵件傳輸協定）為電子郵件接收服務的通訊協定
(D)IMAP（網際網路資訊存取協定）為從本地郵件客戶端存取遠端伺服器上郵件的通訊協定。　　　　　　　　　　　　　　　　　　　　　　　　　　　　　　[110工管類]

(　)38. 某甲使用筆記型電腦並透過手機中的熱點分享上網，進行許多個檔案傳輸，需要從室內走到陽台才能獲得較佳的傳輸速度，最有可能原因為下列何者？
(A)室內牆壁與隔間遮蔽了手機和基地台之間的信號，導致通訊不良
(B)藍芽耳機的信號干擾了4G基地台的信號，導致4G信號品質下降
(C)藍芽耳機的信號干擾了4G手機對外通訊的信號，導致4G信號品質下降
(D)室內WiFi信號和4G的信號佔據相同的頻段互相干擾。　　　　　　　[110資電類]

(　)39. 關於第四代以及第五代行動通訊，分別簡稱4G和5G，下列敘述何者錯誤？
(A)以傳輸速率來說，每秒鐘可以傳遞的位元數5G比4G更高
(B)傳輸的頻寬範圍5G比4G更寬
(C)傳輸的延遲5G比4G更低
(D)所需的通訊衛星數量5G比4G更少。　　　　　　　　　　　　　　　[110資電類]

(　)40. 有關TCP／IP通訊協定應用於網際網路服務的敘述，下列何者正確？
(A)ARP通訊協定為選擇資料封包的傳輸路徑
(B)DHCP通訊協定為動態分配IP位址
(C)IP通訊協定為將IP位址轉換成實體位址
(D)SMTP通訊協定為網域名稱與IP位址的互轉。　　　　　　　　　　　[111商管群]

(　)41. 小君的平板電腦在學校透過無線網路連接之後，不需要設定IP位址資訊即可連接網際網路瀏覽網頁，這是因為學校的網路系統應該提供下列何種服務才能完成此項作業？
(A)HTTP　(B)SMTP　(C)DNS　(D)DHCP。　　　　　　　　　　　　　[111工管類]

( )42. 林生家裡有上網使用網際網路的需求，經洽詢網際網路服務提供者（ISP）後，決定採用非對稱數位用戶迴路（ADSL），讓家裡的電腦可以透過電話線路存取網際網路，安裝完成後林生發現家裡電話機旁邊多一部裝置，服務人員稱呼該裝置為數據機，下列何者是該裝置的必要功能？
(A)將電話機語音訊號加密處理
(B)提供家裡電話來電顯示功能
(C)提供電話機語音費用計算功能
(D)將數位訊號與類比訊號雙向轉換。 [112工管類]

( )43. 小胖負責公司辦公區的網路管理工作，目前辦公區所有的電腦皆連接在同一個乙太網路交換器上，某天業務經理提出應該讓同仁的智慧型手機也可以透過Wi-Fi訊號連接辦公區的網路，請小胖在最少變動條件下擴充網路，下列何者是小胖必要增加的設備？
(A)防火牆
(B)5G基地台
(C)Wi-Fi訊號掃描器
(D)無線網路基地台（Access Point, AP）。 [112工管類]

( )44. 網際網路通訊協定的TCP／IP分層架構中，下列何者是屬於應用層的通訊協定？
(A)IP　(B)TCP　(C)UDP　(D)HTTP。 [112工管類]

( )45. 開放系統連結（Open System Interconnection, OSI）通訊協定當中的每一層，均有特定的處理作業，並與其上下層進行通訊，關於OSI通訊協定七層架構中，各層處理資料之說明，下列何者敘述正確？
(A)資料連結層（Data Link Layer）在區段資料中加入IP位址形成封包（Package），並選取傳輸的最佳路徑
(B)網路層（Network Layer）會在封包資料中加入目的位址（MAC）形成資料框（Frame），再加上錯誤檢查碼
(C)傳輸層（Transport Layer）將訊息切割成區段（Segment），該層會監控網路流量及處理資料遺失時重送
(D)表達層（Presentation Layer）主要確認雙方的通訊模式，以及傳輸工作的偵錯、復原和結束連線方式等。 [112工管類]

( )46. 下列何種網路設備用來連接兩個以上相同通訊協定的網路區段，可依傳送資料中目的地MAC位址來傳送到目的網路，如此可過濾無關的訊框，以提升傳輸效率？
(A)橋接器
(B)中繼器
(C)路由器
(D)閘道器。 [113商管群]

( )47. 在網際網路協定中，HTTP（Hypertext Transfer Protocol）是屬於哪一層的通訊協定？　(A)應用層　(B)傳輸層　(C)網路層　(D)鏈結層。 [113工管類]

( )48. 學校辦公室職員反應自己電腦的網頁瀏覽器無法使用網域名稱www.edu.tw連至教育部網站，維修工程師到場檢查時發現，該電腦的網頁瀏覽器若直接使用該網站的IP位址連接，則可以成功連至該網站，下列何者是該問題的可能發生原因？
(A)職員電腦所設定的DNS伺服器位址不當
(B)職員電腦所設定的預設閘道器位址不當
(C)網站所在網路的路由器路由表設定不當
(D)網站伺服器主機的網路卡驅動程式失效。 [113工管類]

(　　)49. 下列何者是TCP／IP協定組中傳輸層的標準通訊協定之一？
(A)UDP（User Datagram Protocol）
(B)FTP（File Transfer Protocol）
(C)HTTP（HyperText Transfer Protocol）
(D)SMTP（Simple Mail Transfer Protocol）。　　　　　　　　　　　[114工管類]

NOTE

第 9 章　認識網際網路

9-1　連接網際網路的方式

一、網際網路提供者

1. **網際網路服務提供者**（Internet Service Provider, ISP）：提供連接網際網路服務的電信業者或政府單位（如下表）。

ISP業者名稱	成立單位	是否收費	服務的對象
TANet（臺灣學術網路）	教育部	免費	各級學校及研究單位
HiNet	中華電信公司	收費	公司行號、一般大眾
TWM（台灣大寬頻）	台灣固網公司		
Seednet	數位聯合電信公司[註]		
So-net	索尼（Sony）公司		

2. ISP業者通常還會提供入口網站、電子郵件帳號及網頁存放空間等附加服務。
3. 網際網路內容提供者（Internet Content Provider, ICP）：提供各類資訊的網站經營業者，如Yahoo!奇摩、聯合新聞網、PChome、104人力銀行等。
4. 網路服務提供者（Network Service Provider, NSP）：提供ISP業者租用骨幹網路的服務，如國內的中華電信、國外的AT&T。以中華電信的角色而言，它既是NSP也是ISP。

得分區塊練

( )1. 一部電腦要上網至網際網路時，一般均需透過網際網路服務公司（即ISP）的伺服主機進入Internet世界，下列何者不是這類網際網路服務公司？
(A)台灣學術網路（TANet）　(B)PChome或Yahoo!奇摩
(C)有線電視業者　(D)HiNet或SeedNet。

( )2. 大部分的組織及個人都必須經由ISP的伺服器，才能和網際網路相連，下列何者為台灣學術網路？　(A)HiNet　(B)TANet　(C)SEEDNet　(D)Intel。

( )3. 何者不可能是ISP（Internet Service Provider）所提供的服務？　(A)提供連網服務　(B)提供網頁空間　(C)提供國安局機密資料全文免費查詢服務　(D)提供電子郵件服務。
[丙級網頁設計]

( )4. 下列哪一個機構是扮演網際網路內容提供者（ICP）的角色？
(A)So-net　(B)Yahoo!奇摩　(C)TANet　(D)SeedNet。

註：數位聯合電信公司已於2009年被新世紀資通股份有限公司併購。

二、網際網路連接方式

上網方式		說明
有線	電話線撥接	上網同時，不能撥打或接聽電話
	ADSL	使用電話線，上網同時可撥打或接聽電話
	纜線數據機	利用第四台纜線上網
	專線	利用固定線路（如T1~T4）上網
	光纖	利用光纖纜線上網
無線	Wi-Fi	利用IEEE 802.11x通訊協定上網
	3G/3.5G	在收得到手機訊號的區域皆可上網，適用於手機、平板等行動裝置
	4G LTE	
	5G	

三、有線連線方式 102 105 109

1. 電話線撥接上網：
    a. 透過家用的電話系統撥號連上網際網路。
    b. **上網時電話線路會被占用**。

2. ADSL上網：
    a. 採「電話語音訊號」及「網路傳輸訊號」分離技術，用戶在**上網同時也能使用電話**。
    b. ADSL的**「下載/上傳」的傳輸速度不同**（下載速度 > 上傳速度），稱為**非對稱式數位用戶線**（Asymmetric Digital Subscriber Line, ADSL）。

◉五秒自測　使用ADSL上網時能否撥打電話？ADSL的上傳與下載速度是否相同？

註：目前市售的ADSL數據機大多內建有分岐器功能。

3. 纜線數據機上網：

   a. 透過有線電視業者的纜線系統，並在用戶端加裝一台**纜線數據機**（cable modem），來連上網際網路。

   b. **頻寬由所有用戶共享**，上線用戶越多網路速度會越慢。

4. 專線上網：

   a. 透過電信業者提供的固定線路（如T1～T4），讓用戶隨時連著網際網路。

   b. 通訊品質穩定，但費用高。

線路	傳輸速度
T1	1.544 Mbps
T2	6.312 Mbps
T3	44.736 Mbps
T4	274.176 Mbps

   （慢 → 快）

5. 光纖上網：

   a. 透過光纖纜線來連上網際網路。

   b. 3種光纖上網方式：

上網方式	光纖網路的架設範圍	常見應用
光纖到府（Fiber To The Home, FTTH）	電信業者至住宅間	新世代數位住宅
光纖到大樓（Fiber To The Building, FTTB）	電信業者至大樓間	企業大樓、社區大廈、學校
光纖到路側（Fiber To The Curb, FTTC）	電信業者至建築物附近的交換箱（通常會再透過雙絞線等線路與住宅連接）	社區型的住宅

   （速度最快）

   c. 中華電信所推出的「光世代」網路服務是採用光纖到大樓、光纖到府的上網方式。

   d. 由於光纖是靠光傳播，不具導電性，故光纖不受電流衝擊影響（如雷擊）。

6. 有線上網方式的比較：

有線上網方式	傳輸媒介	傳輸速度	費用
電話線撥接	電話線	最慢	便宜
ADSL	電話線	快	中等
纜線數據機	有線電視之纜線	快	中等
光纖	光纖	較快	中等
專線	雙絞線或光纖	較快	昂貴

得分區塊練

( )1. 網路傳輸專線：T1的傳輸速率為何？
 (A)每秒傳送1.544 × 1000000bytes (B)每秒傳送1.544 × 1000000bits
 (C)每分鐘傳送1.544 × 1000000bytes (D)每分鐘傳送1.544 × 1000000bits。

( )2. 關於ADSL寬頻上網的敘述，下列何者正確？
 (A)ADSL提供同步數位用戶迴路上網服務，故傳送與接收必須同步
 (B)ADSL提供非同步數位用戶迴路上網服務，故傳送與接收必須不同步
 (C)ADSL提供對稱數位用戶迴路上網服務，故傳送與接收速率相同
 (D)ADSL提供非對稱數位用戶迴路上網服務，故傳送與接收速率不同。

( )3. 以下有關於Cable Modem和ADSL寬頻上網的敘述何者有錯誤？
 (A)Cable Modem是專屬頻寬
 (B)ADSL上傳和下載的頻寬可以不同
 (C)Cable Modem是利用有線電視的線路上網
 (D)ADSL是利用現有的傳統電話線路上網。

( )4. ADSL的中文意思是非對稱式數位用戶迴路，請問非對稱指的是？
 (A)傳輸語音和數據的速率不對稱 (B)上傳和下傳檔案的速率不對稱
 (C)傳輸圖片和文字的速率不對稱 (D)傳送和接收的價格不對稱。

( )5. 下列環境，何者較適合使用同軸電纜數據機（cable modem）上網？
 (A)傳統電話線 (B)有線電視纜線 (C)無線電視天線 (D)網路雙絞線。

( )6. 下列何種連線方式無法提供寬頻上網？
 (A)固接專線（T1） (B)數據機（Modem）
 (C)非對稱數位用戶迴路（ADSL） (D)電視電纜數據機（Cable Modem）。

( )7. 假設志華家使用HiNet光世代1G/600M上網，曉鳳家使用ADSL 500M/500M上網，則當志華透過網路傳送檔案給曉鳳時，曉鳳接收檔案的傳輸速度約為多少？
 (A)1G (B)300M (C)500M (D)600M。

四、無線連線方式

1. 無線上網常見的方式有Wi-Fi、3G/3.5G、4G LTE、5G NR等。

2. 無線上網須依照選用的上網方式,安裝特定的網路卡(如無線網卡、3G/3.5G網卡、4G LTE、5G網卡)。

3. 提供Wi-Fi上網的場所(如圖書館、咖啡廳等),會架設**無線網路基地台**(AP)及數據機,讓電腦能夠連上網際網路。

4. 無線上網方式比較:

無線上網方式	傳輸速度(理論值)	傳輸距離	應用實例
Wi-Fi	11Mbps ~ 9.6 Gbps	100 ~ 200 m	咖啡廳、捷運站上網服務
3G/3.5G	2Mbps ~ 14.4 Mbps	2 ~ 14 km	行動上網服務
4G LTE	最高 300 Mbps	100 km	
5G NR	10 Gbps	250 m	

4G LTE 100km以內
3G/3.5G 14km以內
5G NR 250m以內
Wi-Fi 200m以內

5. 4G LTE與5G NR的應用:

無線上網方式	4G LTE	5G NR
主要應用範圍	手機、平板、個人電腦等	手機、平板、個人電腦等、自駕車、物聯網應用等

A9-5

數位科技概論 滿分總複習

有背無患

1. 不同行動電話系統的比較：

世代 \ 比較項目	主要特色	使用技術	傳輸速率	適合收送的資料
2G	以語音通訊為主	GSM	9.6 Kbps	語音、數據
2.5G	可傳送少量的影像資料	GPRS、CDMA	115.2 Kbps	語音、數據、影像
3G	支援影像電話及影音多媒體服務	W-CDWA、CDWA2000、TD-SCDMA	2 Mbps	語音、數據、影像、視訊、多媒體
3.5G	與3G的特色相近，但傳輸速度較快	HSDPA	14.4 Mbps	語音、數據、影像、視訊、多媒體
4G	適合傳輸大量的影音多媒體資料	LTE	300 Mbps	語音、數據、影像、視訊、多媒體
5G	可實現「物聯網」的目標	NR	10 Gbps	語音、數據、影像、視訊、多媒體

2. 台鐵／高鐵車站、捷運站等公共場所，多半提供有免／付費的Wi-Fi無線上網服務，如WiFly、THSR_freeWIFI及Taipei Free。

得分區塊練

( ) 1. 下列何者是第4代（4G）的行動通訊技術？
(A)HSDPA (B)NR (C)LTE (D)W-CDWA。

( ) 2. 小美常帶著筆電到提供有無線上網的咖啡廳，一邊喝下午茶一邊上網，請問這是因為該咖啡廳提供有下列何種上網方式？
(A)ADSL (B)光纖 (C)Wi-Fi (D)cable modem。

( ) 3. 在捷運站中，如果想要使用筆記型電腦上網查詢電影的播放場次，請問最不可能採用下列哪一種上網方式？
(A)Wi-Fi (B)LTE (C)5G (D)ADSL。

( ) 4. 國內某家行動電信業者標榜要讓消費者享受「有聲有色、即時傳遞」的便利行動生活，請問該家業者最可能採用下列哪一世代的行動電話系統，才能提供消費者這種行動影音多媒體服務？
(A)1G (B)2G (C)2.5G (D)4G。

9-2　網際網路的位址

一、IP位址　104　105　108　112　113

1. IP位址相當於電腦主機在網路上的門牌號碼，每個**IP位址是唯一**的。

2. **IPv4**是由**4個**數值所組成的IP位址，每個數值介於**0～255**之間，數值之間以 "." 隔開，如140.111.34.147。

   ◎五秒自測　組成IP位址的4個數值，每個數值須介於多少之間？且數值間是以哪一個符號隔開？

3. IP位址依網路規模，分為Class A、B、C、D及E五個等級，Class D、E的IP位址保留作為特殊用途，如群播（群體廣播）、學術研究等。

	數值1	數值2	數值3	數值4	理論上可使用的主機位址數
Class A	網路位址	主機位址			256 × 256 × 256 = 16,777,216
Class B	網路位址		主機位址		256 × 256 = 65,536
Class C	網路位址			主機位址	256

   a. 網路位址：識別所屬的網路
   b. 主機位址：識別網路上的個別電腦設備

4. Class A～E等級的比較：

網路等級	第1個數值的二進位值	IP位址第1個數值	使用單位	IP位址範例
Class A	0×××××××	0 ～ 127	政府機關、國家級研究單位	18.9.22.69（麻省理工學院）
Class B	10××××××	128 ～ 191	大企業、ISP、學術單位	140.112.8.116（台灣大學）
Class C	110×××××	192 ～ 223	一般企業	203.73.178.203（王品牛排）
Class D	1110××××	224 ～ 239	保留作為特殊用途，如群播（群體廣播）、學術用途等	
Class E	1111××××	240 ～ 255		

> **口訣記憶法**
> IP位址第一個數值（最小值）
> Class **A**：**0**　　→　**A**冷
> Class **B**：**128**　→　**B**伊愛爸
> Class **C**：**192**　→　**C**伊就餓

5. 為了解決現行IP位址（IPv4）不夠使用的問題，IETF（Internet Engineering Task Force，網際網路工程任務組）發展出IPv6格式來因應此項問題。

6. IPv4 vs. IPv6：

格式	IPv4	IPv6
位元	32	128
表示方式	4個10進位數值	8組，每組4個16進位數值
每個數值範圍	0～255	0000～FFFF
分隔符號	.	:
範例	140.111.34.147	ACDC:1536:11A5:62B7:7423:1869:559E:1432

位址長度是IPv4的4倍（128 / 32 = 4）

a. 單一網路卡介面可同時設定IPv4位址和IPv6位址。

b. IPv6位址的每4個位數，前面的0可被省略，例如：
   0024可表示成24，而0000可表示成0。

c. IPv6位址可用2個冒號（::）代表1個或多組0000，但每個位址**只能出現1次**，例如：
   2001:288:4200:0000:0000:0000:0000:24可表示為2001:288:4200::24。

有背無患

1. IPv6 Ready：通過IPv6認證的網路設備，認證機構會核發IPv6 Ready的標章。「中華電信研究所」是台灣IPv6 Ready的認證機構。

2. 物聯網（IoT）：IPv6位址的數量極為龐大，足夠讓我們為每個物品都設定1個IP位址，使這些物品都可連上網際網路，形成物聯網。如下班打卡後，打卡鐘（物品）可透過網際網路傳送訊息，通知家中的電鍋（物品）自動煮飯。

◎五秒自測　如何從IP位址的第一個數值，辨別網路的等級（Class A～E）？

得分區塊練

(　)1. 在IPv4的網路定址中，如果IP位址最前面開始的兩個位元為10，則該IP位址是屬於哪一個網路等級？　(A)Class A　(B)Class B　(C)Class C　(D)Class D。

(　)2. IP位址：224.224.224.224，請問是屬於哪一等級的IP位址？
(A)Class A　(B)Class B　(C)Class C　(D)Class D。

(　)3. 下列何者不是正確的IP位址？
(A)210.121.8.32　(B)256.16.21.10　(C)121.107.255.33　(D)63.11.35.1。

二、IP位址的分類 103 109

1. 固定IP與浮動IP：

    a. **固定IP**：電信業者提供給用戶的專屬IP位址，通常是要架設網站的用戶才需申請此種IP。

    b. **浮動IP**：一般用戶要上網時，由電信業者的DHCP Server所分配的IP位址，每次分配給用戶的IP位址可能不同。

2. 公有IP與私有IP：

    a. **公有IP**（Public IP）：又稱**合法IP**，指可用來連上網際網路的IP位址。公有IP是由位於美國的網際網路資訊中心（InterNIC）管理。

    b. **私有IP**（Private IP）：又稱**虛擬IP**，供內部網路使用的IP位址（如下表），不需付費即可使用，但無法連上網際網路。

網路等級	虛擬IP位址範圍
Class A	10.0.0.0 ～ 10.255.255.255
Class B	172.16.0.0 ～ 172.31.255.255
Class C	192.168.0.0 ～ 192.168.255.255

    c. 網路位址變換（Network Address Translation, NAT）：可用在將虛擬IP轉換成合法IP，這種技術可讓區域網路中的多台電腦共用同一個合法IP位址。IP分享器通常都具有NAT功能。

3. 特殊IP位址：

    a. 127.0.0.1：透過「ping 127.0.0.1」指令，可測試本機電腦的TCP/IP環境是否正常。

    b. **主機位址為0**：代表網路位址所指的整個網路；
    以Class C為例，IP位址203.74.205.0代表203.74.205的整個網路。

    c. **主機位址為255**：代表網路中的全部裝置；以Class C為例，在203.74.205的網路中，若電腦送出目的位址為203.74.205.255的封包，代表要對此網路進行**廣播**。

三、網路指令

指令	用途
ping	測試目的主機是否運作正常；當主機運作正常會傳回回應時間
ipconfig	查詢本機的IP位址及相關設定值
tracert	顯示本機連線到某台主機所經過的所有路由器位置
telnet	登入遠端主機，可用來連上BBS站
ftp	登入提供檔案傳輸服務的主機

→ 若使用ipconfig/all指令還可查得電腦的**MAC位址編號**、IP位址等資訊

💡 **解題密技** 上表中Windows內建的網路指令，常會出現在統測考題，請同學要熟記這些指令的用途。

得分區塊練

( ) 1. 下列哪個IP位址，可作為本機測試用的IP位址？
(A)0.0.0.0　(B)127.0.0.1　(C)192.168.10.1　(D)255.255.255.255。

( ) 2. 當IP位址的主機位址為255時，代表何種意義？
(A)虛擬IP位址
(B)對該IP位址所在的網路進行廣播
(C)用來測試本機電腦的IP位址
(D)不可使用的IP位址。

( ) 3. 當IP位址的主機位址為0時，如203.74.205.0，代表何種意義？
(A)不可使用的IP位址　　　　　　(B)對該IP位址所在的網路進行廣播
(C)是用來代表203.74.205整個網路　(D)虛擬IP位址。

( ) 4. 下列何者是虛擬IP位址的用途？
(A)用來提供給區域網路內的電腦使用
(B)用來對所在的網路進行廣播
(C)用來測試連線是否正常
(D)用來測試本機電腦的IP位址。

( ) 5. 若家中電腦數目比可取得的IP位址還要多且需同時上網時，可以使用下列哪一種技術來達成？　(A)DHCP　(B)NAT　(C)TCP　(D)UDP。 [技藝競賽]

( ) 6. 下列哪一項功能是用來測試網路的連線狀況？
(A)mail　(B)ftp　(C)ping　(D)telnet。 [技藝競賽]

( ) 7. 我們可以使用下列哪一個指令來連線到BBS站？
(A)ping　(B)ipconfig　(C)tracert　(D)telnet。

四、子網路 [111] [112] [114]

1. 為方便網路的管理及維護，網管人員可將單位內的網路適當地切割成數個**子網路**（subnet）。

2. **切割子網路的方法**：

   由IP位址的主機位址為主，取部分位元來作為子網路位址。下列以Class C的IP位址為例，從主機位址借用**2**個位元，可切割出4（2^2）個子網路，其步驟如下（IP範圍以192.168.123.0～192.168.123.255為例）：

   Step 1
   確認每個子網路的IP數量
   192.168.123.0～192.168.123.255屬於Class C，共有256個IP位址，
   256 ÷ 4 ＝ 64，每個子網路可容納64個IP位址。

   Step 2
   切割子網路
   若要將IP位址切割出4（2^2）個子網路，則須從主機位址最左邊取用**2**個位元，以00、01、10、11來切割：

   ```
               網路位址                     主機位址
   11000000.10101000.01111011.│00│000000（192.168.123.0）
   11000000.10101000.01111011.│01│000000（192.168.123.64）
   11000000.10101000.01111011.│10│000000（192.168.123.128）
   11000000.10101000.01111011.│11│000000（192.168.123.192）
   ```

   可得知4個子網路的IP範圍分別如下：
   192.168.123.0　　～　192.168.123.63
   192.168.123.64　 ～　192.168.123.127　　每個子網路都有
   192.168.123.128 ～　192.168.123.191　　64個IP位址可使用
   192.168.123.192 ～　192.168.123.255

3. **子網路遮罩**（subnet mask）：

   a. 由4個0～255的數值組成，用來區別IP位址中哪些代表網路位址、哪些代表子網路位址、哪些代表主機位址，透過它，路由器才能辨識子網路，以選擇傳送的路徑。

   b. 以 "1" 代表對應至網路位址位元，以 "0" 代表對應至主機位址位元。

   c. 不同網路等級所預設的子網路遮罩：

網路等級	子網路遮罩
Class A	255. 0. 0.0
Class B	255.255. 0.0
Class C	255.255.255.0

4. 利用**子網路遮罩**判斷IP位址是否為相同**網段**：

   將網路切割成4個子網路後,可透過**子網路遮罩**來判斷IP位址是否處在相同的子網路網段中,假設A電腦的IP位址為192.168.123.112,B電腦的IP位址為192.168.123.68,其判斷步驟如下:

   Step 1

   找到子網路遮罩

   網路位址皆以1表示,主機位址以0表示,當子網路有4(2^2)個時,須從主機位址最左邊取用**2**位元設定為子網路遮罩:

   11111111.11111111.11111111.11000000(255.255.255.192)

   從主機位址取用2位元設定為**子網路遮罩**

   Step 2

   利用子網路遮罩運算出網路位址(使用AND運算)

   A電腦

   ```
         11000000 . 10101000 . 01111011 . 01110000 （IP位址：192.168.123.112）
   AND   11111111 . 11111111 . 11111111 . 11000000 （子網路遮罩：255.255.255.192）
         11000000 . 10101000 . 01111011 . 01000000 （運算結果：192.168.123.64）
                         網路位址
   ```

   B電腦

   ```
         11000000 . 10101000 . 01111011 . 01000100 （IP位址：192.168.123.68）
   AND   11111111 . 11111111 . 11111111 . 11000000 （子網路遮罩：255.255.255.192）
         11000000 . 10101000 . 01111011 . 01000000 （運算結果：192.168.123.64）
                         網路位址
   ```

   由運算結果可得知,A、B兩台電腦的網路位址皆為192.168.123.64,因此屬於同一個子網路網段。

穩操勝算

某一IP位址為210.242.128.129,其子網路遮罩設定為255.255.255.0,請問該IP的子網路(網段)為何?

答 210.242.128.0

解 依子網路遮罩可判斷出IP位址前3碼(210.242.128)為網路位址,後1碼(129)為主機位址。

```
      11010010 . 11110010 . 10000000 . 10000001 （IP位址：210.242.128.129）
AND   11111111 . 11111111 . 11111111 . 00000000 （子網路遮罩：255.255.255.0）
      11010010 . 11110010 . 10000000 . 00000000 （運算結果：210.242.128.0）
                      網路位址
```

第9章 認識網際網路

得分區塊練

( )1. 下列哪個IP位址可以通過Firewall的管制，直接在Internet上流通？
(A)127.0.0.1　(B)255.255.0.0　(C)192.168.4.2　(D)168.95.192.1。

( )2. 若某個IP位址為124.121.77.139，想知道它是否屬於124.121.77.0的網域，要使用下列哪一個子網路遮罩？　(A)255.255.0.0　(B)255.255.255.0　(C)255.0.0.0　(D)0.0.0.0。

( )3. 為了方便網路的管理及維護，網路管理人員通常會將單位內的整個網路適當地切割，此種網路稱為？　(A)網際網路　(B)區域網路　(C)子網路　(D)企業網路。

( )4. 下列哪一個為Class A等級所預設的子網路遮罩？
(A)255.0.0.0　(B)255.255.0.0　(C)255.255.255.0　(D)255.255.255.255。

( )5. 下列關於子網路遮罩的敘述，何者有誤？　(A)路由器可透過子網路遮罩，來辨識各個子網路　(B)由4組8位元的二進位數字所組成　(C)255.0.0.0表示Class B的子網路遮罩　(D)子網路遮罩中，以0表示對應至IP位址中的主機位址位元。

五、網域名稱

1. **網域名稱**（domain name）：網際網路上電腦主機的代稱，作用與IP位址相同。
2. 分成主機名稱、機構名稱、機構類別及地理名稱，每一部分以 "." 連結。

www . cwb . gov . tw

A. 主機名稱
通常依主機提供的服務種類來命名

B. 機構名稱
機構的名稱或簡稱

C. 機構類別
機構的性質

D. 地理名稱
伺服器主機的所在地
（美國地區不需地理名稱）

a. 常見的類別與地理名稱如下：

類別名稱	意義
edu（education）	教育機構
gov（government）	政府機構
org（organization）	非營利組織
net（network）	網路機構
com（company）	公司行號
mil（military）	軍事組織
idv（individual）	個人網站
biz（business）	商業機構

地理名稱	意義
tw	臺灣
hk	香港
cn	中國
jp	日本
uk	英國
au	澳洲
ca	加拿大
eu	歐盟
kr	韓國
（省略）	美國

◎五秒自測　網域名稱中的edu、gov、com、mil代表什麼意義？

A9-13

3. TWNIC（台灣網路資訊中心）：為國內負責統籌網域名稱及IP發放之組織。

4. **網域名稱伺服器**（Domain Name System Server, DNS Server）：用來將網域名稱轉換為IP位址。如透過DNS伺服器可將網址www.cwb.gov.tw，轉換成相對應的IP位址210.65.0.71。

   💡 解題密技　在統測考題中，有時會以DNS（Domain Name Server）來表示DNS Server。

5. **網域名稱系統**（Domain Name System, DNS）：用來記錄各網域名稱及其IP位址。網域名稱伺服器必須利用此系統，才能進行IP位址的轉換。

6. MAC位址 vs. IP位址 vs. DN：
   - 1台電腦可插多張網路卡（每張網路卡只有1個MAC位址）。
   - 1個MAC位址可對應多個虛擬IP位址或實體IP位址。
   - 多個虛擬IP位址可對應1個公有IP位址。
   - 1個公有IP位址可對應多個網域名稱（DN）。

   電腦 —1對多→ 網路卡（Mac位址） —1對多→ 虛擬IP —多對1→ 公有IP —1對多→ 網域名稱

7. ICANN（網際網路名稱與數位位址分配機構）統籌全球IP位址的分配與管理。TWNIC（台灣網路資訊中心）是負責我國IP位址的分配與管理。

8. 中文網域名稱可省略一般英文網域名稱中的類別（如com），具有易記的優點，如http://中華電信.台灣/。

9. 網路蟑螂（cybersquatting）是指某些會搶先註冊登記一些公司、品牌名稱、或人名的網域名稱，以便日後以高價出售給需要這些網域名稱的企業。1999年聯合國成立世界智慧財產權組織（WIPO），將網路蟑螂剽竊網域名稱的行為列為非法。

得分區塊練

( )1. 下列何者為「中華民國行政院」的網址
(A)www.ey.com.tw　(B)www.ey.edu.tw　(C)www.ey.gov.tw　(D)www.ey.org.tw。

( )2. 網址www.mohw.gov.tw為某衛生主管機關的網站，其中何者是該機關名稱的縮寫？
(A)www　(B)mohw　(C)gov　(D)tw。

( )3. 某合法機構網域名稱的類別為gov，則該機構的性質為？
(A)商業機構　(B)非官方機構　(C)軍方機構　(D)政府機構。

( )4. 在網際網路的網域組織中，下列機構類別代碼，何者正確？　(A)com代表教育機構　(B)idv代表個人　(C)mil代表政府機構　(D)org代表軍事單位。

( )5. 網域名稱（Domain Name）包含了主機名稱、機構名稱、機構類別以及下列何種資訊？　(A)路徑檔名　(B)存取方法　(C)地理名稱　(D)資料結構。

六、全球資源定址器

1. **全球資源定址器**（Uniform Resource Locator, URL）：即**網址**，用來指示網際網路上某一項資源的所在位置及存取該資源所使用的協定。

2. URL格式：

    http:// www.edu.tw [:80]/index.aspx

    - A. 通訊協定：網路服務使用的通訊協定
    - B. 網域名稱：資源所在的伺服器主機位址
    - C. 埠位址：網路服務項目對應的編號
    - D. 路徑檔名

    a. 常用的通訊協定：

通訊協定	網路服務	範例
http	全球資訊網（WWW）	http://www.edu.tw
https	SSL安全機制	https://www.google.com.tw/
ftp	檔案傳輸	ftp://ftp.ntu.edu.tw
mailto	電子郵件	mailto:abc@mail.com.tw
telnet	遠端登入（終端機模擬）	telnet://bbs.nsysu.edu.tw
file	檔案伺服器	file://share/

    解題密技 http通訊協定可省略 "http://"、mailto通訊協定不需加上 "//"。

    b. 埠位址**可省略不輸入**，因為網路應用軟體（如瀏覽器）會自動將預設埠位址編號加入網址中。常見的埠位址：

網路服務	HTTP	HTTPS	Telnet	FTP	SMTP	POP3	IMAP	DNS
預設埠位址	80	443	23	21	25	110	143	53

    五秒自測 在URL中，全球資訊網、檔案傳輸、電子郵件等網路服務所對應的通訊協定各為何？

3. 輸入URL的注意事項：

    a. 網域名稱不分大小寫，如輸入www.edu.tw或WWW.EDU.TW皆可連上教育部網站。

    b. 路徑檔名的大小寫須正確，否則可能會出現網頁找不到的訊息。

    c. 瀏覽器預設的通訊協定為https，在輸入URL時可省略輸入https://。

4. 自訂埠位址：有些伺服器為了提高資安或只提供特定人士使用，會更改預設的埠位址編號。例如：更改埠位址編號的網站，使用者就必須在網址中輸入指定修改後的埠位址才能進行瀏覽。

5. 在網際網路中，資源存放的位置是以URL格式來表示；在Windows區域網路中，資源所在位置，則是以通用名稱規則（UNC）格式來表示，例如：\\電腦主機名稱\路徑檔名。

得分區塊練

( )1. 在瀏覽器的網址列內輸入下列網址（URL, Uniform Resource Locator），何者之通訊協定雖然省略，仍會完成我們想要的動作？
(A)telnet://198.116.142.34
(B)mailto:chen@msa.hinet.net
(C)https://www.twnic.tw
(D)ftp://63.83.194.46。

( )2. 我們常看到的URL格式為https://aaa.bbb.ccc/xxx.html，其中aaa.bbb.ccc所代表的意義為何？
(A)主機位址　(B)國名或地域名　(C)通訊協定或存取方式　(D)路徑檔名。

( )3. 以http://www.cea.org.tw/tvc/title.html為例，「http」所代表的涵意是？
(A)一種通訊協定　(B)電腦目前的網址　(C)網頁名稱　(D)路徑。　　[丙級網路架設]

( )4. 使用瀏覽器連結到www.evta.gov.tw的電腦上埠號（Port Number）為8000的Web虛擬主機，位址應如何輸入？
(A)http://www.evta.com.tw/
(B)http://www.tw/8000.htm
(C)http://www.evta.gov.tw:8000/
(D)http://www.evta.com.tw/8000。　　[丙級網路架設]

( )5. 接收郵件的POP3協定，所使用的預設埠號（Port Number）是多少？
(A)21　(B)23　(C)110　(D)80。　　[丙級網路架設]

( )6. 下列哪一項通訊協定為遠端登入服務？
(A)http://　(B)ftp://　(C)gopher://　(D)telnet://。

( )7. URL（Uniform Resource Locator）是用來表示某個網站或檔案在網際網路中，獨一無二的位址。下列何者屬於URL的一部分？
(A)檔案格式、檔案屬性
(B)檔案建立時間、日期
(C)檔案大小、檔案格式
(D)檔案路徑、檔案名稱。

( )8. 以下URL的表示何者錯誤？
(A)https://www.abc.com
(B)ftp://server1.abc.com
(C)bbs://server2.abc.com
(D)mailto:fish@mail.com.tw。

第9章 認識網際網路

滿分晉級

情境素養題

▲ 閱讀下文，回答第1至2題：

在美國職業籃球（NBA）球員中，勒布朗・詹姆斯（LeBron James）在場上表現搶眼，數次拿下大三元成績，他在自己的臉書中，感謝球迷與家人的支持，另外他也分享未來之星－盧卡・東契奇（Luka Dončić）近期不可思議的絕佳表現影片。

( )1. 根據上述情境，下列敘述何者錯誤？
(A)臉書網址是以 "https://" 開頭，它代表該網站採用SSL協定
(B)利用關鍵字 "NBA 詹姆斯 新聞" 可搜尋有關NBA球員詹姆斯的新聞
(C)利用ping網路指令可測試臉書主機是否運作正常
(D)臉書網址 "https://www.facebook.com:443"，其中443埠位址是代表HTTP服務。
[9-2]

( )2. 許多網友看到詹姆斯所分享的東契奇影片，紛紛連上「PTT」電子佈告欄與其他使用者討論觀看影片後的心得，阿叡也是其中之一，請問他應該使用下列哪一個存取協定來登入遠端主機？ (A)http (B)telnet (C)ftp (D)mailto。
[9-2]

( )3. 建宇想購買iPad mini，他上網查詢有關iPad的相關介紹，發現有位賣家標示此商品為「Apple iPad mini Wi-Fi + cellular 4G平板電腦」，請問上述中的4G指的是？
(A)4G的記憶卡儲存空間
(B)4GHz的處理器
(C)4G LTE上網技術
(D)4G的RAM容量。
[9-1]

( )4. 依婷將電腦中學校舉辦校慶的照片及影片上傳至雲端硬碟中，供班上同學檢視或下載，假設她家的ADSL頻寬為8M/640K，請問上傳照片及影片的傳輸速度最高可為多少？ (A)8M (B)640K (C)1M (D)256K。
[9-1]

( )5. 小天家裡是利用第四台的纜線來連上網際網路，每當家裡越多人上網，連線速率就越慢，由此可判斷，他家所採用的上網方式，最有可能為下列何者？
(A)ISDN (B)電話線撥接 (C)ADSL (D)cable modem。
[9-1]

( )6. 哲倫與同學約好要在暑假時去美國進行畢業旅行，同行的其他同學在桃園中正機場時，已經申請了隨身Wi-Fi分享器，但是他並不想使用這種上網方式，當他一下飛機，便向當地的AT&T公司申請ADSL上網服務。根據以上敘述判斷，AT&T公司最可能是？ (A)ISP業者 (B)網咖業者 (C)ICP業者 (D)手機製造業者。
[9-1]

( )7. 據報導指出，近年來越來越多起網路霸凌的案件，許多網友會在特定人士的臉書個人頁面，留下不堪入目的污辱性文字；在接獲受害者報案後，警方會利用IP位址來尋找嫌犯。請問警方最有可能是利用下列哪一項IP特性來尋找嫌犯？
(A)IPv4位址是由4個數值（0～255）組成
(B)每1個IP，只對應1台電腦
(C)IP位址 = 網路位址 + 主機位址
(D)IP位址分成Class A、B、C、D、E五大類。
[9-2]

精選試題

( )1. Hinet、SeedNet及TANet是服務大家上網的機構及公司，我們稱之為？
(A)NIC（網路訊息中心） (B)WWW（全球資訊網）
(C)NI（網路仲介） (D)ISP（網際網路服務提供者）。

( )2. 提供給使用者Internet帳號的機構稱為？
(A)ISDN (B)IPX (C)ISP (D)PSDN。

( )3. 下列哪一項只屬於網際網路內容提供者？
(A)TANET (B)HINET (C)遠傳大寬頻 (D)104人力銀行。 [技藝競賽]

( )4. 為了符合網路朝向視訊、語音、資料傳輸三者整合的時代，下列何種連線方式最不適用？
(A)非對稱數位用戶迴路（ADSL）
(B)56K數據機（Modem）撥接
(C)纜線數據機（Cable Modem）
(D)專線（T1）固接。

( )5. 個人電腦利用ADSL連上Internet，下列敘述，何者正確？
(A)ADSL使用純數位電路，其下載速度大於上傳速度
(B)ADSL使用純數位電路，其上傳速度大於下載速度
(C)ADSL使用傳統電話線路，其下載速度大於上傳速度
(D)ADSL使用傳統電話線路，其上傳速度大於下載速度。

( )6. 下列哪一種FTTx光纖網路的速度最快？
(A)FTTB (B)FTTC (C)FTTH (D)FTTN。 [技藝競賽]

( )7. 一般而言，下列哪一種上網方式的資料傳輸速度最慢？
(A)ADSL上網 (B)cable modem上網 (C)光纖上網 (D)電話線撥接上網。

( )8. 下列四種不同的線路頻寬，何者傳輸速率最快？
(A)128K (B)256K (C)T1 (D)T3。

( )9. 下列有關非對稱數位用戶線路（ADSL, Asymmetric Digital Subscriber Line）的敘述，何者不正確？
(A)可以雙向傳載（上傳與下載）
(B)可以同時使用電話及上網，且不會相互干擾
(C)是透過現有的電話線路連接至電信公司的機房
(D)資料上傳與下載速度一定相同。

( )10. 下列何者不是通用的全球資源定址器（URL）中通訊協定（protocol）的名稱？
(A)mail (B)http (C)ftp (D)telnet。

( )11. 下列哪一個選項不是「全球資源定位器」（URL）第一部分所標示出的常用存取協定？ (A)ftp (B)http (C)mailto (D)tcpip。

( )12. 下列哪一個網域名稱（Domain Name）是屬於我國政府機關所擁有的網域名稱？
(A)www.twn.org (B)www.tw.gov.com
(C)www.cwb.gov.org (D)www.cwb.gov.tw。

( )13. 下列URL（Uniform Resource Locator）格式，何者正確？
(A)http://ts1.com/123/ (B)sysop@www.cs.edu
(C)http:wxy.org:80 (D)ftp:\\ftp.dst.net。

(　)14. 下列有關IP位址的敘述，何者正確？
(A)連接到網際網路的每一台裝置都必須具備有固定的IP位址
(B)IP位址的長度小於MAC（Media Access Control）位址的長度
(C)IP位址的子網路遮罩必須為8個位元
(D)一個IP位址不能對應多個網域名稱。

(　)15. 學校的同學反應使用瀏覽器軟體時，輸入網站的網址（domain name）無法瀏覽網站資料，但輸入該網站的IP address卻可以正常連線，此問題的可能原因是學校的
(A)switch故障　　　　　　　　　(B)DNS故障
(C)mail server故障　　　　　　　(D)DHCP server故障。

(　)16. URL的表示規則為「通訊協定://伺服器名稱/檔案路徑/檔案名稱」，其中哪一個部分用來表示「以該URL所連結之伺服器」的服務性質？
(A)檔案路徑　(B)檔案名稱　(C)通訊協定　(D)伺服器名稱。

(　)17. 下列對於網際網路相關知識的敘述，何者不正確？
(A)DHCP（動態主機配置協定）可將網域名稱轉換為對應的IP位址
(B)電子郵件之位址為shin@haw.ntust.edu.tw，其中haw.ntust.edu.tw為郵件伺服器
(C)192.192.232.11是合法的IP位址
(D)固接專線T3提供的頻寬，大於T1所提供的頻寬。

(　)18. 在瀏覽器的網址列鍵入下面哪一項內容，會看到我國教育部全球資訊網的首頁？
(A)https://www.abc.com　　　　　(B)https://www.abc.com.tw
(C)https://www.edu.tw　　　　　 (D)https://www.hinet.net。

(　)19. 下列關於電腦網路的敘述，何者正確？
(A)david&dcs.ntu.edu.tw為有效的電子郵件位址
(B)140.150.300.15為有效的IP位址
(C)Telnet可用來遠端登錄
(D)BBS為檔案傳輸系統。

(　)20. 已知某URL為http://www.ncl.edu.tw/，下列何者對此URL的描述有錯誤？
(A)指向台灣某教育單位　　　　(B)指向首頁的伺服器
(C)可以公開讓大眾使用　　　　(D)格式書寫錯誤。

(　)21. http://www.cea.org.tw的網址中，哪一段代表國家或地理區域？
(A)www　(B)cea　(C)org　(D)tw。

(　)22. 下列何種全球資源定位法（URL）不正確？
(A)http://www.kimo.com:99/　　　(B)telnet://bbs.kyc.com.tw/
(C)mailto://jeanch@mail.hit.net　　(D)ftp://ftp2.nctu.org.uk/。

(　)23. 下列有關IP位址的敘述，何者不正確？
(A)255.255.255.0是一個子網路遮罩
(B)129.0.0.1保留做本機電腦的IP位址
(C)140.138.2.4是Class B等級的IP位址
(D)IPv6使用16個位元組（bytes）來表示IP位址。

(　)24. 若將一個Class C的網路分為兩個子網路，則子網路遮罩應設為？
(A)255.255.255.0　　　　　　　(B)255.255.0.0
(C)255.255.255.128　　　　　　(D)255.255.255.192。
[丙級網路架設]

(　　)25. IP位址第四版，一般稱為IPv4位址，由32位元構成，下一代的IP位址一般稱為IPv6位址，請問IPv6位址是由多少位元構成？
(A)64位元　(B)8位元　(C)32位元　(D)128位元。

(　　)26. TCP/IP網路中，一個B類的位址，其主機部分占用多少位元？
(A)2　(B)4　(C)8　(D)16。

(　　)27. 下列哪一個是正確的IP位址？
(A)140.124.3　(B)140.35.14.6.3　(C)258.24.38.166　(D)168.95.7.21。

(　　)28. 應用層服務DNS，所使用的預設埠號（Port Number）是多少？
(A)21　(B)23　(C)25　(D)53。　　　　　　　　　　　　　　　[丙級網路架設]

(　　)29. 何者屬於「企業單位」的網域名稱？
(A).edu　(B).gov　(C).com　(D).org。　　　　　　　　　　[丙級網頁設計]

(　　)30. 網址名稱http://www.evta.gov.tw之中「tw」代表的是下列何者？
(A)主機名稱　(B)單位名稱　(C)單位性質　(D)地理位置或國別。　[丙級網路架設]

(　　)31. 下列哪一個IP位址的寫法是合法的？
(A)257.120.8.12　(B)23.12.34:56　(C)198.177.240.101　(D)10.1201.12.1。[技藝競賽]

(　　)32. IPv6使用多少個位元表示IP位址？
(A)32 bits　(B)128 bits　(C)64 bits　(D)256 bits。　　　　　　[技藝競賽]

(　　)33. 網域名稱會由什麼系統轉成網際網路的位址？
(A)IP　(B)DNS　(C)URL　(D)WWW。

(　　)34. IP位址127.0.0.1代表何種意義？　(A)虛擬IP位址　(B)不可使用的IP位址　(C)用來查詢本機電腦的IP位址　(D)用來測試本機電腦的網路環境是否正常。

(　　)35. IPv6各組數字之間是以哪一個符號隔開？　(A)．　(B):　(C)。　(D);。

(　　)36. 台灣大學的網站IP位址為140.112.8.116，請問該網站使用的IP位址其網路等級應為？
(A)Class A　(B)Class B　(C)Class C　(D)Class D。

(　　)37. 使用下列哪一個命令可用來查詢本機的IP位址？
(A)ipconfig　(B)telnet　(C)ftp　(D)tracert。

(　　)38. 下列何者是用來將虛擬IP位址轉換成網際網路IP位址的技術？
(A)NAT　(B)DNS　(C)TCP/IP　(D)DHCP。

(　　)39. 下列哪一個是FTP預設的埠位址編號？　(A)143　(B)110　(C)80　(D)21。

(　　)40. 關於電腦網路的敘述，下列何者有誤？　(A)通訊協定TCP/IP可適用於區域網路或廣域網路　(B)有線傳輸媒介中，光纖比雙絞線與同軸電纜較不容易受電磁波干擾　(C)環狀網路架構藉由一集線器以連接各節點電腦，故一旦集線器故障，則會使整個網路停擺　(D)區域名稱（domain name）與IP位址均代表網址且具唯一性，但區域名稱比較容易記憶。

(　　)41. 關於現在普遍使用的IP位址的敘述，下列何者正確？
(A)IP位址由四組字元串列組成，每組字元串列長度最長可達4個字元
(B)168.11.271.42是一個符合規定的IP位址
(C)瀏覽器必須透過DNS（網域名稱伺服器）將網址轉換成IP位址
(D)可以為自己的電腦設定任意的IP位址，以方便記憶。

第9章 認識網際網路

( )42. 下列關於網域名稱的敘述，何者正確？
(A)www.business.org.uk是英國的一個商業團體
(B)www.cow.mil.jp是日本的一個牛奶協會
(C)www.network.net.au是奧地利的一個網路組織
(D)www.usc.edu是美國的一個學術單位。

( )43. 下列哪一個IP位址是屬於Class D？
(A)127.0.0.1 (B)192.168.0.1 (C)224.0.0.1 (D)240.0.0.1。 [103技藝競賽]

( )44. 下列哪一項技術是將私有IP位址轉換成公有IP位址？
(A)DHCP (B)DNS (C)URL (D)NAT。 [103技藝競賽]

( )45. 請問網路IP位置230.100.10.5是屬於IPv4的哪一種類型（Class）？
(A)Class A (B)Class B (C)Class C (D)Class D。 [103技藝競賽]

( )46. 陳國雄上網到http://www.ntu.mil.tw網站找資料，由其網域名稱可知它所代表的機構為： (A)軍事機構 (B)教育學術機構 (C)商業機構 (D)網路機構。

( )47. DNS伺服器提供下列何種服務？ (A)將網路卡位址轉換成IP位址 (B)將IP位址轉換成網路卡位址 (C)將網域名稱（domain name）轉換成IP位址 (D)電子郵件遞送服務。

( )48. 網址：http://www.usau.edu.tw/最可能為下列哪一單位？ (A)台灣某家財團法人 (B)中國某家私人企業 (C)台灣某教育單位 (D)美國某所大學。

統測試題

( )1. ADSL的頻寬速度通常以「下載速度／上傳速度」來表示。在不同通訊標準中，會有不同下載速度／上傳速度，下列何者為不正確的頻寬速度？ (A)1.5Mbps/8Mbps (B)1.5Mbps/512Kbps (C)24Mbps/3.5Mbps (D)8Mbps/896Kbps。 [102商管群]

( )2. 下列關於192.168.1.1這個IP位址的敘述，何者正確？
(A)是一個class A的多點廣播（Multicast）位址
(B)是一個class D的某企業專屬IP位址
(C)是一個class B的廣播（Broadcast）位址
(D)是一個class C的保留IP位址，可供私有區域網路使用。 [103商管群]

( )3. 在IPv4的位址中，一個B級（Class B）的網路系統可管轄的IP位址個數，和下列何者最接近？ (A)2^8個 (B)2^{12}個 (C)2^{16}個 (D)2^{20}個。 [104商管群]

( )4. 下列有關IPv4位址的敘述，何者錯誤？
(A)使用32位元來定址
(B)其位址的表示一般分為四個欄位
(C)203.74.1.255是一個Class C的廣播位址
(D)每欄位的數值範圍從1至255。 [104工管類]

( )5. C類IPv4位址的範圍是：
(A)192.0.0.0起，至255.255.255.255
(B)192.0.0.0起，至244.255.255.255
(C)192.0.0.0起，至239.255.255.255
(D)192.0.0.0起，至223.255.255.255。 [104工管類]

( )6. IPv6使用幾個位元來定址？ (A)32 (B)64 (C)128 (D)256。 [104工管類]

( )7. 下列哪一個IPv4位址是有問題的位址,它無法在網路上使用?
(A)11.11.11.11　　　　　　　　(B)172.712.71.12
(C)192.92.92.92　　　　　　　　(D)193.193.193.193。　　　　　[104工管類]

( )8. IPv6所能表示的IP位址數量是IPv4所能表示IP位址數量的多少倍?
(A)4　(B)2^4　(C)9^6　(D)2^{96}。　　　　　　　　　　　　[105商管群]

( )9. 以固定專線上網費用昂貴,但傳輸速度快且品質穩定,下列何者最適合?
(A)ADSL　(B)Cable Modem　(C)T3　(D)4G。　　　　　　[105工管類]

( )10. 下列有關IP位址的敘述,何者錯誤?
(A)IPv6以8組4個16進位數字所組成,每組數字以 "." 隔開
(B)202.168.6.5是一個Class C的IP位址
(C)Class B等級的IP,其網路位址(net ID)和主機位址(host ID)所佔位元數相等
(D)IPv4由4個介於0～255之間的數字所組成,每組數字以 "." 隔開。　[105工管類]

( )11. 若已知網際網路中A電腦之IP為192.168.127.38,且子網路遮罩(Subnet Mask)為255.255.248.0,下列哪一IP與A電腦不在同一子網路(網段)?
(A)192.168.128.11
(B)192.168.126.22
(C)192.168.125.33
(D)192.168.124.44。　　　　　　　　　　　　　　　　　　[105資電類]

( )12. 下列關於網際網路位址的表示方式之敘述,下列何者正確?
(A)IPv4位址用6組4位元的數字來表示,這些數字彼此會用「.」隔開
(B)IPv6位址用4組6位元的數字來表示,這些數字彼此會用「:」隔開
(C)IPv6位址用6個8位元的數字來表示,這些數字彼此會用「:」隔開
(D)IPv4位址用4個8位元的數字來表示,這些數字彼此會用「.」隔開。　[106資電類]

( )13. 在台灣,關於IP位址的分配工作,是由以下哪一個單位所負責?
(A)國家高速網路與計算中心　　　　(B)台灣網路資訊中心
(C)中華民國電腦技能基金會　　　　(D)工業技術研究院。　　　[107資電類]

( )14. 下列對於網際網路協定IP(Internet Protocol)的描述何者正確?
(A)全世界的IP位址可以分為A, B, C, D四種等級(Class)
(B)IPv4為16位元組成的位址,IPv6為32位元組成的位址
(C)IPv4位址包含了網路位址(Network ID)與主機位址(Host ID)
(D)IP位址與網域名稱(Domain Name)的對應是透過閘道器(Gateway)來協助。
　　　　　　　　　　　　　　　　　　　　　　　　　　　　　[107資電類]

( )15. Class A等級的IP位址從10.0.0.251至10.0.1.5共有幾個IP位址?
(A)10個　(B)11個　(C)12個　(D)13個。　　　　　　　　　[108商管群]

( )16. 下列何項是屬於CLASS C等級的IP位址?
(A)10.16.1.1　(B)172.16.1.1　(C)192.168.1.1　(D)255.255.255.0。　[108商管群]

( )17. 假設有一網頁伺服器(web server)的IP是192.168.3.10,透過8080埠號(port)提供網頁服務。若要請求這網頁伺服器的網頁服務,下列哪一個請求服務的格式是正確的?
(A)http://192.168.3.10/8080/index.html
(B)http://192.168.3.10+8080/index.html
(C)http://192.168.3.10/index.html@8080
(D)http://192.168.3.10:8080/index.html。　　　　　　　　　　[108工管類]

( )18. 假設甲乙不同網路內主機均設定合法的真實IP位址,今一台主機從甲網路搬移到另一個乙網路時,需進行以下何種處理才能正常連上網路? (A)必需同時更改它的IP位址和MAC位址 (B)只需更改它的IP位址 (C)必需更改它的MAC位址,但不需更改IP位址 (D)它的MAC位址及IP位址都不需要更改。 [109商管群]

( )19. 以下有關連接網際網路的方式說明,何者正確?
(A)ADSL採用非對稱速率傳輸模式,例如速率標示為5M/384K的ADSL網路系統,其下載速率可達5Mbps,上傳速率可達384Kbps
(B)Cable Modem可支援非對稱速率傳輸模式,例如速率標示為8M/512K的Cable Modem網路系統,其上傳速率可達8Mbps,下載速率可達512Kbps
(C)ADSL使用家用電話線路連上網際網路,因此無法在同一時間連線上網並使用家用電話機打電話
(D)Cable Modem使用有線電視業者提供的有線電視纜線連上網際網路,因為該條有線電視纜線屬於單一用戶專屬使用,Cable Modem的傳輸速率相當穩定,不會因連線用戶增加而降低傳輸速率。 [109工管類]

( )20. 下列關於網路相關敘述何者最正確?
(A)IPv6以256位元來表示位址
(B)IPv4以256位元來表示位址
(C)一個IP位址可以對應多個網域名稱
(D)URL是專門負責IP位址與網域名稱轉換的伺服器。 [110工管類]

( )21. 某台個人電腦其名稱為PC 123、IP位址為192.168.123.132、子網路遮罩為255.255.255.128,下列何項IP與PC 123位於相同子網路?
(A)192.168.123.123 (B)192.168.123.254
(C)192.168.132.123 (D)192.168.132.254。 [111商管群]

( )22. 關於IPv6的敘述,下列何者錯誤?
(A)其位址長度是IPv4的4倍
(B)2001:288:4200::24符合IPv6位址格式
(C)單一網卡介面可同時設定IPv4及IPv6位址
(D)2001:288:4200::24此IPv6位址符合以十進制表示方式。 [112商管群]

( )23. 某公司申請了一個IPv4的IP位址範圍為201.201.201.0至201.201.201.255,該公司考量網路管理擬規劃成2個子網路,則其子網路遮罩應為下列何者?
(A)255.255.254.0
(B)255.255.255.0
(C)255.255.255.127
(D)255.255.255.128。 [112商管群]

( )24. 下列何項是正確的IPv6格式?
(A)2001.0.0.0.0.0.0.0 (B)2001:ABCD:0:0:0:0:1428:57ab
(C)2001.168.21.13 (D)2001:0000:0000:00000:2500:0000:deaf。
[113商管群]

(　　)25. 某電腦教室的子網路遮罩是255.255.255.0、預設閘道位址是192.168.100.254，下列何者可設定為該電腦教室中某一台電腦的IP位址來提供正常連網服務？
(A)192.168.100.0　　　　　　　　(B)192.168.100.255
(C)192.168.100.254　　　　　　　(D)192.168.100.194。　　　　　　　　[114商管群]

(　　)26. 工程師在檢測電腦無法連網時發現以下情況：若使用目標網站的IP位址可以連網；改使用目標網站的網域名稱（domain name）時就無法連網。以上所述可能的原因是何選項？
(A)該電腦的DNS伺服器位址未設定或設定錯誤
(B)網路介面卡未啟用IPv6協定
(C)私人網路的防火牆已被關閉
(D)預設閘道位址設定錯誤。　　　　　　　　　　　　　　　　　　　　[114商管群]

(　　)27. 由於IPv4位址數量不敷使用，因而推出128位元位址長度的IPv6，下列何者是正確的IPv6位址？
(A)192.168.0.100　　　　　　　　(B)30:32:34:A5:DC:81
(C)2001:282:2:2:0:0:0:1　　　　　(D)FEC0:0:0:FFFF::1%1。　　　　　　[114工管類]

統測考試範圍

單元 5

網路服務與應用

學習重點

章名	常考重點	
第10章 網路服務	• 全球資訊網（WWW） • 電子郵件	★★★☆☆
第11章 雲端運算與物聯網	• 雲端運算應用 • 物聯網	★★★★☆

統測命題分析

數位科技概論

- 單元1 9%
- 單元2 15%
- 單元3 16%
- 單元4 15%
- 單元5 13%
- 單元6 15%
- 單元7 17%

數位科技應用

- 單元1 15%
- 單元2 11%
- 單元3 24%
- 單元4 11%
- 單元5 15%
- 單元6 17%
- 單元7 7%

第10章 網路服務

10-1 資訊傳遞

一、全球資訊網　103　104　110

1. **WWW**（**全球資訊網**）是由許多**網站**（web site）所組成，內容包含文字、圖片、動畫、聲音……等。網站是**網頁**（web pages）的集合，進入網站的第一個網頁，稱為**首頁**（homepage）。

2. **瀏覽器**（browser）是指瀏覽WWW網頁的工具。常見的瀏覽器有：

名稱	Microsoft Edge	Firefox	Chrome	Safari	Opera
廠商	Microsoft	Mozilla	Google	Apple	Opera
說明	Windows 10內建	自由軟體	免費軟體	macOS內建	免費軟體

→ 以上瀏覽器皆有提供手機版本，如iPhone手機內建的瀏覽器，即為Safari手機版的瀏覽器。

a. 在瀏覽網頁時，將游標移至設有超連結的文字或圖片上時，游標外觀會變成 ☝。

b. 瀏覽器瀏覽網頁的過程：

① 在瀏覽器中輸入網址
② 瀏覽器依據網址向伺服器發出請求
③ 伺服器找到網頁後，將資料傳回
④ 瀏覽器解讀資料並顯示在螢幕

c. 常見的瀏覽器安全性設定：

內容	說明
存取Cookie	Cookie是網站所記錄的使用者瀏覽資訊。使用者可透過瀏覽器的設定，來限制網站存取Cookie
下載外掛程式	外掛程式是指安裝在瀏覽器上以擴充功能的程式。使用者可決定是否下載安裝外掛程式
執行程式碼	瀏覽器可藉由執行網頁上的程式碼，來增加網頁呈現的效果與功能。使用者可設定是否要執行程式碼
顯示彈出式視窗	彈出式視窗是用於顯示額外訊息（如廣告、認證等）且另外開啟的網頁。使用者可決定是否封鎖該類視窗
安全性	調整瀏覽器的安全設定，可提供更主動且預測性的防護，降低潛在的網路威脅風險

第10章 網路服務

得分區塊練

(　)1. 要看WWW中的各類資訊，通常藉助下列哪一種軟體？
　　(A)影像處理軟體　(B)電子郵件軟體　(C)簡報軟體　(D)瀏覽器。

(　)2. 下列何者不是瀏覽器軟體？　(A)Firefox　(B)Outlook　(C)Chrome　(D)Safari。

3. 入口網站與資料搜尋：

   a. 某些網站分類蒐集了許多網頁資料，以方便使用者查詢，這類網站稱為**入口網站**（portal site），通常提供有**搜尋引擎**（search engine）的功能。

   b. 常見的入口網站，如Yahoo!奇摩、PChome Online網路家庭、yam蕃薯藤、MSN台灣。

   c. 要在網際網路中搜尋資料，除了可透過上述的入口網站之外，也可透過專門提供搜尋引擎功能的網站（如Google、Bing）來進行。

   d. 當我們在搜尋資料時，若搭配下表之搜尋語法，可讓搜尋結果更精確。

搜尋語法	說明	使用範例	搜尋標的
NOT（搜尋時須使用減號 -）	搜尋結果不包含某個關鍵字	資訊展△-高雄（△代表空白）	搜尋 "資訊展" 但不包含 "高雄"
AND（搜尋時須使用空白）	搜尋結果包含2個以上的關鍵字	台北資訊展△時間	搜尋 "台北資訊展" 及 "時間"
OR	搜尋結果只需符合任一關鍵字	台北資訊展△OR△台北資訊月	搜尋 "台北資訊展" 或 "台北資訊月"
" "	搜尋結果必須完全符合	"11月資訊展"	搜尋完全符合 "11月資訊展"
site:	可指定在特定網域中搜尋資料	site:gov△資訊展	在「政府網站」中搜尋 "資訊展"
filetype:	可指定只搜尋特定檔案類型的資料	考古題filetype:PDF	搜尋 "考古題" 的PDF檔案

◎五秒自測　在搜尋資料時，若在兩個關鍵字之間加上空白，代表何種意思？

   e. 不同搜尋引擎，搜尋出來的結果可能略有不同。

   f. 網路中有許多專門用來搜尋影片（如YouTube）、搜尋圖片（如Flickr、Pixabay）、電子地圖（如Google地圖、UrMap你的地圖網）及以圖找圖（如Google圖片、TinEye）的搜尋網站。

   g. 在網路上有許多知識，使用者透過搜尋引擎自行搜尋學習。例如：由全球網友協同創作的維基百科（Wikipedia）。

得分區塊練

( )1. 在網路上，若要找到同時討論「瑪利歐」與「寶可夢」的網路資訊，你可在Google網站輸入下列哪一組搜尋條件？
(A)瑪利歐　寶可夢
(B)瑪利歐 # 寶可夢
(C)瑪利歐 $ 寶可夢
(D)瑪利歐 % 寶可夢。

( )2. Google、Yahoo!奇摩等網站提供使用者可以透過關鍵字查詢網路上的資源，請問上述功能稱之為？
(A)Routers　(B)Search Engines　(C)Web site　(D)Web Servers。

二、電子郵件　107

1. 認識電子郵件（E-mail）：

   a. 電子郵件地址的格式如下，其中@念為「at」。

   使用者帳號 @ 郵件伺服器位址

   例 jameschen@yahoo.com.tw

   b. 電子郵件地址中不可以含有空白字元。

   c. 電子郵件伺服器（mail server）：提供電子郵件傳遞服務的伺服器。

   d. **垃圾郵件**（spam）：通常不是收件者想要收到的郵件，如各類廣告信。

2. 電子郵件通訊協定：

   a. 常見的電子郵件通訊協定：

通訊協定	功能
SMTP（Simple Mail Transfer Protocol）	寄信
POP3（Post Office Protocol 3）	收信 ── 會將伺服器上所有的郵件下載到電腦中
IMAP（Internet Message Access Protocol）	收信 ── 郵件會一直存放在伺服器中，使用者可先檢視郵件的寄件者與主旨，再決定是否下載郵件內容

   b. 收信與寄信功能可使用不同郵件伺服器來處理，但規模較小的機關（如一般學校、公司），通常是用同一部伺服器處理郵件的收、發。

   ◎五秒自測　POP3與SMTP通訊協定的主要功能為何？

3. 電子郵件軟體：

    a. 電子郵件軟體：收發及管理郵件的軟體，如Outlook、Thunderbird等。

    b. 首次使用電子郵件軟體，必須先設定郵件帳戶、內收（內送）郵件伺服器（POP3、IMAP）、外寄郵件伺服器（SMTP）及帳戶名稱與密碼等資料。

4. 電子郵件常見的功能：

    a. **附加檔案**：在郵件中可附加檔案寄送給收件者。有附加檔案的郵件，會顯示**迴紋針**（📎）符號。

        ◉五秒自測　收到的郵件若有顯示迴紋針，代表何種意思？

    b. **副本**：可讓與該封郵件內容相關的人也能收到郵件。

    c. **密件副本**：可隱藏密件副本收件者的名稱及電子郵件地址，使其他收件者看不到，達到知會與保密的雙重目的。

    d. 在收件者、副本或密件副本欄中，須至少輸入1位收件者的電子郵件地址，才能寄發郵件。

    e. 通訊錄：用來記錄連絡人的郵件地址及基本資料，可省去每次寄信輸入郵件地址的麻煩。

    f. 將郵件**回信**給寄件者時，會自動在郵件主旨前方加上「**Re:**」；
        將郵件**轉寄**給他人時，會自動在郵件主旨前方加上「**Fw:**」。

5. 網路電子信箱（web mail）：

    a. 網路電子信箱：只要用瀏覽器，就可以收發電子郵件。

    b. 連上網路電子信箱服務網站（如Yahoo!奇摩、Gmail、Outlook.com等），輸入事先申請取得的帳號及密碼，即可收發及閱讀郵件。

網路電子信箱服務	網址	信箱空間
Yahoo!奇摩電子信箱	https://mail.yahoo.com/	1TB
Outlook.com電子信箱	https://outlook.live.com/	15GB
Gmail電子信箱	https://mail.google.com/	與Google雲端硬碟、Google相簿共用15GB儲存空間

6. 電子郵件軟體 vs. 網路電子信箱：

收發工具	優點	缺點
電子郵件軟體	• 郵件可離線閱讀 • 郵件易於管理與保存	• 在不同的電腦收發郵件，必須重新建立郵件帳號及通訊錄 • 收發的郵件會儲存在電腦中，佔用硬碟空間
網路電子信箱	• 任何一台可上網的電腦皆可收發郵件 • 郵件儲存在網路上，不會佔用電腦的硬碟空間	• 必須連線才能閱讀郵件 • 免費信箱的空間由網路業者決定；可付費擴大空間

得分區塊練

( )1. 李小明的電子郵件地址為：lee643@nfu.edu.tw，試問lee643代表意義為何？
(A)小明的帳號 (B)小明的姓名 (C)小明的密碼 (D)小明的伺服器。

( )2. 下列哪一個不可能是EMAIL（電子郵件）帳號？
(A)dos_tw.tw@yahoo.com
(B)A213$ms75.hinet.net
(C)jjw_7@tsmc.com
(D)d8203222@mail.asd.com.tw。

( )3. 收發電子郵件時，負責郵件收取的是 __(1)__ 伺服器，負責郵件發送的是 __(2)__ 伺服器。請問空格(1)、(2)應分別填入
(A)HTTP、FTP (B)FTP、SMTP (C)SMTP、POP3 (D)POP3、SMTP。

( )4. 技安想使用Thunderbird寄電子郵件給阿福，請問通常外寄郵件伺服器是採用下列哪一種通訊協定？ (A)IMAP (B)POP3 (C)SMTP (D)HTTP。

( )5. 下列對電子郵件（E-mail）的敘述何者有誤？ (A)電子郵件帳號格式為：帳號&伺服器主機網址 (B)可同時寄一信給多人 (C)可在信中加入附加檔案 (D)利用SMTP外寄主機寄信。

( )6. 如果想把電子郵件寄送給許多人，卻又不想讓收件者彼此之間知道你到底寄給哪些人，可以利用下列哪一項功能完成？
(A)密件副本 (B)副本 (C)加密 (D)無此功能。

( )7. 在電子郵件軟體的收件匣中，若郵件前面出現迴紋針（📎）的符號，表示此郵件：
(A)含有讀取回條 (B)含有數位簽名檔 (C)具有高優先順序 (D)含有附加檔案。

( )8. 下列有關網路電子信箱的敘述，何者錯誤？ (A)收取的郵件可以下載並儲存在電腦硬碟中，供離線閱讀 (B)個人可使用的電子信箱空間通常是由網路業者決定 (C)可直接以瀏覽器軟體來閱讀郵件 (D)只要使用可連上網際網路的電腦即可收發郵件。

三、其他資訊傳遞的應用

常見應用	說明	舉例
即時通訊 （Instant Message, IM）	提供線上即時訊息傳遞、視訊語音交談、檔案分享等服務	LINE、 WeChat、 Facebook Messenger
社群網站 （social network）	提供使用者記錄個人心情、打卡、相簿、影音、直播影片、遊戲、心理測驗等服務的平台，並可將訊息發送社群中的好友或大眾分享	Instagram（IG）、 Facebook、 TikTok、 Dcard、 Threads
部落格 （blog）	又稱網誌，通常是一種個人化的生活記錄網站，可讓部落客發表個人的見解、心得或張貼照片，並可讓網友參與討論	痞客邦、 udn部落格
微型網誌 （microblog）	又稱微網誌，適合用來記錄個人心情、生活隨想等簡短訊息，通常限制字數在200字以內	微博、 X（推特）
電子佈告欄系統 （BBS）	提供許多不同主題的討論看板，讓使用者與網友交換意見或線上交談的系統	批踢踢實業坊

1. **六度分隔理論**：2個互相不認識的人，透過週遭6個人的關係聯繫後，即會產生關聯，社群網站是此一理論的實踐產品。

2. 連接BBS方式：可以在個人電腦中使用終端機模擬軟體（如PCMan、Welly等），或是在Windows的命令提示字元視窗中，以telnet指令來連上BBS站。

得分區塊練

( ) 1. 部落格可讓網友發表個人見解、心得或張貼照片，且可讓網友在留言處參與討論。下列何者是常見的部落格？
(A)痞客邦　(B)Yahoo!奇摩　(C)momo購物網　(D)WeChat。

( ) 2. 下列何者不是即時通訊軟體常見的功能？
(A)線上即時訊息　(B)視訊語音交談　(C)檔案分享　(D)檔案壓縮。

10-2　檔案傳輸

一、HTTP檔案傳輸

1. 透過**瀏覽器**（如Chrome、Firefox、Safari）傳輸。
2. 下載的檔案尚未傳輸完畢前，若網路斷線，必須重新下載。

二、FTP檔案傳輸

1. 透過瀏覽器或**FTP軟體**（如CuteFTP、FileZilla）來傳輸。
2. 必須輸入帳號、密碼，才能登入FTP伺服器。
3. 有些FTP網站，提供有匿名帳號（Anonymous），不需輸入帳號、密碼，即可登入。

三、P2P檔案傳輸

1. 透過**P2P**（peer-to-peer，點對點，又稱對等式）**軟體**（如eMule、BitComet、Send Anywhere）來傳輸。
2. 直接與網路上其他使用者交換電腦中的資料，不需經過特定的伺服器。
3. 多數P2P軟體採用「多點對多點的下載方式」來傳輸資料，即指可從不同電腦下載同一檔案，當分享檔案的電腦越多，下載速度越快。如要下載X檔案，可從有分享X檔案的眾電腦中，下載檔案的不同部分，最後再組合回原檔案。

4. P2P檔案分享易有感染惡意軟體、侵犯著作權以及隱私外洩等問題，使用時要特別留意。

四、雲端硬碟上傳／下載資料

1. 利用業者提供的儲存空間，可讓使用者透過網路存放檔案的應用服務。可方便使用者在不同地點、不同裝置與他人分享／編輯檔案。

2. 常見的免費雲端硬碟網站：

網站名稱	網址	可用空間[註]
MEGA	https://mega.io/	20 GB
Google雲端硬碟	https://drive.google.com/	15 GB
Microsoft OneDrive	https://onedrive.live.com/	5 GB
Dropbox	https://www.dropbox.com/	2 GB

得分區塊練

(　)1. 使用檔案分享軟體，可與網友分享自己電腦中的檔案，但警方提醒民眾別把自己的私密資料（如網路報稅資料）也分享出去了！請問這類檔案分享軟體稱為？
(A)瀏覽器　(B)FTP軟體　(C)即時通訊軟體　(D)P2P軟體。

(　)2. 下列何者是以P2P（peer-to-peer）方式提供服務？
(A)WWW　(B)YouTube　(C)Wikipedia　(D)Send Anywhere。

註：網站可能會調整可用空間的大小。

10-3 數位內容

一、認識數位內容

1. **數位內容**（digital content）泛指利用資訊科技將文字、圖像、影像、語音等多媒體內容數位化，並整合而成的產品或服務。

2. 常見的數位內容：

數位內容	說明
電子書 （eBook）	• 一種電子化的書籍，使用者可利用數位裝置（如手機、平板電腦及電子書閱讀器等）來下載、儲存及閱讀 • 可呈現動態多媒體內容 • 可節省紙張及書籍的存放空間 • 電子墨水（E Ink）顯像技術的電子紙顯示器，具有較不反光、低耗電、可在太陽下閱讀的特性，如Kindle電子書閱讀器 • 常見的電子書資源：台灣雲端書庫、國立公共資訊圖書館電子書服務平台、Readmoo讀墨、樂天kobo、Amazon的Kindle Store、博客來等
數位影像 （digital image）	• 透過資訊設備以數位化方式記錄的影像/圖片 • 可使用手機、數位相機、掃描器直接取得數位影像，也可用繪圖軟體繪製數位化的影像 • 常見的免費圖片網站：Pixabay、Flickr、iStock等 • 網路相簿是一種可將數位影像備份到雲端的平台，常見的網路相簿平台：Google相簿、Flickr
數位音樂	• 數位化儲存的音樂 • 常見的數位音樂網站：KKBOX、Spotify、Apple Music、freesound、Musopen等
數位影片	• 數位化儲存的影片 • 電腦動畫是數位影片的一種，它是由快速連續播放的影像畫面所組成 • 常見的數位影片網站：YouTube、Netflix、LINE TV等
數位學習	• 使用資訊科技將教學內容提供給使用者進行學習的產品或服務 • 常見的數位學習平台：ewant育網開放教育平台、MOOCs磨課師、均一教育平台
數位遊戲	• 提供娛樂性質的軟體，常見的有電腦遊戲（單機、線上版）、手機遊戲、電子遊戲機遊戲等 • 常見的遊戲取得管道： 　■ 電腦遊戲：Steam平台 　■ 手機遊戲：Google的Play商店、Apple的App store 　■ 電子遊戲機遊戲：Switch、PS5

第10章 網路服務

a. 在網路上使用數位內容（如電子書、數位影像、數位音樂、數位影片等）時，務必遵守著作權規範。

b. 常見的電子書格式：

常見的電子書格式	特色
txt、html、chm、docx	使用電腦閱讀電子書常見的格式
pdf	可保留電子文件原貌，支援中文直排，但檔案較大、翻頁較慢
ePub	是目前電子書出版廠商最常使用的格式，較新的版本可嵌入影音內容
azw、mobi、azw3	• Amazon電子書城專用的電子書格式 • azw的版權保護功能比mobi更齊全，且可嵌入影音內容 • azw3以mobi為基礎所開發，支援更豐富的圖文排版，是目前Amazon電子書城主要使用的電子書格式

得分區塊練

( ) 1. 下列何者不是常見的數位內容？
(A)電子書　　　　　　　　(B)書面報章雜誌
(C)數位音樂　　　　　　　(D)數位影片。

( ) 2. 下列何者不是使用電子墨水（E Ink）顯像技術製造的電子書閱讀器之特色？
(A)低耗電　　　　　　　　(B)不易反光
(C)在太陽下可閱讀　　　　(D)易使眼睛疲勞。

數位科技概論 滿分總複習

滿分晉級

情境素養題

▲ 閱讀下文，回答第1至2題：

小惠是一個重度依賴智慧型手機的使用者，幾乎已到「機不離身」的地步，平時會與朋友使用LINE互相傳遞訊息，在她出門逛街時也會在各個景點拍照、打卡，將照片上傳Instagram，偶爾還會上推特看朋友們的隨手心情紀錄。

( )1. 請問在上述情境中，小惠沒有使用下列哪一種類型的網路服務？
(A)即時通訊　(B)電子佈告欄系統　(C)社群網站　(D)微型網誌。 [10-1]

( )2. 小惠在看朋友們的推特內容時，不太可能看到下列何者？
(A)阿文用2句李白的詩來表達自己的心情
(B)曉倫用一張圖片及1行文字記錄旅遊點滴
(C)仁荷引用告五人的歌曲歌詞來抒發心情
(D)俊憲分享自創的1萬字武俠小說。 [10-1]

( )3. 如果你有住在國外的朋友，你想寄一張相片給他（她），可以先將照片掃瞄成檔案，然後用電子郵件軟體的哪一項功能寄過去？
(A)遠端登入　(B)附加檔案　(C)搜尋　(D)密件副本。 [10-1]

( )4. 倛涵發現收到的多封電子郵件中，有一封郵件的收件者未顯示自己的電子郵件地址，請問這是因為下列何種原因所引起的結果？
(A)該郵件含有附加檔案
(B)該郵件沒有主旨
(C)對方將她的電子郵件地址輸入在「密件副本」欄
(D)該郵件為轉寄信件。 [10-1]

精選試題

10-1
( )1. 下列何者可以利用Web mail來達成？
(A)收發電子郵件（E-mail）　　(B)架設BBS網站
(C)與好友小芳進行網路聊天　　(D)架設電子郵件伺服器（mail server）。

( )2. 小明欲以電子郵件軟體寄一封電子郵件給兩位好朋友，下列何者為正確的「收件者」欄位的填寫方式？
(A)can@au.edu~bin@pu.edu　　(B)can@au.edu;bin@pu.edu
(C)can@au.edu:bin@pu.edu　　(D)can@au.edu&bin@pu.edu。

( )3. 電子郵件地址（Email Address）如何組成？
(A)郵件伺服器名稱@使用者名稱　　(B)使用者名稱@郵件伺服器名稱
(C)使用者名稱#郵件伺服器名稱　　(D)郵件伺服器名稱#使用者名稱。

( )4. 在設定電子郵件的哪一項功能時，可能會選用POP3（郵局通訊協定第三版）？
(A)收信　(B)寄信　(C)通訊錄　(D)郵件規則。

(   )5. 下列有關電子郵件的敘述何者不正確？
　　　(A)電子郵件不可以沒有郵件內容
　　　(B)電子郵件可以同時送給許多人
　　　(C)電子郵件位址中不可以沒有@的符號
　　　(D)電子郵件軟體可以隨時送收電子郵件。

(   )6. 電子郵件允許你發送訊息到？
　　　(A)只有在相同網域的使用者　　(B)可以在相同或不同網域的使用者
　　　(C)只可以發給認識的人　　　　(D)只可以發給通訊錄上的人。

(   )7. 琳達去捐血，醫護人員請她留下電子郵件地址，她告訴醫護人員：『我的帳號是linda，使用Yahoo信箱（yahoo.com.tw）。』請問琳達的郵件地址為
　　　(A)yahoo@linda.com.tw
　　　(B)yahoo#linda.com.tw
　　　(C)linda@yahoo.com.tw
　　　(D)linda#yahoo.com.tw。

(   )8. 下列關於電子郵件軟體與網路電子信箱的敘述，何者正確？
　　　(A)電子郵件軟體必須保持連線才可閱讀郵件
　　　(B)網路電子信箱是使用POP3或IMAP通訊協定來發送信件
　　　(C)使用電子郵件軟體不需設定帳戶資料即可收發郵件
　　　(D)網路電子信箱中的郵件是存放在網路上，不會佔用電腦的硬碟空間。

(   )9. 有關網路電子信箱之敘述，下列何者錯誤？
　　　(A)無法刪除郵件　　　　　　　(B)可以回覆郵件
　　　(C)方便旅遊者接收郵件　　　　(D)可使用網頁瀏覽器閱讀郵件。

(   )10. 如果你參加猜謎節目，有一道問題不會回答，但是可以使用一項網際網路的服務來找答案。請問你最不可能利用下列哪一項服務？
　　　(A)Google搜尋引擎　(B)Yahoo!奇摩搜尋　(C)維基百科　(D)MOD互動電視。

(   )11. 許多線上教學網站將授課內容放置在網站上，讓學習者可隨時隨地上網瀏覽，請問這種教學方式稱為？
　　　(A)電腦輔助教學　(B)網路教學　(C)線上廣播教學　(D)模擬訓練。

10-2 (   )12. 下列何者不是常見的網路檔案傳輸方式？
　　　(A)HTTP傳輸　(B)FTP傳輸　(C)P2P傳輸　(D)C2C傳輸。

(   )13. 下列何者是採用多點對多點的下載方式，可從不同的電腦中下載檔案，當分享檔案越多，下載速度就越快？
　　　(A)HTTP傳輸　(B)P2P傳輸　(C)FTP傳輸　(D)雲端硬碟下載。

10-3 (   )14. 下列哪一種電子書格式是目前電子書廠商最常使用的，且較新的版本還可嵌入影音內容？　(A)pdf　(B)txt　(C)ePub　(D)azw。

(   )15. 下列何者不是使用電腦閱讀的電子書之常見格式？
　　　(A)txt　(B)html　(C)docx　(D)azw。

(　　)16. 使用電子書好處多多，下列何者不是電子書的特色？
　　　　(A)節省紙張　　　　　　　　　　(B)節省書籍的存放空間
　　　　(C)可呈現多媒體內容　　　　　　(D)可自行列印出來販售。

(　　)17. 下列何者無法用來閱讀電子書？
　　　　(A)智慧型手機　(B)平板電腦　(C)個人電腦　(D)數位相機。

(　　)18. 利用資訊科技將文字、圖像、影像、語音等多媒體內容數位化，並整合而成的產品或服務稱為？　(A)數位內容　(B)數位服務　(C)數位科技　(D)雲端應用。

(　　)19. 下列何者不是常見的數位學習平台？
　　　　(A)Steam平台　　　　　　　　　(B)ewant育網開放教育平台
　　　　(C)MOOCs磨課師　　　　　　　　(D)均一教育平台。

統測試題

(　　)1. 欲用Google網站搜尋台灣教育機構網域（edu.tw）中有關ADSL的網頁，請問下列何項查詢字串最適合？
　　　　(A)ADSL site:edu.tw　　　　　(B)area:edu.tw ADSL
　　　　(C)ADSL www.edu.tw　　　　　 (D)www:edu.tw ADSL。　　　　[102工管類]

(　　)2. 一個電子郵件地址格式如king@ntu.edu.tw，其中@之後ntu.edu.tw代表：
　　　　(A)使用者帳號
　　　　(B)檔案傳輸之協定
　　　　(C)郵件伺服器地址
　　　　(D)個人網頁帳號。　　　　　　　　　　　　　　　　　　　　[102資電類]

(　　)3. 下列何者最容易使公眾人物在網路上發表自己的動態、活動消息或張貼照片等供大眾分享？　(A)部落格　(B)網路電話　(C)電子信箱　(D)CuteFTP。　[102資電類]

(　　)4. 在Google網站的搜尋欄位中，輸入下列哪一個字串，會得到數目最多的搜尋結果？
　　　　(A)"紅樓夢背景"　　　　　　　　(B)"紅樓夢" OR "背景"
　　　　(C)"紅樓夢" AND "背景"　　　　(D)"紅樓夢" "背景"。　　　[103商管群]

(　　)5. 請問一般電子郵件伺服器（Email Server）間的「寄送郵件」是透過何種通訊協定？
　　　　(A)HTTP　(B)SMTP　(C)POP3　(D)DHCP。　　　　　　　　　[103資電類]

(　　)6. 如果大雄要用Google搜尋引擎找出含有完整關鍵字「資訊科技」之網頁，並且剔除含「公司」兩字之網頁，下列哪一項關鍵字搜尋指令較適合？
　　　　(A)"資訊科技 no公司"　　　　　(B)"資訊科技" !="公司"
　　　　(C)"資訊科技" not"公司"　　　 (D)"資訊科技" -"公司"。　　[104商管群]

(　　)7. 若欲將一封電子郵件用Outlook Express寄送給許多人但收件者之間彼此不知道寄件者同時寄給哪些人，則可使用下列何項功能？
　　　　(A)加密　(B)副本收件人　(C)正本收件人　(D)密件副本收件人。　[104工管類]

(　　)8. 下列哪一個通訊軟體屬於VoIP（voice over internet protocol）網路電話應用軟體？
　　　　(A)FileZilla　(B)eMule　(C)Skype　(D)Google Wallet。　　[104工管類]

(　　)9. 在Google搜尋引擎之欲搜尋關鍵字欄位中進行下列哪一種資料輸入，可以在aa.com網站中搜尋到內容有「BB」但排除「CC」及「DD」的網頁？
　　　　(A)BB -CC DD site:aa.com　　　(B)BB -CC -DD site:aa.com
　　　　(C)BB -CC DD http:aa.com　　　(D)BB -CC -DD http:aa.com。　[105工管類]

( )10. 下列有關資料搜尋的敘述何者錯誤？
(A)Google Map可以建議行車路線
(B)維基百科提供知識搜尋的服務
(C)搜尋網路中的檔案必須透過檔案伺服器來完成
(D)在搜尋引擎中輸入關鍵字可以快速找到相關資料。 [105工管類]

( )11. 以Google搜尋引擎為例，使用下列字串搜尋，哪一種搜尋結果的項目數最少？
(A)統測 學測　(B)統測 OR 學測　(C)統測 -學測　(D)"統測 學測"。 [106工管類]

( )12. 下列哪一個Google運算子用來搜尋特定網站的資料？
(A)site:　(B)inurl:　(C)link:　(D)location:。 [106工管類]

( )13. 使用Microsoft Outlook Express電子郵件軟體撰寫信件，必須正確填寫下列哪一項資料才能順利傳送至目的地？
(A)附加檔案　(B)收件者　(C)主旨　(D)內容。 [106工管類]

( )14. 下列關於雲端運算以及服務的敘述，何者不適當？
(A)雲端運算是一種分散式運算技術的運用，由多部伺服器進行運算和分析
(B)Gmail是由Google公司提供的一種郵件服務，它會自動將網際網路中的郵件快速儲存到個人電腦中，以提供使用者離線（Off-line）瀏覽所有郵件內容
(C)雲端服務可以提供一些便利的服務，這些服務包含多人可以透過瀏覽器同時進行文書編輯工作
(D)使用智慧型手機在臉書上發佈多媒體訊息時，會使用到雲端服務。 [106資電類]

( )15. 下列有關abc@mail.com.tw電子郵件地址的敘述，何者正確？
(A).com.tw為使用者帳號
(B)abc@mail為使用者帳號
(C)@mail為郵件傳輸協定
(D)mail.com.tw為郵件伺服器位址。 [107商管群]

( )16. 大明若用Outloook Express寄信，「收件者」欄中填小美的信箱、「副本」欄中填志雄的信箱、「密件副本」欄中填宜靜的信箱，則當小美收到信時，下列敘述何者最正確？
(A)小美不會知道該信有知會志雄及宜靜
(B)小美可以知道該信有知會志雄及宜靜
(C)小美可以知道該信有知會宜靜，但不會知道有知會志雄
(D)小美可以知道該信有知會志雄，但不會知道有知會宜靜。 [107工管類]

( )17. 若我們想要在Google搜尋引擎中，找到內容含有「計算機概論考古題」但又不想要含有「解答」的pdf格式文件，下列哪一個搜尋字串最能符合需求？
(A)(計算機概論考古題-解答) in:pdf
(B)計算機概論考古題 -解答 filetype:pdf
(C)計算機概論考古題 NO 解答 filein:pdf
(D)計算機概論考古題 without:解答 typein:pdf。 [107工管類]

( )18. 假設在搜尋蛋糕食譜時，指定的條件如下：
甲、尋找「紅絲絨蛋糕」
乙、不要含有「麵包」的相關內容
丙、只在烘焙專業網域（mycookie.idv.tw）上找
依照上述條件，下列哪一個Google的搜尋字串最為適切？
(A)紅絲絨蛋糕 XOR 麵包web:www.mycookie.idv.tw
(B)紅絲絨蛋糕 -麵包site:mycookie.idv.tw
(C)紅絲絨蛋糕 ~麵包@mycookie.idv.tw
(D)(紅絲絨蛋糕 -麵包)%www.mycookie.idv.tw。 [108工管類]

( )19. 下列有關「Google圖片」搜尋功能的敘述，何者不正確？
(A)可以用特定字詞或詞組來搜尋圖片
(B)可設定封鎖含有限制級內容的搜尋結果
(C)無法以圖片來反向搜尋含有該圖片的網站
(D)可以用圖片來搜尋外觀與該圖片相似的圖片。 [108工管類]

( )20. 在「IMAP、HTML、SMTP、FTP、POP3」中有幾項與內收郵件伺服器通訊協定有關？ (A)4 (B)3 (C)2 (D)1。 [108工管類]

( )21. 使用Google搜尋引擎，如圖（一）所示在搜尋欄中輸入「免費線上遊戲」並選擇「圖片」，下列敘述何者不正確？

圖（一）

(A)按下 "📷" 圖示後，可以上傳圖片或是圖片網址，啟動「以圖搜圖」的功能搜尋免費線上遊戲的相關圖片
(B)按下 "🎤" 圖示後，可以搜尋免費遊戲的線上玩家大頭貼，並與他們進行語音對話
(C)按下 "🔍" 圖示後，可以搜尋免費線上遊戲的相關圖片
(D)如果要限定搜尋本週內最新公布的免費線上遊戲圖片，可點選「工具」進行搜尋條件設定。 [109工管類]

( )22. 下列有關Gmail的說明，何者正確？
(A)每個人只能申請一組Gmail帳戶
(B)使用者必須要在電腦安裝專用的Gmail郵件軟體才能開啟或是透過Gmail寄送電子信件
(C)使用「回覆」功能處理對方寄來的電子郵件時，若使用者沒有另行編輯回覆的信件內容，Gmail會將對方寄來的電子郵件所有內容（包含附加檔案）寄回給該郵件的發信者
(D)使用「轉寄」功能處理對方寄來的電子郵件時，若使用者沒有另行編輯轉寄的信件內容，Gmail會將對方寄來的電子郵件所有內容（包含附加檔案）寄給指定的收信者。 [109工管類]

( )23. 下列有關設定瀏覽器安全等級的敘述，何者錯誤？
(A)可讓瀏覽器不下載外掛程式元件
(B)可讓瀏覽器不執行程式碼
(C)可自動設定防火牆
(D)可讓瀏覽器限制某些網站存取Cookie。 [109商管群]

( )24. 以Google搜尋引擎為例，下列敘述何者最正確？
(A)搜尋「1024+1024」，無法獲得答案2048
(B)搜尋「臺中 -美食」，可以獲得臺中地區的美食資料
(C)搜尋「天氣臺北中正區」，可以獲得臺北中正區的溫度
(D)搜尋「計算機概論 site:tcte.edu.tw」，無法獲得www.tcte.edu.tw網站中關於計算機概論的資料。 [110工管類]

( )25. 使用Google搜尋具完全相符字串的網頁，下列何種搜尋技巧最相關？
(A)"" (B)* (C)- (D)..。 [110工管類]

( )26. 關於電子郵件（E-mail）的使用，缺少何種正確資訊則無法順利寄達？
(A)副本　(B)主旨　(C)密件副本　(D)收件者信箱地址。　　　　　　　　　　[110工管類]

( )27. 小華可以在網路與他人進行即時訊息的交換，配合電腦週邊還可使用網路視訊進行小組會議。請問以上情境與下列何項應用程式的功能最不相關？
(A)BBS　(B)LINE　(C)Skype　(D)Hangouts。　　　　　　　　　　　　　　[110工管類]

( )28. 下列敘述何者最不正確？
(A)FileZilla為FTP檔案傳輸軟體
(B)FTP屬於TCP/IP協定中的應用層
(C)Windows作業系統的檔案總管不支援FTP服務
(D)以「ftp://ftp.tcte.edu.tw」而言，表示該網站使用FTP通訊協定。　　　　[110工管類]

( )29. 關於檔案傳輸的敘述，下列何者錯誤？
(A)FTP與P2P兩種方式均可分享檔案
(B)BitComet為P2P用戶端常用的軟體之一
(C)FileZilla為FTP用戶端常用的軟體之一
(D)用主從式架構來分享檔案之一的方式包含P2P。　　　　　　　　　　　　　[112商管群]

NOTE

第11章 雲端運算與物聯網

11-1 雲端運算應用

一、雲端運算的概念

1. 雲端運算（cloud computing）最初的概念是由美國科學家約翰・麥卡錫（John McCarthy）所提出。

2. **雲端運算**：透過網際網路連結許多電腦伺服器與儲存設備，提供使用者做運算與資料儲存等網路服務的技術。

3. 雲端運算技術常採用「分散式處理」的方式來運算、處理及儲存資料。網路上的各種雲端服務即是運用這種技術來提供服務。

4. **邊緣運算**（edge computing）：雲端運算常會利用區域網路的電腦或鄰近的基地台先進行部分運算，以分散雲端資料運算的負擔，並縮短資料往返的時間。

二、常見的雲端運算應用

雲端運算應用的領域	常見的服務類型
辦公室	・網路電子信箱（如Gmail）　・線上繪圖（如Draw.io） ・線上文件編輯（如Google文件）　・線上排版（如FotoJet） ・線上轉檔（如Online Convert）　・電腦硬體資源的租用 ・線上掃毒（如VirusTotal）　　（如Amazon EC2）
日常生活	・雲端行事曆（如Google日曆）　・線上影音服務（如YouTube） ・雲端記事本（如Evernote）　・雲端硬碟（如OneDrive）
交通運輸	・線上地圖（如Google Maps） ・交通導航（如樂客導航王）
教育學習	・虛擬教室（如國立空中大學） ・數位學習資源（如臺北酷課雲）
政府服務	・電子化政府（如電子化政府服務平台） ・網路報稅（如財政部電子申報系統） ・雲端電子發票（如財政部電子發票整合服務平台）

A11-1

三、巨量資料

1. **巨量資料**（Big Data）：又稱**大數據**，泛指大到難以用一般資料存取方式儲存，或用一般方式分析處理的龐大資料。

2. 巨量資料必須同時具備大量、快速、多樣三項特性。
   a. **大量**（Volume）：指資料量大，大到難以用一般方式存取或分析處理。
   b. **快速**（Velocity）：指資料產生的速度相當快速（如人們瀏覽網頁的紀錄、網路購物產生的交易等），資料每分每秒都不斷地產生。
   c. **多樣**（Variety）：指資料類型非常多元（如文字、數字、圖片、影片、3D影片、超連結文字等）。

大量 Volume

Big Data

快速 Velocity　　多樣 Variety

3. 除了上列3項特性之外，也有人主張巨量資料應具備**真實／準確性**（Veracity）、**合法性**（Validity）等特性。

得分區塊練

( )1. 若電腦中未安裝有文書處理軟體，可以善用下哪一個網站來撰寫期末報告？
 (A)網路學習網站　　　　　　(B)維基百科
 (C)Google文件　　　　　　　(D)Yahoo!奇摩。

( )2. 曉華身為班長，想要規劃班遊的行車路線及控管行車時間，請問下列哪一項雲端運算應用的功能對曉華而言最有幫助？
 (A)Amazon EC2　　　　　　 (B)Google Maps
 (C)Gmail　　　　　　　　　 (D)VirusTotal。

第11章 雲端運算與物聯網

11-2 物聯網

一、物聯網簡介

1. **物聯網**（Internet of Things, IoT）：是一種將生活中各種物品串連起來的網路，物品連上網路後，就可進一步相互傳遞訊息，接收來自中央管理系統的指令，以達到識別、管理、監控物品／設備及週遭環境等目的。

2. 物聯網的發展可概分為以下3個階段：

發展階段	說明
1995年 概念階段	比爾‧蓋茲出版《未來之路》一書，書中提及萬物互聯的概念，此概念被視為是物聯網的雛形
1999年 RFID標籤階段	美國麻省理工學院（MIT）的凱文‧艾許頓（Kevin Ashton），提出透過RFID來識別、連結物品的構想，藉此達到智慧管理物品的目標。業界稱他為「物聯網之父」
2005年 物物相連階段	國際電信聯盟（ITU）所發布的報告中，說明物聯網的願景為：世界上的各項物品都能透過網路互相連結，以進行物品之間的識別、管理與溝通

二、物聯網架構　111　113　114

1. 根據歐洲電信標準協會（ETSI）的定義，物聯網的架構依工作內容可分為**應用層**、**網路層**、**感知層**。

2. 物聯網的架構：

架構	說明
應用層 （application layer）	• 建構於感知層與網路層之上 • 依照各種應用的需求開發應用程式，處理與分析所蒐集的訊息，以提供特定的功能或服務 • 常見的應用：智慧家庭、智慧農業、車聯網等
網路層 （network layer）	• 由各種提供網路傳輸功能的硬體元件及控制程式所組成 • 負責透過有線或無線網路傳遞物聯網的資訊，或將物聯網中的資訊傳輸到雲端 • 常見的無線網路通訊技術： 藍牙、ZigBee、Wi-Fi、5G NR、4G LTE、LPWAN等
感知層 （perception layer）	• 透過感測器（sensor）感知環境、蒐集資料，並傳回物聯網的中央管理系統，以進行處理、分析與反應 • 常見的感測器：溫度／濕度／震動／聲音／壓力感測器、雷達測距儀、感測方向的陀螺儀、感測位置的GPS、RFID讀取器及標籤等

a. 常用的無線網路通訊技術：

通訊技術	說明
藍牙（bluetooth）	常用於數十公尺內的網路資料傳輸
ZigBee	
Wi-Fi	
5G NR	強化物與物之間的溝通，以實現「物聯網」應用，具有高速率、低延遲、多連結等特性
4G LTE	常用於將資料傳輸至網際網路
LPWAN	物聯網常用的通訊技術，具有低功率、低傳輸量、低成本等特性

b. ZigBee（中文稱為紫蜂協定），是短距離無線傳輸的通訊協定，具有低成本、低耗電、安全等特性。

三、物聯網的應用 111 113

常見的物聯網應用領域	說明	實例
能源控管	可管理調節家庭用水、電、瓦斯等，減少能源的消耗	智慧電表、能源管理器
交通運輸	可監測、管理與疏導交通狀況	大眾運輸「車聯網（IoV）」、公車動態資訊系統、自動駕駛車的自動駕駛應用
警政保安	• 可進行監控並分析，找出犯罪熱點，以改善警政人力不足的問題 • 透過各地監視錄影機設備傳送的相關資訊，掌控可疑人物及車輛的進出	輪動式科技執法、E化天眼3D維安網
軍事應用	• 可蒐集敵軍行蹤以規劃攻擊行動 • 可調派規劃物資	美軍的「後勤物資物聯網」
農漁畜牧應用	可監控各種環境數據（如風速、溫度等），以通知業主讓傷害降到最低	宜蘭蔥農的「風速感應器」與「破風網」

第11章 雲端運算與物聯網

1. **智慧物聯網**（AIoT）是將**人工智慧**（AI）與**物聯網**（IoT）結合應用，常見的智慧物聯網應用有AIoT保全系統、智慧機器人等。

2. **車聯網**（Internet of Vehicles, IoV）：是物聯網在交通運輸領域的應用，透過無線網路技術，讓車輛連上網路，進而取得整個城市的車輛即時動態資訊（如車輛中可以安裝GPS以取得所在位置、輪胎裝設相關感測器以蒐集路面狀況資訊等），並從中延伸各項應用。

四、常見的網路科技應用

常見的網路科技應用	說明
智慧城市	城市系統整合、管理（如水力、電力、保全、交通等），將網路科技結合於城市，打造一個安和樂利、健康舒適的「智慧城市」
智慧家庭	結合了電腦技術、人工智慧、網路通訊技術等，將生活中的物品（如冰箱、電燈等）裝上感測器，並連上網路，以形成物聯網，使家庭生活變得更便利、舒適及安全
智慧停車	結合了車牌辨識、引導停車、停車定位、繳費等功能的智慧停車系統，可掌握城市中的即時停車狀況，改善城市的停車狀況
智慧路燈	街道路燈結合多種感測器（如溫度、濕度、空氣品質等）及監視設備成為「智慧路燈」，將蒐集而來的資料進行分析（如人車流量、違規情形等），以提高城市中的交通安全
無人飛行載具（UAV）	• Unmanned Aerial Vehicle，又稱為無人機，是一種無搭載人員的飛行器，通常以遙控或自動駕駛的方式來飛行 • 可搭載照相機、攝影機、電動夾爪等設備 • 常見應用：運送貨品、農業應用（如噴灑農藥、施肥）、畜牧應用（如監控動物的遷徙移動、餵食動物、帶領動物移動）、廣告行銷（如懸掛廣告布條動態宣傳）、軍事應用（如監控、偵查、情報蒐集、勘查敵方陣營）等

得分區塊練

( ) 1. 物聯網的雛型概念是由誰所提出？
(A)伊隆・馬斯克（Elon Musk） (B)比爾・蓋茲（Bill Gates）
(C)傑佛瑞・貝佐斯（Jeff Bezos） (D)約翰・麥卡錫（John McCarthy）。

( ) 2. 根據歐洲電信標準協會（ETSI）的定義，物聯網的架構依工作內容可分為哪3層？
(A)應用層、感知層、網路層 (B)應用層、資料連結層、實體層
(C)傳輸層、感知層、網路層 (D)應用層、感知層、實體層。

滿分晉級

情境素養題

▲ 閱讀下文，回答第1至2題：

文興常常使用「公車動態資訊系統」來查看公車到站時間，以做好時間管理，避免花費太多時間等待公車；他的家中也裝設了「智慧電表」及「能源管理器」來管理家中的能源使用，以達到節約能源的目的；他在觀看電視節目時，偶然看到新北推動「E化天眼3D維安網」，警察只要在公務電腦中輸入車牌號碼即可查詢歷史行車軌跡與即時追蹤，以利犯罪偵查，使辦案更加方便快速，讓文興驚嘆網路科技時代的進步。

( )1. 以上情境中的應用，與下列何者最為相關？
(A)數位影片 (B)物聯網 (C)3D列印 (D)交談式處理。 [11-2]

( )2. 文興發現上述這些應用，大部分都需要使用到無線網路通訊技術，請問下列何者不是無線網路通訊技術？
(A)LPWAN (B)藍牙 (C)ZigBee (D)光纖。 [11-2]

精選試題

11-1
( )1. 雲端運算最初的概念是由誰所提出？
(A)伊隆・馬斯克（Elon Musk）
(B)比爾・蓋茲（Bill Gates）
(C)傑佛瑞・貝佐斯（Jeff Bezos）
(D)約翰・麥卡錫（John McCarthy）。

( )2. 雲端運算常會利用區域網路的電腦或鄰近的基地台先進行部分運算，以分散雲端資料運算的負擔，並縮短資料往返的時間。請問這種減輕雲端資料運算負擔的運算方式稱為？ (A)鄰近運算 (B)四則運算 (C)邊緣運算 (D)基本運算。

( )3. 下列有關「雲端運算」技術概念的敘述，何者是正確的？
(A)在電腦上進行雲狀式的數學運算
(B)空軍在雲層中利用電腦進行運算
(C)兩台電腦以藍牙互相傳送機密資料
(D)透過網路連線取得電腦伺服器與儲存設備提供使用者做運算與資料儲存的服務。

( )4. 若電腦中沒有安裝防毒軟體，可利用下列哪一個網站為電腦進行線上掃毒？
(A)Google文件
(B)VirusTotal
(C)Google Maps
(D)Draw.io。

( )5. 下列何者泛指大到難以用一般資料存取方式儲存，或用一般方式分析處理的龐大資料？ (A)資訊 (B)巨量資料 (C)人工智慧 (D)機器學習。

( )6. 下列何者不是巨量資料的特性？ (A)大量 (B)精緻 (C)快速 (D)多樣。

第11章 雲端運算與物聯網

11-2
( )7. 物聯網的架構中,請問哪一層是由許多感測器所組成,收集到感測器發送出的環境資料後,可將資料回到給物聯網中中央管理系統,以進行管理、分析與反應?
(A)感知層 (B)網路層 (C)實體層 (D)應用層。

( )8. 下列哪一個無線網路通訊技術的傳輸距離最長?
(A)Wi-Fi (B)藍牙 (C)ZigBee (D)4G LTE。

( )9. 下列有關ZigBee的敘述,何者錯誤?
(A)是短距離無線傳輸的通訊協定 (B)中文稱為紅蜂協定
(C)低耗電 (D)常用於數十公尺內的網路傳輸。

( )10. 下列何者不是無人機常見的應用?
(A)運送貨品 (B)搭載乘客 (C)協助噴灑農藥 (D)監控動物的遷徙移動。

( )11. 下列何者不是無人機常見的搭載設備?
(A)照相機 (B)攝影機 (C)電動夾爪 (D)保險箱。

統測試題

( )1. 對於雲端服務的敘述,下列何者錯誤?
(A)將資料傳送到網路上處理,是未來發展的重點趨勢,透過網路伺服器服務的模式,可視為一種雲端運算
(B)通常都是由廠商透過網路伺服器,提供龐大的運算和儲存的服務資源
(C)雲端伺服器可以提供某些特定的服務,例如網路硬碟、線上轉檔與網路地圖等
(D)目前仍然無法透過雲端服務線上直接編修文件,必須在本地端的電腦上安裝辦公室軟體(Office Software)才能夠編輯。 [106商管群]

( )2. 下列哪一項不是雲端軟體服務?
(A)FileZilla (B)Google Docs (C)Office 365 (D)YouTube。 [106工管類]

( )3. 因應資訊洪流,若想要協助企業掌握商業趨勢並輔助決策,下列哪一項技術最適合用來擷取有價值的資訊?
(A)資訊家電 (B)虛擬實境 (C)大數據分析 (D)隨選視訊系統。 [107工管類]

( )4. 某些手機APP使用語音輸入功能前須先連上網路才能進行,下列何者是最可能的原因?
(A)為了在雲端進行語音辨識運算
(B)連上網路後麥克風才能啟動
(C)為了在雲端將語音資料加密
(D)為了在雲端將語音資料壓縮。 [108資電類]

( )5. 關於雲端儲存空間,又稱為雲端硬碟(如Google Drive等等),下列敘述何者正確?
(A)從雲端硬碟下載資料時,因為不需要經過閘道器,因此可以快速下載大量的資料
(B)在臺灣上傳了影片類型的檔案到雲端硬碟之後,無法分享檔案給不同國家的朋友
(C)雲端硬碟中的檔案可以使用URL位址來分享給朋友,方便朋友下載
(D)上傳了有電腦病毒的檔案到雲端硬碟,再下載回來之後,該電腦病毒就會被移除。
[109資電類]

( )6. 隨著科技進步，許多國家正導入感測及網路技術到汽車產業中形成車聯網，除可取得整個城市的車輛即時動態資訊，也能提升自動駕駛技術的發展。根據以上情境，有關車聯網的敘述，下列何者正確？
①可利用QR Code來感測車輛周圍資訊
②車輛中可以安裝GPS以取得所在位置
③輪胎裝設相關感測器，可感測並蒐集路面狀況資訊
④車輛使用RFID晶片來連接車聯網，並提供即時路況資訊
(A)①② (B)①④ (C)②③ (D)③④。 [111商管群]

( )7. 有關物聯網（IoT）的敘述，下列何者正確？
(A)陀螺儀屬於感知層
(B)RFID讀取器屬於實體層
(C)ZigBee屬於連結層的無線網路通訊技術
(D)歐洲電信標準協會（ETSI）將物聯網的架構分為感知層、連結層及實體層。 [111商管群]

( )8. 小立最近買了智慧型手錶送給家人，智慧型手錶中用來測心跳、脈搏、運動狀態等數據的監測元件，是屬於物聯網的哪一層？
(A)感知層 (B)平台層 (C)應用層 (D)網路層。 [111工管類]

( )9. 巨量資料（Big Data）4V特性包括Volume（大量）、Velocity（快速）、Veracity（真實），還有下列哪一項特性？
(A)Variety（多元） (B)Volatile（揮發）
(C)Virtualization（虛擬） (D)Vending（販賣）。 [111工管類]

▲閱讀下文，回答第10-11題

陳組長正準備在專案會議中向公司高層報告物聯網觀念及應用，他在網路上瀏覽了許多有關物聯網的資訊，如下：

甲網站：物聯網的基本概念是可將物件連上網路，能應用於生活中，也能用於物流管控、自動化農漁業、智慧城市等。

乙網站：根據歐洲電信標準協會（ETSI）定義的物聯網架構，說明了藉由感知物體周遭的環境並收集資訊，接著透過網路將這些資訊傳送出去，來實現多樣化的應用。

丙網站：路口的監視攝影機可拍攝車流的畫面並連網，此攝影機是屬於物聯網架構中實體層的範疇。

丁網站：物聯網時代，重要的產業除了生產感測元件之外，未來更需要結合數據分析，創造資料的價值。

( )10. 陳組長所找的資料中，有一個網站的說明是錯誤的，是下列哪一個網站？
(A)甲網站 (B)乙網站 (C)丙網站 (D)丁網站。 [113商管群]

( )11. 陳組長也要介紹物聯網中將物件所感測到的資料透過短距離傳送之通訊技術，下列何者不屬於他所要介紹的內容？
(A)藍芽（Bluetooth） (B)無線網路（WiFi）
(C)虛擬私有網路（VPN） (D)紫蜂（ZigBee）。 [113商管群]

( )12. 林生想打造一個簡易的物聯網應用，須哪幾個層來組合出物聯網最基本的架構？
①實體層 ②感知層 ③資料連結層 ④網路層
⑤會議層 ⑥展示層 ⑦應用層
(A)②③⑦ (B)①④⑥ (C)②④⑦ (D)①③⑤。 [114商管群]

(　　)13. 某一個智慧農場使用有線或無線網路，利用感測器即時遠端監控土壤濕度、溫度和光照等環境變數，以監控作物的生長條件。此系統應用哪種技術達成上述功能？
(A)區塊鏈（Blockchain）
(B)管線運算（Pipeline）
(C)物聯網（Internet of Things）
(D)監督式學習（Supervised Learning）。　　　　　　　　　　　　　　　[114工管類]

NOTE

統測考試範圍

單元 6

電子商務

學習重點

章名	常考重點	
第12章 電子商務的基本概念與經營模式	• 電子商務四流 • 電子商務的類型與經營模式	★★★☆☆
第13章 電子商務安全機制	• 資料傳輸安全的保護 • 安全資料傳輸層（SSL）	★★★☆☆

統測命題分析

數位科技概論

- 單元1 9%
- 單元2 15%
- 單元3 16%
- 單元4 15%
- 單元5 13%
- 單元6 15%
- 單元7 17%

數位科技應用

- 單元1 15%
- 單元2 11%
- 單元3 24%
- 單元4 11%
- 單元5 15%
- 單元6 17%
- 單元7 7%

第12章 電子商務的基本概念與經營模式

12-1 電子商務的基本概念

一、認識電子商務

1. **電子商務**（Electronic Commerce, E-Commerce, EC）：透過電腦網路所進行的商品銷售、服務提供、業務合作或資訊交換等商務活動。
2. 常見的應用：網路拍賣、線上購物、團購、股票下單、線上影音服務、線上遊戲、網路書店、網路銀行等。
3. 電子商務架構：

電子商務應用
- 供應鏈管理
- 隨選視訊
- 網路金融
- 商業買賣
- 網路行銷廣告
- 家庭居家購物

一般商業服務基本架構
（安全／認證／電子付款／電話簿／型錄）

訊息與資訊傳送基礎架構

多媒體內容與網路出版基礎架構
（HTML、JAVA、WWW）

資訊高速公路基礎架構
（電信／有線／無線／網際網路）

公共政策法律與隱私權問題

電子文件技術標準、多媒體與網路協定標準

四大基礎建設

兩大重要支柱

二、特性

1. **交易不受時空限制**：不受時間與地點限制，可24小時提供產品資訊及銷售產品給消費者。
2. **擴大銷售範圍**：銷售對象可擴及全球各地。
3. **降低營運成本**：可省去實體店面租金、門市人事成本、廣告傳單費用等。
4. **方便進行個人化行銷**（又稱**小眾行銷**）：可透過歷史交易記錄，提供個人化行銷資訊（如購物建議）。

◎五秒自測　電子商務的英文縮寫為何？

三、效益

1. 對消費者：

    a. 節省購物時間與交通成本。

    b. 可輕易「貨比三家」，購得較物美價廉的商品。

    c. 可取得豐富多元的購物資訊。

2. 對商家：

    a. 降低營運成本（如實體店面租金、門市人事成本等）。

    b. 透過網路及電腦管理系統，可提升訂貨與接單的作業效率。

    c. 可行銷商品至全球。

    d. 透過網路平台提供服務使客戶留下記錄，有利於瞭解客戶需求並蒐集回饋的意見。

得分區塊練

( )1. 下列哪一項電腦與網路應用，是利用電腦與網路來傳送及處理訂單、從事行銷、銀行轉帳及提供客戶服務等工作？
(A)網路銀行 (B)遠距教學 (C)電子商務 (D)視訊會議。 [技藝競賽]

( )2. 下列何者不是電子商務的特性？
(A)全年無休地提供產品資訊
(B)交易不受時空限制
(C)銷售對象可涵蓋全球消費者
(D)提高營運成本。

( )3. 電子商務的發展，提供了商家新的行銷通路。請問下列何者不屬於電子商務為商家帶來的效益？
(A)省去實體店面的租金
(B)降低商品的庫存量
(C)省去僱用門市人員的費用
(D)增加倉儲成本。

( )4. 阿德大部份的時間都在學校準備專題競賽發表，沒有多餘的時間上街購買競賽當天穿著的服裝，因此他透過網路購買服裝及配件。請根據上述情境，判斷電子商務帶給消費者的效益為何？
(A)購得價格較為便宜的商品 (B)節省購物時間與交通成本
(C)取得更豐富的購物資訊 (D)降低交易風險與受騙率。 [112技藝競賽]

A12-3

四、電子商務四流 102 113

四流	說明	範例
商流	商品因「交易活動」而產生「所有權轉移」或「使用權取得」的過程	• 購買商品後，商品所有權從商店移轉至消費者手中 • 消費者購買數位商品後，由商店取得商品使用權
物流	物品運輸配送的流通過程	• 數位商品（如音樂、遊戲）透過網路下載至消費者的裝置中 • 實體商品（如電器、衣服）透過物流業者配送至消費者手中
金流	因交易而產生的資金流通	• 消費者在購物網站訂購商品後，透過信用卡支付款項 • 消費者在購物網站訂購商品後，在超商貨到付款
資訊流	資訊情報的流通	• 網路商店建置電子型錄供消費者瀏覽商品資訊 • 消費者將訂購的商品資訊傳送給網路商店

◎ **五秒自測** 在電子商務運作流程中，消費者在網路商店訂購商品後，透過線上刷卡，付款給網路商店，稱為？（商流、物流、金流或資訊流）

有背無患

認證中心（Certification Authority, CA）：負責核發及管理交易者身分憑證的單位，我國較具公信力的認證中心有寰宇數位、中華電信通用憑證管理中心等。

得分區塊練

( ) 1. 在電子商務的交易流程中，將商品由生產商配送到消費者手上的部分，稱為：
(A)商流　(B)資訊流　(C)金流　(D)物流。

( ) 2. 在電子商務運作流程中，金流指的是？　(A)透過網路來交換資訊　(B)商品因交易活動而產生所有權移轉的流通過程　(C)物品運輸配送的流通過程　(D)因交易活動而產生的資金流通。

( ) 3. 關於電子商務交易過程中，記錄整個交易購買的客戶、交易內容的資料以達成銷售與送貨目的，是屬於下列哪一個層面的範圍？
(A)資訊流　(B)物流　(C)商流　(D)金流。　　　　　　　　　　　　　　　[技藝競賽]

( ) 4. 阿福在PCHOME購物網站下單購買一台平板，經由付款後，平板的所有權從PCHOME移轉至阿福的手中，此一過程稱為下列哪一項？
(A)商流　(B)物流　(C)金流　(D)資訊流。　　　　　　　　　　　　　　　[技藝競賽]

五、常見的付款方式

付款方式	說明
自動櫃員機（ATM）轉帳	消費者先透過網路ATM或實體ATM，將商品款項轉帳給商家，商家再將商品寄送至消費者指定的地點
信用卡付款	消費者利用購物網站提供的線上信用卡付款機制來付款給商家，商家再依消費者選擇的寄送方式將商品寄送至指定地點
超商付款	利用超商的繳費機（如7-11 ibon）取得繳款單後，於超商櫃台繳費，商家確認付款後，再將商品寄送至消費者指定的地點
超商付款取貨	商家將商品寄送至消費者指定的便利超商，消費者再至便利超商付款並取貨
貨到付款／刷卡	商家將商品寄送至消費者指定的地址，消費者在收到商品後，再當面付現給送貨人員或利用送貨人員所攜帶的刷卡機刷卡
面交付款	買賣雙方相約面見地點，檢視商品並交付款項
第三方支付	在電子商務交易過程中，透過中介機制（第三方支付平台），先保留買方支付的交易款項，待買方收到商品並確認無誤後，中介機制才將交易款項撥付給賣方，如國內的「支付連」、「Yahoo!奇摩輕鬆付」、國外的「PayPal」等
BNPL先買後付	先購買商品、後續再付款的支付方式。消費者無需使用信用卡或事先通過信用審查，即可獲得特定的消費額度，並在支援此付款方式的商家購買商品，並在期限內一次付清或分期付款，如「AFTEE」、「慢點付」、「Fula付啦」等

- ATM轉帳、信用卡付款、超商付款：**先付款、後取貨**，買家需承擔付款後無法取得商品的風險
- 超商付款取貨、貨到付款／刷卡、面交付款：**一手交錢、一手交貨**，對買家就有保障
- 第三方支付：**先付款給中介機構，取貨後，由中介機制撥款給賣方**，對買家較有保障

得分區塊練

( )1. 下列情境，何者屬於「貨到付款（或刷卡）」的付款方式？
(A)小佳收到物流業者送來的商品後，交付貨款給送貨者
(B)瑜彥在拍賣網站購物後，使用網路ATM將商品款項匯給商家
(C)小恩到住家附近的7-11取貨，並付款給店員
(D)世傑透過購物網站提供的信用卡付款機制，支付款項給商家。

( )2. 小慶想在拍賣網站購買筆電，但擔心付款後無法取得商品，而且他工作繁忙，無法配合宅配送貨的時間。請問小慶應該選擇下列哪一種付款方式最為恰當？
(A)貨到付款（或刷卡） (B)ATM轉帳 (C)信用卡付款 (D)超商付款取貨。

A12-5

12-2 電子商務的類型與經營模式

一、C2C

1. **C2C**（Consumer to Consumer，**消費者對消費者**）：消費者間透過網際網路，參與商品競價、買賣物品或交換物品等活動。
2. 代表性的經營模式：**網路拍賣**。
3. 常見的C2C網站：Yahoo!奇摩拍賣、露天市集，此類網站的營收來源包含商品的交易手續費、金流服務費、廣告費等。

二、C2B

1. **C2B**（Consumer to Business，**消費者對企業**）：消費者集合網友，透過網際網路向企業進行**團購**、諮詢商品資訊等商業活動。
2. 代表性的經營模式：**團購**。
3. 常見的C2B網站：ihergo愛合購，此類網站的營收來源包含廣告費、商品刊登費等。
4. 團購流程：**主購者**發起合購→**團員**參與→團員付款給主購者→主購者統一訂購商品並付款→**商家**託送商品→**物流業者**配送商品→主購者將商品轉交給合購的團員。

得分區塊練

(　) 1. 小柔在某拍賣網站上競標一件二手衣，這類型的電子商務稱為C2C，其中英文字母「C」的全文為何？
(A)Consumer　(B)Computer　(C)Communication　(D)Conference。

(　) 2. 愛合購網站是屬於下列哪一種電子商務類型？
(A)B2B（Business-to-Business）　(B)B2C（Business-to-Consumer）
(C)C2B（Consumer-to-Business）　(D)C2C（Consumer-to-Consumer）。

(　) 3. 消費者透過特定網站向供應商議價或要求服務的電子商務型態，為下列哪一項？
(A)B2B　(B)C2B　(C)B2C　(D)C2C。

(　) 4. 志賢和幾位朋友想以較便宜的價格來購買單車，他們透過團購網站來主動揪團購買小摺（摺疊車），請問這種團購網站提供的服務是屬於下列哪一種類型的電子商務？　(A)B2B　(B)B2C　(C)C2C　(D)C2B。

三、B2C

1. **B2C**（Business to Consumer，**企業對消費者**）：企業透過網際網路提供消費者線上購物、商品查詢等服務。

   ◎五秒自測　請寫出B2C的英文全名。

2. 常見的經營模式有：

   a. **入口網站**：提供消費者資訊查詢的服務，營收來源主要為廣告費，如『Yahoo!奇摩』、『PChome Online網路家庭』等網站。

   b. **線上銷售**：銷售實體商品或數位內容（如數位音樂、軟體）給消費者，營收來源包含商品銷售收入或數位內容下載費用，如『亞馬遜網路書店』、『KKBOX』等網站。

   c. **人力仲介服務**：透過人力仲介網站提供企業刊登求才資訊，以便求職者尋找工作，如『104人力銀行』、『1111人力銀行』等網站。

   ◎解題密技　若試題是從求職者提供履歷資料，以便廠商求才的角度來看，人力仲介服務歸屬為C2B。

   d. **網路社群平台**：提供網友發表文字、照片、影片等訊息，與其他網友互動交流，集結成社群的網路平台，營收來源主要為廣告費，如『Facebook（Meta）』、『Threads』、『Instagram』、『LinkedIn』、『X（推特）』等網站。

   e. **線上遊戲**：提供玩家可利用電腦、手機等設備，透過網路進行互動娛樂的遊戲，營收來源為遊戲點數、虛擬寶物等銷售收入，如『英雄聯盟』、『神魔之塔』、『Pokémon GO』等線上遊戲。

   f. **網路直播平台**：提供網友（通常稱為直播主、網紅）進行實況轉播，與觀看直播的網友即時互動的平台，營收來源包括廣告費、頻道訂閱費，以及點數儲值收入、直播主點數抽成，如『17LIVE』、『Twitch』等網站。

有背無患

B2B2C（Business to Business to Consumer）是從B2C所衍生出來的電子商務模式，它是指**賣家（企業）（B）透過交易平台（B）提供消費者（C）購物**。

得分區塊練

( )1. 電子商務中所謂的B2C指的是什麼？
　　(A)Between Computers and Communications
　　(B)Between Computers and Consumers
　　(C)Business to Consumer
　　(D)Business to Computer。

( )2. 下列哪一個網站，不屬於B2C電子商務？
　　(A)提供消費者下載數位內容服務的『KKBOX』網站
　　(B)販售各式彩妝、保養品等商品給消費者的『bgo美妝網』網站
　　(C)提供企業與政府之間公文往返的『經濟部商工電子公文交換服務』網站
　　(D)提供買、賣房屋等仲介資訊的『永慶房仲網』網站。

( )3. 『104人力銀行』網站除提供社會新鮮人刊登履歷資料外，還提供企業查詢待業人才。請根據以上敘述，判斷該B2C網站的經營模式最可能是下列何者？
　　(A)線上銷售　(B)入口網站　(C)人力仲介服務　(D)網路社群平台。

四、B2B

1. **B2B**（Business to Business，**企業對企業**）：企業間透過網際網路進行銷售、採購與服務等商業活動。

2. 常見的經營模式有：

    a. **企業與協力廠商業務往來**：可節省企業與其協力廠商間的業務往來時間與成本。如提供協力廠商業務往來的『中鼎集團供應商與協力廠商專區』網站。

    b. **線上銷售**：透過網路提供服務或銷售商品給企業買家，如提供販售辦公文具商品給企業買家的『officepro總務倉庫』、『阿里巴巴採購批發市場』等網站。

    c. **電子交易市集仲介服務**：透過網路提供企業相關仲介服務（如產品型錄刊登與查詢、採購案招標與投標）。

五、G2C、G2B、B2G、G2G 103 109 112

1. **G2C**（Government to Citizen，**政府對民眾**）：政府透過網際網路提供便民的相關服務（如網路報繳所得稅）。常見的G2C網站有『財政部電子申報繳稅服務』。

2. **G2B**（Government to Business，**政府對企業**）、**B2G**（Business to Government，**企業對政府**）：政府與企業間利用網際網路進行採購招標、線上競標等活動。常見的G2B網站有『政府電子採購網』、提供企業和政府之間公文往返與申辦事項等服務的『經濟部商工電子公文交換服務』。

3. **G2G**（Government to Government，**政府對政府**）：如政府將公文電子化，大幅縮減各級政府單位公文往返的時間，常見的G2G網站有『公文e網通』。

得分區塊練

( ) 1. 下列何種電子商務型態的交易對象為企業對企業？
(A)B2C　(B)B2B　(C)B2G　(D)C2C。

( ) 2. 有關電子商務的敘述，下列何者正確？
(A)B2B是指一般消費者可以直接下單採購的系統
(B)下單速度快且不會出錯
(C)採購者能在國內外透過網路進行操作
(D)可輕易從網路上得到交易行情及商業內幕。

( ) 3. 下列何者是屬於一種G2B電子商務？
(A)消費者透過網路串聯團購美食
(B)學校推動線上遠距學習，使得教學不受時間、空間限制
(C)企業與供應商透過網路建立交易行為
(D)政府建置電子採購網站，以使政府採購電子化。

( ) 4. 下列哪一項屬於電子商務中B2B類型的應用？
(A)在Facebook網站購買虛擬禮物送給國中同學
(B)Google網站提供企業雲端硬碟空間的服務
(C)政府提供線上工程招標業務的服務
(D)小珊在美國職籃NBA官方網站購買限量T恤。　　　　[112技藝競賽]

12-3 電子商務的發展

一、行動商務簡介與特性 [111]

1. **行動商務**（Mobile Commerce, M-Commerce）：使用行動裝置（如智慧型手機、平板電腦等），透過無線網路購物、下單、接收訊息等活動。常見的行動商務應用有行動購物、行動支付、網路銀行等。

2. **行動支付**：消費者在實體店面選取商品後，在收銀櫃台利用行動裝置（如智慧型手機、智慧手錶）以NFC感應或條碼掃瞄的方式來完成付款。消費者也可在線上購物平台消費時，選擇行動支付方式來付款，以下介紹常見的行動支付：

行動支付	適用裝置	付款方式
LINE Pay	各類型行動裝置	條碼掃瞄式
街口支付		
歐付寶		
Apple Pay	蘋果公司推出的行動裝置	• NFC感應式（實體店面）
Google Pay	各類型行動裝置	• App支付（線上購物）

   a. 採用「NFC感應式」行動支付方式，只要行動裝置有電就可以使用，不需要連上網路，例如Apple Pay即可在無連網的狀態下，使用此種行動支付方式來付款。

3. 行動商務的特性：
   a. **提供個人化服務**：針對不同的消費者，提供符合個別需求的資訊。
   b. **提供適地性服務**：是一種以地理資訊系統與GPS為基礎所發展出來的行動服務，如提供使用者所在位置附近的餐廳、旅遊景點、停車場、路況等資訊。
   c. **保障付款安全性**：目前行動支付常見的方式有條碼掃瞄式、NFC感應式等2種，傳送資料的過程，資料皆進行加密保護。

二、社群商務簡介與特性

1. **社群商務**（social commerce）泛指結合社群關係和電子商務特性的商務活動，常見的社群商務平台有Facebook（Meta）、LINE、Instagram、微信、微博等。

2. 社群商務的特性：
   a. **提升分享便利性**：社群媒體的「分享」功能可讓使用者將感興趣的內容分享給朋友。
   b. **提供客製化服務**：社群媒體大多具有「留言」、「傳訊息」等功能，供文章張貼者與粉絲互動。
   c. **使行銷內容更豐富**：社群媒體除了文字、圖片之外，也提供愈來愈多種類型的多媒體功能，例如：可在發布的內容中加入影片、使用直播方式與粉絲互動。

三、跨界電子商務簡介與特性

1. **O2O**（Online to Offline，線上對線下實體）：「**線上**」（網路商店）與「**線下**」（實體商店）結合的跨界電子商務。主要概念有以下2種：

    a. 「虛實整合」+「**到店**服務」：適用於須到店消費的商店（如美髮、餐飲等）採用，如消費者在線上購買洗髮折價券，再到實體商店洗髮。

    b. 「虛實整合」+「**到府**服務」：適用於可到府服務的商店（如搬家、清潔、美甲等）採用，如消費者在線上購買美甲折價券，商家再指派美甲師到府服務。

2. O2O電子商務經營模式的優點：

對象	優點
對消費者	・可輕易取得商品的相關資訊及價格，便於比價 ・相較於直接到店內消費，透過網路訂購通常可取得較優惠的價格或服務
對商家	・可增加宣傳及行銷管道，吸引更多新客戶到實體店面消費 ・可透過網路推廣產品，提高實體店面的知名度 ・可方便追蹤每筆交易記錄，掌握熟客的喜好 ・透過線上預約，便於控管商品的需求量

3. O2O電子商務經營模式的特性：

    a. **銷售通路更多元**：跨界電子商務使銷售通路涵蓋線上平台與線下實體店面，讓消費者有更多的購物管道。

    b. **數據蒐集更全面**：可蒐集使用者在網路消費的記錄，也可藉由實體店面蒐集到店消費者的資料。

有背無患

- 跨境電子商務（cross-border e-commerce）：指不同國家的買賣雙方透過網路完成交易、付款與交貨的商務活動，如我們可透過『亞馬遜Amazon購物平台』向日本商家購買商品並跨國寄送。
- P2P（Peer to Peer）電子商務：一種個人對個人的商務模式。一般P2P電子商務皆需透過一個「第三方平台」作為雙方的媒介，雙方為商務活動的主體，而第三方平台則負責媒合商務活動的進行。目前常見的P2P電子商務類型有P2P信貸、P2P閒置資源出租。

得分區塊練

( )1. 下列何者不是常見的行動支付方式？
(A)LINE Pay　(B)Apple Pay　(C)Google Pay　(D)Chrome Pay。

( )2. 下列有關O2O經營模式的優點，何者正確？　(A)商家可透過線上預約，便於控管商品的需求量　(B)相較於到店內消費，網路訂購不會比較優惠　(C)消費者無法輕易取得商品的資訊及價格　(D)無法吸引更多新客戶到實體店面消費。

滿分晉級

情境素養題

▲閱讀下文，回答第1至3題：

建民透過Nike網站訂購一雙客製化的球鞋，Nike網站在收到該筆訂單後，自動將訂單傳送到協力廠商進行生產，數天後建民收到客製化的球鞋，他將該雙球鞋透過拍賣網站轉手售出。

( )1. Nike網站提供客戶訂購球鞋的商業活動，這種商業活動是屬於何種類型的電子商務？
(A)B2B (B)B2C (C)C2C (D)G2C。 [12-2]

( )2. Nike網站在收到建民的訂單後，自動將訂單傳送到協力廠商來進行生產的商業活動，是屬於何種類型的電子商務？ (A)B2B (B)B2C (C)C2C (D)G2G。 [12-2]

( )3. 建民在拍賣網站上拍賣球鞋的交易活動，是屬於何種類型的電子商務？
(A)B2B (B)B2C (C)C2C (D)G2C。 [12-2]

( )4. 根據『iThome電腦報週刊』報導，全球已有70%人口使用智慧型手機，用戶數高達61億，而全球的行動用戶更高達92億，用戶可隨時隨地上網購物或接收優惠訊息。請問這種利用行動裝置上網購物的活動屬於
(A)協同商務 (B)虛擬商務 (C)數位商務 (D)行動商務。 [12-1]

( )5. 彥均與網友一同主動揪團團購知名甜點「依蕾特布丁」，請問這種透過網路團購的商業活動是屬於下列何種類型的電子商務類型？
(A)B2C (B)C2C (C)C2B (D)B2G。 [12-2]

精選試題

12-1

( )1. 下列何者不是電子商務的四流？
(A)金流 (B)商流 (C)資訊流 (D)訂單流。

( )2. 網路購物很方便，以下選項中，比較不需注意什麼選項？
(A)賣家信用 (B)貨物來源 (C)網頁精美 (D)最近交易情形。

( )3. 下列有關「電子商務」的敘述，何者有誤？
(A)它必須透過無線網路進行
(B)它是將網際網路與全球資訊網應用至商務活動
(C)它的資料傳輸、處理及儲存均應重視安全
(D)它可以縮短交易時程。

( )4. 整個電子商務的交易流程是由下列哪四個單元所組成的？
(A)消費者、物流業者、金融單位以及製造業者
(B)消費者、物流業者、金融單位以及政府單位
(C)消費者、網站業者、金融單位以及製造業者
(D)消費者、網站業者、金融單位以及物流業者。

( )5. 下列哪一項不屬於電子商務的特性？ (A)交易可不受時空限制 (B)可降低營運成本 (C)較易進行個人化行銷 (D)銷售對象多半針對特定區域的消費者。 [技藝競賽]

( )6. 將傳統的商業行為如購買、銷售、廣告、售後服務等在網際網路上進行，稱之為下列哪一項？ (A)虛擬商場 (B)網路貿易 (C)電子商務 (D)雲端消費。 [103技藝競賽]

( )7. 下列哪一項不是電子商務的優勢？
(A)最即時的互動 (B)最真實的接觸
(C)降低展示成本 (D)增加交易效率。 [102技藝競賽]

( )8. 下列哪一項不包含於電子商務的 "物流" 範疇中？
(A)商品促銷 (B)貨物配送 (C)倉儲管理 (D)商品集貨。 [102技藝競賽]

( )9. 電子商務係指透過網路進行的商業活動，包括商品交易、資訊提供、市場情報、客戶服務等，依對象分類可分企業和消費者二大類群，其中「企業對消費者」為何？
(A)B2C (B)C2C (C)B2B (D)C2B。

( )10. 企業與政府之間利用電腦與網際網路進行物品採購、採購招標、線上競標等商業活動，屬於下列何種型態的電子商務？ (A)B2B (B)B2G (C)B2C (D)C2C。

( )11. 金融業間之電子資金移轉作業是屬於電子商務的何種範疇？
(A)C2C（Consumer-to-Consumer） (B)C2B（Consumer-to-Business）
(C)B2C（Business-to-Consumer） (D)B2B（Business-to-Business）。

( )12. 一家IC製造公司利用網路與其供應商之間進行電子資料交換與電子採購處理，這是屬於下列哪一種型態的電子商務？ (A)B2B (B)B2C (C)B2G (D)C2C。

( )13. 一家旅遊公司利用網路為媒介，提供消費者旅遊商品以及線上旅遊資訊服務，這是屬於下列哪一種型態的電子商務？ (A)B2B (B)B2C (C)C2C (D)B2G。

( )14. 企業之間用網際網路進行銷售、採購與服務等商業活動，可歸類為下列何種電子商務經營型態？ (A)B2B (B)B2C (C)C2B (D)C2C。

( )15. 台塑集團所建置的「台塑網電子交易市集」網站專供該企業及其上、下游協力廠商使用，可透過該網站進行線上詢價、報價、電子下單等等服務，請問它是下列哪一種電子商務經營模式？ (A)C2C (B)C2B (C)B2C (D)B2B。

( )16. PChome 24h購物、Yahoo購物中心是哪一種電子商務（e-Commerce）經營模式？
(A)C2C (B)B2B (C)B2C (D)G2B。

( )17. 大雄為了想買最新款iPhone，藉由BBS刊登銷售資訊來出售他收藏多年的公仔，請問這個做法屬於下列哪一種電子商務類型？
(A)C2C (B)C2B (C)B2C (D)B2B。 [103技藝競賽]

( )18. 下列何者是一種透過「第三方平台」作為雙方媒介的個人對個人商務模式？
(A)P2P (B)O2O (C)B2C (D)B2B。

( )19. 下列有關行動商務的敘述，何者正確？
(A)行動支付目前只有掃瞄條碼方式
(B)透過App購買電影票、餐券、數位音樂都屬於行動商務的應用
(C)NFC感應式是利用POS系統感應二維條碼圖像來進行支付
(D)行動商務不具有個人化服務的特性。

統測試題

( )1. 在電子商務中,產品因為交易活動,而產生所有權從製造商、物流中心、零售商到消費者的移轉過程,主要屬於何種運作流程?
(A)金流 (B)物流 (C)資訊流 (D)商流。 [102商管群]

( )2. 「露天拍賣網站」或「Yahoo!奇摩拍賣網站」是屬於以下哪一種型態的電子商務?
(A)B2C (B)B2B (C)C2C (D)C2B。 [103工管類]

( )3. 政府提供以網路讓民眾可以報稅的服務,使民眾可以省去舟車之苦,這是屬於下列哪一種電子商務的經營模式? (A)G2C (B)C2B (C)G2B (D)G2G。 [103商管群]

( )4. 下列有關電子商務模式的敘述,何者正確?
(A)企業和企業間透過網際網路進行採購交易是一種C2C電子商務模式
(B)網路拍賣是一種C2B電子商務模式
(C)團購是一種C2C電子商務模式
(D)網路書店提供書籍讓消費者購買是一種B2C電子商務模式。 [107商管群]

( )5. 透過網路來進行各種商業交易的活動與下列哪項科技的應用最相關?
(A)電子化企業(E-Bussiness)
(B)電子商務(Electronic Commerce)
(C)行動通訊(Mobile Communication)
(D)辦公室自動化(Office Automation)。 [107工管類]

( )6. 臺灣的口罩實名制網路預購是屬於下列哪一種電子商務模式?
(A)C2C (B)B2B (C)C2G (D)G2C。 [109商管群]

( )7. 在嚴重特殊傳染性肺炎(COVID-19)影響下,美食外送平台蓬勃發展,餐廳透過美食外送平台提供消費者享受餐廳美食,這是屬於哪一種電子商務的方式?
(A)B2C2C
(B)B2B2B
(C)C2B2C
(D)B2B2C。 [110商管群]

( )8. 有關行動支付的敘述,下列何者正確?
(A)Google Pay使用RFID來進行感應支付
(B)QR Code掃碼是一種常見的支付方式
(C)手機一定要在連網狀態才能在商店中使用Apple Pay支付
(D)行動支付在技術上只能在實體店家使用,無法在網路商店使用。 [111商管群]

( )9. 下列哪一種電子商務模式主要是由消費者主動集結共同的購買需求,並向企業提出集體議價,以達到集體殺價的效果?
(A)B2B (B)B2C (C)C2B (D)C2C。 [111商管群]

( )10. 政府使用網路系統辦理公共工程招標的服務,廠商透過網際網路參與招標,為哪一種電子商務模式? (A)G2B (B)G2C (C)C2G (D)B2G。 [112商管群]

( )11. 電子商務交易流程中包含商流、資訊流、金流與物流,廠商可透過 ① 分析消費者的喜好,而消費者在網路商店購得數位產品(如音樂、遊戲)的過程稱為 ② 。
(A)①資訊流、②商流 (B)①資訊流、②物流
(C)①商流、②資訊流 (D)①物流、②商流。 [113商管群]

( )12. 下列何項屬於電子商務之金流數位化?
(A)第三方網站託管平台 (B)第三方支付平台
(C)電子商務商品資料庫管理 (D)自行架設電子商務網頁。 [114商管群]

第13章 電子商務安全機制

13-1 資料傳輸安全

一、資料傳輸安全的要件

安全要件	說明
隱密性（confidentiality）	確保交易資料在傳輸過程中不被他人窺知
完整性（integrity）	確保交易雙方接收到的資料正確且未被篡改
認證性（authentication）	確認交易者的身分（消費者、商家、銀行），避免冒名頂替
不可否認性（non-repudiation）	交易雙方不可事後否認其交易的事實
可用性（availability）	確保系統正常運作不中斷服務

◎五秒自測　維護資料傳輸安全的要件為何？

二、資料傳輸安全的保護　103　105　106　112

1. **資料加/解密**：將資料加密成無法閱讀的格式，再進行傳送，接收者收到後再加以解密，以回復成原資料內容。

   傳送方 明文（原始文件）→加密→ Internet 密文（加密後文件）→解密→ 明文 接收方

   a. 資料加密的目的是為了符合**資料隱密性**的要求，避免被他人窺知。
   b. 資料加/解密是使用特定的演算法，將明文轉換成密文。
   c. 資料加/解密的演算法再搭配**金鑰**的使用，可強化加密的安全性。

2. **金鑰**（key）：由一串文字或數字組成的密碼，**金鑰的長度（單位為bit）越長，安全性越高**。金鑰分為兩種，一種是**單一金鑰**，另一種是一對**私鑰與公鑰**。

   a. 單一金鑰：每次傳輸資料時由程式（如瀏覽器）自動產生，產生的金鑰可用在**對稱式加解密**。
   b. 私鑰與公鑰：一般是由認證中心（CA）同時產生，並封存於**數位憑證**中，常用在**非對稱式加解密**。

c. **公鑰可公開給任何人取得，私鑰則需私密保管**。兩者間有**配對**關係，使用私鑰加密的資料只能用對應的公鑰解密；同樣地，使用公鑰加密的資料也只能用對應的私鑰解密。

d. **認證中心**是具有公信力的第三團體（如內政部憑證管理中心），負責核發及管理數位憑證。

3. 加／解密的技術：

    a. **對稱式加／解密**：又稱私密金鑰加密法，傳送者與接收者約定使用**同一把**金鑰加、解密。

    💡 解題密技　「對稱式」是指雙方使用同一把金鑰加／解密。

    b. **非對稱式加／解密**：又稱公開金鑰加密法，使用一對**公鑰**與**私鑰**來進行加／解密，運算過程較複雜，但安全性較高。**秘密通訊**（secret communication）即是採用此種技術。

    💡 解題密技　「非對稱式」是指雙方使用不同金鑰，一般是使用接收方的公鑰與私鑰加／解密。

    c. 比較：

比較項目	對稱式加／解密	非對稱式加／解密
安全性	較低	較高
用相同金鑰	是	否
金鑰可公開	否	公鑰可，私鑰不可
運算速度	較快	較慢
應用	較長的資料，如E-Mail	較短的資料，如數位簽章
常見的演算法	AES、DES	RSA

4. **雜湊函數**（hash function）：特定的資料轉換規則，資料透過雜湊函數轉換，可產生固定長度的**訊息摘要**（Message Digest）。

    a. 雜湊函數不能讓人由訊息摘要反推出原資料內容。

    b. 不同資料透過雜湊函數的轉換，不可產生出同樣的訊息摘要。

5. **數位簽章**（digital signature）：具有簽名效力，這種技術**可符合資料完整、身分驗證、不可否認等安全要件**。其運作方式如下：

   a. **產生數位簽章**：傳送者利用雜湊函數將資料運算後產生訊息摘要，再以傳送者的**私鑰**進行加密，以產生數位簽章，然後連同資料一起傳送給接收者。

   b. **比對訊息摘要**：接收者收到資料後，利用同一雜湊函數產生另一個訊息摘要，並使用傳送者的**公鑰**將原數位簽章解密，以便比對兩個訊息摘要內容是否一致。

```
傳送方（甲）                                          接收方（乙）

   明文  - - - - - - 傳送 - - - - - - ▶  明文
    │                                      │
    │ 雜湊函數                             │ 雜湊函數
    ▼                                      ▼
  訊息摘要                               訊息摘要
    │                                      │
    │                                     比對
    │ 加密（甲的私鑰）                     ▲
    ▼                         解密（甲的公鑰）
                                         訊息摘要
  數位簽章 - - - - - 傳送 - - - - - ▶  數位簽章
```

   c. 為推動電子簽章之普及運用，確保電子簽章之安全，我國制定有**電子簽章法**，並明定數位簽章屬於電子簽章的一種，因此數位簽章具有等同書面簽章的法律效力。

   d. 電子郵件、PDF檔、Word文件…等檔案可加入數位簽章，以證明傳送者身分。加入數位簽章後，文件檔案會顯示 🎖 圖示。

   e. 採用非對稱式加密法技術的秘密通訊與數位簽章之比較：

比較項目	秘密通訊	數位簽章
用途	確保資料在傳輸過程中不被未經授權者窺知	證明自己的身分，等同書面簽章，僅本人可加密
金鑰擁有者	接收方	傳送方
加密	公鑰	私鑰
解密	私鑰	公鑰
可確保	機密性	完整性、認證性、不可否認性

6. **數位憑證**：內含持有人的姓名、公鑰、私鑰、雜湊函數…等簽章驗證資料（如網路報稅用的自然人憑證、網路下單用的金融憑證），可用來辨識持有人身分，有了它，才能用來產生數位簽章。數位憑證有一定期限，需定期申請更換。

第13章 電子商務安全機制

有備無患

1. 「非對稱式加／解密技術」一般是使用接收方的公鑰加密，再以接收方的私鑰解密，以達到避免資料被窺知的目的（如祕密通訊技術就是使用此種方法來保護資料）。若反過來使用傳送方的私鑰加密、再以傳送方的公鑰解密，則可達到證明資料確實為傳送方傳送的目的（因私鑰僅本人持有）。

2. 「非對稱式加／解密技術」也可做到不可否認傳送，加／解密順序為：①接收方公鑰加密、②傳送方私鑰加密、③傳送方公鑰解密、④接收方私鑰解密。其中①、②順序若對調，③、④順序也要對調。

3. 數位簽章技術就是使用傳送方的私鑰對訊息摘要加密，再以其公鑰解密，故可證明傳送方身分。

4. 由上頁圖可看出，數位簽章技術並未將明文加密，因此在實務上應用數位簽章時，明文在傳送前，多半會先另外加密，再傳送給接收方，避免資料外洩。

得分區塊練

( )1. 下列保護資訊安全的技術，何者主要是將檔案資料做特殊編碼？
    (A)資料加密 (B)密碼 (C)網路認證 (D)防毒軟體。

( )2. 下列何者不是「數位簽名」的功能之一？
    (A)證明了信的來源   (B)做為信件分類之用
    (C)可檢測信件是否遭竄改   (D)發信人無法否認曾發過信。 [丙級軟體應用]

( )3. 有關數位簽章（digital signature）的敘述，下列何者錯誤？
    (A)可達到網路安全目標的不可否認性（non-repudiation）
    (B)可達到網路安全目標的資料完整性（integrity）
    (C)利用雜湊函數（hash function）將欲傳送的資料加以運算，以產生訊息摘要（message digest）
    (D)採用對稱式加密法（symmetric encryption）。

( )4. 為了避免交易雙方否認已送出或已接收到的資料，會透過一套機制驗證雙方是否有收到或發出訊息，這種原則稱為下列哪一項？
    (A)不可否認性 (B)完整性 (C)隱私性 (D)認證性。 [技藝競賽]

( )5. 為了要保護資料傳輸的安全，防止資料被人窺視，使用下列哪一種方式最佳？
    (A)將資料備份（Backup）   (B)將資料做好編號及命名
    (C)將資料加密（Encryption）   (D)將資料檔案的屬性設成隱藏（Hiding）。

( )6. 公開金鑰密碼系統中，要讓資料傳送時以亂碼呈現，並且傳送者無法否認其傳送行為，需要使用哪兩個金鑰同時加密才能達成？
    (A)傳送者及接收者的私鑰   (B)傳送者及接收者的公鑰
    (C)接收者的私鑰及傳送者的公鑰   (D)接收者的公鑰及傳送者的私鑰。 [丙級軟體應用]

13-2 電子商務常見的安全機制

一、安全資料傳輸層（Secure Socket Layer, SSL） [104] [108] [111] [114]

1. Netscape公司為了保護網路上資料傳輸安全而制定的一種安全機制。

2. SSL可用來確認商家身分，確保交易資料的隱密性及完整性。

3. 登錄資料（如註冊、訂單資料）的網頁，大多採用SSL安全機制來保護。

4. 使用SSL機制，網站業者須先向認證中心（CA）申請SSL數位憑證，再將它安裝至網站伺服器中，才能保護資料在傳輸過程中不被他人窺知或篡改。

5. 使用SSL安全機制保護的網頁，瀏覽器會出現**鎖狀圖示**，且網址中的通訊協定為 **https**。

無SSL機制的網頁，Chrome會提醒使用者此網站可能「不安全」

按此可檢視憑證內容

鎖狀圖示[註1]表示該網站已取得SSL憑證

使用SSL安全機制的網站，網址開頭[註2]為https

註1：不同的瀏覽器（如Chrome、Firefox、Microsoft Edge）或版本，鎖狀的圖示與位置可能會有差異。
註2：有些瀏覽器（如Chrome）會將網址開頭的http://或https://隱藏，使用者雙按**網址列**即會顯示完整的網址。

第13章 電子商務安全機制

6. 使用SSL安全機制保護的網站，其首頁通常會置入SSL標章。如『PChome 24h購物』網站的首頁，即有如下的標章。按此類標章可檢視網站的名稱、憑證有效期限等資料。

7. 使用SSL安全機制的交易流程：

   A 在購物網站中輸入交易資料
   B 交易資料以密文格式傳送
   C 交易資料傳送至商家，會解密成明文，並驗證資料是否被竄改
   D 商家向銀行請款，並寄出貨品

   消費者 → 明文 → (Internet 密文 資料傳送中) → 明文 → 網路商店

8. **傳輸層保全**（Transport Layer Security, TLS）：以SSL v3.0為基礎改良而來，目前國外有許多金融機構將TLS應用在電子郵件傳送的安全保護。

有背無患

- 數位憑證（Digital Certificate）：可用來證明持有者的身分，並確保資料在傳輸過程中不被他人窺知或竄改，常見的憑證種類如下：

憑證種類	應用	申請單位
自然人憑證（可視為網路身分證）	網路報稅、申辦戶籍謄本、查詢個人健保資料	內政部憑證管理中心、戶政事務所
工商憑證	營利事業所得稅申報、政府採購	經濟部工商憑證管理中心
金融憑證	網路下單、網路銀行轉帳	經濟部核准的金融機構（如銀行）

得分區塊練

( )1. HTTPS與HTTP通訊協定兩者差異為何？
(A)HTTPS加強執行速度
(B)HTTPS加強安全性
(C)HTTPS加強資料傳輸量
(D)HTTPS可允許更多人同時上網使用。 [技藝競賽]

( )2. 在網路銀行網站的首頁，常可看到SSL標章，請問按下標章後可瀏覽下列哪一項資訊？
(A)該公司的當季營業額 (B)該網站的名稱、憑證的有效期限
(C)該網站是否為優良網站 (D)該網站是否為公營的單位。

二、安全電子交易（Secure Electronic Transaction, SET） 103 104 111

1. VISA、MasterCard、IBM、Microsoft、Netscape等公司共同制定的安全機制。

2. SET可用來保護在網路上使用**信用卡交易的安全**，確保交易資料的隱密性、完整性、身分的識別、交易的不可否認性。

3. 要使用SET機制，網路業者與消費者都必須申請相關的數位憑證，且消費者需安裝電子錢包軟體。

4. SET機制交易流程：

註：收單銀行是與網路商店合作的銀行，負責向發卡銀行驗證消費者的信用卡資料，以協助網路商店完成電子商務的交易。

5. SSL與SET安全機制的比較：

安全機制 比較項目	SSL	SET
資料傳輸的隱密性	✓	✓
資料的完整性	✓	✓
身分的識別	只能驗證商家身分	可驗證商家、消費者、發卡／收單銀行的身分
交易的不可否認性		✓
安全等級	較低	較高
應用領域	網路資料傳輸、信用卡線上交易	信用卡線上交易

→ 結論：SSL申請程序簡易（只要商家申請憑證即可使用），但只能驗證商家身分，無法避免盜刷或否認交易的行為，安全等級較低。SET申請程序複雜（商家和使用者皆需申請憑證才可使用），但其安全等級較高。

6. 線上交易的安全性，是電子商務賴以發展的基礎。

有背無患

3D-Secure是SET的簡化版，它是透過消費者向發卡銀行申請取得識別身分的密碼，來避免信用卡被盜刷。消費者在線上刷卡時，還必須輸入此組密碼，來進行身分確認。華南銀行、中國信託等皆提供有此種安全驗證機制。

得分區塊練

( )1. 由Visa與Master兩信用卡組織所提出的一種應用在網際網路上，以信用卡為基礎的電子付費系統規範，為下列哪一項？
(A)EDI　(B)SSL　(C)SET　(D)VAN。　　　　　　　　　　　[技藝競賽]

( )2. 下列關於電子商務SET之描述，何者為真？
(A)病毒防護
(B)文書處理
(C)資料備份
(D)為一種通訊協定，用於信用卡交易。

( )3. 下列有關SSL與SET的敘述，何者有誤？
(A)SET機制可避免買方事後否認交易的事實
(B)SSL機制可確認賣方身分
(C)欲使用SET機制，買賣雙方都必須具有憑證
(D)SSL提供的安全等級較SET高。

13-3 電子商務常見的觸法行為

1. 在未經他人授權下，擅自將他人著作收錄於線上資料庫中 ─┐
2. 網頁內容使用未經授權的文字、照片、音樂、動畫等 ──────┤ 侵犯**智慧財產權**
   → 商品編號、售價等不具原創性的資料，不需授權即可使用

3. 盜賣個人資料 ─────────────────────────┐
4. 蒐集、販售電子郵件帳號 ────────────────┤ 侵犯
5. 販售儲存在瀏覽者電腦中記錄登入帳號、瀏覽訊息等資料的cookie檔案 ─┘ **隱私權**

6. 使用他人已註冊的商標 ─────────┐ 侵犯**商標權**
7. 在網域名稱中，使用他人商標中的文字 ─┘

有背無患

- 網路商家保護消費者隱私權的常見做法：
  » 使用安全機制保護個人資料的隱密性，避免資料被窺視、不當使用。
  » 告知消費者個人資料的使用原則，不將個人資料使用於其它用途。
  » 賦予消費者選擇只提供部分個人資料的權利。
- 網路蟑螂：是指搶先登記一些公司、品牌名稱或人名等網域名稱，意圖日後再以高價售出的不法人士。
  例 某網路蟑螂搶先註冊取得麥當勞網域名稱，麥當勞公司耗費巨資購回自家的網域名稱使用權。

得分區塊練

( )1. 下列關於「對客戶資料的保護」，何者正確？
　　　(A)予以保密　　　　　　　　(B)提供給關係企業做行銷
　　　(C)告知同事給予參考　　　　(D)讓其他客戶瞭解。

( )2. 小優網路服飾商店所使用的各種衣服資料中，哪一項需要取得原廠商的授權？
　　　(A)原廠的商品品名　　　　　(B)原廠的價格
　　　(C)原廠的照片　　　　　　　(D)原廠的貨號。

第13章 電子商務安全機制

滿分晉級

情境素養題

▲ 閱讀下文，回答第1至2題：

電子商務詐騙頻傳，讓許多人對於電子商務安全機制的討論度提高不少，以下是幾位同學在討論電子商務安全機制的發言：

- 天立：「維護資料傳輸安全的要件有隱密性、完整性、認證性、不可否認性、可用性。」
- 崴宇：「金鑰的長度越長，安全性越高；金鑰分成2種，一種是單一金鑰，另一種是私鑰與公鑰。」
- 吉米：「對稱式加／解密又稱私密金鑰加密法，傳送者與接收者約定使用同一把金鑰加、解密。」
- 小安：「非對稱式加／解密法是使用一對公鑰與私鑰來進行加／解密，過程較為複雜。」

( ) 1. 請問上述情境中，哪些同學敘述有關電子安全機制的內容是錯誤的？
(A)吉米　(B)天立、吉米　(C)天立、崴宇、吉米　(D)四位同學的觀念皆正確。　[13-1]

( ) 2. 下列哪一種加密演算法屬於小安所說的非對稱式加／解密技術？
(A)AES　(B)DES　(C)DOS　(D)RSA。　[13-1]

( ) 3. 展文在購物網站，以信用卡付款方式購買一台單眼相機，當他在填寫交易資料時，發現該網站的網址開頭為https。請依據上述，判斷該網站是使用下列哪一項安全機制，來確保線上交易的安全？
(A)SET　(B)Wi-Fi　(C)LTE　(D)SSL。　[13-2]

( ) 4. 家中開設炸雞店的曉惠，透過下列做法希望能利用網際網路來增加炸雞的銷售量，請問哪一項做法最有可能觸法？
(A)拍攝店內環境的圖片，上傳至自己的網路商店
(B)在網頁中標示銷售的炸雞產品名稱及金額
(C)註冊使用含有肯德基（KFC）字樣的網域名稱（如KFC_NO1），方便網友記憶
(D)提供炸雞折價券供網友下載。　[13-3]

( ) 5. 小明想上網拍賣襧豆子的公仔，他直接到網友的拍賣網頁下載同一公仔產品的照片來使用。根據上述，以下何者正確？
(A)小明可任意使用，因為照片不屬於著作品
(B)小明應取得授權，因為照片已被他人先公開於網路上
(C)小明可任意使用，因為產品照片不具原創性
(D)小明應取得授權，因為網頁上的照片屬於著作權保護的範圍。　[13-3]

精選試題

( )1. 將要傳送的文件先透過雜湊函數運算後產生訊息摘要，並利用傳送者的私鑰將摘要加密後連同文件一起傳送，是屬於下列哪一種資訊安全的防護策略？
(A)數位簽章　(B)防火牆　(C)防毒軟體　(D)密碼管制。

( )2. 能確保資料不被未經授權者取得的管理方法，具有下列何種資訊安全特性？
(A)機密性（Confidentiality）
(B)完整性（Integrity）
(C)友善性（Friendliness）
(D)不可否認性（Non-repudiation）。

( )3. 在公開金鑰密碼系統中，A將機密資料傳給B，B應該使用下列哪一項金鑰來解密？
(A)A的公開金鑰　(B)A的私密金鑰　(C)B的公開金鑰　(D)B的私密金鑰。

( )4. 在寄發電子郵件時，可以使用下列哪一項技術讓電子郵件的收信人確認寄件人的身分，以確認郵件來源，並避免第三人冒名傳遞不實訊息？
(A)郵件加密　(B)開啟標幟　(C)數位簽章　(D)防火牆。

( )5. 以下敘述何者正確？
(A)對稱式加密法有不同的加密與解密金鑰
(B)AES是對稱式加密法
(C)RSA是對稱式加密法
(D)DES是非對稱式加密法。

( )6. 為了避免資料傳輸時被竊取或外洩，通常採用何種保護措施？
(A)將資料壓縮　　　　　　　　(B)將資料加密
(C)對資料加簽章碼　　　　　　(D)對資料加檢查碼。

( )7. 有關對稱式加／解密法的敘述，下列何者正確？
(A)需使用到2把金鑰
(B)傳送方需用接收方的公鑰將資料加密
(C)RSA是一種對稱式加／解密法
(D)加／解密速度通常比非對稱式加／解密法快。

( )8. 為了強化加密的安全性，在實務上，加密演算法通常會搭配「金鑰」使用。請問金鑰是指？
(A)一把鑰匙
(B)一個鑰匙形狀的隨身碟
(C)一種可以證明身分的數位圖像
(D)一串文字或數字組成的密碼。

( )9. 非對稱式加解密技術中，「非對稱」是指下列何者非對稱？
(A)使用的金鑰　(B)加密演算法　(C)明文　(D)密文。

( )10. 有關網路安全技術的敘述，下列何者錯誤？
(A)平均而言，RSA演算法處理速率快過DES演算法
(B)「加密與解密使用兩支不同金鑰，且這兩支金鑰是成對的」是非對稱式加／解密法的特色
(C)DES是一種對稱式加／解密法
(D)SET使用非對稱式加／解密法，所以可確認交易者身分。

(　)11. 實務上,在傳送較長的資料(如E-Mail)時,通常是使用對稱式加密法來進行加密,請問主要原因為何?
(A)對稱式加密法安全性較高
(B)對稱式加密法可證明寄送者身分
(C)對稱式加密法加密速度較快
(D)對稱式加密法可確保資料完整性。

(　)12. 將資料經過「雜湊函數」的運算,可以產生下列何者?
(A)訊息摘要　(B)數位簽章　(C)金鑰　(D)明文。

(　)13. 下列保護資料傳輸安全常用的技術或機制中,何者具有檢查資料完整性的功能?
(A)資料加密　(B)資料解密　(C)數位簽章　(D)防火牆。

(　)14. 數位簽章的運作流程中,不包含下列哪一項?
(A)利用雜湊函數產生訊息摘要
(B)用傳送者的公鑰將訊息摘要加密
(C)用傳送者的公鑰將訊息摘要解密
(D)比對訊息摘要。

(　)15. 利用雜湊函數技術,可檢查透過網路傳輸的資料是否遭到竄改,請問這種技術是用來確保下列哪一項網路傳輸安全的要件?
(A)身分驗證　(B)資料隱密　(C)不可否認　(D)資料完整。

(　)16. 數位簽章的技術,必須要使用到下列哪些金鑰?
(A)接收方的公鑰與私鑰
(B)傳送方的公鑰與私鑰
(C)傳送方的公鑰與接收方的私鑰
(D)傳送方的私鑰與接收方的公鑰。

(　)17. 在數位簽章的技術中,數位簽章是如何產生的?
(A)將明文用傳送方的公鑰加密
(B)將訊息摘要以傳送方的私鑰加密
(C)將明文以接收方的公鑰加密
(D)將訊息摘要以接收方的私鑰加密。

(　)18. 為什麼數位簽章可以證明傳送者的身分?
(A)訊息摘要中包含傳送方姓名
(B)傳送方使用自己的公鑰加密
(C)傳送方使用自己的私鑰加密
(D)接收方可用傳送方的私鑰解密。

(　)19. 若要保護線上交易的資料隱密性,下列哪一種作法最有效?
(A)將資料加密　　　　　　(B)架設防火牆
(C)安裝最新版本的瀏覽器　(D)定期備份資料。

(　)20. 好的雜湊函數,必須具有下列哪一項特性?
(A)能證明傳送者的身分
(B)所產生的訊息摘要長度不固定
(C)同樣的一段文字會產生不同的訊息摘要
(D)不能由訊息摘要反推出原資料內容。

( )21. 在公開金鑰密碼系統中,有關公鑰與私鑰的說明,何者錯誤?
(A)用公鑰加密的資料,可再用公鑰解密
(B)我們可向認證中心查詢公鑰的持有人
(C)必須確保不能由公鑰來反推出私鑰的內容
(D)公鑰與私鑰的內容不相同,必須配對使用。

( )22. 在對稱式加/解密技術下,有關金鑰的說明,下列何者錯誤?
(A)金鑰只能產生一次,產生後必須永久保存該金鑰
(B)每次產生的金鑰內容會不一樣
(C)資料的傳送方與接收方都是使用同一把金鑰
(D)資料可用同一把金鑰加密與解密。

( )23. 下列何者為常用之網路購物安全防護機制?
(A)SSL　(B)POS　(C)ATM　(D)CAM。

( )24. SET是一個用來保護信用卡持卡人在網際網路消費的開放式規格,透過密碼加密技術（Encryption）可確保網路交易,下列何者不是SET所要提供的?
(A)輸入資料的私密性　　　　(B)訊息傳送的完整性
(C)交易雙方的真實性　　　　(D)訊息傳送的轉接性。

( )25. SET是目前公認Internet上的電子交易安全標準,下列哪一公司未參與SET之發展?
(A)IBM　(B)Microsoft　(C)American Express　(D)Visa。

( )26. 在啟用SSL安全機制的安全認證網站上進行交易,下列描述何者是可確保交易安全的?
(A)在交易過程中所傳輸的資料都是被加密的
(B)該網站不會將個人資料外流
(C)該網站的商品價格一定比市價便宜
(D)該網站不會被駭客入侵。　　　　　　　　　　　　　　　　　　[乙級軟體應用]

( )27. 下列哪一種技術,主要是希望能確保網路上信用卡交易的安全性?
(A)SET　(B)SMTP　(C)VoIP　(D)WAP。　　　　　　　　　　　[技藝競賽]

( )28. 下列哪一個敘述是正確的?
(A)SSL是由VISA公司所制定的一種安全機制
(B)SET可以提供交易的不可否認性
(C)SSL的安全等級比SET高
(D)SET只能驗證商家的身分。　　　　　　　　　　　　　　　　　[技藝競賽]

( )29. 網路商家在登錄產品資料時,引用下列哪些原廠的資料不需取得授權,即可直接使用?
①產品編號　　　　　　②產品照片
③產品單價　　　　　　④產品功能介紹的文字
(A)①②　(B)①③　(C)②④　(D)①②③。

( )30. 達禮想開設網路書店,下列哪一項做法最沒有侵權之虞?
(A)以「yahoobook」（雅虎書）做為網域名稱
(B)列出銷售之書籍名單
(C)自行將他人出版書籍內容數位化
(D)借用博客來網路書店之商標。

統測試題

( )1. 在網路安全的領域中,「資料完整性(Integrity)」常用來評估資料的接收者所收到的資料是沒有被竄改的。下列哪一個工具或技術,最適合用來確保在網路間交換資料的完整性?
(A)使用防火牆
(B)使用防毒軟體
(C)利用對稱式加密技術
(D)利用數位簽章技術。 [103商管群]

( )2. 在網路交易過程中,有所謂公開金鑰(public key)和私密金鑰(private key),下列有關公開金鑰和私密金鑰的敘述,何者錯誤?
(A)兩者都是由一連串的數字組成
(B)發送方將資料發送給接收方前,先用接收方的公開金鑰將資料加密
(C)在同一演算法下,金鑰越長,加密的強度就越強
(D)公開金鑰和私密金鑰分別打造,彼此沒有配對關係。 [103工管類]

( )3. 小明想要在「GoodBuy」網站刷卡購買一台攝影機,請問下列哪一項技術可以用來提高網站上刷卡交易的安全性?
(A)LTE(Long Term Evolution)
(B)WiMax(Worldwide Interoperability for Microwave Access)
(C)SET(Secure Electronic Transaction)
(D)SRAM(Static RAM)。 [103資電類]

( )4. 下列敘述何者錯誤?
(A)SET安全機制需要憑證管理中心驗證憑證
(B)以https開頭的網頁就是有採用SET安全機制的網頁
(C)SSL採用公開金鑰辨識對方的身份
(D)SET的安全性比SSL高。 [104商管群]

( )5. 下列何者為常見的網路連線安全機制?
(A)DNS(domain name system)
(B)DHCP(dynamic host configuration protocol)
(C)SSL(secure socket layer)
(D)SIP(session initiation protocol)。 [104工管類]

( )6. 某網站的網址為「https://www.ezuniv.com.tw」,這表示該網站使用了何種網路安全機制?
(A)SET(Secure Electronic Transaction)
(B)SSL(Secure Socket Layer)
(C)SATA(Serial Advanced Technology Attachment)
(D)防火牆(Firewall)。 [104資電類]

( )7. 使用者甲與使用者乙約定藉由非對稱加密(asymmetric encryption)進行溝通,假設使用者甲先以甲的私密金鑰(private key)加密原始訊息,再以乙的公開金鑰(public key)加密前一步驟所得之加密訊息,並將所得之結果傳送給使用者乙,則使用者乙要如何才能讀取原始訊息?
(A)先以甲的公開金鑰解密,再以乙的私密金鑰解密
(B)先以乙的公開金鑰解密,再以甲的私密金鑰解密
(C)先以甲的私密金鑰解密,再以乙的公開金鑰解密
(D)先以乙的私密金鑰解密,再以甲的公開金鑰解密。 [105商管群]

(　)8. 對於數位簽章的敘述，下列何者錯誤？
　　(A)傳送前透過雜湊函數演算法，將資料先產生訊息摘要
　　(B)以傳送方的私鑰將訊息摘要進行加密產生簽章，再將文件與簽章同時傳送
　　(C)收到資料後，使用接收方的公鑰對數位簽章進行運算，再比對訊息摘要驗證簽章的正確性
　　(D)加密和解密運算，都是使用非對稱式加密演算法。　　　　　　　[106商管群]

(　)9. 具SSL（Secure Sockets Layer）規範的網站與下列哪類URL（Uniform Resource Locator）最相關？
　　(A)http://　(B)httpd://　(C)httpp://　(D)https://。　　　　[106工管類]

(　)10. 下列敘述何者不正確？
　　(A)防火牆是一種可以過濾資料來源的網路安全防護設施
　　(B)偽造銀行網站以騙取使用者帳號和密碼的行為稱之為網路釣魚
　　(C)使用HTTP協定在網路上傳輸的資料會進行加密，確保使用者連線安全
　　(D)阻斷服務（DoS）攻擊是藉由不斷發送大量訊息，造成被攻擊網站癱瘓而無法提供服務的攻擊手法。　　　　　　　　　　　　　　　　　　　　　　　　[107工管類]

(　)11. 某URL網址開頭為https://這表示該網站使用了哪個安全規範？
　　(A)VPN（Virtual Private Network）
　　(B)SSL（Secure Sockets Layer）
　　(C)SATA（Serial Advanced Technology Attachment）
　　(D)RSS（Really Simple Syndication）。　　　　　　　　　　　　[107資電類]

(　)12. 有關自然人憑證卡的敘述，下列何者錯誤？
　　(A)由財政部核發
　　(B)用來證明個人在網路上的身分
　　(C)使用該憑證卡可進行網路報稅
　　(D)經由網路及該憑證卡可查詢個人健保資料。　　　　　　　　　[108商管群]

(　)13. 在電子商務交易的安全機制中，下列敘述何者不正確？
　　(A)SSL協定保護交易資料在網路傳輸過程中不被他人窺知
　　(B)SET協定在於保障電子交易的安全，客戶端需有電子錢包
　　(C)消費者透過SSL或SET交易均需事先取得數位憑證
　　(D)SSL的英文全名為Secure Socket Layer。　　　　　　　　　　[108商管群]

(　)14. 有關電子商務安全機制SSL與SET的敘述，下列何者正確？
　　(A)兩種機制均可達到交易的機密性
　　(B)兩種機制均為信用卡支付標準協定
　　(C)兩種機制中，消費者與店家均需要憑證作身分識別
　　(D)兩種機制均可達到消費者與店家雙方交易的不可否認性。　　　[111商管群]

(　)15. 關於加解密技術的敘述，下列何者正確？
　　(A)數位簽章僅達到不可否認性與資料來源辨識性
　　(B)數位簽章除利用對稱式加密法，亦可利用公開金鑰加密法實現
　　(C)公開金鑰加密法傳送方利用接收方的公鑰將明文加密，接收方收到密文後使用接收方私鑰可解密
　　(D)公開金鑰加密法傳送方利用自己的私鑰將明文做數位簽章，接收方收到簽章後使用自己的公鑰可解開簽章。　　　　　　　　　　　　　　　　　　　　[112商管群]

(　)16. 為了保護網路資料傳輸安全，若網站回應網頁的網址是以https為開頭，且可以正常連線的情況下，這代表該網站啟動了哪一種安全機制？
(A)安全外殼（Secure Shell, SSH）
(B)安全電子交易（Secure Electronic Transaction, SET）
(C)安全檔案傳輸協定（Secure File Transfer Protocol, SFTP）
(D)安全通道層（Secure Sockets Layer, SSL）／傳輸層安全性（Transport Layer Security, TLS）。 [113工管類]

(　)17. 網址「https://www.tcte.edu.tw」中的英文字母「s」可用下列何者技術來完成？
(A)SSD（solid state disk）
(B)SSL（secure sockets layer）
(C)SKC（secret key cryptography）
(D)SET（secure electronic transaction）。 [114商管群]

(　)18. 使用瀏覽器以超文字安全傳輸通訊協定（HyperText Transfer Protocol Secure, HTTPS）瀏覽網站時，下列敘述何者正確？
(A)HTTPS在傳輸數據時僅有針對網頁內文字資訊加密
(B)HTTPS通訊時需要瀏覽器與網站都支援加密的協定
(C)HTTPS不涉及任何加密技術，利用防火牆達成安全傳輸
(D)沒有數位憑證的HTTPS網站可以安心連線，無安全隱患。 [114工管類]

統測考試範圍

單元 7

數位科技與人類社會

學習重點

章名	常考重點	
第14章 個人資料防護與重要社會議題	• 惡意軟體 • 駭客攻擊	★★★★☆
第15章 數位科技與現代生活	• 個人、家庭方面的應用 • 社會方面的應用	★★★★★

統測命題分析

數位科技概論

- 單元7 17%
- 單元1 9%
- 單元2 15%
- 單元3 16%
- 單元4 15%
- 單元5 13%
- 單元6 15%

數位科技應用

- 單元7 7%
- 單元1 15%
- 單元2 11%
- 單元3 24%
- 單元4 11%
- 單元5 15%
- 單元6 17%

第14章 個人資料防護與重要社會議題

14-1 個人資料防護與網路內容防護

一、個人資料防護

1. **個資法**保障個人資料安全：為了規範個人資料的合理使用，避免個人隱私權遭受侵害，政府特別制定了**個人資料保護法**（簡稱**個資法**），相關規定如下：
   a. 個人的姓名、生日、國民身分證統一編號、特徵、指紋、教育、職業、病歷、婚姻及其他得以直接或間接識別該個人之資料，都屬於個資法保護範圍。（第2條規定）
   b. 個人資料之蒐集、取得，不論直接、間接皆須盡到告知的義務，並取得當事人的同意。（第8～9條規定）
   c. **公務機關**及非公務機關因違法致使個人資料遭不法蒐集、處理、利用或其他侵害當事人權利者，得負損害賠償責任。（第28～29條規定）

2. **資訊隱私權**：每個人具有決定其個人資料（如帳號、密碼、電子郵件）是否公開提供給他人使用的權利。非法蒐集個人資料、cookie資料等，是侵犯資訊隱私權的行為。

3. **私密瀏覽**：使用瀏覽器的私密瀏覽功能（如Chrome的無痕式視窗、Firefox的隱私視窗、Microsoft Edge的InPrivate視窗等）時，系統不會儲存使用者的瀏覽紀錄與下載紀錄。使用公用電腦時，應使用瀏覽器的私密瀏覽功能，以避免個人資料外洩。

4. 常見的個人資料安全問題：
   a. 惡意軟體入侵的問題：當我們透過平板、智慧型手機等裝置來瀏覽網頁、下載檔案時，都可能使裝置遭到「惡意軟體」的入侵，導致個人資料的毀損或遭盜用。
   b. 駭客入侵的問題：駭客透過各種手法，竊取個人資料，或是影響個人資料安全。

得分區塊練

( )1. 下列何者不屬於個資法保護的範圍？
(A)小明的指紋　(B)阿華的病歷　(C)小芳的球鞋品牌　(D)小綠的生日。

( )2. 使用公用電腦時，應使用瀏覽器的私密瀏覽功能，以避免個人資料外洩，請問下列何者不屬於瀏覽器的私密功能？
(A)Chrome的無痕式視窗　　　　(B)Chrome的新增視窗
(C)Firefox的隱私視窗　　　　　(D)Microsoft Edge的InPrivate視窗。

二、網路內容防護

1. 網路中常見的不當內容：
   a. 暴力、色情：暴力的內容是涉及傷害生命、自殺、虐待等情節，而色情的內容則是涉及裸露、性活動的情節。這些內容可能會引發模仿效應、或造成價值觀扭曲等負面影響。
   b. 危險工具、毒品的製作：有網友忽視社會責任，任意將危險工具、毒品的製作方式公布在網路中，這些網路內容若是遭人學習、濫用，極可能對社會造成恐慌。
   c. 網路謠言：許多未經查證的「假消息」因為使用者利用社群媒體、通訊軟體的分享功能以訛傳訛，導致社會人心惶惶。另外，有些以聳動標題吸引網友點擊的「內容農場」假新聞亦屬於網路謠言的一種。

2. 網路內容防護的方法：

對象	網路內容防護的方法
個人方面	• 懂得拒絕不當網路內容 • 避免瀏覽沒有公信力的網站 • 謠言止於智者：接收到的資訊，不宜隨意分享散布，應查證無誤後再分享，以免成為散布謠言的共犯 • 安裝防護軟體：安裝防護軟體可以過濾大部分不當的內容
社群媒體方面	• Dcard的板主審核：Dcard的討論版中有許多匿名帳號會發布假消息誤導「鄉民」，因此「板主」會藉由審核文章及限制發文門檻，以避免假消息的散布 • Facebook（Meta）的人工智慧過濾系統Rosetta：它可以辨識圖像、影像及文字，過濾出不適合的網路內容、假消息及仇恨言論等
政府方面	• 網路分級：為防範未成年人透過網路接觸到色情、暴力等不良資訊，政府於「兒童及少年福利與權益保障法」中規定網站內容應加以分級 • 臺灣：「iWIN網路內容防護機構」防範不當內容 • 德國：執行《網路執行法》以強制要求各社群平台進行言論審查

得分區塊練

( )1. 下列何者不是個人可以自行進行網路內容防護的方法？ (A)懂得拒絕不當網路內容 (B)避免觀看沒有公信力的網站 (C)安裝防護軟體 (D)PTT的版主審核機制。

( )2. 下列哪一個國家執行《網路執行法》，強制要求各社群平台進行言論審查，以避免不當網路內容流竄？ (A)臺灣 (B)美國 (C)德國 (D)法國。

( )3. 下列哪些屬於網路中常見的不當內容？ a.暴力 b.色情 c.危險工具製作 d.網路流言 (A)ab (B)ac (C)abc (D)abcd。

三、資訊安全的保護

1. **資訊安全**：泛指維護電腦系統使其正常運作的相關事宜，如不斷電系統設置、資料備份、電腦犯罪的防範、電腦病毒的防治等。

2. 影響資訊安全的因素：
   a. 偶發因素：包含有意外災害、人為疏失、軟硬體設備故障等。
   b. 蓄意破壞：泛指各種**電腦犯罪**的行為，如散播電腦病毒、駭客入侵等，是最難預防的資訊安全威脅。

3. 偶發因素的防範：
   a. 加裝不斷電系統：**不斷電系統**（Uninterruptible Power System, UPS）具有穩壓及防突波等功能，可避免電腦因電源中斷而造成資料流失。
   b. **異地備份**：資料備份2套以上，其中一套存放於電腦機房以外的場所，以備意外發生時，仍有備份檔案可以使用。

偶發因素	防範方式
意外災害	a. 電腦主機避免設置在低窪地區或地下室 b. 定期檢查防火設備
人為疏失	a. 專人負責系統維護及管理 b. 加強人員操作方法的訓練 c. 培養正確的電腦操作習慣
電腦軟硬體設備故障	a. 電腦機房設置空調及除濕設備 b. 定期維護硬體設備 c. 定期記錄電腦運轉情況

4. 蓄意破壞的防範：
   a. 安裝**防毒軟體**，避免電腦中毒。
   b. 機密檔案加密處理。
   c. 禁止不相關人員進入電腦機房或操作機房內的設備。
   d. 瀏覽網頁後，應刪除cookie檔案，以保護自己的隱私。**Cookie**是指用來記錄使用者的登入帳號、瀏覽記錄等資料的檔案。
   e. 配合作業系統或應用軟體公司發布的訊息，下載並安裝修補或更新程式。
   f. 定期備份重要資料，備份媒體（如雲端空間、隨身碟）以「三套」輪流為原則。
   g. 不使用來路不明的軟體，應使用合法軟體。
   h. **不任意開啟電子郵件的附加檔案**，尤其是副檔名為.exe（執行檔）或.rar（壓縮檔）的檔案。
   i. 避免瀏覽高危險群的網站，如色情網站、非法下載網站。
   j. 避免使用簡單好記的**懶人密碼**（如1111、1234、password、abc123等）或個人相關資料（如生日、手機號碼等）作為密碼。密碼設定時，至少8個字元以上，且使用**英文大小寫、數字、符號混合**，並不定期更換密碼。

第14章 個人資料防護與重要社會議題

得分區塊練

(　)1. 電腦系統遭受「駭客入侵」是屬於下列哪一種影響資訊安全的因素：
(A)人為蓄意破壞　　　　　　　　　(B)天然意外災害
(C)人為操作疏失　　　　　　　　　(D)環境因素導致電腦發生故障。

(　)2. 為避免因電力公司突然電力中斷，造成電腦硬體的損壞以及未儲存檔案資料的流失，我們可以使用何種裝置？
(A)全球定位系統（GPS）　　　　　(B)突波保護器
(C)不斷電系統（UPS）　　　　　　(D)穩壓器。

(　)3. 下列何種類型的資訊安全威脅最難預防？
(A)人為疏失　(B)機械故障　(C)天然災害　(D)蓄意破壞。　　　[丙級軟體應用]

(　)4. 下列何者不屬於資訊安全的威脅？
(A)天然災害　(B)人為過失　(C)存取控制　(D)機件故障。　　　[丙級軟體應用]

(　)5. 下列何者屬於惡意破壞？
(A)人為怠慢　　　　　　　　　　　(B)擅改資料內容
(C)系統軟體有誤　　　　　　　　　(D)系統操作錯誤。　　　　[丙級軟體應用]

(　)6. 下列何者是錯誤的「電腦設備」管理辦法？
(A)所有設備專人管理
(B)定期保養設備
(C)允許使用者因個人方便隨意搬移設備
(D)使用電源穩壓器。　　　　　　　　　　　　　　　　　　　[丙級軟體應用]

(　)7. 下列哪一項無法有效避免電腦災害發生後的資料安全防護？
(A)經常對磁碟作格式化動作（Format）
(B)經常備份磁碟資料
(C)在執行程式過程中，重要資料分別存在硬碟及碟片上
(D)備份檔案存放於不同地點。　　　　　　　　　　　　　　　[丙級軟體應用]

(　)8. 「電腦機房設置空調」的目的為下列何者？
(A)避免機房空氣污染
(B)避免電腦及附屬設備過熱
(C)提供參觀的來賓使用
(D)提供工作人員使用。　　　　　　　　　　　　　　　　　　[丙級軟體應用]

(　)9. 為避免電腦中重要資料被意外刪除，我們應該
(A)嚴禁他人使用該部電腦　(B)安裝保全系統　(C)定期備份　(D)裝上防火牆。

(　)10. 使用者瀏覽網站時，網站在使用者電腦儲存使用者瀏覽相關資訊的檔案稱之為？
(A)blog　(B)cookie　(C)intranet　(D)ssl。

(　)11. 以帳號及密碼控制系統存取的權限，有助於保護資訊安全，下列何者不是正確的密碼設定原則？
(A)密碼的長度要足夠
(B)必須不定期更換密碼
(C)使用大小寫英文字母、數字及符號夾雜
(D)使用個人資訊，例如身分證號碼、生日或電話比較不會忘記。

(　)12. 下列何者不是資訊安全的正常措施？
(A)安裝P2P軟體　(B)安裝防火牆　(C)定期備份資料　(D)安裝防毒軟體。

(　)13. 下列何者是預防電腦犯罪急需應做的事項？
(A)資料備份　　　　　　　　　　(B)與警局保持連線
(C)禁止電腦上網　　　　　　　　(D)建立資訊安全管制系統。

(　)14. 下列何種措施與電腦病毒防治比較沒有關係？
(A)使用合法軟體　(B)定期備份資料　(C)管制人員進出　(D)安裝防毒軟體。

(　)15. 企業如欲防止內部資料的不合法進出，應安裝或架設下列何種設施以為因應？
(A)網路瀏覽器　(B)防毒軟體　(C)資料備份程式　(D)防火牆。

(　)16. 關於「資訊之人員安全管理措施」中，下列何者不適宜？
(A)銷毀無用報表
(B)訓練操作人員
(C)每人均可操作每一電腦
(D)利用識別卡管制人員進出。　　　　　　　　　　　　　　　　　[丙級軟體應用]

(　)17. 下列何者不是使用即時通訊軟體應有的正確態度？
(A)不輕易開啟接收的檔案
(B)不任意安裝來路不明的程式
(C)對不認識的網友開啟視訊功能以示友好
(D)不輕信陌生網友的話。　　　　　　　　　　　　　　　　　　[丙級軟體應用]

(　)18. 下列敘述何者正確？
(A)資訊安全的問題人人都應該注意
(B)我的電腦中沒有重要資料所以不需注意資訊安全的問題
(C)為了怕忘記，所以密碼愈簡單易記愈好
(D)網路上的免費軟體應多多下載，以擴充電腦的功能。　　　　　[丙級軟體應用]

(　)19. 小彬想玩「MONOPOLY GO!」遊戲，在註冊遊戲帳號時，必須先設定一個密碼，如果你是他的親人，應該建議他如何設定密碼呢？
(A)六個1　　　　　　　　　　　　(B)利用家裡電話末4碼
(C)使用英、數字混合的密碼　　　　(D)用生日作為密碼。

四、網路安全的維護 [102] [111]

1. **防火牆**（firewall）：
   a. 可過濾來自網際網路的資料，也能管制電腦對外發送的訊息。
   b. 企業、學校等單位，大多會在對外連結網際網路的入口處架設防火牆，以保護內部網路。
   c. 防火牆有軟體式與硬體式2種，通常硬體式防火牆效能較佳。
   d. 防火牆會透過檢查**封包**中的來源位址、目的位址、來源埠位址、目的埠位址等內容，來過濾與控管封包的進出。

   > **笑話記憶法**
   > 有3隻分別能防水、防風、防火的小強，請問哪一隻具有「過濾資料」的能力？
   > 答：防火的小強，因為牠是防火強（牆）。

2. 防火牆的限制：
   a. 無法檢查使用者自行下載的檔案是否含有惡意軟體。
   b. 無法防範來自內部網路的攻擊。
   c. 過濾規則設定不當會妨礙正常程式執行。
   d. 無法管制防火牆刻意不保護的連線，如設計師為了方便程式測試而開的「後門」。

3. **入侵偵測系統**（Intrusion Detection System, IDS）：
   a. **用來偵測可能危及電腦安全的威脅**，並針對威脅採取因應的措施。
      例如已知某一特定主旨的郵件為惡意攻擊，入侵偵測系統只要偵測到同樣主旨的郵件，就會將該郵件刪除。
   b. 入侵偵測系統搭配防火牆的安裝，可強化安全防護。
   c. 入侵偵測系統 vs. 防火牆：防火牆用來過濾封包，是第一道防線；入侵偵測系統檢查通過防火牆的封包，是第二道防線。

4. 入侵偵測系統通常同時採用下列2種偵測方式：
   a. 特徵偵測：記錄曾發生過之網路攻擊的特徵，並針對這些特徵進行檢查。其好處是可有效防範已記錄的攻擊，但無法防範新的威脅。
   b. 異常偵測：先定義內部網路「正常運作」的數據（如網路流量正常為20Mbps），若有超出正常數據的情形，即發出警訊。其好處是可防範新的威脅，但易發生誤判。

   > 笑話記憶法
   > 入侵偵測系統不能嫁給姓什麼字母的人？
   > 答：「A」，因為入侵偵測系統英文簡稱IDS，冠夫姓會變成AIDS（愛滋病）。

5. 具有**人工智慧**功能的入侵偵測系統：可透過分析蒐集而來的「特徵」及「異常」數據，預測可能的攻擊模式，以建立適當的防禦機制。

6. **入侵防禦系統**（Intrusion Prevention System, **IPS**）：
   a. 在偵測到威脅時，可採取主動保護網路和系統的功能，例如封鎖惡意IP、攔截惡意流量等。
   b. IDS及IPS的比較：

比較項目	入侵偵測系統（IDS）	入侵防禦系統（IPS）
功能	偵測網路流量中的異常和攻擊行為	偵測到威脅時，主動採取保護措施
特性	・被動 ・監聽網路封包	・主動 ・阻擋外來惡意封包
防禦方式	通知防火牆、中斷連線	丟棄惡意封包、中斷連線

7. 建置虛擬私有網路（Virtual Private Network, **VPN**）：
   a. 在網際網路建構一個虛擬的通道，並利用加密、驗證等技術提高通道中資料傳輸的安全性。
   b. 使用此通道需先經過身分驗證，在該通道傳輸的資料都必須經過加密處理，可避免資料遭到窺視、攔截或竄改。

得分區塊練

（　）1. 在網路系統中，當企業內部網路（Intranet）與網際網路（Internet）相連時，其架構上最主要用來防止駭客入侵的設備為何？
(A)閘道器　(B)防火牆　(C)集線器　(D)防毒軟體。

（　）2. 下列有關網路防火牆（Firewall）的敘述，何者正確？
(A)防火牆是一種用來防止駭客入侵的防護設備
(B)防火牆是一種壓縮與解壓縮技術
(C)防火牆是一種資料加解密技術
(D)防火牆是一種電子商務的線上交易安全機制。
[技藝競賽]

第14章 個人資料防護與重要社會議題

( )3. 企業如欲防止內部資料的不合法進出,應安裝或架設下列何設施以為因應?
(A)網路瀏覽器 (B)防毒軟體 (C)資料備份程式 (D)防火牆。

( )4. 防火牆無法有效防範下列哪一種網路攻擊?
(A)阻斷服務攻擊 (B)駭客入侵電腦
(C)未經授權的連線存取電腦 (D)網路釣魚。

( )5. 關於「防火牆」之敘述中,下列何者不正確?
(A)防火牆無法防止內賊對內的侵害,根據經驗,許多入侵或犯罪行為都是自己人或熟知內部網路佈局的人做的
(B)防火牆基本上只管制封包的流向,它無法偵測出外界假造的封包,任何人皆可製造假的來源住址的封包
(C)防火牆無法確保連線的可信度,一但連線涉及外界公眾網路,極有可能被竊聽或劫奪,除非連線另行加密保護
(D)防火牆可以防止病毒的入侵。 [丙級軟體應用]

( )6. 下列網路安全的威脅中,何者可利用防火牆來防範?
(A)特洛伊木馬程式 (B)來自內部網路的攻擊 (C)網路釣魚 (D)阻斷服務攻擊。

( )7. 入侵偵測系統具有什麼功能?
(A)防止電腦病毒刪除電腦中的檔案 (B)偵測可能危及內部網路安全的威脅
(C)預防網路詐騙的發生 (D)防止使用者連上含有惡意軟體的網站。

( )8. 有關入侵偵測系統的敘述,下列何者錯誤?
(A)可針對曾發生過的攻擊特徵進行檢查
(B)可以在偵測出異常時,發出警示訊息
(C)一定不會有誤判的情形發生
(D)企業常同時安裝入侵偵測系統與防火牆。

( )9. 有關防火牆的敘述,下列何者正確?
a.主要功能是過濾封包
b.可以防止Hacker從特定連接埠入侵電腦
c.可搜尋已感染病毒的電腦並掃除病毒
d.只能用硬體來完成防火牆的功能
(A)ab (B)cd (C)bc (D)abd。

( )10. 在網路安全的領域中,IDS的功能為何?
(A)資料加密 (B)分隔區域網路
(C)偵測可能危及電腦安全的威脅 (D)限制網路流量。

( )11. 颱風天交通不便,員工無法到達公司上班,公司開放員工居家上班,透過Internet連線到公司內網的技術,是屬於下列哪一項?
(A)虛擬區域網路(Virtual Local Area Network, VLAN)
(B)網路位址變換器(Network Address Translation, NAT)
(C)點對點協定(Point-to-Point Protocol, PPP)
(D)虛擬私有網路(Virtual Private Network, VPN)。 [113技藝競賽]

14-2 資訊倫理

一、認識資訊倫理

1. 資訊倫理：規範人們使用電腦與資訊系統的行為準則。

2. 資訊倫理十誡－由美國電腦倫理協會所提出：
   a. 不可透過電腦或網路傷害他人
   b. 不可干擾他人在電腦上的工作
   c. 不可偷看他人的檔案
   d. 不可利用電腦網路偷竊財物
   e. 不可使用電腦網路造假
   f. 不可拷貝或使用未付費的軟體
   g. 未經授權，不可使用他人的電腦或網路資源
   h. 不可侵佔他人的智慧成果
   i. 在設計程式之前，先衡量其對社會的影響
   j. 使用電腦或網路時必須表現出對他人的尊重與體諒

3. 健康的使用數位科技－常見的資訊倫理議題：
   a. 尊重智慧財產權（Property）
   b. 保障資訊取用權（Accessibility）
   c. 尊重並保護隱私權（Privacy）
   d. 維護資訊正確性（Accuracy）
   　　　此4項議題又被稱為PAPA資訊倫理模型
   e. 遵守網路禮儀
   f. 注意網路交友安全
   g. 避免網路成癮
   h. 操作電腦及手機的姿勢要正確

二、遵守網路禮儀

1. 網路禮儀的原則：
   a. 謹言慎行：在網路上發言時，措辭應小心謹慎，避免發表激烈言論或使用不雅的文字；也應避免錯別字、火星文等。
   b. 入境隨俗：在網路各平台發表言論前，應先詳細閱讀平台規範，以避免衝突與誤會。
   c. 互助合作：在網路上詢問問題時，通常會有許多熱心的網友回答問題；相反的，當有其他網友提問時，我們也應分享知識，以達到互助合作的理念。
   d. 尊重隱私：在網路上與他人聊天的訊息，都是屬於個人隱私，未經對方同意，切忌任意公開或轉傳。

2. 網路禮儀注意事項：
   a. **按「讚」表示認同**：在社群網站中按讚，通常會被認為是認同或喜愛該篇文章。但也有人將按讚當作是「已閱」，這樣使用就有可能造成誤會。
   b. **發問前應先「爬文」**：爬文可以避免重複詢問相同問題，以免浪費大量網路資源。
   c. **不惡意「洗版」**：「洗版」是指在網路平台的對話框中，短時間內傳送大量重複的廣告行銷或無意義的內容。洗版會導致他人閱讀訊息的困擾，是一種相當不禮貌的行為。
   d. **不無故「潛水」**：「潛水」是指在網路上單純閱讀他人文章，而不作任何回應的行為。部分的社群會有鼓勵社員互動，避免社員長期「潛水」的規矩。
   e. **謹慎處理網路論戰**：在網路討論議題時，應秉持著尊重對方立場及言論自由的態度，共同維護良好的網路環境。

三、網路交友

1. **網路交友**：透過網路結交朋友，具有不受時間、地點限制的優點，但因網路具有「匿名」特性，交友時應注意自身安全，切勿隨意透露自己的個人資料，也應避免與網友單獨見面，或有金錢上的往來。

2. 網路交友 vs. 傳統交友：

交友方式	網路交友	傳統交友
空間	能跨越地區的限制	較侷限
時間	任何時間都可以	較有限制
交談方式	無法面對面交談，較難掌握對方的真實身分	可面對面交談，較易判斷對方的個性、身分
真實性	對方的性別、年齡、身分、言論真偽較難判斷	相對較易判斷

3. 網路交友守則：
   a. 慎選交友對象，避免與使用辱罵、性騷擾、粗俗話語者往來。
   b. 不隨意透露個人基本資料。
   c. 避免和網友單獨見面，如需見面則應找朋友陪伴，見面地點應選擇人潮較多的公共場所。
   d. 若與網友見面，應避免食用來路不明的食物或飲料。也應避免搭乘網友的交通工具，以免行動受其控制。
   e. 不宜與網友有金錢借貸關係。
   f. 不輕易答應網友的不合理要求（如自拍清涼照）。

4. 網路交友的效應：
   a. 正面效應：可結交好友、增加知識、學習外文、尋找伴侶等。
   b. 負面效應：結交不良的網友可能受騙上當（如被網路詐財、網路騙色等）。

四、網路成癮

1. 網路成癮：指使用者沉溺在網路世界，對網路產生高度依賴的一種心理狀態。
2. 網路成癮的原因：好奇、宣洩壓力、追逐偶像、生活缺乏重心、尋求新鮮感及刺激感、渴求擴大人際關係、體驗新的生活型態、追求自我認同等。
3. 網路成癮的影響：
   a. 生理影響：視力受損、肩頸痠痛、手腕關節發炎等，嚴重者可能導致中風、猝死。
   b. 心理影響：焦躁、憂鬱、情緒起伏過大、自我封閉等，嚴重者可能失去社交能力。
4. 網路成癮的預防：
   a. 在現實生活中多結交朋友，培養人際關係。
   b. 多接觸人群，培養良好溝通技巧。
   c. 製作時間規劃表，規劃生活目標及學習時間。
   d. 培養正當娛樂，如運動、聽音樂等。

五、網路霸凌

1. 網路霸凌：指透過各種網路管道（如社群網站、LINE），以圖文、影片來欺負或排擠他人。
2. 常見的網路霸凌行為有：文字霸凌、影像騷擾、訊息騷擾、刻意孤立等。
3. 遭遇網路霸凌應採取的行動：保留相關證據（影像、圖片、文字等）、尋求家長、輔導老師、心理醫師／諮商師協助、阻斷與霸凌者聯繫的管道等。

六、正確操作電腦的姿勢

1. 螢幕中心點應位於眼睛水平線下約15～30度。
2. 眼睛與螢幕中心應保持一個手臂長（約45～60公分）的距離。
3. 使用鍵盤打字時，手腕應保持伸直，並懸空約1.5公分。
4. 椅子的高度應調整到可使手肘彎曲約90度。

5. 鍵盤上有A、S、D、F、J、K、L、；等8個**基準鍵**，每個按鍵各對應一根手指頭。透過F及J鍵上的小凸點，可讓使用者不看鍵盤，也能快速地找到基準鍵。

6. 每操作電腦一個小時，應休息十至十五分鐘，避免眼睛過度疲勞。

7. 不當操作電腦可能造成的傷害：

    a. **腕隧道症候群**（CTS）：長時間使用鍵盤或滑鼠不當所造成的手部傷害，會導致手部在施力時產生疼痛、麻木、甚至無力。

    b. **重複施緊傷害**（RSI）：長時間不當地重複使用某部位的肌肉，常會引發肌肉無力、脊椎神經傷害、肩頸部僵硬等症狀。

    c. **黃斑部病變**（MD）：長時間使用電腦、手機，使眼睛黃斑部受到螢幕輻射光傷害，引發視力衰退，甚至失明。

有「背」無患

- **資訊超載**：若人接收了太多資訊，反而會因資訊量過大影響了正常的理解與判斷。
- **資訊焦慮**：是指面對網路中眾多的資訊，迫使自己全部吸收，當超出自己的負荷而導致焦慮的情況。
- **手機分離焦慮症**（Nomophobia）：是指過度依賴手機的人們，當無法隨時使用手機時，會產生焦慮感。

得分區塊練

( )1. 規範人們使用電腦與資訊系統的行為準則稱為？
(A)資訊倫理　(B)電腦法規　(C)資訊法律　(D)資訊法規。

( )2. 下列何者不屬於PAPA資訊倫理模型的議題？
(A)尊重智慧財產權　　　　(B)注意網路交友安全
(C)保障資訊取用權　　　　(D)維護資訊正確性。

( )3. 將手腕靠在桌邊休息，讓手腕低於手指，就有可能得到什麼？
(A)骨折　(B)腕道症　(C)鍵盤症　(D)肌肉萎縮。

( )4. 下列何者不符合網路禮儀的規範？
(A)阿華在進入各網路平台前，會先閱讀平台的規範
(B)小勳在網路發表文章前，會先檢查是否有不當的內容及錯別字
(C)阿火私自將與朋友吵架的聊天內容發表至網路平台，請網友們評評理
(D)小文常在論壇中協助網友解決問題。

14-3　惡意軟體與駭客攻擊

一、惡意軟體　[113]

1. 認識惡意軟體：**惡意軟體**（Malware）泛指會造成電腦系統或網路無法正常運作的軟體。

2. 惡意軟體的種類：

   a. **特洛伊木馬程式**（Trojan horse）：指「依附」在檔案中的惡意軟體，使用者開啟檔案時，這種軟體就會被啟動。特洛伊木馬程式通常是以竊取他人的私密資料為目的。

   b. **電腦蠕蟲**（worm）：會不斷地自我複製，並耗用大量電腦主記憶體儲存空間或網路頻寬。一旦發作，常會造成電腦、網路及郵件伺服器無法正常運作。

   c. **電腦病毒**（virus）：具有破壞性或惡作劇性質的電腦程式，可藉由自我複製或感染電腦中的其它正常程式，來達到破壞電腦系統的目的。

   > 例　寄生在Office文件中的「巨集型病毒」、寄生在執行檔（即副檔名為COM或EXE）中的「檔案型病毒」、寄生在啟動磁區的「開機型病毒」（如米開朗基羅病毒）等。這些類型的電腦病毒屬於早期流行的惡意軟體，現今已不常見。

3. 傳播途徑：電子郵件、檔案下載、儲存媒體（如隨身碟、外接式硬碟）、網頁瀏覽、即時通訊（如LINE）、區域網路等。

   ◎五秒自測　惡意軟體的種類有哪些？它們通常是透過哪些傳播途徑來散播？

4. ROM（唯讀記憶體）或原版光碟片，除非最初燒入的資料就帶有病毒，否則不會感染病毒。

5. 「USB病毒」是透過隨身碟、行動硬碟等使用USB連接埠的設備作為散播管道，感染USB病毒的電腦，可能會出現無法上網、無法瀏覽檔案等症狀。關閉作業系統的「自動播放」功能，可降低感染此病毒的機會。

6. 行動裝置（如手機、平板電腦）也會感染惡意軟體。

第14章 個人資料防護與重要社會議題

得分區塊練

( )1. 哪一個選項對於電腦病毒的敘述是正確的？
(A)是一種黴菌，會損害電腦組件
(B)是一種不良的電腦組件，使電腦工作不正常
(C)是一種程式，它可經由儲存設備（如隨身碟）或網路複製
(D)電腦病毒入侵電腦，在關機後，病毒仍會留在CPU中。

( )2. 電腦病毒的發作，是由於？
(A)操作不當 (B)程式產生 (C)記憶體突變 (D)細菌感染。 [丙級軟體應用]

( )3. 下列哪一種病毒會依附在以應用軟體所製作的文件檔中？
(A)巨集病毒 (B)開機型病毒 (C)檔案型病毒 (D)特洛伊木馬。

( )4. 下列敘述何者是錯誤的？
(A)販賣盜版軟體是一種違法的行為
(B)電腦病毒可能經由網路或隨身碟感染，但不可能經由任何光碟片感染
(C)使用並定期更新防毒軟體可以降低被電腦病毒感染的機會
(D)惡意製作並散播電腦病毒是一種違法的行為。

( )5. 檔案型病毒通常寄生在下列何種檔案上？
(A)文字檔 (B)音樂檔 (C)資料庫檔 (D)可執行檔。

( )6. 藉由寬頻網路大量且迅速蔓延，致使網路癱瘓的病毒稱為：
(A)蠕蟲病毒（worm）
(B)巨集病毒（macro virus）
(C)特洛伊病毒（Trojan horse）
(D)千面人病毒（polymorphic virus）。

( )7. 下列何者對「電腦病毒」的描述是錯誤的？
(A)它會使程式不能執行
(B)病毒感染電腦後一定會立刻發作
(C)它具有自我複製的能力
(D)它會破壞硬碟的資料。 [丙級軟體應用]

( )8. 下列何者較不可能為電腦病毒之來源？
(A)網路 (B)原版光碟 (C)電子郵件 (D)免費軟體。 [丙級軟體應用]

( )9. 下列何者不是防範惡意軟體的正確做法？
(A)安裝防毒軟體
(B)定期刪除不必要的檔案
(C)不下載盜版軟體
(D)不任意開啟電子郵件的附加檔案。

( )10. 下列檔案類型中，何者最容易攜帶Taiwan No.1巨集型病毒？
(A)BMP (B)DOC (C)EXE (D)TXT。

A14-15

二、電腦感染惡意軟體的防範　107　111

1. 電腦感染惡意軟體常見的徵兆：
   a. 電腦執行速度變慢
   b. 電腦經常無故當機
   c. 網路突然無法使用或無故斷線
   d. 螢幕顯示奇怪訊息或音樂
   e. 瀏覽器首頁被綁架
   f. 無法存取磁碟、光碟機、資料夾或檔案
   g. 硬碟空間異常變小
   h. 檔案大小或修改時間無故改變

2. 惡意軟體的防範：
   a. 安裝防毒軟體，如**PC-cillin**、**卡巴斯基**（kaspersky）、**諾頓**（Norton）、**小紅傘**（Avira AntiVirus）……等，並定期更新病毒碼。病毒碼是指當防毒軟體公司找到一隻新的病毒後，便會從中擷取一段二進位程式碼，以便讓防毒軟體能夠辨認出病毒的樣貌，這段程式碼便稱為「病毒碼」。
   b. 配合作業系統或應用軟體公司發布的訊息，下載並安裝修補或更新程式。
   c. 定期備份重要資料，備份媒體（如光碟）以「三套」輪流為原則。
   d. 不使用來路不明的軟體，應使用合法軟體。
   e. 避免安裝P2P檔案交換軟體（如eMule）。
   f. **不任意開啟電子郵件、即時通訊的附加檔案**，尤其是副檔名為.exe（執行檔）或.rar（壓縮檔）的檔案。
   g. 避免瀏覽高危險群的網站，如色情網站、非法下載網站。
   h. 架設防火牆，可過濾來自網際網路的資料，也能管制電腦對外發送的訊息。

得分區塊練

(　　)1. 下列觀念敘述，何者不正確？　(A)使用防毒軟體，仍需經常更新病毒碼　(B)不可隨意開啟不明來源電子郵件附加檔案　(C)重要資料備份於硬碟不同檔案夾內，可確保資料安全　(D)重要資料燒錄於光碟儲存，可避免受病毒感染及破壞。

(　　)2. 下列有關電腦病毒的敘述，何者正確？　(A)電腦病毒具有傳染的特性　(B)關閉電腦電源，即可消滅電腦病毒　(C)一部硬碟最多只會感染一個病毒　(D)電腦安裝了防毒軟體，一定不會中毒。

(　　)3. 在病毒猖狂的網路世界中，除了不使用來路不明的軟體外，下列何種方法對防止病毒最為有效？　(A)不用硬碟開機　(B)不接收垃圾電子郵件　(C)不上違法網站　(D)經常更新防毒軟體，啟動防毒軟體掃瞄病毒。

(　　)4. 下列何者不是預防電腦病毒的基本做法？　(A)將重要的資料隨時備份　(B)不開啟任何來路不明的電子郵件　(C)登入系統之密碼應不定期更換　(D)使用具有合法版權之軟體。

(　　)5. 關於電腦病毒，下列敘述何者錯誤？　(A)病毒碼可潛伏在開機程式（boot program）中　(B)感染病毒後立刻關機（power off），即可消除病毒　(C)裝設防毒軟體後，從網路中下載不明軟體，仍有可能感染病毒　(D)電腦病毒不但會感染程式檔，也會感染資料檔。

三、駭客攻擊 104 113 114

1. **駭客**（hacker）：原指熱衷鑽研電腦或網路破解技術的人士，現今則與蓄意破壞或犯罪的「**怪客**」混用，泛指電腦犯罪者。

2. 駭客的犯罪動機：獲取不法利益、商業競爭、對所處的學習或工作單位不滿、自我挑戰、惡作劇等。

3. 常見的電腦犯罪（駭客攻擊）手法：

常見的手法	說明
入侵網站	入侵他人網站竊取資料或篡改網站內容
網頁掛馬攻擊	在網頁中植入惡意軟體，使用者只要連上網頁，電腦就可能感染惡意軟體。例如**跨網站腳本攻擊**（XSS）是將惡意程式（常為腳本語言）寫入網站中
資料隱碼攻擊（SQL Injection）	在輸入的字串中夾帶惡意SQL指令，以入侵或破壞資料庫系統
字典攻擊法	駭客蒐集常作為密碼的字串（如**懶人密碼**），做成「字典」檔，再利用程式依序地從「字典」檔中讀取這些字串，並透過一一嘗試的破解方式來找出正確的密碼
鍵盤側錄	透過軟體側錄他人在鍵盤上的操作，以竊取使用者的帳號、密碼等個資。部分網站會使用「螢幕虛擬鍵盤」讓使用者以滑鼠點按的方式來輸入密碼，即是為了防範鍵盤側錄
DoS阻斷服務攻擊（Denial of Service）	• 藉由不斷地發送大量訊息，使被攻擊的網站癱瘓，無法提供服務 • 利用多台電腦不斷地發送大量訊息，使被攻擊的網站癱瘓，而無法提供服務，稱為**分散式阻斷服務**（Distributed Denial of Service, DDoS）攻擊
BotNet攻擊	散布具有遠端遙控功能的惡意軟體，並集結大量受到感染的電腦（稱為**殭屍電腦**），構成**殭屍網路**（BotNet），再控制這些電腦進行濫發垃圾郵件、竊取他人的個人資料等不法行為
零時差攻擊（zero-day attack）	利用軟體本身的安全漏洞進行攻擊。因為駭客是趕在軟體業者修復漏洞前發動攻擊，所以稱零時差攻擊
網路釣魚（phishing）	駭客建立與合法網站極相似的網頁畫面，誘騙使用者在網站中輸入自己的帳號、密碼、信用卡卡號，以取得使用者的私密資料
程式炸彈	又稱**邏輯炸彈**（logic bomb），是在程式中加上特殊的設定，使程式在特定的時間、條件下自動執行，引發破壞性的動作
電子郵件炸彈（e-mail bombs）	藉由不斷地發送大量郵件給同一個人，使郵件信箱容量不堪負荷
勒索軟體（Ransomware）	駭客入侵他人電腦，將受害者電腦中的所有檔案加密，並威脅受害者於期限內交付贖金才解密，否則所有檔案將無法解密

常見的手法	說明
間諜軟體 （spyware）	常被設計成一個有用的小程式（如產生密碼的程式），但卻會在暗地裡竊取使用者的個人資料，或是妨礙使用者操作，如彈出廣告視窗
社交工程 （social engineering）	駭客透過各種社交手段（如冒充權威人士）來降低他人戒心、博取他人信任，再趁機騙取他人機密資料。因此駭客不需具備頂尖的電腦專業技術，即可輕易地躲過軟硬體的安全防護

4. 網路釣魚的防範方法：

   a. 仔細檢查要連結的網址是否正確，如政府網站的網址類別應為gov，公司行號則為com。

   b. 不回覆索取個人資料的電子郵件或訊息。

   c. 不利用郵件或訊息中的連結登入網站。

5. 勒索軟體的防範方法－「**三不三要**」原則：

   a. 三不：標題吸引人的郵件**不上鉤**、**不隨便打開**郵件的附加檔案、**不隨便點擊**郵件中的連結網址。

   b. 三要：**要記得備份**重要資料、開啟郵件前**要確認寄件者身分**、**要常常更新**防毒軟體病毒碼。

得分區塊練

(　　)1. 近年來發生多起駭客冒用銀行名義寄E-Mail給客戶，詐騙取得客戶個資的案件；請問這種手法稱為？
(A)網頁掛馬　(B)鍵盤側錄　(C)網路釣魚　(D)阻斷服務攻擊。

(　　)2. 資訊安全中的「社交工程（Social Engineering）」主要是透過什麼樣弱點，來達成對資訊安全的攻擊方式？
(A)技術缺憾　(B)人性弱點　(C)設備故障　(D)後門程式的掩護。　　［乙級軟體應用］

(　　)3. 下列關於「零時差攻擊（Zero-day Attack）」的敘述，何者不正確？
(A)主要針對原廠來不及提出修補程式弱點程式的時間差，進行資安攻擊方式
(B)因為是程式的漏洞，無法透過掃毒或防駭等軟體機制來確保攻擊不會發生
(C)因為是軟體程式出現漏洞，所以使用者無法做什麼事情來防止攻擊
(D)使用者看到軟體官方網站或資安防治單位發布警訊，應該儘快更新版本。
　　［乙級軟體應用］

(　　)4. 駭客遙控大量的「殭屍電腦」來濫發垃圾郵件、竊取他人個資等不法行為，這種手法稱為？
(A)木馬攻擊　(B)BotNet攻擊　(C)零時差攻擊　(D)網路釣魚攻擊。　　［丙級軟體應用］

14-4 網路犯罪與法令規範

一、認識網路犯罪

1. **電腦犯罪**：利用電腦從事未經授權而使他人遭受損害的行為，如窺視他人電腦中的檔案、盜用他人電腦發送假訊息。

2. **網路犯罪**：利用網際網路所從事的電腦犯罪行為，如透過網路散布惡意軟體、透過網路入侵他人電腦。

3. 網路犯罪的特性：
   a. 犯罪者大多具備資訊科技的專業知識，屬於高智商犯罪。
   b. 駭客在網路中通常使用匿名，隱匿性高，常造成偵查的困難。
   c. 駭客常跨國犯罪，導致適法困難。

4. 常見的網路犯罪動機：
   a. 獲取不法利益
   b. 報復或揭發隱私
   c. 商業競爭
   d. 自我挑戰或惡作劇

5. 網路犯罪的類型：

類型	說明
散播惡意軟體	撰寫惡意軟體並透過網際網路散布
入侵電腦及竊取資料	非法入侵他人電腦並竊取私密資料
侵害智慧財產權	在網路上重製、下載、分享或販售他人具有版權的著作
竊取或篡改他人資料	非法入侵他人電腦並竊取／篡改資料
竊取線上遊戲的虛擬寶物	非法盜用他人帳號並竊取線上遊戲的虛擬寶物
販賣個資或違禁品	在網路上販賣個資或法律禁售的商品，如菸酒、醫療用品
散播謠言、惡意軟體	杜撰假消息或製作／散布惡意軟體
網路詐騙	在網路上從事斂財騙色的詐騙行為
網路誹謗及恐嚇	發言侮辱、誹謗或恐嚇他人
網路謠言	散播不實或未經證實的訊息
網路霸凌	透過各種網路管道，以圖文、影片來欺負或排擠他人
網路色情	在網路上公開、散布或販賣色情圖片、影片
網路賭博	在網路上架設提供賭博功能的平台／網頁

（散播惡意軟體、入侵電腦及竊取資料 通常為**駭客**所為）

6. 國內查緝網路犯罪的單位：刑事警察局**偵九隊**。

> 😄 **笑話記憶法**
> 我國負責查緝網路犯罪的單位，最擅長的技能是什麼？
> 答：斟酒，因為他們號稱「斟酒（偵九）隊」

二、規範網路犯罪的相關法令 106 108

1. 網路犯罪行為與法令規範：

網路犯罪行為	法令規範
製作、撰寫、散播惡意軟體	刑法
入侵他人電腦，或盜拷、篡改他人資料、竊取線上遊戲的虛擬寶物	
網路詐騙[註]、誹謗、恐嚇、賭博	
盜拷軟體、重製他人著作、提供有版權的影音檔案	著作權法
散布假消息	社會秩序維護法
透過網路販賣菸、酒、醫療用品、寵物	菸害防制法、菸酒管理法、藥事法、動物保護法
在網路張貼色情圖片、提供色情網站連結、散布援交訊息	刑法、兒童及少年性剝削防制條例、兒童及少年福利與權益保障法

- 我國目前並無專門用來規範「網路霸凌」行為的法令，但若霸凌的行為觸及誹謗、恐嚇等，則可能觸犯的刑責有公然侮辱罪、誹謗罪、恐嚇危害安全罪、恐嚇取財罪等。

2. 若因網路犯罪行為而觸犯上述法令，將會被依犯罪情節輕重，處以一定的刑責或罰金。例如擅自以重製之方法侵害他人之著作財產權者，會因觸犯著作權法，被處3年以下有期徒刑、拘役，或科或併科新臺幣75萬元以下罰金。

3. 目前並無規範網路謠言的法令，但若謠言損及他人名譽，則視為網路誹謗，可能判處刑法公然侮辱罪或誹謗罪。

得分區塊練

( ) 1. 下列對電腦犯罪的敘述何者有誤？
(A)犯罪容易察覺　(B)採用手法較隱藏
(C)高技術性的犯罪活動　(D)與一般傳統犯罪活動不同。　[丙級軟體應用]

( ) 2. 下列哪一項行為不屬於「網路犯罪」？
(A)散布特洛伊木馬程式　(B)竊取同學的筆記型電腦
(C)用E-Mail恐嚇他人　(D)透過網路詐騙他人錢財。

( ) 3. 國內負責查緝網路犯罪的單位為？
(A)立法院　(B)鄉公所　(C)偵九隊　(D)法院。

註：內政部警政署刑事警察局為防範詐騙案件，已設立「165反詐騙專線」。

第14章 個人資料防護與重要社會議題

滿分晉級

情境素養題

▲ 閱讀下文，回答第1至2題：

詐騙集團利用簡訊詐騙，誘使民眾點按簡訊中的連結，並在網頁中輸入身分證字號、網路銀行帳號密碼及信任裝置碼，進而將帳戶內的金額轉移至詐騙集團帳戶，等到民眾發現已經發生重大損失，為時已晚。

( ) 1. 根據上述情境，詐騙集團最有可能使用下列哪一種手法？
(A)社交工程　(B)網路掛馬攻擊　(C)特洛伊木馬程式　(D)邏輯炸彈。 [14-3]

( ) 2. 下列何者無法預防上述情境中的詐騙事件發生？
(A)當收到不明的訊息連結（包含FB、IG、LINE、簡訊、電子郵件等），不隨意亂點開連結
(B)若必須在網站中輸入帳號密碼等資料，務必確認是否為官方網站，才不會被詐騙
(C)網路銀行應時常提醒客戶提高警覺，避免落入詐騙
(D)在行動裝置或是電腦中安裝防火牆，以避免遭受詐騙。 [14-3]

( ) 3. 某家網路書店寄發給會員的「註冊完成信」中，不慎夾帶了其它會員的個人資料，造成許多會員的資料外洩。請問造成這個資訊安全漏洞的主因為？
(A)蓄意破壞　(B)意外災害　(C)人為疏失　(D)硬體故障。 [14-1]

( ) 4. 曉雯在瀏覽網頁時，看到了一則標題為「3分鐘內看完這些不可思議的事實，你一定要看到最後！」，她滿心期待的點了進去，發現內容與標題不太符合，甚至有些內容是假消息，曉雯最有可能遇到的是下列何者？
(A)內容農場　(B)社交工程　(C)網頁掛馬攻擊　(D)殭屍網路攻擊。 [14-1]

( ) 5. 下列何者不符合網路禮儀的規範？
(A)小新在網路問問題前會先爬文尋找解答
(B)阿明在遊戲中為了吸引其他玩家注意，重複洗版刷存在感
(C)小宇在與自己立場不同的人討論時事時，能秉持著尊重對方立場及言論自由的態度相互交流
(D)森森在留言時會避免使用火星文、注音文。 [14-2]

( ) 6. 小影覺得自己好像有網路成癮的症狀，下列何者不是你可以提供給他的好建議？
(A)請他培養正當娛樂
(B)協助他製作時間規劃表，規劃生活及學習目標
(C)陪他多進網路聊天室，培養溝通技巧
(D)讓他在現實生活中多交朋友。 [14-2]

( ) 7. 志成愛玩線上遊戲，某天他下載別人分享的「自動練功程式」來使用，卻使自己的虛擬寶物被盜取一空。請問這是因為該程式中可能含有下列何者？
(A)特洛伊木馬程式　(B)編碼程式　(C)電腦蠕蟲　(D)防毒軟體。 [14-3]

( ) 8. 新聞報導，有駭客在得知Adobe軟體程式的安全漏洞後，立即透過該程式漏洞發動攻擊，以在他人電腦中植入惡意程式。請問這種攻擊手法稱為？
(A)零時差攻擊　(B)網路釣魚　(C)DoS　(D)網路詐騙。 [14-3]

( )9. 駭客假藉救助地震災民的名義，發送募款郵件，騙取民眾填寫個資，再利用這些個資從事不法行為。請問上述手法稱為？
(A)邏輯炸彈　(B)阻斷服務攻擊　(C)網路釣魚　(D)網頁掛馬。　　　　[14-3]

( )10. 下列關於駭客透過電子郵件來達成「社交工程（Social Engineering）」手法的入侵，何者不正確？
(A)電子郵件中的連結，可能會導引你到詐騙集團的網頁中
(B)駭客會使用情色或八卦主題，吸引你閱讀或下載電子郵件內容，達成對資訊安全的危害
(C)接到銀行寄來的緊急通知電子郵件，最好不要直接點選上面的超連結，而是自行連結到該銀行網站進行查詢
(D)只要不下載電子郵件的附檔，駭客就無法入侵你的電腦。　　　　[14-3]

( )11. 新聞報導，一名中學生在颱風期間，將人事行政總處網站的「放颱風假一天」篡改成「放颱風假一年」，請問這名學生可能觸犯什麼法律？
(A)民法　(B)著作權法　(C)刑法　(D)電子簽章法。　　　　[14-4]

( )12. 日前一名澳洲青年因製作惡意軟體，遭到判刑10年。如果這名男子是在我國犯法，他會因違反下列哪一項法令而被捕？
(A)刑法　(B)著作權法　(C)民法　(D)電子簽章法。　　　　[14-4]

( )13. 有一名大學生，因為在網路中發文抱怨某餐廳的食物很難吃，引來餐廳老闆憤而提告。請問這名大學生的行為是屬於下列哪一種網路犯罪？
(A)網路色情　(B)網路誹謗　(C)非法販賣　(D)網路恐嚇。　　　　[14-4]

( )14. 新聞報導，一對情侶帶走旅館的免費食鹽水，並在網路上拍賣，遭到政府衛生單位開罰3萬元。請問他們被開罰最可能的原因為何？
(A)食鹽水已過期　　　　　　　(B)未標示食鹽水的成份
(C)無照販賣醫療用品　　　　　(D)未經許可帶走旅館的用品。　　　　[14-4]

精選試題

14-1 ( )1. 每個人具有決定其個人資料（如帳號、密碼、電子郵件）是否公開提供給他人使用的權利。此種權利稱之為？　(A)資訊隱私權　(B)著作權　(C)商標權　(D)刑法。

( )2. 請問使用瀏覽器的哪一項功能，可讓系統不會儲存使用者的瀏覽紀錄與下載紀錄，避免個人資料外洩？　(A)書籤　(B)重新整理　(C)私密瀏覽　(D)擴充功能。

( )3. 下列敘述何者正確？
(A)好東西應該與好朋友分享，因此我應該將我的電腦密碼告訴我的好朋友
(B)為廣結善緣，我可以將周杰倫的歌曲放在網路上，提供他人自由下載
(C)為節省成本，我可以使用未經授權、且受著作權保護的軟體
(D)當我的電腦被他人入侵時，可能會被用來作為犯罪的工具。

( )4. 為了保護資訊系統避免各種危害，下列何者不是正確的措施？
(A)壓縮重要資料
(B)加密重要資料
(C)輸入帳號與密碼才可使用系統
(D)禁止不相干的人進入電腦主機房。

第14章 個人資料防護與重要社會議題

( )5. 下列何者為管理個人網路安全之原則？
(A)將密碼告訴親朋好友　　　　　(B)密碼中包含字母及非字母字元組合
(C)用姓名或帳號當作密碼　　　　(D)用個人的資料當作密碼。

( )6. 資料備份的常見做法為尋找第二安全儲存空間，其作法不包括？
(A)尋求專業儲存公司合作　　　　(B)存放另一堅固建築物內
(C)儲存在同一部電腦上　　　　　(D)使用防火保險櫃。　[丙級軟體應用]

( )7. 確保電腦電源穩定的裝置是？
(A)保護設備　(B)網路系統　(C)空調系統　(D)不斷電系統。　[丙級軟體應用]

( )8. 關於「防治天然災害威脅資訊安全措施」之敘述中，下列何者不適宜？
(A)設置防災監視中心　　　　　　(B)經常清潔不用除濕
(C)設置不斷電設備　　　　　　　(D)設置空調設備。　[丙級軟體應用]

( )9. 關於「資訊中心的安全防護措施」中，下列何者不正確？
(A)重要檔案每天備份四份以上，並分別存放
(B)設置煙及熱度感測器等設備，以防災害發生
(C)雖是不同部門，資料也可以相互交流，以便相互支援合作，順利完成工作
(D)加裝穩壓器及不斷電系統（UPS）。　[丙級軟體應用]

( )10. 為保障電腦資料安全，下列敘述何者正確？
(A)資料不宜備份　　　　　　　　(B)資料檔案與資料備份置放同一處
(C)資料檔案與資料備份異地置放　(D)資料隨時公開。

( )11. 從資訊安全的角度而言，下列哪一種作法是不適當的？
(A)轉寄信件時將前寄件人的收件名單引入信件中
(B)不在網站中任意留下自己的私密資料
(C)不使用電子郵件傳遞機密文件
(D)使用防毒軟體保護自己的電腦。　[丙級軟體應用]

( )12. 可過濾、監視網路上的封包與通聯狀況，達到保護電腦的軟體為何？
(A)防毒軟體　(B)防火牆　(C)瀏覽器　(D)即時通。　[丙級軟體應用]

( )13. 下列何者是錯誤的「系統安全」措施？
(A)加密保護機密資料
(B)系統管理者統一保管使用者密碼
(C)使用者不定期更改密碼
(D)網路公用檔案設定成「唯讀」。　[丙級軟體應用]

( )14. 下列哪一項資訊安全措施無法降低天災對企業所造成的傷害？
(A)資料備份　(B)異地備援　(C)加裝不斷電系統　(D)安裝防毒軟體。

( )15. 電腦病毒的侵入是屬於？
(A)機件故障　(B)天然災害　(C)惡意破壞　(D)人為過失。　[丙級軟體應用]

( )16. 下列關於個人資料保護法的敘述，下列敘述何者錯誤？
(A)不管是否使用電腦處理的個人資料，都受個人資料保護法保護
(B)公務機關依法執行公權力，不受個人資料保護法規範
(C)身分證統一編號、婚姻、指紋都是個人資料
(D)我的病歷資料雖然是由醫生所撰寫，但也屬於是我的個人資料範圍。

( )17. 下列哪些問題侵犯了個人隱私權？
a.運用Cookie來收集他人未授權的個資
b.販賣問卷上的個人基本資料
c.散佈過時或錯誤的資訊，導致使用者做錯誤的決策
d.散播電腦病毒來竊取E-Mail帳號
(A)ad (B)abc (C)bcd (D)abd。

( )18. 下列何者安裝於網際網路與內部區域網路之間，用來保護區域網路以避免來自網際網路的入侵？ (A)防毒軟體 (B)路由器 (C)防火牆 (D)交換器。

( )19. 以下哪一項網路裝置的主要功能在保護內部網路，以阻擋遠端使用者的非法使用？
(A)特洛伊木馬（The Trojan horse）
(B)垃圾郵件過濾系統（Spam Filtering System）
(C)防火牆（Firewall）
(D)入侵偵測系統（Intrusion Detection System）。

( )20. 以下關於防火牆的使用說明，何者不正確？
(A)可以防止外界程式惡意的入侵
(B)對於內傳與外送的訊息都可以阻擋
(C)設定不佳的防火牆反而影響網路運作
(D)可以阻擋藉郵件附件來入侵的病毒。

( )21. 有關防火牆的敘述，下列何者錯誤？
(A)會將不符合安全規則的資料封包丟棄
(B)可以防止電腦病毒從特定連接埠入侵電腦
(C)可搜尋已感染病毒的電腦並掃除病毒
(D)可用硬體或軟體來完成防火牆的功能。

( )22. 下列關於「防火牆」的敘述，何者有誤？
(A)可以用軟體或硬體來實作防火牆
(B)可以管制企業內外電腦相互之間的資料傳輸
(C)可以隔絕來自外部網路的攻擊性網路封包
(D)無法封鎖來自內部網路的對外攻擊行為。 [乙級軟體應用]

( )23. 防火牆通常是根據封包中的何種內容，來判斷是否要過濾封包？
(A)大小 (B)日期 (C)來源位址與目的位址 (D)發送者姓名。

( )24. 以下關於網路安全的敘述，何者正確？
(A)安裝防火牆，即不會有網路安全威脅
(B)不收陌生人所寄送之電子郵件，即可避免感染病毒
(C)入侵偵測系統可以偵測出危及電腦安全的威脅
(D)為有效防止公司不肖員工對內部網路的侵害，可設置連線網路之防火牆。

( )25. 大樓的保全人員隨時在大樓內巡邏，若發現到異常的狀況，會立即回報總公司。請問下列哪一種維護資訊安全的系統與保全的角色類似？
(A)入侵偵測系統 (B)防火牆 (C)不斷電系統 (D)指紋辨識系統。

( )26. 下列為網路交友與傳統交友的差異，何者錯誤？
(A)網路交友能跨越地區的限制
(B)傳統交友較容易判斷對方真實身分
(C)網路交友隨時都能進行
(D)網路交友較容易分辨對方的性別、年齡等資訊。

第14章 個人資料防護與重要社會議題

( )27. 下列有關網路交友守則，何者較不適當？
(A)不隨意透露自己個人資訊　　(B)慎選交友對象
(C)避免和網友單獨見面　　(D)匯款給網友協助他人度過難關。

( )28. 下列何者不是網路成癮可能造成的生理影響？
(A)視力受損　(B)肩頸痠痛　(C)手腕關節發炎　(D)憂鬱。

( )29. 如果使用電腦的時間過長，可能會感到腰痠背痛或頭昏眼花。請問下列哪一種作法，最能有效避免或改善上述不舒服的症狀？
(A)使用鍵盤時手腕緊貼桌面　　(B)眼睛儘量靠近螢幕
(C)使用電腦時熄燈　　(D)每使用電腦一段時間後，即起身活動。

( )30. 下列何種行為，會減少對環境所造成的污染？
(A)列印電腦中所有的文件
(B)電腦用過三～五年落伍後就更新整組電腦
(C)用過的紙張不再循環使用即棄置於一般垃圾中
(D)電腦更新時，儘量留用可重複使用的配件（如鍵盤、滑鼠等）。

( )31. 下列何者是錯誤的電腦使用方式？
(A)每操作一個小時，休息十至十五分鐘，避免眼睛過度疲勞
(B)螢幕的位置應低於眼睛水平視角約30度
(C)為防止螢幕反光，可將室內燈光熄滅
(D)支援熱插拔功能的週邊設備，能在開機狀態下進行設備插拔的動作。

( )32. 欣怡常感覺手腕疼痛、麻木，經醫生診斷是得了腕隧道症候群。請問導致這種病症的原因是？
(A)螢幕太亮　　(B)打字時手腕緊靠桌面
(C)使用無線滑鼠　　(D)長期使用雷射印表機列印資料。

( )33. 曉華剛汰換了一部電腦，他不知道舊的電腦該如何處理；如果你是曉華的同學，你會建議他採用下列哪一種作法，使汰換的電腦能分解再生成其他有用的物品？
(A)送至焚化廠　(B)交給收運資源回收物的清潔隊　(C)送給朋友　(D)上網拍賣。

( )34. 下列有關電腦操作的敘述，何者正確？
(A)打字時，手腕應當緊貼於桌面上或高懸於空中，以避免壓迫腕部神經
(B)用濕毛巾勤於擦拭電腦與週邊設備，以保持清潔
(C)螢幕中心高度以低於眼睛30度，或螢幕之上緣略低於眼睛之水平線為宜
(D)桌上型電腦在開機狀態下，只要小心謹慎，任意移動亦無妨。

( )35. 下列哪一項電腦操作是正確的？
(A)將主機後方的擴充槽開孔全都打開，讓電腦主機能夠散熱
(B)清潔電腦設備的工作可在電腦正在運作時進行
(C)在光碟機指示燈亮時進行光碟抽取的動作
(D)定期使用靜電刷清潔鍵盤縫隙間的灰塵。

( )36. 下列哪一種病毒，主要會寄生在磁碟的啟動磁區裡？
(A)開機型病毒　(B)檔案型病毒　(C)巨集型病毒　(D)千面人病毒。

( )37. 下列何種病毒程式，會依附在副檔名為.EXE、.COM等的可執行檔中？
(A)檔案型　(B)巨集型　(C)隨機型　(D)動畫型。

( )38. 下列何種惡意程式，會耗用掉大量的電腦主記憶體儲存空間或網路頻寬？
(A)電腦搜尋程式　(B)電腦蠕蟲程式　(C)電腦怪蟲程式　(D)電腦編輯程式。

(　)39. 下列有關電腦病毒的敘述及處理，何者正確？
(A)將電腦電源關閉，即可消滅電腦病毒
(B)由於Word文件不是可執行檔，因此不會感染電腦病毒
(C)購買及安裝最新的防毒軟體，即可確保電腦不會中毒
(D)上網瀏覽網頁有可能會感染電腦病毒。

(　)40. 下列有關電腦病毒的敘述，何者正確？
(A)只要裝設最新的防毒軟體即可避免感染病毒
(B)執行任一CD-ROM上的程式皆不會感染病毒
(C)病毒僅能隱藏於檔案之中
(D)即使感染病毒的機器仍可能正常地運作。

(　)41. 在瞬間發送大量的網路封包，以癱瘓被攻擊者的網站及伺服器，稱之為何？
(A)積少成多　(B)軟體炸彈　(C)惡性程式　(D)拒絕服務攻擊。

(　)42. 下列何者無法辨識是否被病毒所感染？
(A)檔案長度及日期改變
(B)系統經常無故當機
(C)奇怪的錯誤訊息或演奏美妙音樂
(D)系統執行速度變快。　　　　　　　　　　　　　　　　　　[丙級軟體應用]

(　)43. 對於「零時差攻擊（zero-day attack）」的描述，下列何者正確？
(A)在軟體弱點被發現，但尚未有任何修補方法前所出現的對應攻擊行為
(B)在午夜12點（零點）發動攻擊的一種病毒行為
(C)弱點掃描與攻擊發生在同一天的一種攻擊行為
(D)攻擊與修補發生在同一天的一種網路事件。　　　　　　　　[丙級軟體應用]

(　)44. 下列哪一種惡意程式會在你開啟郵件中的附加檔案時，便趁機將它自己寄給通訊錄中的其他人而達到快速散播的目的？
(A)特洛伊木馬程式　(B)電腦蠕蟲　(C)間諜程式　(D)後門程式。　　[技藝競賽]

(　)45. 有一程式設計師在某一系統中插了一段程式，只要他的姓名從公司的人事檔案中被刪除，則該程式會將公司整個檔案破壞掉，這種電腦犯罪行為屬於下列哪一項？
(A)特洛依木馬　(B)阻斷服務　(C)網路釣魚　(D)程式炸彈。　　　[技藝競賽]

(　)46. 電腦病毒的傳播途徑最不可能為下列何者？
(A)電子郵件　(B)唯讀記憶體（ROM）　(C)隨身碟　(D)即時通訊軟體。

(　)47. 所謂的「駭客」是指？
(A)奇裝異服的電腦從業人員　(B)電腦犯罪者　(C)網拍賣家　(D)線上遊戲玩家。

(　)48. 下列哪些做法，對於防範網路釣魚沒有幫助？
(A)登入網站前，先確認網址是否正確
(B)不回覆索取個人資料的E-Mail
(C)使用具有反網路釣魚功能的瀏覽器
(D)安裝防火牆。

(　)49. 「13號星期五」是數年前曾大流行的電腦病毒，它的特徵是會潛伏在電腦中，等到電腦的系統日期是13號星期五就發作。請問這類型的電腦病毒稱為
(A)邏輯炸彈　　　　　　　　(B)特洛伊木馬程式
(C)間諜軟體　　　　　　　　(D)網頁掛馬。

(　)50. 下列有關惡意軟體的敘述何者不正確？
　　　 (A)安裝防毒軟體可預防電腦感染病毒
　　　 (B)智慧型手機不是電腦，所以不會感染電腦病毒
　　　 (C)使用P2P檔案交換軟體，易感染惡意軟體
　　　 (D)電腦病毒具有傳染的特性。

(　)51. 一些網路ATM會在使用者輸入密碼時，提供「螢幕小鍵盤」，供使用者用點按的方式輸入密碼。請問這種做法，是為了防範下列哪一種駭客手法？
　　　 (A)網路釣魚　(B)阻斷服務攻擊　(C)邏輯炸彈　(D)鍵盤側錄。

(　)52. 小方的電子郵件密碼是「ABCD1234」，請問使用這樣的密碼，可能會有什麼問題存在？
　　　 (A)會造成他人不能使用相同的密碼　(B)會被嘲笑使用懶人密碼
　　　 (C)可能被駭客以字典攻擊法入侵　(D)寄送郵件時無法證明自己的身分。

(　)53. 下列有關駭客攻擊手法的說明，何者正確？
　　　 (A)阻斷服務攻擊，是指大量發送訊息以癱瘓伺服器的手法
　　　 (B)懶人密碼是一種大量蒐集他人密碼的駭客手法
　　　 (C)邏輯炸彈是利用軟體本身的安全漏洞，來進行破壞的手法
　　　 (D)網路釣魚可以透過安裝防毒軟體來防範。

(　)54. 有關惡意軟體的說明，下列何者不正確？
　　　 (A)手機不會感染惡意軟體，可儘量使用手機來網路購物
　　　 (B)若電腦感染特洛伊木馬程式，電腦中的帳號密碼可能被盜取
　　　 (C)隨身碟也可能會被病毒感染，使用前應先掃毒
　　　 (D)使用盜版軟體，有感染惡意程式的風險。

(　)55. 關於駭客攻擊的手法，下列哪一項說明正確？
　　　 (A)零時差攻擊是利用駭客主機與被攻擊主機在時區上無時差的一種攻擊法
　　　 (B)DoS攻擊是指專門攻擊DOS作業系統的一種攻擊手法
　　　 (C)字典攻擊法是用來找出正確密碼的一種攻擊法
　　　 (D)網路釣魚是一種網路上的遊戲，藉由使用者玩釣魚遊戲時，植入電腦病毒。
　　　 [技藝競賽]

(　)56. 下列何者可以在使用者不知情的情況下收集密碼？
　　　 (A)按鍵記錄器　(B)鍵盤驅動程式　(C)藍牙接收器　(D)滑鼠驅動程式。[丙級軟體應用]

(　)57. 包含可辨識單字的密碼，容易受到哪種類型的攻擊？
　　　 (A)DDoS攻擊　(B)字典攻擊　(C)雜湊攻擊　(D)回放攻擊。 [丙級軟體應用]

(　)58. 阿偉將盜版的電影上傳到網路中和網友分享，請問這樣做，最可能會有什麼結果？
　　　 (A)因違反社會倫理被捕　(B)因網路犯罪被捕
　　　 (C)因具有分享精神被表揚　(D)因影片不好看，被網友「人肉搜索」。

(　)59. 在社群網站（如Facebook（Meta））中，下列哪一種行為最可能觸法？
　　　 (A)和網友交換小遊戲的虛擬寶物　(B)透過網站的交友功能，邀人加入好友
　　　 (C)盜用他人的帳號偷窺隱私　(D)玩「糖果消消樂」遊戲。

(　)60. 下列有關網路犯罪的敘述，何者正確？
　　　 (A)網路詐騙屬於網路犯罪行為的一種
　　　 (B)濫發垃圾郵件不道德，且會觸犯刑法
　　　 (C)網路犯罪者俗稱為部落客
　　　 (D)我國目前沒有法律規範網路犯罪的行為。

( )61. 下列哪些商品，不可在網路上拍賣？
①香菸 ②酒 ③衣服 ④電腦 ⑤貴賓犬
(A)②④⑤ (B)②⑤ (C)①③④ (D)①②⑤。

( )62. 為了規範網路詐騙的行為，我國政府制定了下列哪一項法令？
(A)著作權法 (B)兒童及少年性剝削防制條例
(C)藥事法 (D)刑法。

( )63. 沉迷於線上遊戲的小唐，因「無故入侵電腦罪」遭到警方拘留。請問下列何者最可能是造成小唐被拘留的原因？
(A)在遊戲中散布謠言 (B)竊取他人的遊戲帳號
(C)製作遊戲外掛程式 (D)網路成癮。

( )64. 明宗因為和華南交惡，就到華南的部落格誣指華南是小偷，請問這是屬於下列哪一種網路犯罪的行為？ (A)網路詐騙 (B)網路色情 (C)入侵電腦 (D)網路誹謗。

( )65. 下列哪一種網路行為可能會觸法？
(A)將台鐵網頁的火車時刻表列印出來
(B)瀏覽網路新聞
(C)在網路上散播色情圖片
(D)玩網路對戰遊戲。

( )66. 洋洋在部落格發表一篇「好康A」的文章，內容是許多色情網站的網址，請問這種行為是否犯法？
(A)是，觸犯著作權法
(B)是，觸犯刑法規範的妨害風化罪
(C)否，只張貼網址不觸法
(D)否，在部落格發表是屬於私人場合，所以不觸法。

( )67. 網際網路的攻擊者透過製造大量網路流量，傳給某些固定的攻擊目標。請問上述這種行為可能觸犯哪一項法令？
(A)刑法 (B)社會秩序維護法 (C)藥事法 (D)著作權法。

( )68. 請問在臉書上發表下列哪一種訊息，將可能犯法？
(A)出售二手教科書 (B)分享自己減重的成果
(C)刊登色情交易訊息 (D)張貼旅遊廣告。

統測試題

( )1. 下列何者不是為防止來自網際網路的入侵行動而採取的主要作為？
(A)設置防火牆 (B)安裝入侵偵測系統
(C)限制遠端存取 (D)加密傳輸資料。　　　　　　　　　　　　[102商管群]

( )2. 手機公司Hti的網址為http://www.Hti.com/，小明收到一封促銷新手機的電子郵件，郵件內的超連結是連結到相似但並不相同的網址http://www.Htl.com/，讓小明誤信這網址就是該手機公司Hti的網址，因而被誘騙在該網址的網頁填入個人身分及信用卡等資料。請問以上情境是哪一種網路攻擊手法？
(A)阻斷服務攻擊
(B)網路釣魚攻擊
(C)電腦蠕蟲攻擊
(D)網頁木馬攻擊。　　　　　　　　　　　　　　　　　　　　[102工管類]

第14章 個人資料防護與重要社會議題

( )3. 在電腦系統中有關病毒的敘述，何者正確？
(A)將已經中毒的電腦關機後，再開機即可清除病毒
(B)上網瀏覽網頁也可能感染病毒
(C)Word與Excel之檔案不會中毒
(D)已安裝防毒軟體即可確保電腦一定不會中毒。 [102資電類]

( )4. 不當使用電腦會造成身體健康傷害，以下何者不歸類於此？
(A)長時間注視電腦螢幕，造成視力衰退
(B)長時間操作滑鼠，造成手腕韌帶發炎
(C)操作電腦姿勢不正確，造成肩頸痠痛
(D)沉迷於網路世界，造成人際關係疏離。 [103工管類]

( )5. 張三收到某網站寄來的電子郵件，上面跟張三說他的帳號疑似遭受到駭客破解，要求張三點擊郵件中所提供的連結至該網站變更密碼，張三至該網站變更密碼後，不久發現自己的帳號遭人盜用，請問張三是遭受到以下哪一種攻擊？
(A)網路釣魚攻擊　(B)阻斷服務攻擊　(C)殭屍病毒攻擊　(D)零時差攻擊。 [103工管類]

( )6. 下列哪一種駭客攻擊方式，是在瞬間發送大量的網路封包，癱瘓被攻擊者的網站及伺服器？
(A)阻斷服務攻擊　(B)無線網路盜連　(C)網路釣魚　(D)電腦蠕蟲攻擊。 [104商管群]

( )7. 下列有關不斷電系統（uninterruptible power supply）的敘述，何者錯誤？
(A)可提供緊急電力
(B)可偵測到交流電源斷電
(C)維護電源品質
(D)採用運行於2.4Hz的Wi-Fi無線供電技術。 [104工管類]

( )8. 會自行複製自己並傳播，可能會在特定情況下造成網路壅塞的程式為：
(A)流氓軟體　(B)廣告軟體　(C)電腦蠕蟲　(D)特洛伊木馬。 [104工管類]

( )9. 設計與某知名網站仿真的假網站，讓使用者誤以為是真正的該知名網站，進而詐取個資或公司機密的犯罪手法稱為：
(A)網路釣魚（phishing）　　　　(B)網路蠕蟲（worm）
(C)間諜軟體（spyware）　　　　(D)阻斷服務（denial of service）。 [104工管類]

( )10. 小芬接到一通自稱是公司網管部門的電話，宣稱將在下班時間幫員工整理電子郵件信箱，請她先提供個人的帳號與密碼。小芬有可能碰到哪一類型的資安問題？
(A)社交工程　(B)阻斷服務　(C)電腦病毒　(D)字典攻擊。 [104工管類]

( )11. 下列哪種電腦病毒是隱藏於Office軟體的各種文件檔中所夾帶的程式碼？
(A)電腦蠕蟲　(B)開機型病毒　(C)巨集型病毒　(D)特洛伊木馬。 [104資電類]

( )12. 所謂殭屍網路（BotNet）攻擊，是指下列何種對電腦的入侵？　(A)程式中加上特殊的設定，使程式在特定的時間與條件下自動執行而引發破壞性的動作　(B)建立與合法網站極為類似的網頁，誘騙使用者在網站中輸入自己的帳號密碼　(C)利用軟體本身在安全漏洞修復前進行攻擊　(D)散佈具有遠端遙控功能的惡意軟體，並且集結大量受到感染的電腦進行攻擊。 [104資電類]

( )13. 為避免因地震發生大樓倒塌，導致電腦內所有硬碟都一起毀壞而流失重要資料，使用下列哪一種裝置或機制對提升資訊安全最有成效？
(A)不斷電系統　(B)固態硬碟　(C)GPS　(D)異地備援。 [105工管類]

(　)14. 下列哪一項網路設備，可以作為隔離企業內部網路與網際網路，具有防止駭客入侵的功能？　(A)橋接器（Bridge）　(B)路由器（Router）　(C)防火牆（Firewall）　(D)交換器（Switch）。　　　　　　　　　　　　　　　　　　　　　　　　[105工管類]

(　)15. 下列有關網路素養與倫理道德觀念的敘述何者正確？
(A)為增加網站點閱率，可製作令人感動的虛構訊息
(B)網路交友應注意安全，要儘早交換彼此身分證字號
(C)使用匿名保護真實身分，便可放心在網路上揭發他人隱私
(D)在網路上所有事件都有可能被記錄下來，言行舉止要自我約束。　　[105工管類]

(　)16. 在網路上發表騷擾或詆毀他人之言論是屬於下列哪一種行為？
(A)網路詐騙　(B)網路霸凌　(C)網路交友　(D)網路成癮。　　　　　[105工管類]

(　)17. 下列何者最符合「特洛依木馬」惡性程式之特性？
(A)會偽裝成特殊程式，吸引使用者下載並隱藏於系統中
(B)會寄生在可執行檔或系統檔上，當執行時便會常駐記憶體內，並感染其他的程式檔案
(C)當開啟Microsoft Office時，會自動啟動某些巨集，藉以危害系統安全
(D)會透過網路自行散播。　　　　　　　　　　　　　　　　　　　[105資電類]

(　)18. 網路霸凌（Cyberbullying）是利用網路社群、討論區等現代網路技術，欺凌他人的行為。由此，則下列何者不屬於常見之網路霸凌行為？
(A)發佈令人難堪的網路留言
(B)上傳欺凌受害者的影片
(C)傳送電子郵件散佈不實訊息，使受害者或受害者身邊的親友不勝其擾
(D)入侵他人電腦竊取資料。　　　　　　　　　　　　　　　　　　[105資電類]

(　)19. 不當蒐集或使用他人的姓名、生日或病歷等隱私資料，主要是違反哪一種法律？
(A)個人資料保護法　(B)商標法　(C)著作權法　(D)藥事法。　　　[106商管群]

(　)20. 下列何種行為符合網路倫理的規範？
(A)在部落格發表自己的遊記
(B)上傳租來的影片到YouTube
(C)在網路上公開全班同學的身分證字號
(D)暫用他人的Facebook帳號來攻擊別人。　　　　　　　　　　　　[106工管類]

(　)21. 下列何者是違法的網路行為？
(A)在網路上散播色情影音檔　　　　(B)傳送群組訊息一同團購禮品
(C)呼朋引伴玩網路對戰遊戲　　　　(D)網路現場直播自己創意舞蹈。　[106工管類]

(　)22. 要防備筆電感染到電腦病毒，使用下列何項機制最有效？
(A)時常瀏覽防毒宣導網頁
(B)使用即時保護的防毒軟體
(C)只閱讀學校寄送的E-mail
(D)從網站下載的檔案先儲存在隨身碟後再執行。　　　　　　　　　[107商管群]

(　)23. 下列何種行為不會遭遇到網路危險？
(A)在網路上分享自己私密的照片
(B)透過網路轉帳購買來路不明的手機
(C)在網路遊戲中與人組隊共享帳號密碼
(D)確實使用網路安全機制進行加密處理後，才在網路上傳遞檔案或訊息。[107工管類]

( )24. 下列關於網路倫理的相關敘述，何者最正確？
(A)可以將喜歡的音樂和影片隨意分享在網路上
(B)網路具有匿名性，使用者不一定知道他人在現實生活中的身份
(C)因為在網路上沒人知道自己是誰，可以盡情在網路上罵人來發洩情緒
(D)為了讓網友認識自己，要將自己的身分證號碼、電話、地址清楚標示在網路上。
[107工管類]

( )25. 電腦入侵方式中的網路釣魚（Phishing），是指下列何者？
(A)更改檔案的大小，讓使用者沒有感覺
(B)偽造與知名網站極為類似的假網站，誘使用戶在假網站中輸入重要個資
(C)蒐集常用來作為密碼的字串，以程式反覆輸入這些字串來入侵電腦
(D)散佈具有遠端遙控能力的惡意軟體，並且集結大量受到感染的電腦進行攻擊。
[107資電類]

( )26. 一般巨集型病毒（Macro Virus）是以VBA（Visual Basic Application）所撰寫的巨集程式來攻擊下列哪一種型態的檔案？
(A)Microsoft Office的檔案，例如副檔名為doc, docx, xls, xlsx
(B)Windows作業系統下之副檔名為exe類型檔案
(C)DOS系統之開機檔案
(D)圖片檔案，例如副檔名為bmp, jpg, png。
[107資電類]

( )27. 在網路上散播惡意軟體致生損害於他人者，會有觸犯下列何項法律之嫌？
(A)電信法　(B)著作權法　(C)刑法　(D)個人資料保護法。
[108商管群]

( )28. 對資通安全防護而言，下列何者為不正確的措施？
(A)不管理維護使用頻率很低的伺服器
(B)不連結及登入未經確認的網站
(C)不下載來路不明的免費貼圖
(D)不開啟來路不明的電子郵件及附加檔案。
[108工管類]

( )29. 下列關於網路交友的敘述，何者最可能避免網路危險？
(A)常收網友致贈的禮物
(B)與網友單獨見面與金錢往來
(C)方便的話就搭網友便車
(D)時時注意個人基本資料保密。
[108工管類]

( )30. 小美很喜歡電影，下列哪種行為最符合網路素養與倫理？
(A)在部落格推薦好看的電影，分享電影的觀看心得
(B)將院線電影剪輯成5分鐘小段並附上評論，放在YouTube供大家欣賞
(C)透過電子商務平台，販賣國外購買的光碟備份
(D)將電影內容自行改編成小說，讓大家付費觀看。
[108工管類]

( )31. 下列有關防火牆（Firewall）的敘述，何者正確？
(A)防火牆主要功能是掃描電腦病毒，並將受感染的檔案刪除
(B)防火牆是一套大型的硬體設備，在個人電腦使用的Microsoft Windows 10作業系統中無法安裝
(C)為了發揮防火牆的最大效益，防火牆通常被建議架設在企業的內部電腦網路與外部網路之間唯一通道上
(D)防火牆可以過濾並攔阻可疑的資料封包，但無法管制資料封包的流向。　[109工管類]

( )32. 下列有關網路使用素養與資訊安全的敘述，何者最正確？
(A)若在網路論壇上遇到其他網友不理性的網路霸凌時，立即找好友加入反擊的行列，以不雅的文字反罵，以免自身權益受損
(B)瀏覽網頁時收到「恭喜您是第100萬個瀏覽者，在10分鐘內填妥資料後，即可用美金10元超低價購得全新手機一支」的訊息，為了避免錯失中獎機會，應立即依照網頁指示填入自己的姓名、身分證號碼、聯絡電話、收件地址、信用卡卡號等資訊
(C)收到有關嚴重特殊傳染性肺炎（COVID-19）特效藥品販售的電子廣告郵件，為了讓更多人知道這個消息，應立即將此廣告郵件轉寄給所有的親朋好友
(D)為了確保網路購物的安全，網路購物平台多會使用SET或SSL安全機制，當使用者以SSL機制傳送資料時，瀏覽器會使用「HTTPS」協定與伺服器建立連線。
[109工管類]

( )33. 下列有關電腦惡意程式的敘述，何者不正確？
(A)因為CD-ROM光碟屬於唯讀裝置，儲存在CD-ROM光碟內的檔案或是執行檔在使用過程中並不會被寫入電腦病毒，所以可以安心開啟儲存在CD-ROM光碟內的檔案或是執行檔
(B)從網路下載並安裝網友分享的破解版遊戲軟體，有可能被植入特洛伊木馬（Trojan Horse）程式，導致電腦使用者的上網密碼被竊取
(C)使用具有巨集（Macro）指令功能的軟體如Microsoft Word或是Excel來開啟相關檔案，有可能感染巨集型電腦病毒
(D)電腦蠕蟲（Worm）是一種能夠自我複製的電腦程式，其主要危害是引發一連串的指令，導致電腦的執行效率大幅降低。
[109工管類]

( )34. 下列有關資訊安全的敘述，何者錯誤？
(A)「米開朗基羅病毒」屬於開機型病毒
(B)網路蠕蟲（Worm）可自我複製或變形後，透過網路進行傳播
(C)若電腦感染開機型病毒，則立即強制關機即可消滅電腦病毒
(D)SSL（Secure Sockets Layer）是一種保密機制，可保護資料在傳輸過程中的安全性。
[110工管類]

( )35. 下列何項行為最符合網路素養與倫理？
(A)經常清理網頁瀏覽器的Cookie
(B)使用簡單的火星文來快速與朋友溝通
(C)與同學分享網路下載的上映中電影
(D)在社群軟體中分享個人資料來認識朋友。
[110工管類]

( )36. 關於網路紅人建立直播頻道秀自己，下列敘述之行為何者最正確？
(A)對於喜愛的網路紅人，欣賞歸欣賞，仍應遵守法律
(B)學習網路紅人為了拍美照，恣意闖入管制鐵路軌道取景
(C)對於支持的網路紅人賣的商品，不用懷疑是否違法，買就對了
(D)追隨網路紅人教學而逃捷運票、違反航空公司規定在搭飛機時全程開啟錄影拍片。
[110工管類]

( )37. 下列哪些方法能減少惡意軟體入侵電腦的機會？
①安裝防毒軟體　　　　　　　④架設防火牆
②關閉作業系統與軟體更新功能　⑤避免瀏覽高危險群的網站
③避免開啟來源不明的檔案
(A)①②③⑤　(B)①②④⑤　(C)①③④⑤　(D)①②③④。
[111商管群]

( )38. 近來由於網路科技普及,容易讓有心人士利用來散佈假消息,關於不明來源的消息,下列敘述何者錯誤?
(A)可以透過事實查證消息的正確性,不隨意轉傳未經證實的消息
(B)散佈假消息導致損害於公眾或他人者,將受到法律的制裁
(C)收到疑似假消息時可以向警察單位檢舉
(D)關於疫情相關消息,由於事態緊急不須查證應該立即轉發。 [111工管類]

( )39. 藉由傳送大量無效的數據內容或放大流量的數據請求,堵塞被攻擊的伺服器網路頻寬,產生超過伺服器能負擔的數據量,導致系統當機,讓正常用戶無法進入,甚至造成當機癱瘓,此類攻擊稱為?
(A)網路釣魚 (B)勒索軟體 (C)分散式阻斷服務 (D)電腦蠕蟲。 [111工管類]

( )40. 小君在一個月前登入購物網站,並在購物車加入5樣商品,今日登入該購物網站仍可看到購物車中的待購商品記錄,操作瀏覽器時,點擊特定按鈕、登入資料歷史都有被記錄下來,上述所指可為何種技術的應用?
(A)ftp (B)SSL (C)streaming (D)cookie。 [112工管類]

( )41. 小方收到好友大宏傳來的訊息,說明因帳號重新登入需要朋友的電話號碼與密碼幫忙驗證,小方好心提供資料之後卻發現兩人帳號均被盜用,此情況是屬於下列哪一類的資安攻擊手法?
(A)間諜軟體（Spyware）
(B)社交工程（Social Engineering）
(C)零時差攻擊（Zero Day Attack）
(D)分散式阻斷服務（Distributed Denial of Service, DDoS）。 [112工管類]

( )42. 有關個人資料保護的敘述,下列哪一些正確?
①公務機關擁有公權力所以皆不用受個人資料保護法規範
②我的病歷雖是由醫生所寫且置放醫院中,但也是屬於我的個人資料範圍
③不管是用電腦或用手機所處理的個人資料,都受個人資料保護法保護
④生活中開啟手機會用到的指紋或臉部,甚至婚姻資訊都是個人資料須妥善保存
(A)①②③ (B)①②④ (C)①③④ (D)②③④。 [113商管群]

( )43. 康樂小組的小明及小美正規劃公司的旅遊計畫,小明剛好收到數封有關旅遊的電子郵件並打開附加檔以了解詳情,小美則上網站搜尋相關的旅遊網頁並下載資料。之後,公司發現小明與小美前述的行為造成下面之結果:小明的電腦資料外洩及小美的電腦資料被加密了。由以上情節,小明的電腦中的是 ___①___ 及小美的電腦中的是 ___②___ 。
(A)①木馬程式、②網路釣魚
(B)①木馬程式、②勒索軟體
(C)①網路釣魚、②勒索軟體
(D)①網路掛馬攻擊、②網路釣魚。 [113商管群]

( )44. 會對受害主機提出大量服務要求,耗盡其頻寬、系統資源,致使其無法正常運作的攻擊手法是下列何者?
(A)勒索病毒（Ransomware）
(B)釣魚攻擊（Phishing Attack）
(C)中間人攻擊（Man-in-the-Middle Attack）
(D)阻斷服務攻擊（Denial of Service Attack）。 [113工管類]

(　　)45. ①～⑥情境的敘述，下列何者選項符合網路霸凌（cyberbullying）？
①甲生曾經是喜好運動的陽光小孩，現在卻時常待在房間玩線上遊戲，也不想唸書或外出走動，令家人非常憂心
②乙生創建一個網路遊戲軍團，每天會不定時關注軍團成員的狀況，也疏於學業及班上活動
③丙生幾乎整天用手機在多個社群點閱按讚，也不按時吃飯睡覺，甚至嚴重影響課程學習
④丁生傳送電子郵件散佈同學不實訊息，使受害者身心受創
⑤戊生利用 LINE 傳送朋友的私密照片，並對照片進行惡意評斷
⑥己生收到 EMAIL 告知：「日本北部發生規模 6.8 地震需要您的資助」之募款假訊息
(A)①、②　(B)③、④　(C)④、⑤　(D)⑤、⑥。　　　　　　　　　　[114商管群]

(　　)46. 甲生收到手機簡訊告知有優惠券可以領取，點選了簡訊中的連結，並依指示輸入個人資料後，才驚覺被騙了個資，此駭客的犯罪手法為下列何者？
(A)網路釣魚（phishing）
(B)殭屍網路（botnet）
(C)特洛伊木馬（trojan horse）
(D)勒索軟體（ransomware）。　　　　　　　　　　　　　　　　　　[114商管群]

(　　)47. 某公司未經應徵者同意，私下取得當事人用藥紀錄，作為聘用與否參考。此舉主要違反我國下列何項法律？
(A)藥事法　　　　　　　　　　　　(B)公司法
(C)著作權法　　　　　　　　　　　(D)個人資料保護法。　　　　　　[114工管類]

(　　)48. 攻擊者送出誘騙訊息，引導使用者拜訪偽冒的交友網站，藉以竊取機敏資料，例如身分證字號、地址等。此類攻擊是屬於下列何種樣態？
(A)釣魚攻擊（Phishing Attack）
(B)零時差攻擊（Zero-Day Attack）
(C)勒索病毒攻擊（Ransomware Attack）
(D)服務阻斷攻擊（Denial-of-Service Attack）。　　　　　　　　　　[114工管類]

NOTE

第15章 數位科技與現代生活

15-1 個人、家庭方面的應用　102　106　110　114

1. 人際溝通：如以電子郵件、即時通訊軟體、**網路電話**、部落格、**社群網站**等，進行人際溝通。
2. 休閒娛樂：如利用電腦收看**網路電視**、玩線上遊戲；透過**虛擬實境**，讓使用者體驗電腦所模擬的情境；使用手機或平板電腦拍攝特定畫面，來看到實體畫面與虛擬動畫結合的**擴增實境**效果。
3. 金融消費：如透過自動櫃員機（ATM）、網路銀行或**網路ATM**進行金融活動；透過網路進行購物、拍賣及商務活動。
4. 日常生活：如透過網路查詢火車及飛機班次或訂位；利用**電子地圖**查詢地址、或**網路電話簿**查詢工商資訊；使用具有**RFID**功能的**電子票券**或**智慧卡**（如悠遊卡、一卡通）來搭乘大眾運輸工具；使用具有**NFC**晶片的手機來傳輸資料，或感應刷卡。
5. 居家安全：如結合**生物辨識**的門禁管制系統；安裝與警消單位連線的警報系統等。
6. 數位家庭：將資訊家電（如**智慧電視**）及3C產品透過網路整合在一起，以便使用與操控。
7. 遠距醫療：常應用於查看醫療檢測結果、做病情追蹤、取得定期藥物處方箋等醫療服務。
8. 常見的專有名詞：

專有名詞	名詞解釋
網路電話（VoIP）	透過網路來傳輸語音資料，可節省通訊費用
部落格（blog）	blog是由Weblog（網路日誌）簡稱而來，它可讓部落格版主發表個人的見解、心得或張貼照片，並讓網友一同參與討論
網路電視（Web TV）	可透過網際網路收看電視或影片
MP3	1. **聲音檔**的壓縮格式，壓縮比率介於1:10～1:12 2. 品質保持在人耳無法分辨出失真的水準
MP4	**影音檔**的壓縮格式，壓縮率較MP3高
虛擬實境（VR）	1. Virtual Reality，透過電腦模擬真實環境，讓使用者有身歷其境感覺的技術，可用來降低訓練的風險與實際損失，常見的應用有電腦遊戲、飛行模擬、虛擬博物館、及美術館／遊客中心導覽系統等 2. 隨著VR技術進步，許多廠商（如Sony、hTC、Samsung、Google）紛紛推出頭戴式VR裝置 3. VRML（虛擬實境模型語言）是建構虛擬實境系統常使用的語言

第15章 數位科技與現代生活

專有名詞	名詞解釋
擴增實境 （AR）	1. Augmented Reality，是一種結合實物及虛擬影像的技術，如iPhone手機上某款GPS導航程式，就是利用AR技術，在手機拍攝的街景影像（實物）中，加入導航路線指引等資訊（虛擬），以便駕駛人掌握行車方向 2. 與VR主要差異為：VR中的物件都是虛擬的；AR則重在實境與虛擬的結合
混合實境 （MR）	1. Mixed Reality，是結合了VR和AR的觀念 2. 混合實境是在現實環境中，建立虛擬物件，且使用者可與這些虛擬物件互動
元宇宙 （Metaverse）	1. 由虛擬替身組成的「沉浸式虛擬世界」，也是社交互動的虛擬網路空間，結合混合實境（MR）技術，使人們感受新的感官體驗與互動 2. 已有許多廠商投入開發產品與應用（如蘋果首款混合實境的穿戴裝置Vision Pro，可透過手勢、眼睛及語音來操作），可應用於商業、教育、音樂、藝術、行銷等領域
體感技術	利用體感偵測裝置來偵測玩家肢體動作，以進行人機互動的技術。如Switch的健身環體感遊戲，可讓玩家動一動身體即可玩遊戲
網路ATM （又稱eATM或 Web ATM）	1. 提供線上轉帳、帳戶餘額查詢、繳費等服務 2. 將晶片金融卡插入讀卡機中，即可在線上購物後，透過網路ATM來付款
無線射頻辨識 （RFID）	1. 以**讀取器**來接收**電子標籤**（RFID Tag）所發出的無線訊號，達成資料傳輸的目的 2. 常應用在**商品販售**、**貨物管理**、**電子票券**（如悠遊卡）、**門禁管制**、**交通運輸**、高速公路電子收費（ETC）、**圖書管理**、**動物晶片**等方面
近距離通訊 （NFC）	1. Near Field Communication，是一種源自RFID的通訊技術，具有傳輸距離短（約10公分內）、耗電量低、只能一對一傳輸、安全性高等特性 2. 內建有NFC晶片的設備（如手機），可作為電子標籤來被感應扣款，或作為讀取器來讀取資料，也可與其他NFC設備進行一對一資料交換 3. 在行動商務的應用，常透過NFC手機來感應刷卡
智慧卡 （又稱IC卡）	1. 是一種植入「電腦晶片（IC）」的塑膠卡片，具有儲存、運算、重複寫入等功能。如悠遊卡、一卡通、iCASH等 2. IC卡依讀取介面，可分「接觸式」與「非接觸式」。**接觸式IC卡**（如健保卡）通常須透過讀卡機來讀寫資料；**非接觸式IC卡**（如悠遊卡）則是透過無線電波感應的方式來讀寫資料
行動條碼 （QR code）	1. 是一種二維條碼。外觀呈正方形，除了右下角，其他3個角落印有類似「回」字的定位圖案 2. 在報章雜誌、旅遊手冊或菜單上常可見到此種QR碼，利用安裝有解碼軟體的智慧型手機拍攝，即可解讀條碼代表的文字、圖片或網址，並顯示於手機螢幕
電子地圖	輸入關鍵字或地址，即可快速查到欲尋找的位置，如具有3D檢視功能的Google地球（Google Earth）、Google地圖（Google Map）、UrMap

A15-3

數位科技概論 滿分總複習

專有名詞	名詞解釋
生物辨識	1. 利用個人特有的生理特徵（如虹膜、掌紋、臉型）或行為特徵（如聲紋、簽名）來進行身分辨識的技術 2. 常見的應用有視網膜辨識、指紋辨識等
資訊家電（IA）	Information Appliances，泛指含有微處理器，並具有通訊、感測等功能的家電
數位電視	接收數位訊號的電視，較不易受到雜訊干擾
智慧電視（smart TV）	結合電視、電腦與網路的功能，可用來看電視、上網瀏覽網頁、看網路影片（如『YouTube』網站的影片）、下載應用程式等。
3C產品	包含以下3種產品： 1. 電腦（Computer）：如筆記型電腦、螢幕 2. 通訊（Communication）：如手機、傳真機 3. 消費性電子（Consumer electronics）：如數位相機、智慧手錶
電子書	指電子化的書籍，可使用平板電腦、手機、電子書閱讀器（如Amazon Kindle）等裝置來閱讀
Face ID	由蘋果公司開發的臉部辨識技術，以發出紅外線光偵測人臉的形狀，因此可以辨識人臉的3D模型，使辨識功能更精確，更不易被仿冒
電子票券	透過網路購票後，手機會收到票券編號（通常是一維或二維條碼）的簡訊，購票者只要展示手機中的條碼，透過掃瞄即可進場
自媒體	self-media，由於社群網路（Facebook（Meta）、Instagram等）、部落格、共享協作平台的興起，使得每個人都可以擁有專屬於個人的媒體工具與他人溝通，成為關注焦點，進而形成自媒體
電子競技（eSports）	簡稱電競，透過電子設備與遊戲軟體進行的競賽，考驗參賽選手的反應速度、戰術思維、團隊合作和戰略規劃等技能

得分區塊練

( ) 1. 下列何者最主要是利用電腦軟硬體來模擬真實世界？
(A)視訊會議（Video Conference） (B)遠距教學（Distance Learning）
(C)資訊家電（Information Appliances） (D)虛擬實境（Virtual Reality）。

( ) 2. 下列何者是電腦科技在「居家安全」方面的應用？
(A)資訊家電 (B)門禁管制 (C)網路購物 (D)理財報稅。

( ) 3. 下列何種應用，最適合使用虛擬實境技術？
(A)降雨機率預測 (B)病情徵兆輔助判斷 (C)電腦對弈 (D)參觀太空模擬。

( ) 4. 最近建商推出的豪宅，大多提供生物辨識技術來分辨住戶的身分，以控管居家的安全。請問下列哪一種辨識方式不是利用生物辨識技術？
(A)輸入指紋 (B)輸入掌紋 (C)掃瞄眼球虹膜 (D)讀取住戶門禁卡。

15-2 教育方面的應用

1. 校務行政：如利用電腦系統輔助校務行政（如註冊、選課及成績登記）的進行與管理，提昇學校行政處理的效率。

2. 教學應用：如使用 **CAI軟體**、**教學廣播系統**輔助教學活動；透過**遠距教學**、**e-learning**，可讓教學不受時空的限制；利用**模擬訓練**系統來進行危險性高的教育訓練。

3. 數位典藏：如結合虛擬實境與網路科技所建立的**數位圖書館**、**數位博物館**，除可節省實體的建置成本，也可提昇文化資源分享的效率。

4. 知識搜尋：如透過**維基百科**快速搜尋相關知識，共享大眾的智慧。

5. 常見的專有名詞：

專有名詞	名詞解釋
CAI（電腦輔助教學）軟體	Computer-Aided Instruction，針對特定主題設計的教學軟體，可讓學習者重複聽講或練習
教學廣播系統	將授課內容播放在每位學生的顯示器上，或觀察每位學生的螢幕畫面，以掌握學生的學習活動
遠距教學	distance learning，可突破學習空間的限制，包含網路教學、廣播教學及函授等，其中網路教學可提供雙向溝通或討論
e-learning（數位學習）	利用網路從事與學習有關的活動，學習者可依個人進度重複聽取教學內容
翻轉教室	1. Flipped Classroom，其主要概念為顛覆過去「老師在台上講，學生在台下聽」的模式，做法是由老師先準備5～7分鐘的教學影片，讓學生帶回家觀看，上課時間，改採同學發問、老師回答，相互討論的教學模式 2. 翻轉教室常結合資訊科技來實現，例如『均一教育平台』網站即是源自翻轉教室的概念，它提供有許多教學影片及互動練習題，供同學課前預習、課後複習
即測即評	利用電腦隨機至題庫選題，並讓應試者在電腦上直接作答，最後由電腦閱卷，應試者可馬上得知考試的成績
模擬訓練	利用電腦程式模擬進行高危險性或成本昂貴的訓練（如飛行、外科手術訓練），可減少意外發生、降低訓練成本
數位典藏	digital archives，是一種將藝術或歷史文物資料數位化以便保存或供使用者線上瀏覽的技術，例如將圖書資源數位化成為**數位圖書館**；將博物館藏數位化，並結合虛擬實境的技術，成為**數位博物館**
維基百科	網站內容是由網友共同提供與維護。網站中的文章可供網友加以引用，但需標示出處（如作者名稱）

得分區塊練

( )1. 小華為學習「電腦輔助製造」課程，在家裡利用網際網路與學校老師進行視訊會議直接互動、討論問題。這是屬於下列哪一種型態的電腦應用？
(A)電子商務 (B)電腦輔助製造 (C)遠距教學 (D)電腦模擬訓練。

( )2. 下列何者是以電腦軟體進行輔助教學活動？
(A)CAM (B)CAE (C)CAD (D)CAI。

( )3. 數位博物館是下列哪一種領域的應用？
(A)專家系統 (B)自然語言處理 (C)類神經網路 (D)虛擬實境。

( )4. 「數位典藏」計畫是國家重點發展計畫之一，以下哪一項不屬於計畫內容的一部分？
(A)數位圖書館 (B)數位相框 (C)數位博物館 (D)國家電影資料館。

( )5. 在學校生活中，利用何種系統可以將老師操作的畫面播送到每一位學生的顯示器上？
(A)電腦輔助教學系統 (B)教學廣播系統 (C)題庫系統 (D)校務系統。

15-3 社會方面的應用

1. 行政管理：將文書處理、公文往返、各項申辦手續透過網路進行，以大幅改善行政效率，如**電子化政府**。

2. 警務工作：如利用電腦收集及儲存罪犯資料、模擬嫌犯長相以協助破案、比對嫌犯指紋、模擬失蹤兒童多年後長相協助搜尋等。

3. 交通管理：如利用電腦進行飛機班次及起降順序的調配、計算車流量以管制路口交通號誌；利用**GPS**、**AGPS**導引方向。

4. 醫療服務：如利用電腦斷層掃描設備檢查人體器官、建立網路虛擬醫院使民眾得以遠距就診諮詢、以電腦處理病歷資料及處方等。

5. **公民參與**：以由下而上的方式去影響公共事務的決定，其主要精神是在推動民眾積極參與社會議題。常見的公民參與平臺有『公共政策網路參與平臺』、『vTaiwan』網站等。

第15章 數位科技與現代生活

6. 常見的專有名詞：

專有名詞	名詞解釋
電子化政府	政府為提供便民服務所建置的網站（如我的E政府），可讓民眾線上辦理報稅、繳納罰鍰等
GPS （全球衛星定位系統）	Global Positioning System，用來測量標的物位置的系統。運作原理是由衛星將訊號傳送給地面上的接收器，再經由電腦計算比對，以測量出所處的地理位置
AGPS （輔助全球衛星定位系統）	1. Assisted GPS，利用手機基地台輔助GPS衛星進行定位工作的系統 2. 和GPS相比，具有定位速度快、精確度高及在室內也可定位等優點
GIS （地理資訊系統）	Geographic Information System，儲存地理資料及分析地理區域特性的系統。常應用於查詢各地的地理資訊、管理自然環境資源等
適地性服務（LBS）	Location-Based Services，結合GIS與GPS所發展出來的行動服務，如提供附近餐廳、旅遊景點、停車場、路況等資訊
廣告推播	廠商依照使用者瀏覽的內容或使用的服務，主動提供相關廣告訊息給使用者。如餐廳發送折價的訊息，給正在瀏覽餐飲網頁的使用者。廣告推播也屬於適地性服務
自然人憑證	可視為個人在網路世界的身分證。常應用在網路報稅、申辦戶籍謄本等
第三方支付	third party payment，在電子商務交易過程中，透過中介機制，先保留買方支付的交易款項，待買方收到商品並確認無誤後，中介機制才將交易款項撥付給賣方

得分區塊練

( )1. 為了提供民眾查詢即時的公車資訊，最需要結合下列哪一項技術？
   (A)GPS　(B)CAI　(C)ABS　(D)VR。

( )2. 下列何者可以幫助汽車導航系統標定座標？
   (A)CAD　(B)CAI　(C)CAM　(D)GPS。

( )3. 下列何者不是利用全球定位系統（GPS）技術？
   (A)飛機導航　(B)公車行車路線追蹤　(C)網路即時監視　(D)汽車失竊查找。

( )4. 電子化政府最主要包含哪一方面的網路服務？
   (A)政府對公民之間的網路服務　　(B)企業對企業之間的網路服務
   (C)公民對團體之間的網路服務　　(D)企業對公民之間的網路服務。

( )5. 下列哪一個系統需要人造衛星才能正常運作？
   (A)OA　(B)GIS　(C)GPS　(D)CAI。　　　　　　　　　　　　　[丙級硬體裝修]

( )6. 下列哪一項不是適地性服務（LBS）應用的範圍？　(A)追蹤汽車的目前位置所在　(B)超商對路過附近的遊客發送優惠簡訊　(C)線上交易消費扣款　(D)查詢目前位置附近的遊樂景點。
   [技藝競賽]

15-4 商業方面的應用

1. **SOHO**（Small Office / Home Office）：租用小型辦公室或利用住宅當作辦公場所，並利用網路來進行訊息、作品的傳遞，可節省通勤時間及減少辦公空間的成本。
2. 人力媒介電子化：透過**人力銀行**網站，提供求才與求職撮合的管道。
3. **電子商務**（EC）：利用電腦及網路從事各種商務活動，如網路拍賣、線上購物、團購等。
4. 網路理財：大部分的銀行、證券、保險等金融業者建置了專屬的網站及App，提供客戶線上理財的服務。
5. 網路行銷：是一種透過網際網路來進行商品資訊提供、消費者意見調查等活動的行銷方式，具有不受時空限制、可快速傳播等特色。
6. 個人化行銷：是指先蒐集使用者的網路搜尋紀錄及消費習慣等資訊，再利用巨量資料分析技術，推薦消費者可能喜歡的商品廣告。
7. 智慧型無人商店：是一種沒有任何服務人員及收銀人員的商店，顧客採自助式購物與結帳，如Amazon Go無人商店、臺灣的無人7-11等。此類商店大多會採用人工智慧技術、RFID設備及大量感測器等來協助顧客完成購物。
8. 常見的專有名詞：

專有名詞		名詞解釋
自動化3A	辦公室自動化（OA）	1. Office Automation，透過電腦、網路等裝置及相關軟體，來進行辦公室內一般事務與作業管理的工作 2. 網路中有許多軟體可讓使用者們進行合作共創，善用共創功能可更有效率地共同創作一個專案
	工廠自動化（FA）	Factory Automation，利用電腦協助工廠進行設計、生產、分析及測試等作業，常見的應用有CAD及CAM
	家庭自動化（HA）	Home Automation，透過電腦及網路來操控家電，常應用於智慧型住宅
CAD（電腦輔助設計）		Computer-Aided Design，利用電腦來繪製設計藍圖與模擬產品測試，CAD軟體可作為輔助產品設計的工具，如使用AutoCAD軟體來繪製建築藍圖、產品製造圖
CAM（電腦輔助製造）		Computer-Aided Manufacturing，利用電腦來輔助工廠中的製造工作，如使用機器手臂、自動輸送系統來協助生產，或用3D印表機印出物品
視訊會議		讓身處不同地點的人，可透過網路看見彼此，以進行會議討論。須具備**網路攝影機**、**麥克風**等設備
人力銀行		提供求才、求職及供SOHO族承接外包專案等資訊；常見的人力銀行有104、1111、yes123等
POS		POS（銷售時點系統，Point Of Sale）可藉由讀取商品上的條碼，來取得商品的資訊與銷售狀況，並即時更新商品的庫存數量
網路拍賣		使用者透過網路拍賣平台（如Yahoo!奇摩拍賣），來競標貨拍賣物品
金融科技（FinTech）		Financial Technology，將「金融」與「科技」結合的經濟產業，FinTech應用層面有支付、保險、融資、募資、投資管理及市場供應等

◎五秒自測 何謂CAD、CAM？

第15章 數位科技與現代生活

得分區塊練

( )1. 下列何種系統，能夠藉由讀取商品上的條碼快速得知商品相關資訊與銷售狀況？
(A)CAM (B)GIS (C)POS (D)VOD。

( )2. 下列電腦輔助技術，何者可以有效規劃及控制製造過程？
(A)CAM (B)CAD (C)CAI (D)OA。

( )3. 電腦輔助設計與製造（CAD／CAM）是屬於下列何種應用？
(A)商業自動化 (B)辦公室自動化 (C)教學自動化 (D)工廠自動化。

( )4. 下列何者不屬於辦公室自動化的範疇？
(A)視訊會議 (B)電子公文 (C)試算表軟體 (D)資訊家電。

( )5. 下列哪一項電腦應用，可以減少企業空間成本，也可以節省員工通勤時間？
(A)辦公室自動化（Office Automation）
(B)家庭自動化（Home Automation）
(C)工廠自動化（Factory Automation）
(D)SOHO（Small Office Home Office）。

( )6. 李董即使人在國外洽公，公司重要會議也一定會參加，並與主管們交談，請問李董最可能是利用下列哪一種技術來參與公司的會議？
(A)網路電視 (B)視訊會議 (C)虛擬實境 (D)全球衛星定位系統。

( )7. 畢業季來臨時，很多莘莘學子都要從學校進入職場工作，請問下列哪一種網站中提供有求才與求職的相關訊息？
(A)購物網站 (B)人力銀行 (C)部落格 (D)電子地圖。

( )8. 在建築、機械……等公司的繪圖人員徵才廣告中，常會看到「需熟AutoCAD繪圖軟體」的徵才條件。由此實例可推測，AutoCAD繪圖軟體是屬於下列哪一項電腦應用？
(A)電腦輔助設計 (B)辦公室自動化 (C)家庭自動化 (D)人力媒介電子化。

( )9. 下列何者不屬於「自動化3A」的範圍？
(A)工廠自動化 (B)企業自動化 (C)辦公室自動化 (D)家庭自動化。

15-5 重大科技趨勢對人與社會的衝擊與發展

一、科技的衝擊 110

1. **行動裝置**的衝擊：使用行動裝置的姿勢、觀念與方式不正確，可能會對個人的健康、安全造成負面的影響，甚至引發社會問題。例如不當使用手機自拍導致意外事件。

2. **人工智慧**的衝擊：人工智慧能夠為人類生活帶來便利，但也可能造成許多問題。例如人類工作被具有人工智慧的設備取代，以及讓人工智慧機器人從事一些具有道德爭議的工作（如上戰場殺人）。

3. **物聯網**的衝擊：物聯網會蒐集各種物品所傳出的訊號，一旦這些資料遭到惡意使用，或物品遭駭客控制，將對民眾的隱私與人身安全造成難以預測的衝擊。

4. **數位落差**（Digital Divide）的衝擊：是一種因教育程度、居住地區、個人收入等方面的差異，造成使用資訊科技的機會或能力有所不同的社會現象。數位落差會使資訊取得的弱勢者與強勢者間貧富差距加大，成為社會不安的隱憂。

二、共享經濟與平台經濟的發展

1. **共享經濟**（Sharing Economy）的發展：是指將閒置資源再利用，讓有需要的人能以較便宜的價格使用資源，持有資源的人也能獲得合理的回饋，例如USPACE共享停車位、Airbnb出租閒置房間網站等。

2. **平台經濟**（Platform Economics）的發展：是指透過網路整合資源並建立運作平台來從事商業活動的一種經濟模式，例如foodpanda、Uber Eats、1111外包網等。

三、區塊鏈的發展 112 114

1. **區塊鏈**（blockchain）是經過複雜的密碼學運算整合而串接起來的「區塊」，每個區塊都具有前面區塊的資訊，這些區塊形成一種鏈狀的結構。

2. **區塊鏈**的概念是「比特幣白皮書」的作者中本聰於2008年所提出，它使用了去中心化的**分散式分類帳技術**（DLT），以複雜的密碼學來加密資料，並藉由分散式節點進行數據的儲存、驗證、更新和傳輸。

3. 以往在金融領域中，雙方要進行交易時，通常都會經由中間的金融機構協助處理匯款、交易、入帳等手續，區塊鏈具有**去中心化**、**資料不可竄改**、**加密安全性**、**共同維護帳本**等特性，使交易雙方不須透過中間的金融機構，即可進行金融活動。

第15章 數位科技與現代生活

4. **智慧合約**（Smart Contract）是區塊鏈的一項應用，它是透過程式撰寫而成的合約，具有可**自動執行**、資料無法竄改、可搭配金融交易等特性。例如交通運輸延誤的理賠處理，即可在業者／旅客的區塊鏈中，透過智慧合約訂定延誤理賠條件，不須第三方介入即可自動完成理賠撥款等作業。

5. 區塊鏈還可應用在許多領域，例如物聯網、共乘服務、線上媒體與音樂、線上零售、線上博弈、網路行銷、零售業集點、雲端儲存、匯款、數位錢包、社交網路、電競、電玩遊戲等[註]。

四、虛擬貨幣的發展

1. 定義：歐洲央行於2012年定義**虛擬貨幣**（virtual currency）是「一種不受監管，由開發者發行並且通常由開發者管控，在特定虛擬社群成員中接受和使用的數位貨幣。」，目前常見的**虛擬貨幣**有：比特幣、以太幣、萊特幣、瑞波幣等。

2. 虛擬貨幣的取得：
   - **線上交易**：透過虛擬貨幣交易所進行虛擬貨幣的線上買賣。
   - **自行挖礦**：人們須利用高效能的挖礦機（電腦）來運算、解題、驗證，最先破解並驗證正確即可獲取比特幣，這過程稱為「**挖礦**」，挖礦的人被稱為「**礦工**」。

3. **使用比特幣進行交易**：要使用比特幣交易的買賣雙方都必須安裝一個稱為「**比特幣錢包**」的軟體，使用這套軟體即可進行交易。目前在網路上可以利用比特幣購買許多種商品，例如：可在「微軟」官網購買App等。但是在許多國家目前仍禁止使用這種虛擬貨幣進行交易。

得分區塊練

( ) 1. 有一種因教育程度、居住地區、個人收入等方面的差異，造成使用資訊科技的機會或能力有所不同的社會現象稱為？
(A)智慧合約 (B)數位落差 (C)智商落差 (D)資訊焦慮。

( ) 2. 「Airbnb出租閒置房間網站」是一種將閒置的空房出租給有需要的旅客，讓屋主也能獲得合理回饋的一種新經濟模式網站，此類型的新經濟模式稱為？
(A)共享經濟 (B)宅經濟 (C)平台經濟 (D)出租經濟。

( ) 3. 下列有關區塊鏈的敘述，何者錯誤？
(A)具有中心化的特性　　　　　(B)具有資料不可竄改的特性
(C)使用分散式帳本技術　　　　(D)智慧合約是區塊鏈的一項應用。

註：這些區塊鏈的應用領域是由投資機構分析師賽巴斯汀（Colin Sebastian）所提出。

滿分晉級

情境素養題

▲ 閱讀下文，回答第1至3題：

小偉最近在新聞中看到特斯拉執行長－伊隆‧馬斯克（Elon Musk），不僅在電動汽車領域獲得很高的成就，也成立航太科技公司SpaceX擔任執行長兼首席設計師積極探討宇宙奧秘，近期還投資虛擬貨幣「比特幣」，甚至宣稱考慮未來消費者可使用比特幣向特斯拉公司購買電動汽車，讓小偉對於比特幣充滿更多的好奇。

( ) 1. 馬斯克投資的「比特幣」為虛擬貨幣的一種，請問下列何者不屬於虛擬貨幣？
(A)新臺幣 (B)以太幣 (C)瑞波幣 (D)萊特幣。 [15-5]

( ) 2. 小偉對於比特幣充滿好奇，於是他上網搜尋有關比特幣的敘述，請問下列哪一個搜尋結果有誤？ (A)挖礦的人被稱為「礦工」 (B)使用區塊鏈技術 (C)用電腦運算找出比特幣，驗證正確即獲取比特幣，這過程稱為挖礦 (D)比特幣是受到國際法律約束的法定貨幣。 [15-5]

( ) 3. iPhone手機的Apple Pay功能，可供使用者用手機感應的方式來「刷卡」消費。請問Apple Pay功能最可能是使用哪一項技術來達成？
(A)GPS (B)RSS (C)NFC (D)AR。 [15-1]

( ) 4. 某企業為了實踐企業社會責任，積極響應聯合國永續發展目標（SDGs），鼓勵員工進行通勤共乘。員工所節省下來的碳足跡將透過區塊鏈技術進行記錄，公司人資部門可根據此資訊發放相應的補助或獎勵，以支持地球永續發展。請問下列何者不是區塊鏈的特性？ (A)資料不可竄改 (B)具中心化 (C)以複雜的密碼學加密資料 (D)每個區塊都包含前一個區塊的資訊。 [15-5]

( ) 5. 韓國偶像團體來台北小巨蛋舉辦演唱會，許多南部網友要開車北上參加這個演唱會，請問利用下列哪一種網際網路服務可查詢行車路線？
(A)網路ATM (B)電子地圖 (C)體感技術 (D)即時通訊。 [15-1]

( ) 6. 因應新冠肺炎疫情，政府大力推動網路報繳所得稅，以避免人潮聚集情況發生。凱德看到新聞報導後，使用網路報稅服務來完成所得稅繳納，請問他所使用的這項服務最可能屬於下列哪一項電腦應用？
(A)電子商務 (B)電子化政府 (C)人力媒介電子化 (D)SOHO族接案。 [15-3]

精選試題

15-1 ( ) 1. 下列何者為一套能與全球資訊網結合，用來描述、產生三度空間互動世界的檔案格式？ (A)DHTML (B)HTML (C)SGML (D)VRML。

15-2 ( ) 2. 下列何者是指電腦輔助教學軟體？
(A)RFID軟體 (B)POS軟體 (C)CAI軟體 (D)GPS軟體。

( ) 3. 下列何者最適合讓學生和電腦以一對一的方式進行互動式教學，透過不斷講解與練習，以達到教學目的？ (A)電腦輔助教學系統 (B)電腦輔助製造系統 (C)電腦輔助設計系統 (D)教學廣播系統。

第 **15** 章　數位科技與現代生活

( )4. 下列哪一選項，最適合用來描述「利用網路與媒體來突破空間的限制，將系統化設計的教材傳遞給學習者的教學過程」的概念？
(A)遠距教學　(B)校外教學　(C)模擬教學　(D)電腦教學。

15-3 ( )5. 下述哪一種教學活動主要是讓教學者透過網路同時與不同地方的學習者雙向溝通？
(A)電腦輔助教學　(B)模擬訓練　(C)線上評量　(D)遠距教學。

( )6. 下列哪一種媒介不能與使用者產生即時互動？
(A)數位電視　(B)線上學習教學　(C)虛擬實境　(D)報紙。　　[技藝競賽]

( )7. 常被設計工程師用來做為輔助設計工具的軟體，是屬於下列哪一種？
(A)CAE　(B)CAM　(C)CAI　(D)CAD。

( )8. 下列何種系統，可以利用人造衛星與地面的接收器，幫助飛機、輪船與汽車等交通工具，進行準確的三度空間定位？
(A)GIS　(B)GPRS　(C)GPS　(D)GSM。

15-4 ( )9. 下列哪一項電腦應用，是利用電腦網路來傳送及處理訂單、從事行銷、銀行轉帳及提供客戶服務等工作？　(A)電子商務　(B)遠距教學　(C)網路銀行　(D)視訊會議。

( )10. 電子商務的簡稱是　(A)EDI　(B)E-mail　(C)EC　(D)EP。

( )11. 下列敘述何者正確？
(A)CAD主要應用於產品製造，目標是降低成本與提高品質
(B)OA主要是讓學習者與電腦，能以一對一方式進行互動式學習
(C)ATM是一種銀行作業電腦化的服務，方便使用者提款與轉帳
(D)CAM主要應用於產品設計，使得原本複雜的設計過程變得簡單而且有效率。

( )12. 下列何者代表便利商店所使用的銷售時點系統？
(A)ATM　(B)ERP　(C)GPS　(D)POS。

( )13. 透過網路等通訊工具，把家裡當成小型辦公室的自由工作者，俗稱是什麼族？
(A)GOGO　(B)HOGO　(C)SOGO　(D)SOHO。

( )14. 下列哪一種自動化活動在產品設計、建築設計、電路板設計等領域均適用？
(A)彈性製造系統　(B)電腦輔助製造　(C)電腦輔助生產　(D)電腦輔助設計。

( )15. 有關自動化之敘述，下列何者錯誤？
(A)自動化的3A，指的是辦公室自動化、家庭自動化及工廠自動化
(B)辦公室自動化的意義是辦公室內的一群人，使用自動化設備來提高生產力
(C)辦公室自動化簡稱QA
(D)文書處理、音訊處理、影像處理及通訊網路皆是辦公室自動化之範疇。

( )16. 下列何者是人力資源仲介公司為撮合求才廠商與求職者所成立的網站？
(A)入口網站　(B)搜尋網站　(C)人力銀行　(D)網路銀行。

( )17. 下列專有名詞對照中，何者正確？
(A)FA：工廠自動化　　　　　　(B)HA：人力自動化
(C)AGPS：全球衛星定位系統　　(D)OA：電子商務。

A15-13

( )18. 現代人經常透過手機外送平台App（如Uber eats、foodpanda等）點餐，即可在家等候外送員將餐點送至家中。這種透過網路整合資源並建立運作平台來從事商業活動的一種經濟模式稱為？　(A)共享經濟　(B)平台經濟　(C)區塊鏈經濟　(D)整合經濟。

( )19. 比特幣、以太幣等虛擬貨幣，與下列哪一項科技技術最有關聯？
(A)人工智慧　(B)虛擬實境　(C)區塊鏈　(D)物聯網。

( )20. 有關區塊鏈（Blockchain），下列哪一項敘述錯誤？
(A)區塊鏈是一種數字資料存儲技術，它將資料以連續的「區塊」形式存儲，這些區塊通過加密方法連接起來，形成一個「鏈」
(B)當一筆交易發生時，它會被記錄在一個新的區塊中，這個區塊會被加密並連接到前一個區塊，形成鏈狀結構
(C)區塊鏈的安全性來自於其分散式存儲和加密技術
(D)區塊鏈為了集中保護以防止被查詢及篡改，不會將資料儲存在整個網路中，而會在單一位置。　　　　　　　　　　　　　　　　　　　　　　　[113技藝競賽]

統測試題

( )1. 行動條碼（Quick Response Code）是一種依照特殊方式編碼的條碼，其編碼格式的維度為何？　(A)一維　(B)二維　(C)三維　(D)四維。　　　　[102商管群]

( )2. 下列哪一個網站提供駕駛規劃任何兩地之間最佳行車路線的服務？
(A)維基百科網站
(B)Yahoo奇摩服務+網站
(C)YouTube網站
(D)Google地圖網站。　　　　　　　　　　　　　　　　　　　[102工管類]

( )3. 訓練飛行員可以運用何種電腦科技來避免人員與飛機的實際損失？
(A)電腦輔助設計（CAD）　　　(B)電腦輔助製造（CAM）
(C)無線射頻辨識（RFID）　　　(D)虛擬實境（VR）。　　　[102工管類]

( )4. 下列何者屬於非接觸式IC卡？
(A)健保卡　(B)捷運悠遊卡　(C)金融提款卡　(D)自然人憑證卡。　[102資電類]

( )5. 悠遊卡是整合了台北捷運、公車、停車場、便利超商繳費付款等多功能的電子票卡，其主要技術是屬於以下何者？
(A)智慧卡　(B)條碼磁卡　(C)無線網卡　(D)有線網卡。　　　[103工管類]

( )6. 關於我們平日所使用的「健保IC卡」，下列敘述何者正確？
(A)需透過接觸方式讀取資料　　　(B)需透過藍芽技術讀取資料
(C)需透過紅外線讀取資料　　　　(D)需透過RFID技術讀取資料。　[103資電類]

( )7. 下列何者有採用無線非接觸式之RFID（radio frequency identification）技術？
(A)國民身分證　(B)駕駛執照　(C)悠遊卡　(D)公用電話卡。　[104工管類]

( )8. 下列有關行動條碼（quick response code）的敘述，何者錯誤？
(A)智慧型手機可以透過拍照功能與解碼軟體來解讀它
(B)它是由黑白相間、粗細不一及相同長度的黑線條組成
(C)條碼中資訊可以有文字、LOGO或網址等
(D)該條碼的維度屬於二維條碼。　　　　　　　　　　　　　　[104工管類]

( )9. 自然人憑證卡可用來進行下列哪一項作業？
(A)網路報稅　(B)搭乘捷運　(C)搭乘公車　(D)當電子錢包買東西。　[104工管類]

( )10. 3D列印（3D Printing）技術，是透過電腦軟體的協助，將材料以層層疊加的方式來產出物品，具有快速成形的優點，這是屬於下列何種型態的電腦應用？
(A)電腦輔助教學　(B)電腦輔助製造　(C)辦公室自動化　(D)資訊家電。　[104商管群]

(　)11. 某些美術或室內設計師成立個人工作室接案,再透過網際網路將其作品傳送給客戶。這樣的設計師也會被稱為:　(A)快閃族　(B)SOHO族　(C)SOGO族　(D)雅痞族。　[104工管類]

(　)12. 下列哪一種條碼在角落處有似「回」字的圖案?
(A)一維條碼　(B)ISBN條碼　(C)行動條碼　(D)數位條碼。　[105工管類]

(　)13. 國道計程eTag電子標籤機制,與下列哪一項技術最有關?
(A)全球定位系統(Global Positioning System, GPS)
(B)無線射頻識別(Radio Frequency Identification, RFID)
(C)條碼(Bar Code)
(D)擴增實境(Augmented Reality, AR)。　[105工管類]

(　)14. 下列何者與造成數位落差的可能原因最不相關?
(A)家庭收入　(B)教育程度　(C)身高體重　(D)居住地區。　[105工管類]

(　)15. 關於Radio Frequency IDentification(RFID)無線傳輸技術現有應用之情境,下列何者尚未被廣泛應用?　(A)賣場的商品販售　(B)電子票證如捷運悠遊卡或一卡通　(C)無人圖書館的書籍借閱與歸還　(D)金融卡自ATM自動提款機提取現金。　[105資電類]

(　)16. 若希望手機具備無線感應付款功能,則手機規格必須能支援:
(A)VR(Virtual Reality)
(B)AR(Augmented Reality)
(C)NFC(Near Field Communication)
(D)GPS(Global Positioning System)。　[106商管群]

(　)17. 行動支付時代來臨,運用近場通訊(Near Field Communication, NFC)的手機錢包與下列哪一項技術最相關?
(A)全球互通微波存取(WiMAX)　(B)第四代行動通訊技術(4G)
(C)條碼(Bar Code)　(D)無線射頻識別(RFID)。　[106工管類]

(　)18. 教師利用網路讓學習者可以突破時空限制,以同步或非同步的方式學習稱為?
(A)電腦輔助教學　(B)穿越學習　(C)數位典藏　(D)遠距教學。　[106工管類]

(　)19. 公車動態資訊系統與下列哪一項技術最相關?
(A)虛擬實境(Virtual Reality, VR)
(B)擴增實境(Augmented Reality, AR)
(C)全球定位系統(Global Positioning System, GPS)
(D)藍芽(Bluetooth)。　[106工管類]

(　)20. 生產單位利用機器人取代人力,除了產品品質及產量提高外,對於環境的污染及空氣質量也可以利用電腦網路監控,這與下列哪一種應用最相關?
(A)辦公室自動化　(B)工廠自動化　(C)電子化政府　(D)電子化企業。　[106工管類]

(　)21. 使用者透過行動裝置的攝影機與定位資訊,顯示相對於該地點的實體影像與虛擬寶物之虛實整合技術,與下列哪項最相關?
(A)人工智慧(Artificial Intelligence, AI)
(B)擴增實境(Augmented Reality, AR)
(C)行動條碼(QR Code)
(D)虛擬實境(Virtual Reality, VR)。　[107工管類]

(　)22. 下列有關維基百科(Wikipedia)的敘述,何者不正確?
(A)是網路百科全書
(B)所提供的資訊客觀且正確
(C)是可供多人協同創作的系統
(D)有不同語言版本的網站供使用者選擇。　[107工管類]

A15-15

( )23. 下列何者與「3C」產品最不相關？
(A)雲端運算（Cloud Computing） (B)消費性電子（Consumer Electronics）
(C)通訊（Communication） (D)電腦（Computer）。 [108工管類]

( )24. 下列關於行動條碼（QR Code）的敘述，何者不正確？
(A)屬二維條碼
(B)外觀呈長條形
(C)具快速連結網址的能力
(D)其如同「回」字的圖案是辨識定位標記。 [108工管類]

( )25. 許多網路地圖，會利用大數據（Big Data）技術綜合分析車速，以標識某個路段是否塞車。下列哪個技術的應用，最適合協助取得車速資訊？
(A)VR（Virtual Reality）
(B)GPRS（General Packet Radio Service）
(C)POS（Point Of Sale）
(D)GPS（Global Positioning System）。 [108工管類]

( )26. 下列對於QR Code之敘述，何者錯誤？
(A)QR Code的QR是Quality Regulation的縮寫
(B)QR Code是一種二維條碼
(C)QR Code之容錯性與抗損性均優於Barcode
(D)QR Code圖上的定位圖案，可讓使用者不需準確的對準掃描，仍可正確讀取資料。
[108資電類]

( )27. 由於全球定位系統（Global Positioning System, GPS）在室內的定位效果不佳，因此常會使用手機基地臺所提供的位址資訊加以輔助，這樣的輔助技術，下列哪一個最合適？
(A)AGPS（Assisted Global Positioning System）
(B)RFID（Radio Frequency IDentification）
(C)GIS（Geographic Information System）
(D)NFC（Near Field Communication）。 [109商管群]

( )28. 擴增實境（AR, Augmented Reality）是讓螢幕上的虛擬世界能夠與現實世界場景進行結合與互動的技術，下列何者描述與擴增實境的應用最相關？
(A)有一種手機遊戲，當你的手機鏡頭對著台北101大樓時，就會顯示恐龍正在攻擊101，可以透過點擊畫面中恐龍的眼睛消滅它
(B)利用電腦建置一台虛擬的飛機駕駛艙，讓人在此虛擬場域可以體驗駕駛飛機
(C)利用手機的攝影機辨識出使用者，進行手機解鎖
(D)戴上特製的頭盔呈現出月球表面的景象，讓使用者可以完全沉浸在月球上的情境。
[109工管類]

( )29. 老師讓學生戴上特殊眼鏡，學生就能透過眼鏡如臨現場般地欣賞羅浮宮的藝術品。上述情境屬於何種技術的應用？
(A)資訊家電 (B)虛擬實境 (C)電子商務 (D)電子身份辨識。 [110商管群]

( )30. 下列敘述何者錯誤？
(A)自動駕駛汽車是人工智慧技術的應用
(B)常用的搜尋引擎（Search Engine）有Google、Yahoo與Bing
(C)資訊科技的優點之一是網路社群的風行，可以完全取代實際生活中的社群
(D)受嚴重特殊傳染性肺炎（COVID-19）疫情影響的學生可利用遠距教學方式讓學習不中斷。 [110工管類]

第15章 數位科技與現代生活

( )31. 有關資訊科技對現今社會的影響,下列何者不是優點?
(A)資訊科技所形成的數位落差讓社會更進步
(B)使用科技設備來幫助自己快速找到回家的路
(C)透過科技設備與遠方的朋友進行交流
(D)讓科技設備協助自己完成打掃工作。 [110工管類]

( )32. 關於電腦科技在生活上的應用,下列敘述何者正確?
(A)資訊家電是一種整合電腦與網路技術的家電產品
(B)虛擬實境是一種在實體環境中,加入虛擬影像的技術
(C)擴增實境是一種透過電腦模擬真實環境,讓使用者感覺身歷其境
(D)公車動態資訊系統是一種基於智慧卡技術,提供民眾查詢即時公車資訊。 [110工管類]

( )33. 下列哪項與『以衛星圖、航空照相和GIS資料疊加成三維模型,可以提供瀏覽者模擬在空中觀賞如圖(一)美國紐約自由女神像的3D外觀』的網路搜尋應用最相關?
(A)Google Map (B)Google Earth
(C)Google Sky (D)Google Moon。 [110工管類]

圖(一)

( )34. 有關數位科技於教育應用的敘述,下列何者錯誤?
(A)翻轉教室是將學生學習的教室轉變為電腦教室
(B)虛擬實境(VR)技術可用在模擬飛機駕駛的訓練
(C)電腦輔助教學(CAI)是針對課程需要而設計的軟體,以作為教學輔助工具
(D)因疫情影響,老師透過網路進行師生即時互動教學的方式稱為同步網路教學。
[111商管群]

( )35. 關於區塊鏈(blockchain)的敘述,下列何者錯誤?
(A)使用到密碼學與網路科技
(B)是一種分散式的共享帳簿
(C)需有一個中心化的機構來處理交易
(D)具完整性且無法竄改交易紀錄。 [112商管群]

( )36. 路人甲使用Google Maps的步行導航功能,同時啟用手機相機來獲取周邊環境的特徵,進而更精準地提供導航方向指引。上述情境為下列哪一種技術的應用?
(A)擴增實境(augmented reality)
(B)3D視覺實境(3D vision reality)
(C)真實實境(real reality)
(D)虛擬實境(virtual reality)。 [114商管群]

( )37. 關於區塊鏈(blockchain)技術的敘述,下列何者正確?
(A)具有資料不可竄改的特性,可利用於虛擬貨幣的交易
(B)臺灣Pay不能採用掃描支付,必須用區塊鏈技術完成
(C)具有去中心化,所以使用區塊鏈技術交易不會被詐騙或牽涉金融犯罪
(D)區塊鏈是一種分散式分類帳本技術,將交易紀錄儲存在主從式架構的網路中。
[114商管群]

( )38. 關於資訊科技對人類文明的正面影響之敘述,下列何者正確?
(A)因網路流量變大而降低資訊傳播速度
(B)因過度使用網路媒體而降低社會互動
(C)因即時通訊軟體的使用而增加工作壓力
(D)因人工智慧工具的導入而提高生活便利性和效率。 [114工管類]

A15-17

數位科技應用

單元 1	商業文書應用
單元 2	商業簡報應用
單元 3	商業試算表應用
單元 4	雲端應用
單元 5	影像處理應用
單元 6	網頁設計應用
單元 7	電子商務應用

統測考試範圍

單元 1

商業文書應用

學習重點

章名	常考重點	
第1章 認識文書處理軟體	• 文字編修的技巧 • 頁首及頁尾設定 • 文件列印	★★★☆☆
第2章 Word文件的編輯與美化	• 定位點設定 • 分隔設定 • 合併列印 • 文繞圖設定 • 表格的建立與編修	★★★★★

統測命題分析

數位科技概論

- 單元1 9%
- 單元2 15%
- 單元3 16%
- 單元4 15%
- 單元5 13%
- 單元6 15%
- 單元7 17%

數位科技應用

- 單元1 15%
- 單元2 11%
- 單元3 24%
- 單元4 11%
- 單元5 15%
- 單元6 17%
- 單元7 7%

第 1 章 認識文書處理軟體

1-1 文書處理軟體簡介

一、文書處理軟體　108

1. **文書處理軟體**：可用來輸入稿件、編排文章，輕鬆製作出整齊美觀的文件。
2. 常用在報告、書信、公文、海報、履歷表、小論文、學習歷程及網頁的製作等。
3. 常見的文書處理軟體：

類型	軟體名稱	軟體系列	說明
單機版	Word	Microsoft Office	由微軟公司推出，使用率較為普及，Office 2016 / 2019 / 2021 / 2024提供「共用」功能可讓多人透過網路共同編輯同一份文件
單機版	Pages	iWork	由蘋果公司推出，購買蘋果產品（如iPhone、iPad）即內建該軟體
單機版	Writer	LibreOffice	由文件基金會（TDF）開發的自由軟體，可免費使用
單機版	Writer	OpenOffice	由Apache開發的自由軟體，可免費使用
線上版	Word Online	Office Online	由微軟公司開發，可線上使用的文書處理軟體，線上編輯的檔案會存放在OneDrive雲端空間
線上版	Pages	iWork for iCloud	由蘋果公司推出，提供跨平台使用（如Windows、Linux），線上編輯的檔案會存放在iCloud雲端空間
線上版	Google文件	Google文件	由Google公司開發，可線上編輯文件，提供「共編」功能，且線上編輯的檔案會存放在Google雲端硬碟

→ 當電腦中沒有安裝文書處理軟體時，我們可以利用**線上版**文書處理軟體進行線上編輯。

二、認識Word

1. Word可處理的檔案類型有：

檔案類型	副檔名	說明
Word文件檔	docx	預設的文件格式
	doc	Word 2003（含）之前版本預設的文件格式
	dotx	範本檔案的格式
	dot	Word 2003（含）之前版本的範本檔案格式
開放文件格式	odt	LibreOffice及OpenOffice預設的文件格式
純文字檔	txt	只能儲存純文字
網頁檔	mht / mhtml htm / html	網頁格式，可透過瀏覽器瀏覽
RTF檔	rtf	可儲存完整的版面格式
可攜式文件檔	pdf	可攜式文件格式，可使用PDF瀏覽軟體瀏覽

2. 按『檔案/另存新檔』，輸入檔案名稱再選檔案類型（如第1點所列），可將文件以新檔名儲存。Word 2010（含）以後版本，可將檔案另存成PDF[註]、ODT檔。Word 2016（含）以後版本可讀寫及儲存PDF檔案格式。

3. 按『檔案/列印』，印表機選Microsoft XPS Document Writer，可將文件輸出為XPS文件（.xps）。

4. **範本**（**.dot**或**.dotx**）是Word預先設計好的文件樣式檔案，只要開啟欲使用的範本，即可快速為文件內容套用設計好的樣式。

三、Word的工作環境

（圖示說明：標題列、功能索引標籤、快速存取工具列、檔案功能表、尺規、工作區、功能區、捲軸、狀態列）

註：PowerPoint、Excel 2010（含）以後版本也可將檔案另存成PDF檔。

1. **快速存取工具列**：放置常用的工具鈕，按工具列右方的 ▼ 鈕，可自訂工具列中所要顯示的按鈕。

2. 按**功能區**中各區域右下角的 ▫ 鈕，可開啟交談窗做細部設定。

3. **狀態列**：顯示文件目前的狀態資訊，包含目前在**第幾頁**、**總頁數**、**總字數**…等。在狀態列上按右鍵，可新增第幾節、第幾行…等資訊。

四、文件的檢視模式 102 107

檢視模式	工具鈕	用途
草稿	📄	純文字編輯，不會顯示頁首、頁尾等
整頁模式	📄	1. 顯示的文件內容與實際列印的結果最接近 2. 顯示完整的文件內容及版面設計，包括圖形、頁首／頁尾等
Web版面配置	🖥	製作網頁，可加入動畫、音樂等
閱讀模式	📖	檢視多頁內容，會自動調整文字大小，以方便閱讀
大綱模式 （主控文件模式）	📄	檢視文件的架構，便於調整文件的大綱

（不顯示尺規：閱讀模式、大綱模式）
（可顯示圖案：整頁模式、Web版面配置、閱讀模式、大綱模式）

→ 檢視文件時，若在『檢視』標籤，勾選功能窗格，可開啟**導覽**窗格以檢視套用「**標題**」樣式的文字，按窗格內的文字可切換到該文字所在的位置。

得分區塊練

( ) 1. 下列何者不適合使用文書處理軟體來完成？
(A)繕打會議記錄　(B)撰寫讀書心得報告　(C)編寫履歷表　(D)製作動畫。

( ) 2. Word無法處理下列哪些檔案？
(A)Excel檔案　(B)網頁檔　(C)純文字檔　(D).dotx檔。

( ) 3. 在Word 2016／2019中，若要將檔案存成範本格式，其副檔名為？
(A)docx　(B)xlsx　(C)xltx　(D)dotx。

( ) 4. 下列何者不是Microsoft Word檢視文件的方法？
(A)整頁模式　(B)Web版面配置　(C)報告模式　(D)草稿。

( ) 5. 編輯Microsoft Word文件時，最適合檢視頁面中文字、圖片和其他物件的位置，編輯頁首及頁尾，以及調整版面邊界等的模式為？
(A)整頁模式　(B)Web版面配置　(C)草稿　(D)大綱模式。

1-2　Word的基本操作

一、常用的工具鈕及快速鍵　105　109

操作項目	工具鈕	快速鍵	操作方法
開新檔案	🗎	Ctrl + N	檔案/新增/空白文件
開啟	📂	Ctrl + O	檔案/開啟
儲存檔案	💾	Ctrl + S	檔案/儲存檔案
另存新檔	🗔	F12	檔案/另存新檔
剪下	✂	Ctrl + X	常用/剪下
複製	📋	Ctrl + C	常用/複製
貼上	📋	Ctrl + V	常用/貼上
複製格式	🖌	Ctrl + Shift + C	常用/複製格式
套用複製格式		Ctrl + Shift + V	
復原	↶	Ctrl + Z	
預覽列印和列印	🖨	Ctrl + P	檔案/列印
尋找	🔍	Ctrl + F	常用/尋找
取代	ab→ac	Ctrl + H	常用/取代

雙按 🖌 鈕可進行多次格式複製，待按Esc鍵才取消複製動作

1. **搬移**：選取文字後拖曳，滑鼠指標會呈現 ▧；選取物件（如圖片、圖案）後拖曳，滑鼠指標會呈現 ✥。

   複製：選取文字，按住**Ctrl**鍵後拖曳，滑鼠指標會呈現 ▧；選取物件（如圖片、圖案），按住**Ctrl**鍵後拖曳，滑鼠指標會呈現 ▧。

   ⊙五秒自測　若要用「拖曳法」複製文字，應在拖曳字串時按住什麼鍵？

2. **複製格式**：按**複製格式**鈕 🖌（滑鼠指標會呈現 ▲I），再選取要套用格式的文字。若要將複製的格式套用至多處，可雙按 🖌 鈕（按Esc鍵或再按一次 🖌 鈕可停止複製格式）。

3. **尋找與取代**：搜尋或取代文件中的特定文字，也可針對**特定格式**或**特殊字元**來處理，如：找出文件中粗體的文字、找出文件中的數字（^#）、將文件中定位符號（^t）→更改為段落標記（^p）↵ 或換行符號（^l）↓ 等。

4. 在取代資料內容時，可一併取代資料內容的格式，如字型、大小、顏色、效果（如 上標、下標）。

數位科技應用 滿分總複習

有背無患

- Microsoft Office的剪貼簿可儲存使用者最近24次複製或剪下的內容，在**常用**的**剪貼簿**區，按 🔽 鈕即可開啟**剪貼簿**窗格。
- 按 🖳螢幕擷取畫面▼ 鈕，可以擷取螢幕畫面至Word中。

得分區塊練

( )1. 下列何者為Microsoft Word中，鍵盤快速鍵Ctrl + S的功能？
(A)開啟檔案 (B)另存新檔 (C)刪除檔案 (D)儲存檔案。

( )2. 在Word中，復原上一步編輯動作的鍵盤快速鍵為：
(A)Ctrl + X (B)Ctrl + Y (C)Ctrl + Z (D)Ctrl + U。

( )3. 下列哪一個按鈕可用來開啟檔案？ (A)📄 (B)📂 (C)💾 (D)↵。

二、文字編修的技巧

1. 文字的選取：

選取範圍	操作方法
連續範圍	在要選取的範圍拉曳滑鼠，或單按文字開頭處，按住Shift鍵再單按文字結尾處
不連續範圍	選取一段範圍，按住**Ctrl鍵**再選其他範圍
中英文字詞	在文字上雙按
單行	在文字左側單按
多行	在文字列左側向上或向下拉曳
以句號為結尾的一段句子	按Ctrl + 單按句子任一處
整段	在文字左側雙按，或在段落任一處按3下
矩形範圍	按住**Alt鍵**拉曳滑鼠
全選	在文字左側按3下，或按**Ctrl + A**

2. **換段** ↵：按Enter鍵；**換行** ↓：按Shift + Enter鍵。

   → 按 钮，可設定文件中，是否顯示 ↵、↓、→ 等編輯標記。

3. 按**常用**標籤中的工具鈕，可設定字元格式。

操作項目	工具鈕	操作項目	工具鈕
字型	Times New R ▾	圍繞字元	字
字型大小	12 ▾	大小寫轉換	Aa ▾
粗體	B	刪除線	abc
斜體	I	下標	x_2
底線	U ▾	上標	x^2
字元框線	A	放大字型	A˄
字元網底	A	縮小字型	A˅
醒目提示	aby ▾	清除格式設定	A
字型色彩	A ▾	文字效果	A ▾
注音標示	中		

（字型大小會變）（字型大小不變）

   a. 底線格式：按 U▾ 旁的倒三角形鈕，可選擇底線的樣式與色彩，例如雙底線、粗底線、波浪底線。

   b. 文字效果 A▾：可為文字加入 **陰影**、**反射**、**光暈** 等效果。

4. 字型樣式設定：在**常用**標籤，按**字型**區的 ⌐ 鈕，還可設定以下格式。

操作項目	字型標籤內的功能	操作項目	進階標籤內的功能
強調標記	強調標記：	字元間距	間距(S)：加寬　點數設定(B)：1點
雙刪除線	☑ 雙刪除線(L)	上移、下移	位置(P)：上移　位移點數(Y)：3點
隱藏	☑ 隱藏(H)	縮放比例	縮放比例(C)：100%

   → 設成隱藏的文字，按 钮 可隱藏或顯示在Word文件中，但不會被印出，常用在講稿註解。

5. 插入符號 Ω符號▾：插入各種符號，例如▲、◇、★、♀、☎、✄。

6. 拼字及文法檢查：文件中拼字錯誤處會顯示紅色波浪底線；文法錯誤處會顯示藍色雙底線。

   列印時，線條不會被印出來

7. 限制編輯 ：在**校閱**標籤，按**限制編輯**鈕，可為文件加入密碼，或是限制文件可編輯的範圍（例如只能編輯內文樣式的文字）。

三、版面的設定與文件列印　103　107

1. 版面設定：在**版面配置**標籤，按**版面設定**區的 ⎏，可設定文件的邊界、紙張大小、文件格線、版面配置（如頁首／頁尾與頁緣距離各1cm）等。

   左邊界 ← 頁首　↑上邊界
   下邊界 ↓　頁尾 → 右邊界

   - 設定上、下、左、右邊界
   - 設定紙張直向或橫向
   - 頁首及頁尾的相關設定

2. **頁首／頁尾**：在**插入**標籤，按**頁首**或**頁尾**，可插入**頁碼**、日期、時間等資料。

   a. 加入在頁首、頁尾的資料，會顯示在文件**每一頁**。

   b. 在頁首／頁尾編輯模式，可透過**頁首及頁尾工具**標籤編修頁首及頁尾的設定。

   - 插入日期及時間
   - 移至頁首或頁尾
   - 移至前一節／下一節
   - 設定第一頁可有不同的內容
   - 設定頁首／頁尾與頁緣的距離
   - 離開頁首／頁尾編輯模式
   - 插入預設的頁首／頁尾
   - 插入頁碼及設定頁碼格式
   - 插入圖片
   - 設定頁首／頁尾內容與前一節相同
   - 設定奇、偶頁可有不同的內容
   - 插入靠左、置中、靠右對齊定位點
   - 設定頁碼數字格式，例如1, 2, 3、a, b, c…
   - 設定起始頁碼

c. 若設定「第一頁不同」，且「起始頁碼」為 "0"，則第一頁不會顯示頁碼，第二頁的頁碼為1。

3. 文件列印：按『檔案/列印』，可設定欲列印的份數、範圍、每張紙所含頁數、配合紙張調整大小等。

   a. 列印範圍：可選擇全部（即整份文件）、本頁（目前檢視頁面）、選取範圍、或指定某幾頁。設定僅列印某幾頁的方法如下。

欲列印的頁數	使用符號	範例	說明
連續頁	-	3-5	印出3、4、5頁
		3-	印出從第3頁至最後一頁
不連續頁	,	1,5	印出1、5頁
混合	- ,	1-3,5	印出1、2、3、5頁

   b. **每張紙所含頁數**：可將多頁文件（如2頁）印在同一面紙上。

   c. 配合紙張調整大小：縮放文件大小，如將A3尺寸的文件，縮小列印成A4尺寸。

   d. 自動分頁：當列印份數設定超過1份（如2份），會先印完整份文件後，再列印第2份。

   ◉五秒自測　若要列印1、3、5頁，應如何輸入列印範圍？

4. 列印浮水印：在**設計**標籤，按**浮水印**，可在文件的每一頁加入相同的文字或圖片浮水印。欲修改浮水印外觀，須透過**頁首／頁尾**模式。

得分區塊練

(　)1. 要把Microsoft Word文件內的資料3562改成3^{562}，我們可以使用下列哪一種功能？
(A)版面設定　(B)字型　(C)顯示比例　(D)尺規。

(　)2. 在Word文件檔中，如果要在每頁的相同位置顯現浮水印，可在下列何項功能中設定？　(A)頁首與頁尾　(B)文字藝術師　(C)樣式　(D)版面設定。

(　)3. 在Word中，若要設定紙張大小及列印方向，應使用下列哪一項功能？
(A)版面設定　(B)頁首／頁尾　(C)直書／橫書　(D)分節設定。

(　)4. 在Word中列印文件時，輸入下列何者表示僅要列印文件中的第1頁與第3頁？
(A)1-3　(B)1~3　(C)1,3　(D)1:3。

(　)5. 在Word中，如果要在頁首或頁尾中插入頁碼，應如何操作？
(A)按 [頁首▼] 鈕　(B)自行輸入 "<#>"　(C)按 [頁尾▼] 鈕　(D)按 [#頁碼▼] 鈕。

數位科技應用 滿分總複習

滿分晉級

情境素養題

▲閱讀下文，回答第1至2題：

阿元與晶晶經常閱讀報章雜誌，認為「綠能產業」越來越受到社會大眾的重視，例如太陽能、風力發電、地熱等，決定撰寫有關「再生能源」的專題報告。阿元將網路上蒐集的資料交給晶晶，讓晶晶使用Word軟體進行適當的統整與編排，以便列印出完整的專題報告。

( )1. 晶晶在使用Word撰寫有關「再生能源」的專題報告時，利用許多快速鍵來加快文件的編排，請問下列哪一組快速鍵有誤？
(A)複製：Ctrl + C　　　　　　　　(B)剪下：Ctrl + X
(C)複製格式：Ctrl + Alt + C　　　　(D)另存新檔：F12。　　　[1-2]

( )2. 晶晶若想為文件加入一個環保標章的浮水印，請問她應該透過Word軟體中的哪個標籤來加入浮水印？
(A)版面配置　(B)檢視　(C)校閱　(D)設計。　　　[1-2]

( )3. 青雲想使用Word來製作網頁，讓網路上的瀏覽者分享他的讀書心得，請問他必須將文件檢視模式設定為下列何者，才能在文件中加入動畫物件或背景音樂等特效？
(A)草稿　(B)整頁模式　(C)Web版面配置　(D)大綱模式。　　　[1-1]

( )4. 阿德利用Word撰寫一篇「世界上最透明的故事」之讀後感，他可以透過下列哪一個功能，來改變標題文字的色彩與字型，使標題文字較為醒目？
(A)字型　(B)段落　(C)另存新檔　(D)儲存檔案。　　　[1-2]

精選試題

1-1 ( )1. 在Microsoft Word文書處理軟體中，下列何者最適用於快速建立一份中文履歷表？
(A)範本　(B)巨集　(C)功能變數　(D)自動圖文集。

( )2. 在Microsoft Word中，要將Word文件轉存成Web畫面，應如何操作？
(A)將檔案另存成html格式
(B)將檔案另存成pdf格式
(C)切換至Web版面配置模式，再儲存檔案
(D)用儲存至Web功能，將檔案儲存至雲端硬碟。

( )3. 在下列Microsoft Word的文件模式中，哪些模式可以顯示出我們所繪製的圖案？
(A)草稿與Web版面配置
(B)整頁模式與Web版面配置
(C)大綱模式與整頁模式
(D)草稿與大綱模式。

( )4. 在文書處理軟體Microsoft Word中，下列資訊何者不會出現在狀態列中？
(A)頁數　(B)字數　(C)行數　(D)輸入法。

第1章 認識文書處理軟體

( )5. 在微軟Word文書處理軟體中,若要指定列印的範圍,下列格式何者正確?
(A)2,4,7-12,15　(B)2,4,6~7,10　(C)4/5/8-20/25　(D)7-10:15-20:23。

( )6. 若欲將Microsoft Word文件內資料2004改成200^4,下列哪一種操作方式最簡便?
(A)使用字型格式的上標效果
(B)修改字體大小
(C)使用特殊符號
(D)使用文字藝術師。

( )7. 在使用Microsoft Word時,若要以『拉曳法』複製選定的字串,則在拉曳時須同時按住哪一個按鍵?　(A)Alt　(B)Ctrl　(C)F2　(D)Shift。

( )8. 在Microsoft Word 中,選取某一段文字,然後按下「Ctrl」+「X」鍵,表示:
(A)將所選取文字的內容複製到剪貼簿,並且將其刪除
(B)只將所選取文字刪除,但不將其內容複製到剪貼簿
(C)改變所選取文字的字型,並且將其內容複製到剪貼簿
(D)將所選取文字的內容複製到剪貼簿,但不將其刪除。

( )9. 在一份含有5頁的Word文件中,若希望第1、2頁不顯示頁碼,第3、4、5頁分別顯示頁碼1、2、3,該怎麼做?
(A)設定第一頁的頁首頁尾與其它頁的頁首頁尾不同後,再設定頁碼從0開始,最後插入頁碼
(B)利用分節符號,設定第3頁開始為第2節,接著在第3頁的頁首頁尾,設定不連結至前一節,並設定頁碼從1開始,再插入頁碼
(C)設定奇偶頁的頁首頁尾不同後,再插入頁碼
(D)設定頁碼從0開始,並在第3頁插入頁碼。

統測試題

( )1. 為了方便檢視Word長篇文件,可以開啟文件引導模式,將文件區分成左右兩個窗格,左邊窗格為導覽視窗,其所顯示的內容為何?
(A)內文　(B)註腳　(C)索引　(D)標題。　　　　　　　　　　　　　　[102商管群]

( )2. 在Microsoft Word中,新編輯一個頁數共7頁的文件檔,先勾選有關頁首及頁尾功能的「奇偶頁不同」及「第一頁不同」二個核取方塊後,在第2頁的頁首中插入「頁碼」,在第3頁的頁首中插入「頁數」,則下列有關該文件檔的頁首敘述,何者錯誤?
(A)第1頁的頁首資訊為「7」
(B)第4頁的頁首資訊為「4」
(C)第5頁的頁首資訊為「7」
(D)第6頁的頁首資訊為「6」。　　　　　　　　　　　　　　　　　　[103商管群]

( )3. 在Microsoft Word中,在尚未結束段落之前,使用下列哪一種按鍵組合可以強迫換行而不產生段落?
(A)Shift + Enter　(B)Alt + Enter　(C)Ctrl + Enter　(D)Space + Enter。　[103工管類]

(　　)4. 下列敘述何者錯誤？
(A)Microsoft Word合併列印的資料來源可以是Microsoft Word資料檔
(B)Microsoft Word合併列印的資料來源可以是Microsoft Excel資料檔
(C).odt是Microsoft Word預設的範本格式
(D)Microsoft Word文件可以另存新檔成rtf格式。　　　　　　　　　　[104商管群]

(　　)5. 在Microsoft Word中執行下列哪一項動作，與按Ctrl＋V快速鍵具有相同的效果？
(A)剪下　(B)貼上　(C)複製　(D)全選。　　　　　　　　　　　　　[105商管群]

(　　)6. 在Microsoft Word中，下列何者與 按鈕的功用最相關？
(A)清除　(B)文繞圖　(C)色彩填充　(D)複製格式。　　　　　　　　　[105工管類]

(　　)7. 下列何者不是Microsoft Word文件的檢視模式？
(A)備忘稿　(B)草稿　(C)大綱模式　(D)Web版面配置。　　　　　　　[107商管群]

(　　)8. 在Microsoft Word中，若欲列印第3、4、5、6、10、11頁時，可在「列印」對話方塊的「頁面：」後輸入下列何者？
(A)3~6:10~11　(B)3-6,10,11　(C)3~6,10~11　(D)3:6;10,11。　　　　　[107商管群]

(　　)9. 下列哪一個套裝軟體可以用來編輯HTML格式的檔案？
(A)PowerDVD　　　　　　　　　(B)Nero
(C)WinRAR　　　　　　　　　　(D)Microsoft Word。　　　　　　　　[107資電類]

(　　)10. 下列何項操作不適合使用Microsoft Word文書處理軟體來完成？
(A)將照片中的人物套索出來
(B)撰寫書本的心得報告
(C)依格式繕打會議記錄
(D)編寫修改個人履歷表。　　　　　　　　　　　　　　　　　　　　[108商管群]

(　　)11. 下列關於Microsoft Word「頁首／頁尾」功能的敘述，何者不正確？
(A)只能插入文字，不能加入圖片
(B)可插入文字藝術師
(C)除頁碼外，還可以顯示頁數
(D)可以插入日期和時間。　　　　　　　　　　　　　　　　　　　　[108工管類]

(　　)12. 小明在某家電子公司擔任工程師設計一顆邏輯IC，當他要撰寫這個IC的資料說明書（Data Sheet）時，請問他最好使用下列什麼工具進行編輯？
(A)SQL（Structured Query Language）
(B)C Complier
(C)Microsoft Word
(D)Assembler。　　　　　　　　　　　　　　　　　　　　　　　　[108資電類]

(　　)13. 使用文書處理軟體（Word），假設我們有一個檔案包含以下的內容 "Time is money."，我們先用 "key" 取代 "ey"，再用 "m" 取代 "me"，則檔案中的內容成為下列何者？
(A)Time is money.
(B)Time is monkey.
(C)Tim is money.
(D)Tim is monkey.。　　　　　　　　　　　　　　　　　　　　　　[109商管群]

(　)14. 請問在Microsoft Word中，如果只要列印第2頁與第10頁，在 "列印" 功能中的 "列印自訂範圍" 輸入值為何？
(A)2-10　(B)2~10　(C)2,10　(D)2..10。　　　　　　　　　　　　　　　[109工管類]

(　)15. 在Microsoft Word的編輯中，如果想回到上一步驟，可以同時按下哪兩個鍵？
(A)同時按下【Ctrl】與字母【A】鍵
(B)同時按下【Ctrl】與字母【B】鍵
(C)同時按下【Ctrl】與字母【C】鍵
(D)同時按下【Ctrl】與字母【Z】鍵。　　　　　　　　　　　　　　　　[109工管類]

(　)16. 透過Microsoft PowerPoint軟體進行簡報編輯，如果要改變文字顏色，請問要按下列哪個按鈕可以修改文字的顏色？
(A)🅰　(B)✏　(C)A▾　(D)🪣▾。　　　　　　　　　　　　　　　[109工管類]

(　)17. Microsoft Word文書處理軟體，經常使用快捷鍵進行內文的複製、貼上、存檔或者剪下，若要由文件A剪下一段已選擇的文字並貼在文件B內，應該選用下列哪一組快捷鍵？
(A)在文件A上使用Ctrl + X；在文件B上使用Ctrl + V
(B)在文件A上使用Ctrl + X；在文件B上使用Ctrl + Z
(C)在文件A上使用Ctrl + C；在文件B上使用Ctrl + V
(D)在文件A上使用Ctrl + C；在文件B上使用Ctrl + X。　　　　　　　　[110資電類]

(　)18. 在文書處理軟體（Word）中，要使用滑鼠選取多個不連續範圍的文字內容，須搭配按住下列哪一個鍵？　(A)Alt　(B)Caps Lock　(C)Ctrl　(D)Shift。　　[111商管群]

第 2 章 Word文件的編輯與美化

2-1 文件的編輯

一、段落格式設定 102 104 105 107 108 109 110 112 113

1. **段落設定**：在**常用**標籤，按**段落**區的 ▣，可設定段落的對齊方式、縮排、行距及段前／段後的間距等。

   A. 設定對齊方式
   B. 設定左右縮排
   C. 設定前後段距離
   D. 設定段落第一行縮排或凸排的位移點數
   E. 設定行與行間的距離

行距	自訂行高	說明
單行間距	不可	以單行中最大字的高度為行高
最小行高	可	行高不可小於該段所需最小行高，最小行高以該段中最大字的高度為準
固定行高		行高固定，若段落中有文字大小超出自訂行高，文字無法完整顯示

   大字超出行高12，故以大字的行高為準

   行高 12
   行高 12　超出行高被裁了

   a. 若文句行末為**手動換行**（顯示 ↓ **換行符號**），則設定行高時，會整段文句一併調整。

b. 按**常用**標籤的工具鈕，也可設定段落的對齊方式及調整段落的縮排。

大風起兮雲飛揚，威加海內兮歸故鄉，安得猛士兮守四方？

左右對齊
（文字會切齊左右邊界）

若先選一段文字（不含段落符號），再按**分散對齊**鈕，會開啟**最適文字大小**交談窗，供我們設定文字的寬度

操作項目	工具鈕	操作項目	工具鈕
左右對齊	≡	分散對齊	≣
靠左對齊	≡	行距	↕≡
置中	≡	減少縮排	←
靠右對齊	≡	增加縮排	→

大風起兮雲飛揚，威加海內兮歸故鄉，安得猛士兮守四方？

分散對齊
（文字分散對齊左右邊界）

減少／增加縮排
1字元

大風起兮雲飛揚，威加海內兮歸故鄉，安得猛士兮守四方？

靠左對齊
（文字切齊左邊界）

c. 在**檢視**標籤的**顯示**區，勾選**尺規**核取方塊，可顯示或隱藏尺規。利用水平尺規的4個調整鈕，也可以調整段落的縮排。

首行縮排鈕

首行凸排鈕　　左邊縮排鈕　　　　　　　　　　右邊縮排鈕

此二鈕不能分開移動

春眠不覺曉，處處聞啼鳥，夜來風雨聲，花落知多少。

首行（第一行）縮排

春眠不覺曉，處處聞啼鳥，夜來風雨聲，花落知多少。

首行凸排

春眠不覺曉，處處聞啼鳥，夜來風雨聲，花落知多少。

左邊縮排

春眠不覺曉，處處聞啼鳥，夜來風雨聲，花落知多少。

右邊縮排

2. 段落分頁設定：為了避免一段文字只有1、2個字落在下一頁，我們可自行設定段落分頁的規則。

A. 避免同一段落只遺漏一行在另一頁

B. 避免同一段落分隔成2頁

C. 設定某段落與下一段落同頁

D. 強迫某段落的內容顯示在下一頁開頭

3. **定位點**設定：在**尺規**上單按或在**常用**標籤，按**段落**區的 ，按**定位點**，可設定定位點位置。

   a. **定位點**的對齊方式有**靠左**（預設）、**置中**、**靠右**、**小數點**、**分隔線**等5種。

   按此可切換定位點類型

   靠左　　　　　　小數點　　　　　靠右　分隔線　置中

   → 蜂蜜蛋糕 10 條　→　10.5 kg　→　3100 元　→　需冷藏↵
   → 芒果乾 10 包　　→　 0.8 kg　→　 800 元　→　無↵

   b. 按**Tab**鍵，可讓文字對齊定位點。

   c. 拖曳尺規上的定位點，並按**Alt**鍵，可微調定位點位置；若拖曳定位點至尺規外，可清除該定位點。

   d. 利用**定位點**交談窗，可精確設定定位點位置。

   輸入定位點位置

   選擇定位點的對齊方式

   選擇前置字元

   → 5 字元……→ 10 字元↵

第 2 章 Word文件的編輯與美化

這就是編號

4. 項目符號及編號的設定：按**常用**標籤中的**項目符號**、**編號**，可將文句以條列方式呈現，並在文句前方加上項目符號或流水號。

   → 按 ◄ 或 ► 鈕可減少／增加項目符號或編號的階層。

5. 多欄式設定：在**版面配置**標籤，按**欄**，可將文件分欄編排，使文件版面較有變化。

   a. 每一欄的寬度至少**3字元**。
   b. 分欄後內容與原內容之間是以**分節符號** ——分節符號(接續本頁)—— 隔開。
   c. 若要刪除分欄設定，可按Delete鍵刪除分節符號，或重新設定為一欄。

6. 分隔設定：在**版面配置**標籤，按**分隔符號**，可插入**分頁**、**分欄**、**換行**、**分節**等分隔符號，以強制將文字換行或換頁。

   a. 插入分欄符號 ……分欄符號……，可將文字強制移至下一欄。按Delete鍵可刪除插入的分隔符號。
   b. ……分欄符號……、——分節符號(下一頁)—— 等標記在列印時不會印出；按 ¶ 鈕可隱藏或顯示此標記。
   c. 分節後，可為不同節的內容設定不同的邊界、紙張大小、紙張方向、頁首及頁尾、欄、直書橫書……等設定。
   d. 刪除 ——分節符號(下一頁)—— 後，分節符號前的內容，會自動套用下一節的段落格式。

7. 其他格式設定：

格式	直書／橫書	首字放大	橫向文字	組排文字／並列文字
範例	直書　　橫書	愛是恆久忍耐，又有恩慈；愛是不嫉妒。愛是不自誇、不張狂；不作害羞的事，不求自己的益處，不輕易發怒，不計算人的惡，不喜歡不義，只喜歡真理。凡事包容，凡事相信，凡事盼望；凡事忍耐。愛是永不止息。	日期：12月25日 ➡ 日期：12月25日	親愛的＿＿先生／女士： 組排文字 時間：〔國曆5月12日／農曆3月24日〕 並列文字
備註	● 同一份文件可透過**分節符號**，設定第1頁為橫書、第2頁為直書 ● 同一頁無法同時設定直書與橫書	可設定首字放大		組排文字最多6個字元；並列文字無此限制，且能加入括弧

B2-5

二、樣式的使用

1. **樣式**：一套定義文字色彩、大小、段落間距…等格式的規則。選取要套用樣式的標的（如文字），再按樣式名稱，即可套用樣式。套用樣式後，只要修改該樣式，所有套用該樣式的標的都會隨之更改，因此可節省設定文件格式的時間。

2. **目錄**：在**參考資料**標籤，按**目錄**，可建立目錄。Word目錄預設有「超連結」。
   a. Word預設將文件中套用**標題**樣式的文字歸屬為目錄內容，**標題1**為第1層目錄，**標題2**為第2層目錄，依此類推。
   b. 將游標移至目錄上，按**F9**鍵，可更新目錄。

3. **超連結**：在**插入**標籤，按**連結**，可連結至相關網頁、電子郵件地址，或文件中的任一位置。　　　　　　　　Word 2016：按<u>超連結</u>
   a. Word與網頁瀏覽器不同，無法利用直接單按的方式開啟超連結。若要開啟Word文件中的超連結，需按住**Ctrl**鍵，再單按設為超連結的文字。
   b. 若要設定連結至文件中的任一位置，須先在欲連結的位置，按**插入**標籤的**書籤**，並設定書籤名稱（書籤名稱不得以數字開頭）。

4. **圖表標號**：為圖片、表格**插入標號**，可在內文中引用圖表的標號。若設定**交互參照**功能，當圖表變動時，可使參照文字與圖表的標號同步更新。

5. **追蹤修訂**：在**校閱**標籤，按**追蹤修訂**，才可記錄文件每次被修改更動的痕跡，並保留原始的版本。當有多人編修同一份文件時，可使用此功能來管理每個人對文件的編修。

　　　　　　　　　　　　　　　　　　　　　標示修改過哪些內容
　　　　　　　　　　　　　　　　　　　　　編修處會以紅字呈現

三、合併列印 106 112

1. 合併列印功能可快速產生多份內容相同，姓名、地址等資料不同的文件。

2. 合併列印的使用必須要有**主文件**與**資料來源**檔案：

項目	說明	檔案類型	範例
主文件	為合併文件的主體，可選用的類型有標籤、信件、目錄、電子郵件訊息、信封等	Word檔（*.doc、*.docx）	邀請函文件
資料來源	存放要併入主文件的資料檔案（1個主文件只能使用1個資料來源）	Word檔（*.doc、*.docx）、Excel檔（*.xls、*.xlsx）、Access檔（*.mdb、*.accdb）、網頁檔（*.html）	邀請名單

B2-6

a. 資料來源為Word檔時,須為表格文字,或是資料之間以逗號、空格、定位點等符號做分隔。要注意來源資料必須包含各欄標題,且標題前不可有其他文字,不可另有大標題列。

c. **功能變數**:是Word提供的預設功能,可使合併列印更富有彈性。如:Next Record 可在同一頁插入多筆記錄;If…Then…Else可用來進行條件判斷,如判斷性別為 "男" 顯示 "先生",否則顯示 "小姐"。加入的功能變數大多會以《》括住。

b. 按編輯收件者清單鈕,可排序或篩選資料來源檔中的資料。

3. 合併列印的步驟流程:

Step 1 選取 主文件類型(如信件) ≫ **Step 2** 選取資料來源檔案(如Excel檔) ≫ **Step 3** 開啟「編輯收件者清單」進行資料篩選 ≫ **Step 4** 在主文件中插入要合併的資料欄位 ≫ **Step 5** 完成與合併列印至新文件

4. 合併列印的範例:

主文件(邀請函文件)　　　　　資料來源(教師名單)

要合併的資料欄位,會以 "《》" 符號括住

插入合併欄位(資料來源)的文件　　　　　合併結果

B2-7

數位科技應用 滿分總複習

得分區塊練

( )1. 在Microsoft Word文書處理軟體中,若要將同欄不同列的文字對齊某一垂直基準線,宜使用下列哪一項功能來達成此效果?
(A)自動校正 (B)設定定位點 (C)設定字型格式 (D)交互參照。

( )2. 在Word中,哪一項功能可以定義一套文字色彩、大小、段落間距…等格式的規則,以便於快速使文件擁有統一的格式? (A)樣式 (B)超連結 (C)表格 (D)圖案。

( )3. 若要在Word中設定按下某一超連結文字後,就跳至文件第2頁,應在第2頁先插入下列何者,才能完成此項設定? (A)分隔設定 (B)頁碼 (C)書籤 (D)文字方塊。

( )4. 下列哪一項不是合併列印功能中必須設定的項目之一
(A)主文件 (B)字型大小 (C)資料來源 (D)插入合併欄位。

( )5. 利用Word的哪一項功能,可以快速製作出大量內容相同,但抬頭、地址不同的文件? (A)表格 (B)合併列印 (C)文繞圖 (D)版面設定。

2-2 圖表的應用

一、圖片的插入與編修　110　113

1. 插入圖片:在**插入**標籤,按**圖片/此裝置**(或**線上圖片**),可插入電腦中或網路上的圖片。

2. 插入圖片後,可透過**圖片工具圖片格式**標籤編修圖片。

| 提高或降低圖片的清晰程度、亮度對比 | 調整圖片色彩 | 為圖片套用內建樣式,或設定圖片框線與效果 | 自動換行 | 移動圖片上下層次順序 | 設定大小 |

| 移除圖片背景 | 為圖片套用模糊、光幕、拓印等效果 | 設定圖片以「矩形」文繞圖的方式,顯示在頁面中的特定位置 | 對齊圖片 | 旋轉圖片 | 群組／解散群組 |

裁剪圖片,或將圖片裁成特定形狀

a. 調整圖片色彩：調整圖片的飽和度、色調及更改圖片的色彩,如灰階、刷淡(如同浮水印效果)等;或將**圖片中的某一顏色設為透明**。

b. **自動換行**：可選擇以下8種**文繞圖**方式。

與文字排列	矩形	緊密	穿透
上及下	文字在前	文字在後	編輯文字區端點

穿透可讓文字穿透空白區域，**緊密**則不行

c. **設定大小**：調整圖片的寬度與高度。若在**大小**區按 ⌐，可開啟**版面配置**交談窗，進一步設定圖片的旋轉角度、設定圖片是否依照等比例縮放等。

二、圖案的插入與編修

1. **插入圖案**：透過**插入**標籤所提供的工具鈕，可插入以下各類圖案。

   A. 插入圖案
   B. 插入SmartArt圖形
   C. 插入文字方塊
   D. 插入方程式（如：$\dfrac{-b \pm \sqrt{b^2 - 4ac}}{2a}$）
   E. 插入圖表（如直條圖、圓形圖）
   F. 插入文字藝術師（如 生日快樂、生日快樂）
   G. 插入外部物件（如：Excel圖表、PowerPoint投影片）

2. **圖案繪製技巧**：繪製或調整圖形大小時，按住**Shift**鍵可固定長寬比例。欲選取多個圖案，須按住Shift鍵或Ctrl鍵。

   a. 拉曳圖案四周的控點，可改變圖案外觀。

   b. 在圖案按右鍵，選『新增文字』，或選取圖案後，直接輸入文字，皆可在圖案中加入文字。

   旋轉控點：旋轉圖案
   黃色控點：調整圖案形狀
   白色控點：縮放圖案

三、表格的建立與編修　102　103　106　114

1. 表格的建立與編修：透過**表格工具表格版面配置**標籤，可對表格做以下各類編修。

   繪製框線、對角線　　刪除儲存格／欄／列／整個表格　　合併與分割相鄰的儲存格　　將表格分割成兩個　　設定列高／欄寬　　可排序表格資料　　跨頁標題列重複出現

   清除框線　　插入欄／列　　自動調整表格寬度符合內容大小或視窗大小　　平均分配列高／欄寬　　設定表格內容的對齊方式　　儲存格內容直書或橫書

   3列 × 5欄

   a. 將游標移到表格，按**分割表格**鈕或 Ctrl + Shift + Enter 鍵，可在游標所在列之前新增 1 個空白段落。

   b. 在表格任一列的右方按 Enter 鍵，或在表格最右下欄按 **Tab** 鍵，可新增 1 列。

      按此可選取整個表格　　在表格列右方按 Enter　　在最右下欄按 Tab

   c. 透過拉曳，可調整表格的欄寬或列高，若拉曳時按住 **Alt** 鍵，可進行微調。

   d. 選取表格後按 **Delete** 鍵，**只能刪除表格中的文字**；
      若要刪除整個表格，須按**刪除／刪除表格**，或按 Backspace 鍵。

   e. **跨頁標題重複**：選取標題列（如第 1～2 列），按**重複標題列**，可使跨頁的表格每頁都顯示標題。

   f. 在**表格工具表格版面配置**標籤，可設定表格的外觀，也可透過**手繪表格**功能建立寬、高不一的表格，或繪製對角線。

2. 表格的**排序與運算**：按**排序**鈕，可排序表格中的資料；按**公式**鈕，可插入函數來進行表格資料的運算，如 "=SUM(LEFT)" 表示要加總左方儲存格的資料。

3. 文字與表格轉換：在**插入**標籤，按**表格/文字轉換為表格**，可將以符號（如逗號、定位點）分隔的文字轉換成表格；在**表格工具表格版面配置**標籤，按**轉換為文字**，可將表格轉換成以符號分隔的文字。

   → 文字轉表格時，通常是以1個段落符號代表1列；1個分隔符號代表1個分欄線。

   1, 23, 456
   78, , 910

1	23	456
78		910

4. 表格美化：透過**表格工具表格設計**標籤，可為表格套用樣式，或自行繪製表格框線。

   - 套用表格樣式
   - 設定框線樣式與色彩
   - 被勾選的項目會套用表格樣式，例如勾選「帶狀列」，每隔一列會套用網底
   - 設定網底色彩

四、表單功能

1. 問卷調查表、採購單、請假單等制式化的文件，適合使用Word的「**控制項**」來製作成電子表單，方便填表者以勾選或打字的方式輸入資料。

2. **表單**功能：在**開發人員**[註]的**控制項**區，提供文字、圖片、核取方塊、下拉式方塊等多種控制項，在文件中插入這些控制項，即可建立電子表單。

   - 純文字內容控制項
   - 核取方塊內容控制項
   - 下拉式方塊內容控制項
   - 圖片內容控制項
   - 日期選擇器內容控制項

   員工基本資料
   - 姓 名　按一下這裡以輸入文字。
   - 性 別　☒男　　☐女
   - 生 日　按一下這裡以輸入日期。
   - 部 門　選擇一個項目。

註：選『**檔案/選項**』，按自訂功能區，勾選**開發人員**核取方塊，才能顯示開發人員標籤。

數位科技應用 滿分總複習

滿分晉級

情境素養題

▲閱讀下文，回答第1至2題：

光熙與雅芸希望在暑假期間舉辦一場班遊，以增進同學們之間的友誼，他們利用Word設計了一份家長同意書，內容包含了行程說明、費用、緊急聯絡人及家長簽名處等內容。

( ) 1. 光熙與雅芸想要將家長簽名處的位置靠近版面右側，請問她可利用Word中的哪一項功能來設定位置？ (A)定位點 (B)行距 (C)超連結 (D)行高。 [2-1]

( ) 2. 光熙與雅芸要為這份家長同意書進行美化，請問下列哪一項操作方式無法利用Word軟體做到？
(A)在家長同意書中插入電腦中的圖片 (B)在家長同意書中插入網路上的圖片
(C)將標題文字設定為文字藝術師效果 (D)在家長同意書中繪製向量圖。 [2-2]

( ) 3. 陽陽利用Word軟體幫開果汁店的阿姨設計了一份飲料價目表，他希望價目表中的每一項飲料能更加醒目，請問他可以利用Word的哪一項功能來進行設定？
(A)頁首頁尾 (B)頁面邊界 (C)頁面框線 (D)項目符號。 [2-1]

( ) 4. 小誠利用Word製作了畢業茶會的邀請函，若要在印製出的數百份邀請函中，分別寫上受邀人的姓名，相當沒有效率。請問下列哪一項功能可以幫助他改善這個問題？
(A)表格自動格式設定 (B)設定頁首及頁尾 (C)設定頁面邊界 (D)合併列印。 [2-1]

( ) 5. 俊瀚計畫成立動畫同好社，他利用Word軟體製作了一份招生傳單，但俊瀚覺得傳單的文字標題不夠吸引人，請問他可以利用Word的哪一項功能來製作富有變化的藝術文字呢？ (A)圖案 (B)線上圖片 (C)文字方塊 (D)文字藝術師。 [2-2]

精選試題

2-1 ( ) 1. Microsoft Word所提供的合併列印功能，主要在整合文件與具下列何種軟體性質的資料？ (A)影像處理 (B)資料庫管理 (C)簡報系統 (D)網頁設計。

( ) 2. 在Microsoft Word中，輸入一段文字後，並將該段文字的段落屬性設定如下圖，【縮排】中的【左】欄位值被設定為2字元，【特殊】欄位被設定為「第一行」且【位移點數】欄位值被設定為1字元，則該段文字被設定為何種縮排效果？
(A)全段左邊向右縮排2字元，第一行再多向右縮排1字元
(B)全段左邊向右縮排2字元，第一行再多向左凸排1字元
(C)全段左邊向右縮排1字元，第一行再多向右縮排2字元
(D)全段左邊向右縮排1字元，第一行再多向左凸排2字元。

B2-12

(　)3. 在Word中，使用合併列印功能所插入的欄位變數，會以下列哪一種符號標示，以便與內文做區別？　(A)<< >>　(B)[[ ]]　(C){{ }}　(D)"。

(　)4. 在Word中，利用『目錄』功能來建立目錄後，如果要更新目錄的頁碼，應該如何操作？
(A)選取目錄，按F9鍵　　　　　　　(B)在頁首／頁尾重新插入頁碼
(C)在Word按F5鍵　　　　　　　　　(D)按復原鈕 ↩。

(　)5. 如果在Word中插入目錄，預設會將下列哪一種文字歸屬為目錄內容？
(A)設定有超連結的文字　　　　　　(B)套用「標題」樣式的文字
(C)頁首／頁尾內的文字　　　　　　(D)格式為「18點新細明體」的文字。

(　)6. 下列有關Word軟體的敘述，何者不正確？
(A)當Office剪貼簿中已儲存24筆資料，此時若又複製文件中的某段文字，則剪貼簿中的第1筆資料會被刪除
(B)在Word的「草稿」模式下，不會顯示文件中的圖片及頁首頁尾文字
(C)在Word建立的目錄上按F9鍵，可設定只更新目錄的頁碼，而不更改目錄文字
(D)按F4鍵可插入$字符號。

(　)7. 在Microsoft Word中，編輯一篇很長的文章時，若只有某些部分需要分欄，則須先插入什麼符號？　(A)分章　(B)分頁　(C)分段　(D)分節。

(　)8. 如附圖所示，文書處理軟體Word中，要配合下列哪一個按鍵才能微調表格內儲存格的垂直框線？
(A)[Alt]鍵　(B)[Shift]鍵　(C)[Ctrl]鍵　(D)[Ctrl] + [Alt]鍵。　　　　　[技藝競賽]

(　)9. 在Word的表格最右下欄按Tab鍵，會有什麼效果？
(A)新增一欄　(B)刪除一列　(C)新增一列　(D)游標移至定位點。

(　)10. 在Word中，無法對插入的圖片做下列哪一種編修？
(A)設定透明色彩
(B)將圖片色彩刷淡成浮水印
(C)設定從左移動至右的動畫效果
(D)裁切圖片尺寸。

(　)11. 下列有關Word的操作，何者有誤？
(A)選取表格，按Backspace鍵，會保留表格，只刪除表格的內容
(B)將圖片設為文字在前的文繞圖樣式後，可避免文件中的文字被圖片遮住
(C)在表格中的第1個儲存格按Tab鍵，可將游標移至右邊的儲存格
(D)可透過SmartArt圖形，來製作循環圖。

統測試題

( )1. 在Word多段落文件中，如果設定其中一個段落為獨特的多欄格式，則系統會自動為該段落前後插入何種分隔符號？
(A)分頁 (B)分節 (C)分區 (D)分行。 [102商管群]

( )2. 下列有關Word表格功能的敘述，何者正確？
(A)表格內的資料可以進行排序與運算
(B)合併儲存格可以合併不相鄰的儲存格
(C)非巢狀的同一表格內可以插入多個多對角線儲存格
(D)選取整個表格後按下Delete鍵可以刪除整個表格。 [102商管群]

( )3. 在Microsoft Word中，欲將一個完整段落的文字排成如圖（一），則該段落應如何設定？
(A)「首行縮排」及「靠右對齊」
(B)「首行凸排」及「左右對齊」
(C)「首行凸排」及「置中對齊」
(D)「首行凸排」及「靠右對齊」。 [102工管類]

> 同一段落同一段落同一段落同一段落同一段落同
> 一段落同一段落同一段落同一段落同一段
> 落同一段落同一段落同一段落同一段落同
> 一段落同一段落同一段落

圖（一）

( )4. 在Microsoft Word中，下列哪一種檔案格式不能成為合併列印的資料來源檔案？
(A).doc (B).mdb (C).ppt (D).xls。 [102工管類]

( )5. 有一份Microsoft Word文件，其排版結果如圖（二），請問由左至右的三個定位點的對齊方式分別為：
(A)置中、靠右、小數點 (B)置中、小數點、靠左
(C)靠左、置中、小數點 (D)置中、靠右、靠左。 [102工管類]

> →　　　3.14　→　　　3.14　→　　　3.14↵
> →　　　wwww　→　　　wwww　→　　　wwww↵
> →　　　8.8　　→　　　8.8　　→　　　8.8↵

圖（二）

( )6. 在Microsoft Word中，欲在一個完整段落的文字中插入一個圖片並排成如圖（三），則該圖片的文繞圖方式應如何設定？
(A)文字在前 (B)緊密 (C)矩形 (D)與文字排列。 [102工管類]

> 同一段落同一段落同一段落同一段
> 落同一段落同　　一段落同一段
> 落同一段落　✚　同一段落同
> 一段落同一　　　段落同一段
> 落同一段落同一段落同一段

圖（三）

( )7. 在Microsoft Word中，選取如圖（四）所示之二行文字內容後，以「文字轉表格」的功能轉為表格，且分隔文字選項選取「逗號」，請問轉換後所得表格可為下列何者？

1, 2 3 4
5 6 7, 8

圖（四）

(A)
1	2	3	4
5	6	7	8

(B)
1		2	3	4
5	6	7	8	

(C)
1			2	3	4
5	6	7	8		

(D)
1	2	3	4
5	6	7	8

[103商管群]

( )8. 使用Microsoft Word進行合併列印，如何區別主文件的功能變數和其它文字？
(A)功能變數永遠是粗體字
(B)功能變數永遠是斜體字
(C)功能變數有加框線
(D)功能變數會以山形符號（<< >>）包圍。 [103工管類]

( )9. 使用Microsoft Word編輯表格時，可以完成以下幾種操作？
①合併相鄰的儲存格
②將一儲存格水平或垂直分割為兩個儲存格
③將一儲存格加入對角線
④設定單一儲存格的網底
⑤在儲存格加入圖片
(A)2種　(B)3種　(C)4種　(D)5種。 [103工管類]

( )10. 在Microsoft Word中，如果要將其他圖片檔案加入本文中，要從下面哪一個功能表中選取圖片？　(A)編輯　(B)格式　(C)插入　(D)檢視。 [103工管類]

( )11. 下列何者不是Microsoft Word可設定文繞圖的方式？
(A)左及右　(B)文字在前　(C)緊密　(D)矩形。 [103工管類]

( )12. 若用Microsoft Word軟體編輯一份文件時，希望第1頁之頁面方向採直向，而其之後的頁面方向都採橫向。應該在第1頁末尾插入什麼符號，再設定前後頁的直向／橫向？
(A)分行符號　(B)分節符號　(C)分頁符號　(D)分欄符號。 [104商管群]

( )13. Microsoft Word提供下列哪一種定位點的對齊方式？
(A)左右　(B)小數點　(C)分離線　(D)分散。 [104商管群]

( )14. 在Microsoft Word中，可利用「定位點」來調整文字的排列位置，當定位點設定好了之後，插入點要移到下一個定位點所在的位置，要按下列何鍵？
(A)「Ctrl」鍵　(B)「Alt」鍵　(C)「Shift」鍵　(D)「Tab」鍵。 [104工管類]

( )15. 在Microsoft Word中，若要取消文件的兩欄設定，應如何操作？
(A)在文件的最後插入空白頁　(B)在文件的最後插入分頁符號
(C)版面配置中方向設為橫向　(D)將文件的欄設定改設為一欄。 [104工管類]

( )16. 在Microsoft Word中執行合併列印的操作，當做完「插入合併欄位」後，所插入的欄位變數名稱（例如：姓名）會被某種括號框起來，其結果顯示為：
(A)«姓名»　(B){姓名}　(C)[姓名]　(D)‹姓名›。 [104工管類]

( )17. 以Microsoft Word對齊段落時，如欲使段落中的文字，不論是否為最末一行，在呈現上均是同時對齊左右邊界，則應選擇下列何種對齊方式？
(A)靠左對齊　(B)置中對齊　(C)左右對齊　(D)分散對齊。 [105商管群]

B2-15

(　　)18. 阿諾老師在Microsoft Word中想要把圖（五）考卷的右邊（第二頁）的題目，移到考卷左邊（第一頁）的右側空白處，何種設定最能幫助阿諾老師？
(A)文件檢視模式設定　　　　　　　　(B)多欄式文件設定
(C)定位點設定　　　　　　　　　　　(D)段落設定。　　　　　　　　[105工管類]

圖（五）

(　　)19. 下列何者不屬於文書處理軟體Microsoft Word表格工具的功能？
(A)合併或分割儲存格
(B)依照設定的條件，進行資料篩選
(C)將表格的資料內容，依照某一個欄位排序
(D)在某一儲存格中加入公式，計算平均值。　　　　　　　　　　　[106商管群]

(　　)20. 已經準備好考生的姓名、成績和地址等欄位的資料清單，如果要製作每一位同學個別的成績通知單，並且套印信封標籤，最適合採用Microsoft Word文書處理軟體的哪一項功能？
(A)表格建立　(B)合併列印　(C)追蹤修訂　(D)表單設計。　　　　[106商管群]

(　　)21. 在Microsoft Word的定位點可設定對齊方式，請問在下列哪項元件上點選可直接新增定位點？　(A)捲軸　(B)尺規　(C)標題列　(D)狀態列。　　　　　　[106工管類]

(　　)22. 在Microsoft Word中，插入圖片後發現文字被圖片蓋住如圖（六）所示，下列何者是讓圖片及文字不會重疊的最佳方法？
(A)輸入空白鍵把圖片和文字分開　　　(B)選取圖片後將它移至最下層
(C)使用「文繞圖」設定　　　　　　　(D)選取文字後將它移至最上層。　[106工管類]

圖（六）

( )23. 在Microsoft Word中,當段落中有文字大小超過行高時,下列何種行距設定會使文字無法完整顯示? (A)最小行高 (B)單行間距 (C)固定行高 (D)多行。 [107商管群]

( )24. 下列何者不是Microsoft Word定位點的對齊方式?
(A)靠下 (B)置中 (C)小數點 (D)分隔線。 [107工管類]

( )25. 在Microsoft Word中,欲在圖(七)文件之每個商品的品項前面加「★」符號,使用下列哪項技巧的操作步驟最少?
(A)全選文字並插入符號「★」
(B)使用美工圖案插入「★」圖片
(C)複製「★」並在每行字的前面貼上
(D)全選文字並設定「項目符號」為「★」。 [107工管類]

```
奶茶..................25
榛果奶茶............35
太妃奶茶............35
波霸奶茶............35
紅豆奶茶............40
椰果奶茶............40
杏仁奶茶............40
巧克力奶茶.........40
```
圖(七)

( )26. 下列有關Microsoft Word中設定分欄的敘述,何者不正確?
(A)可以分別設定各欄位之寬度
(B)可以設定各欄位是否相等欄寬
(C)可以分別設定各相鄰欄位之間距
(D)可以分別設定各相鄰欄位間是否出現分隔線。 [107工管類]

( )27. 有關Microsoft Word定位點的說明,下列何者不正確?
(A)在尺規之置中定位點的符號為 ⊥
(B)在尺規之分隔線定位點的符號為 |
(C)在文件編輯區中定位點之間的編輯標記為 →
(D)在文件編輯區中要將文字放在所設定的定位點位置,要按Tab鍵移動插入點。 [108商管群]

( )28. 在Microsoft Word中,移動圖(八)中箭頭所指之 ▽ 圖示,可以改變下列何種設定?
(A)左邊縮排 (B)右邊縮排 (C)首行縮排 (D)末行縮排。 [108工管類]

圖(八)

( )29. 使用文書處理軟體(Word),下列哪一項最適合用來指定文字輸入的起始位置?
(A)定位點 (B)縮排 (C)對齊 (D)項目符號與編號。 [109商管群]

( )30. 如果要用Microsoft Word編輯一個文件,要將圖(九)文件範例中的標題「正確洗手七字訣」設定成『置中對齊,加上底線』,請問在選擇此段文字後,要點選下列哪幾個按鈕鍵,圖示中按鈕分別以1、2、3、4代表?
(A)①③ (B)②③ (C)①④ (D)②④。 [109工管類]

圖(九)

( )31. 使用文書處理應用軟體MS Office Word時,下列哪一個圖示為「插入分頁」功能的符號? (A) (B) (C) (D)。 [109資電類]

( )32. 在文書處理軟體(Word),欲進行圖案等比例縮放,可先用滑鼠選取圖案後,將滑鼠移動到圖案的右下角控點上,再使用下列哪個按鍵並拖曳控點?
(A)Ctrl (B)PrintScreen (C)Shift (D)Alt。 [110商管群]

( )33. 圖(十)是在Microsoft Word填寫「插入表格」選單的部分內容,下列哪個表格與此選單所產生的表格外觀最接近? [110工管類]

(A) (B)
(C) (D)

圖(十)

( )34. 小明使用Microsoft Word幫老師製作家長會邀請函,若要將同學及家長姓名分別套印在邀請函上,如圖(十一)所示,請問用下列哪種功能最適合?
(A)段落設定 (B)合併列印
(C)資料驗證 (D)快速組件。 [110工管類]

學生姓名	家長姓名
王小明	王大明
陳小美	陳阿美
吳小柔	吳柔柔
李小花	李阿花

圖(十一)

( )35. 在文書處理軟體(Word)中,要完成如圖(十二)所示的文件,該使用下列何項工具?
(A)橫向文字 (B)並列文字
(C)組排文字 (D)堆疊文字。 [110商管群]

圖(十二)

( )36. 圖（十三）是用Microsoft Word製作的獎狀，其中「中華民國一一零年二月五日」文字是使用什麼對齊方式？
(A)左右對齊　(B)分散對齊　(C)置中對齊　(D)靠左對齊。　　　　　　　　　[110工管類]

圖（十三）

( )37. 使用Word編輯專題報告包含封面、目錄、圖表目錄及本文等，有關頁碼的數字格式設定如下：封面頁沒有頁碼、目錄為羅馬數字（例如：I、II）、圖表目錄為英文大寫（例如：A、B）及本文為阿拉伯數字（例如：1、2），要完成上述要求，分隔設定可使用下列何者？
(A)分頁符號　(B)分節符號　(C)文字換行分隔符號　(D)分欄符號。　　　[112商管群]

( )38. 使用 Word 編輯時，在圖（十四）左邊段落裡日期為阿拉伯數字欲改為右邊段落的形式，須使用下列哪一項相關功能達到此目的？
(A)直書　(B)橫向文字　(C)橫書　(D)垂直文字。　　　　　　　　　　　　[112商管群]

圖（十四）

▲閱讀下文，回答第39題

快樂國小3年1班導師針對全班20位學生的考試結果處理程序如下：
①利用Excel試算表將個別學生二科以上（含二科）不及格者顯示V，以便後續加強輔導
②導師利用Word合併列印功能，製作信件給須加強輔導同學的家長

( )39. 在文書處理軟體Word中，導師利用合併列印功能的相關步驟如下，若要產生須加強輔導同學的信件，其必要步驟的順序為何？
　　①主文件中插入合併欄位
　　②開啟「編輯收件者清單」進行篩選二科以上（含二科）不及格同學名單
　　③選取資料來源Excel檔案
　　④開啟「信件」主文件
　　⑤完成與合併列印至主文件
　　⑥完成與合併列印至新文件
(A)①②③④⑤　(B)④③②①⑤　(C)④③②①⑥　(D)④①②③⑥。　[112商管群]

( )40. 在一段文字中，字與字間插入圖案，設定圖案的文繞圖為「與文字排列」，其結果為下列何者？ [113商管群]

(A) 在 Microsoft Word 中插入圖案，要將圖案隱藏除了打開選取窗格操作，還須設定圖案的文繞圖

(B) 在 Microsoft Word 中插入圖案，要將圖案隱藏除了打開選取窗格操作，還須設定圖案的文繞圖

(C) 在 Microsoft Word 中插入圖案，要將圖案隱藏除了打開選取窗格操作，還須設定圖案的文繞圖

(D) 在 Microsoft Word 中插入圖案，要將圖案隱藏除了打開選取窗格操作，還須設定圖案的文繞圖

( )41. 使用文書處理編輯時，一段落的字體大小為12pt，游標插入點在第一行，如圖（十五）所示。設定段落間距中的行距為「固定行高」與行高為「8pt」，會產生下列哪一個結果？ [113商管群]

君自故鄉來，應知故鄉事。
來日綺窗前，寒梅著花未。

圖（十五）

(A) 君目故鄉來，應知故鄉事。
　　來日綺窗前，寒梅者化未。

(B) 君自故鄉來，應知故鄉事。
　　來日綺窗前，寒梅者化未。

(C) 君目故鄉來，應知故鄉事。
　　來日綺窗前，寒梅著花未。

(D) 君自故鄉來，應知故鄉事。
　　來日綺窗前，寒梅著花未。

( )42. 利用文書處理軟體要完成如圖（十六）中的甲表格，則須在插入表格時，於乙圖中分別設定欄數與列數為何？
(A)欄數：3、列數：5
(B)欄數：5、列數：3
(C)欄數：3、列數：3
(D)欄數：5、列數：5。 [114商管群]

甲表格　　　　　　　　　　乙圖

圖（十六）

NOTE

NOTE

統測考試範圍

單元 2

商業簡報應用

學習重點

章名	常考重點
第3章 認識簡報軟體	• 簡報軟體簡介 • 簡報的檢視模式 • 母片 ★★★⯪☆
第4章 PowerPoint的基本操作	• 多媒體的插入 • 投影片的列印 • 放映特效的設定 • 簡報的放映 ★★★★☆

統測命題分析

數位科技概論
- 單元1 9%
- 單元2 15%
- 單元3 16%
- 單元4 15%
- 單元5 13%
- 單元6 15%
- 單元7 17%

數位科技應用
- 單元1 15%
- 單元2 11%
- 單元3 24%
- 單元4 11%
- 單元5 15%
- 單元6 17%
- 單元7 7%

第 3 章 認識簡報軟體

3-1 簡報製作的概念

一、簡報製作的流程

確定簡報主題 ➤ 蒐集相關資料 ➤ 擬定簡報大綱 ➤ 製作投影片 ➤ 演練及調整簡報內容

- 確定主題、對象、報告時間的長短
- 可透過報章雜誌、網路蒐集資料（注意資料取得的**合法性**與**正確性**）
- 應有起承轉合的架構
- 利用簡報軟體製作投影片
- 掌握簡報時間進行演練並細部調整

二、擷取資料重點的要領

1. **列出簡報大綱**：清楚列出簡報大綱，可讓聽講者一目了然。
2. **內容簡潔扼要**：1張簡報只表達1個重點，將重點以條列式呈現。
3. **不可偏離主題**：切中主題，掌握文件內容的原意。
4. **適當使用縮寫**：簡報中的專有名詞，第1次出現時可將中文及全文一併寫出，之後則可使用縮寫。

三、版面編排的要領

1. **點列層級不要太多**：簡報內容不宜超過2層，各層級文字大小應有區隔，並適當內縮。
2. **文字樣式不宜多**：善用**母片**來設定簡報內容文字樣式，使簡報風格儘量清爽、簡約。
3. **選用適當的字型**：簡報中較常使用黑體或圓體等，一份簡報最多不要用超過2～3種字型。

4. 採用適當的字體大小：

    a. 標題文字應最大，建議44pt以上。

    b. 條列文字第一層建議32pt以上，第二層文字建議28pt以上。

5. 採用適當的顏色配置：

    a. 文字與背景的色彩，必須對比明顯。

    b. 使用單一或淡雅的背景色，避免使用花紋複雜的圖片作為背景。

    c. 在版面上適度留白，避免版面過於擁擠。

四、簡報製作常見的問題

1. 內容過於冗長：簡報中的文字應簡潔扼要，才能突顯重點。

2. 字體太小：會讓聽講者不易看清楚簡報內容。

3. 配色不當：簡報色彩過多或配色不當，會使簡報不易閱讀。

4. 動畫過多或太慢：易造成干擾也會模糊簡報焦點，或是影響簡報進行。

得分區塊練

(　　)1. 在簡報製作的流程中，下列哪一個步驟是流程中的第1個步驟？
　　(A)蒐集相關資料　　　　　　　　(B)製作投影片
　　(C)確定簡報主題　　　　　　　　(D)擬定簡報大綱。

(　　)2. 有關簡報版面的編排要領，下列何者錯誤？
　　(A)簡報點列層級越多越好，以展現內容豐富度
　　(B)使用單一或淡雅的背景色，避免使用花紋複雜的圖片作為背景
　　(C)文字與背景的色彩，須對比明顯
　　(D)在版面上應適度留白，避免過於擁擠。

3-2 簡報軟體簡介

1. **簡報軟體**：可用來製作商業演講、說明會、產品發表會等會議上所需的簡報。

2. 常見的簡報軟體：

類型	軟體名稱	軟體系列	開發廠商
單機版	PowerPoint	Microsoft Office	微軟公司
	Keynote	iWork	蘋果公司
	Impress	LibreOffice	文件基金會（TDF）
		OpenOffice	Apache
線上版	PowerPoint Online	Office Online	微軟公司
	Keynote	iWork for iCloud	蘋果公司
	Google簡報	Google文件	Google公司

→ 當放映簡報地點的電腦中並沒有安裝PowerPoint軟體時，我們可以利用**線上版**簡報軟體進行線上編輯／放映投影片。

3. PowerPoint可處理的檔案類型有：

檔案類型	副檔名	說明
PowerPoint簡報檔	**pptx**	預設的簡報格式
	ppt	PowerPoint 2003（含）之前版本預設的簡報格式
	ppsx	播放檔的格式
	pps	PowerPoint 2003（含）之前版本的播放檔格式
	potx	範本檔案的格式
	pot	PowerPoint 2003（含）之前版本的範本檔案格式
開放簡報格式	odp	LibreOffice及OpenOffice預設的簡報格式
文件檔	docx／doc	Word文件格式
	txt	只能儲存純文字

💡**解題密技** 雙按ppt、pptx檔會啟動PowerPoint；
雙按pps、ppsx檔會直接進入投影片播放模式。

4. 按『檔案/另存新檔』，輸入檔案名稱再選要儲存的檔案類型（如.pptx、.ppsx、.potx、.gif、.jpg、.png等），可將簡報以新檔名儲存。

   → PowerPoint 2010以後版本還可將檔案另存成wmv（影片檔）、pdf（可攜式文件檔）、odp（LibreOffice及OpenOffice開放簡報格式）。

5. 若開啟簡報檔案的電腦中未安裝有簡報中所套用的特殊字型，則這些特殊字型會以新細明體呈現；在儲存簡報檔案時，可選擇將簡報中的字型內嵌在簡報中，以解決字型未安裝的問題。

6. 檔案的匯出：按『檔案/匯出』，可選擇將投影片匯出成視訊檔（如mp4、wmv）、講義、可攜式文件檔（如pdf）、圖片檔（如gif）等。

7. 建立新簡報的方法：

   a. 空白簡報：直接開啟空白簡報。

   b. 範本：開啟內建的簡報範本，可快速製作出具有特定用途的簡報（如商品銷售、農產品發表等簡報）。

   c. 佈景主題：開啟PowerPoint預先設定好投影片樣式的簡報，可省去美化投影片的時間。

8. 設定投影片大小：在建立新簡報時，預設的投影片大小為寬螢幕（16:9），PowerPoint有16:9、4:3、16:10、A4、A3、B4、B5等尺寸供使用者選擇。

   → 使用者可透過**設計**的**自訂**區，按**投影片大小**，選擇要更換的投影片大小。

得分區塊練

( ) 1. 小陳即將對主管進行行銷企畫簡報，應該選擇下列何種應用軟體，製作簡報投影片？ (A)PowerPoint (B)Word (C)Excel (D)小畫家。

( ) 2. Microsoft PowerPoint提供了下列哪一項功能？
(A)投影片的製作 (B)防火牆架設 (C)資料庫建立 (D)檔案壓縮。

( ) 3. 下列哪一種應用軟體較適合用來製作開會資料並將它利用投影設備展現出來？
(A)簡報軟體 (B)繪圖軟體 (C)試算表軟體 (D)文書處理軟體。

( ) 4. 若在儲存檔案時，不輸入副檔名，那麼PowerPoint 2016 / 2019會自動為它加上何種類型的副檔名？ (A)xlsx (B)docx (C)ppsx (D)pptx。

3-3 簡報的檢視模式 [113]

檢視模式	使用時機
標準模式	編輯投影片內容
大綱模式	以條列文字顯示**投影片編輯窗格**中的文字
投影片瀏覽	• 在此模式下會顯示所有投影片的縮圖，無法進行文字的編輯 • 方便增刪投影片、調整投影片的順序、套用轉場效果 • 當投影片設定**排練計時**後，可在此模式下檢視時間
備忘稿	編輯或檢視備忘稿
閱讀檢視	在視窗中播放簡報

◎五秒自測　哪一種檢視模式最適合用來調整投影片順序、設定投影片的轉場效果？

1. 標準模式 分為下列3個部分：

   a.「投影片」窗格：顯示投影片縮圖，可方便刪除、切換投影片，以及調整投影片的順序。

   b.「大綱」窗格：以條列文字顯示**投影片編輯窗格**中的文字，供簡報設計者編修。

2. 投影片縮圖若顯示有 ★，代表投影片設定有**動畫**或**轉場**效果；
   按 ★ 圖示，可預覽動畫效果。

得分區塊練

( ) 1. 在Microsoft PowerPoint中製作投影片,若要顯示所有投影片的縮圖版本,並重排投影片的順序,則在哪一種檢視模式進行最合適?
(A)標準模式 (B)投影片放映 (C)備忘稿 (D)投影片瀏覽。

( ) 2. 在簡報軟體Microsoft PowerPoint中,不提供下列哪一種編輯模式?
(A)大綱模式 (B)投影片瀏覽 (C)標準模式 (D)圖形化編輯模式。

( ) 3. 在Microsoft PowerPoint環境中,下列何者的文字可於「大綱模式」中直接編輯?
(A)投影片編輯窗格 (B)文字藝術師 (C)文字方塊 (D)圖案。

3-4 佈景主題及母片 103 104 109

1. **佈景主題**:預先設計好的投影片樣式,包含字型樣式、版面配置、背景和色彩配置等。在**設計**標籤套用佈景主題,可省去美化投影片的時間。

    a. 同一份簡報中,可為不同的投影片套用不同的佈景主題。

    b. 為簡報套用佈景主題後,若要修改佈景主題的外觀(如:文字色彩、圖片大小),必須在**投影片母片**檢視模式下修改。

2. **佈景主題色彩**:每一個佈景主題都提供多種色彩配置方式,在**設計**標籤,按**色彩**,可選用或是自行調配一組喜歡的色彩配置,還可更改佈景主題的字型配置,以同時完成所有投影片的標題及內文預設的字型變更。

    → 超連結的文字色彩,必須透過**佈景主題色彩**來設定。

3. **母片**:在**檢視**標籤,按**投影片母片**,在投影片母片檢視模式下可**一次完成所有投影片**的外觀設定。母片的類型有**投影片母片**、**講義母片**、**備忘稿母片**。

    ◎五秒自測 若要一次完成所有投影片的外觀設定,應使用PowerPoint的哪一項功能?

a. **投影片母片**：預設含有11種**版面配置**，變更投影片母片外觀，會決定這11種版面配置的外觀。

b. 講義母片：設定講義及大綱的外觀。

c. 備忘稿母片：設定備忘稿的外觀。

4. 在**母片**中所做的格式設定會套用至**整份簡報**，而在某張投影片中單獨所做的格式設定，則**僅會反應在該張投影片中**。

   💡解題密技　在某一張投影片修改格式後，該張投影片格式**不會受到母片所設定的格式影響**。

   💡解題密技　修改某張投影片格式後，再修改投影片母片，則該張投影片不會套用母片的設定，必須在**常用標籤按重設**，才能重新套用母片格式。

每個投影片母片預設有11種版面配置

得分區塊練

( )1. 下列有關PowerPoint佈景主題的敘述，何者錯誤？
(A)是PowerPoint預先設計好的投影片樣式
(B)每個佈景主題都提供有多種色彩的配置
(C)一份簡報只能套用一種佈景主題
(D)使用者可對套用佈景主題後的投影片進行編修。

( )2. 在PowerPoint中，下列哪一種功能可以一次設定簡報檔案中所有投影片的格式？
(A)母片　(B)表格　(C)自訂放映　(D)投影片版面配置。

第3章 認識簡報軟體

滿分晉級

情境素養題

▲ 閱讀下文，回答第1至2題：

新冠肺炎疫情持續延燒，衛福部中央疫情指揮中心每天召開記者會，告知國人國內疫情的最新情況。東仁想要製作一份有關防疫的簡報，以便讓沒空看記者會及新聞的親友能快速瞭解疫情的近況，提高防疫意識。

( )1. 東仁無法利用下列哪一套軟體製作防疫簡報呢？
(A)PowerPoint (B)Chrome (C)Keynote (D)Impress。 [3-1]

( )2. 東仁在製作防疫簡報時，下列有關製作簡報過程中應注意的事項，何者錯誤？
(A)透過網路蒐集的防疫資料須注意合法性與正確性
(B)可用母片來設定簡報內容文字樣式，使簡報風格一致
(C)簡報中應使用黑體、圓體等適當的字型樣式
(D)為求內容完整性，整場記者會中，指揮官的發言都必須逐字納入簡報中。 [3-1]

( )3. 學校老師出了一份專題作業，希望同學們分組進行並製作投影片上台報告，阿仁這組同學在製作投影片時討論內容該如何呈現。請問下列4位同學中，哪一位同學說的內容較不正確？
(A)阿仁：「投片內容應精簡，不宜過於冗長」
(B)阿國：「投影片中的文字與背景，色彩對比要明顯」
(C)靜宜：「投影片的字體不要太小，避免台下觀眾看不到」
(D)曉華：「投影片的動畫應該越多越好，以吸引台下觀眾注意力」。 [3-1]

( )4. 新聞報導「3D列印」應用領域廣，從玩具、模型，到工業用零件，都可以列印出來。小玉想以3D印表機作為期末專題報告的主題，請問她可以使用下列哪一套軟體來製作專題簡報？ (A)Java (B)PowerPoint (C)Photoshop (D)Illustrator。 [3-2]

( )5. 如果魔術師要用PowerPoint，表演在5秒內將上百張投影片中的文字全部變為紅色，請問他可使用下列哪一項功能？
(A)大綱 (B)母片 (C)動畫 (D)頁首頁尾。 [3-3]

精選試題

3-1 ( )1. 下列哪一種字體樣式較適合出現在簡報中？
(A)華康少女體 (B)微軟正黑體 (C)華康娃娃體 (D)文鼎香蕉人體。

( )2. 下列何者不是在製作簡報時，擷取資料重點的要領？
(A)內容簡潔扼要 (B)列出所有內容
(C)不可偏離主題 (D)適當使用專有名詞的縮寫。

( )3. 簡報的製作步驟大致可區分為下列5項：a.演練及調整簡報內容 b.確定簡報主題 c.擬定簡報大綱 d.蒐集相關資料 e.製作投影片，請問簡報製作的流程順序應如何排列較為正確？ (A)bdcea (B)abcde (C)dabce (D)ecdab。

3-2 ( )4. 下列哪一種Microsoft的應用軟體，較適合編輯一個名為「Msword.pptx」的檔案？
(A)Access (B)Excel (C)PowerPoint (D)Word。

( )5. 在PowerPoint中，有關檔案格式的敘述，下列何者錯誤？
(A)可開啟.ppsx檔 (B)可儲存.html檔
(C)可儲存.wmv檔 (D)可開啟.docx檔。

3-3 ( )6. 在Microsoft PowerPoint的『投影片瀏覽檢視模式』中，若游標變成了 符號，則代表使用者目前正在對投影片進行何種作業？
(A)新增 (B)修改 (C)複製 (D)搬移。

( )7. 在PowerPoint中，鈕具有什麼功能？
(A)放映投影片 (B)新增投影片 (C)切換至投影片瀏覽模式 (D)列印投影片。

3-4 ( )8. 在Microsoft PowerPoint中，對何者之格式設定會套用在整份簡報上？
(A)母片 (B)子片 (C)整片 (D)全片。

統測試題

( )1. 在Microsoft PowerPoint簡報軟體的檢視模式及播放列中，點選 按鈕會進入下列哪一種模式？
(A)標準模式 (B)母片模式
(C)投影片放映 (D)投影片瀏覽。 [102工管類]

( )2. 使用Microsoft PowerPoint簡報軟體，先在「母片」中設定標題文字置中，然後在第5張投影片中設定標題文字靠左對齊，並在第7張投影片中設定標題文字靠右對齊，則下列敘述何者錯誤？
(A)第4張投影片標題文字置中
(B)第5張投影片標題文字靠左對齊
(C)第6張投影片標題文字靠左對齊
(D)第7張投影片標題文字靠右對齊。 [102工管類]

( )3. 下列有關Microsoft PowerPoint的敘述，何者正確？
(A)PowerPoint提供的母片有投影片母片、備忘稿母片以及大綱母片三種
(B)我們先設定某些投影片後，接著再修改投影片母片的設定，則投影片母片的新設定都會套用到所有的投影片上
(C).pps是一種PowerPoint範本檔的格式
(D)PowerPoint檔案可以存成.jpg或.png圖片檔。 [103商管群]

( )4. 下列何者為Microsoft PowerPoint「播放檔」的副檔名？
(A)pps (B)ppt (C)pdf (D)pfx。 [103工管類]

( )5. Microsoft PowerPoint的母片是投影片的格式樣版，母片的編輯無法做以下哪一項設定？
(A)列印模式 (B)套用版面配置 (C)頁首與頁尾 (D)字型樣式。 [103工管類]

( )6. 使用Microsoft PowerPoint簡報軟體，若在投影片母片中設定標題文字為紅色，接著在第5張投影片中設定標題文字為白色，最後又在投影片母片中設定標題文字為黑色，完成以上設定後的第5張投影片中標題文字為哪種顏色？
(A)紅色 (B)白色 (C)黑色 (D)灰色。 [104商管群]

( )7. 下列何者不是Microsoft PowerPoint提供的母片？
(A)投影片母片 (B)講義母片 (C)動畫母片 (D)備忘稿母片。 [106工管類]

( )8. 在Microsoft PowerPoint中，下列哪一種檢視模式會顯示所有投影片的縮圖，以方便調整投影片的順序？
(A)投影片瀏覽 (B)大綱模式 (C)投影片放映 (D)備忘稿。 [106工管類]

( )9. 若要將具有20張投影片的Microsoft PowerPoint檔案中的所有投影片均設定相同的自訂背景圖，使用下列哪項方式的操作步驟最少？
(A)在每張投影片當中直接插入背景圖
(B)在「頁首及頁尾」功能中設定背景圖
(C)在「新增投影片」功能套用含圖片的版面配置
(D)使用「投影片母片」功能並在其中設定背景圖。 [107工管類]

( )10. 下列何者與Microsoft PowerPoint檢視投影片的方式最不相關？
(A)備忘稿 (B)整頁模式 (C)投影片瀏覽 (D)標準模式。 [108工管類]

( )11. 假設目前Microsoft PowerPoint的預設投影片標題字是「黑色，細明體」。依序操作下列甲→乙→丙的編輯步驟，步驟甲所新增的投影片，其標題字的顏色與字體為下列何者？
甲、新增一頁「標題及內容」的投影片，並停留在這一頁
乙、在標題區輸入文字，並改變標題文字字體為「標楷體」
丙、編輯投影片母片，將整份投影片的標題字改為「紅色，微軟正黑體」，並離開母片編輯模式
(A)紅色，微軟正黑體 (B)黑色，細明體
(C)黑色，標楷體 (D)紅色，標楷體。 [108工管類]

( )12. 簡報軟體（PowerPoint）中的母片類別，不包含下列哪一種？
(A)用於控制整個簡報的外觀之投影片母片
(B)自訂簡報及備忘稿一併列印為講義時的外觀之備忘稿母片
(C)自訂簡報在列印為講義時的外觀之講義母片
(D)自訂簡報在播放投影片的外觀之播放母片。 [109商管群]

( )13. 透過Microsoft PowerPoint編輯好的簡報檔，儲存成下列哪種檔案格式，不需要透過Microsoft PowerPoint編輯模式就可以直接播放簡報檔？
(A)PowerPoint 97-2003簡報（.ppt）
(B)PowerPoint XML簡報（.xml）
(C)PowerPoint播放檔（.ppsx或.pps）
(D)PowerPoint簡報（.pptx）。 [109工管類]

( )14. 下列何者為Microsoft PowerPoint的預設檢視模式？
(A)備忘稿模式 (B)投影片瀏覽模式 (C)標準模式 (D)閱讀檢視模式。 [109工管類]

( )15. 「投影片母片、大綱母片、講義母片、備忘稿母片、背景母片」中，有幾種是Microsoft PowerPoint提供的母片？
(A)2 (B)3 (C)4 (D)5。 [110工管類]

( )16. 利用PowerPoint製作的簡報檔案，可直接輸出成①至⑤中哪幾種副檔名的檔案格式？
①pptx ②pttx ③ppsx ④mp4 ⑤wav
(A)①、②、③ (B)①、③、④ (C)②、③、⑤ (D)②、④、⑤。 [114商管群]

NOTE

第 4 章　PowerPoint的基本操作

4-1　簡報的編輯

一、投影片的增刪與美化

1. 新增投影片：在**常用**標籤，按**新投影片**，或按Ctrl + M鍵，可新增空白投影片。

2. 插入投影片：

    a. 插入原有的投影片至簡報：在**常用**標籤，按**新投影片**鈕下方的倒三角形，選**重複使用投影片**。

    b. 使用文字檔（如Word檔的大綱）建立投影片：在**常用**標籤，按**新投影片**鈕下方的倒三角形，選**從大綱插入投影片**。

3. **刪除投影片**：選取投影片縮圖，按Delete鍵。

4. **版面配置**：投影片中的文字、圖片、表格等物件，可有不同的配置方式（如標題及內容、章節標題、只有標題）。

    a. 在**常用**標籤，按**版面配置**，可選擇所需的版面配置樣式。

    b. 在**常用**標籤，按**重設**，可使投影片重新再套用母片的設定。

    單按即可變更版面配置

5. 背景設定：在**設計**的**自訂**區，按『**設定背景格式**』，可為部分或全部投影片套用背景。

B4-1

得分區塊練

( )1. 在PowerPoint中，有關投影片增刪的說明，下列何者正確？
(A)按Ctrl＋N鍵可新增投影片
(B)無法從其他的簡報檔案，插入現有的投影片
(C)使用「從大綱插入」功能可將多張圖片檔插入至投影片中
(D)使用「新投影片」功能會新增空白投影片。

( )2. 在PowerPoint中，若要快速改變單張投影片的文字、圖片或表格配置方式，可善用下列哪一項功能？
(A)背景設定　(B)母片　(C)版面配置　(D)色彩配置。

二、簡報文字的輸入與編輯

1. **插入文字方塊**：在**插入**的**文字**區，按**文字方塊**，可在投影片任意位置加入文字。

2. 投影片中的**文字方塊**有下列2種選取方式，其差別如下表所示：

選取方式	說明	範例
在文字方塊中單按	可輸入、刪除與選取文字	範例　外框呈現虛線
單按邊框	可設定整個文字方塊的框線、色彩、字型色彩…等樣式	範例　外框呈現實線

3. 文字樣式與段落間距的設定：按**常用**標籤中的工具鈕，可設定文字樣式與段落間距。

操作項目	工具鈕	操作項目	工具鈕
文字陰影	S	分散對齊	
字元間距	AV	新增或移除欄	
行距		水平對齊方式	
文字方向		垂直對齊方式	

4. 用**文字藝術師**美化簡報文字：在**插入**的**文字**區，按**文字藝術師樣式**來為文字設定陰影、光暈、立體等樣式。

5. 項目符號及編號的設定：按**常用**的**段落**區可設定文句以條列方式呈現，並在文句前方加上項目符號或編號。

操作項目	工具鈕	快速鍵
項目符號		—
編號		—
減少清單階層		Shift + Tab
增加清單階層		Tab

得分區塊練

( )1. 下列哪一項功能不在PowerPoint的常用標籤中？
(A)設定文字樣式為陰影
(B)調整文字的字元間距
(C)設定文字方塊內文字的垂直對齊方式
(D)調整投影片大小。

( )2. 在製作投影片時，若文字段落或條列資料之間距離過近，應如何處理較佳？
(A)加寬行距與段落間距　　(B)設定文字方向
(C)調整字元間距　　(D)設定分散對齊。

三、多媒體的插入

1. 插入聲音：在**插入**的**媒體**區中，按**音訊**，可插入wav、mp3、midi、aiff、au等聲音檔。

   a. 可設定聲音檔的播放方式為**從按滑鼠順序、自動、按一下時播放**。
   b. 插入的聲音檔預設僅播放一次，當投影片播放至下一頁時，即會停止播放。
   c. 設定**循環播放，直到停止**功能，可使聲音檔在同一張投影片重複播放。若再設定**跨投影片播放**功能，則當投影片切換至其他頁面時，聲音檔仍可繼續播放。
   d. 在**動畫窗格**中，**可指定音樂在某一段範圍內播放**，如1～3張投影片播MUSIC1.WAV，4～6張投影片播MUSIC2.WAV。

B4-3

2. PowerPoint 2016 / 2019可選擇要以內嵌或連結的方式插入聲音或影片檔。———內嵌（預設）———連結

   a. **內嵌**：聲音檔會嵌入在簡報檔中。
   b. **連結**：聲音檔插入後，若改變聲音檔的位置（即改變存放的路徑），將會無法播放！

3. 插入視訊：在**插入**的**媒體**區，按**視訊**，可插入avi、mpg、wmv等影片檔，也可插入網站（如YouTube）中的影片。

   a. PowerPoint預設是以「**內嵌**」的方式插入影片。
   b. 在PowerPoint中插入影片後，可在**視訊工具播放**標籤，按**修剪視訊**，來裁切影片的開始時間與結束時間。

4. 插入圖表：在**插入**的**圖例**區，按**圖表**，可建立直條圖、圓形圖等圖表[註]。

5. 插入SmartArt圖形：在**插入**的**圖例**區，按**SmartArt圖形**，可插入清單、流程圖、循環圖等SmartArt圖形。

6. **新增超連結**：在**插入**的**連結**區，按**連結**。透過超連結，可開啟相關網頁、檔案、電子郵件，或連至某張投影片。
   ▶ PowerPoint 2016：按**超連結**

   → 超連結文字的色彩若與背景色彩有不協調的情況，可在**設計**的**變化**列示窗，按 ▼ 鈕，選**色彩/自訂色彩**，再按**超連結**，即可**變更超連結文字的色彩**。

四、物件的編輯

1. 調整順序：在物件上按右鍵，選『移至最上層（或移到最下層）』，可調整物件的上下層級。先繪製的物件會被後繪製的物件遮住。

2. 物件群組：選取多個物件後，按右鍵，選『組成群組/組成群組』，可將多個物件組成一個群組，以便同時移動或縮放群組內的物件。———群組物件

註：在PowerPoint插入圖表時，會自動開啟Excel進行圖表數據的整理，有關常見圖表類型之介紹，將彙整於「6-3 統計圖表的製作」中說明。

3. 物件對齊 ⬚ 對齊▾：選取2個以上物件，在**繪圖工具圖形格式**的**排列**區，按**對齊**，可一次將多個物件對齊，或排列物件位置。

靠左對齊	水平置中	靠右對齊	水平均分
靠上對齊	垂直置中	靠下對齊	垂直均分

4. 在圖案中加入文字：選取圖案後，直接輸入文字，或在圖案上按右鍵，選『新增文字』，可在圖案中加入文字。

五、投影片的列印　106　108　110　112

1. 列印投影片：按『檔案/列印』，可設定欲列印的份數、範圍及列印項目。設定列印範圍，可選擇全部、目前的投影片、或指定頁數；設定列印項目，有以下4種模式可選擇。

模式	說明
全頁投影片模式	每頁只列印1張投影片
備忘稿模式	列印投影片的內容及備忘稿，供簡報者報告時參考
大綱模式	列印投影片的大綱
講義模式	可將多張投影片（如1、2、3、4、6、9張）列印在同一頁，作為聽講者的講義

2. 設定投影片大小：在**設計**的**自訂**區，按**投影片大小**，選**自訂投影片大小**，可設定投影片的尺寸（如長25.4公分、寬19.05公分）、方向（如直向、橫向）、投影片編號起始值等。

3. 設定投影片的頁首及頁尾：在**插入**的**文字**區，按**頁首及頁尾**，可在投影片、備忘稿或講義的頁首及頁尾加入日期、**投影片編號**、簡報標題等資料。

   a. 要修改頁首／頁尾資料的格式，必須在**母片**檢視模式下修改。

   b. 勾選**標題投影片中不顯示**，可設定標題投影片不顯示頁首、頁尾資料。

   c. 若希望第一張投影片不顯示頁碼，第二張投影片的頁碼為1，須先在頁首及頁尾交談窗中，勾選**標題投影片中不顯示**，再於**投影片大小**交談窗中，設定**投影片編號起始值為0**。

得分區塊練

(　)1. 在Microsoft PowerPoint中，下列哪一種物件不可以被插入至簡報投影片中？
 (A)mp3音樂檔案
 (B)連結至網際網路上的超連結
 (C)資料庫的表單
 (D)螢幕錄製影片。

(　)2. 在PowerPoint中，如果要設定按下某段文字後即跳至第1張投影片，應該使用哪一項功能？　(A)插入連結　(B)插入圖表　(C)版面設定　(D)直書／橫書。

(　)3. 關於「Microsoft PowerPoint」的功能，下列敘述何者錯誤？
 (A)可以插入mp3檔　(B)可以插入表格
 (C)可以插入圖案檔　(D)不可以插入影片檔。

4-2 特效使用與簡報放映

一、放映特效的設定 110

1. 設定**投影片轉場效果**：在**轉場**標籤，可設定部分或全部投影片的**轉場效果、聲音、自動換頁的時間**（或**按滑鼠換頁**）。

   a. 設定自動換頁時間後，簡報會自動連續播放，過程中不需再藉由鍵盤或滑鼠的操作。

   b. 在**轉場**標籤的**切換到此投影片**區，選『**無**』，可取消轉場效果。

2. 設定**動畫**的播放：在**動畫**標籤，可設定投影片中個別物件的顯示效果，及各物件的播放時機（如下表所示）。

播放時機	說明
按一下時	按一下滑鼠開始播放
隨著前動畫	與前一個動畫同時播放
接續前動畫	前一個動畫播放完畢後播放

   a. 移動路徑：設定動畫沿著路徑移動，PowerPoint提供有預設的路徑，我們也可自行繪製路徑。

   → 選取移動路徑，按Delete鍵，可移除套用的移動路徑動畫效果。

   b. 已套用動畫的物件旁會顯示 [0]、[1]、[2] 等編號，簡報放映時，動畫會依編號順序依序放映。

   c. 在投影片中，被設為最先播放動畫的物件，該物件旁會顯示 [1]，但若該物件的播放時機被設定為「隨著前動畫」或「接續前動畫」時，則編號 [1] 會改以 [0] 顯示。

   d. 預覽動畫：在**動畫**標籤，按**預覽**，可預覽動畫播放效果。

二、簡報的放映 105 107 113

1. 播放簡報：

功能	操作方式
從目前檢視的投影片開始播放	• 按Shift + F5鍵 • 按投影片放映鈕
從第一頁投影片開始播放	• 按F5鍵 • 按『投影片放映』標籤的從首張投影片
跳至下一頁	• 按↓鍵　　　　　• 按N鍵 • 按Page Down鍵　• 按滑鼠左鍵 • 按Enter鍵
跳至上一頁	• 按↑鍵　　　　• 按P鍵 • 按Page Up鍵　• 按Backspace鍵
結束投影片播放	• 按Esc鍵

2. 投影片編號若畫斜線，如 ，代表該張投影片被設為**隱藏**，播放時不會顯示。

3. 播放簡報時，可透過**指標選項**功能，將滑鼠指標變成「畫筆」或「螢光筆」，以便在投影片上標示文字或重點，輔助解說；播放結束後，簡報者可選擇是否保留畫筆所繪製的註解。

4. **自訂放映**　：在**投影片放映**標籤，按**自訂投影片放映**，再按**自訂放映**，可自訂簡報中各投影片的放映順序（如播放順序為第1、5、3、2、4頁）。

5. 透過「設定放映方式」功能，讓簡報每次放映時都依照自訂放映的設定來播放。

適用場合	可自動放映	可手動放映
會議室簡報	是	是
觀眾自行瀏覽簡報	是	是
展覽會自動展示簡報	是[註]	否

註：在此放映類型中，只有在按Esc鍵後，才能停止播放，否則會不斷播放簡報的內容。

第4章 PowerPoint的基本操作

6. **排練計時**：在**投影片放映**標籤，按**排練計時**，記錄每張投影片的轉場時間。簡報放映時，可讓投影片自動轉場，省去手動切換的麻煩。

   a. **從頭開始**錄製，並可播放旁白。

   b. 排練計時完成後，若需修改時間，可按**排練計時**重新排練。

7. **線上展示**：在**投影片放映**標籤，按**線上展示**，可將簡報透過瀏覽器放映給遠端使用者觀看。

8. 插入動作按鈕：在**插入**的**圖例**區，按**圖案**。

   a. 不同的動作按鈕可使投影片播放時，跳至不同的位置，如「上一項」鈕 ◁ 預設被按下會跳至上一張投影片、「首頁」鈕 ⌂ 預設被按下會跳至第一張。

   b. 我們可自行變更按鈕的動作（如播放聲音、切換至特定投影片）等。

   c. 我們也可自行插入圖片，並設定動作。

有備無患

- 錄製投影片放映：在**投影片放映**標籤，按**錄製投影片放映**，可錄製旁白，與記錄投影片換頁時間、動畫時間、雷射筆移動軌跡。可用在演講者未能親臨現場時，讓活動仍可照常進行。
- 電子相簿：在**插入**標籤，按**相簿**，可將大量照片匯入至簡報中，以製作成相簿。在建立相簿時，可設定相簿的外觀，例如一張投影片顯示幾張相片、相片的外框樣式…等。若要修改相簿外觀，可按**相簿**鈕下方的倒三角形，選**編輯相簿**。
- 螢幕錄製功能：在**插入**的**媒體**區，按**螢幕錄製**，即可進行螢幕錄製。錄製好的影片可以進行剪輯，可另存成MP4檔。

得分區塊練

( )1. 在Microsoft PowerPoint簡報軟體播放簡報過程中，若欲中途結束播放，則可按下列何鍵？　(A)Alt鍵　(B)Ctrl鍵　(C)Del鍵　(D)Esc鍵。

數位科技應用 滿分總複習

滿分晉級

情境素養題

▲ 閱讀下文，回答第1至3題：

為了面對及解決極端氣候、國際間衝突、貧富差距擴大等問題，聯合國提出「2030永續發展目標（SDGs）」，期望透過17個核心目標指引全球共同為地球永續發展努力。小恩想讓更多人瞭解如何從個人日常生活中落實SDGs，他使用Microsoft PowerPoint製作一份有關認識SDGs的簡報。

( ) 1. 第1張投影片（上圖左）中，每個方塊的左右間距都相同，請問小恩是使用下列哪一項功能來達成？
(A)字元間距 (B)投影片大小 (C)物件對齊 (D)佈景主題。 [4-1]

( ) 2. 小恩製作簡報時，發現有一段文字被色塊壓住（如下圖左），請問小恩應該如何調整，才能讓文字不要被色塊壓住（如下圖右）？
(A)選取色塊後，按右鍵，選「編輯端點」
(B)選取色塊後，按右鍵，選「移到最下層」
(C)選取色塊後，在繪圖工具圖形格式的排列區按「對齊」，選「靠下對齊」
(D)選取色塊後，按Ctrl + X剪下，再按「選擇性貼上」，以「點陣圖」貼上。 [4-1]

( ) 3. 小恩想將製作完成的投影片列印出來，並希望每頁可呈現6張投影片，請問他應在PowerPoint中的何處進行設定？
(A)檔案/列印/講義 (B)檢視/閱讀檢視
(C)檢視/講義母片 (D)設計/設定背景格式。 [4-1]

B4-10

▲ 閱讀下文，回答第4至5題：

炫佑看電視時，偶然看到可愛的「PUI PUI天竺鼠車車」影片，他上網搜尋相關資訊，發現天竺鼠車車的影片近期爆紅，但很少人知道影片中5隻天竺鼠車車－馬鈴薯、西羅摩、阿比、巧克力、泰迪等角色名稱及特色，炫佑決定製作一份介紹這5隻天竺鼠車車角色的簡報並分享至網路上。

(　)4. 炫佑想要在投影片中，播放天竺鼠車車「PUI PUI」叫聲，他所準備的聲音檔案格式不能為下列何者？　(A)wav　(B)mp3　(C)au　(D)ppsx。　[4-1]

(　)5. 炫佑想將製作完成的投影片列印出來，他希望列印的簡報資料以每一頁呈現3張投影片，請問他可以在列印投影片時，選擇下列哪一種模式？
(A)全頁投影片模式　　　　　　(B)備忘稿模式
(C)大綱模式　　　　　　　　　(D)講義模式。　[4-1]

(　)6. 蘋果公司前執行長賈伯斯是眾所皆知的簡報天才，他所製作的簡報都是少字、圖多。若他想將簡報列印出來，以便在演講時，可觀看簡報的備註內容，他應該選擇下列哪一種簡報列印模式？
(A)大綱模式　(B)投影片模式　(C)講義模式　(D)備忘稿模式。　[4-1]

(　)7. 佳琳的姐姐即將步入禮堂，她為姊姊特製了一段簡報影片，想在婚宴上播放給親朋好友觀賞。請問她可以利用PowerPoint的哪一項功能，將簡報設定為自動播放？
(A)轉場　(B)佈景主題　(C)母片檢視　(D)線上展示。　[4-2]

精選試題

4-1

(　)1. 以Microsoft PowerPoint軟體製作簡報時，希望某產品商標的圖片都出現在每一張投影片的右下方，下列何者是最好的方法？
(A)將商標的圖片加入投影片的母片中，再套用到所有的投影片
(B)將商標的圖片加入備忘稿中
(C)在投影片的頁首、頁尾的設定中，加入商標的圖片
(D)修改投影片的版面設定。

(　)2. 在PowerPoint中，當投影片套用佈景主題之後，其文字格式未跟著改變，可執行下列哪一項功能強迫更新？
(A)再套用一次佈景主題
(B)按一次佈景主題的「套用至選定的投影片」選項
(C)用「重設」功能重新套用版面配置
(D)再變更一次母片的文字格式設定。　[技藝競賽]

(　)3. PowerPoint無法插入下列哪一種類型的影片？
(A)WMV　(B)AVI　(C)RMVB　(D)MPEG。

( )4. 志明在編修PowerPoint簡報時，他先透過母片將標題的文字設定為置中，卻發現第3頁投影片的標題文字依舊為靠左對齊。另外，他切換至簡報第1頁，想刪除投影片中的插圖，卻發現無法選取該圖片。請根據上述，判斷下列何者有誤？
(A)志明曾在簡報第3頁，更改標題文字的對齊方式
(B)在第3頁透過「重設」功能，可讓第3頁的標題文字更改為置中對齊
(C)需切換至「投影片瀏覽」模式中，才能選取投影片中的插圖
(D)無法選取第1頁投影片中的圖片，有可能是因為該圖片插入在母片中。

( )5. 下列有關PowerPoint中物件的敘述，何者錯誤？
(A)選取散落在不同位置的多個物件，按 [5] 鈕，再按 [皿] 鈕，可將物件聚集在一起
(B)在同一個位置先繪製「圓形」，再繪製「方形」，則方形會遮住圓形
(C)可在圖案物件中加入文字
(D)選取單一群組物件後，按 [叮] 鈕，可讓群組內的所有物件靠上對齊。

( )6. 小明利用PowerPoint簡報軟體製作一份包含20張投影片的旅遊攝影集，他想讓這些投影片一次連續播放完畢，中間都不必再按鍵盤或滑鼠以顯示下一張投影片，他應該在下列何項功能中設定？
(A)檔案存檔　(B)檢視模式　(C)投影片換頁　(D)自動校正。

( )7. 在Microsoft PowerPoint簡報軟體中播放投影片時，按下列何鍵無法切換到下一頁投影片？　(A)滑鼠左鍵　(B)鍵盤之Enter鍵　(C)鍵盤之↑鍵　(D)鍵盤之N鍵。

( )8. 假設某張投影片中，只包含有A、B兩個物件，若利用動畫功能，設定A物件的播放時機為「按一下時」播放，B動畫的播放時機為「接續前動畫」播放，則A、B物件所顯示的順序編號應為
(A)A、B皆為 [1]
(B)A為 [1]，B為 [2]
(C)A、B皆為 [2]
(D)A為 [2]，B為 [1]。

( )9. 在Microsoft PowerPoint中，如果要將聲音檔作為背景音樂持續播放，最簡單的方式是透過以下何種功能？
(A)在播放選項設定「循環播放」、「跨投影片播放」
(B)在動作按鈕設定超連結
(C)在動畫設定投影片切換時，音樂自動從切斷處接續播放
(D)用巨集功能撰寫程式。

統測試題

( )1. 下列有關PowerPoint中插入音訊物件的說明，何者不正確？
(A)可以插入的聲音檔案格式包括wav、mp3等
(B)可以設定自動或按一下時播放
(C)插入單張投影片的聲音物件，無法設定為循環播放
(D)連結的聲音檔案如果變更路徑將無法正常播放。　　　　　　　　　　[102商管群]

( )2. 有一份100頁的Microsoft PowerPoint投影片，想要列印其中的第5頁到第18頁，以及第34頁。請問在列印對話方塊中，該如何設定列印範圍方能把指定的15頁投影片列印出來？
(A)5~18 and 34　(B)pp. 5 to 18+34　(C)5~18&34　(D)5-18, 34。　　[102工管類]

第4章 PowerPoint的基本操作

( )3. Microsoft PowerPoint對投影片內物件所指定動畫的銜接，以下哪一項設定無法完成？
(A)按一下　(B)與前動畫同時　(C)接續前動畫　(D)跳過動畫不播放。　[103工管類]

( )4. Microsoft PowerPoint提供的列印模式中，若要設定每頁列印多張投影片，則需用下列何種模式？
(A)投影片模式　(B)講義模式　(C)備忘稿模式　(D)大綱模式。　[104工管類]

( )5. 用Microsoft PowerPoint製作簡報，可用下列何項功能來連結到外部的檔案或網頁？
(A)插入超連結　(B)進行段落設定　(C)設定動畫　(D)設定投影片放映。　[104工管類]

( )6. Microsoft PowerPoint播放簡報時，可將滑鼠指標變成畫筆，進行標註。在簡報結束時，PowerPoint會如何處理筆跡標註？
(A)自動儲存為註解　　　　　　　(B)自動儲存為備忘稿
(C)簡報者可選擇是否保留筆跡　　(D)自動儲存成JPG檔。　[105商管群]

( )7. 用Microsoft PowerPoint做簡報的時候，通常都會點選「投影片放映」模式進行簡報。在PowerPoint投影片放映模式時，請問以下敘述何者正確？
(A)回到上一頁可以按一下「→」鍵
(B)可以按「Esc」鍵結束放映
(C)回到上一頁可以按一下滑鼠右鍵
(D)播放下一頁可以按一下「Page Up」鍵。　[105工管類]

( )8. 在Microsoft PowerPoint的「標準模式」下，下列哪一種按鍵可以從「目前投影片」開始播放投影片？
(A)「F5」鍵　　　　　　(B)「Alt + F5」鍵
(C)「Ctrl + F5」鍵　　　(D)「Shift + F5」鍵。　[105工管類]

( )9. 下列何者不是Microsoft PowerPoint簡報資料的列印模式？
(A)標準模式　(B)大綱模式　(C)講義模式　(D)備忘稿模式。　[105工管類]

( )10. 在Microsoft PowerPoint的「列印」設定中，哪一種「列印項目」不會將投影片上的圖片列印出來？
(A)講義（每頁3張投影片）　　　(B)講義（每頁9張投影片）
(C)備忘稿　　　　　　　　　　　(D)大綱模式。　[106商管群]

( )11. Microsoft PowerPoint的輸出模式中，下列哪一種列印模式不會顯示投影片中的圖片或圖案？
(A)講義模式　(B)大綱模式　(C)投影片模式　(D)備忘稿模式。　[106工管類]

( )12. 有關Microsoft PowerPoint簡報軟體的操作，下列敘述何者錯誤？
(A)在Microsoft Word中進行字串複製後，可以直接在Microsoft PowerPoint中貼上
(B)每張投影片可以設定不同的自動播放時間
(C)簡報時必須依投影片順序來播放
(D)簡報中的圖片可以設定超連結。　[107商管群]

( )13. 在Microsoft PowerPoint中，為了掌握簡報時間與速度，在正式簡報前，使用者可以使用下列哪項功能進行預演？
(A)轉場功能　(B)母片設計功能　(C)預存時間功能　(D)排練計時功能。　[107工管類]

( )14. 下列何者不屬於Microsoft PowerPoint投影片動畫設定之效果類型？
(A)投影片切換　(B)進入　(C)結束　(D)強調。　[107工管類]

B4-13

(　　)15. 小青要從有統計圖表的PowerPoint檔案中印一份沒有圖表的簡報資料給老闆，小青開啟該PowerPoint檔案後，按「檔案」、「列印」，再來請你幫小青選擇以下哪一個圖案來完成此任務？
(A) 備忘稿　(B) 6張水平投影片　(C) 大綱　(D) 全頁投影片。　　　　　[108商管群]

(　　)16. 在Microsoft PowerPoint中欲一次列印含有兩頁的投影片共三份時，下列何種設定會讓所列印出來之頁次順序為1,2,1,2,1,2？
(A)自動分頁　　　　　　　　　　(B)未自動分頁
(C)從長邊翻頁　　　　　　　　　(D)從短邊翻頁。　　　　　　　　[108工管類]

(　　)17. 同學在準備課程期末展示報告時，想透過Microsoft PowerPoint軟體製作一個簡報檔，在每頁簡報下想增加一個「箭頭向左的圖形」按鈕，當按下「箭頭向左的圖形」，簡報自動會跳到上一張投影片，請問編輯時，在點選「箭頭向左的圖形」後，要插入下列何種功能？
(A)插入超連結　　　　　　　　　(B)插入頁首及頁尾
(C)插入投影片編號　　　　　　　(D)插入註解。　　　　　　　　　[109工管類]

(　　)18. 用Microsoft PowerPoint在播放簡報時，如何透過按下鍵盤按鍵結束放映簡報？
(A)同時按下【Ctrl】與字母【C】鍵
(B)按下【ESC】鍵
(C)按下【END】鍵
(D)按下【Enter】鍵。　　　　　　　　　　　　　　　　　　　　　[109工管類]

(　　)19. 關於Microsoft PowerPoint的投影片放映操作，下列敘述何者正確？
(A)至上一張投影片，可按鍵盤上的「PageDown」鍵
(B)至最後一張投影片，可按鍵盤上的「Esc」鍵
(C)至第一張投影片，可按鍵盤上的「Home」鍵
(D)至下一張投影片，可按鍵盤上的「PageUp」鍵。　　　　　　　[110工管類]

(　　)20. 下列關於簡報軟體（PowerPoint）的敘述，何者錯誤？
(A)在PowerPoint中可以將簡報儲存成PNG圖檔
(B)在列印投影片時，可以選擇講義模式列印
(C)在PowerPoint中可以設定投影片切換時的聲音
(D)在設定物件動畫時，無法進行動畫速度快慢的設定。　　　　　[110商管群]

(　　)21. 下列關於Microsoft PowerPoint的功能描述，何者最不正確？
(A)可自動切換投影片，並套用轉場效果
(B)可插入文字和圖片，並運用動畫效果
(C)可運用時間軸及影格製作動畫，讓簡報有多元的呈現
(D)可製作相簿而插入大量照片，並根據照片進行文字說明。　　　[110工管類]

(　　)22. 使用PowerPoint編輯簡報時，封面頁不出現頁碼、內頁要有頁碼且從1開始，相關設定處理除了在頁首頁尾交談窗勾選「標題投影片中不顯示」，還須配合下列何者設定投影片編號起始值為0方可達成？
(A)在「常用」頁籤的「版面配置」
(B)在頁首頁尾交談窗
(C)投影片大小交談窗
(D)在投影片母片中的版面配置。　　　　　　　　　　　　　　　　[112商管群]

( )23. 有關簡報進行排練計時過程中，下列哪一些正確？
①從頭開始錄製並可播放旁白
②排練完成後其排練時間不能再修改
③設定排練計時後，仍可從中間某一頁開始播放
④可從投影片瀏覽之檢視模式觀看排練時間
(A)①②③　(B)①②④　(C)①③④　(D)②③④。 [113商管群]

( )24. 要設定簡報播放的順序為第1、5、3、2、4頁，可透過何項功能來完成？
(A)自訂動畫　　　　　　　　　(B)自訂投影片放映
(C)設定排練計時　　　　　　　(D)隱藏不放映的投影片。 [113商管群]

NOTE

統測考試範圍

單元 3

商業試算表應用

學習重點

章名	常考重點	
第5章 認識電子試算表軟體	• 電子試算表軟體簡介 • 資料類別的設定	★★☆☆☆
第6章 Excel資料的計算與分析	• 公式的使用 • 儲存格參照 • 函數的使用 • 資料排序 • 資料驗證、篩選、小計與剖析	★★★★★

統測命題分析

數位科技概論
- 單元1 9%
- 單元2 15%
- 單元3 16%
- 單元4 15%
- 單元5 13%
- 單元6 15%
- 單元7 17%

數位科技應用
- 單元1 15%
- 單元2 11%
- 單元3 24%
- 單元4 11%
- 單元5 15%
- 單元6 17%
- 單元7 7%

第 5 章 認識電子試算表軟體

5-1 電子試算表軟體簡介

一、電子試算表軟體

1. **電子試算表軟體**：可用來輸入資料，並針對這些資料做運算、篩選、排序、分組、小計等分析工作，再把運算結果以數值、圖表等方式呈現出來。

2. 常用在編製各種報表及統計圖，如成績單、薪資管理、會計記帳、財務分析、趨勢統計等。

3. 常見的電子試算表軟體：

類型	軟體名稱	軟體系列	開發廠商
單機版	Excel	Microsoft Office	微軟公司
	Numbers	iWork	蘋果公司
	Calc	LibreOffice	文件基金會（TDF）
		OpenOffice	Apache
線上版	Excel Online	Office Online	微軟公司
	Numbers	iWork for iCloud	蘋果公司
	Google試算表	Google文件	Google公司

→ 當電腦中沒有安裝Excel試算表軟體時，我們可以利用**線上版**試算表軟體進行線上編輯。

4. 在Excel中，按『檔案/開啟』，可開啟下列檔案類型來編修：

檔案類型	副檔名	說明
Excel檔	**xlsx**	預設的試算表格式
	xls	Excel 2003（含）之前版本預設的試算表格式
	xltx	範本檔案的格式
	xlt	Excel 2003（含）之前版本的範本檔案格式
開放試算表格式	ods	LibreOffice及OpenOffice預設的試算表格式
網頁檔	mht / mhtml htm / html	網頁格式，可透過瀏覽器瀏覽
資料庫檔	dbf / mdb / accdb	資料庫格式，可將資料匯入進行運算

◎ 五秒自測　Excel 2016 / 2019預設的副檔名為何？

第5章 認識電子試算表軟體

5. 按『檔案/另存新檔』，輸入檔案名稱再選檔案類型（如.xlsx、.xltx、.txt、.ods、.htm、.html、.mht、.xml或.csv等檔案格式），可將文件以新檔名儲存。

→ Excel 2010（含）以後的版本還可將檔案另存成pdf檔。

得分區塊練

( ) 1. 下列何者不是電子試算表軟體的主要功能？ (A)編輯、計算資料 (B)分析、管理資料 (C)處理影像、圖片 (D)編製統計圖表。

( ) 2. 有關Microsoft Excel應用軟體之敘述，下列何者錯誤？
(A)可將輸入資料進行統計分析　　(B)主要用以編製試算表
(C)可用以製作統計圖　　(D)適合用以編輯圖像。

( ) 3. 曉君從網路上下載了一個副檔名為.xls的檔案，請問她可以利用下列哪一套軟體來開啟這個檔案？ (A)Word (B)Excel (C)PowerPoint (D)小畫家。

5-2　工作表與活頁簿

1. 1個Excel的**活頁簿**（即1個Excel檔案）預設含有1張空白的**工作表**（Sheet），每個活頁簿至少需含有1張工作表。

2. Excel工作表中的每一個**儲存格**，是以欄、列編號來表示其位址，若欲表示多個相鄰的儲存格範圍，需以 ":" 隔開儲存格位址；若欲表示**不相鄰**的儲存格範圍，則以 "," 隔開儲存格位址，如：

   a. D1,E2，指第D欄第1列的儲存格、第E欄第2列的儲存格，共2個儲存格。

   b. A2:A4，指A2、A3、A4共3個儲存格。

   c. B4:C5,D5，指B4、B5、C4、C5、D5共5個儲存格。

   d. 欄名：A、B、…Z、AA、AB、…、AZ、BA、BB、…、BZ，以此類推；
   列號：1～1048576。

   e. 定義儲存格名稱：選取一個或多個相鄰的儲存格，並在**名稱方塊** [小計 ▼] 輸入儲存格名稱。

3. 在工作表標籤上按右鍵,可新增、刪除、搬移、複製工作表,或改變工作表標籤的名稱、顏色。雙按工作表標籤也可為工作表重新命名。

4. 工作表刪除後,無法按Ctrl + Z鍵復原。

得分區塊練

( )1. 在Excel中,若選取儲存格A3:C6,請問共選取幾個儲存格?
(A)2　(B)3　(C)6　(D)12。

( )2. 有關MS Excel軟體實作的敘述,下列何者錯誤?
(A)一般可以由桌面上的「開始」功能表中啟動Excel
(B)啟動Excel時會自動開啟新的活頁簿
(C)可以對工作表進行刪除、重新命名及移動等作業
(D)被刪除的工作表可以立即復原。

( )3. 在Excel 2016 / 2019中,每個活頁簿預設含有幾張空白工作表?
(A)1　(B)2　(C)3　(D)4。

5-3　Excel的基本操作

一、儲存格的選取與增刪

1. 選取儲存格:

選取範圍	指標呈現形狀	操作
單一儲存格	✛	單按儲存格
相鄰儲存格	✛	拉曳欲選取的範圍
不相鄰儲存格	✛	單按或拉曳欲選取的範圍,按Ctrl鍵,再選其它欲選取的範圍
一欄	↓	單按欄名
一列	→	單按列號
整個工作表	✛	按左上方的**全選鈕**或按Ctrl + A鍵

◎五秒自測　Excel的「全選」鈕位於工作表的何處?

2. 在**常用**標籤，按**插入**或**刪除**，可增刪欄、列與儲存格。

3. 在欄名／列號上按右鍵，再按『插入』，可新增欄／列，原內容會**右移一欄**（或**下移一列**）；若按『刪除』，可刪除欄／列，原內容會**左移一欄**（或**上移一列**）。

得分區塊練

( )1. 在Microsoft Excel中，若要選取整張工作表，應如何操作？
　　　(A)按工作表最左上方的按鈕　　　(B)在任一列號上單按
　　　(C)在任一欄名上雙按　　　　　　(D)按Ctrl + L鍵。

( )2. 若單按Excel工作表中的任一欄名，會產生下列哪一種效果？
　　　(A)該欄被刪除　　　　　　　　　(B)該欄原本的資料左移一欄
　　　(C)該欄被選取　　　　　　　　　(D)該欄以外的儲存格被選取。

二、資料的輸入

1. 輸入的資料主要可分為：

   a. 數值資料：指「可計算」的資料，包含數值、日期、時間等。

   b. 文字資料：由中、英文及數字組成。若要將純數值當成文字資料，須在數值前加上**單引號**（'），如 '1234。

資料格式	預設對齊方式	儲存格寬度不足時
數值	靠右對齊	顯示「####」符號
文字	靠左對齊	只會顯示儲存格可容納的部分文字

2. 在儲存格中按**Alt + Enter**鍵，可強迫換行。在**常用**標籤，按**自動換行**，可讓超出儲存格寬度的文字自動換行。

3. 按F2鍵可編輯選取的儲存格。

4. **填滿控點**：選取儲存格後，儲存格**右下角**會顯示填滿控點 ■。
   拉曳填滿控點，可填入**重複性**或具**順序性**（如1、2、3⋯或2、4、6⋯或9/13、9/14、9/15⋯）的資料。

重複性資料　　　　　順序性資料　　　　　循環重複資料

5. 利用填滿控點複製儲存格格式：拉曳填滿控點後，按右下角的**自動填滿選項**。

   複製儲存格　　以數列方式填滿　　僅以格式填滿　　填滿但不填入格式

6. 透過**自訂清單**自訂資料的順序（如北部、中部、南部、東部）後，即可透過拉曳填滿控點，來填入自訂的資料內容。

7. 資料清除：按Delete鍵僅能刪除儲存格內的資料；若要清除格式、註解或資料，須在**常用**標籤，按**清除**來選擇。

有背無患

- **註解**：可用來說明儲存格資料內容的意義，以方便查閱。

- 插入註解的儲存格，其右上角會出現紅色三角形的註解指標，當滑鼠游標移至含有註解的儲存格時，便會顯示註解文字。

- 工作表背景：在**頁面配置**標籤，按**背景**，可為工作表加入圖片作為背景，但列印時不會印出背景。

  Excel 2016：在**版面配置**標籤，按**版面設定**

得分區塊練

( ) 1. 在Microsoft Excel中，若A1和A2儲存格內的資料分別為a1和b2，在選取A1至A2儲存格，並拉曳其右下角的填滿控點至A6，則下列何者為A6儲存格內的資料？
(A)b2　(B)b3　(C)b4　(D)b5。

( ) 2. Excel儲存格顯示 #### 符號，表示：
(A)引用計算之儲存格參照無效　　(B)同一列資料未對齊
(C)用來顯示資料之儲存格寬度不足　(D)Excel不支援此種資料格式。

( ) 3. 假設A1儲存格的內容為 "ABC"，當選取A1儲存格後，輸入 "123"，再按Esc鍵，則A1儲存格會顯示下列何者？　(A)ABC　(B)123　(C)ABC123　(D)Esc。

( ) 4. 下列哪一種方法最適合用來在Excel試算表中，複製一個儲存格中的數字資料到與該儲存格相連接的其他儲存格中？
(A)拖曳儲存格左下角的「填滿控點」至欲複製的儲存格中
(B)按下「Ctrl」鍵，然後拖曳儲存格右下角的「填滿控點」至欲複製的儲存格中
(C)拖曳儲存格右下角的「填滿控點」至欲複製的儲存格中
(D)拖曳儲存格左下角的「填滿控點」至欲複製的儲存格中，並按住Alt鍵。

三、資料類別的設定　103　109　112

1. **資料類別**：在**常用**標籤，按**數值**區的 ⌐，可為不同性質的資料，設定適當的資料類別，如**通用格式**（預設）、數值（5.00）、貨幣（$5.00）、會計專用（NT$5.00）、日期（2024/3/14）、時間（13:00）、**百分比**（5%）、分數（9 1/4）、文字等。

2. 自訂類別：在**常用**標籤，按**數值**區的 ⌐，在**類別**區選『自訂』，可自訂資料類別。

格式符號	說明	自訂格式	套用前	套用後
#（數字位數）	小數點左邊的#符號，表示要顯示所有的整數位數；小數點右邊設定的#符號個數若少於實際位數，會將超出部分四捨五入	#.#	12.35	12.4
		#.###	12.35	12.35
0（數字位數）	規則同#符號，唯一差異是，若設定的0符號多於實際位數，不足的位數會以0顯示	000.000	12.35	012.350
		0.0	12.35	12.4
?（數字位數）	規則同#符號，唯一差異是，若設定的?符號多於實際位數，不足的位數會以空白顯示	???.???	12.35	△12.35△
		?.?	12.35	12.4
*（星號）	會以星號之後的字元填滿整個欄寬	$*-#	123	$------123
""（雙引號）	會顯示雙引號裡的文字	#"公分"	123	123公分

△代表半形空格

B5-7

數位科技應用 滿分總複習

在**自訂**類別的**類型**欄，輸入自訂的資料類別

正值的格式："正成長"0.00%
負值的格式："負成長"-0.00%
等於零的格式：0%

	A
1	0.1
2	-0.06
3	0

↓

	A
1	正成長10.00%
2	負成長-6.00%
3	0%

3. 按**常用**標籤的工具鈕也可設定資料類別。

工具鈕	套用範例	工具鈕	套用範例
$ ▼ 貨幣樣式	1800 → $1,800.00	增加小數位數	100.9 → 100.90
% 百分比樣式	0.05 → 5%	減少小數位數	100.9 → 101（四捨五入）
, 千分位樣式	1800 → 1,800.00		

四、格式的設定

1. 儲存格格式：在儲存格按右鍵，按『儲存格格式』，可在不同的標籤設定格式。

   a. 對齊方式標籤：設定文字對齊方式（如水平置中、垂直置中）、方向（如直書、旋轉45度）、自動換行、縮小字型以適合欄寬、合併儲存格等。

   b. 字型標籤：設定字型、**粗體**、*斜體*、底線、刪除線、大小、色彩、上標/下標等。

   c. 外框標籤：設定儲存格框線的樣式、色彩等。

   d. 填滿標籤：設定儲存格的背景顏色、網底樣式及色彩等。

B5-8

2. **格式化條件**：在**常用**標籤，按**條件式格式設定**，可將符合某種條件的儲存格設定為特定的格式，如小於50的數值設定為紅字＋紅色網底。

醒目提示儲存格規則　　　　資料橫條　　　　圖示集

3. 欄寬與列高的調整：

    a. 在**常用**標籤，按**格式**，選**欄寬**或**列高**，可指定欄寬與列高。

    b. 拉曳列號的下框線（指標形狀為 ↕），或欄名的右框線（指標形狀為 ↔），可調整列高與欄寬。

    c. 雙按列號的下框線，或欄名的右框線，可將欄列自動調整成最適列高（或欄寬）。

4. 欄列的隱藏與顯示：選取欄或列，按右鍵，按『**隱藏**』，可隱藏欄列。選取被隱藏欄列的前、後欄（或列），按右鍵，按『取消隱藏』，可還原隱藏的欄列。

    → 要取消隱藏的A欄，必須在B欄按住滑鼠左鍵向左拉曳，接著在B欄按右鍵，按『取消隱藏』。

5. **跨欄置中**：選取相鄰儲存格，按 圖 鈕，可合併儲存格（僅保留左上角儲存格中的資料），並使文字水平置中對齊；再按一次 圖 鈕，可取消跨欄置中。

B5-9

6. **凍結窗格**：選取儲存格，在**檢視**標籤，按**凍結窗格**，選**凍結窗格**，可固定該儲存格上方列及左方欄，使標題欄列不會隨著視窗的捲動而移動。按**凍結窗格**，選**凍結頂端列**（**或凍結首欄**）可凍結工作表第1列（或第1欄）。

→ 要取消凍結窗格，需按**凍結窗格**，選**取消凍結窗格**。

五、工作表的列印

1. **版面設定**：在**頁面配置**標籤，按**版面設定**區的 ▣，可進行下列設定。

    a. 設定工作表的列印方向（如直向、橫向）、縮放比例（如調整成一頁寬、縮小80%）、紙張大小、起始頁碼。

    b. 設定邊界、對齊方式、跨頁時標題重複列印。

c. 設定頁首／頁尾的內容，包含字型樣式、頁碼、頁數、時間日期⋯等。

字型樣式　頁碼　總頁數　日期　時間　檔案路徑　活頁簿名稱　工作表名稱　插入圖片

2. **分頁預覽**：在**檢視**標籤，按**分頁預覽**，再按右鍵，選『插入分頁』或拉曳分頁線可調整列印範圍，如將被分隔到另1頁的少部分內容印在同1頁，或將原本應列印在同1頁的內容，分開列印在不同頁。

得分區塊練

( )1. 在Excel中，下列何者為工具列按鈕的「跨欄置中」功能？
(A) B　(B) ≡　(C) ≡　(D) 圄。

( )2. 小威使用Excel記錄資料，如果他想將數值 "0.05" 改以 "5%" 來呈現，應該設定儲存格的資料類別為下列何者？
(A)數值　(B)百分比　(C)貨幣　(D)通用格式。

( )3. 在Excel中，當滑鼠指標變成下列哪一種形狀時，表示可以調整列高？
(A)↕　(B)↓　(C)✚　(D)✜。

B5-11

滿分晉級

情境素養題

▲ 閱讀下文，回答第1至2題：

過年期間，彩券行總是人潮滿滿，大家都想試試手氣，為自己拚搏一個大紅包！佑宏想要製作一個台灣彩券刮刮樂的中獎率統計圖表，分析每款刮刮樂的中獎機率以及期望值，分享給親友，讓親友過年都有機會荷包滿滿。

( ) 1. 佑宏使用下列哪一套軟體最適合製作出上述情境中的統計圖表？
(A)PhotoImpact (B)Adobe Reader (C)Excel (D)Chrome。 [5-1]

( ) 2. 承上題，佑宏使用上題的軟體製作完統計圖表後，想要將檔案另存新檔，請問他無法儲存成下列哪一種格式？ (A)pptx (B)xlsx (C)pdf (D)html。 [5-1]

( ) 3. 志明與春嬌擁有一家便利商店，年終結算時想製作一張統計圖表來顯示今年度各類商品的獲利率與排行表，他們應當利用下列哪一種軟體？
(A)Microsoft Excel (B)Microsoft Word (C)小算盤 (D)FoxPro資料庫。 [5-1]

( ) 4. 老師請阿豪將Excel中「第3欄第6列」儲存格的數字改成6，請問阿豪應該更改下列哪一個儲存格的數字？ (A)A6 (B)F3 (C)F6 (D)C6。 [5-2]

( ) 5. 采兒在整理班級通訊錄時，她將手機號碼（純數值資料）輸入至Excel中，發現每次輸入完畢後，第1個數字0都會消失不見，她必須怎麼做才能讓手機號碼數值變成文字資料並完整顯示？
(A)在數值前加上「'」 (B)在數值後加上「'」
(C)在數值前加上「"」 (D)在數值後加上「"」。 [5-3]

精選試題

5-1

( ) 1. 要統計經濟成長率並製作經濟成長率等統計圖表，可使用下列哪一種應用軟體？
(A)PowerPoint (B)AutoCAD (C)Excel (D)Outlook。

( ) 2. Excel無法開啟下列哪一種類型的檔案？
(A)簡報檔（pptx） (B)文字檔（txt）
(C)資料庫檔（accdb） (D)Excel檔（xlsx）。

5-2

( ) 3. 在Microsoft Excel中，一個活頁簿至少要有幾個工作表？
(A)1 (B)2 (C)3 (D)4。

( ) 4. 在Excel中儲存格位址「B2」代表
(A)第二列第B欄 (B)第B列第二欄
(C)B2工作表內的儲存格 (D)共B＊2個儲存格。

( ) 5. 在Excel中，一個「活頁簿」代表
(A)一張工作表 (B)三張工作表 (C)一個儲存格 (D)一個Excel檔案。

(　　)6. 有關Excel的敘述，下列何者錯誤？
(A)預設的副檔名為XLSX
(B)活頁簿中的第1張工作表，名稱預設為 "工作表1"
(C)A1 + A3是指A1、A2、A3等3個儲存格
(D)每張工作表中含有多個儲存格。

(　　)7. 在Excel中，儲存格位址A5:C3，代表幾個儲存格？
(A)2　(B)3　(C)6　(D)9。

(　　)8. 在Excel中，有關工作表的敘述，下列何者錯誤？
(A)工作表可以重新命名
(B)選取工作表按Delete鍵，可以刪除工作表
(C)工作表的標籤色彩可以自訂
(D)新的活頁簿預設含有1個工作表。

(　　)9. Excel儲存格預設的資料格式為：　(A)通用　(B)數值　(C)貨幣　(D)日期。

(　　)10. 在Excel中，若數字「19.20」以下列儲存格的格式代碼「# ??/??」顯示，則下列何者為正確結果？
(A)19 20/100
(B)19 10/50
(C)19 5/25
(D)19 1/5。

(　　)11. 在Excel中，儲存格內資料為數值，則預設對齊情況為
(A)靠左　(B)靠右　(C)靠中　(D)不一定。

(　　)12. 在Excel欄位中，可以減少小數點的位數之工具列按鈕為
(A)[.00→.0]　(B)[←.0 .00]　(C)[%]　(D)[$ ▼]。

(　　)13. 在Excel中，要完成如下圖A1儲存格所示的設定，不需使用到下列哪一個工具鈕？
(A)[囯▼]　(B)[◇▼]　(C)[%]　(D)[$ ▼]。

	A	B	C
1	$		1,300.00
2			

(　　)14. 在A1儲存格輸入51.26，接著自訂資料的類別格式，則下列自訂格式與顯示結果的對照，何者有誤？
(A)格式為「?.?」，會顯示51.3
(B)格式為「#」，會顯示51
(C)格式為「#%」，會顯示51%
(D)格式為「0.000」，會顯示51.260。

統測試題

( )1. 在Microsoft Excel中，先將儲存格A1的內容輸入為「23.449」，再將儲存格A1的數值格式代碼自行設定為「000.0」後，則下列何者為儲存格A1的顯示內容？
(A)23.4　(B)023.4　(C)23.45　(D)023.5。　　　　　　　　　　　　[103商管群]

( )2. 使用電子試算表軟體（Excel），儲存格中的數值為「0.8765」，若按下「.00/→.0」按鈕一次後，在儲存格中會顯示成：
(A)0.876
(B)0.8765
(C)0.877
(D)8.765。　　　　　　　　　　　　　　　　　　　　　　　　　　[109商管群]

( )3. 使用電子試算表軟體（Excel），工作表中AA欄的下一欄位為何？
(A)AAA　(B)AB　(C)BB　(D)BA。　　　　　　　　　　　　　　[110商管群]

第 6 章 Excel資料的計算與分析

6-1 公式與函數的使用

一、公式的使用　106　107　108　110　111　112　113

1. 公式格式：以等號（=）為開頭，如= A1 + B1。

2. Excel中常用的算術運算符號（下表中的範例是假設A1的值為10，B1的值為2）：

優先順序	運算符號	意義	範例	運算結果
1	( )	括號	= (A1 - 5) * B1	10
2	-	負號	= -A1	-10
3	%	百分比	= A1%	0.1
4	^	次方	= A1 ^ B1	100
5	*	乘法	= A1 * B1	20
	/	除法	= A1 / B1	5
6	+	加法	= A1 + B1	12
	-	減法	= A1 - B1	8
7	&	字串連接	= A1 & B1	102

3. 輸入公式後，若儲存格顯示錯誤訊息，可按訊息旁的錯誤檢查選項鈕，來找出錯誤原因。常見的錯誤訊息：

錯誤訊息	可能原因
#DIV/0!	除數為0或空值所產生，如= 5 / 0
#N/A	使用參照函數（如VLOOKUP）時，引數中含有無效的值
#NAME?	公式有無法辨識的內容，如輸入錯誤的函數名稱= SUN(A1:C1)
#REF!	公式中所參照的儲存格位址被刪除
#VALUE!	a. 公式中所參照的儲存格含有文字資料 b. 公式中引用了儲存格範圍來進行算術運算，如= A1:B1 + C1

B6-1

得分區塊練

( )1. 在Microsoft Excel中，若在A1儲存格中輸入數值1、B2儲存格輸入數值2，A2儲存格中輸入＝A1＋1，則A2儲存格的值為：　(A)1　(B)2　(C)3　(D)0。

( )2. 若想在Excel的儲存格中輸入公式，則鍵入的第一個字元須為下列何者？
(A)%　(B)=　(C)#　(D)$。

( )3. 在Excel中，若要計算$4+\frac{2}{5}$，應在儲存格中輸入下列何者？
(A)(4 + 2) / 5　(B)= (4 + 2) / 5　(C)4 + 2 / 5　(D)= 4 + 2 / 5。

( )4. 在Excel的儲存格中輸入「＝2030/7/10」，結果會顯示以下何者？
(A)2030年7月10日　(B)#VALUE　(C)2030/7/10　(D)29。

二、儲存格參照　103　105　108　109　110　111　113　114

1. 儲存格參照位址的類型：

　a. **相對參照位址**：依據儲存格的欄列移動變化量，自動調整公式中的儲存格位址，如A1、B2。

　b. **絕對參照位址**：複製公式時不會因儲存格位址的改變而改變公式內容，欄名列號前須加上"$"，如$A$1、$B$2。

　c. **混合參照位址**：同時使用相對位址與絕對位址的公式，如$A1、B$2。

2. 按**F4**鍵可讓公式中的儲存格位址，在相對參照、絕對參照及混合參照間切換。

穩操勝算

複製下圖中的儲存格C1至儲存格D2，則儲存格D2顯示的值為何？

	A	B	C	D
1	1	2	= A$1 + $B1	
2	3	4	5	

答 6

解 儲存格D2相對於C1為右移1欄、下移1列，因此公式中相對參照的部分為欄名＋1、列號＋1，絕對參照的部分則不改變。

　　儲存格D2顯示的值為 ＝ B$1 + $B2
　　　　　　　　　　　　＝ 2 + 4
　　　　　　　　　　　　＝ 6

+1題

假設儲存格C3的公式為＝B2＋C2，若複製C3的公式至B2，則B2顯示的值為何？

	A	B	C
1	7	6	3
2	20		15
3	33	19	

答 13

3. 立體參照位址：指參照到其他活頁簿或工作表中的儲存格位址。例如活頁簿1要參照到活頁簿2中工作表1的儲存格A1，其公式為：

= '[活頁簿2.xlsx]工作表1'!$A$1

參照的活頁簿檔名，以中括號表示　　參照的工作表名稱，以驚嘆號表示　　參照的儲存格

得分區塊練

( )1. 在Microsoft Excel中，給如圖（一）所示之儲存格內容，若在儲存格E1輸入的公式為「= (A1+D2)-B1-A2」，則該公式的計算值為多少？
(A)-11　(B)-2　(C)4　(D)9。

	A	B	C	D	E
1	4	-3	2	1	
2	-1	2	-3	-4	

圖（一）

( )2. 於Excel 試算表中，將儲存格以絕對參照位址表示時，是在欄名及列名前加上哪個符號？　(A)$　(B)%　(C)&　(D)：。

( )3. 在Microsoft Excel的工作表中，若儲存格C5存放公式「= $A1 + B$3」，將此儲存格複製後貼到儲存格D7，則儲存格D7的公式為？
(A)= $A2 + C$3　(B)= $A3 + C$3　(C)= $A2 + D$3　(D)= $A3 + D$3。

( )4. 在Microsoft Excel中，某個儲存格的公式為= O5 + P6 + Q7，若要將整個公式全部改為絕對參照，則下列何者為正確選項？
(A)= $(O5 + P6 + Q7)
(B)= $O5 + $P6 + $Q7
(C)= O5$ + P6$ + Q7$
(D)= $O$5 + $P$6 + $Q$7。

( )5. 在Excel中，若儲存格A3中存放公式「= B1/2」，將此儲存格複製後貼到儲存格C5，請問儲存格C5中的公式為何？
(A)「= B1/2」　(B)「= B3/2」　(C)「= D1/2」　(D)「= D3/2」。

( )6. 在圖（二）中，Microsoft Excel之儲存格D4公式為= $A1 + B$2，若將D4的公式複製到儲存格E4，請問儲存格E4會顯示的值為何？　(A)4　(B)5　(C)6　(D)7。

	A	B	C	D	E
1	1	2	3		
2	3	4	5		
3	4	5	6		
4				5	

圖（二）

三、函數的使用　102 103 104 105 106 107 108 109 111 112 113 114

1. 函數格式：以**等號**（=）為開頭，如= SUM(A1:A10)；SUM( )為函數名稱，括號內的資料為引數，是函數計算時所使用的資料（通常為某一儲存格中的資料）。

2. 插入函數：在**公式**標籤按工具鈕，可插入函數。另外，在**常用**標籤按**自動加總**鈕 Σ▾ 旁的倒三角形，或是按資料編輯列的**插入函數** fx，也可插入函數。

3. 常用的**數學與三角函數**的說明與範例：

函數名稱	用途
ABS(X)	取X的絕對值
INT(X)	計算小於等於X的最大整數
MOD(X, Y)	取X除以Y的餘數
ROUND(X, n)	將X四捨五入至第n個小數位數
ROUNDDOWN(X, n)	將X無條件捨去至第n個小數位數
ROUNDUP(X, n)	將X無條件進位至第n個小數位數
SUM(X, Y)	計算X、Y的總和
SUMIF(範圍A, 條件式, 範圍B)	在範圍A中，將符合條件式者所對應之範圍B的值加總 若省略範圍B，則加總範圍A符合條件式的值
SUMPRODUCT(範圍A, 範圍B)	分別計算範圍A與範圍B相對應的儲存格乘積，再加總

若n < 0 須往小數點左方取位數 如ROUND(27, -1)= 30

例 ABS(-10) = 10、ABS(10) = 10

INT(13.25) = 13、INT(21.68) = 21、INT(-13.25) = -14、INT(-21.68) = -22

MOD(10, 2) = 0、MOD(10, 3) = 1

ROUND(3.1415, 2) = 3.14、ROUND(8.85, 1) = 8.9

ROUND(12.56, 0) = 13、ROUND(27.5, -1) = 30

ROUNDDOWN(3.1415, 2) = 3.14、ROUNDDOWN(8.85, 1) = 8.8

ROUNDUP(3.1415, 2) = 3.15、ROUNDUP(8.85, 1) = 8.9

	A	B	C	D	E	F
1		售價	數量			
2	橡皮擦	10	5		商品銷售總數量	12 (a)
3	膠水	20	4		商品售價低於 30 的數量	9 (b)
4	自動筆	30	3		商品總銷售額	220 (c)

a. 計算商品銷售總數量：F2 = SUM(C2:C4)

b. 計算商品售價低於30的數量：F3 = SUMIF(B2:B4, "<30", C2:C4)

c. 計算商品總銷售額：F4 = SUMPRODUCT(B2:B4, C2:C4)

4. 常用的**統計**函數的說明與範例：

函數名稱	用途
AVERAGE(X, Y)	計算X、Y的平均值
COUNT(範圍A)	計算範圍A中含有數值資料的儲存格個數
COUNTA(範圍A)	計算範圍A中「非空白」的儲存格個數
COUNTIF(範圍A, 條件式)	計算範圍A中，符合條件式的儲存格個數
MAX(X, Y)	找出X、Y的最大值
MIN(X, Y)	找出X、Y的最小值
RANK(X, 範圍A, Y)註 RANK.EQ(X, 範圍A, Y)	傳回X在範圍A中的大小順序 （Y省略或0，代表遞減；Y為其他數值，代表遞增）

> 儲存格中，只輸入「空格」，也會計算

例

	A	B	C	D	E	F	G	H
1	座號	姓名	國文	英文	數學	總分	平均	名次
2	1	陳文新	88	98	68	254	84.67 (a)	1 (b)
3	2	顏明倫	78	54	84	216	72	2
4	3	李慧玲	52	缺考	90	142	71	3
5	應考人數		3 (c)	3	3			
6	實際到考人數		3	2 (d)	3			
7	不及格人數		1 (e)	1	0			
8	最高分		88 (f)	98	90			
9	最低分		52 (g)	54	68			

a. 計算第1位同學平均：G2 = AVERAGE(C2:E2)

b. 計算第1位同學名次：H2 = RANK(F2, $F$2:$F$4)

c. 計算國文科應考人數：C5 = COUNTA(C2:C4)

d. 計算英文科實際到考人數：D6 = COUNT(D2:D4)

e. 計算國文科不及格人數：C7 = COUNTIF(C2:C4, "<60")

f. 找出國文科最高分：C8 = MAX(C2:C4)

g. 找出國文科最低分：C9 = MIN(C2:C4)

註：RANK為Excel 2007（含）以前版本所提供的函數，與之後版本可相容。但Excel 2010（含）以後版本已改以RANK.EQ函數取代RANK函數。

5. 常用的**查閱與參照**函數的說明與範例：

函數名稱	用途
水平 HLOOKUP(X, 範圍A, Y, Z)	在範圍A最上列中，尋找與X相同的值，並將該值同一欄第Y列的值傳回（省略Z或為1，代表找最相近的值）
垂直 VLOOKUP(X, 範圍A, Y, Z)	在範圍A最左欄中，尋找與X相同的值，並將該值同一列第Y欄的值傳回（省略Z或為1，代表找最相近的值）

但不能超過

例：

	A	B	C	D	E	F	G
1	產品	北區銷量	中區銷量	南區銷量			產品C
2	A	62	56	83		北區銷量	69 (a)
3	B	55	79	67		中區銷量	80
4	C	69	80	64		南區銷量	64
5	D	73	63	78			
6	E	80	85	68			中區銷量
7	F	54	52	87		產品A	56 (b)
8						產品B	79
9						產品C	80

a. 找出產品C在北區的銷量：G2 = HLOOKUP(F2, $A$1:$D$7, 4, 0)

b. 找出產品A、B、C在中區的銷量：G7 = VLOOKUP(A2, $A$1:$D$7, 3, 0)

6. 常用的**邏輯**函數的說明與範例：

函數名稱	用途
NOT(條件式)	條件成立，傳回FALSE；條件不成立，傳回TRUE
AND(條件式1, …, 條件式n)	所有條件成立，傳回TRUE；任一條件不成立，傳回FALSE
OR(條件式1, …, 條件式n)	任一條件成立，傳回TRUE；所有條件不成立，傳回FALSE
IF(條件式, n, m)	判斷條件式是否成立，成立傳回n，不成立傳回m

例：NOT(1 < 0) = TRUE

AND(1 + 1 = 2, 1 > 3, 2 < 8) = FALSE

OR(1 + 1 = 2, 1 > 3, 2 < 8) = TRUE

假設A1輸入成績50，在B1輸入 = IF(A1 >= 60, "及格", "不及格")，結果為不及格

7. 常用的**文字**函數的說明與範例：

函數名稱	用途
LEN(X)	計算X的字元個數
MID(X, n, m)	從X字串中，第n個位置起擷取m個字元
LEFT(X, n)	從X字串中，取出由左數來第1~n個字元
RIGHT(X, n)	從X字串中，取出由右數來第1~n個字元
FIND(X, Y, n)	在Y字串中，找尋X字元在第幾個位置，n為尋找的起始位置
REPLACE(X, n, m, Y)	從X字串中，第n個位置起開始取代m個字元，Y為用來取代的新字串

例 LEN("數位科技應用") = 6

MID("數位科技應用", 3, 2) = 科技

LEFT("數位科技應用", 3) = 數位科

RIGHT("數位科技應用", 2) = 應用

假設A1輸入 "數位科技應用"，在B1輸入 = FIND("應", A1, 1)，結果為5

假設A1輸入 "ABCDABCD"：
- 在B1輸入 = FIND("C", A1, 1)，結果為3
- 在C1輸入 = FIND("C", A1, 4)，結果為7

假設A1輸入 "A123456789"：
- 在B1輸入 = REPLACE("A1", 3, 6, " XXXX ")，結果為A1 XXXX
- 在C1輸入 = REPLACE(A1, 3, 6, " XXXX ")，結果為A1 XXXX 89

8. 常用的**日期及時間**函數的說明與範例：

函數名稱	用途
TODAY( )	傳回目前電腦系統的日期
NOW( )	顯示目前的日期與時間
YEAR(X)	取出X日期的年份
MONTH(X)	取出X日期的月份
DAY(X)	取出X日期的日期
DATEDIF(X, Y, n)	計算X、Y日期之差，n須設定傳回值為年（Y）、月（M）或日（D）

例 假設目前電腦系統的日期及時間為2027/06/11 13:48：
- TODAY() = 2027/06/11
- NOW() = 2027/06/11 13:48

假設A1輸入的日期為2027/06/11：
- YEAR(A1) = 2027
- MONTH(A1) = 6
- DAY(A1) = 11
- DATEDIF("2027/4/27","2027/4/30", "D") = 3

有背無患

- Excel中也有提供財務的函數類別，可讓使用者快速地計算出金額。常用的財務函數說明與範例如下所示：

函數名稱	用途
PMT(利率, 期數, 貸款總金額, 期末淨值, 期初或期末付款)	可計算本息償還金額
FV(利率, 期數, 每期存款金額, 年金現淨值, 期初或期末給付)	計算零存整付的本利和

例

	A	B	C	D
1	房貸貨款試算服務			
2	貸款金額	年利率	期數（年）	每期付款
3	1,000,000	3%	20	-$5,546 a

	A	B	C	D
1	儲蓄存款			
2	年利率	期數（年）	月繳金額	總金額
3	6%	1	1000	$12,336
4	6%	2	1000	$25,432 b
5	6%	3	1000	$39,336

a. 計算年利率3%、貸款20年期、貸款金額1,000,000之每月應繳的貸款金額：
   D3 = PMT(B3/12, C3*12, A3)

b. 計算年利率6%、每月存款金額1,000，一年的複利累計存款金額：
   D3 = FV(A3/12, B3*12, -C3)

- 選擇性貼上：複製儲存格後，在**常用**標籤，按**貼上**鈕下方的倒三角形，選**選擇性貼上**，可選擇要複製的內容（如儲存格的值、公式或格式），或將複製的結果轉置（如：將直排的資料轉成橫排）。

	A	B
1	姓名	胡淑敏
2	國文	88
3	英文	98
4	數學	68

轉置 →

	A	B	C	D
1	姓名	國文	英文	數學
2	胡淑敏	88	98	68

第6章 Excel資料的計算與分析

得分區塊練

( )1. 在Microsoft Excel試算表軟體中，下列有關函數功能的敘述，何者正確？
(A)ADD函數主要用來計算總和
(B)AVERAGE函數主要用來計算平均值
(C)COUNT函數主要用來計算欄位數目
(D)RANGE函數主要用來計算排名。

( )2. 在下方的Excel表格中，若儲存格C1中存放公式「= AVERAGE(A1:B2)」，則儲存格C1的公式計算值為何？ (A)30 (B)35 (C)70 (D)120。

	A	B	C
1	10	20	
2	30	60	

( )3. 在Microsoft Excel工作表中，若儲存格A1, A2, A3, A4的數值資料分別為-2, 3, -4, 5，則在儲存格A5中輸入何者之運算結果不是2？
(A)= $A$4 - $A$2　　　　　　(B)= COUNT(A2:A3)
(C)= MIN(A1:A4)　　　　　　(D)= SUM(A1:A4)。

( )4. 在Microsoft Excel的工作表中，儲存格A1到A5的值分別為5、3、2、4、1，則在儲存格B1輸入下列何種內容所得到的數值最小？
(A)= AVERAGE(A1:A5)　　　　(B)= COUNT(A1:A5)
(C)= IF(A1 < 4, A3, A2)　　　　(D)= RANK(A4, A1:A5)。

( )5. 在Excel中，專門用來計算「總和」的函數是：
(A)$TOTAL( ) (B)ALL( ) (C)SUM( ) (D)COUNT( )。

( )6. 在Excel中，儲存格A1到C4所輸入的數值如下圖所示，當儲存格A5所輸入的公式為「= AVERAGE(A1:A4) + MIN(B1:B4) + SUM(C1:C4)」時，則顯示在儲存格A5的數值為何？ (A)30.5 (B)122 (C)173.5 (D)717255。

	A	B	C
1	33	33	33
2	23	23	23
3	45	45	45
4	21	21	21
5			

( )7. 要使用Excel所提供的內建函數，應按下列哪一個按鈕？
(A)fx (B) (C) (D) 。

B6-9

6-2 資料的整理與分析

一、資料排序　104　110

1. 排序：將資料依遞增或遞減的順序排序

    a. **單欄位排序**：選取任一儲存格，按從最小到最大排序鈕 ⇣ 或從最大到最小排序鈕 ⇡，可依該儲存格所在的欄位為基準進行排序。

    b. **多欄位排序**：在**資料**標籤，按**排序**，可設定欄位的排序順序（遞增或遞減），最多可設定64個欄位排序條件。

2. Excel預設是以**數值大小、中文筆劃的多寡、英文字母的順序**來排序資料。若要用其他排序規則（如依自訂清單所自訂的順序），可在**排序**交談窗，按**順序**下拉式方塊來設定。

	A	B	C	D	E	F	G
1	姓名	國文	英文	數學	平均	操性	評等
2	江正維	8	9	7	8.0	88	甲
3	吳志銘	9	3	8	6.7	77	乙
4	李垂文	7	4	5	5.3	56	丙
5	張景松	5	9	7	7.0	72	乙
6	莊清媚	9	6	8	7.7	90	乙
7	陳淑惠	3	9	2	4.7	76	丙
8	楊淑芬	6	7	6	6.3	52	乙
9	楊銘哲	5	8	6	6.3	78	乙
10	劉美玲	6	5	5	5.3	57	丙
11	盧大為	7	5	5	5.7	84	丙

⇒

	A	B	C	D	E	F	G
1	姓名	國文	英文	數學	平均	操性	評等
2	江正維	8	9	7	8.0	88	甲
3	莊清媚	9	6	8	7.7	90	乙
4	張景松	5	9	7	7.0	72	乙
5	吳志銘	9	3	8	6.7	77	乙
6	楊銘哲	5	8	6	6.3	78	乙
7	楊淑芬	6	7	6	6.3	52	乙
8	盧大為	7	5	5	5.7	84	丙
9	李垂文	7	4	5	5.3	56	丙
10	劉美玲	6	5	5	5.3	57	丙
11	陳淑惠	3	9	2	4.7	76	丙

- 依數值排序
- 依儲存格色彩排序
- 依自訂清單排序
- 依中文筆劃、英文字母排序

第6章 Excel資料的計算與分析

二、資料驗證、篩選、小計與剖析 102 105 107

1. **資料驗證**：在**資料**標籤，按**資料驗證**，可設定儲存格能輸入的資料類型或範圍，以避免輸入不合理的資料，如：設定只能輸入0～100的數值。

    將儲存格內容來源設定為**清單**，可利用下拉式選單來輸入資料。

    — 設定資料驗證準則

    — 若輸入超出0～100間的資料，會顯示錯誤訊息

2. 資料篩選：顯示符合特定條件的資料

    a. **自動篩選**：在**資料**標籤，按**篩選**，欄位名稱的右方會出現**自動篩選**鈕 ▼，按此鈕可設定篩選準則。再按一次篩選鈕，可取消自動篩選功能。

    → 篩選後，列號會自動呈現**藍色**，且自動篩選鈕 ▼ 會變成 ▼ 圖示。

    b. **進階篩選**：在**資料**標籤，按**進階**，可依自行設定的準則來篩選資料。以篩選多個條件為例，自動篩選只能選出**同時符合**每個條件的資料，而**進階篩選**可選出符合**任一條件**的資料。

    在**同一列**輸入篩選準則，可篩選出**同時符合**條件的資料

    在**不同列**輸入篩選準則，可篩選出符合**任一條件**的資料

B6-11

3. **資料小計**：在**資料**標籤，按**小計**，可將相同的資料分組進行各種運算（如加總、平均值）。**經過排序後的資料，才能使用小計功能。**

項目	說明
取代目前小計	預設勾選，僅保留最後一次小計的結果；若要將每次小計的結果保留下來，必須取消勾選
每組資料分頁	勾選後，Excel會自動在每組資料的下方插入分頁線，使各組資料可分頁列印
摘要置於小計資料下方	預設勾選，表示要將小計列置於分組資料的下方，將總計列置於所有資料的最下方；取消勾選則是置於上方及最上方

按層級的編號，會顯示該層級的資料，如按 ②，會顯示第2層小計列及總計列

表示這一層級的明細資料都已顯示，按 ⊟ 可隱藏明細

表示這一層級的明細資料已被隱藏，按 ⊞ 鈕可顯示明細

	A	B	C	D	E
1	宜倫家居 銷售報表				
2	銷售地區	產品	單價	銷售量	銷售額
3	北區	沙發	58,000	20	1,160,000
4	北區	收納櫃	4,800	39	187,200
5	北區	床架	28,900	17	491,300
6	北區	沙發	58,000	12	696,000
7	北區	沙發	58,000	13	754,000
8	**北區 合計**			101	3,288,500
9	中區	床架	28,900	13	375,700
10	中區	收納櫃	4,800	26	124,800
11	中區	沙發	58,000	38	2,204,000
12	中區	床架	28,900	22	635,800
13	中區	收納櫃	4,800	10	48,000
14	**中區 合計**			109	3,388,300
20	**南區 合計**			115	3,507,600
21	**總計**			325	10,184,400

4. **剖析功能**：在**資料**的**資料工具**區，按**資料剖析**，可將存放於單一儲存格中的資料，分欄存放至多個儲存格中。如下所示：

出生年/月/日
2022/12/31

以 "/" 區分欄位 →

出生年	月	日
2022	12	31

B6-12

得分區塊練

( )1. 在Excel中，按什麼鈕，可以將資料遞增排序？
(A)🔼 (B)🔽 (C)▼ (D)%。

( )2. 在一份含有全班段考成績的工作表中，如果只需顯示排名前三名的同學成績資料，可以利用下列哪一個功能來達成？
(A)圖表 (B)排序 (C)驗證 (D)篩選。

三、樞紐分析 102

1. **樞紐分析**功能：可快速從多筆大量資料中，彙整及統計出關鍵的資訊。在**插入**的**表格**區，按**樞紐分析表**，再依照建立樞紐分析表交談窗的提示操作，即可建立樞紐分析表。

摘要方式預設為「加總」，按右鍵可選計數（項目個數）、平均等摘要方式

欄標籤

列標籤

拖曳欄位來設定

	A	B	C	D	E
3	加總 - 獎金	欄標籤			
4	列標籤	研發一課	研發二課	研發三課	總計
5	助理工程師	1834		5706	7540
6	研發工程師	2041	12863	2035	16939
7	研發副理	7305	4760	1876	13941
8	研發經理	10693	8650	3160	22503
9	副工程師		6084	1767	7851
10	資深工程師	7200			7200
11	總計	29073	32357	14544	75974

值

樞紐分析表格

a. 更新樞紐分析表：樞紐分析表的來源資料若有變更，必須在**樞紐分析表工具樞紐分析表分析**標籤，按**重新整理**，樞紐分析表的內容才會跟著更新。

b. 當樞紐分析統計表製作完成後，在**樞紐分析表工具樞紐分析表分析**的工具區，按**樞紐分析圖**，可將分析結果轉成以統計圖呈現。

四、巨集的應用

1. **巨集**（Macro）是指可將幾個連續的操作過程記錄下來，並簡化成一個單一指令，只要執行此巨集指令，就可完成一連串動作。

2. **錄製巨集**：在**檢視**標籤，按**巨集**鈕下方的倒三角形，選**錄製巨集**，即跳出錄製巨集交談窗供使用者進行設定。

功能	說明
輸入要錄製的巨集名稱	1. 第1個字元必須為中文或英文字母 2. 其它字元可為中文或英文字母、數字或底線 3. 名稱中不能有空白 4. 如果並未輸入自訂的名稱，Excel會依預設的名稱巨集1、巨集2、巨集3…
可用來快速執行巨集	1. 如果輸入小寫字母，可按Ctrl＋字母來執行巨集 2. 如果輸入大寫字母，可按Ctrl＋Shift＋字母來執行巨集
指定巨集存放的位置	可將巨集儲存在**現用活頁簿**、**個人巨集活業簿**或**新的活頁簿**中。預設為儲存在現用活頁簿中
可輸入關於巨集的相關描述	可用來輸入關於此巨集的描述，以便未來使用時，能快速瞭解巨集內容

3. 用Excel所錄製的巨集，Excel會以Visual Basic程式語言編寫成一個程式。若使用者會Visual Basic程式語言，就可自行做進階的編修。

4. 巨集的執行有以下3種方式：

　a. **透過巨集交談窗執行**：透過**巨集**交談窗，選擇欲執行的巨集名稱，按**執行**鈕。

　b. **按功能區的自訂按鈕來執行**：使用者將錄製好的巨集指定在**功能區**上，並透過按功能區的自訂的工具鈕來執行巨集。

　c. **透過工作表或圖表上的物件來執行**：使用者可在工作表或圖表上佈置物件，將巨集指定到這些物件上。

五、工作表保護

1. 保護活頁簿：按『檔案/另存新檔』，按工具，選一般選項，可設定密碼來保護活頁簿。

    a. **保護密碼**：輸入密碼才能**開啟**活頁簿。

    b. **防寫密碼**：輸入密碼才能編修活頁簿，否則只能**唯讀**。

2. 保護工作表：在**校閱**標籤，按**保護工作表**，可設定密碼，來限制使用者對工作表的操作權限（如：只能設定儲存格格式、插入欄等）。

3. 允許編輯範圍：在**校閱**標籤，按**允許編輯範圍**，可在已保護的工作表中，開放部分儲存格讓使用者編修。

得分區塊練

( )1. 下列有關Excel的敘述，何者正確？
   (A)在建立樞紐分析表時，預設是以求「平均值」來統計資料
   (B)利用樞紐分析功能可快速從多筆大量資料中彙整及統計出關鍵資訊
   (C)欲建立樞紐分析表，必須先建立樞紐分析圖
   (D)使用自動篩選功能時，若列號以藍字呈現，表示目前顯示的資料是依照由大到小排列。

( )2. 如果希望被保護的Excel工作表，能夠開放部分儲存格供使用者編輯，必須透過下列哪一個交談窗來進行設定？
   (A)保護工作表　　　　　　　　(B)另存新檔
   (C)允許使用者編輯範圍　　　　(D)小計。

( )3. 如果要設定Excel檔案只能瀏覽，不能編輯，應如何操作？
   (A)設定防寫密碼
   (B)將檔案另存新檔
   (C)為儲存格設定資料驗證條件
   (D)設定活頁簿保護密碼。

6-3 統計圖表的製作

一、圖表的建立　102 111

1. Excel常見圖表類型：

圖表類型	功能	圖表類型	功能
直條圖	比較資料	橫條圖	比較資料
折線圖	顯示數值走勢	XY散布圖	比較兩類數值資料
圓形圖	顯示資料佔比	股票圖	分析股票走勢
環圈圖	顯示資料佔比	雷達圖	顯示特定主題的評比結果，距離中心點越遠代表數值越高
區域圖	用來顯示不同類別資料在不同時間區間的變動程度		

2. 建立圖表：選取資料範圍後，在**插入**的**圖表**區按工具鈕，即可建立圖表。

3. 選取資料範圍，按**F11**鍵，即可快速建立該範圍資料的直條圖。

◎五秒自測　在Excel中若要建立圖表，應如何操作？

有背無患

走勢圖：可在儲存格中建立簡單的圖表（如折線圖、直條圖等），以快速掌握數個儲存格中數據的變化，如業績的成長、價格的漲跌、人數的變化等。

二、圖表的編修

1. 圖表外觀設定：雙按圖表，可設定圖表的字型、文字大小、背景框線與網底…等。

2. 圖表內容設定：在**圖表工具圖表設計**標籤，可更改圖表的資料來源及圖表位置，還可設定是否顯示圖表標題、圖例或資料標籤（如數列名稱、百分比）。

3. 圖例設定：選取圖例，可任意移動位置；按Delete鍵，可刪除圖例。

4. 座標軸設定：在座標軸按右鍵，按『座標軸格式』，可設定座標軸刻度的最大值、最小值、刻度間距…等資料。

5. 圖表角度變換：在立體圖表上按右鍵，按『立體旋轉』，可調整圖表的仰角（透視圖）、旋轉角度（X軸、Y軸旋轉）等。

6. 變更圖表類型：在**圖表工具圖表設計**標籤，按**變更圖表類型**可變更圖表類型。另外，還可選**組合圖**，僅變更任一數列之圖表類型，使一個圖表中同時有不同的圖表類型（如直條圖、折線圖）。

得分區塊練

( )1. 在Excel中，哪一種類型的圖表，較適合用來表示資料佔比？
(A)圓形圖　(B)折線圖　(C)雷達圖　(D)XY散布圖。

( )2. 在Excel中，若要快速建立某一資料範圍的直條圖，可以按什麼鍵？
(A)Ctrl＋A　(B)Esc　(C)F11　(D)Ctrl＋Alt＋Delete。

( )3. 在Excel中，如果要改變圖表的刻度間距，應該設定下列何者的格式？
(A)資料來源　(B)座標軸　(C)資料標籤　(D)圖表類型。

數位科技應用 滿分總複習

滿分晉級

情境素養題

▲閱讀下文，回答第1至2題：

體育小老師利用Excel製作一張體能測量成績單，成績單中包含同學的座號、姓名、各項體能成績，並統計總分、平均分數、最高分與最低分等。在成績單編輯過程中，小老師發現成績單出現「#REF!」錯誤訊息，使得成績單製作遇到困難。

( )1. 體育小老師在編輯成績單時，所遇到的「#REF!」錯誤訊息，有4位貼心的同學提出可能發生的問題，請問哪一位同學的敘述是正確的？
(A)柏翰：計算各科平均分數時，老師將除數輸入為0
(B)郁雯：老師使用VLOOKUP參照函數時，引數中含有無效的值
(C)佳琪：公式中所參照的儲存格位址被老師刪除
(D)家宸：在成績單計算總分的公式中，所參照的儲存格含有文字資料。 [6-1]

( )2. 體育小老師使用許多函數來幫助他完成體能測量成績單的計算，請問他在使用下列函數時，哪一個函數的用法有誤？
(A)使用MAX找出跳遠項目最高分
(B)使用MIN找出伏地挺身最低分
(C)使用AVERAGE找出800公尺跑步平均分鐘數
(D)使用ROUND找出班上體能最好的同學。 [6-1]

( )3. NBA球迷阿建受到「史蒂芬・柯瑞」影響，自行用Excel記錄球員史蒂芬・柯瑞的本年度各場賽事成績，如果他要找出史蒂芬・柯瑞單場得分最高的記錄，可使用哪一個Excel函數？
(A)MIN (B)MAX (C)VLOOKUP (D)ROUND。 [6-1]

( )4. 婷婷是捐血站的小護士，她利用Excel記錄捐血者的個人資料、血型及捐血量，如果她想要在Excel表中，統計出今日O型捐血者的捐血量，可以使用Excel的哪一項功能？ (A)工作表保護 (B)排序 (C)絕對參照 (D)小計。 [6-2]

( )5. 如果張老師要從班級成績Excel表中，找出「國文」、「英文」或「數學」任一科不及格的學生，請問他應使用下列哪一項功能？
(A)自動篩選 (B)資料小計 (C)資料驗證 (D)進階篩選。 [6-2]

( )6. 方老師將全班的成績輸入到工作表中，如果她想將成績依照總分由高至低排列，應該使用Excel中的哪一項功能？
(A)排序 (B)工作表的版面設定 (C)篩選 (D)圖表精靈。 [6-2]

B6-18

精選試題

( )1. 在Excel中輸入如下表的資料後，下列敘述何者錯誤？
(A)SUM(B1:B3)的結果為13
(B)MAX(B1:D3)的結果為60
(C)ROUND(AVERAGE(C1:C3), -1)的結果為11
(D)VLOOKUP("香蕉", A1:D3, 3)的結果為8。

	A	B	C	D
1	水梨	4	15	60
2	香蕉	5	8	40
3	蘋果	4	10	40

( )2. 在下方的Excel表格中，若儲存格A4中存放公式「= SUM(A1, A3)」，我們將此儲存格複製後貼到儲存格B4，則儲存格B4的公式計算值為何？
(A)140　(B)180　(C)210　(D)300。

	A	B
1	20	30
2	40	90
3	120	180
4		

( )3. 在Microsoft Excel中，若A1、B1和C1儲存格內的資料分別為2、3和4，此時在D1儲存格輸入公式：= COUNT(A1:C1)，則下列何者是D1儲存格內所顯示的數值？
(A)2　(B)3　(C)4　(D)9。

( )4. 下方的Excel表格中，C1 = AVERAGE(A1:A3)，C2 = SUM(A1:C1)，則C2 =
(A)450　(B)500　(C)600　(D)1000。

	A	B	C
1	100	300	
2	200	2	
3	300	0.5	
4			

( )5. 在Microsoft Excel中，若要將公式 "= A1 + A2" 中的儲存格位址改成絕對參照，則該如何表示？
(A)= $A$1 + $A$2　(B)= #A1 + #A2　(C)= @A@1 + @A@2　(D)= ^A1 + ^A2。

( )6. 假設在Excel 試算表中，儲存格A1、A2、A3、A4已存有四筆相異數值資料。下列何者其運算結果與「= AVERAGE (A1:A4)」相同？
(A)= MAX (A1:A4)　　　　　　　(B)= SUM (A1:A4) / 4
(C)= A1+A2+A3+A4　　　　　　(D)= MIN (A1:A4)。

(　)7. 在Microsoft Excel中，儲存格A2、B2、A3、B3 內容分別為2、3、4、5，儲存格B8內容為「= A$2 + B2 * 2」，將儲存格B8內的公式複製到儲存格B9，則儲存格B9公式計算值為何？　(A)8　(B)10　(C)12　(D)14。

(　)8. 在Microsoft Excel中，儲存格A1到A5的值分別為3、2、4、5、1，在儲存格B1中輸入公式「= RANK(A2, A1:A5)」，則該公式計算值為何？
(A)1　(B)2　(C)3　(D)4。

(　)9. 在某Microsoft Excel工作表中，儲存格A1、A2、A3分別存有數值資料10、20、30，請問儲存格A4中鍵入下面哪一項內容，會讓儲存格A4顯示出20這個數值？
(A)= AVERAGE(A1:A3)
(B)= MAX(A1:A3)
(C)= MIN(A1:A3)
(D)= SUM(A1:A3)。

(　)10. 在Microsoft Excel中，假設A1、A2、A3、A4、A5都存有數值資料，下列有關Excel函數的敘述何者正確？
(A)計算式SUM(A1:A3)的結果等於(A1 + A2 + A3) / 3
(B)計算式AVERAGE(A1:A4)的結果等於A1 + A2 + A3 + A4
(C)計算式COUNT(A2:A5)的結果等於4
(D)計算式MAX(A1:A3)的結果等於A1 * A2 * A3。

(　)11. 若在Excel工作表內的儲存格B1中存有公式"=A1 - A100"，下面哪一項表示將該公式改為對儲存格A100建立一個絕對列參照？
(A)= A1 - A'100　(B)= A1 - A"100　(C)= A1 - A!100　(D)= A1 - A$100。

(　)12. 於Excel試算表中，在儲存格A1、A2、B1、B2若分別輸入數字1、4、4、3，如下表，則下列哪一個公式所計算出的結果將會與其他三者不同？
(A)= SUM(A1, B2)　　　　　　　(B)= AVERAGE(A1:B2)
(C)= MAX(A2, B1)　　　　　　　(D)= COUNT(A1:B2)。

	A	B
1	1	4
2	4	3

(　)13. 下列有關Excel的敘述，何者正確？
(A)儲存格的右上角出現紅色三角形，表示儲存格中輸入的公式有誤
(B)利用按Delete鍵，刪除儲存格內的資料時，會一併將儲存格的格式還原成預設狀態
(C)儲存格若顯示 "#NAME?" 訊息，表示儲存格中輸入錯誤的函數名稱
(D)COUNTA( )函數可用來計算含有數值資料的儲存格個數。

(　)14. 在Excel中，儲存格A1～B3內容如下圖所示，儲存格C1內容為「=IF(A1>A2,$A1 - A$2,A$2 - $A1)」，將儲存格C1內的公式複製到儲存格D2，則儲存格D2公式計算值為何？　(A)-1　(B)5　(C)6　(D)8。

	A	B
1	5	3
2	10	4
3	15	3

B6-20

( )15. 若儲存格A1、A2、A3、A4、A5的值分別為10、20、30、40、50,則公式「= SUMIF(A1:A5, "<30")」的運算結果為何?
(A)2　(B)3　(C)30　(D)60。

( )16. 在下方的Excel表格中,若在儲存格D1輸入公式「= VLOOKUP(3.8, A1:C3, 3)」,則儲存格D1顯示的運算結果為何?　(A)A　(B)100　(C)200　(D)300。

	A	B	C
1	1	A	100
2	3	B	200
3	5	C	300

( )17. 在Excel中,以何種參照位址製作的公式被複製到其他儲存格時,位址不會隨著改變?
(A)相對參照　　　　　　　　　(B)絕對參照
(C)相對參照與絕對參照　　　　(D)位址一定會隨著儲存格而改變。

( )18. AVERAGE、COUNT、MIN和SUM都是Microsoft Excel試算表軟體常用的函數,如果以12、34和56等三個數值作為上述四個函數的參數,計算的結果下列何者正確?
(A)AVERAGE(12, 34, 56) > SUM(12, 34, 56)
(B)COUNT(12, 34, 56) > MIN(12, 34, 56)
(C)MIN(12, 34, 56) > AVERAGE(12, 34, 56)
(D)SUM(12, 34, 56) > COUNT(12, 34, 56)。

( )19. 表(一)的Microsoft Excel表格中,若儲存格C1中存放公式「= MAX(B1, A1:A2)」,則儲存格C1的公式計算值為何?　(A)30　(B)40　(C)60　(D)100。

表(一)

	A	B	C
1	10	20	
2	30	40	

( )20. 在Microsoft Excel工作表中,若A1, A2, A3儲存格的值分別為30, 50, 40,則下列敘述何者正確?
(A)若A4儲存格的公式為= SUM(A1:A3),則A4儲存格將顯示70
(B)若A4儲存格的公式為= SUM(A1, A3),則A4儲存格將顯示120
(C)若A4儲存格的公式為= COUNT(A1:A3),則A4儲存格將顯示3
(D)若A4儲存格的公式為= MAX(A1, A3),則A4儲存格將顯示50。

( )21. 表(二)的Excel表格中,在儲存格C1中鍵入下列哪一項內容,會讓儲存格C1顯示出60這個數值?
(A)= SUM(A1:B2)　　　　　　(B)= AVERAGE(A1:B2)
(C)= AVERAGE(A1, B2)　　　　(D)= SUM(A2, B1:B2)。

表(二)

	A	B	C
1	40	10	
2	30	20	

( )22. 如果希望使用者在Excel工作表中只能輸入特定的幾種資料，我們可以利用下列哪一種功能來製作下拉式清單，限制使用者只能藉由選按的方式來輸入資料？
(A)排序　(B)驗證　(C)篩選　(D)列印。

( )23. 在Excel的另存新檔交談窗中，按「工具」鈕選下列哪一個選項，可將活頁簿設定為唯讀，讓知道密碼的人才可以修改內容？
(A)內容　(B)一般選項　(C)壓縮圖片　(D)Web選項。

( )24. 班長負責整理全班同學的學籍基本資料，如果他希望「血型」欄位中只能填入 "A"、"B"、"O"、"AB" 等四種血型，可使用Excel的哪一項功能？
(A)小計　(B)資料剖析　(C)驗證　(D)樞紐分析表。

( )25. Excel的哪一項功能，可以快速從多筆大量資料中，彙整及統計出關鍵的資訊，並製作成表格或圖表？
(A)驗證　(B)篩選　(C)排序　(D)樞紐分析。

( )26. 小碩在Excel中，檢視某一工作表時，發現該工作表中的部分列號呈現藍色，且有幾列內容被隱藏無法檢視。他試著在儲存格A10中輸入數字，Excel出現警告訊息提醒他輸入的數字範圍有誤。請根據上述情境，判斷該工作表中有下列哪些設定？
(A)隱藏列、自動篩選　　　　　　(B)資料驗證、自動篩選
(C)隱藏列、保護工作表　　　　　(D)進階篩選、樞紐分析。

( )27. 明婷透過Excel製作研發部門的獎金統計表（如下圖），請依據下圖判斷下列敘述何者有誤？
(A)使用樞紐分析表功能製作而成
(B)按「列標籤」右邊的 ▼ 鈕，可篩選資料
(C)由此表可得知，研發一課發放獎金總金額為60,923元
(D)由此表可得知，研發二課助理工程師沒人領到獎金。

	A	B	C	D	E	F
3	加總 - 獎金	欄標籤 ▼				
4	列標籤 ▼	助理工程師	研發工程師	研發副理	研發經理	總計
5	研發一課	1,834	2,041	7,305	10,693	21,873
6	研發二課		12,863	4,760	8,650	26,273
7	研發三課	5,706	2,035	1,876	3,160	12,777
8	總計	7,540	16,939	13,941	22,503	60,923

( )28. 使用Excel的哪一項功能，可將直條圖變更為折線圖？
(A)變更圖表類型　(B)選取來源　(C)移動圖表　(D)立體旋轉。

( )29. 在製作Excel圖表時，可在圖表建立後，按圖表工具圖表設計標籤中的哪一個按鈕，來輸入X軸的標題？
(A)圖表標題　(B)資料標籤　(C)座標軸標題　(D)立體旋轉。

第6章 Excel資料的計算與分析

統測試題

( )1. 在Excel中，儲存格A1、A2、A3、A4、A5內的存放數值分別為-5、-3、2、5、8，則下列函數運算結果，何者的數值最大？
(A)= COUNTIF(A1:A5, "> -5")
(B)= IF(A2 > A3, A1, A4)
(C)= RANK(A2, $A$1:$A$5)
(D)= ROUND(SUM(A1:A5) / 2, 0)。 [102商管群]

( )2. 下列何種Excel功能，最適合快速合併與比較大量資料、靈活調整欄列分析項目與資料摘要方式、方便查看來源資料的不同彙總結果、與建立不同分析角度的報表與圖表？ (A)合併彙算 (B)樞紐分析 (C)資料剖析 (D)資料驗證。 [102商管群]

( )3. 下列有關Excel資料小計功能的敘述，何者不正確？
(A)分組小計前必須先排序才能得到正確的結果
(B)小計對話方塊的「新增小計位置」，可以設定要進行小計的欄位
(C)在小計對話方塊中勾選「取代目前小計」，可以建立巢狀層級小計
(D)執行小計功能後，可以自動建立大綱結構便利逐層檢視資料。 [102商管群]

( )4. 下列何種Excel統計圖表，資料數值從中心點擴散，距離中心點越遠代表數值越高，最適合顯示某學生不同學科成績的相對表現？
(A)折線圖 (B)區域圖 (C)雷達圖 (D)散佈圖。 [102商管群]

( )5. 在Microsoft Excel中，給如圖（一）所示之儲存格內容，若在儲存格E1輸入的公式為「= COUNTIF(A1:D2, "< 0")」，則該公式的計算值為多少？
(A)-11 (B)-2 (C)4 (D)9。 [103商管群]

	A	B	C	D	E
1	4	-3	2	1	
2	-1	2	-3	-4	

圖（一）

( )6. 在Microsoft Excel中，給如圖（二）所示之儲存格內容，若在儲存格C1輸入公式「= $A1 + A$2 * $B$2」，此時儲存格C1公式的計算值為9；接著，先選定儲存格C1進行「複製」動作，再選定儲存格D2進行「貼上」動作後，請問儲存格D2公式的計算值為何？ (A)2 (B)9 (C)11 (D)18。 [103商管群]

圖（二）

( )7. 在Microsoft Excel表格中，A1儲存格內的數值為25，B2儲存格內的公式為「= IF(MOD(A1, 3) = 1, 10, 20)」，B2的運算結果為何？
(A)1 (B)10 (C)20 (D)30。 [104商管群]

( )8. 在表（一）的Microsoft Excel表格中，如果儲存格C1中存放公式「= MIN(SUM(A1:A2), AVERAGE(A2:B2))」，則儲存格C1的公式計算值為何？
(A)30　(B)45　(C)51　(D)75。　　　　　　　　　　　　　　　　　　　　　[104商管群]

表（一）

	A	B	C
1	12	30	
2	18	72	

( )9. 在表（二）的Microsoft Excel表格中，我們在選取A1:B4後，將排序條件設定如下：首要的排序方式為「依照欄B的值由最小到最大排序」，次要的排序方式設為「依照欄A的值由最大到最小排序」，則在排序後的結果中，下列敘述何者正確？
(A)A1的值為60　(B)A2的值為30　(C)A3的值為5　(D)B3的值為30。　　[104商管群]

表（二）

	A	B
1	30	20
2	60	10
3	40	20
4	5	30

( )10. 在Microsoft Excel中，下列公式之結果為何？
= INT(ROUND(16.59, -1) + ROUND(5.26, 1) + ROUND(-27.63, -1))
(A)-7　(B)-6　(C)-5　(D)-4。　　　　　　　　　　　　　　　　　　　　　[105商管群]

( )11. 在下表的Microsoft Excel工作表中，若清除儲存格A4的內容並輸入公式「= $A1 + A$2 - $A$3」，繼而複製儲存格A4，將公式貼到儲存格B4，則儲存格B4的公式計算值為何？　(A)-10　(B)20　(C)30　(D)60。　　　　　　　　[105商管群]

	A	B
1	20	50
2	30	70
3	60	100
4		

( )12. 在Microsoft Excel裡，下列何者最適合用來將單欄中的資料，利用分隔符號或固定寬度，切割至多個欄位中？
(A)資料剖析　(B)自動篩選　(C)資料驗證　(D)取消群組。　　　　　　　　[105商管群]

( )13. 在Microsoft Excel試算表中的A1、B1、A2和B2四個儲存格中，分別輸入5、4、3、2的數值，然後在C1儲存格中輸入「= $A$1 * B1」的公式，再將C1的內容複製並且貼上到C1:D2範圍的儲存格中，那麼D2儲存格呈現的值為何？
(A)12　(B)20　(C)50　(D)100。　　　　　　　　　　　　　　　　　　　　[106商管群]

( )14. 在Microsoft Excel中,下列哪一項正確?
(A)公式「= 5 - 7 * 3」的結果為-6
(B)公式「= 5 * 3 < -10」的結果為FALSE
(C)公式「= 4 ^ 3 <= 12」的結果為TRUE
(D)公式「= 123 & 456」的結果為579。 [106商管群]

( )15. 使用Microsoft Excel時,在A1儲存格內輸入公式「= SUM(B4:C5, D2, E1:E3)」,請問A1共加總幾個儲存格的資料值?
(A)5　(B)6　(C)7　(D)8。 [106商管群]

( )16. 在Microsoft Excel中,A3儲存格為「電子」、A4儲存格為「試算表」、A5儲存格為「軟體」,要使A1儲存格顯示「電子試算表軟體」,則A1儲存格的輸入公式必須為下列何項?
(A)= A3 & A4 & A5
(B)= A3:A4:A5
(C)= A3 + A4 + A5
(D)= A3 # A4 # A5。 [107商管群]

( )17. 在Microsoft Excel中,A1儲存格的數值為50,若在A2儲存格中輸入公式「= IF(A1 > 80, A1 / 2, IF(A1 / 2 > 30, A1 * 2, A1 / 2))」,則下列何者為A2儲存格呈現的結果?　(A)25　(B)50　(C)80　(D)100。 [107商管群]

( )18. 在Microsoft Excel中,儲存格A1、A2、A3、A4、A5中的數值分別為5、6、7、8、9,若在A6儲存格中輸入公式「= SUM(A$2:A$4, MAX($A$1:$A$5))」,則下列何者為A6儲存格呈現的結果?
(A)23　(B)28　(C)30　(D)#VALUE!。 [107商管群]

( )19. 在Microsoft Excel中,當我們要使用資料小計時,必須先將要分組的欄位進行下列何種處理?　(A)存檔　(B)搜尋　(C)加總　(D)排序。 [107商管群]

( )20. 若在Microsoft Excel的A1儲存格中輸入= AND(6 < 7, NOT(FALSE)),則A1儲存格呈現的結果為下列何者?
(A)TRUE　(B)FALSE　(C)TRUE, FALSE　(D)FALSE,TRUE。 [108商管群]

( )21. Microsoft Excel中,在E2儲存格輸入= B2 + C2 & "元",而B2及C2儲存格的內容分別為20及30,則E2儲存格顯示為何?
(A)50元　(B)2030元　(C)#REF!　(D)#VALUE!。 [108商管群]

( )22. 若要在 "活頁簿1" 中的A1儲存格設定參照 "活頁簿3工作表3" 中的B3儲存格,則下列何者為A1儲存格內的正確格式?
(A)= 活頁簿3.xlsx@工作表3&B3
(B)= [活頁簿3.xlsx]工作表3!B3
(C)= (活頁簿3.xlsx)工作表3#B3
(D)= {活頁簿3.xlsx}工作表3@B3。 [108商管群]

( )23. 使用電子試算表軟體(Excel),C1儲存格內之數值為40,D2儲存格內之公式為= IF(MOD(C1, 2) = 0, IF(MOD(C1, 3) = 0, 10, 100), 1000),D2的運算結果為何?
(A)0　(B)10　(C)100　(D)1000。 [109商管群]

( )24. 使用電子試算表軟體（Excel），儲存格B1、B2、B3、B4、B5內的存放數值分別為-4、-2、0、3、8，下列哪一個選項的運算結果與其他選項不同？
(A)= MAX(COUNTIF(B1:B5, "> -2"), COUNTIF(B1:B5, "< 0"))
(B)= IF(B2 > B3, ABS(B1), ABS(B4))
(C)= ROUND(AVERAGE(B1:B5), 0)
(D)= VLOOKUP(B4, B1:B5, 1)。 [109商管群]

( )25. 使用電子試算表軟體（Excel），A1儲存格內之數值為20，A2儲存格內之數值為30，B1儲存格內之數值為50，B2儲存格內之數值為70，若儲存格A3中存放公式「= $A1 + A$2」，我們將此儲存格複製後貼到儲存格B3，則儲存格B3的公式計算值為何？ (A)50 (B)90 (C)100 (D)120。 [109商管群]

( )26. 使用電子試算表軟體（Excel），儲存格A1、A2、B1、B2內的存放字串值分別為 "Hello"、"OK"、"Fine"、"Best"，若在儲存格A3鍵入一個公式「=$A$1 & A2」，然後將此儲存格複製後貼到儲存格B3，下列何者是儲存格B3的公式計算結果？
(A)"FineBest" (B)"FineOK" (C)"HelloBest" (D)"HelloFine"。 [110商管群]

( )27. 使用電子試算表軟體（Excel），A1、A2、B1、B2儲存格內存放之數值分別為40、60、80、10，若我們先將欄A的數值由大到小排序，再將欄B的數值由小到大排序，則排序後儲存格B2的值為何？ (A)10 (B)40 (C)60 (D)80。 [110商管群]

( )28. 小華使用PowerPoint製作一份110年度公司營收業績簡報，若簡報中需呈現該年度各季營收百分比的圖表，則最適合使用下列何項圖表來完成？
(A) 雷達圖
(B) 直條圖
(C) 圓形圖
(D) XY 散佈圖。 [111商管群]

( )29. 在Excel中，A1儲存格資料為 "A123456789"，若在A2儲存格將中間6碼做資料隱蔽成為 "A1 XXXXXX 89"，則A2儲存格可使用下列何項來完成？
(A)= A1 & " XXXXXX " & "89"
(B)= REPLACE("A1" ,3,6, " XXXXXX")
(C)= LEFT(A1,2) + " XXXXXX " + RIGHT(A1,2)
(D)= MID(A1,1,2)& " XXXXXX " & MID(A1,9,2)。 [111商管群]

( )30. 在Excel試算表中，儲存格內容如圖（三）所示，若B2儲存格公式「= B$1*A2」，再複製B2儲存格的公式，並貼到B2：F6範圍的儲存格中，則下列何者為D2儲存格呈現的結果？ (A)3 (B)6 (C)9 (D)12。 [111商管群]

圖（三）

( )31. 在MS Excel試算表中，關於儲存格參照的敘述，下列何者錯誤？
(A)「$A1」只有欄採相對參照　　　(B)「A$1」只有列採絕對參照
(C)「A1」是相對參照　　　　　　(D)「$A$1」是絕對參照。　　　[111工管類]

( )32. 在電子試算表Excel中，A2、B1、B2、B3及C2儲存格的內存值如圖（四）所示，下列敘述何者錯誤？
(A)A5儲存格輸入= SUM(B1:B3, A2:C2)後出現的值為5
(B)B5儲存格輸入= A2 & B2後出現的值為0.20.5
(C)將B2儲存格格式設為百分比類別，則該儲存格顯示為50%
(D)C5儲存格輸入= MAX(B1:B3, A2:C2)後出現的值為50。　　　[112商管群]

	A	B	C
1		1	
2	0.2	0.5	0.8
3		2	
4			

圖（四）

( )33. 在電子試算表Excel中，如圖（五），B7儲存格內容為= VLOOKUP(3, $A$2:$D$5, 4)，則其運算後B7儲存格值為何？
(A)臺灣
(B)德國
(C)細胞培養
(D)雞胚胎蛋。　　　[112商管群]

	A	B	C	D
1	號碼	流感疫苗廠商／名稱	產地	培養方式
2	1	賽諾菲／巴斯德	法國	雞胚胎蛋
3	2	國光／安定伏	臺灣	雞胚胎蛋
4	3	東洋／輔流威適	德國	細胞培養
5	4	葛蘭素／伏適流	德國	雞胚胎蛋
6				

圖（五）

▲閱讀下文，回答第34題
快樂國小3年1班導師針對全班20位學生的考試結果處理程序如下：
①利用Excel試算表將個別學生二科以上（含二科）不及格者顯示V，以便後續加強輔導
②導師利用Word合併列印功能，製作信件給須加強輔導同學的家長

( )34. 在Excel試算表如圖（六）所示，若二科以上（含二科）不及格，在E2儲存格中設計公式顯示V，其他狀況則不須顯示任何符號，再將該公式複製並貼到E2:E21範圍的儲存格中，使得這些儲存格有二科以上（含二科）不及格者顯示V，則下列何者為E2儲存格的公式？
(A)= IF(COUNTIF(B2:D2, "< 60") >= 2, "V", "")
(B)= IF(COUNTIF(B2:D2, "< 60") >= 2, "", "V")
(C)= IF(OR(B2 < 60, C2 < 60, D2 < 60), "V", "")
(D)= IF(NOT(AND(B2 >= 60, C2 >= 60, D2 >= 60)), "", "V")。　　　[112商管群]

	A	B	C	D	E
1	學號	國語	數學	英語	加強輔導
2	1	55	50	40	V
3	2	90	95	95	
4	3	70	65	50	
5	4	100	100	100	
6	5	95	95	100	
16		⋮			
17		⋮			
20	19	50	45	70	V
21	20	30	55	45	V
22					

圖（六）

▲閱讀下文，回答第35-36題

好康多賣場用試算表建立會員資料，欄位有身分證字號、姓名及地址，如圖（七）虛擬資料。

	A	B	C	D
1	身分證字號	姓名	地址	
2	A223456781	王曉潔	臺北市中山區明水路661號	
3	E123456783	林南生	高雄市鳳山區經武路30號	

圖（七）

(　　)35. 好康多賣場將在5月針對女性會員推出「媽咪購物節」的行銷活動，該賣場想從上萬筆會員名單中的身分證字號第2碼（1代表男性、2代表女性）來判斷會員的性別，方便能寄送行銷資訊給女性會員，則可使用下列哪些函數的組合來篩選出女性會員？
(A)COUNDIF()、MOD()　　　　　　(B)IF()、MID()
(C)INT()、LEN()　　　　　　　　　(D)LEFT()、ROUND()。　　　[113商管群]

(　　)36. 在寄送行銷資料的紙本封面上將出現身分證字號、姓名及地址，為保護個人資料，身分證字號第5-10碼將被隱藏，如A223******。下列何者能完成此需求？
(A)= LEFT(A2,4) + "******"
(B)= LEFT(A2,4) @ '******'
(C)= LEFT(A2,4) & "******"
(D)= LEFT(A2,4) % '******'。　　　[113商管群]

(　　)37. 某公司某部門員工的年終獎金 = 底薪 * 2。在試算表中，儲存格內容如圖（八）所示，若E4儲存格公式「= D4 * C1」，再複製E4儲存格，並貼到E5:E8範圍的儲存格中，則下列何者為E6儲存格呈現的結果？
(A)0　(B)64,000　(C)#REF!　(D)#VALUE!　　　[113商管群]

	A	B	C	D	E
1		可領年終獎金月數	2		
2					
3	員工編號	戶籍地	年資	底薪	年終獎金
4	A1	新北市	2	30,000	
5	A2	台北市	3	31,000	
6	A3	台中市	5	32,000	
7	A4	臺中市	8	40,000	
8	A5	台中市	6	35,000	

圖（八）

(　　)38. 在圖（九）試算表中之儲存格E5輸入=SUMIF(B2:D4,C3)，此儲存格E5的計算結果為何？　(A)21　(B)12　(C)10　(D)8。　　　[114商管群]

	A	B	C	D	E
1	0	0	2	1	
2	0	0	2	1	
3	0	0	2	1	
4	2	2	2	0	
5	2	2	2	0	

圖（九）

▲ 閱讀下文，回答第39-40題

吳先生大學畢業後在海大王連鎖海鮮專賣店擔任業務助理，利用試算表軟體統計各分店的銷售業績，如圖（十）所示，C欄要放置各分店的銷售排名，首先在儲存格C3輸入公式=＿甲＿(B3,＿乙＿,0)。

	A	B	C
1	海大王連鎖海鮮專賣店銷售報表		
2	分店別	銷售金額(萬元)	銷售排名
3	台北分店	100	
4	台中分店	123	
5	台南分店	230	
6	高雄分店	115	
7	屏東分店	134	

圖（十）

( )39. 儲存格C3的公式中，「甲」可使用下列哪一個函數？
(A)RANK.EQ (B)ORDER (C)RAND (D)MAX。 [114商管群]

( )40. 完成儲存格C3的函數設定後，接著將儲存格C3複製到C4:C7來完成銷售排名；儲存格的範圍設定有①至④四種方式，下列哪一個選項的範圍設定方式均符合公式中「乙」的需求？
①$B$3:$B$7　②$B3:$B7　③B$3:B$7　④B3:B7
(A)①、② (B)①、③ (C)②、③ (D)②、④。 [114商管群]

( )41. 圖（十一）所示之Microsoft Excel工作表為某班級測驗成績列表，其中平均成績欄位為學生的國文、數學、英文三科成績使用函數自動計算得到。為得到正確的計算結果，儲存格E2應使用下列何者公式？
(A)=AVERAGE(B2,D2)　　(B)=AVERAGE(B2-D2)
(C)=AVERAGE(B2:D2)　　(D)=AVERAGE(B2~D2)。 [114工管類]

	A	B	C	D	E
1	學生	國文	數學	英文	平均成績
2	K001	88	82	82	84
3	K002	85	87	77	83
4	K003	70	80	90	80

圖（十一）

NOTE

統測考試範圍

單元 4

雲端應用

學習重點

章名	常考重點	
第7章 網路帳號與雲端應用	• 雲端儲存 • 雲端共用行事曆 • 網路問卷	★★★☆☆
第8章 雲端影音資源與行動裝置App之應用	• YouTube的基本介紹 • 行動裝置App之應用	★★☆☆☆

統測命題分析

數位科技概論
- 單元1 9%
- 單元2 15%
- 單元3 16%
- 單元4 15%
- 單元5 13%
- 單元6 15%
- 單元7 17%

數位科技應用
- 單元1 15%
- 單元2 11%
- 單元3 24%
- 單元4 11%
- 單元5 15%
- 單元6 17%
- 單元7 7%

第 7 章 網路帳號與雲端應用

7-1 網路帳號

一、認識網路帳號

1. **網路帳號**代表**使用者在網站上的身分**。

2. 許多網站常會規定使用者以**電子郵件地址**、**手機號碼**、**身分證統一編號**等做為使用者的**網路帳號**，並設定一組**密碼**以確保這個帳號的安全性。

3. 網路帳號的密碼設定原則：

    a. 提高密碼組成的複雜度：建議**最短8字元**、混合中英文字母、數字及特殊符號。

    b. 避免使用「**個資**」作為密碼：應避免使用生日、紀念日、手機號碼等個資作為密碼。

    c. 不應使用**懶人密碼**：應避免過於簡單、易被猜測到的字詞組合作為密碼。

    d. 不同帳號應使用不同密碼：使用者有多個網路帳號時，應使用不同密碼，避免當有一組密碼被破解後，使其他帳號也被入侵。

二、雙步驟驗證機制

1. **雙步驟驗證**（**2SV**, Two-Step Verification）：又稱兩步驟驗證，是一種使用者在登入時，除了需輸入帳號、密碼之外，還須通過另一道身分驗證才能登入帳號的登入驗證機制。

2. 常見的雙步驟驗證方式：

    a. 網站透過簡訊（或語音通話）傳遞驗證碼給使用者，使用者輸入該驗證碼後才能登入網站。

    b. 在行動裝置上接收網站傳送的「身分認證」提示，按確認鈕後，才能登入網站。

    c. 使用者須先購買「**硬體安全金鑰**」，將金鑰新增至帳號中，在登入帳號時須將「硬體安全金鑰」與裝置連接，網站驗證該金鑰為使用者所設的金鑰後，才能完成登入網站的程序。常見的硬體安全金鑰有Google Titan安全金鑰、Yubico推出的YubiKey等，這類金鑰可透過USB、藍牙、NFC等方式與裝備連接。

三、設定帳號備援資訊與隱私權

1. **設定帳號備援資訊**：當使用者的帳號密碼被陌生裝置登入時，網站會發送訊息至使用者的手機或另一組電子信箱，確認是否為本人登入。

2. **設定隱私權**：網站常會蒐集使用者的個人資料、網路活動記錄、定位資訊等資料，以提供使用者更優質與個人化的服務。使用者應詳閱網站的**隱私權政策**以保障自身權益。

3. **登入裝置的管理**：可透過查看目前或曾經登入自己帳號的所有裝置來確認是否有可疑人士登入過你的帳戶。若發現目前有不明裝置登入並正在使用你的帳戶，可將該裝置強制登出。

4. 許多雲端服務供應商提供以下帳號資料的管理功能：

    a. 匯出帳號資料：使用者可匯出帳號中的郵件、照片、檔案、日曆等資料，做為備份或其他用途。

    b. 刪除帳號：若不想繼續使用帳號，可利用此功能將帳號內所有資料刪除。

7-2 雲端儲存

1. **雲端儲存**是透過應用程式將檔案資料存放到雲端的一種資料儲存方式。

2. 常見的雲端儲存應用程式：

雲端儲存應用程式	服務供應商	支援系統	免費空間
Google雲端硬碟	Google	Windows、macOS、Linux、iOS、Android	15GB
OneDrive	微軟	Windows、macOS、iOS、Android	5GB
iCloud	Apple	Windows、macOS、iOS	5GB
Dropbox	Dropbox	Windows、macOS、Linux、iOS、Android	2GB

3. 雲端儲存常見的應用：

   a. **檔案的儲存與備份**：使用者可將智慧型手機、平板電腦、筆電等裝置中的檔案上傳至雲端硬碟作為資料備份之用，也方便隨時隨地存取、編修儲存在雲端的檔案。

   b. **線上檔案的共享**：可利用雲端硬碟提供的共享功能，將檔案設為共享並提供網址給他人，即可檢視、編輯或下載共享的檔案。

   c. **LINE訊息備份**：iOS裝置中的LINE訊息會備份至iCloud，Android裝置中的LINE訊息會備份至Google雲端。LINE訊息會自動備份，可設定每天、每3天、每週、每月等時間定期備份。

   d. **雲端相簿**：可將電腦或手機裡的照片／影音檔案備份到雲端（如Google相簿、iCloud相簿）的應用。

得分區塊練

( )1. 下列何者不是網路帳號密碼的設定原則？
　　(A)密碼須混合大小寫英文字母、數字及特殊符號
　　(B)應避免使用個人資料
　　(C)不應使用懶人密碼
　　(D)不同帳號應使用同一組密碼，以避免忘記。

( )2. 在使用「硬體安全金鑰」進行雙步驟驗證時，下列何者不是「硬體安全金鑰」與裝置連接的方式？　(A)USB　(B)藍牙　(C)NFC　(D)HDMI。

7-3 雲端辦公應用

1. 雲端辦公應用軟體：用來處理文件、設計簡報、製作報表等，提供「共用」功能可讓多人協同合作共編與共享檔案，達到資料整合與版本管理的效果。

2. 常見的雲端辦公應用軟體：

軟體系列	文書處理	簡報設計	試算表	
Google	文件	簡報	試算表	→儲存至 Google雲端硬碟
Microsoft 365	Word	PowerPoint	Excel	→儲存至 OneDrive

3. **建立檔案（以Google為例）**：在Google首頁按**Google應用程式**，選擇**Google文件/簡報/試算表**，再按 **+**，即可建立一個新檔案。

4. **儲存檔案**：在連線的狀態下，會**自動**儲存檔案至雲端硬碟。

5. **協作共編**：按**共用**鈕，可邀請多人共同編輯同一份檔案，設定方法如下。

   a. **一般存取權**：選擇**知道連結的任何人**，再按**複製連結**即可將網址分享給共編者。

   b. **具有存取權的使用者**：設定共編者的E-mail，將其設定為**編輯者**，即可傳送連結至共編者信箱。

6. **版本管理**：透過**版本記錄**可檢視該檔案的所有編輯時間、編輯者，以及各版本的資料內容。

7-4 雲端共用行事曆

1. **雲端行事曆**：用來記錄重要日程及待辦事項的雲端工具，可以與其他人**共享**，達到互相提醒及協調整合的效果。

2. 常見的雲端共用行事曆有：Google日曆、Outlook行事曆、iCloud行事曆、TimeTree等。

3. Google日曆中的活動、提醒、工作等說明與舉例：

Google日曆功能	說明
活動	在一段時間內要做的事情
提醒[註]	用來提醒使用者在什麼時間要做什麼事
工作	一項在將來某一個**特定時間點**要開始或完成的事情

提醒：要開始用功看書了！　提醒：進入考前衝刺！　工作：考前3天，須寫完模擬試卷（截止時間）

2週前　　1週前　　活動：6/20～6/21期末考

註：Google日曆已無「提醒」功能。

7-5 網路問卷 111 114

1. **網路問卷**：用來製作問卷調查的應用程式。當受訪者透過網路填寫問卷後，程式即可將問卷調查的結果以**圖表形式**呈現，方便調查者分析使用。

2. 網路問卷的製作流程（以 **Google表單** 為例）：

   a. 建立表單 ≫ b. 建立問卷題目 ≫ c. 傳送問卷 ≫ d. 檢視表單回覆結果

   a. **建立表單**：在Google雲端硬碟中按**新增**鈕，即可建立一份新的空白表單。使用者還可設計表單的外觀，或利用Google表單內建的主題來快速美化表單。

   b. **建立問卷題目**：可依照問卷設計的需求，建立不同的題目類型供受訪者填寫，並依據題目的重要性開啟**必填**功能，使受訪者須填寫該題目才可提交問卷。

題目類型	說明	範例
簡答	只能輸入一行文字	您的姓名 李國智
詳答[註]	能輸入多行文字	請輸入您的意見 用餐環境很好，服務生也很親切，但是菜餚的分量不足，男生吃不飽。
選擇題	多個選項只能選一個	您的性別 ● 男 ○ 女
核取方塊	多個選項可選多個	喜歡的料理類型 ☑ 台菜 ☐ 廣東菜 ☑ 日式料理 ☐ 韓國料理
下拉式選單	單按後選一個答案	您的血型 選擇 ▼ A型 B型 O型 AB型

註：Google表單已將「段落」更名為「詳答」。

第 7 章 網路帳號與雲端應用

題目類型	說明	範例
線性刻度	在整數列中，訂定等間距的刻度（如最低1分、最高5分，共5個相隔1的選項），讓受訪者可在刻度選項中依據評分高低選一個答案，常應用於等級評比、滿意度調查	您對餐點的滿意度／對於此次調查結果的認同度
單選方格	可設定多個子問題，並在區段內選一個答案	參加本次旅遊後，請依照實際感覺填答下列問題
核取方塊格	可設定多個子問題，並在區段內選多個答案	可參加同學會聚餐的時段
日期	選擇日期	您的生日
時間	選擇時間	訂位時間
檔案上傳	可讓受訪者上傳檔案（須登入Google帳號）	上傳暑假旅遊照片

→ **建立區段**：在設計題目時，將問題分別放在不同的區段，可設計出會依照受訪者的答案，來決定要前往哪一個區段回答後續問題的問卷。

B7-7

c. **傳送問卷**：表單設計完成後，按傳送鈕可傳送表單連結給受訪者，以開啟此連結的方式來填寫問卷題目。

傳送表單

- 透過E-Mail傳送
- 提供表單連結
- 勾選後可縮短網址
- 產生可將該問卷嵌入至自己網頁中的HTML語法
- 透過社群網站（如Facebook）發布
- 表單的連結：https://forms.gle/cCJ2azPTWtSnDJnC8

d. **檢視表單回覆結果**：受訪者填寫完問卷後，填寫的結果即可傳送給表單擁有者。Google表單會自動將結果整理成圖表，以便問卷製作者可快速檢視回覆結果。也可將回覆的資料儲存在**Google試算表**中，將回覆的資料做進一步的分析統計。

3. **設計測驗卷**：可將表單設計成測驗卷並自動評分。利用Google表單的**測驗**選項可建立測驗卷，並設定讓作答者在寫完測驗卷後立即得知成績或手動批閱後再公布成績；還能設定作答者能否在作答完後，查看答錯的問題、正確答案及分數。

7-6 其他雲端應用

1. Google的其他雲端應用：

Google雲端應用	說明
Google繪圖	可線上繪製流程圖、配置圖等圖表
Google Jamboard（線上電子白板軟體）	可讓多人同步發揮想法，將想表達的文字、圖案記錄在電子白板上，並將眾人討論的成果儲存在雲端硬碟中（已終止服務）
Google Meet（視訊會議服務）	可讓多人進行視訊會議，透過連結分享或輸入會議代碼等方式加入會議室

2. 微軟雲端應用：

   a. 雲端版Microsoft 365（包含Word、Excel、PowerPoint等工具）：可讓使用者在線上使用並將檔案儲存於OneDrive雲端空間中。

   b. Azure雲端運算平台：提供給企業資訊開發團隊使用的雲端運算平台，可協助企業用於資料倉儲、巨量資料上的進階分析等應用。

3. 其他公司的常見雲端應用：

雲端應用	說明
Cake Blockly for C語言	只要在畫面中拉曳Blockly積木式程式區塊，即會自動產生對應的C語言程式碼，適合初學者學習程式
WeViDeo（線上影音剪輯工具）	可裁剪、編輯影片內容及加上各種文字、動畫、濾鏡等視覺效果，還可為影片加入背景圖案、背景音樂、轉場特效等
FileCloudFun（離線下載工具）	使用者只要透過此工具設定要下載的檔案後，即可於雲端下載檔案，離線也不影響下載進度

( )1. 下列有關Google表單的敘述，何者有誤？
(A)可用來設計測驗卷並於作答者測驗完成後即可得知成績
(B)使用「核取方塊」題目類型，可設計多個選項可選多個的題目
(C)若要讓受訪者能輸入多行文字，應設定該題目為「簡答」題目類型
(D)題目中有要求受訪者上傳檔案，該名受訪者須先登入Google帳號才可傳送。

( )2. 下列何者是一款線上電子白板軟體，可讓多人同步發揮想法，將想表達的文字、圖案記錄在線上電子白板上，並將眾人討論的成果儲存在雲端硬碟中？
(A)Google Jamboard　　　　　　　(B)FileCloudFun
(C)WeViDeo　　　　　　　　　　(D)Google繪圖。

數位科技應用 滿分總複習

滿分晉級

情境素養題

▲閱讀下文,回答第1至2題:

身為學生會長的明倫想設計一份校慶園遊會的事前調查問卷,詢問全校各班同學攤位要販賣的商品為何。他利用Google表單設計一份問卷,問卷中設定有受訪者的姓名、性別、班級、想開設的攤位(如飲料攤、烤肉攤、遊樂攤等),以及擺攤的建議。

( )1. 明倫設計的問卷中有2題題目分別為:
①「想開設的攤位」題目可讓受訪者勾選多個選項。
②「讓受訪者填寫意見」題目可讓受訪者撰寫多行文字。
請問他應該如何在Google表單中設定這2題的題目類型呢?
(A)選擇題、簡答 (B)選擇題、詳答 (C)核取方塊、簡答 (D)核取方塊、詳答。 [7-4]

( )2. 下列何者不是明倫在使用Google表單時,可傳送表單連結給受訪者的方式?
(A)寄掛號給受訪者 (B)透過社群網站發布給受訪者
(C)提供表單連結給受訪者 (D)透過E-mail傳送給受訪者。 [7-4]

精選試題

7-1 ( )1. 下列何者不是常見的雙步驟認證?
(A)網站透過簡訊(或語音通話)傳遞驗證碼給使用者,使用者輸入該驗證碼後才能登入網站
(B)在行動裝置上接收網站傳送的「身分認證」提示,按確認鈕後,才能登入網站
(C)透過防毒軟體確認網站安全性
(D)使用硬體安全金鑰與裝置連接進行認證。

( )2. 當使用者的帳號密碼被陌生裝置登入時,網站會透過發送訊息至使用者的手機或另一組電子信箱,以確認是否為本人登入。請問此項功能為何?
(A)雙步驟驗證 (B)帳號備援資訊 (C)設定隱私權 (D)匯出帳號資料。

( )3. 下列何者可以用來代表使用者在網站上的身分?
(A)網路帳號 (B)個人頭貼
(C)網路暱稱 (D)出生年月日。

7-2 ( )4. 下列有關雲端儲存的敘述,何者錯誤?
(A)雲端相簿可將電腦或手機裡的照片備份到雲端
(B)使用iOS裝置,其LINE訊息會自動備份至Google雲端硬碟
(C)iCloud是Apple公司的雲端儲存空間
(D)雲端儲存是透過應用程式將檔案資料存放到雲端的一種資料儲存方式。

7-4 ( )5. 下列有關Google日曆的敘述,何者錯誤?
(A)具備共享功能
(B)Google日曆的活動是指在一段時間內要做的事情
(C)Google日曆的提醒功能是提醒使用者在什麼時間要做什麼事
(D)Google日曆中的工作是指一項在過去某一個特定時間點已完成的事情。

第7章 網路帳號與雲端應用

( )6. 阿美要製作一份問卷，問卷中的題目類型有讓受訪者只能輸入一行文字的題目（如輸入姓名），也有讓受訪者在等間距的刻度選項中選一個答案的題目（如滿意程度），她最可能是使用Google表單中的哪2個題目類型？
(A)詳答、線性刻度　(B)詳答、核取方塊　(C)簡答、核取方塊　(D)簡答、線性刻度。

( )7. 下列何者最不適合使用Google表單來製作？
(A)餐廳滿意度問卷　(B)隨堂測驗卷　(C)產品試用問卷　(D)產品行銷海報。

( )8. 阿文想要與居家隔離的同事進行多人視訊會議，他可以使用下列哪一款雲端工具呢？
(A)Microsoft 365　(B)Google Meet　(C)WeViDeo　(D)FileCloudFun。

統測試題

▲閱讀下文，回答第1～2題：

數學老師要請全班50位同學，每一位同學都喝一杯手搖飲。老師請小明用Google表單設計一份問卷，讓全班同學能各自上網登記，小明再依據登記後的資料進行採購，數學老師並可做後續的統計分析。老師與小明討論Google表單設計理念須達到使用者易於使用（User Friendly），即提供同學明確資訊，減少手動輸入資料內容，避免造成輸入錯誤而影響後續統計分析。另外表單設計分為兩區段，第一區段基本資料與第二區段點餐資料，共5項輸入資料。如下表①～⑤所示：

第一區段	第二區段
①姓名 ②性別	③手搖飲種類十選一 ④手搖飲甜度五選一（正常甜、七分甜、五分甜、三分甜與無糖） ⑤手搖飲冰塊量四選一（正常冰、少冰、微冰與去冰）

( )1. 小明熟悉5種Google表單問題類型：(甲)簡答、(乙)選擇題、(丙)下拉式選單、(丁)核取方塊與(戊)線性刻度，其依據輸入資料的屬性選用問題類型，下列組合何者最適合？　[111商管群]

	(甲)簡答	(乙)選擇題	(丙)下拉式選單	(丁)核取方塊	(戊)線性刻度
(A)	①	②	③	④	⑤
(B)	①	③	②		④⑤
(C)	①	②	③④⑤		
(D)	②	①	③		④⑤

( )2. 有關Google表單的敘述，下列何者錯誤？
(A)Google表單除方便製作線上問卷也可以線上考試
(B)當所有同學填寫表單後，小明可以用回覆鈕追蹤同學回覆的內容
(C)小明將問卷設計完後，可以使用連結的方式傳給班上所有同學來填寫問卷
(D)數學老師可用Google文件直接統計分析回覆資料，如：最受歡迎的飲料種類。
[111商管群]

( )3. 設計線上問卷，當詢問不特定受測者資料時，下列哪一種資料較適合使用下拉式選單的表現形式來設計？　(A)星座　(B)姓名　(C)電子郵件信箱　(D)手機號碼。　[111工管類]

(　　)4. 下列哪一項的主要服務不屬於雲端儲存服務？
(A)OneDrive　(B)Google雲端硬碟　(C)iCloud　(D)Azure。 [112商管群]

(　　)5. 下列何者是資訊系統帳號密碼設定與使用的良好做法？
(A)密碼可依鍵盤排列順序來設定，既具備高複雜度又方便記憶
(B)密碼盡量包含英文大小寫與數字的組合，且個人不同帳號的密碼避免重複
(C)增強密碼的長度與複雜度之後，把密碼寫在紙上並壓在鍵盤底下可避免忘記
(D)密碼中可包含個人的資訊，例如電話號碼，這樣易形成與別人密碼不同的效果。
[113工管類]

(　　)6. 小張某天收到交友網站所傳來的簡訊，簡訊中有一來路不明的網站連結，該網站要求提供姓名、電話、身分證字號及信用卡卡號等個人的機敏資料，基於保護個人資料的原則，下列何者是小張在提供這些個人資料前應該採行的因應作為？
(A)配合提供以加快入會流程
(B)借用他人個人資料完成入會流程
(C)嘗試入侵該網站取得他人個人資料
(D)確認該網站的隱私政策與個人資料保護方式後再行決定。 [113工管類]

(　　)7. 用Google表單製作問卷時，①至⑤的情境敘述，下列哪一個選項的組合完全正確？
①人類血型可用 "選擇題" 提供點選
②用一個 "下拉式選單" 可完成多種興趣的選擇
③個人姓名及電話可用 "線性刻度" 給予直接填寫
④提供5個開會時間可用 "核取方塊" 給予勾選有空時段
⑤可用 "簡答" 並搭配Shift + Enter組合鍵可進行多行輸入
(A)①、②　(B)①、④　(C)③、④　(D)③、⑤。 [114商管群]

第8章 雲端影音資源與行動裝置App之應用

8-1 雲端影音資源之應用

一、常見的雲端數位影像／影音資源

雲端數位資源	網站	說明
影像資源	Pixabay	提供高畫質影像，並以CC0授權方式供使用者使用
影像資源	Flickr	知名網路相簿，照片是以創用CC授權方式供使用者使用
影音資源	KKBOX	提供音樂串流服務的平台，使用者付費後，即可透過網路播放在雲端上的歌曲
影音資源	Spotify	源自瑞典，提供音樂串流服務的平台，是目前全球最大的雲端音樂平台（推出音樂MV以強化音樂體驗，並非轉型為影音串流平台）
影音資源	YouTube	源自美國的影音分享網站，使用者可上傳、觀賞、分享及評論影片
影音資源	NETFLIX	源自美國的線上影音串流服務平台，內容包含影集、電影等，影片大多由電視台、製片公司製作並授權播放
影音資源	Facebook Watch	為Facebook提供的影音平台，使用者可上傳原創影片，也可追蹤、分享自己喜歡的影片

1. 隨選視訊（Video On Demand, VOD）：是一種將影音數位內容儲存於伺服器上，由使用者自行決定要收看的節目。常見的隨選視訊觀賞方式有：

   a. 以電腦、智慧型手機、平板電腦等裝置登入網路伺服器後觀賞節目。

   b. 在電視上安裝機上盒（如中華電信MOD）觀賞節目。

   c. 在智慧電視（內建機上盒功能）上觀賞節目。

2. **網路直播**（Live Streaming）：是一種網路即時影音服務，使用者可透過電腦、智慧型手機、平板等裝置來收看網路直播。常見的網路直播平台有：

主要類型	常見的直播平台	說明
遊戲型	Twitch	平台提供遊戲玩家進行遊戲過程的實況、螢幕分享或遊戲賽事轉播
才藝互動型	浪Live、17LIVE、Uplive	平台提供直播主歌唱才藝、樂器演奏、變魔術等表演

→ YouTube、Instagram、Facebook等社群網站也有提供直播功能，讓使用者可進行直播。

二、YouTube的基本介紹

1. 基本功能說明（注意！YouTube網站介面隨時會更新，請以實際網站介面為準）

功能	說明
登入鈕	需以Google帳號登入，登入後就會看到自己的使用者名稱，有些功能必須登入後才能使用（如上傳影片等）
上傳影片／直播鈕	登入後，按 ⊕ 鈕成為 📹 鈕（電腦版）即可上傳影片或進行直播
搜尋欄	可輸入關鍵字搜尋想觀看的影片（如天竺鼠車車等）
篩選器	可依篩選條件篩選搜尋結果，如篩選上傳日期、類型、片長、屬性、排序依據等項目
瀏覽區	會顯示許多個導覽項目，如首頁 🏠首頁 、發燒影片 🔥發燒影片 。另外，登入後，還可看到訂閱內容 📺訂閱內容 、媒體庫 📚媒體庫 等
影片控制區	提供控制影片的按鈕，如播放鈕 ▶、暫停鈕 ⏸、下一個影片鈕 ⏭、音量鈕 🔊
影片設定區	設定開啟／關閉自動播放影片、顯示／隱藏註解、播放速度、開啟／關閉字幕、播放畫質
播放模式區	設定影片播放模式： • 劇院模式 ▭：播放器會展開至瀏覽器的寬度 • 迷你播放器模式 ▫：播放器會縮小至瀏覽器的右下方 • 全螢幕模式 ⛶：播放器會展開至整個螢幕的大小
影片資訊區	顯示影片名稱、影片觀看次數、影片上傳日期等資訊
頻道資訊區	顯示頻道名稱、訂閱人數、頻道訂閱鈕

2. **頻道**：使用者在YouTube上的**公開身分**。

3. **訂閱頻道**：在使用YouTube時，可**訂閱**自己喜歡的頻道，訂閱頻道時，訂閱者可選擇以下接收通知的方式：

接收通知的方式	說明
所有通知（全部）	只要該頻道有上傳影片或進行直播時，訂閱者就會收到通知
個人化通知	YouTube會根據訂閱者的觀看記錄、觀看頻率等因素，來決定發送通知給訂閱者的時機
不接收通知（無）	表示訂閱者不想收到任何通知

4. **建立頻道**：當使用者以Google帳號登入YouTube後，必須先建立頻道，才能留言及上傳影片。一個帳號可以建立多個不同的頻道。

5. **建立播放清單**：播放清單即是許多個影片的合輯，使用者可以隨意組合播放清單裡的影片，並給予播放清單一個主題，以方便分類、瀏覽及分享。

6. **分享影片**：可分享自己喜歡的影片、播放清單或頻道至社群網站，或直接分享影片連結，也可指定從某個特定時間點開始觀看分享的影片。

7. **檢舉影片**：發現YouTube中有不當的內容（如暴力、色情等），可**檢舉**該影片，送交YouTube審查。

8. **設定影片瀏覽權限**：使用者可自行上傳影片至YouTube並進行編修，影片上傳後，必須填寫影片相關資訊（如影片標題、說明、影片類別等），設定瀏覽權限，並將影片**發布**，影片可設定的瀏覽權限有以下3種：

瀏覽權限	說明
公開	所有使用者均可看
不公開	知道網址者才能觀看
私人	自己及自己所選擇的友人才能觀看

9. 為影片新增字幕：在YouTube中，可為影片加入字幕，讓觀看影片的人能輕鬆理解影片的內容。新增字幕的方法有：
   a. **上傳檔案**：上傳含有文字及顯示時間的**字幕檔**。
   b. **自動同步**：使用**語音辨識**技術，自動為影片產生字幕。
   c. **手動輸入**：透過**字幕**功能以手動輸入的方式來新增字幕。

10. 為影片加入音樂：可使用YouTube音效庫中提供的免費音樂／音效，並透過「YouTube工作室」提供的影音編輯器為影片加入音效，也可將音效下載後使用影音編輯軟體編輯再上傳。

11. YouTuber賺取收益的方式：

方式	規定	說明
廣告分潤	• 年滿18歲（若未滿18歲須有法定監護人） • 頻道訂閱人數需達1千人 • 過去的一年內需累積4千小時的觀看時數 • 符合上述條件申請成為YouTube合作夥伴，並開啟營利功能	YouTube的「廣告分潤」計算機制，主要是依據影片觀看者是否有觀看影片中的廣告、是否有點擊廣告來給予相對應的抽成比例
收取頻道會員的月費	• 年滿18歲 • 頻道訂閱人數超過3萬人	讓觀看者成為你的頻道會員，YouTube從會員收益提撥70%給創作者，並給予徽章、表情符號和其他的會員專屬獎勵（如獨家花絮影片）等
在商品專區販售商品	• 年滿18歲 • 頻道訂閱人數超過1萬人	可在商品專區展售頻道周邊商品（如YouTuber自創T恤）
販賣超級留言特權的收益	• 年滿18歲 • 須居住在適用此功能的國家／地區（如臺灣、日本）	讓購買者在聊天室留言時享有特權（如可將留言置頂讓YouTuber在眾多留言中優先看到）

12. 數據分析：透過「YouTube工作室／頻道數據分析」可檢視頻道的觀看次數、觀看時長、訂閱人數、曝光次數、曝光點閱率、觀眾年齡、觀眾性別等數據。

得分區塊練

( ) 1. 下列何者不是YouTube的影片播放模式？
 (A)全螢幕模式　　　　　　　　(B)電影院模式
 (C)迷你播放器模式　　　　　　(D)劇院模式。

( ) 2. 小布在YouTube中，訂閱了「野人七號部落」的頻道，他希望只要該頻道有上傳影片或進行直播時，就會收到通知。他可以設定哪一種收到通知的方式？
 (A)所有通知　(B)個人化通知　(C)不接收通知　(D)公開。

8-2　行動裝置App之應用

1. 在「食」的應用：

App的種類	常見的App
美食外送	Foodpanda、Uber Eats
美食搜尋	愛食記、食在方便
餐廳訂位	E排客、EZTABLE簡單桌
食譜分享	愛料理、Cookpad

2. 在「衣」的應用：

App的種類	常見的App
服飾訂購	WEAR、Codibook
服飾穿搭	Smart Closet掌上衣櫥、Your Closet
衣物送洗	台灣大洗e、SparKlean Laundry

3. 在「住」的應用：

App的種類	常見的App
房屋仲介	591房屋交易、好屋網買屋、實價好好查
室內設計	設計家、100室內設計
訂房服務	Hotels.com、Airbnb

4. 在「行」的應用：

App的種類	常見的App
道路交通資訊	國道路況即時影像、Google Maps、Waze、停車大聲公、車麻吉、高速公路1968、國道一路通、i68、Papago
大眾運輸資訊	台灣捷運Go、台鐵列車動態、桃園機場航班資訊、雙鐵時刻表、台灣公車通
交通共享	GoShare、USPACE停停圈
叫車服務	呼叫小黃、台灣大車隊

5. 在「育」的應用：

App的種類	常見的App
語言學習	Cake、VoiceTube、Lingvist、超級單字王、希平方
線上自學	Coursera、TED、edX線上課程、Udemy線上課程
線上題庫	阿摩線上測驗、PaGamO

6. 在「樂」的應用：

App的種類	常見的App
影音播放	Spotify、LiTV、KKTV
手機遊戲	傳說對決、極速領域、Pokémon Go
動漫小說	LINE WEBTOON、漫畫貓、火熱小說

7. 在其他方面的應用：

App的種類	常見的App
理財記帳	記帳城市、小豬記帳本、CWMoney、AndroMoney
看診掛號	台大醫院行動服務、馬偕行動掛號、長庚e指通服務
大考落點分析	高中生甘單、大學生甘單、大學指考錄取分數
約會交友	Tinder、Pairs派愛族、緣圈
行動支付	LINE Pay、街口支付、Pi拍錢包
雲端發票	雲端發票、發票存摺、發票載具
政府服務	中央健康保健署的「全民健保行動快易通」、 內政部警政署的「警政服務」、 內政部的「行動自然人憑證」

得分區塊練

( ) 1. 小瀚想規劃寒假與家人環島旅行，他想利用訂房App快速預定住宿旅館。請問下列何者屬於訂房App？
(A)591房屋交易　　　　　　　　(B)Spotify
(C)USPACE停停圈　　　　　　　(D)Hotels.com。

( ) 2. 下列何者不屬於政府提供的便民App服務？
(A)USPACE停停圈　　　　　　　(B)行動自然人憑證
(C)警政服務　　　　　　　　　　(D)全民健保行動快易通。

第8章 雲端影音資源與行動裝置App之應用

滿分晉級

情境素養題

▲閱讀下文，回答第1至2題：

美靜是一名智慧型手機重度使用者，她生活上的大小事都會使用App來協助達成，美靜與朋友分享她經常使用的App，例如：使用「Uber Eats」外送餐點到家裡、使用「Airbnb」訂旅遊的住宿房間、使用「GoShare」租用共享電動機車、使用「車麻吉」玩賽車手機遊戲、使用「台灣捷運Go」查詢高雄捷運路線。

( )1. 美靜分享的App資訊內容中，有一項敘述錯誤，請問是哪一項呢？
(A)使用「Uber Eats」外送餐點到家裡
(B)使用「Airbnb」訂旅遊的住宿房間
(C)使用「GoShare」租用共享電動機車
(D)使用「車麻吉」玩賽車手機遊戲。 [8-2]

( )2. 美靜最近覺得自己的穿搭風格該做些調整，你會推薦美靜使用哪一款App幫助她規劃每日穿搭？ (A)Your Closet (B)Cookpad (C)漫畫貓 (D)Waze。 [8-2]

( )3. 阿財最喜歡在各種平台收看網路直播，並與直播主進行互動，他甚至為了受到直播主關注還會打賞直播主，請問下列何者最不可能是阿財所使用的直播平台？
(A)17LIVE (B)NETFLIX (C)Uplive (D)Twitch。 [8-1]

精選試題

8-1
( )1. 下列何者不是常見的雲端數位影音平台？
(A)Pixabay (B)YouTube (C)NETFLIX (D)Spotify。

( )2. 阿拓想要將自己拍攝的影片上傳至YouTube，他只想讓知道該網址的人觀看他的影片，請問他應該將觀看影片的權限設定為何？
(A)公開 (B)不公開 (C)私人 (D)半公開。

( )3. 觀看YouTube影片時，若想將影片播放模式設定為「全螢幕模式」，則須按哪一個按鈕才能達成？ (A)▢ (B)▢ (C)⛶ (D)▶。

( )4. 下列何者是常見的雲端數位影像資源平台？
(A)Flickr (B)KKBOX (C)YouTube (D)NETFLIX。

( )5. 在YouTube搜尋影片時，可透過下列何者來縮小搜尋範圍，使找到的影片更符合自己的需求？ (A)權限設定 (B)分享功能 (C)篩選器 (D)建立播放清單。

( )6. 下列有關VOD之敘述，何者有誤？ (A)隨選視訊（Very On Demand） (B)可使用智慧型手機觀賞節目 (C)是一種將影音數位內容儲存於伺服器上，由使用者自行決定要收看的節目 (D)在電視安裝機上盒即可觀賞節目。

8-2
( )7. 欣潔望著窗外的小雨，不想出門的她想利用美食外送App，請專人將餐點送達到家。請問下列何者為美食外送App？ (A)愛料理 (B)Airbnb (C)PaGamO (D)Uber Eats。

( )8. 亦茹想利用課餘時間學習新的知識，下列哪一個App不適合推薦給她用？
(A)Coursera (B)SparKlean Laundry (C)edX線上課程 (D)TED。

統測試題

( )1. 小鐘是專題老師的助理，要將老師示範的影片上傳Youtube且僅供專題小組成員觀看學習，有關Youtube的操作過程中，登入後：①在Youtube網頁右上角按鈕的操作及②後續設定瀏覽權限，下列何者正確？
(A)①按下 ➕ 成為 🎥，②私人
(B)①按下 🎥 成為 ➕，②私人
(C)①按下 ➕ 成為 🎥，②不公開
(D)①按下 🎥 成為 ➕，②不公開。

[113商管群]

統測考試範圍

單元 5

影像處理應用

學習重點

章名	常考重點	
第9章 影像處理	• 影像處理簡介 • 點陣影像的屬性 • 影像的色彩模式 • 影像的色彩類型	★★★★☆
第10章 PhotoImpact影像處理軟體	• PhotoImpact簡介 • PhotoImpact基本操作與影像美化	★★☆☆☆

統測命題分析

數位科技概論
- 單元1 9%
- 單元2 15%
- 單元3 16%
- 單元4 15%
- 單元5 13%
- 單元6 15%
- 單元7 17%

數位科技應用
- 單元1 15%
- 單元2 11%
- 單元3 24%
- 單元4 11%
- 單元5 15%
- 單元6 17%
- 單元7 7%

第 9 章　影像處理

9-1　認識影像處理

一、影像處理簡介　[114]

1. 透過手機、數位相機、攝影機、網路攝影機、掃描器等設備，以及在光碟圖庫、網際網路中來取得數位影像。

2. 影像處理：是指利用電腦軟體編修及處理影像的工作。

3. 常見的影像處理軟體：Photoshop、PhotoImpact、PhotoScape、GIMP、PhotoCap、Photopea等，其中PhotoScape、PhotoCap為免費的軟體，Photopea為免費的線上軟體。

二、點陣影像的屬性　[102] [104] [109] [112] [114]

1. 解析度：點陣影像每英吋所包含的像素數量，單位為**ppi**（pixels per inch）[註]，如300ppi。影像的**解析度越高，影像越細緻**。

2. 像素尺寸：以影像像素的數量來表示影像大小，表示方式為「**寬的像素 × 高的像素**」，如800 × 600、1,024 × 768。

3. 列印尺寸：以影像印出的尺寸來表示影像的大小，計算方法為

$$(寬的像素 \div 解析度) \times (高的像素 \div 解析度)$$

穩操勝算

一張像素尺寸為1,200 × 1,800、解析度為300ppi的影像，其列印尺寸為何？

答　4 × 6平方英吋

解　$\dfrac{1,200}{300} \times \dfrac{1,800}{300} = 4 \times 6$

+1題

一張列印尺寸為4 × 6吋、解析度為72ppi的影像，其像素尺寸為何？

答　288 × 432

註：也可以dpi（dots per inch）為單位來表示解析度。

得分區塊練

( )1. 一張長3英吋、寬2英吋的圖片，若其解析度為100ppi，則此圖片內含多少像素（pixel）？ (A)500 (B)600 (C)50,000 (D)60,000。

( )2. 若一張影像的大小為900 × 600像素（Pixels），且其解析度為300ppi，則其列印尺寸為何？
(A)2.7吋 × 1.8吋　　(B)3公分 × 2公分
(C)3吋 × 2吋　　(D)27公分 × 18公分。

( )3. 電腦繪圖的解析度，最小單位面積為？
(A)Pixel (B)Inch (C)Degree (D)Bit。 [技藝競賽]

9-2 影像的色彩模式與類型

一、光與色彩

1. 光是屬於電磁波的一種，電磁波依波長的不同可區分為無線電波、微波、紅外線、可見光、紫外線、X射線等，其中，「可見光」就是我們看到的「光」。

2. 可見光本身並沒有顏色，但人類的眼睛對不同波長的可見光，會有不同的色彩反應，例如700奈米的可見光會讓人產生看見紅光的感覺；400奈米的可見光則會讓人產生看見紫光的感覺。

3. 科學家牛頓使用三稜鏡將陽光分離出紅、橙、黃、綠、藍、靛、紫等七色光，這種彩虹色光稱為**光譜**（spectrum）。

二、色彩模式　103　106　109　110　111　114

1. RGB色彩模式：

    a. **R**（Red，**紅**）、**G**（Green，**綠**）、**B**（Blue，**藍**）是光的三原色。

        ◉ 五秒自測　光的三原色是指哪三種顏色？

    b. 多數軟體是以8 bits來記錄各個原色，故每個原色從最暗到最亮共有256種（$2^8 = 256$）不同的亮度（數值為0～255），其中0最暗，255最亮。

c. 將RGB三原色依不同的亮度加以混合，可產生各種不同的顏色。顏色的表示方式可用各原色的10進位值，也可用**#**字號加**16進位值**色碼（常應用於網頁設計）來標示色彩：

RGB組合	色碼（16進位）	顏色
(255, 255, 255)	#FFFFFF	白色
(0, 0, 0)	#000000	黑色
(255, 0, 0)	#FF0000	紅色
(0, 255, 0)	#00FF00	綠色
(0, 0, 255)	#0000FF	藍色
(255, 255, 0)	#FFFF00	黃色
(255, 0, 255)	#FF00FF	洋紅色
(0, 255, 255)	#00FFFF	青色

$255_{10} = FF_{16}$

	R	G	B
10進位	(255,	255,	0)
16進位	#FF	FF	00

d. 將RGB原色加以混合，色彩會越加越亮，故此種混色法又稱為**加色法**。

2. CMYK色彩模式：

a. **C**（**Cyan**，**青**）、**M**（**Magenta**，**洋紅**）、**Y**（**Yellow**，**黃**）為**顏料的三原色**。

b. 將CMY以最高濃度混合，只能產生近似黑色的顏色，因此在印刷實務上，會加上**K**（**blacK**，**黑色**），並將K色獨立，以印出純黑色，所以**CMYK**即為印刷所使用的4種油墨顏色。

c. 每種油墨顏色從最亮到最暗以0～100%表示。

d. 將CMYK依不同比例混合，可產生各種不同的顏色，例如：

CMYK組合	顏色
(0, 0, 0, 0)	白色
(0, 0, 0, 100)	黑色
(100, 100, 100, 0)	近似黑
(100, 0, 0, 0)	青色
(0, 100, 0, 0)	洋紅色
(0, 0, 100, 0)	黃色
(100, 100, 0, 0)	藍色
(100, 0, 100, 0)	綠色
(0, 100, 100, 0)	紅色

e. 將CMYK加以混合，色彩會越加越暗，故此種混色法又稱為**減色法**。

3. RGB vs. CMYK：

色彩模式	原色	混色法	應用
RGB	紅（**R**ed）、綠（**G**reen）、藍（**B**lue）	加色法	螢幕顯示
CMYK	青（**C**yan）、洋紅（**M**agenta）、黃（**Y**ellow）、黑（blac**K**）	減色法	印刷輸出

螢幕顯示 → 電視、電腦、手機、平板等螢幕

◉ 五秒自測　CMYK是指哪四種顏色？

4. HSB色彩模式：

   a. 傳統的色彩學中，人們習慣採用H（Hue，色相）、S（Saturation，彩度）、B（Brightness，明度）等三元素來描述顏色。

   - **色相**：色彩的種類，以0°～360°的光線反射角度來表示，例如紅色（0°）、黃色（60°）、綠色（120°）等。

   - **彩度**：色彩中的單色含量，以0%～100%來表示，單色含量越高，色彩會越鮮艷。

   - **明度**：色彩的明亮程度，以0%～100%來表示，明度越高，色彩越亮（100%代表最亮的白色）；明度越低，色彩越暗（0%代表最暗的黑色）。

   b. 將HSB依不同比例混合，可產生各種不同的顏色，例如：

HSB組合	顏色
(　0°,　　0%, 100%)	白色
(　0°,　　0%,　　0%)	黑色
(　0°, 100%, 100%)	紅色
(60°, 100%, 100%)	黃色
(120°, 100%, 100%)	綠色
(180°, 100%, 100%)	青色
(240°, 100%, 100%)	藍色
(300°, 100%, 100%)	洋紅色

三、色彩類型 105 107 112 114

1. 常見的色彩類型：

色彩類型		記錄像素點色彩使用的位元（bit）數	最多可記錄的色彩數	佔用的儲存空間
黑白		1	2（2^1）即黑、白兩色	最小
灰階		8	256（2^8）黑、白及不同深淺的灰，共256色	中等
彩色	16色	4	16（2^4）	較小
	256色	8	256（2^8）	中等
	全彩	24	16,777,216（2^{24}）	最大

a. 全彩依照使用的位元數有所分別，除了上表中的24bits全彩，還有32bits全彩、48bits全彩…等。使用的位元數越多，可表現出越豐富的色彩。

b. 全彩類型是以RGB三原色來記錄色彩，以24bits全彩為例，每一原色以8bits來記錄色彩，三原色共需使用24bits，故可表現出2^{24}種顏色。

2. **黑白**影像適合呈現文字或線條。

3. **灰階**影像適合呈現黑白水墨畫、素描等影像。

4. 最多可記錄的色彩數 = $2^{記錄像素點色彩使用的位元數}$。

5. 每像素點記錄色彩的位元數 = $\log_2$ 最多可記錄的色彩數。

> **解題密技** 記錄色彩的位元數又稱**位元深度**（bit depth），位元深度越多，可記錄的色彩越豐富，但檔案也越大。

穩操勝算

一張全彩影像（24位元），像素尺寸為800 × 600，請問其檔案大小為何？

答 1.38MB

解 800 × 600 × 24bits
= $\dfrac{800 \times 600 \times 24}{8}$ bytes
≒ 1.38MB

+1題

請問下列兩張影像所佔的記憶體容量大小，何者較大？
A影像：256色影像（800 × 600）
B影像：全彩影像（320 × 480）

答 A影像

B9-6

第9章 影像處理

穩操勝算

一張200 × 300的灰階影像,在未經壓縮的情況下,請問這張影像的檔案大小為何(單位:Byte)?

答 60,000Bytes

解 200 × 300 × 8bits
$= \dfrac{200 \times 300 \times 8}{8}$ Bytes
= 60,000Bytes

+1題

假設有2張未經壓縮的影像A、B,A是一張全彩影像,大小為600 × 400像素,B是一張灰階影像,大小為800 × 600像素,何者所佔用的儲存空間較小?

答 B影像

6. 色彩總數 vs 色彩組合數的比較:

比較項目	色彩總數	色彩組合數
定義	一張影像中「可記錄的色彩種類總數」	一張影像中「所有可能的色彩搭配組合總數」
說明	分析有多少種顏色可使用	用來了解顏色之間有多少種搭配方式
公式	單個像素的色彩位元數 × 像素數量	$2^{\text{最多可記錄的色彩數} \times \text{像素數量}}$
舉例1	一張2 × 1像素的16色影像,可記錄的色彩總數為$2^4 \times 2 = 32$個 說明 $2^4 = 16$個　　16 + 16 = 32個 每個像素可記錄的色彩數為 $2^4 = 16$個(如黑、白、紅、…等) 當2個像素可記錄的色彩總數為 $2^4 + 2^4 = 2^4 \times 2 = 16 \times 2 = 32$個 ※每個像素獨立 • 像素1:0~15色選1個,共16個選擇 • 像素2:0~15色選1個,共16個選擇	一張2 × 1像素的16色影像,可搭配出來的色彩組合數為$2^{4 \times 2} = 2^8 = 256$種 說明 $2^4 = 16$種　　16 × 16 = 256種組合 每個像素可搭配出來的色彩組合數為 $2^4 = 16$種(如黑、白、紅、…等) 當2個像素可搭配出來的色彩組合數為 $2^4 \times 2^4 = 2^{4 \times 2} = 2^8 = 256$種 | 組合 | 像素1 | 像素2 | 配色 | |---|---|---|---| | 1 | 0色 | 0色 | 黑、黑 | | 2 | 0色 | 1色 | 黑、藍 | | ⋮ | ⋮ | ⋮ | ⋮ | | 256 | 15色 | 15色 | 白、白 |
舉例2	一張100 × 100像素的全彩照片(24位元),可記錄的色彩總數為 $2^{24} \times 100 \times 100$	一張100 × 100像素的全彩照片(24位元),可搭配出來的色彩組合總數為 $2^{24 \times 100 \times 100}$

B9-7

穩操勝算

一張100 × 100像素的256色照片，請問這張照片的色彩總數？

答 $2^8 \times 100 \times 100$

+1題

一張灰階影像，像素尺寸為4096 × 2160。請問這張影像總共可以記錄多少個像素色彩？

答 $2^8 \times 4096 \times 2160$

穩操勝算

有一張100 × 100像素的全彩影像照片，理論上可以有多少種色彩組合？

答 $2^{24} \times 100 \times 100$

+1題

一張解析度為800 × 600的256色影像，每個像素可顯示2^8種顏色。請問這張影像理論上可以出現多少種不同的色彩組合？

答 $2^{8 \times 800 \times 600}$

得分區塊練

( )1. 噴墨式印表機的墨水有CMYK四個顏色，下列何種顏色不屬於CMYK之一？
(A)青色　(B)洋紅色　(C)洋藍色　(D)黃色。

( )2. CMYK是常見電腦的色彩模式，其中K表示何種顏色？
(A)黑色　(B)紅色　(C)黃色　(D)青色。

( )3. 下列關於RGB色盤的敘述何者正確？
(A)可以表示255種不同色階的綠　(B)不能表示灰階
(C)是一種減色法色盤　(D)色彩(125, 0, 125)比色彩(125, 0, 100)亮。

( )4. 下列色彩類型，何者比較適合處理黑白水墨畫的影像？
(A)黑白　(B)16色　(C)256色　(D)灰階。

( )5. 一張大小為600 × 800像素（pixels），顏色為256色灰階的影像，所需的記憶體為：
(A)480000bytes
(B)960000bytes
(C)1440000bytes
(D)1920000bytes。

( )6. 在Internet應用上，檔案大小影響網路傳輸速度甚鉅，假設影像不做壓縮處理，像素尺寸同為300 × 200的影像，256色影像會比黑白影像多出多少Bytes的傳輸量？
(A)52500　(B)105000　(C)210000　(D)420000。

第9章 影像處理

滿分晉級

情境素養題

▲閱讀下文，回答第1至2題：

小傑和女友一起出遊，抵達知名景點時，他們分別拿出各自的手機拍攝同一個場景，其像素分別為4,800 × 3,200與6,000 × 3,376，小傑喜好復古風格的灰階照片，他女友則喜歡彩色照片。

( )1. 請問下列有關小傑和女友所拍攝的照片，所用來記錄影像色彩位元數之敘述，何者錯誤？
(A)小傑女友所拍攝的全彩照片最多可記錄16,777,216種色彩
(B)小傑所拍攝的灰階照片是使用8bits來記錄顏色
(C)小傑女友所拍攝的全彩照片是使用24bits來記錄顏色
(D)小傑所拍攝的灰階照片最多可記錄8種色彩。 [9-2]

( )2. 請問小傑和女友所拍攝的照片，哪一張照片所佔用的手機儲存空間較大？
(A)小傑 (B)小傑女友 (C)一樣大 (D)無法判斷。 [9-2]

( )3. 下雨後，空氣中的小水滴折射或反射陽光，便會形成7彩的彩虹，請問彩虹中的哪3種顏色無法藉由混色產生，所以又稱為光的三原色？
(A)紅、橙、黃 (B)紅、綠、藍 (C)綠、靛、紫 (D)橙、綠、紫。 [9-2]

精選試題

9-1
( )1. 解析度可用來表示印表機的列印品質，通常以dpi（dot per inch）為單位。若有一張點陣圖檔（像素1024 × 1280），輸出成4" × 5"的照片，所得畫面之解析度為何？
(A)72dpi (B)256dpi (C)150dpi (D)300dpi。

( )2. 使用影像處理軟體將圖片以24位元bmp類型儲存，則下列對該檔案之敘述何者錯誤？
(A)不使用任何壓縮方式
(B)該圖中可有彩色
(C)該圖為向量圖
(D)該圖可再被開啟，並經修改後回存為bmp格式。

( )3. 以解析度72dpi列印下列影像，何者的列印尺寸最大？
(A)1024 × 768像素16色影像
(B)300 × 400像素32Bits全彩影像
(C)640 × 480像素24Bits全彩影像
(D)800 × 600像素256色影像。

( )4. 列印同一張圖片時，選擇下列哪一種解析度會得到最細緻的列印效果？
(A)300 (B)200 (C)150 (D)100。 [技藝競賽]

( )5. 下列哪一種繪圖軟體，不是點陣軟體？
(A)GIMP (B)Photoshop (C)PhotoImpact (D)Illustrator。

(　)6. 電腦圖像的基本單位（Pixel）為：
(A)像素　(B)公尺　(C)吋　(D)公分。 [技藝競賽]

(　)7. 若一個顯示的色彩品質為32位元，代表最多可以顯示多少種顏色？
(A)32　(B)32×8　(C)64K　(D)4G。 [技藝競賽]

(　)8. 電腦繪圖的RGB三種色彩中，每一種顏色各可以分成多少色階？
(A)128　(B)256　(C)512　(D)1024。 [技藝競賽]

(　)9. 儲存下列何種影像組合所需的記憶空間最大？
(A)640×480像素的24位元全彩影像
(B)800×600像素的256色影像
(C)1240×768像素的灰階影像
(D)1400×800像素的黑白影像。

統測試題

(　)1. 某一張旅遊的紀念照片中，不小心拍到了一根電線桿，如果要把這張照片中的電線桿去除，請問下列哪一個應用軟體可以協助完成這項工作？
(A)Microsoft Excel
(B)PhotoImpact
(C)Windows Edge
(D)WinRAR。 [102工管類]

(　)2. 在計算儲存體（Storage）空間大小時，通常以10^6位元組為1MB。若有一未經壓縮的256灰階點陣影像檔案，在不調整大小的情況下，列印解析度為300dpi（Dots Per Inch）的4×6（高4英吋，寬6英吋）照片，則該檔案的大小至少約為多少？
(A)0.54MB　(B)1.62MB　(C)2.16MB　(D)6.48MB。 [102商管群]

(　)3. 一張數位影像圖片寬為2270點，高為1800點，該圖片大約有多少像素點？
(A)400萬像素　(B)500萬像素　(C)600萬像素　(D)800萬像素。 [103工管類]

(　)4. 有關CMYK色彩模型中的青色（Cyan）、洋紅色（Magenta）與黃色（Yellow），若均以最高濃度混合，下列敘述何者錯誤？
(A)青色與洋紅色混合得到藍色（Blue）
(B)青色與黃色混合得到綠色（Green）
(C)洋紅色與黃色混合得到紅色（Red）
(D)青色、洋紅色與黃色三色混合得到白色（White）。 [103商管群]

(　)5. 掃描器以解析度300dpi的256灰階模式掃描一張4英吋×5英吋的文件，請問掃描後之文件影像共有多少Bytes？
(A)6,000　(B)1,536,000　(C)1,800,000　(D)460,800,000。 [104商管群]

(　)6. 能表現出256種灰階的灰階影像，是以多少個位元（bit）來表示一個像素（pixel）？
(A)1個位元　(B)4個位元　(C)8個位元　(D)24個位元。 [105商管群]

(　)7. 若一張全彩影像，每一個像素（Pixel）都用三原色（RGB）的強度來表示該像素的顏色，每個原色的強度都用16位元表示。則若要儲存6萬張大小為1920×1080的無壓縮影像，至少共需要下列多大容量的儲存裝置才存得下？
(A)1TB　(B)10GB　(C)100MB　(D)1000KB。 [105資電類]

第9章 影像處理

( )8. 下列哪一種影像處理軟體屬於自由軟體？
(A)CorelDRAW　(B)Photoshop　(C)PhotoImpact　(D)Gimp。 [106工管類]

( )9. 下列敘述何者正確？
(A)全彩影像最多可記錄24種顏色
(B)黑白影像每個像素點可以使用1個位元來記錄顏色
(C)印表機是以RGB三種顏色的顏料來產生色彩
(D)手機螢幕是透過CMYK四原色來呈現色彩。 [106商管群]

( )10. 假設我們有三個未經壓縮的影像檔A、B、C，A是一張全彩影像，大小為800 × 600像素，B是一張256色影像，大小為1024 × 768像素，C是一張灰階影像，大小為1600 × 1200像素，則下列有關這三張影像所佔用儲存空間大小的比較，何者正確？
(A)A > B > C
(B)C > A > B
(C)B > C > A
(D)C > B > A。 [107商管群]

( )11. 有關影像處理的知識，下列敘述何者不正確？
(A)HSB色彩模式中，H代表色相
(B)RGB色彩模式是基於紅光、綠光與藍光來作為色光混合原理
(C)CMYK色彩模式是基於青色、洋紅色、黃色與藍色作為色料混合原理
(D)一張1600 × 1200像素的圖片，若解度為400 ppi（pixels per inch），則圖片尺寸是4英吋 × 3英吋。 [107工管類]

( )12. 以無壓縮方式儲存一張400 × 500像素的黑白（Black & White）影像，所需最小記憶體空間與下列何者最接近？
(A)3K Bytes　(B)25K Bytes　(C)200K Bytes　(D)300K Bytes。 [107工管類]

( )13. 若甲影像是未壓縮之全彩影像，其長、寬各為400像素，乙影像是未壓縮之256色灰階影像，其長、寬各分別為甲影像的長、寬乘以2，則下列何者為甲影像儲存空間與乙影像儲存空間之比？　(A)3：2　(B)3：4　(C)3：8　(D)1：4。 [108工管類]

( )14. 彩色印表機所使用的CMYK色彩模式，指的是哪四種顏色？
(A)棕（Coffee）、黃（Mellow）、藍（Navy）、紅（Brick）
(B)紅（Red）、綠（Green）、藍（Blue）、黑（Black）
(C)紅（Chilli）、藍（Marine）、灰（Gray）、黑（Smoke）
(D)青（Cyan）、洋紅（Magenta）、黃（Yellow）、黑（Black）。 [108資電類]

( )15. 假設有一張點陣圖，其長寬的像素為3600 × 2400，若以300像素／英吋列印時，會列印出長寬各是多少英吋的點陣圖？
(A)長寬各為1.2、0.8
(B)長寬各為12、8
(C)長寬各為12、12
(D)長寬各為36、24。 [109商管群]

( )16. 下列關於HSB色彩模式的敘述，哪一個是正確的？
(A)H、S、B分別為300度、25%、50%，可以用來表示某一個顏色
(B)如果覺得某張蝴蝶蘭的照片不夠鮮艷，可以嘗試改變H來調整同一顏色的不同彩度或鮮艷度
(C)在H與B不變的狀況下，將S設為0，一定可以得到黑色
(D)S代表色彩中之反射光線的程度，因此可用此數值表達紅、橙、黃、綠……等不同的顏色。 [109商管群]

B9-11

( )17. 在RGB的色彩模式中，有一像素的RGB值為000000_{16}，該像素在螢幕會呈現下列哪一種顏色？ (A)白色 (B)紅色 (C)黑色 (D)綠色。 [109工管類]

( )18. 下列有關印刷四原色CMYK之敘述，何者錯誤？
(A)K是指黑色
(B)該混色模式是屬於減色法
(C)CMYK中每種原色有101種變化
(D)以(100%, 100%, 100%, 0%)比例混合所得顏色為白色。 [110商管群]

( )19. 如果某種RGB色彩模式中R、G、B之顏色變化各分別以16位元表示，該種色彩模式共可以表示多少種顏色？
(A)2^{16} (B)2^{24} (C)2^{32} (D)2^{48}。 [110工管類]

( )20. 有關影像的色彩模型敘述，下列何者正確？
(A)RGB的混色方式稱為加色法
(B)HSB是以混合光的三原色來表示各種顏色
(C)CMYK之青色、洋紅色、黃色及黑色各以0～255的數值來表示
(D)電視、電腦及手機等螢幕呈現的色彩是使用CMYK的混色方式。 [111商管群]

( )21. 某一廠牌14吋螢幕，解析度設定為1920 × 1080，捕捉全螢幕畫面並存成全彩RGB點陣圖，其檔案大小為何（四捨五入小數點2位）？
(A)1.98 MBytes (B)5.93 MBytes
(C)27.72 MBytes (D)83.02 MBytes。 [112商管群]

( )22. 列印輸出解析度的單位是dpi（dot per inch），表示每英吋包含的印刷點數。有一張未經壓縮全彩影像點陣圖檔的大小為300 KBytes，若設定列印輸出解析度為200 dpi，則該圖檔的列印尺寸為下列何者？
(A)2英吋 × 1.25英吋
(B)2英吋 × 1.5英吋
(C)2.25英吋 × 1.25英吋
(D)2.25英吋 × 1.5英吋。 [112商管群]

( )23. 關於影像處理的敘述，下列何項正確？
(A)以手機高解析度鏡頭拍攝的照片雖屬於點陣圖，但放大後不會失真
(B)一張解析度4096 × 2160的影像其總像素約為Full HD（1920 × 1080 像素）的2倍
(C)以解析度4096 × 2160儲存一張全彩相片，在未壓縮的情況下，影像檔案的大小約為265 MB
(D)用影像處理軟體將自行拍攝的相片去背、加入宣傳文字合成後，再存成.jpg，可以將該檔案放上公司網站來吸引顧客。 [114商管群]

( )24. 有一張100 × 100像素的全彩影像照片，理論上可以有多少種色彩組合？
(A)100 × 100 (B)$2^3 × 100 × 100$ (C)$2^{8 × 100 × 100}$ (D)$2^{24 × 100 × 100}$。 [114商管群]

( )25. 關於色彩的敘述，下列何者正確？
(A)彩色螢幕使用的色彩三原色是R（紅）、G（灰）、B（藍）
(B)將RGB的色彩三原色等量混合成白色，這種混色模式稱為減色法
(C)色彩的三要素是色調（tone）、明度（brightness）及飽合度（saturation）
(D)彩色印刷時採用之CMYK模式的四種標準顏色是：青、洋紅、黃、黑。 [114商管群]

第10章 PhotoImpact影像處理軟體

10-1 PhotoImpact簡介

1. PhotoImpact可用來編修照片、製作生日賀卡／社團海報、設計班服圖案、合成照片、美化網頁圖案等。

2. 副檔名預設為**.ufo**，範本副檔名為.ufp，也可支援.jpg、.tif、.gif、.bmp等影像格式。

3. 在PhotoImpact中，影像可區分為基底影像及物件2個部分。

    a. **基底影像**：當使用者開啟一個圖檔時，該圖檔就是一個基底影像。

    b. **物件**：是指在基底影像上利用繪圖工具所繪製的圖案、利用文字工具所建立的文字……等。基底影像上可放置多個物件，移動或編修物件不會影響到基底影像。選取物件後，按Enter鍵可取消選取物件。

得分區塊練

( ) 1. PhotoImpact副檔名預設為何？
    (A)jpeg (B)gif (C)ufo (D)bmp。

( ) 2. 在PhotoImpact中，若使用繪圖工具建立圓形圖案，該圖案稱為？
    (A)物件 (B)錨點 (C)基底影像 (D)遮罩。

10-2　基本操作與影像美化

一、基本操作　103　108　113

1. 開新檔案：建立新影像，並可設定影像的色彩類型（如256色、全彩）、背景色彩（如白色、透明）、解析度等屬性。

2. PhotoImpact工具箱的工具按鈕簡介：

工具鈕	說明
挑選工具	用來選取物件
標準選取工具	選取特定的範圍
3D融合工具	設定3D路徑物件間的融合程度
路徑繪圖工具	繪製與編輯路徑物件
文字工具	建立文字物件
剪裁工具	用來剪裁特定的影像範圍
變形工具	可改變影像或物件的形狀
編修工具	可對影像進行去除紅眼、調暗、調亮、模糊、清晰等編修
筆刷	提供多種筆刷效果，可供使用者在影像中繪製圖案
印章工具	可在影像上建立印章物件，例如葉子、動物、水果等
修容工具	用來仿製某一區域的影像
物件繪圖橡皮擦工具	透過滑鼠拉曳的方式，可擦去物件的局部內容
色彩填充工具	可用來填入單一色彩、漸層或材質
放大鏡工具	放大／縮小影像的顯示比例
色彩選擇工具	可取得影像中的顏色
切割工具	用來將圖片分割成多張圖片
影像地圖工具	用來在圖片中建立超連結區域
調色盤	左上方塊用來設定前景色彩，右下方塊用來設定背景色彩

3. 選取工具的使用：

名稱	工具鈕	說明
標準選取		利用拉曳選固定形狀（如矩形、正方形、橢圓形、圓形）
套索		利用點按或拉曳選不規則範圍
魔術棒		利用單按選取色彩相近的範圍
貝茲選取		與套索工具相似，用於圈選平滑、有弧度的影像範圍

💡解題密技　統測試題中的「貝茲曲線工具」，指的即為PhotoImpact X3中的「貝茲選取工具」。

a. 利用屬性工具列的 ➕ ，可補選未選取的範圍；➖ 可取消已選取的範圍。

b. 按『選取區/改選未選取部分』，可取消原先已選取的區域，改選取未被選取的區域。

c. 按『選取區/取消選取』或按Space鍵，可取消選取範圍。

d. 選取區 vs. 物件：選取一定範圍後，該選取區會以藍、黑相間的框線顯示；而物件被選取時，框線是黑、白相間，且會不停地閃動。

4. 影像的變形：選取影像，按變形工具鈕 後，可透過屬性工具列，進行物件的變形。

180度旋轉　　鎖定縮放比例 🔒 / 取消鎖定 🔓　　　自訂大小

90度旋轉　　水平／垂直翻轉　　自訂角度旋轉

名稱	工具鈕	用途
調整大小		縮放影像的尺寸
傾斜		使影像產生傾斜的效果
扭曲		以影像的4個頂點為基準，任意變形
透視		改變影像的透視效果（如平視變仰視）

原圖　　　　　　傾斜　　　　　　扭曲　　　　　　透視

5. 文字工具 的使用：在影像上單按即可輸入文字。

    a. 修改文字的方法：將游標移至文字上，待游標變成 時，雙按左鍵。

    b. 透過文字工具的屬性工具列，設定文字的字型、顏色等樣式。

    c. 利用百寶箱可為文字套用變形、環繞、特殊樣式等效果。

6. 路徑繪圖工具 的使用：用來繪製與編輯各種形狀的圖形物件（如圓形、矩形、輪廓圖形、線條、箭頭等），使用此工具繪製的圖形屬於**向量圖**。

7. 輪廓繪圖工具 的使用：可用來繪製各種形狀的圖形輪廓，但圖形內部無法填色。

8. 線條與箭頭工具 的使用：可用來繪製直線、曲線、任意形狀的線條，還可選擇端點箭頭的樣式。

9. 物件的編輯：每個物件可以獨立編輯，常見的編輯如下。

    a. 設定屬性：按挑選工具鈕 ，再雙按物件，可設定**透明度**、**柔邊**、大小、物件位置……等屬性。

    b. 對齊或調整物件的層次：按挑選工具鈕 ，可透過屬性工具列，調整物件的上下順序，或一次完成多個物件的對齊排列與間距均分。

    c. 群組物件：選取多個物件後，按右鍵，再按『群組』，可將多個物件組合成一個**群組**物件，以便將多個物件同時移動或縮放。

10. 圖層管理員：用來檢視影像中所包含的所有物件。透過它可以設定物件的顯示或隱藏狀態、或鎖住物件的位置，以避免物件被移動。

11. 剪裁工具 的使用：拉曳出要剪裁的範圍，並在欲保留處雙按，即可裁切影像。PhotoImpact提供黃金比例（長：寬為1：1.6）剪裁、透視剪裁等多種剪裁工具。

12. 繪圖工具 ：可利用它在影像上畫線、塗鴉，發揮自己的創意來繪製圖案。

13. 印章工具 ：可選擇喜歡的印章樣式，並「蓋」在影像上，以美化影像。可透過印章工具的屬性工具列，來設定印章圖案的大小、透明度等屬性。

14. 填充功能：可在基底影像、物件或選取區填入色彩、漸層、材質或影像圖案，善用此功能可使圖片更富有變化，例如在照片中填入藍天的背景。

15. 自動處理功能：若影像有傾斜、太暗、偏黃、焦距模糊或雜點等問題時，可利用自動處理功能將影像做最佳化的處理。

16. 快速修片功能：切換至快速修片模式，利用減少雜點、焦距、改善光線等編修影像功能，來修正影像的清晰度、亮度、色彩等。
17. **百寶箱**：收納許多預設的特效及範本，可供使用者直接套用，按F2鍵可開啟或關閉百寶箱。百寶箱包含：。
    a. 圖庫：包含多種影像效果，如邊框、陰影，與各種特效（如油畫、煙火）。
    b. 資料庫：包含多種預設物件，如幾何圖形、文字、建築物等，以及各種範本（如DVD封面範本）。
18. 列印功能的使用：除了一般列印之外，PhotoImpact還提供下列2種列印功能。
    a. 多重列印：按『檔案/其他列印選項/列印版面配置』，可將一個影像重複排列在同一張紙上，或是在一張紙上排列出不同的影像，再列印輸出。
    b. 列印海報：按『檔案/其他列印選項/列印海報』，可將一個影像分割印出在多張紙上，例如將影像分印在4張紙上，再將4張紙黏貼組合，即成為大尺寸海報。

二、影像色彩的變更

1. 亮度與對比的調整：選『相片/光線/亮度與對比』，可調整照片的亮度及對比，使照片明亮又清晰。
2. 色彩的調整：選『調整/色彩調整』，可個別調整影像中的R（紅）、G（綠）、B（藍），使影像產生不同的效果。
3. 色偏的調整：同一個物件在不同的光源下拍攝，照片上所呈現的色彩會有不同，即所謂的**色偏**。例如在室內日光燈下所拍攝的照片，可能會產生偏藍的現象；在黃色燈泡下拍攝的照片，可能會產生偏黃的現象。選『相片/色彩/色偏』，可修正影像色彩偏差的問題。
4. 樣式的套用：選『調整/樣式』，可為影像套用預設好的色彩，來改變影像的風貌。例如將同一張風景照片套用不同的四季樣式，便可使風景照片呈現出不同季節的感覺。
5. 色相與彩度的調整：**色相**是指色彩的種類；**彩度**是指色彩的飽和度。選『相片/色彩/色相與彩度』，可針對影像的色相、彩度以及明亮度進行調整。

四、影像的修補

1. **美化皮膚功能**：選『相片/增強/美化皮膚』，可改善照片皮膚黝黑、毛孔粗大等問題，使照片上的人物皮膚變美。
2. **編修工具**：可對影像進行去除紅眼[註]、變暗、變亮、模糊、變形等編修。
3. **仿製工具**：可用來仿製某一區域的影像。選取仿製工具後，必須先按住Shift鍵，在要仿製的區域上單按，已設定仿製區域的起點。

有背無患

- Web相簿：利用PhotoImpact，可將大量圖片製作成網頁相簿，以便之後上傳到網路中與網友分享。
- 範本：PhotoImpact內建有許多範本（如賀卡、多圖拼貼、邊框），我們可善用範本，來加快影像編輯的速度。
- 縫合掃瞄的影像：可將多張局部影像縫合成一張完整的照片，適合用來合成全景圖。
- Photoshop：由Adobe所開發的影像處理軟體，副檔名預設為.psd。

得分區塊練

( )1. 在PhotoImpact中，下列哪一個項目提供使用者以視覺化的方式，快速的套用各種特殊效果？　(A)魔術棒工具　(B)百寶箱　(C)變形工具　(D)貝茲曲線工具。

( )2. 下列哪一種選取工具適合用來選取固定形狀的影像？
(A)貝茲曲線工具　(B)魔術棒選取工具　(C)標準選取工具　(D)套索工具。

( )3. 使用下列哪一種方法，可快速選取藍色背景影像中的人物？
(A)使用套索工具，以點按方式直接選取人物
(B)使用套索工具，以拉曳方式選取藍色背景後，按Space鍵
(C)使用魔術棒工具選取藍色背景後，按Delete鍵
(D)使用魔術棒工具選取藍色背景後，選按『選取區/改選未選取部分』。

( )4. 使用下列哪一組對齊與均分功能，可將下圖左方之物件的排列方式，更改為如下圖右方所示的排列方式？
(A)垂直置中對齊＋水平均分　　(B)水平置中對齊＋水平均分
(C)垂直靠左對齊＋垂直均分　　(D)水平靠下對齊＋垂直均分。

註：照片中的人像會出現「紅眼」，多半是因為在暗處使用閃光燈拍攝所造成。

第10章 PhotoImpact影像處理軟體

滿分晉級

情境素養題

▲ 閱讀下文，回答第1至3題：

網紅小雯和朋友到餐廳拍攝美照，回家檢視照片時才發現好幾張照片構圖很滿意，但因為餐廳為了營造氣氛使用黃光，導致照片有偏黃的現象，還有一張自拍照嘴角沾到照燒醬。小雯已答應網友今日會將美照上傳至Instagram與大家分享，她該如何解決呢？

( )1. 網紅小雯如果要把這張自拍照中嘴角沾到的照燒醬去除，請問她可以利用下列哪一個應用軟體及其功能來協助完成這項工作？
(A)Google、魔術棒工具　(B)Indesign、剪裁工具
(C)PhotoImpact、仿製工具　(D)PowerPoint、修容工具。 [10-2]

( )2. 因餐廳為了營造氣氛使用黃光，導致網紅小雯的照片有偏黃的現象，她可以利用影像處理軟體的哪一項功能來解決呢？
(A)色偏功能　(B)亮度與對比功能　(C)仿製工具　(D)繪圖工具。 [10-2]

( )3. 網路中流傳的靈異照片，不少都是使用影像處理軟體做出的假照片，如果要用PhotoImpact製作出「幽靈」若隱若現的效果，可使用什麼功能？
(A)加入邊框　(B)提高對比　(C)提高透明度　(D)群組物件。 [10-2]

精選試題

10-1 ( )1. 在PhotoImpact中，當使用者開啟一個JPG圖檔時，該圖檔是一個
(A)基底影像　(B)物件　(C)影格　(D)範本。

10-2 ( )2. 在PhotoImpact中，下列哪一項工具主要是用來選取具有相似顏色的區域？
(A)貝茲曲線工具　(B)魔術棒工具　(C)套索工具　(D)標準選取工具。

( )3. 在PhotoImpact中，下列哪一種工具可用來輸入文字？
(A)變形工具　(B)文字工具　(C)選取工具　(D)編修工具。

( )4. 在PhotoImpact中，當滑鼠指標變成 形狀，代表指標所指的物件為何？
(A)3D物件　(B)2D物件　(C)文字物件　(D)圖片物件。

( )5. 在PhotoImpact中，利用按變形工具鈕，無法做到下列哪一種效果？
(A)放大物件　(B)旋轉物件角度
(C)扭曲物件形狀　(D)調亮物件顏色。

( )6. 在PhotoImpact中，下列何者不是「百寶箱」所提供的功能或物件？
(A)影像邊框　(B)影像特效　(C)範本　(D)3D動畫。

( )7. 下列有關PhotoImpact的敘述，何者錯誤？
(A)預設的副檔名為ufo
(B)選取物件後，按Enter鍵可取消選取
(C)圖檔中的每個物件都可獨立編輯
(D)在基底影像的設定，會套用至所有物件。

( )8. 下列有關PhotoImpact操作的敘述，何者錯誤？
(A)利用開新影像交談窗，可建立背景透明的空白影像
(B)建立選取區後，按Enter鍵可取消選取範圍
(C)利用圖層管理員，可隱藏物件
(D)利用變形工具，可旋轉物件的角度。

( )9. 如果要將下圖左方的名片影像，重複排列在同一張紙上列印出來（如下圖右），可使用PhotoImpact的哪一項功能？
(A)多重列印　(B)列印海報　(C)批次轉換　(D)縫合掃瞄的影像。

( )10. 在PhotoImpact中，建立新影像時，無法設定影像的哪一項屬性？
(A)設定背景為透明　　　　　　　　(B)設定影像的色彩模式為灰階
(C)設定影像大小為A4尺寸　　　　　(D)設定影像透明度為50%。

統測試題

( )1. PhotoImpact軟體不提供下列哪一種功能？
(A)為圖片加入背景音樂　　　　　　(B)去除圖片中人物的紅眼
(C)將人物照與風景照進行影像合成　(D)在圖片上加入說明文字。　　[102工管類]

( )2. 在PhotoImpact軟體中，下列哪一項選取工具提供使用者以滑鼠逐一點選圖片中某一圖案邊緣的方式來選取不規則形狀的區域？
(A)魔術棒工具　　　　　　　　　　(B)套索工具
(C)標準選取工具　　　　　　　　　(D)橢圓選取工具。　　　　　　[102工管類]

( )3. 在PhotoImpact中，如果要列印的作品超過印表機所能列印的最大尺寸，則我們可以使用下列哪一項功能來確保該作品以原尺寸輸出？
(A)併版列印　(B)列印名片　(C)列印海報　(D)列印標籤。　　　　[103商管群]

( )4. 使用PhotoImpact進行影像處理時常會使用的魔術棒工具，其功能是為了要：
(A)將魔術棒所點選的影像物件自動進行去背處理
(B)選取魔術棒點取位置具有相似顏色的區域
(C)將魔術棒所點選的影像物件自動複製到另一個開啟的圖形編輯視窗中
(D)將魔術棒所點選的圖形自動做亮度及對比的調整。　　　　　　　[103工管類]

( )5. PhotoImpact軟體的功能之一是處理下列哪一類副檔名的檔案？
(A).ppt　(B).doc　(C).xls　(D).jpg。　　　　　　　　　　　　[104工管類]

(　)6. 影像處理軟體中常有消除「紅眼」的功能，下列何者是產生「紅眼」的主要原因？
(A)拍照時相機晃動
(B)拍照時色彩飽和度不夠
(C)拍照時使用閃光燈
(D)拍照時解析度設定太低。　　　　　　　　　　　　　　　　　　　　[104商管群]

(　)7. 在Windows系統中，擷取電腦螢幕畫面後，再用PhotoImpact軟體存成JPG格式的檔案，下列對該檔案之敘述，何者正確？
(A)該檔案內的圖是屬於向量圖
(B)該檔案中的圖檔內容會隨著電腦螢幕畫面更換而自動更新
(C)該螢幕畫面被儲存成為JPG格式的圖檔，是屬於非破壞性壓縮的檔案型態
(D)該檔案的圖可以用影像軟體重新開啟、修改再儲存。　　　　　　　　[106商管群]

(　)8. 在PhotoImpact中將需要的影像框選留下，刪除其他的部分，是指下列何項操作？
(A)剪下　(B)剪裁　(C)放大　(D)刪減。　　　　　　　　　　　　　　[108商管群]

(　)9. 下列關於PhotoImpact軟體的功能敘述，何者最不正確？
(A)「魔術棒」工具可以選取相同色彩的區域
(B)「滴管」工具可以選擇影像中的顏色
(C)「修容」工具可以消除影像人臉的青春痘
(D)「剪裁」工具可以將影像縮放或旋轉。　　　　　　　　　　　　　　[108工管類]

(　)10. 在PhotoImpact工具箱中，提供多種繪圖相關工具，下列敘述何者錯誤？
(A)路徑繪圖工具用來繪製實心且封閉的圖形物件
(B)輪廓繪圖工具所繪製的圖形內部可以填色
(C)線條與箭頭工具能繪製直線並可以選擇端點箭頭形式
(D)路徑編輯工具可以編輯現有圖形物件的路徑。　　　　　　　　　　　[108商管群]

(　)11. 如果有一對夫妻想要將他們合照中的森林背景去除，剪輯編修合成另一張以大海沙灘為背景的合照，請問可以使用下列何種軟體完成？
(A)PhotoImpact
(B)Windows Media Player
(C)Internet Explorer
(D)Gif Animator。　　　　　　　　　　　　　　　　　　　　　　　　[109工管類]

(　)12. 使用PhotoImpact軟體將比薩斜塔照片處理成「直塔」，效果如圖（一）所示，請問利用下列何項功能最正確？
(A)翻轉工具　(B)百寶箱工具　(C)扭曲工具　(D)變形工具。　　　　　[110工管類]

圖（一）

(　)13. 下列何者不是PhotoImpact中「快速修片」具有的功能？
(A)焦距　(B)儲存　(C)美化皮膚　(D)整體曝光。　　　　　　　　　　[110工管類]

(　)14. 如圖（二），將原圖經影像處理成①、②或③，前述個別影像處理僅使用一個操作即可完成，有關各圖之操作，下列何者正確？
(A)經傾斜如①、經透視如②、經旋轉如③
(B)經旋轉如①、經傾斜如②、經透視如③
(C)經傾斜如①、經扭曲如②、經透視如③
(D)經透視如①、經傾斜如②、經扭曲如③。

[113商管群]

原圖　　　處理後的①　　　處理後的②　　　處理後的③

圖（二）

統測考試範圍

單元 6

網頁設計應用

學習重點

章名	常考重點	
第11章 網站規劃與網頁設計	• HTML語法 • CSS語法	★★★★★
第12章 網頁設計軟體	• 絕對路徑 vs. 相對路徑 • 目標頁框 • 影像地圖	★★☆☆☆

統測命題分析

數位科技概論

- 單元1 9%
- 單元2 15%
- 單元3 16%
- 單元4 15%
- 單元5 13%
- 單元6 15%
- 單元7 17%

數位科技應用

- 單元1 15%
- 單元2 11%
- 單元3 24%
- 單元4 11%
- 單元5 15%
- 單元6 17%
- 單元7 7%

第11章 網站規劃與網頁設計

11-1 網站的規劃設計

一、認識網站與網頁

1. 網站（web site）：許多相關**網頁**（web page）的集合。
2. **首頁**（home page）：進入網站的第1個網頁。
3. 網頁是建構網站的基本單位，網頁中可包含文字、圖片、動畫、聲音、超連結等內容。
4. 瀏覽網頁時，滑鼠指標移到設有超連結的區域，會自動變成 🖑 圖示狀。

二、網站的規劃設計

1. 網站建置的流程：

前置作業	中期製作	後期維護
1. 擬定網站主題 2. 蒐集相關資料 3. 規劃網站架構與網頁內容	4. 使用**網頁設計軟體**製作網頁 5. 上傳網站至**網站伺服器**（web server） 6. 測試網站	7. 網站推廣 8. 更新與維護

2. **網站架設**：上傳網站至**網站伺服器**時，使用者可選擇以下3種方式。

   a. **自行架設網站伺服器**：從購買、管理到維護都必須由使用者（如公司的網管人員）自行處理。

   b. **租用虛擬主機**：支付租借虛擬主機空間的費用，可省去自行購買設備的的成本，如租用中華電信的HiNet虛擬主機。

   c. **使用免費網頁空間**：網路上有許多免費網頁空間平台，可讓使用者透過平台提供的服務快速地完成網頁製作與網站架設，如Google協作平台、Wix.com、WordPress、Weebly。

三、網頁設計應注意的事項

1. 確認不同瀏覽器的觀看效果：確保網頁在常用的瀏覽器（如Chrome、Firefox、Microsoft Edge、Safari）都能正常顯示。

2. 避免使用特殊字型：若瀏覽者的電腦未安裝有網頁中使用的特殊字型，文字會改以**新細明體**或**細明體**顯示；因此建議使用作業系統內建的字型（**細明體、新細明體、標楷體、微軟正黑體**）來設計網頁。

3. 避免使用容量太大的多媒體檔案：儘量不要使用容量太大的影音檔、動畫檔、圖片檔（如bmp檔），以避免拖慢網頁開啟的速度。

4. 網頁設計常用的圖檔：

圖檔類型	動態圖片	背景透明	壓縮	影像失真	色彩
JPG			破壞性[註]	✓	全彩
GIF	✓	✓	非破壞性		256色
PNG		✓	非破壞性		全彩

   a. JPG：檔案小，支援全彩，**但圖片會失真**。
   b. GIF：可製作**動畫**及**背景透明**的圖片，只支援**256色**。
   c. PNG：可製作**背景透明**的圖案，支援全彩。

四、網頁設計的應用與趨勢

1. 網頁應用的範圍相當廣泛，分類介紹如下：
   - **個人**：個人介紹、心情記事、心得分享、人際交流等。現今由於社群網站（如Facebook、Instagram）、微網誌（如Twitter）的普及，一般個人已較少建置專屬的個人網站。
   - **企業團體**：產品介紹、廣告行銷、員工訓練、線上交易等。
   - **學術單位**：學校介紹、學術交流、研究報告、教材分享等。
   - **政府機關**：機關介紹、政令宣導、法規查閱、電子化政府等。
   - **醫療機構**：線上掛號、醫療諮詢、健康講座等。
   - **新聞媒體**：新聞報導、時事論壇、民意調查等。

註：支援非破壞性及破壞性壓縮，通常是使用破壞性壓縮。

2. **一頁式網站**（One Page Site）：在單一網頁中呈現豐富的圖文內容[註]，適合行動裝置（如智慧型手機、平板電腦等）瀏覽，讓使用者只要向下滑動便可快速閱讀所有內容，常應用於活動網頁、商品型錄、宣傳產品等。

3. **響應式網頁設計**（Responsive Web Design, **RWD**）：一種網頁設計的技術，此技術是使用CSS網頁語言，讓網頁畫面可在不同的裝置（如智慧型手機、平板電腦、筆記型電腦等）中瀏覽時，頁面都能呈現合適比例的顯示效果。

網頁版面會隨瀏覽器的頁面大小自動調整

4. 網頁設計的趨勢：

網路服務概念	特色	說明
Web 1.0	單向、閱讀	由網站建置者單方面提供資訊給瀏覽者，瀏覽者只能接收資訊
Web 2.0	雙向、分享	強調網路資源的提供與分享，以彙集群體的智慧。如維基百科即屬於Web 2.0的網站
Web 3.0	智慧、助理	網站會透過語意網（semantic web）技術自動依據使用者的需求，擷取並整合網際網路上的相關資訊，提供給使用者
Web 4.0	物聯網、人工智慧	結合物聯網（IoT）、人工智慧（AI）等技術，以提供更人性化、更多元且即時的服務

註：一頁式網站不是像紙張的「一頁」喔！而是可以向下延伸、滑動的長網頁喔！

得分區塊練

( ) 1. 上網瀏覽網頁時，如果滑鼠游標停在超連結的文字或圖片上，那麼滑鼠的游標外型會變成： (A)手形 (B)十字形 (C)漏斗形 (D)箭頭。

( ) 2. 網站的第一頁稱之為何？
(A)黃頁 (B)封面 (C)首頁 (D)目錄。 [丙級網頁設計]

( ) 3. 網站設計完成後，應將網站上傳到何處，才能讓他人透過網路瀏覽？
(A)FTP伺服器 (B)網站伺服器 (C)郵件伺服器 (D)DNS伺服器。

( ) 4. 下列建置網站的程序中，何者不是必要的動作？
(A)擬定網站主題
(B)使用網頁設計軟體製作網頁
(C)測試網頁是否能正常顯示
(D)將網頁檔案壓縮成壓縮檔。

( ) 5. 在網站中設計動畫效果，其作用不包括何者？
(A)吸引目光
(B)提升傳輸速度
(C)模擬真實
(D)豐富視覺形式。 [丙級網頁設計]

( ) 6. 政府規範公家機關的網頁設計，應使用新細明體、標楷體等中文字型，請問其原因為何？
(A)字型較美觀
(B)較能顯示網頁的專業度
(C)較不易感染電腦病毒
(D)較不會發生字型無法正確顯示的問題。

( ) 7. 雅婷設計學校網頁時，下列哪一種做法最不恰當？
(A)在首頁插入檔案容量龐大的圖片與動畫，使網頁更美觀
(B)每張圖片都加入說明文字，以利身心障礙人士了解內容
(C)使用不同的瀏覽器來測試網頁是否能正常顯示
(D)使用RWD技術設計網頁，讓網頁畫面可隨著瀏覽器頁面大小自動調整。

11-2 HTML

一、認識HTML

1. **超文件標記語言**（HyperText Markup Language, HTML）是構成網頁的一種基礎語言，當瀏覽器讀取HTML時，會自動將它轉換成網頁。

   ◎五秒自測　構成網頁的基礎語言為何？你能背出全名嗎？

2. **HTML 5**：由W3C（World Wide Web Consortium，全球資訊網協會）新制定的HTML語言規範，它新增了許多種HTML標籤（如影音標籤、繪圖標籤），讓HTML語法也可用來開發各種網頁應用程式（如線上繪圖、線上文書處理程式）。

3. 在Chrome中瀏覽網頁時，可在網頁空白處按右鍵，按『**檢視網頁原始碼**』或按F12鍵，來檢視網頁的HTML原始碼，其檔案類型為**文字檔**。

4. 網站首頁的檔名通常命名為**index**或**default**。

5. 常見的網頁檔案格式：

格式	說明
mht	可同時儲存網頁內的圖片、音效等物件於單一網頁檔案中
html / htm	超文字標註語言，屬於**純文字格式**
xml	可延伸標示語言，自行定義標籤（Tag）
asp / aspx	以ASP程式語言開發的動態網頁
php	以PHP程式語言開發的動態網頁
jsp	以Java程式語言開發的動態網頁

6. HTML語言的結構：

```
HTML文件          ┌── <html>
的開始與結束      │   ┌── <head>
                 │   │    <title>…</title>    網頁標題
    文件的標頭   │   │     ⋮                  記錄網頁的標題名稱、
                 │   └── </head>              使用的編碼等資訊
                 │
                 │   ┌── <body>
    文件的主體   │   │     ⋮                  以文字及語法呈現網頁內容
                 │   └── </body>
                 └── </html>
```

7. HTML語言**沒有大小寫的區別**，兩者皆可。

8. HTML標籤（tag）一般都是**成對**出現（有少數例外）。

    例 <B>一段文字</B>
    ↑開始標籤　　↑結束標籤（加上 "/"）

9. 使用2種以上標籤時，結束標籤必須以**反向**順序排列。

    例 <B><U><I>一段文字</I></U></B>

得分區塊練

( )1. 下列何者不是網頁的副檔名？
(A)ASP　(B)HTM　(C)HTML　(D)TMP。

( )2. 下列何者是製作網頁時所用的主要語言？
(A)COBOL　(B)JAVA　(C)HTML　(D)VRML。

( )3. 通常當我們瀏覽某一網站時只需指定網站名稱，而不用指定網頁檔案名稱即可觀賞該網站的首頁，一般而言一個網站首頁預設的網頁檔案名稱為何？
(A)www.htm　(B)index.htm　(C)http.htm　(D)index.http。

( )4. 請根據下列檔案的副檔名，判斷何者不是網頁檔案？
(A)page1.pptx　(B)help.asp　(C)index.php　(D)top.html。

二、HTML語法與範例 103 104 105 106 107 108 111 112 113 114

1. HTML語法：

種類	標籤	說明
結構	`<!DOCTYPE html>`	用來定義網頁中的HTML語法的版本為HTML 5
	`<html lang = "zh-Tw">`	表示文件內容使用繁體中文
	`<html>……</html>`	HTML文件的開始與結束
	`<head>……</head>`	HTML文件的標頭
	`<title>……</title>`	設定瀏覽器標題列或索引標籤的文字，即**網頁的標題**

	`<body 屬性1=值`
	`　　　屬性2=值……>`
	`……</body>`
		HTML文件的主體，常見的屬性設定：
		• text：設定網頁所有文字的顏色
		• bgcolor：設定背景顏色
		• background：設定背景圖片

文字	`<h1>……</h1>`	第一級標題，字體最大； **標題級別由h1到h6**
	`<b>……</b>` `<strong>……</strong>`	2種語法皆可將文字**加粗**
	`<i>……</i>` `<em>……</em>`	2種語法皆可將文字變成**斜體**
	`<u>……</u>`	文字加**底線**
	`<q>……</q>`	可將文字加 "雙引號"
	`<del>……</del>`	可將文字加刪除線
	` `	文字換行，標籤可不必成對
	`<p>`	文字換段，標籤可不必成對
	`<pre>……</pre>`	可將標籤內文字的排版形式完整呈現在網頁中（包含文字中的空白及段落符號）
	`<p align="對齊方式">……</p>`	設定文字或圖片的對齊方式： • left：靠左對齊 • right：靠右對齊 • center：置中對齊

	`<ul>`
	`<li>……</li>`
	`<li>……</li>`
	`……</ul>`
		可在文字前加入**實心圓形項目符號**，將所有的項目包在`<ul>`與`</ul>`之間，個別條列須分別包在`<li>`與`</li>`之間

第11章 網站規劃與網頁設計

種類	標籤	說明

文字	`<ol type="編號類型" start=起始值>`
	`<li>……</li>`
	`<li>……</li>`
	`……</ol>`
		• 可在文字前加入有編號的項目符號，將所有的項目包在`<ol>`與`</ol>`之間，個別條列須分別包在`<li>`與`</li>`之間
		• type編號類型：
		　■ type = "1" 代表1、2、3、…
		　■ type = "A" 代表A、B、C、…
		　■ type = "I" 代表I、II、III、…等
		• 設定編號的起始值（start），如2表示使用 "A" 編號類型，會從B開始

	`<hr>`	加入分隔線，標籤可不必成對
	`<!--註解-->`	註解文字，不會顯示在網頁中
	`<sup>……</sup>`	設定文字為上標，如2^3
	`<sub>……</sub>`	設定文字為下標，如$\log_2$
	`<del>……</del>` `<s>……</s>`	2種語法皆可將文字加上刪除線
	`<mark>……</mark>`	文字加網底，預設為黃色
	`<small>……</small>`	將文字縮小
	`<marquee>……</marquee>`	套用跑馬燈效果，讓文字在瀏覽視窗中來回移動的動態效果

圖片	`<img src="路徑/圖片檔名"`
	`　　屬性1=值`
	`　　屬性2=值……>`
		可插入圖片（支援gif、jpg、png、bmp等格式），常見的屬性設定：
		• border：外框粗細，設為0則無外框
		• height：高度（像素）
		• width：寬度（像素）
		• alt：替代文字（圖片無法顯示時，會出現的文字）
		• align：對齊方式

表格	`<table 屬性1=值`
	`　　　屬性2=值……>`
	`……</table>`
		表格常見的屬性設定：
		• border：外框粗細，設為0則無外框
		• width：表格寬度，可依百分比（如width="90%"）或像素設定（如width="300"）
		• height：表格高度
		• bgcolor：背景顏色
		• bordercolor：外框顏色
		• cellpadding：表格欄位內元素與邊框間的距離

	`<caption>……</caption>`	表格標題

種類	標籤	說明
表格	<tr>……</tr>	表格列，一組<tr>……</tr>表示一列儲存格
	<td>……</td>	儲存格，一組<td>……</td>表示一個儲存格，一般都是<td>……</td>放在<tr>……</tr>內

a. HTML語法－表格範例：

例 用HTML標籤建立一個「1列1欄」的表格：

```
<table border = "1">
   <tr>
      <td>生日<br>快樂</td>
   </tr>
</table>
```

經瀏覽器轉換後 ➡ 生日 快樂

例 用HTML標籤建立一個「2列1欄」的表格：

```
<table border = "1">
   <tr>
      <td>生日</td>
   </tr>
   <tr>
      <td>快樂</td>
   </tr>
</table>
```

經瀏覽器轉換後 ➡ 生日 / 快樂

例 用HTML標籤建立一個「2列2欄」的表格：

```
<table border = "1">
   <tr>
      <td>生</td><td>日</td>
   </tr>
   <tr>
      <td>快</td><td>樂</td>
   </tr>
</table>
```

經瀏覽器轉換後 ➡ 生 日 / 快 樂

種類	標籤	說明
超連結	<a href="網址">圖片或文字</a>	連結至其他網站
	<a href="路徑/檔名">圖片或文字</a>	連結至同一網站中的其他網頁
	<a href="mailto:電子郵件地址">圖片或文字</a>	連結至電子郵件地址
	<a href="#書籤名稱">圖片或文字</a>	連結至網頁中設定有書籤[註]的位置
區塊	<div style="屬性1:屬性1的值; 屬性2:屬性2的值;……"> ……</div>	建立區塊並設定區塊屬性： • height：高度，可為像素或百分比（如90%） • width：寬度，可為像素或百分比（如90%） • background-color：背景顏色 • background-image:url(路徑/圖片檔名)：背景圖片 • padding：區塊內的間距，可分別設定上、右、下、左的值（如padding:20 10 20 10） • margin：區塊與其他元素的距離，可分別設定上、右、下、左的值（如margin:20 10 20 10）
內置頁框	<iframe src="路徑/網頁檔名" name="自訂名稱" 屬性1=屬性1的值 屬性2=屬性2的值……> ……</iframe>	設定內置頁框常用的屬性： • name：頁框的名稱，若要使連結的網頁顯示在頁框中，必須指定頁框名稱 • height：高度，可為像素或百分比（如90%） • width：寬度，可為像素或百分比（如90%） • scrolling：設定頁框是否要顯示捲軸（yes為是，no為否，auto為視需要顯示） • frameborder：外框粗細，設定為0則無外框 • marginwidth：左右邊界的空白間距，設定為0則無間距 • marginheight：上下邊界的空白間距，設定為0則無間距

註：使用書籤超連結前，需先在網頁中，設定書籤位置，語法為 <a name = "書籤A">書籤A位置</a>。

種類	標籤	說明

影音多媒體	`<audio 屬性1 屬性2……>`
	`<source src="路徑/音訊檔名">`
	`……</audio>`
		可加入音訊（僅支援wav、mp3、ogg格式），常見的屬性有：
		• controls：可設定顯示播放面板
		• type：可指定播放類型
		• autoplay：可設定自動播放
		• loop：可設定循環播放

	`<video 屬性1 屬性2……>`
	`<source src="路徑/視訊檔名">`
	`……</video>`
		可加入視訊（支援ogg、mp4、webm等格式），常見的屬性有：
		• controls：可設定顯示播放面板
		• type：可指定播放類型
		• autoplay：可設定自動播放
		• width：可設定視訊寬度
		• height：可設定視訊高度

2. HTML範例：

```
<html>
<head>
<title>HTML範例</title>
</head>
<body>
<b>動物介紹</b>
<table border = "1">
    <tr><td>動物名</td><td>狐蒙（Meerkat）</td></tr>
    <tr><td>棲息地</td><td>南非</td></tr>
    <tr><td>特徵與習性</td>
        <td><li>平均壽命約6年。</li><p>
          <li>每位成員都會幫忙覓食。</li><p>
          <li>前爪強而有力適合挖地洞。</li><p>
          <li>狐蒙可以吃蠍子跟毒蛇。</li> </td></tr>
</table>
<b>資料來源：壽山動物園</b>
</body>
</html>
```

經瀏覽器轉換後

3. HTML表單語法：

種類	標籤	說明
表單	<form 屬性1＝值 　　　屬性2＝值……> 　　……</form>	表單常見的屬性： • name：設定表單名稱 • method：設定表單資料的傳送方式，可設定為post或get • action：設定表單的內容傳送的目的地
表單欄位	<input 屬性1＝值 　　　　屬性2＝值……>	須在<form>標籤內，表單的欄位，常見的欄位屬性： • type：設定表單元件的類型 • name：設定表單元件名稱 • value：設定表單元件的預設值 • size：設定表單元件顯示長度，預設為20 • maxlength：用來限制輸入欄位的可輸入字數 • required：設定表單元件為必填欄位，若未填資料則無法送出表單 • placeholder：在欄位中顯示提示訊息 • autofocus：設定游標停在指定的表單元件上
多行文字	<textarea>……</textarea>	須在<form>標籤內，可作為多行文字的輸入區塊
下拉式選單	<select>……</select>	須在<form>標籤內，可建立下拉式選單，選單中的選項以<option>標籤來建立
欄位集	<fieldset>……</fieldset>	須在<form>標籤內，可依照問題的種類來分成多個區塊，每個區塊可設定不同的標題 設定標題：<legend>……</legend>

a. 設定表單資料的傳送方式之比較：

傳送方式	post	get
說明	• 資料由內部傳送，網址不會改變 • 因沒有長度限制，可傳送較大量的表單資料	• 網址會帶有參數與資料，因此填寫的資料會在網址列看到 • 因網址長度限制，資料傳送量有限
適用於	註冊帳號密碼的資料傳送或是隱密性較高的資料（如信用卡線上交易驗證等）	常用於傳送非隱匿資料（如網站傳送商品介紹連結等）
安全性	較高	較低
資料傳送效率	較低	較高

b. 常見的表單元件類型：須在 **\<input\>** 標籤內。

表單元件類型	設定方式	說明
單行文字	type = "text"	單行文字的輸入欄位
密碼欄位	type = "password"	密碼輸入欄位，使用者輸入的內容會以 "▪" 顯示，防止被他人看到
按鈕	type = "button"	預設沒有對應行為的按鈕，通常會搭配 Script 語法來使用
送出按鈕	type = "submit"	送出資料的按鈕
重設按鈕	type = "reset"	清除表單內容的按鈕
單選欄位	type = "radio"	設定讓使用者單選的欄位 ○ 男 ● 女 ○ 其他

表單元件類型	設定方式	說明
多選欄位	type = "checkbox"	設定讓使用者可複選的欄位 ☑ 手機 ☑ 鑰匙 ☑ 錢包 ☐ 書包 ☐ 帽子
滑條	type = "range"	讓使用者可移動游標調整滑條，還可設定以下屬性： • min：設定最小值（最左），預設為0 • max：設定最大值（最右），預設為100 • step：設定滑條移動1格的增減值，預設為1 不滿意 ――●――― 滿意
日期	type = "date"	設定日期欄位，以月曆選擇器方式呈現
搜尋欄位	type = "search"	設定搜尋輸入框
特殊內容欄位	type = "屬性"	可設定只接收指定資料的屬性，若格式不正確，則無法送出表單，常見的屬性有： • email：電子郵件信箱 • number：數字 • tel：電話 • url：網址

4. HTML表單範例：

```
<html>
<head>
<title>註冊網站</title>
</head>
<body>
<form method = "post">
<p>姓　　名：<input name = "name" type = "text"></p>
<p>電子信箱：<input name = "email" type = "email"></p>
<p>密　　碼：<input name = "password" type = "password"></p>
<p>手　　機：<input name = "phone" type = "text" maxlength = "10"></p>
<p>性　　別：<input name = "sex" type = "radio" value = "男"> 男
　　　　　　<input name = "sex" type = "radio" value = "女"> 女 </p>
<p>生　　日：<input name = "birthday" type = "date"></p>
</form>
</body>
</html>
```

↓ 經瀏覽器轉換後

註冊網站
姓　　名：[　　　　]
電子信箱：[　　　　]
密　　碼：[　　　　]
手　　機：[　　　　]
性　　別：○男　○女
生　　日：[年 /月/日 📅]

得分區塊練

( )1. 下列有關html語言的敘述，何者正確？
(A)是一種人工智慧語言
(B)html語言的標籤都必須成對出現，沒有例外
(C)「<B><I>你好</I></B>」是正確的語法
(D)html語言大小寫有區別，必須注意。

( )2. 下列HTML標籤在使用時，何者不需要以成對方式（亦即：<標籤>…</標籤>）呈現？ (A)A (B)BR (C)BODY (D)TITLE。

( )3. 欲在網頁中加入動態圖片，下列何者是此圖片最適合的格式？
(A)BMP (B)EPS (C)GIF (D)JPEG。

( )4. 下列HTML語法的用法說明，下列何者錯誤？
(A)<!--ALEX-->是註解
(B)<P>…</P>是段落標籤
(C)H6的字體比H1的字體大
(D)<HR>表示在網頁上插入水平線。

( )5. 偉安的筆電沒有安裝網頁設計軟體，若他想要利用撰寫HTML語言，來設計一個簡單的網頁，他可以使用下列哪一套軟體？
(A)小畫家 (B)小算盤 (C)記事本 (D)錄音機。

( )6. JPG、GIF皆是網頁常用的圖檔類型，有關這2種圖檔類型的敘述，何者有誤？
(A)JPG可儲存全彩圖片
(B)GIF只能儲存256色圖片
(C)GIF可儲存背景透明的圖片
(D)JPG可儲存動畫圖片。

( )7. 如果要使用圖片作為網頁的背景，需要在下列哪一個標記當中使用BACKGROUND的屬性？
(A)<HTML> (B)<HEAD> (C)<BODY> (D)<TITLE>。

( )8. 執行下列HTML標籤語法，會輸出何種結果？
<marquee>ABC</marquee>
(A)文字置中對齊
(B)文字會在瀏覽視窗中來回移動
(C)文字不會顯示在網頁中
(D)文字下方加入分隔線。

11-3　CSS

一、認識CSS　[105] [110]

1. **CSS**（**C**ascading **S**tyle **S**heets，串接式表單）：是一種美化網頁用的語言，和HTML一樣是由W3C（全球資訊網協會）所制定，可和HTML搭配使用。它比HTML更能設計出多樣化的顏色、字型和版面配置方式等樣式，使網頁更美觀。

2. CSS的副檔名為.css。

3. CSS基本語法：

   ```
   h2{                              ——選取器
       color:blue;
       font-size:15px;
       font-family: 微軟正黑體       ——屬性值
   }                                ——屬性
   ```

4. 新增CSS樣式的語法（常用的Class與ID）：

   ```
   <head>
   <style type="text/css">
   .A1 { height: 200px;}    建立Class樣式
     樣式名稱   屬性設定
     名稱為自訂 高度：200像素
   #A2 { height: 100px;}    建立ID樣式
     樣式名稱   屬性設定
     名稱為自訂 高度：100像素
   </style>
   </head>
   <body>
       <div class="A1"> </div>   套用Class樣式
       網頁元素  套用Class樣式A1
       <div id="A2"> </div>      套用ID樣式
       網頁元素  套用ID樣式A2
   </body>
   ```

   - Class樣式前方必須加上 "."
   - ID樣式前方必須加上 "#"

5. CSS的使用方法：

   a. 外部CSS：透過外部的CSS檔案，加入至HTML中，來修改網站的樣式。HTML必須在head的部分加入<link>標籤。

   　例　`<link rel="stylesheet" type="text/css" href="example.css">`

b. 內部CSS：在HTML檔案中head部分，加入<style>標籤

> CSS程式必須撰寫在標頭<head>中

例
```
<head>
<style>
h2{
color:blue;
}
</style>
</head>
```
樣式標籤、標頭標籤

c. 行內CSS：在HTML的標籤中加入style屬性並於style內設定css屬性。

例 `<h2 style="color:blue;">這是標題</h2>`

二、CSS語法與範例 111 112

1. 設定文字：

CSS語法	說明
font-family:屬性值;	設定文字字型 例 font-family:Arial;
font-size:屬性值;	設定文字大小，單位可使用px、%、em、pt、mm 例 font-size:40px;
color:屬性值;	設定文字色彩 例 color:red;
font-style:屬性值;	設定斜體文字： • normal：文字正常顯示 • italic：文字斜體顯示 • oblique：文字斜體顯示 例 font-style:italic;
font-weight:屬性值;	設定字體粗細： • normal：正常 • bold：粗體 • bolder：極粗體 • lighter：細體 例 font-weight:bold;
text-shadow:屬性值1 屬性值2 屬性值3 屬性值4;	設定文字陰影效果 • 屬性1：水平陰影位置 • 屬性2：垂直陰影位置 • 屬性3：模糊程度 • 屬性4：陰影色彩 例 text-shadow:2px 2px 2px #918779;

B11-19

CSS語法	說明
letter-spacing:屬性值;	設定文字間距 例 letter-spacing:10px;
line-height:屬性值;	設定文字列高 例 line-height:10px;
text-indent:屬性值;	設定文字首行縮排距離 例 text-indent:50px;
text-align:屬性值;	設定文字（圖片）的水平對齊方式： • right：靠右 • left：靠左 • center：置中 • justify：左右對齊 例 text-align:center;
vertical-align:屬性值;	設定文字（圖片）的垂直對齊方式： • top：靠上 • middle：垂直置中 • bottom：靠下 例 vertical-align:middle;
/*註解*/	註解文字，不會顯示在網頁中

2. 設定背景：

CSS語法	說明
background-color:屬性值;	設定背景色彩 例 background-color:blue; 　　background-color:#FFFF00;
background-image:屬性值;	設定背景圖片 例 background-image: url("bg.gif");
background-repeat:屬性值;	設定背景圖片重複顯示的方式： • no-repeat：不重複布滿背景 • repeat：重複並排顯示 • repeat-x：水平重複顯示 • repeat-y：垂直重複顯示 例 background-repeat: repeat-x;
background-attachment:屬性值;	設定背景圖片位置： • scroll：背景圖片隨捲軸移動（預設值） • fixed：背景圖片不隨捲軸移動 例 background-attachment: fixed;

3. 設定圖片：

CSS語法	說明
opacity:屬性值;	設定透明效果： 透明 0.0 ←→ 1.0 不透明 例 opacity:0.5;
box-shadow:屬性值1 屬性值2 屬性值3 屬性值4;	設定陰影： • 屬性1：水平位置　　• 屬性2：垂直位置 • 屬性3：模糊程度　　• 屬性4：陰影色彩 例 box-shadow:5px 5px 5px #ff0000;

4. 設定邊框（適用於圖片、背景圖片）：

CSS語法	說明
border:屬性值1 屬性值2 屬性值3;	設定圖片邊框： • 屬性1：邊框粗細 • 屬性2：邊框顏色 • 屬性3：邊框樣式 例 border:3px blue solid;
border-radius:屬性值;	設定4個圓角的弧度 例 border-radius:25px;
border-style:屬性值;	設定邊框樣式： • solid：實線 • dashed：虛線 • double：雙實線 • dotted：連續點線 • groove：凹線 • ridge：凸線 • inset：嵌入線 • outset：浮出線 例 border-style: dotted;
border-width:屬性值;	設定邊框寬度： • thin：薄 • meduim：中等 • thick：厚 • 使用數字控制寬度 例 border-width: 5px;
border-color:屬性值;	設定邊框顏色 例 border-color: red;

5. 設定排版方式：

CSS語法	說明
margin:上px 右px 下px 左px;	元素與其他元素之間的距離，可分別設定上、右、下、左的值 例 margin: 20px 10px 20px 10px;
border:屬性1 屬性2 屬性3;	設定邊框，可分別設定線條粗細、樣式、顏色 例 border: 20px solid blue;
padding:上px 右px 下px 左px;	元素內的內容與元素自身的邊界間距，可分別設定上、右、下、左的值 例 padding: 20px 10px 20px 10px;

```
margin（邊界）
  border（邊框）
    padding（邊距）
      內容
```

6. 設定超連結：

CSS語法	說明	舉例

a:屬性值{
　...
}
	設定超連結的狀態：
	• link：尚未被點擊
	• visited：已被點擊
	• hover：滑鼠游標停在連結上
	• active：被點擊時
		a:link{
		　color: blue;
		　font-weight:bold;
		}

7. CSS範例：

```css
body{
    background-color: #FFD1A4;
    text-align: center;
}
```

```css
nav{
    text-align: center;
    font-family: Microsoft JhengHei;
    font-size:20pt;
    font-weight: bold;
}
```

```css
h1{
    text-align: center;
    font-family: Microsoft JhengHei;
}
```

```css
p{
    font-family: Microsoft JhengHei;
    font-size: 20px;
    font-weight: bold;
}
```

```css
.poem{
    width: 320px;
    height: 280px;
    border: 20px solid  #A3D1D1;
    padding: 20px 10px 20px 10px;
    margin: 20px 10px 20px 10px;
    background-image: url(background.jpg);
    background-color: white;
    background-repeat:no-repeat;
    background-size: cover;
    text-align: center;
}
```

經瀏覽器轉換後

掃QR code
下載CSS範例

（http://www.fisp.com.tw/fisp3/?p=2341）

數位科技應用 滿分總複習

有「背」無患

1. XML（延伸標記語言）：與HTML類似，差別在於，XML是用來描述資料的結構與意義，可讓資料的使用及存取更便利。
    a. 可視需求自行定義標籤名稱。
    b. 標籤名稱可使用中文名稱。
2. JavaScript是一種動態網頁語言，可用來為網頁加入動態效果（如網頁載入時顯示訊息），也可以撰寫出簡單的網頁小程式（如瀏覽人次計數器）。
3. 常用的動態網頁語言比較：

動態網頁語言	開發公司	網頁副檔名	HTML中的呈現

VBScript	微軟	－	`<script type="text/VBScript">`
			⋮
			`</script>`

ASP.NET	微軟	.asp	`<%`
			⋮
			`%>`

JSP	昇陽	.jsp	`<%`
			⋮
			`%>`

PHP	PHP團隊	.php	`<?php`
			⋮
			`?>`

第11章 網站規劃與網頁設計

滿分晉級

情境素養題

▲ 閱讀下文，回答第1至2題：

佳佳與小佑希望舉辦班遊來增進同學們之間的感情，他們想調查班上同學可接受的班遊預算（1,000以下、1,001～3,000元、3,001元以上）、可出遊的日期及出遊意願，於是他們利用HTML撰寫了一個網頁表單讓同學填寫資料，以便彙整分析班上同學們的意見。

( )1. 佳佳與小佑設計的HTML表單中，有調查預算（1,000以下、1,001～3,000元、3,001元以上）、出遊日期及出遊意願等項目，你可以推薦他們利用下列哪些HTML表單元件來製作表單呢？
(A)多行文字、多選欄位、日期　　　(B)下拉式選單、日期、單選欄位
(C)送出按鈕、下拉式選單、多選欄位　(D)搜尋欄位、日期、單行文字。 [11-2]

( )2. 佳佳與小佑可以透過下列何者來美化HTML網頁表單？
(A)CSS　(B)C++　(C)CNN　(D)小畫家。 [11-3]

( )3. 神燈巨人對阿里說：「製作網站有以下五項重要工作：
a.規劃架構　　b.蒐集材料　　c.擬定主題　　d.製作網頁　　e.發佈網站
如果你能說出正確的工作順序，我就滿足你三個願望。」請問阿里應選擇下列哪一個排序？　(A)abcde　(B)cabde　(C)bcade　(D)cbade。 [11-1]

( )4. 颱風夜，老師請同學連上學校網站的首頁，查看明天是否放假的消息。請問「首頁」是指？
(A)檔名為top.html的網頁　　　　(B)放有 "最新消息" 的網頁
(C)進入網站第1個看到的網頁　　(D)上次離開網站時最後關閉的網頁。 [11-1]

精選試題

11-1 ( )1. 在設計WWW中之網頁（Web page）時，對於較低階PC或瀏覽器版本的使用者，應考慮將網頁內容以下列何種方式呈現？　(A)文字　(B)圖形　(C)影像　(D)聲音。

( )2. 為了節省傳遞的時間，下列哪種資料格式，是學校中最常用的網頁式學生成績單？
(A)文字　(B)聲音　(C)影像　(D)圖畫。

( )3. 瀏覽網頁時，如果滑鼠移到圖片上，滑鼠指標就變成手狀圖示，代表該張圖片
(A)不能下載　(B)設有超連結　(C)禁止瀏覽　(D)有說明文字。

( )4. 下列有關網頁的敘述，何者正確？
(A)不可以含有動畫
(B)一個網站只能有一個網頁
(C)游標移到超連結上，會變成手狀圖示
(D)不可以含有音樂。

( )5. 下列哪一種作法無法吸引瀏覽者來瀏覽我們的網站？
(A)廣寄電子郵件宣傳　　　　(B)在各大入口網站登錄自己的網站
(C)在其他網站張貼廣告　　　(D)申請成為ISP網站的會員。

B11-25

(　　)6. 網頁製作完成後,我們應將網頁上傳到哪一種伺服器,才能讓網友瀏覽網頁?
(A)網站伺服器　(B)郵件伺服器　(C)印表機伺服器　(D)檔案伺服器。

(　　)7. 莎莎為偶像陳綺貞設計了一個宣傳網頁,但在學校瀏覽網頁時,卻發現網頁中套用「華康少女體」的文字都變成「新細明體」了。請問最可能的原因為何?
(A)網頁中毒了
(B)網頁遭駭客篡改
(C)學校的電腦沒有安裝華康少女體
(D)學校的電腦故障。

(　　)8. 我們設計網頁後,應該使用哪一種軟體,來瀏覽網頁設計的成果?
(A)防毒軟體　(B)瀏覽器　(C)影音播放軟體　(D)看圖軟體。

(　　)9. 在html檔的原始碼中含有「<p> abc </p>」,其作用為何?
(A)將abc以斜體字呈現　　　　　　(B)在abc之前劃一條水平線
(C)將abc與其前後內容分成不同段　(D)將abc以粗體呈現。

(　　)10. 在HTML標籤語法中,下列哪一項可完成超連結(hyper linker)的功能?(註:以下選項中的…符號可用適當的文字、數字來替換)
(A)<A…/A>　　　　　　　　　　(B)<Font…/Font>
(C)<H1…/H1>　　　　　　　　　(D)<P…/P>。

(　　)11. 下列四種語言,哪一種最適合用來設計互動式網頁?
(A)XML　(B)ASP　(C)C++　(D)VRML。

(　　)12. 下列有關網頁製作的敘述,何者正確?
(A)在HTML標籤語法中,若其順序為<X><Y><Z>開始的標籤,其結尾必須以相同的順序來排列,如</X></Y></Z>
(B)在HTML標籤語法中,可製作超連結的是<A></A>
(C)HTML檔案以<P>為起始標籤,</P>為結束標籤
(D)<H1>標籤的字體比<H6>標籤字體小。

(　　)13. 下面哪一種語言是專門用來撰寫全球資訊網(World Wide Web)中的網頁?
(A)Assembly Language　　　　　(B)Data Control Language
(C)Hypertext Markup Language　(D)Structured Query Language。

(　　)14. 在HTML語言中,下列哪一種標籤可將字體設定為粗體字?
(A)<B>…</B>　(B)<I>…</I>　(C)<U>…</U>　(D)<TR>…</TR>。

(　　)15. 網頁製作之HTML語法中,當圖片無法顯示,若欲以某文字或符號來代替時,可使用下列何種屬性?
(A)LOWSRC　　　　　　　　　　(B)ALIGN
(C)ALT　　　　　　　　　　　　(D)HSPACE。

(　　)16. HTML的語法中,哪個標記名稱(tag)用來設定對齊方式的?
(A)align　(B)style　(C)width　(D)div。　　　　　　　　　　　　[丙級網頁設計]

(　　)17. HTML的語法中,哪一個標記(tag)與文字設定無關?
(A)…　(B)<i>…</i>　(C)<u>…</u>　(D)<hr>…</hr>。　[丙級網頁設計]

(　　)18. 表格的製作上,HTML原始碼所使用的標記為何?
(A)tab　(B)table　(C)tag　(D)表格。　　　　　　　　　　　　　[丙級網頁設計]

(　)19. HTML的語法<body>…</body>其作用為何？
(A)宣告HTML文件的開始與結束
(B)宣告HTML文件的開頭部分
(C)宣告HTML的主體部分
(D)宣告HTML文件的結尾部分。　　　　　　　　　　　　　　　　　　[丙級網頁設計]

(　)20. 透過下列哪一個HTML語法，可製作出文字在網頁中由左而右不斷重複移動的動態效果？　(A)br　(B)marquee　(C)frameset　(D)body。

(　)21. 在HTML語法中，下列哪一個屬性是用來設定表格外框顏色？
(A)bgcolor　(B)boxcolor　(C)bordercolor　(D)edgecolor。　　　　　[技藝競賽]

(　)22. 在HTML語法中，下列哪一項文件標籤名稱說明錯誤？
(A)<B>…</B>用來表示文件加上粗體效果
(B)<BODY>…</BODY>用來表示文件的主體
(C)<img src…>用來表示插入圖片
(D)<address>…</address>用來表示公司地址。　　　　　　　　　　　[技藝競賽]

(　)23. 下列哪一項軟體，無法編輯網頁程式？
(A)記事本　(B)WordPad　(C)小畫家　(D)Word。　　　　　　　　　　[技藝競賽]

(　)24. 下列哪一項HTML標籤可以在網頁中加入音訊？
(A)<audio>…</audio>　　　　　　　(B)<video>…</video>
(C)<u>…</u>　　　　　　　　　　　(D)<body>…</body>。

(　)25. 下列哪一項表單元件屬性是可在HTML表單中加入密碼欄位？
(A)type = "text"　(B)type = "password"　(C)type = "checkbox"　(D)type = "radio"。

(　)26. 下列哪一項表單元件屬性是可在HTML表單中加入多選欄位？
(A)type = "number"　(B)type = "reset"　(C)type = "checkbox"　(D)type = "radio"。

(　)27. 下列哪一項表單屬性可設定表單資料的傳送方式？
(A)method　(B)action　(C)name　(D)type。

(　)28. 下列程式語言中，何者適合用於美化網頁外觀？
(A)CSS　(B)Python　(C)C　(D)Java。

(　)29. 下列CSS的語法中，何者為定義一個ID樣式？
(A).aa{color: green;}　　　　　　　(B)table{color: green;}
(C)#cc{color: green;}　　　　　　　(D)body{color: green;}。

統測試題

(　)1. 下列何種性質的網站，其網頁內容產生過程最符合Web 2.0的概念？
(A)維基百科　(B)產品介紹　(C)氣象預告　(D)政令宣導。　　　　　[102商管群]

(　)2. HTML是超文件標記語言（Hyper Text Markup Language）的縮寫，請問HTML檔案可用下列哪一種工具來檢視並以網頁呈現？
(A)瀏覽器（Browser）
(B)Flash動畫播放器（Flash Player）
(C)視窗媒體播放器（Windows Media Player）
(D)網頁伺服器（Web Server）。　　　　　　　　　　　　　　　　　　[102工管類]

( )3. 下列哪一個HTML程式片段，可以在視窗標題列上顯示「品德大學網頁」？
(A)<frame>品德大學網頁</frame>　　(B)<font>品德大學網頁</font>
(C)<top>品德大學網頁</top>　　(D)<title>品德大學網頁</title>。 [102工管類]

( )4. 下列何種檔案格式不是HTML標籤（Tag）可讀入的影像檔格式？
(A).gif　(B).jpg　(C).png　(D).ufo。 [102工管類]

( )5. 有關HTML標籤（Tag）效果的敘述，下列何者錯誤？
(A)
為換行標籤　　(B)<H1>標籤的字體比<H2>標籤的字體小
(C)<HR>為顯示水平線標籤　　(D)<P>為換段標籤。 [102工管類]

( )6. 下列哪一個HTML程式片段，可以建立一個正確連結到Google網站首頁的超連結？
(A)<a href = "https://www.google.com">Go to Google!</a>
(B)</a href = "www.google.com">Go to Google!<a>
(C)<a href = "Go to Google!">www.google.com</a>
(D)</a href = "Go to Google!">www.google.com<a>。 [103商管群]

( )7. 設計HTML文件時，以下標籤的使用何者正確？
(A)<A>可設定段落，<B>可設定粗體字，
可換列，<P>可設定超連結
(B)<A>可設定超連結，<B>可換列，
可設定粗體字，<P>可設定段落
(C)<A>可設定超連結，<B>可設定粗體字，
可換列，<P>可設定段落
(D)<A>可設定段落，<B>可換列，
可設定粗體字，<P>可設定超連結。 [103工管類]

( )8. 以下的HTML語法，總共會產生幾「列」資料的表格？
<table><tr><td></td><td></td></tr><tr><td></td><td></td></tr><tr><td></td><td></td></tr><tr><td></td><td></td><td></td><td></td></tr><tr><td></td><td></td><td></td><td></td><td></td></tr></table>
(A)5　(B)4　(C)3　(D)2。 [103工管類]

( )9. 下列哪一種技術可以設定網頁樣式，建立一個風格統一的網站？
(A)VBScript　(B)ASP　(C)PHP　(D)CSS。 [103工管類]

( )10. 執行下列HTML檔案內容，則網頁的輸出結果為何？
<html>
　<table border = "1">
　　<tr><td>小美</td></tr><tr><td>小明</td></tr>
　</table>
</html>
(A) 小美 小明　(B) 小美／小明　(C) 小美｜小明　(D) 小美｜小美／小明｜小明 [104商管群]

( )11. 下列敘述何者不正確？
(A)網頁：以HTML格式所建構之文件可稱為網頁
(B)首頁：當使用不含檔名之URL瀏覽某個網站時，其首先出現的網頁稱為首頁
(C)網站：存放網頁的伺服器，提供服務給遠端電腦瀏覽相關網頁
(D)網址：指數字式IP只能用於連結資料庫。 [104工管類]

( )12. 一般HTML網頁之原始碼（source code）的檔案類型屬於：
(A)二進位檔　(B)文字檔　(C)加密檔　(D)十六進位檔。 [104工管類]

第11章 網站規劃與網頁設計

( )13. 下列電腦語言，何者不適合開發動態網頁？
(A)ASP　(B)PHP　(C)JSP　(D)Assembly Language。 [104工管類]

( )14. 下列哪一項HTML標籤可以用來設定網頁的標題？
(A)<title>…</title>　　　　　　(B)<table>…</table>
(C)<body>…</body>　　　　　　(D)<html>…</html>。 [105商管群]

( )15. 下列有關CSS（Cascading Style Sheet）的敘述，何者正確？
(A)CSS樣式只能內嵌於HTML中，無法自行獨立存檔
(B)CSS未被廣泛接受，幾乎沒有瀏覽器支援CSS
(C)使用CSS的網頁具有加密的功能
(D)CSS屬純文字形式，可以設定網頁的外觀。 [105商管群]

( )16. 下列哪一個HTML標籤（Tag）內的文字不會在網頁呈現？
(A)<!-- … -->　(B)<u>…</u>　(C)<p>…</p>　(D)<h1>…</h1>。 [105工管類]

( )17. 設計一個網頁，需要了解基本的HTML標籤。請問以下的HTML標籤及功能描述何者正確？
(A)<IP HREF = "連結目標">是建立超連結
(B)<P>是插入水平分隔線
(C)<B>文字</B>是文字加底線
(D)<IMG SRC = "檔名">是插入圖片。 [105工管類]

( )18. 在HTML標籤語法中，下列哪一項包含超連結的功能？
(A)<h1 href = "網址"> … </h1>
(B)<a href = "網址"> … </a> <img src = "Picture.BMP">
(C)<font href = "網址"> … </font>
(D)<hyperlink href = "網址"> … </hyperlink>。 [106商管群]

( )19. 執行下列 HTML 標籤語法，則網頁輸出的結果為何？
<html>
　　<table border = "1">
　　　　<tr> <td> <u>金榜</u></td><td>題名</td> </tr>
　　</table>
</html>。
(A)| 金榜 | 題名 |　(B)| 金榜 | 題名 |　(C)| 金榜 |　(D)| 金榜 |
　　　　　　　　　　　　　　　　　　　　　| 題名 |　　| 題名 | [106商管群]

( )20. 下列HTML片段文件若經瀏覽器顯示，所呈現之文字效果為何？
<i>Y<u>Y</u>Y</i>
(A)Y*Y*Y　(B)*YYY*　(C)*Y*Y*Y*　(D)*YY*Y。 [106工管類]

( )21. 下列哪一個HTML片段文件經瀏覽器顯示不會包含「106學年統測」字樣？
(A)<p><!--106學年統測--></p>　　(B)<p>!106學年統測</p>
(C)<p><--106學年統測--></p>　　(D)<p><--106學年統測!--></p>。 [106工管類]

( )22. 下列何者可針對HTML文件版面格式、文字顏色及背景等設定呈現方式？
(A)表格（Table）　　　　　　(B)層級式樣式表（CSS）
(C)網頁框架（Frame）　　　　(D)可延伸標記語言（XML）。 [106工管類]

B11-29

( )23. 在Windows作業系統中，開啟以htm為副檔名的HTML（HyperText Markup Language）程式，所看到的 "資料格式" 是一種：
(A)點陣圖檔（Bitmap File） (B)文字檔（Text File）
(C)壓縮檔（Compressed File） (D)加密檔（Encrypted File）。 [106資電類]

( )24. 網頁程式中<TITLE>107學年度四技二專</TITLE>標籤，會將「107學年度四技二專」顯示在瀏覽視窗的下列哪一個位置？
(A)工具列 (B)標題列 (C)狀態列 (D)視窗內文的最上面。 [107商管群]

( )25. 執行下列HTML標籤語法，則網頁輸出的結果為何？
```
<html>
    <table border = "1">
        <tr><td>永保<br>安康</td></tr>
    </table>
</html>
```
(A) 永保安康（2×2） (B) 永保安康（1×2橫） (C) 永保安康（1×2直） (D) 永保安康。 [107商管群]

( )26. 在HTML文件中，下列何者可在網頁上顯示有效的電子郵件超連結？
(A)<u>abc123@gmail.com</u>
(B)<address>abc123@gmail.com</address>
(C)<img src="abc123@gmail.com">abc123@gmail.com</img>
(D)<a href="mailto:abc123@gmail.com">abc123@gmail.com</a>。 [107工管類]

( )27. 關於HTML語法，下列敘述何者不正確？
(A)<I>…</I>為設定網頁項目的標籤
(B)<P>…</P>為設定網頁分段的標籤
(C)<U>…</U>為設定網頁文字加底線的標籤
(D)<B>…</B>為設定網頁文字粗體效果的標籤。 [107工管類]

( )28. 下列哪個HTML片段文件是正確且經瀏覽器顯示時，所呈現之字型為最大？
(A)<h0>107計算機概論</h0>
(B)<h1>107計算機概論</h1>
(C)<h6>107計算機概論</h6>
(D)<h7>107計算機概論</h7>。 [107工管類]

( )29. 用HTML標籤來建立一個1列2欄的表格 □□，<table border ="1"> 與 </table> 之間的標籤應為下列何項？
(A)<td><tr>…</tr><tr>…</tr></td>
(B)<tr><td>…</td><td>…</td></tr>
(C)<td><tr>…</tr></td><td><tr>…</tr></td>
(D)<tr><td>…</td></tr><tr><td>…</td></tr>。 [108商管群]

( )30. 下列關於HTML的敘述，何者正確？
(A)<table cellpadding = …>為調整表格的外框尺寸
(B)<table border = …>為調整表格欄位內元素與邊框間的距離
(C)<hr>為加入一條水平線
(D)<body bgcolor = …>為設定表格欄位背景顏色。 [108工管類]

第 11 章 網站規劃與網頁設計

(　　)31. 在HTML文件中，<u>12</u><i>34<u>56</u>78</i>可在網頁上顯示之效果為何？
(A)<u>12</u>*<u>34</u>5678*　(B)*12<u>34</u>5678*　(C)<u>12</u>*34<u>56</u>78*　(D)12*34<u>56</u>78*。 [108工管類]

(　　)32. 在HTML文件中，下列何者可產生我國教育部網站之文字超連結？
(A)<a href = "https://www.edu.tw">教育部</a>
(B)<address href = "https://www.edu.tw">教育部</address>
(C)<href address = "https://www.edu">教育部</href>
(D)<href a = "https://www.edu.tw">教育部</href>。 [108工管類]

(　　)33. 小明設計一個HTML（Hypertext Markup Language）程式，當他儲存該文件後，此文件之原始資料格式為下列何者？
(A)點陣圖檔（Bit Map File）　　(B)文字檔（Text File）
(C)壓縮檔（Compressed File）　　(D)批次執行檔（Batch Executive File）。 [108資電類]

(　　)34. 假設我們想使用一個檔名是mypic.png的圖片來做超連結，以連到www.myschool.edu.tw；如果會有「圖片無法顯示」的情況，則顯示「myschool」的替代文字，下列哪一個答案是正確的？
(A)<a href="http://www.myschool.edu.tw"><img src="mypic.png" alt="myschool"></a>
(B)<link href="http://www.myschool.edu.tw"><img src="mypic.png">myschool</img></link>
(C)<img href="mypic.png"><a src="http://www.myschool.edu.tw">myschool</a></img>
(D)<img src="mypic.png" linkto="http://www.myschool.edu.tw">myschool</img>。
[109商管群]

(　　)35. HTML語法中，可用下列哪一語法標籤進行「強制換行」？
(A)<line>　(B)<cr>　(C)
　(D)<body>。 [109工管類]

(　　)36. 如圖（一）是使用Google Chrome連結到教育部全球資訊網的畫面，此畫面中用方框標示出的『教育部全球資訊網』是這個網頁的標題，下列哪個選項可以產生此網頁標題？

圖（一）

(A)<HTML>
　　<BODY>
　　　　教育部全球資訊網
　　</BODY>
　</HTML>

(B)<HTML>
　　<HEAD>
　　　　教育部全球資訊網
　　</HEAD>
　</HTML>

(C)<HTML>
　　　教育部全球資訊網
　</HTML>

(D)<HTML>
　　<HEAD>
　　　　<TITLE>教育部全球資訊網</TITLE>
　　</HEAD>
　</HTML>
[109工管類]

( )37. 如果在一個網頁中要顯示一張格式為jpeg的圖片，請問要用到哪個HTML的標籤？
(A)\<table\>…\</table\>　　　　　　(B)\<center\>…\</center\>
(C)\<p\>…\</p\>　　　　　　　　　(D)\<img src="…"…\>。　　　　　[109工管類]

( )38. 設計網頁除了可以用Dreamweaver開發，也可以直接以HTML的語法，用文字檔的方式撰寫網頁程式碼，下列哪一個語法可以在瀏覽器（browser）的視窗標題列顯示「我的HTML」？
(A)\<html\>我的HTML\</html\>　　　(B)\<head\>我的HTML\</head\>
(C)\<title\>我的HTML\</title\>　　　(D)\<body\>我的HTML\</body\>。　[109資電類]

( )39. 下列哪一個HTML敘述，可以在網頁內使用串接式表單（Cascading Style Sheets, CSS）？
(A)\<style type = "text/css"\>\</style\>
(B)\<css style = "text/sheet"\>\</css\>
(C)\<cascading style = "sheet.css"\>\</cascading\>
(D)\<script type = "style/css"\>\</script\>。　　　　　　　　　　　[110商管群]

( )40. 下列何者不是設計動態網頁的相關腳本語言（Scripting Language）？
(A)ASP（Active Server Pages）　　(B)JSP（JavaServer Pages）
(C)PHP（Hypertext Preprocessor）　(D)PWS（Personal Web Server）。[110工管類]

( )41. HTML原始碼\<u\>https://tw.yahoo.com\</u\>在網頁上會呈現何種效果？
(A)顯示 https://tw.yahoo.com
(B)顯示 *https://tw.yahoo.com*
(C)點選後開啟https://tw.yahoo.com的首頁
(D)點選後開啟https://tw.yahoo.com網站的截圖。　　　　　　　　　[110工管類]

( )42. 有關CSS設定文字色彩的屬性，① 中為下列何者？
```
<html>
<head>
    <title>HTML</title>
    <style>
    p{
        ①
    }
    </style>
</head>
<body>
    <p> 國泰民安 </p>
</body>
</html>
```
(A)color:red;　　　　　　　　　　(B)text-align:red;
(C)border-color:red;　　　　　　　(D)background-color:red;。　　[111商管群]

( )43. 若網頁輸出結果如圖（二）的血型選擇，則最適合使用下列何項HTML標籤？
(A)input type = "button"　　　　　(B)input type = "checkbox"
(C)input type = "circle"　　　　　(D)input type = "radio"。　　　[111商管群]

請選擇血型：○A　○B　○O　○AB

圖（二）

( )44. 某網頁呈現照片dpi（dot per inch）的資訊，該網頁採用標籤<table>、<tr>、<td>設計一個表格來呈現照片的相對大小，部分網頁HTML語法如圖（三），標籤未敘明的參數如align均採用預設值（default）。圖中網頁HTML語法，在瀏覽器上的顯示結果為何？ [112商管群]

(A) / (B) / (C) / (D)

```
<table border="1">
  <tr>
    <td><img src="image01.JPG"></td>
    <td><img src="image02.JPG"></td>
    <td><img src="image03.JPG"></td>
  </tr>
  <tr>
    <td>100dpi
       <br> (100x50)</td>
    <td>200dpi
       <br> (200x100)</td>
    <td>300dpi
       <br> (300x150)</td>
  </tr>
</table>
```

圖（三）

( )45. 設計網頁HTML語法時，想將特定一段文字的背景設定為黃色以具有醒目提示的效果，如圖（四），有關顏色的設定下列何者正確？
(A)FFFF00
(B)FF00FF
(C)00FFFF
(D)00FF00。 [112商管群]

```
<html>
<head>
<title>HTML</title>
<style type="text/css">
bgcolor1 {
  background-color: #    ?    ;
}
</style>
</head>
<body>
<bgcolor1>特定一段文字</bgcolor1>
</body>
</html>
```

圖（四）

▲ 閱讀下文，回答第46-47題

黃生設計了一個愛心路跑活動報名網頁，HTML的內容如圖（五），網頁顯示結果如圖（六）。

```
<!DOCTYPE html>
<html>
<head>
    < ① >愛心路跑活動</ ① >
</head>
<body>
    <h1>報名網頁</h1>
    <hr>
    <form>
        姓名：<input type = "text"><br>
        性別：<input type = " ② " name = "gender">男
        <input type = " ② " name = "gender">女
    </form>
</body>
</html>
```

圖（五）

圖（六）

( )46. 要產生圖（六）中「愛心路跑活動」的字串，圖（五）中「①」應該用哪一個HTML標籤？　(A)subject　(B)h1　(C)title　(D)caption。　[114商管群]

( )47. 圖（六）中，性別選擇採單選按鈕，圖（五）中「②」應該為下列何者？
(A)select　(B)checkbox　(C)button　(D)radio。　[114商管群]

第12章 網頁設計軟體

12-1 網頁設計軟體簡介

1. 以Word、Excel製作的文件，可以存成網頁格式（如html）。

2. 常見的網頁設計軟體：

軟體	說明	軟體類型
Dreamweaver	由Adobe公司推出的所見即所得網頁設計軟體，還提供開發智慧型手機等行動裝置適用的「響應式網頁設計（RWD）」功能	商業軟體（提供試用版）
Namo WebEditor One	具備基本的網頁編輯功能，且內建多種範本，可讓不熟悉HTML的使用者也能輕易製作出專業的網頁	商業軟體（提供試用版）
KompoZer	一款免費且開放原始碼的所見即所得網頁編輯器，可讓使用者快速地製作出網頁	自由軟體
BlueGriffon	一款跨平台且開放原始碼的網頁編輯器，使用者可選擇以程式碼編輯模式或所見即所得編輯模式進行網頁設計	自由軟體
Brackets	一款免費且開放原始碼的純文字網頁編輯器，是以HTML、CSS及JavaScript編寫而成的HTML編輯器	自由軟體

a. **所見即所得**（What You See Is What You Get, WYSIWYG）的網頁編輯器是指在編輯時，編輯器能即時呈現程式碼在瀏覽器中的內容。

b. 網頁設計軟體會自動將我們所設計的網頁內容，轉換成對應的HTML語言。我們也可直接在文字編輯軟體（如記事本、WordPad[註]），編寫HTML來製作網頁。

註：WordPad於2023年9月停止更新，並於Windows 11正式移除WordPad軟體。

3. 常見的網站建置平台：除了上述的網頁設計軟體之外，網路上有許多免費的網站建置平台，可讓使用者透過平台快速完成網頁製作與網站架設。

網站建置平台	說明	收費方式
Google協作平台	• 由Google公司開發的網站建置平台，只要有Google帳戶即可使用，適合網頁初學者使用 • 可結合Google其他相關服務（如日曆、表單、簡報等） • 提供共編功能可讓多人同時編輯網頁內容	免費
WordPress	• 目前較受歡迎的網站建置平台，可用來快速架設企業形象網站、商業網站、部落格網站等 • 提供易於維護及管理的網站管理平台	免費版／商用版
Wix.com	• 提供數百款主題模板（如網上商店、餐廳、美甲店等），使用者只要從中挑選合適的模板即可 • 透過滑鼠拖曳的方式，即可簡單快速地完成網站的建置	免費版／商用版
Weebly	• 較常用於製作一頁式網站及線上電子商店網站 • 利用網頁模板可依照需求設計出具有購物車、結帳、庫存追蹤等功能的網站	免費版／商用版

12-2 網頁設計實務

一、Dreamweaver基本功能

1. 網站的架設與管理

    a. 設定欲製作的網站名稱、資料夾路徑等，以便後續的管理及維護。

    b. 網站架設操作：按『網站/新增網站』，選取電腦中的資料夾。

    c. 管理網站操作：按『網站/管理網站』，可編輯網站的相關資訊、或刪除不再使用的網站。

2. 流變格線的設定：

    a. **流變格線**功能可使網頁配置自動配合瀏覽器視窗寬度或螢幕解析度改變，讓瀏覽者不論使用電腦、平板電腦、手機來瀏覽網頁，都可以看到最佳的配置效果，這種網頁也稱為「**響應式網頁設計（RWD）**」。

    b. 操作：選『檔案/開新檔案/流變格線版面』，可設定流變格線版面。

3. 設定網頁內容：

    a. 設定網頁的字型、字型大小、文字顏色、背景顏色、背景影像、超連結色彩及網頁標題（顯示在標題列）等內容。

    b. 操作：在屬性面板，按頁面屬性。

4. 插入表格：

    a. 設定表格的列數 / 欄數、表格寬度、邊框粗細、儲存格的內距及間距、對齊方式等內容。

    b. 操作：按『插入/表格』。

5. 插入圖片：

    a. 可在網頁中，插入圖片。

    b. 操作：按『插入/影像』。

6. 設定超連結：

    a. 超連結可連結至**同一個網站中的任一網頁**或**同一個網頁中的特定位置**，也可連結至外部的網站、**電子郵件信箱**。

    b. 要連結至同一個網頁中的**特定位置**，必須先在欲連結的位置，按『插入/命名錨點』加入**命名錨點** 。

    c. 設定電子郵件信箱超連結時，郵件地址前須加上 "**mailto:**"，
    如 "mailto:coco@yahoo.com.tw"。

    d. 游標移到超連結上會變成手狀圖示 。

    e. 操作：選取文字或圖片，按『插入/超連結』，或在屬性面板的連結欄輸入網址、按 鈕設定超連結。

7. CSS樣式的新增與套用：

    a. 在Dreamweaver中，可使用CSS樣式來設定網頁的外觀。

    b. 新增CSS樣式操作：在CSS樣式面板，按新增CSS規則，可開啟新增CSS規則交談窗，以新增CSS樣式。

    c. 套用CSS樣式的操作：選取要套用的元素，在CSS樣式面板，選取CSS樣式，按右鍵，選『套用』，套用後即可在程式碼中看到選取的元素套用CSS樣式。

8. Div區塊的建立：

    a. 操作：在插入版面，按插入Div標籤，即可插入Div區塊。

    b. 設定Div區塊位置常用的CSS屬性：

CSS屬性	說明
position	設定區塊位置，常用的屬性： • absolute：絕對位置，不會受其他網頁元素影響位置 • fixed：固定顯示在視窗的某處 • relative：相對位置，會隨著其他網頁元素移動相對位置 • static：依照瀏覽器預設的配置擺放位置
top	靠上距離
left	靠左距離
right	靠右距離
bottom	靠下距離
float	設定區塊能左右並排，常用的屬性： • left：靠左並排 • right：靠右並排

9. 建立影像地圖：

    a. **影像地圖**是一張被劃分成許多區域，並分別設定超連結的圖片。

    b. 操作：選取圖片，在屬性面板，按 ▭、◯ 或 ▽，建立**矩形**、**圓形**或**多邊形**範圍的超連結。

10. 設定變換影像效果：

    a. 變換影像效果：當滑鼠移到圖片時，圖片會變換成另一張圖片。

    b. 操作：選取圖片，按『插入/影像物件/滑鼠變換影像』。

二、絕對路徑 vs. 相對路徑

1. **絕對路徑**：以完整的路徑表示標的位置。

   相對路徑：以目前位置為基準來表示標的位置。

   生活實例：絕對路徑 → 台北市文中路17號4樓

   相對路徑 → 以「小刀」為基準描述「家宜」位置：住在樓下

   以「澤言」為基準描述「家宜」位置：住在隔壁4樓

2. 路徑格式說明：

   a. Windows系統：以「\」來表示路徑。

   b. 網站架構（超連結）：以「/」來表示路徑。

3. 路徑格式舉例（以Windows系統為例）：

   絕對路徑：c:\web\page\work\dog.htm。

   相對路徑：以index.htm位置為基準來描述dog.htm位置：page\work\dog.htm

   以dog.htm位置為基準來描述index.htm位置：..\..\index.htm

   （**..** 代表上一層資料夾）

4. 在Dreamweaver中設定超連結，預設是使用**相對路徑**，若使用絕對路徑，當網站資料夾位置改變時，會發生連結失效的問題。

三、框架式網頁的建立 108 113

1. 建立**框架式網頁**：

   a. **框架式網頁**是指利用**頁框**（frame），將網頁劃分成多個區域，以便將資料分區擺放。

   b. 框架式網頁是由1個**頁框組**（frame page）與數個**頁框**所組成，儲存時，頁框組與頁框必須分開儲存。

   > **例** 某個分為上、下頁框的框架式網頁，必須儲存成3個網頁檔案。

   （圖：上頁框、下頁框，外圍為頁框組）

   c. 操作：按『插入/HTML/頁框』，選任一框架式網頁樣式。

2. 設定**頁框組**屬性：

   a. 可設定頁框組是否顯示邊框、邊框寬度、瀏覽時是否可調整頁框大小等屬性。

   b. 表示頁框大小的單位：

單位	說明
像素	以固定的像素數值來顯示 **例** 上頁框高度設為100像素，則不論瀏覽器頁面大小如何調整，上頁框高度皆固定為100像素
百分比	依照各頁框佔整個瀏覽器頁面的百分比來分配 **例** 上頁框高度設為30%，則頁框高度佔瀏覽器頁面的30%
相對	依照各頁框佔整個瀏覽器頁面的比例來分配 **例** 上頁框高度設為1，下頁框高度設為2，則上頁框佔瀏覽器頁面的1/3，下頁框佔2/3

   c. 操作：按『視窗/頁框』，在頁框面板的最外圍單按，選取頁框組，再透過屬性面板設定。

   ◎**五秒自測** 若要讓頁框大小會隨著瀏覽器頁面大小改變，應如何設定？

3. 設定**頁框**屬性：

   a. 可設定頁框的名稱、初始網頁、是否顯示邊框、邊框寬度、邊框顏色、是否顯示捲軸等屬性。

   b. 操作：按『視窗/頁框』，在頁框面板選任一頁框，再透過屬性面板設定。

4. 設定框架超連結：

   a. 在框架式網頁中，可設定要將超連結的目標網頁開啟在哪一個「目標頁框」。

   b. 目標頁框有以下4種：

目標頁框	設定值	說明
相同頁框	_self	在相同頁框開啟連結的目標網頁
整頁	_top	以全視窗顯示要連結的目標網頁
開新視窗	_blank	以新視窗顯示要連結的目標網頁
父頁框	_parent	在超連結所在的框架式網頁中，開啟要連結的目標網頁

   c. 設定不同目標頁框的效果：

   相同頁框（_self）　　整頁（_top）　　開新視窗（_blank）　　父頁框（_parent）

   聯想記憶法
   - _self = "自己" → 相同頁框。
   - _top = "頂部" → 視窗頂部 → 整頁。
   - _blank = "空白" → 空白視窗 → 開新視窗。
   - _parent = "父母" → 父頁框。

   d. 操作：選取文字或圖片，按『插入/超連結』，按目標視窗或按屬性面板的目標下拉式方塊。

四、Google協作平台基本功能

1. 建立網站：
   a. 連上Google協作平台並登入帳戶後，選擇**空白**或套用**範本庫**裡的內建範本來建立網站，並新增網站所需要的頁面。
   b. Google協作平台會**自動儲存**每一次變更，並將檔案儲存在Google雲端硬碟。
   c. 在首頁可設定**網站名稱**、**協作平台文件名稱**及**頁面標題**。
   d. 新增的頁面名稱會顯示在**導覽列**，在右側面版的頁面標籤中可進行複製、刪除頁面等編修，或以**拖曳**的方式調整頁面順序。

2. 套用主題及設定標頭樣式：
   a. 每一款內建的主題都有預設的背景、字型樣式、配色，套用後可進行簡單的變更與調整。
   b. 可將標頭設定為**封面**、**大型橫幅**、**橫幅**、**只有標題**等樣式。

3. 插入物件：**插入**標籤中，提供有各種物件，我們可視實際需要選擇合適的物件加入網頁。

物件	說明
文字方塊	新增標題或文字
圖片	上傳或從網路上（如雲端硬碟、Google圖片搜尋）選取相片或圖片
內嵌	輸入網址或程式碼嵌入網頁
雲端硬碟	從雲端硬碟中取得要嵌入的檔案
可收合的群組	新增可收合的文字區段
目錄	新增目錄，讓網友更容易瀏覽網頁的內容
圖片輪轉介面	設定切換不同圖片的效果，可設定為手動或自動輪轉。建議圖片的尺寸統一，輪轉的效果較佳
按鈕	新增連結按鈕
分隔線	新增水平分隔線

第12章 網頁設計軟體

物件	說明
地圖	新增地圖（如某店家地點）或加入我的地圖
YouTube	新增YouTube上的影片，讓網友可直接在網頁中播放選定的YouTube影片
日曆、文件、簡報、試算表、表單、圖表	新增Google日曆及雲端硬碟中的文件、簡報、試算表、表單、圖表
預留位置	在頁面上預留一個位置，可新增圖片、檔案、影片、日曆、地圖等

4. 編輯文字：在文字方塊輸入文字後，可設定字型樣式、文字顏色、對齊方式、行距等。

5. 編輯圖片：點擊圖片，可透過**圖片工具列**裁剪圖片、加入圖片超連結、刪除圖片等。

6. 編輯區段：

    a. Google協作平台的版面配置是區段來分隔，每個區段可包含數個物件。

    b. 套用預設的**內容區塊**，再依指示新增圖片、檔案或文字，即可快速完成版面配置。

    c. 可編輯區段顏色、複製／刪除區段或移動區段的位置。

7. 共用協作平台：可邀請相關人員**共同**參與網站的製作與維護，有助於團隊協作。

8. 預覽及發布網站：

    a. Google協作平台採用**響應式網頁設計**（RWD），按預覽鈕可預覽網頁在各裝置上（如手機、平板電腦、大螢幕）所顯示的樣貌。

    b. **自訂網址**並將網站**發布**到網路上供人瀏覽，日後網站若有變更與修改，都須再次發布才會顯示於網路上。

    c. 按**取消發布**，可先暫時關閉網站，待更新與調整後再重新發布。

有背無患

- **網站伺服器軟體**：可將電腦模擬成網站伺服器，瀏覽者只要在瀏覽器中輸入該台電腦的IP位址，即可瀏覽網頁。
- **IIS**：微軟公司開發的網站伺服器軟體。
- **Apache**：開放原始碼的免費網站伺服器軟體，可以跨平台使用。

得分區塊練

(　)1.　欲在同一張圖片上製作多個超連結到多個目的網頁之作法為何？
　　　(A)建立文字超連結
　　　(B)建立書籤超連結
　　　(C)建立影像地圖超連結
　　　(D)建立電子郵件。　　　　　　　　　　　　　　　　　　　　[丙級網頁設計]

(　)2.　儲存框架式網頁時，頁框、頁框組必須分開儲存，請問右圖框架式網頁在儲存時應該要存成幾個檔案？
　　　(A)2　(B)3　(C)4　(D)5。

(　)3.　下列3項有關超連結的敘述，正確的有哪幾項？
　　　a.圖片無法設定超連結
　　　b.利用超連結可以連結到設定的檔案
　　　c.利用超連結可以連結到國外的網站
　　　(A)abc　(B)bc　(C)ac　(D)ab。

(　)4.　小玉在瀏覽動物園網站時，發現滑鼠移到圖片上時，該圖片就會變成另一張圖片，請問這種效果是使用Dreamweaver的哪一項功能所製成？
　　　(A)變換影像效果　(B)跑馬燈效果　(C)聲音效果　(D)影片效果。

(　)5.　在Google協作平台中，點擊圖片無法進行下列哪一項編輯？
　　　(A)加入超連結　(B)刪除圖片　(C)裁切圖片　(D)調整圖片亮度。

(　)6.　若要以「整頁」的方式來開啟連結的網頁，目標頁框應設定為？
　　　(A)_top　(B)_blank　(C)_parent　(D)_self。

第12章 網頁設計軟體

滿分晉級

情境素養題

▲閱讀下文，回答第1至2題：

小維與莎莎想利用Dreamweaver建立班級網站，他們希望在網頁中至少出現3個超連結，分別能連結至班導介紹、班級網誌、班級生活點滴記錄等頁面，莎莎希望開啟班導介紹頁面時，要能在相同頁框開啟網頁；開啟班級網誌時，要能以全視窗開啟網頁；開啟班級生活點滴記錄時，要能以新視窗開啟網頁。

( )1. 小維在設定超連結的目標網頁：班導介紹、班級網誌、班級生活點滴記錄的開啟頁框時，該如何分別設定目標頁框才能符合莎莎的需求呢？
(A)_top、_self、_blank
(B)_parent、_top、_blank
(C)_self、_top、_blank
(D)_self、_top、_parent。 [12-2]

( )2. 在Dreamweaver設定超連結時，預設使用相對路徑，請問下列哪一種敘述不是在表示相對位置？
(A)莎莎坐在小維隔壁
(B)小維家樓上是阿明家
(C)小維在莎莎家樓下的便利商店買東西
(D)小維家住在台北市忠孝東路一段1號。 [12-2]

( )3. 電影「富都青年」勇奪金馬獎的最佳男主角獎，如果想要在該片的官方網站以來回移動的文字來宣告這個好消息，可使用網頁設計軟體的哪一項功能？
(A)跑馬燈 (B)框架式網頁 (C)影像地圖 (D)變換影像效果。 [12-2]

( )4. 聯合國提出的永續發展目標（SDGs）中，第14項核心目標是「保育海洋生態」，阿建想製作一個網站，在網站中提供歷年海洋廢棄物統計、鯨豚擱淺數量統計、海洋保育相關法案推動等相關資訊，讓更多網友能夠關注海洋保育的重要性，請問阿建最不適合使用下列哪一種軟體／平台建置網站？
(A)BlueGriffon (B)WordPress (C)Google協作平台 (D)Adobe Photoshop。 [12-1]

精選試題

12-1
( )1. 在使用網頁設計軟體製作網頁時，在編輯過程能即時呈現網頁程式碼在瀏覽器中的內容稱為？
(A)垃圾進，垃圾出（GIGO） (B)所見即所得（WYSIWYG）
(C)光學字元辨識（OCR） (D)小型辦公室／家庭辦公室（SOHO）。

( )2. 請問下列哪一套軟體不適合用來製作網頁？
(A)BlueGriffon (B)Dreamweaver (C)PhotoImpact (D)KompoZer。

12-2
( )3. 某一超連結為..\..\index.htm，請問 "..\" 代表什麼意思？
(A)上一層資料夾 (B)下一層資料夾 (C)最上層資料夾 (D)最下層資料夾。

(　　)4. 在網頁中插入跑馬燈，可以設定什麼效果？
(A)文字在網頁中來回移動　　　　(B)文字原地閃爍
(C)滑鼠指標移到文字上時，文字變大　(D)文字色彩不斷變換。

(　　)5. 若要製作滑鼠移至圖片上會變更成另一張圖片的效果（如下圖），需使用Dreamweaver提供的何種功能？　(A)影像地圖　(B)超連結　(C)變換影像效果　(D)跑馬燈。

(　　)6. 在建立框架式的網頁之後，如果希望讓瀏覽者在點選設有超連結的項目時，可以在指定的頁框中呈現被連結的網頁，必須建立下列哪一種超連結？
(A)文字超連結　(B)電子郵件超連結　(C)檔案超連結　(D)框架超連結。

(　　)7. 圖片工具列上的 ◯ 鈕，具有下列何種功能？
(A)繪製橢圓形圖案　　　　　　(B)裁切圖片成圓形
(C)在圖片上建立圓形超連結區域　(D)在圖片上加入圓形線條。

(　　)8. Dreamweaver頁框的設定中，「開新視窗」的目標設定為何？
(A)_blank　(B)_top　(C)_parent　(D)_home。

(　　)9. 何者不是Dreamweaver軟體之影像地圖預設的標示？
(A)矩形　(B)橢圓形　(C)多邊形　(D)菱形。

(　　)10. 在框架式網頁中設定超連結時，我們可以選擇目標頁框，請問下列4種目標頁框的說明何者有誤？
(A)整頁：以全視窗顯示要連結的網頁
(B)相同頁框：在超連結所在的頁框中開啟網頁
(C)父頁框：在上頁框開啟網頁
(D)開新視窗：以新視窗開啟網頁。

(　　)11. 在Google協作平台中，若想新增目錄讓網友更容易瀏覽網頁，請問應按下列哪一個按鈕？　(A)Tᴛ　(B)<>　(C)⊥　(D)≡。

(　　)12. 若要邀請團隊中的其他人一同使用Google協作平台來編輯網站，請問應將共編者權限設定為下列何者？　(A)編輯者　(B)檢視者　(C)發布版本檢視者　(D)維護者。

統測試題

(　　)1. 有關Windows系統的路徑表示法中，下列何者屬於絕對路徑？
(A)email.txt　(B)data\email.txt　(C)..\data\email.txt　(D)c:\data\email.txt。[102工管類]

(　　)2. 圖（一）中之框架式網頁分為上框架及下框架，各有其內容，且下框架內容中含有一外部超連結，有關這一個框架式網頁的敘述，下列何者錯誤？
(A)需要2個html檔才可以完成這個框架式網頁
(B)需要3個html檔才可以完成這個框架式網頁
(C)開啟的外部超連結網頁可以設定為出現在下框架
(D)開啟的外部超連結網頁可以設定為出現在上框架。
[102工管類]

圖（一）

( )3. 在網頁設計中，有關「影像地圖」的概念，以下何者正確？
(A)網站開發者對於網路相簿的網站，提供網站中有哪些圖片或影像的清單，協助瀏覽者能夠快速找到想要的圖片
(B)網站開發者使用虛擬實境的技術，提供瀏覽者所指定地點周遭的影像，以便協助瀏覽者更容易了解周遭的環境
(C)網頁開發者針對圖片中的區域設定超連結，當瀏覽者點選到特定的區域時，就會連結到指定的網址
(D)網站開發者針對電子地圖網站，提供所需要的影像圖資之技術。 [103工管類]

( )4. 假設有一網站結構如圖（二）所示，下列何者為建立從B.html連結到A.html的「相對」超連結路徑？
(A)../A.html
(B)./TCTEWeb/TEST/A.html
(C)TEST/A.html
(D)A.html。 [103工管類]

圖（二）

( )5. 假設有一網站架構如圖（三），下列何者是從Q1.htm處建立到Q1.gif的「相對」超連結路徑？
(A)../Image/Q1.gif
(B)./Image/Q1.gif
(C)Q1.gif
(D)Image/Q1.Gif。 [105工管類]

圖（三）

( )6. 在設定網頁超連結時，可透過target屬性設定目標網頁顯示的位置，下列敘述何者正確？
(A)target = "_self" 在超連結的相同頁框（frame）中顯示要連結的目標網頁
(B)target = "_blank" 在超連結的相同頁框中顯示空白的網頁
(C)target = "_parent" 開啟另一新視窗以全畫面顯示要連結的網頁
(D)target = "_top" 回到上一頁網頁。 [108商管群]

( )7. 有一網站架構如圖（四），下列何者是從answer.htm處建立到Book（根資料夾）下index.htm的「相對」超連結路徑？
(A)../index.htm
(B)index.htm
(C)../Ch2/index.htm
(D)./index.htm。 [110工管類]

圖（四）

▲ 閱讀下文，回答第8-9題

有一個網頁檔案結構包含css資料夾（內有color.css檔案）、imgs資料夾（內有Yushansnow.jpg檔案）及主網頁檔案 index.html，相關資訊如圖（五）所示。

- 網頁檔案結構

- color.css內容

```
h1 {color: red;}
```

- index.html內容：

```
<html>
<head>
    <link rel="stylesheet" href="css/color.css">
</head>
<boDy>
    <h1>顯示玉山主峰雪景</h1>
    <img src="Yushansnow.jpg" width=50%>
</body>
</html>
```

圖（五）

( )8. 主網頁檔案index.html未能完整顯示所有內容，下列何項能正確描述該主網頁檔案的問題？
(A)因第5行中D大寫，所以網頁無法呈現形成空白現象
(B)因圖檔連結路徑不正確，所以網頁無法呈現圖片
(C)因連結css檔案的路徑錯誤，所以網頁無法呈現紅色文字
(D)因css檔案誤用h1標籤，所以呈現的網頁中文字與圖片未能換行。 [113商管群]

(　　)9. 若要在index.html檔中h1標籤的上方增加一行文字超連結到 "玉山國家公園"，且可在原視窗中顯示它的網站。下列何者能完成此目標？
(A)<a Href = "https://www.ysnp.gov.tw/"　target = "_blank">玉山國家公園</a>
(B)<a Href = "玉山國家公園"　target = "_blank">https://www.ysnp.gov.tw/</a>
(C)<a Href = "https://www.ysnp.gov.tw/"　target = "_self">玉山國家公園</a>
(D)<a Href = "玉山國家公園　target = "_self">https://www.ysnp.gov.tw/</a>。

[113商管群]

NOTE

統測考試範圍

單元 7

電子商務應用

學習重點

章名	常考重點	
第13章 電子商務平台的認識	• 常見的網路開店平台方式 • 網路拍賣	★★☆☆☆
第14章 線上購物商店的規劃、架設與管理	• 線上購物商店的規劃 • 網路行銷方法 • 線上購物商店平台管理	★★☆☆☆

統測命題分析

數位科技概論

- 單元7 17%
- 單元1 9%
- 單元2 15%
- 單元3 16%
- 單元4 15%
- 單元5 13%
- 單元6 15%

數位科技應用

- 單元7 7%
- 單元1 15%
- 單元2 11%
- 單元3 24%
- 單元4 11%
- 單元5 15%
- 單元6 17%

第13章 電子商務平台的認識

13-1 自建型電子商務平台及購物商店

1. 網站由店家**自行建立**並**全權管理**。

2. 店家必須具備架站的相關技術，包括硬體設備及主機的管理、架設線上購物商店所需使用的軟體。

3. 硬體設備及主機的管理方式：

管理方式	說明
自行購買及管理主機	從購買、管理到維護都必須自行處理，適合對電腦、網路知識有一定專業程度的店家
主機代管	將電腦設備放置在提供主機代管服務業者的機房中
租借虛擬主機空間	向虛擬主機空間租借服務業者，租借適當大小的硬碟空間來使用，以節省自行購買或租借設備的成本

4. 架設線上購物商店所需使用的軟體：

軟體類型	說明	常見的軟體
線上購物商店系統軟體	可用來架設線上購物商店系統，提供方便管理的介面	OpenCart、osCommerce
網頁設計軟體	用來設計購物商店的網頁內容	Dreamweaver、BlueGriffon
資料庫系統軟體	用來儲存商品、顧客、交易等資料	SQL Server、Oracle、MySQL

得分區塊練

( ) 1. 請問下列有關硬體設備及主機的管理方式，何者最適合對電腦、網路知識有一定專業程度的店家，以方便店家全權管理？
(A)主機代管 　(B)租借虛擬主機空間
(C)自行購買及管理主機 　(D)租借雲端硬碟服務。

( ) 2. 文凱要自行架設線上購物商店，請問下列何者為文凱較不可能會用到的軟體？
(A)OpenCart (B)Netflix (C)Dreamweaver (D)MySQL。

13-2 套用開店平台的模板建立購物商店

1. 要經營線上購物商店的店家可利用**網路開店平台**提供的**模板工具**設計網站，通常這類平台也會提供金流與物流等服務，透過開店平台還可自行控管產品銷售數據、維護會員資料。

2. 此開店方式所開設的線上購物商店，通常可以**自行設定**專屬的網址。

   例 蘋果系列商品經銷商「Studio A」利用『SHOPLINE』網路開店平台所開設的購物商店，並設定「https://www.studioa.com.tw/」為專屬的網址。

3. 利用網路開店平台開店之流程：

   Step 1 註冊會員，並繳交開店費用 » Step 2 系統開通 » Step 3 建立品牌 » Step 4 設計店面風格

   Step 7 線上購物商店開張 « Step 6 商品上架 « Step 5 設定商品送貨方式與付款方式

4. 常見的網路開店平台比較[註]：

網路開店平台 比較項目	SHOPLINE	91APP	Cyberbiz	shopify	EasyStore
系統使用費	✓	✓	✓	✓	✓
成交抽成	無	依交易金額抽成	無	依交易金額抽成	無
免費試用	✓	✗	✓	✓	✓
商品上架量限制	有限制	無限制	無限制	無限制	無限制
流量限制	無限制	無限制	無限制	無限制	無限制
金流／物流服務	✓	✓	✓	✓	✓
案例	宏佳騰機車、STUDIO A蘋果經銷商	飛利浦、快車肉乾	FILA運動品牌、oppo移動通信	百事可樂、雀巢、SpaceX太空探索技術公司	上友鋼模雕刻工藝社

註：各家開店平台通常都會提供多種開店方案供店家選擇，本表是以各平台較基本的方案來做比較。

得分區塊練

( ) 1. 有關店家選用開店平台的模板建立線上購物商店的原因,下列何者有誤?
(A)可以與其他店家組成一個交易平台吸引更多消費者
(B)平台提供金流/物流服務
(C)可以自行設定專屬的網址
(D)可自行控管產品銷售數據、維護會員資料。

( ) 2. 下列何者不是常見的網路開店平台,無法提供店家以套用模板方式建立線上購物商店? (A)SHOPLINE (B)Cyberbiz (C)EasyStore (D)Starbucks。

13-3 建立依附在第三方電商平台的購物商店

一、第三方電子商務平台

1. **第三方電子商務平台**:由買賣雙方以外之第三方所架設、並提供買方和賣方進行交易的平台。

2. 目前常見的第三方電子商務平台主要有**商城**及**網路拍賣**。

二、商城(商店街)

- **商城**(又稱**商店街**):由許多不同類型的店家組合而成的一個交易平台。

- 此開店方式所開設的線上購物商店,網址是建立在平台網址之下。

    例 『康是美』線上購物商店網址,便是建立在『蝦皮商城』網址之下,網址為:

    https://shopee.tw/cosmed.tw

    蝦皮網址 ── 「康是美」網路商店

第13章 電子商務平台的認識

- 在商城開設線上購物商店的流程：

Step 1 線上申請 ≫ **Step 2** 資格審核 ≫ **Step 3** 簽訂合約並繳交開店費用 ≫ **Step 4** 系統開通

Step 7 電子商店開張 ≪ **Step 6** 開店通知 ≪ **Step 5** 商品上架

- 常見的商城平台比較[註1]：

商城平台 比較項目	蝦皮商城	i郵購 （郵政商城）	PChome 商店街[註3]
開店資格	公司／行號		公司／行號
商店開辦費 （一次性費用）	免費	收費	免費
系統使用費	免費	免費	收費
商品刊登費	免費		
商品上架量限制	依加入蝦皮的時間和賣場銷售表現而定	有限制	無限制
交易手續費[註2]	✓	✓	✓

註1：各家電商平台通常都會提供多種開店方案供店家選擇，本表是以各平台較基本的方案來做比較。
註2：不同的電商平台所規定的交易手續費皆不同。
註3：PChome商店街已於2024年11月1日起正式轉型為品牌官網服務。

B13-5

三、網路拍賣

1. **拍賣**（Auction）：在買賣過程中，競標者爭相出價，最後由出價最高者得標的一種交易方式。

2. 常見的網路拍賣平台：

網路拍賣\比較項目	蝦皮購物[註1]	Yahoo!奇摩拍賣	露天市集[註2]
申請資格	個人（滿18歲）	個人（滿18歲）／法人／團體	
刊登費用	免費	免費	免費
交易手續費	✓	✓	✓
信用卡交易手續費	✓	✓	✓

3. 網路拍賣的特性與注意事項：

對象\比較項目	買家角度（競購）	賣家角度（拍賣）
特性	• 選擇多元化 • 價格透明化 • 購物便利化	• 開店成本較低 • 銷售對象擴大 • 銷售時間不受限
注意事項	• 挑選可靠的賣家 • 詳細閱讀商品交易說明 • 避免私下交易 • 提防劫標 • 盡量選擇當面交付、超商取貨或貨到付款	• 不可銷售法令禁止出售的物品 • 商品的照片要真實清晰 • 挑選優良的買家，避免被惡意棄標 • 確認商品的標價

4. 網路不可販賣的違禁品及相關法令：

犯罪行為	觸犯法律	說明
販賣菸	菸害防制法	菸品、酒品皆不得以自動販賣機、網路、電子商務平台、手機App或其他無法辨識購買者年齡等方式販售
販賣酒	菸酒管理法	
販賣醫療器材	藥事法	目前政府開放持有醫療器材許可證業者可於網路上販售第一等級及部分第二等級的醫療器材，例如：OK繃、棉花棒、一般醫療用口罩、低週波電療器等

註1：蝦皮拍賣已於2017年8月24日正式改名為蝦皮購物。
註2：露天拍賣已於2022年9月正式改名為露天市集。

5. 網路拍賣不得販售的商品：

犯罪行為	觸犯法律
販賣菸	菸害防制法
販賣酒	菸酒管理法
販賣醫療器材	藥事法
販賣仿冒衣飾	商標法
販賣未標示產品成分說明的食品	食品安全衛生管理法
販賣標榜具有特定保健功效的食品	健康食品管理法

a. 目前政府開放持有醫療器材許可證業者可於網路上販售第一等級及部分第二等級的醫療器材。醫療器材依風險程度，分成3種等級：

- 第一等級：低風險性，如OK繃、棉花棒、一般醫療用口罩等。
- 第二等級：中風險性，如低週波電療器、日拋型隱形眼鏡、耳溫槍等。
- 第三等級：高風險性，如心律調節器、動脈血管支架等。

b. 依據「毒品危害防制條例」及「槍砲彈藥刀械管制條例」規定，一般人不得持有及販售毒品、槍砲彈藥等物品。

得分區塊練

( )1. 在網路上販售下列哪一項商品不會有觸法的疑慮？
 (A)未標示成分的自製泡菜　　(B)台灣啤酒
 (C)正版動漫公仔　　(D)動脈血管支架。

( )2. 下列哪些商品，不能在拍賣網站中銷售？
 a.日拋型隱形眼鏡　b.茶葉　c.在免稅機場購買的菸品　d.二手衣物　e.小狗扭蛋
 (A)abcde　(B)abcd　(C)ac　(D)ce。

( )3. 關於網路拍賣，下列哪一項敘述正確？
 (A)拍賣網上的商品價格常需要私訊問賣家，價格不夠透明化
 (B)避免私下交易可以降低購物風險，加強交易的安全
 (C)商品標錯價，可以推說網路駭客問題就不需要負責
 (D)可以在網站上拍賣金門高粱酒。

四、電子商務平台之比較

電子商務平台 比較項目	自建型電子商務平台及購物商店	網路開店平台	第三方 電子商務平台
說明	網站由店家**自行建立**並**全權管理**	利用**網路開店平台**提供的**模板工具**設計網站	只需將商品上架即可銷售，平台上有許多不同類型的店家
購買／租借虛擬主機	✓	✗	✗
網頁設計	自行建立並全權管理	提供模板工具設計網站	商品上架即可營運
銷售分析系統	✗（需自行架設）	✓	✗（需另外付費）
顧客管理系統	✗（需自行架設）	✓	✗（需另外付費）
金流	自行處理	平台支援	平台支援
物流	自行處理	平台支援	平台支援
店家網址是否獨立	✓	✓	✗
開店成本 （開辦費、使用費）	最高	次高	最低
優點	• 可依需求自行設計 • 無月費及抽成	• 品牌識別度較高 • 模板多樣化，利於設計美觀的購物網站	• 操作簡易 • 申請門檻低
缺點	• 網站建置耗時 • 須具備專業能力	• 有固定月費	• 品牌識別度較低 • 平台商品多樣，競爭壓力大
常見平台範例	Apple、IKEA	SHOPLINE、91APP、Cyberbiz、shopify、EasyStore	蝦皮商城、Yahoo!奇摩拍賣、i郵購

1. 銷售分析系統：通常會提供每月成交額分析、每月成交訂單量分析、銷售商品排行等功能。

2. 顧客管理系統：通常會提供會員資料匯出／匯入、會員分級設定、會員分群行銷等功能。

有背無患

- 購物中心／購物網：此種電子商務平台不開放店家進駐開店，而是以平台自己的名義向店家進貨，販售各廠牌的商品，賺取進貨與銷貨之間的價差。常見的有PChome 24h購物、momo購物網等。

第13章 電子商務平台的認識

滿分晉級

情境素養題

▲閱讀下文，回答第1至2題：

宥瑄喜好出國購物，但因為全球嚴重特殊傳染性肺炎（COVID-19）疫情嚴峻無法出國，使得她的消費習慣改成上網購物，以滿足購物慾。她連上『Apple』官方網站，購買一款最新的iPhone手機；在『蝦皮購物』網站購買了日常生活用品，以及在『Yahoo!奇摩拍賣』網站進行一場有趣的競標，便宜標得一件名牌二手衣。

( )1. 宥瑄在『Yahoo!奇摩拍賣』網站以競標方式，購得一件名牌二手衣，請問該賣家的線上網路商店是使用下列哪一種方式所開設的？
(A)自建型電子商務購物商店
(B)建立依附在第三方電子商務平台的商店
(C)套用網路開店平台的模板建立的商店
(D)租實體店面來開設商店。　　　　　　　　　　　　　　　　　　　　　[13-3]

( )2. 宥瑄在『蝦皮購物』網站買了衛生紙、洋芋片、暖暖包、棉花棒、無酒精飲料等生活用品，請問店家在販售上述哪一項商品時，須持有醫療器材許可證，才可在網路上販售？　(A)衛生紙　(B)暖暖包　(C)棉花棒　(D)無酒精飲料。　　　　[13-3]

( )3. 某女子上網拍賣家中剩餘的成藥，被衛生局處以罰金。請問該女子最有可能是因為下列哪一個原因而被罰鍰？
(A)未標示藥品的成分　　　　　　　(B)網拍中不能銷售藥品
(C)買家尚未匯款，即將藥品寄出　　(D)藥品的使用期限已過期。　　　　[13-3]

精選試題

13-1 ( )1. 在架設線上購物商店時，常會使用到資料庫軟體。下列何者不屬於資料庫軟體？
(A)SQL Server　(B)osCommerce　(C)Oracle　(D)MySQL。

( )2. 阿文想自己架設線上購物商店，下列何者並非阿文在架設時一定會使用到的軟體？
(A)線上購物商店系統軟體　　　　　(B)網頁設計軟體
(C)3D繪圖軟體　　　　　　　　　(D)資料庫系統軟體。

13-2 ( )3. 以套用開店平台的模板建立獨立的線上購物商店時，其商店的網址會如何呈現？
(A)專屬的網址　　　　　　　　　　(B)建立在平台網址之下
(C)建立在平台網址之前　　　　　　(D)以IP位址呈現的網址。

13-3 ( )4. 請問網路開店平台所提供的「銷售分析系統」服務，不包含下列哪一項分析？
(A)每月成交額分析
(B)每月成交訂單量分析
(C)銷售商品排行
(D)會員分級設定。

(　)5. 下列有關買家在進行網路拍賣時所需注意的內容敘述，何者錯誤？
(A)詳細閱讀商品交易說明　　　　(B)避免私下交易
(C)挑選可靠的賣家　　　　　　　(D)應先匯款避免商品被劫標。

(　)6. 下列有關網路拍賣平台對於賣家的優勢，何者錯誤？
(A)開店成本較低　(B)產品成本較低　(C)銷售對象擴大　(D)銷售時間不受限。

(　)7. 元元開設一間跨國代購的網路商店，請問她在網路商店中販賣下列哪一項商品可能會觸法？
(A)附保證書的正版名牌包包　　　(B)寶可夢布偶
(C)金門高粱紀念酒　　　　　　　(D)鬼滅之刃文件夾。

統測試題

(　)1. 企業經營電子商務若選擇不自行開發平台，而與網路開店平台廠商合作，由網路開店平台廠商處理網站的維護與管理等工作。下列何者不是平台廠商？
(A)SHOPLINE　(B)IKEA　(C)Cyberbiz　(D)91 APP。　　　　　　[112商管群]

第14章 線上購物商店的規劃、架設與管理

14-1 線上購物商店的規劃

一、線上購物商店的規劃流程

規劃流程	說明
1. 設定營運目標	須衡量現實狀況，訂定有可能達成或明確可行的方案。營運目標可分為： • **短程目標**：1年內要達成的目標 • **中程目標**：3～5年內要達成的目標 • **長程目標**：5年以上要達成的目標
2. 評估市場環境	評估與市場相關的各項因素，包括市場規模、產值、產業概況、發展趨勢、競爭者的家數與商品特色等
3. 評估自身具備的能力與資源	『有多少能力，做多少事』是經營商業成功的重要原則，在開店之前必須衡量自己所具備的能力與資源
4. 選擇目標顧客群	先選定好**目標客群**，再針對該客群的特性，包括年齡、性別、職業、所得等**投其所好**，販售符合目標客群需求的商品
5. 規劃網站服務的項目與內容	規劃完善的網站功能與服務，讓顧客成為忠實會員經常消費
6. 選擇線上購物商店的架設方式	線上購物商店架設方法有以下3種： • 自行架設 • 利用線上開店平台架設 • 在第三方電子商務平台開設
7. 評估整體效益	須評估開設線上購物商店需投入的各項成本，並預估未來可以獲得的收益

• 目標管理－SMART原則：目標須**具體**（Specific）、目標須**可衡量**其質量（Measurable）、目標須**可達成**（Attainable）、每個目標須**具有關聯性**（Relevant）、每個目標須設定要達成的**期限**（Time-bound）。

二、商店的網站設計與行銷考量

1. 網站架構及商品瀏覽動線：須安排流暢的商品瀏覽動線，協助顧客快速地找到所需要的商品。
2. 商品促銷活動：適時推出限時促銷活動提升買氣，可刺激顧客立即結帳購買。
3. 顧客資料保存及利用：透過蒐集整理顧客資料，來分析出消費者可能的需求，然後針對不同的顧客提供不同的服務、投放不同的行銷資訊。
4. 瞭解市場趨勢：透過Google Trend可查詢關鍵字的搜尋熱度，進而分析出品牌最大競爭對手及市場趨勢等資訊，有助於行銷方案的規劃。
5. **增加商店曝光度**：增加線上購物商店的曝光度，才能提升商品被潛在顧客看見的機會。以下是增加商店曝光度的網路行銷方法：

常見的網路行銷方法	說明
購買關鍵字廣告	向入口網站業者（如Google Ads）購買關鍵字廣告，當顧客在該網站輸入關鍵字搜尋時，搜尋結果頁面的最上方就會出現購買關鍵字廣告的店家網站資訊
搜尋引擎優化（SEO）	搜尋引擎優化（Search Engine Optimization）是一種瞭解搜尋引擎的運作規則，調整網站的內容來符合搜尋引擎排名規則，以提高商品在搜尋結果的排名順序
購買網頁廣告	在入口網站或較知名的網頁、部落格中張貼廣告，常見的有網頁上端會出現的**橫幅廣告**、開啟**網頁彈出式的廣告**等
社群網站轉貼分享與討論	在社群網站（如Instagram、Facebook等）中，發布與商品有關的訊息，透過網友轉貼分享與討論，為商品帶來宣傳效果
病毒式行銷	一種利用網路媒體（如社群網站、影音分享平台）將行銷內容包裝成可吸引人的話題，使網友一個傳一個，就像是病毒感染的方式來進行行銷
社群網站的企業群組	有些社群網站可建立企業群組（如LINE官方帳號、FB粉絲專頁），可將訊息（如最新活動訊息、最新優惠等）傳送給已加入的粉絲，以達到宣傳效果
電子郵件行銷	透過E-mail來傳送廣告訊息及連結，以達到宣傳效果
KOL行銷	透過在網路上特別有號召力或影響力的人－**關鍵意見領袖**（Key Opinion Leader）來宣傳，以達到行銷效果，常見的KOL行銷方式就是利用關鍵意見領袖的業配文來推廣商品

6. 一鍵登入：顧客不須花費時間在註冊成為會員，而是直接以現有的帳號（如Facebook、Google等）登入購物，可提升顧客消費意願。

14-2 線上購物商店的架設

一、線上購物商店的開設流程

開設流程	說明
1. 申請開店	線上購物商店（拍賣網站）申請開店註冊流程： (1) 填寫個人資料 (2) 認證電子信箱 (3) 認證手機號碼 (4) 閱讀並同意拍賣網站使用規範 (5) 成為拍賣網站會員
2. 設定賣場資訊	設定賣場名稱、招牌、外觀及簡介等資訊
3. 設定收款及商品配送方式	常見的收款及商品配送方式： • 信用卡付款 • ATM轉帳 • 貨到付款 • 超商／店到店取貨付款 • 面交取貨付款
4. 設定運費計算方式	常見的運費計算規則（以運費60元說明）： • 依件數計算：例如訂單共有5件商品，該筆訂單的總運費為 60×5＝300元。 • 固定運費：例如購買1件商品運費為60元，2件以上商品運費也是60元 • 增量加收運費：例如購買5件商品運費為60元，每增加一件商品加收運費20元，若購買8件商品的總運費為120元
5. 商品上架	• 將要販售的商品資訊（如商品名稱、類別、價格、數量、圖片等）刊登上網 • 規模較大、商品種類較多的賣家，可使用平台所提供的模板，將商品資訊批次上傳

a. 賣家在註冊電商帳號時，大多需要通過電子郵件及手機號碼的認證，為了使買賣雙方更安心，有些電商平台會透過身分證（實名認證）及銀行帳戶認證（金融認證），來加強交易的安全。

b. 商品上架時應遵守「商品標題應精準明確」、「商品描述詳細清楚」、「商品類別正確精準」及「價格合理」等原則。

數位科技應用 滿分總複習

得分區塊練

( ) 1. 下列何者不是拍賣網站上，常見的收款及商品配送方式？
(A)信用卡付款　　　　　　　　(B)郵局取貨付款
(C)超商取貨付款　　　　　　　(D)貨到付款。

( ) 2. 下列何者不是電商平台在上架商品時應遵守的原則？
(A)商品標題應精準明確
(B)商品描述詳細清楚
(C)商品類別正確精準
(D)提高價錢以便買家殺價。

14-3 線上購物商店平台管理

一、商品管理

1. 商品資訊的修改：商品上架後，若想要再次修改商品資訊時，賣家可在商品管理頁面，點選「修改商品」以修改商品資訊。

2. 商品的上架與下架：賣場內正在銷售的商品其狀態為「架上商品／上架中」，若因缺貨或其他因素而須將商品暫停販售，則可將商品狀態設定為「未上架／下架」或直接移除該商品，使顧客暫時無法進行購買。

3. 商品的競標狀態：商品結束競標後，平台就會將該商品在賣場中的資訊顯示為「**競標已結束**」，並以**開價最高**的競購者得標。

二、訂單管理

1. 訂單的搜尋與篩選：當賣家要處理大量訂單時，善用**搜尋**或**篩選**的功能，可快速找到需要處理的訂單。

2. 查看訂單明細：賣家可透過平台提供的「查看訂單明細」功能，檢視較詳細的訂單內容。常見的訂單內容有訂單資訊、付款資訊、運送資訊、發票資訊、購買明細等。

3. 訂單的取消：當顧客要放棄購買（棄標）或商品缺貨時，賣家可將訂單取消。取消訂單時，通常平台會要求賣家填寫取消的原因。

三、出貨管理

1. 商品的出貨：當商品出貨後，賣家可在該筆訂單明細中隨時查看商品的配送進度。

2. 常見的賣家出貨流程：

Step 1 確認訂單資訊 ➡ Step 2 執行出貨 ➡ Step 3 列印出貨單 ➡ Step 4 將商品寄出 ➡ Step 5 送至顧客指定地址

Step 4 將商品送至超商 ➡ Step 5 由物流中心送至顧客指定門市

3. 貨款的提領：買家付款完成後，平台會將款項撥款至賣家在拍賣平台的虛擬帳戶中，賣家可將款項從此虛擬帳戶轉至自己的銀行帳戶中。

四、顧客服務管理

1. 回覆顧客的留言：拍賣平台通常提供有讓買賣雙方可進行溝通的問答功能，常見的有針對商品的「問與答」、一對一互動的即時問答等。

2. 獲得及給予評價：買賣雙方依據交易過程的**滿意度**來給予對方評價。

3. 編輯黑名單：賣家可將時常惡意棄標等不良記錄的顧客加入黑名單中，以防止這些顧客來到自己的賣場出價競標或購買商品。

數位科技應用 滿分總複習

滿分晉級

情境素養題

▲閱讀下文,回答第1至2題:

偉琪與朋友想合資開設線上購物商店,他們打算代購日本、泰國等國家的限量商品,以賺取價差,他們評估許多開設線上網路商店的方式,最終選擇不需建立網站,直接上架商品就可營運的開店方式。

( )1. 根據上述情境,偉琪最有可能使用下列哪一種方式開店?
(A)租實體店面來開設商店
(B)自建型電子商務平台
(C)利用網路開店平台來開設商店
(D)建立依附在第三方電子商務平台的商店。 [14-1]

( )2. 偉琪的線上銷售平台銷售額不如預期,下列哪一種作法無法提高商品曝光度及銷售額?
(A)將惡意棄標的顧客加入黑名單
(B)購買網頁廣告
(C)舉辦限時限量促銷活動
(D)透過關鍵意見領袖的「業配文」來推廣商品。 [14-3]

精選試題

14-1 ( )1. 下列何者不是目標管理-SMART原則之一?
(A)目標須無期限 (B)目標須具體
(C)目標須可達成 (D)每個目標須具有關聯性。

( )2. 下列何者不是線上購物商店利用網路行銷增加曝光度的常見方式?
(A)搜尋引擎優化(SEO)
(B)社群網站轉貼分享與討論
(C)發實體傳單
(D)購買關鍵字廣告。

14-2 ( )3. 下列何者不是國內常見的線上購物商店的運費計算方式?
(A)依商品件數分別計算 (B)依賣家偏好自訂運費
(C)增量加收運費 (D)固定運費。

14-3 ( )4. 下列有關賣家在線上平台購物的管理功能之敘述,何者錯誤?
(A)賣家可評價買家
(B)賣家可將商品下架
(C)賣家可將有不良紀錄的買家設為黑名單
(D)賣家無法取消訂單。

( )5. 下列有關買家在線上購物平台購買商品的敘述，何者錯誤？
(A)買家可透過問答功能向賣家詢問有關商品的問題
(B)買家無法購買已下架的商品
(C)買家通常可以選擇將商品宅配到府
(D)買家無法依據交易過程的滿意度來給予賣家評價。

統測試題

( )1. 小喬經營「喬喬衣著」電商平台，若想要增加平台的曝光度，則可使用下列哪些網路行銷方式？
①購買網頁廣告
②關鍵字廣告
③搜尋引擎優化（Search Engine Optimization）
④區塊鏈最佳化（Block Chain Optimization）
(A)①②③ (B)①②④ (C)僅①② (D)僅③④。 [111商管群]

( )2. 有關線上購物商店管理的敘述，下列何者錯誤？
(A)有些線上購物商店提供商品搜尋或篩選功能供選用
(B)開設線上購物商店一般是屬於B2C、C2C的商業模式
(C)線上購物商店須提供商品上架與下架功能，同時訂單也能設定此功能
(D)為提升顧客服務品質，一些購物平台提供賣家設定自動回覆常見問題。 [113商管群]

114學年度科技校院四年制與專科學校二年制統一入學測驗試題本

商業與管理群
專業科目（一）：數位科技概論、數位科技應用

( ) 26. 下列哪一個選項的3個數值相等？
(A) 1010101_2、127_8、57_{16}
(B) 1110001_2、157_8、71_{16}
(C) 1101101_2、155_8、$6D_{16}$
(D) 1011010_2、132_8、$4A_{16}$。 數概[2-1]

( ) 27. 關於資訊產品的規格敘述，下列何者正確？
(A) 記憶體的容量是16 GB
(B) CPU的時脈頻率是4 Gbps
(C) 硬碟的傳輸頻寬是7200 RPM
(D) 網路卡的傳輸速率是100 Mpps。 數概[3-6]

( ) 28. 公司資訊部正在開發一項新專案，希望能靈活管理伺服器和儲存資源，但不想自行管理硬體設備。同時希望有更多控制權來安裝自訂的軟體和設定環境。基於這些需求，該公司應選擇以下哪一種雲端運算服務模式？
(A) 軟體即服務（SaaS）：提供現成的應用程式，讓使用者直接使用，無需進行任何開發或安裝工作
(B) 虛擬私人伺服器（VPS）：提供專屬的機櫃空間置放私人購買的主機，讓使用者遠端自行管理及維護
(C) 基礎設施即服務（IaaS）：提供虛擬伺服器、儲存和網路資源，讓使用者自行管理並安裝所需的軟體和設定環境
(D) 平台即服務（PaaS）：提供一個已建置好的開發平台，使用者僅需專注於開發應用程式，而不需要管理底層伺服器或系統設定。 數概[4-4]

( ) 29. 下列哪一個情境屬於著作權中的「合理使用」？
(A) 下載一部院線電影並上傳到自己的網站，供大眾免費觀看
(B) 為朋友的商業網站置放一首受版權保護的歌曲，當作背景音樂
(C) 在課堂上播放一小段影片片段，並用於教學討論，且未對外公開
(D) 將一張知名攝影師的作品做細微修改後，用於自己的商業網站首頁。 數概[6-1]

( ) 30. 路人甲使用Google Maps的步行導航功能，同時啟用手機相機來獲取周邊環境的特徵，進而更精準地提供導航方向指引。上述情境為下列哪一種技術的應用？
(A) 擴增實境（augmented reality）
(B) 3D視覺實境（3D vision reality）
(C) 真實實境（real reality）
(D) 虛擬實境（virtual reality）。 數概[15-1]

( ) 31. 網址「https://www.tcte.edu.tw」中的英文字母「s」可用下列何者技術來完成？
(A) SSD（solid state disk）
(B) SSL（secure sockets layer）
(C) SKC（secret key cryptography）
(D) SET（secure electronic transaction）。 數概[13-2]

( )32. 假設警政署有①至④工作任務需要完成，下列與任務相關之軟體授權敘述何者正確？
任務①：撰寫程式來抓取網路資料
任務②：發行一個報案APP
任務③：製作警政署的宣傳影片
任務④：協助署長製作月會簡報
(A)任務①撰寫之程式屬於自由軟體，開放原始碼修改權
(B)任務②發行之報案 APP 開放免費使用，屬於免費軟體
(C)任務③製作之影片屬於公共財產權，可公開展示與傳播
(D)任務④製作之簡報以私有軟體產出，故該私有軟體開發商擁有著作權。 數概[6-2]

( )33. 某電腦教室的子網路遮罩是255.255.255.0、預設閘道位址是192.168.100.254，下列何者可設定為該電腦教室中某一台電腦的IP位址來提供正常連網服務？
(A)192.168.100.0 (B)192.168.100.255
(C)192.168.100.254 (D)192.168.100.194。 數概[9-2]

( )34. 關於區塊鏈（blockchain）技術的敘述，下列何者正確？
(A)具有資料不可竄改的特性，可利用於虛擬貨幣的交易
(B)臺灣Pay不能採用掃描支付，必須用區塊鏈技術完成
(C)具有去中心化，所以使用區塊鏈技術交易不會被詐騙或牽涉金融犯罪
(D)區塊鏈是一種分散式分類帳本技術，將交易紀錄儲存在主從式架構的網路中。
數概[15-5]

( )35. 林生想打造一個簡易的物聯網應用，須哪幾個層來組合出物聯網最基本的架構？
①實體層 ②感知層 ③資料連結層 ④網路層
⑤會議層 ⑥展示層 ⑦應用層
(A)②③⑦ (B)①④⑥ (C)②④⑦ (D)①③⑤。 數概[11-2]

( )36. ①～⑥情境的敘述，下列何者選項符合網路霸凌（cyberbullying）？
①甲生曾經是喜好運動的陽光小孩，現在卻時常待在房間玩線上遊戲，也不想唸書或外出走動，令家人非常憂心
②乙生創建一個網路遊戲軍團，每天會不定時關注軍團成員的狀況，也疏於學業及班上活動
③丙生幾乎整天用手機在多個社群點閱按讚，也不按時吃飯睡覺，甚至嚴重影響課程學習
④丁生傳送電子郵件散佈同學不實訊息，使受害者身心受創
⑤戊生利用 LINE 傳送朋友的私密照片，並對照片進行惡意評斷
⑥己生收到 EMAIL 告知：「日本北部發生規模 6.8 地震需要您的資助」之募款假訊息
(A)①、② (B)③、④ (C)④、⑤ (D)⑤、⑥。 數概[14-2]

( )37. 甲生收到手機簡訊告知有優惠券可以領取，點選了簡訊中的連結，並依指示輸入個人資料後，才驚覺被騙了個資，此駭客的犯罪手法為下列何者？
(A)網路釣魚（phishing） (B)殭屍網路（botnet）
(C)特洛伊木馬（trojan horse） (D)勒索軟體（ransomware）。 數概[14-3]

(　　)38. 利用文書處理軟體要完成如圖（四）中的甲表格，則須在插入表格時，於乙圖中分別設定欄數與列數為何？
(A)欄數：3、列數：5
(B)欄數：5、列數：3
(C)欄數：3、列數：3
(D)欄數：5、列數：5。　　　數應[2-2]

甲表格　　　乙圖

圖（四）

(　　)39. 利用PowerPoint製作的簡報檔案，可直接輸出成①至⑤中哪幾種副檔名的檔案格式？
①pptx　②pttx　③ppsx　④mp4　⑤wav
(A)①、②、③　(B)①、③、④　(C)②、③、⑤　(D)②、④、⑤。　　數應[3-2]

(　　)40. 在圖（五）試算表中之儲存格E5輸入=SUMIF(B2:D4,C3)，此儲存格E5的計算結果為何？　(A)21　(B)12　(C)10　(D)8。　　數應[6-1]

	A	B	C	D	E
1	0	0	2	1	
2	0	0	2	1	
3	0	0	2	1	
4	2	2	2	0	
5	2	2	2	0	

圖（五）

(　　)41. 用Google表單製作問卷時，①至⑤的情境敘述，下列哪一個選項的組合完全正確？
①人類血型可用 "選擇題" 提供點選
②用一個 "下拉式選單" 可完成多種興趣的選擇
③個人姓名及電話可用 "線性刻度" 給予直接填寫
④提供5個開會時間可用 "核取方塊" 給予勾選有空時段
⑤可用 "簡答" 並搭配Shift + Enter組合鍵可進行多行輸入
(A)①、②　(B)①、④　(C)③、④　(D)③、⑤。　　　數應[7-5]

(　　)42. 關於影像處理的敘述，下列何項正確？
(A)以手機高解析度鏡頭拍攝的照片雖屬於點陣圖，但放大後不會失真
(B)一張解析度4096×2160的影像其總像素約為Full HD（1920×1080 像素）的2倍
(C)以解析度4096×2160儲存一張全彩相片，在未壓縮的情況下，影像檔案的大小約為265 MB
(D)用影像處理軟體將自行拍攝的相片去背、加入宣傳文字合成後，再存成.jpg，可以將該檔案放上公司網站來吸引顧客。　　　　數應[9-2]

( )43. 有一張100 × 100像素的全彩影像照片，理論上可以有多少種色彩組合？
(A)100 × 100　(B)$2^3 \times 100 \times 100$　(C)$2^{8 \times 100 \times 100}$　(D)$2^{24 \times 100 \times 100}$。

( )44. 關於色彩的敘述，下列何者正確？
(A)彩色螢幕使用的色彩三原色是R（紅）、G（灰）、B（藍）
(B)將RGB的色彩三原色等量混合成白色，這種混色模式稱為減色法
(C)色彩的三要素是色調（tone）、明度（brightness）及飽合度（saturation）
(D)彩色印刷時採用之CMYK模式的四種標準顏色是：青、洋紅、黃、黑。

( )45. 下列何項屬於電子商務之金流數位化？
(A)第三方網站託管平台　　　　(B)第三方支付平台
(C)電子商務商品資料庫管理　　(D)自行架設電子商務網頁。

( )46. 工程師在檢測電腦無法連網時發現以下情況：若使用目標網站的IP位址可以連網；改使用目標網站的網域名稱（domain name）時就無法連網。以上所述可能的原因是何選項？
(A)該電腦的DNS伺服器位址未設定或設定錯誤
(B)網路介面卡未啟用IPv6協定
(C)私人網路的防火牆已被關閉
(D)預設閘道位址設定錯誤。

▲閱讀下文，回答第47-48題

吳先生大學畢業後在海大王連鎖海鮮專賣店擔任業務助理，利用試算表軟體統計各分店的銷售業績，如圖（六）所示，C欄要放置各分店的銷售排名，首先在儲存格C3輸入公式＝__甲__(B3,__乙__,0)。

	A	B	C
1	海大王連鎖海鮮專賣店銷售報表		
2	分店別	銷售金額(萬元)	銷售排名
3	台北分店	100	
4	台中分店	123	
5	台南分店	230	
6	高雄分店	115	
7	屏東分店	134	

圖（六）

( )47. 儲存格C3的公式中，「甲」可使用下列哪一個函數？
(A)RANK.EQ　(B)ORDER　(C)RAND　(D)MAX。

( )48. 完成儲存格C3的函數設定後，接著將儲存格C3複製到C4:C7來完成銷售排名；儲存格的範圍設定有①至④四種方式，下列哪一個選項的範圍設定方式均符合公式中「乙」的需求？
①$B$3:$B$7　　②$B3:$B7　　③B$3:B$7　　④B3:B7
(A)①、②　(B)①、③　(C)②、③　(D)②、④。

▲ 閱讀下文，回答第49-50題

黃生設計了一個愛心路跑活動報名網頁，HTML的內容如圖（七），網頁顯示結果如圖（八）。

```
<!DOCTYPE html>
<html>
<head>
    <   ①   >愛心路跑活動</   ①   >
</head>
<body>
    <h1>報名網頁</h1>
    <hr>
    <form>
        姓名：<input type = "text"><br>
        性別：<input type = "   ②   " name = "gender">男
        <input type = "   ②   " name = "gender">女
    </form>
</body>
</html>
```

圖（七）

圖（八）

( )49. 要產生圖（八）中「愛心路跑活動」的字串，圖（七）中「①」應該用哪一個HTML標籤？
(A)subject (B)h1 (C)title (D)caption。 數應[11-2]

( )50. 圖（八）中，性別選擇採單選按鈕，圖（七）中「②」應該為下列何者？
(A)select (B)checkbox (C)button (D)radio。 數應[11-2]

解 答

答

26.C	27.A	28.C	29.C	30.A	31.B	32.B	33.D	34.A	35.C
36.C	37.A	38.B	39.B	40.D	41.B	42.D	43.D	44.D	45.B
46.A	47.A	48.B	49.C	50.D					

解

26.
$1010101_2 = 1 \times 2^6 + 1 \times 2^4 + 1 \times 2^2 + 1 \times 2^0 = 85$

$127_8 = 1 \times 8^2 + 2 \times 8^1 + 7 \times 8^0 = 87$

$57_{16} = 5 \times 16^1 + 7 \times 16^0 = 87$

$1110001_2 = 1 \times 2^6 + 1 \times 2^5 + 1 \times 2^4 + 1 \times 2^0 = 113$

$157_8 = 1 \times 8^2 + 5 \times 8^1 + 7 \times 8^0 = 111$

$71_{16} = 7 \times 16^1 + 1 \times 16^0 = 113$

$1101101_2 = 1 \times 2^6 + 1 \times 2^5 + 1 \times 2^3 + 1 \times 2^2 + 1 \times 2^0 = 109$

$155_8 = 1 \times 8^2 + 5 \times 8^1 + 5 \times 8^0 = 109$

$6D_{16} = 6 \times 16^1 + 13 \times 16^0 = 109$

$1011010_2 = 1 \times 2^6 + 1 \times 2^4 + 1 \times 2^3 + 1 \times 2^1 = 90$

$132_8 = 1 \times 8^2 + 3 \times 8^1 + 2 \times 8^0 = 90$

$4A_{16} = 4 \times 16^1 + 10 \times 16^0 = 74$

故 $1101101_2 = 155_8 = 6D_{16} = 109$。

27.
- CPU的時脈頻率單位是GHz。
- 7200 RPM是硬碟旋轉速度。
- 網路卡的傳輸速率單位是Mbps。

29.
- 下載院線電影並供大眾觀看會侵害著作權的重製權與公開傳輸權，即使免費提供也違法。
- 屬於商業營利行為，歌曲需要取得授權，否則侵權。
- 「改作」行為，仍需取得原著作權人同意，否則屬於侵權。

31. 使用SSL安全機制的網站，網址開頭為https。

32. 免費使用符合免費軟體的要件，所以此軟體授權敘述正確。

33.
- 192.168.100.0 → 網路位址（不能用）
- 192.168.100.255 → 廣播位址（不能用）
- 192.168.100.254 → 已設定為預設閘道位址（分配給閘道器使用）
- 192.168.100.194 → 可提供正常連網服務。

34.
- 臺灣Pay是採用QR Code掃描式支付，和區塊鏈技術無關。
- 區塊鏈交易仍有被詐騙或牽涉金融犯罪的可能性。
- 區塊鏈是一種分散式分類帳本技術，採用分散式架構。

35. 物聯網的架構依工作內容可分為感知層、網路層、應用層。

36. ①、②、③皆屬於網路成癮；④、⑤皆屬於網路霸凌；⑥屬於網路詐騙。

37. 網路釣魚：駭客建立與合法網站極相似的網頁畫面，誘騙使用者在網站中輸入自己的帳號、密碼、信用卡卡號，以取得使用者的私密資料。

解答

39. 在PowerPoint簡報軟體中，可將檔案輸出成pptx（預設的簡報格式）、ppsx（播放檔的格式）、mp4（視訊檔）。

40. 儲存格E5輸入= SUMIF(B2:D4, C3) = 8，表示將儲存格範圍B2:D4中與儲存格C3一樣為2的值加總，故B4 + C2 + C3 + C4 = 2 + 2 + 2 + 2 = 8。

41. ①血型種類少（如A、B、O、AB），可用「選擇題」從多個選項只選一個血型；
    ②下拉式選單只能選一個項目，不能符合選擇多種興趣，應使用「核取方塊」；
    ③線性刻度無法用來填寫個人姓名及電話，應使用「簡答」；
    ④核取方塊可多選，適合用來選擇多個有空的時段；
    ⑤「簡答」只適合單行輸入，要多行輸入應使用「詳答」。

42.
    - 高解析度的點陣圖放大後仍會失真。
    - 4096×2160 = 約884萬像素，1920×1080 = 約207萬像素，故約為4倍。
    - 影像檔案的大小：$4096 \times 2160 \times 3$ Bytes = 約為26 MB。

43. 題目中所提到的「理論上可以有多少種色彩組合」說明如下：

名稱	色彩組合數
定義	一張影像中「所有可能的色彩搭配組合總數」
說明	用來了解顏色之間有多少種搭配方式
公式	$2^{\text{最多可記錄的色彩數} \times \text{像素數量}}$
舉例	一張2×1像素的16色影像，可搭配出來的色彩組合數為$2^{4 \times 2} = 2^8 = 256$種 **說明** $2^4 = 16$種　　$16 \times 16 = 256$種組合 每個像素可搭配出來的色彩組合數為$2^4 = 16$種（如黑、白、紅、⋯等） 當2個像素可搭配出來的色彩組合數為$2^4 \times 2^4 = 2^{4 \times 2} = 2^8 = 256$種

組合	像素1	像素2	配色
1	0色	0色	黑、黑
2	0色	1色	黑、藍
⋮	⋮	⋮	⋮
256	15色	15色	白、白

|

故一張100×100像素的全彩照片（24位元），可搭配出來的色彩組合總數為$2^{24 \times 100 \times 100}$。

解 答

44.
   - 色彩三原色是 R（Red，紅）、G（Green，綠）、B（Blue，藍）。
   - 將RGB原色加以混合，色彩會越加越亮，故此種混色法又稱為加色法。
   - 色彩的三要素是色相（Hue）、彩度（Saturation）、明度（Brightness）。

46. 網域名稱（DNS）伺服器是提供互轉網域名稱與IP位址的服務，因此題目中提到，用IP位址能連網，但用網址不能連網，最可能是DNS伺服器位址未設定或設定錯誤。

48.
   - $B$3:$B$7：正確用法，絕對參照位址，複製公式不會改變範圍。
   - $B3:$B7：會出現錯誤，列號會跟著複製公式而變動。
   - B$3:B$7：在複製公式時，列號固定即不會跟著複製公式而變動，符合公式需求。
   - B3:B7：會出現錯誤，列號會跟著複製公式而變動。

49.
   - h1：用來設定文字大小，h1為第一級標題，字體最大，標題級別由h1到h6。
   - title：用來設定瀏覽器標題列或索引標籤的文字，即網頁的標題。
   - caption：用來設定表格標題。

50. select：下拉式選單、checkbox：多選按鈕、button：按鈕、radio：單選按鈕。

數位科技概論&數位科技應用 滿分總複習

編 著 者	旗立資訊研究室
出 版 者	旗立資訊股份有限公司
住　　　址	台北市忠孝東路一段83號
電　　　話	(02)2322-4846
傳　　　真	(02)2322-4852
劃 撥 帳 號	18784411
帳　　　戶	旗立資訊股份有限公司
網　　　址	http://www.fisp.com.tw
電 子 郵 件	school@mail.fisp.com.tw
出 版 日 期	2021／5月初版
	2025／5月五版
I S B N	978-986-385-396-1

光碟、紙張用得少
你我讓地球更美好

Printed in Taiwan

※著作權所有，翻印必究

※本書如有缺頁或裝訂錯誤，請寄回更換

大專院校訂購旗立叢書，請與總經銷
旗標科技股份有限公司聯絡：
住址：台北市杭州南路一段15-1號19樓
電話：(02)2396-3257
傳真：(02)2321-2545

國家圖書館出版品預行編目資料

數位科技概論&數位科技應用滿分總複習／旗立資訊研究室編著. -- 五版. -- 臺北市：旗立資訊股份有限公司, 2025.05
　面；　公分
ISBN 978-986-385-396-1 (平裝)

1.CST: 資訊教育 2.CST: 數位科技 3.CST: 技職教育

528.8352　　　　　　　　　　　114005642